Ulrich Sieber / Karin Cornils (Hrsg.)

Nationales Strafrecht in rechtsvergleichender Darstellung

Schriftenreihe des Max-Planck-Instituts für
ausländisches und internationales Strafrecht

Strafrechtliche Forschungsberichte

Herausgegeben von Ulrich Sieber

in Fortführung der Reihe
„Beiträge und Materialien aus dem Max-Planck-Institut
für ausländisches und internationales Strafrecht Freiburg“
begründet von Albin Eser

Band S 114.3

Max-Planck-Institut für ausländisches
und internationales Strafrecht

Nationales Strafrecht in rechtsvergleichender Darstellung

Allgemeiner Teil

herausgegeben von

Ulrich Sieber • Karin Cornils

Band 3

Objektive Tatseite

Subjektive Tatseite

Strafbares Verhalten im Vorfeld der Tatvollendung

Duncker & Humblot • Berlin

Bibliografische Information der Deutschen Nationalbibliothek

Die Deutsche Nationalbibliothek verzeichnet diese Publikation in der Deutschen Nationalbibliografie; detaillierte bibliografische Daten sind im Internet über <http://dnb.ddb.de> abrufbar.

Redaktion: Petra Lehser und Irene Kortel

c/o Max-Planck-Institut für ausländisches und internationales Strafrecht
Günterstalstraße 73, 79100 Freiburg i.Br.
http://www.mpicc.de
Vertrieb in Gemeinschaft mit Duncker & Humblot GmbH, Berlin
http://www.duncker-humblot.de

Umschlagbild: © Martin Langhorst, Köln
Druck: Stückle Druck und Verlag, Stückle-Straße 1, 77955 Ettenheim
Printed in Germany

ISSN 1860-0093
ISBN 3-86113-859-4 (Max-Planck-Institut)
ISBN 3-428-12982-9 (Duncker & Humblot)

Gedruckt auf alterungsbeständigem (säurefreiem) Papier
entsprechend ISO 9706 ♾

Vorwort

Das neue Forschungsprogramm der strafrechtlichen Abteilung des Max-Planck-Instituts für ausländisches und internationales Strafrecht analysiert die aktuellen Veränderungen des Strafrechts in der „Weltrisikogesellschaft“. Seine Projekte beruhen entscheidend auf der Methode der Strafrechtsvergleichung, die vom Gründer des Instituts Prof. Dr. Dr. h.c. mult. *Hans-Heinrich Jescheck* in den Mittelpunkt der Institutsarbeit gestellt wurde. Strafrechtsvergleichung ist dabei nicht nur eine wichtige Forschungsmethode, sondern selbst auch zentraler Forschungsgegenstand.

Im Zentrum der einschlägigen Arbeiten des Instituts steht das Projekt *Max-Planck-Informationssystem zur Strafrechtsvergleichung*, das 2004 als eines der ersten Projekte zum neuen Forschungsprogramm begonnen wurde. Die vorliegende Veröffentlichung entstand aus dem dazugehörigen Pilotprojekt *Max-Planck-Systematik zur Strafrechtsvergleichung*. Sie soll der Fachöffentlichkeit in der Form eines Zwischenberichts erste Projektergebnisse vorstellen, damit diese frühzeitig diskutiert werden können.

I.

Der Grund für die Durchführung des umfassenden Forschungsprojekts *Max-Planck-Informationssystem zur Strafrechtsvergleichung* wurde zusammen mit den Zielen und Methoden des Projekts bereits an anderer Stelle ausführlich dargestellt (*Sieber*, in: Sieber/Albrecht, Strafrecht und Kriminologie unter einem Dach, Berlin 2006, S. 78–130). Die Veränderungen durch die Globalisierung führen im nationalen und internationalen Strafrecht zu einem erheblichen Bedeutungszuwachs der Strafrechtsvergleichung und ihrer methodischen Grundlagen: Um die internationalen Veränderungen des Strafrechts zu erfassen, allgemeine Rechtsgrundsätze zu entwickeln und Kriminalpolitik zu gestalten, ist immer häufiger eine umfassende und systematische Strafrechtsvergleichung unter Einschluss vieler Rechtsordnungen notwendig. Inwieweit eine solche „universale Strafrechtsvergleichung“ bei zahlreichen und höchst unterschiedlichen Rechtsordnungen theoretisch überhaupt noch möglich ist, bleibt jedoch bislang ungeklärt. Zu zahlreichen Rechtsordnungen fehlt es bereits an einer entsprechenden Aufbereitung der Daten, die für eine systematische Rechtsvergleichung erforderlich sind.

Die wissenschaftlichen Ziele dieses Projekts liegen deswegen zunächst in der Entwicklung einer universalen *Metastruktur des Strafrechts*, die Grundlage für die Gliederung des Stoffes, eine systematische Strafrechtsvergleichung und die Entwicklung einer internationalen Strafrechtsdogmatik ist. Eine solche Metastruktur des Strafrechts ist auch Voraussetzung, um die weltweit bestehenden Lösungsmodelle der strafrechtlichen Problemstellungen zu analysieren, allgemeine Rechtsgrundsätze zu bestimmen sowie internationale Modellgesetze zu entwickeln. Daher muss für das Gesamtprojekt zunächst die Frage beantwortet werden, ob die zahlreichen unterschiedlichen Strafrechtsordnungen der Welt sich überhaupt in einer Gesamtstruktur des Strafrechts erfassen lassen, die als Grundlage für eine systematische und funktionale Rechtsvergleichung taugt.

Die wissenschaftliche Untersuchung dieser Fragestellung ist in dem Projekt zugleich mit der Zielsetzung verbunden, auf der Basis einer universalen Metaebene auch das entsprechende Datenmaterial für die einbezogenen Rechtsordnungen in Landesberichten zur Verfügung zu stellen. *Claus Roxin* hat 1999 auf der Tagung über „Die deutsche Strafrechtswissenschaft vor der Jahrtausendwende" eine solche *Gesamtdarstellung des Strafrechts* zu Recht als „Zukunftsaufgabe der Weltstrafrechtswissenschaft" eingefordert.

Die strukturierte Darstellung mit ausführlichen Landesberichten zu den verschiedenen Rechtsordnungen dient im Rahmen des Gesamtprojekts nicht nur der Entwicklung und Verifizierung der entwickelten Gliederungsstruktur, sondern ist auch Voraussetzung für die weiteren wissenschaftlichen Ziele und Möglichkeiten des Projekts: die *rechtsvergleichende Analyse* des Stoffes, die Bestimmung der verschiedenen Lösungsmodelle in den untersuchten Rechtsordnungen, die Findung von allgemeinen Rechtsprinzipien und deren Beitrag für die Entwicklung einer internationalen Strafrechtsdogmatik.

Über die grundlagenorientierten Forschungsziele hinaus hat das Projekt ein weiteres, anwendungsorientiertes Ziel: die Entwicklung eines *informatikbasierten Informationssystems zur Strafrechtsvergleichung*. Mit der Metastruktur des Forschungsprojekts entsteht eine detaillierte Systematik zur Strafrechtsvergleichung, die mit einem umfassenden Datenbestand auf ihre Anwendungsmöglichkeit geprüft wird. Die Daten aus den einzelnen Rechtsordnungen eignen sich daher nicht nur für eine umfassende Enzyklopädie des Strafrechts in der Welt. Sie können auch in ein digitales Expertensystem eingebunden werden, mit dem neue Möglichkeiten der computerbasierten Strafrechtsvergleichung erforscht und – auch über das Internet – ermöglicht werden. Die Entwicklung dieses Werkzeugs kann neuartige rechtsvergleichende Analysen der Strafrechtsvergleichung ermöglichen.

In einem ersten Schritt wird zunächst ein Pilotprojekt durchgeführt mit der Analyse, Strukturierung und Darstellung des Allgemeinen Teils des Strafrechts in zwölf Rechtsordnungen. Nach Abschluss dieses Teilprojekts wird das Gesamtprojekt sowohl verbreitert als auch vertieft werden. Dazu soll mit Hilfe von Mitarbeitern des Max-Planck-Instituts für ausländisches und internationales Strafrecht sowie von externen Kooperationspartnern die Zahl der einbezogenen Rechtsordnungen wesentlich erweitert werden. Parallel dazu wird mit der Diskussion der

Ergebnisse und der rechtsvergleichenden Analyse begonnen. Zu einem späteren Zeitpunkt soll dann entschieden werden, inwieweit das Projekt auch – thematisch – auf Bereiche des Besonderen Teils des Strafrechts und das Strafprozessrecht sowie – im Hinblick auf seine Zielsetzungen – auf die Entwicklung von allgemeinen Rechtsgrundsätzen und Modellgesetzen ausgedehnt werden kann.

Die frühzeitige Publikation der Ergebnisse des Pilotprojekts zum Allgemeinen Teil des Strafrechts will zur Mitdiskussion und Mitwirkung an dem Projekt einladen. Sie präsentiert zunächst in der Form eines Zwischenberichts die Struktur sowie die Landesberichte der *Max-Planck-Systematik zur Strafrechtsvergleichung* für den Allgemeinen Teil des Strafrechts. Inhalt und Darstellung des Stoffes sind durch die umfassenden Zielsetzungen des Gesamtprojekts geprägt, dessen Kurzdarstellung deswegen in diesem Vorwort zur vorliegenden Publikation mit den Ergebnissen des Pilotprojekts vorangestellt wird.

II.

Die mit dem Pilotprojekt entstehenden vier Bände zum Allgemeinen Teil des Strafrechts in rechtsvergleichender Darstellung sind nach dem ersten Entwurf der Metastruktur gegliedert, die in einer Arbeitsgruppe unter Leitung von *Ulrich Sieber* und *Karin Cornils* von 2004 bis 2008 entwickelt wurde. Die Strukturierung trägt einerseits den nationalen Besonderheiten Rechnung, überwindet andererseits aber die Grenzen der jeweiligen landeseigenen Systematik. In den Arbeiten der Projektgruppe wurde eine über den nationalen Strafrechtslehren liegende Ebene gefunden, welche die unterschiedlichen Regelungen, Theorien und Lösungen der einbezogenen Rechtsordnungen umspannt. Besonders deutlich wird dies am Beispiel der verschiedenen Straftatsysteme. Diese werden in den Landesberichten für die einbezogenen Rechtsordnungen ausführlich dargestellt; anstatt – wie etwa im deutschen Strafrecht – nach Tatbestandsmäßigkeit, Rechtswidrigkeit und Schuld zu differenzieren, orientiert sich die Gliederung der Berichte jedoch an dem für alle einbezogenen Rechtsordnungen geltenden „gemeinsamen Nenner" der Unterscheidung zwischen objektiver und subjektiver Tatseite. Da eine Differenzierung von Rechtfertigungs- und Entschuldigungsgründen vielen Rechtsordnungen fremd ist, werden diese in entsprechender Weise unter dem umfassenden Gesichtspunkt der Gründe für den Ausschluss der Strafbarkeit behandelt und auf der Grundlage einer funktionalen Strafrechtsvergleichung nach Lebenssachverhalten weiter unterschieden. Das Erfordernis einer länderübergreifenden Systematik zeigt sich auch an vielen weiteren Stellen: So wird etwa der Versuch in einem Kapitel über „Strafbares Verhalten im Vorfeld der Tatvollendung" als eine von mehreren möglichen Formen der unvollendeten Tatbegehung dargestellt. Auch die gewählte Terminologie befreit sich oft von den Begriffen, die in den einzelnen Ländern üblich sind.

Die Suche nach einer universalen, das heißt für alle Rechtsordnungen tauglichen Metastruktur des Strafrechts war dadurch erschwert, dass es nicht nur um die Strukturierung des Stoffes für einzelne Problemstellungen ging, sondern im Hinblick auf die Erfordernisse einer systematischen Strafrechtsvergleichung ein Gesamtsystem aller Fragen des Allgemeinen Teils abzubilden war. Nach den ersten Festlegungen auf eine vorläufige Gliederungsstruktur musste die Projektgruppe bei der Erstellung der Landesberichte deswegen auch bei ihren Abstimmungen immer wieder erkennen, dass die Struktur und damit auch die erstellten Berichte in einzelnen Punkten zu ändern waren. Dies erforderte regelmäßige persönliche Treffen der Projektmitarbeiter und intensive Diskussionen. Die praxisorientierte Zielsetzung einer Abbildung der Ergebnisse in einer Datenbank hat ebenfalls zu dem Erfordernis einer detaillierten Struktur geführt, damit bei der späteren Recherche möglichst gut überschaubare Systemelemente aus verschiedenen Rechtsordnungen einander gegenübergestellt werden können. Diese Anstrengung hat sich gelohnt: Die hier vorgelegten Landesberichte haben inzwischen bis in die vierte Gliederungsebene einen identischen Aufbau, sodass ihre Inhalte gut vergleichbar sind. Im Rahmen der Gesamtevaluation kann sich diese Gliederung allerdings noch ändern, und zwar sowohl bei der Einbeziehung weiterer Sachfragen und der Entwicklung des Gesamtsystems als auch bei der beabsichtigten Erweiterung der untersuchten Rechtsordnungen.

Diese Schwierigkeiten bei der Entwicklung einer universal gültigen Metastruktur für den Allgemeinen Teil des Strafrechts und der zur Lösung erforderliche Prozess des „trial and error“ waren wichtige Gründe dafür, dass die Teilnehmer an dem Pilotprojekt in der ihnen am besten vertrauten deutschen Fachsprache gearbeitet haben. Nachdem inzwischen eine erste Struktur gefunden wurde, sollen die Arbeiten zu weiteren Rechtsordnungen nunmehr auf Englisch weitergeführt werden. Dies wird neue Herausforderungen an die Terminologie stellen, an denen im Institut bereits mit der Entwicklung eines spezifischen Thesaurus gearbeitet wird. Die bisher erstellten Berichte sollen dabei nach Möglichkeit auch für eine spätere Projektveröffentlichung aktualisiert und in die englische Sprache übersetzt werden.

Die Notwendigkeit einer engen persönlichen Zusammenarbeit in der strafrechtlichen Forschungsabteilung war bereits bei Projektbeginn klar und hat über die Auswahl geeigneter Landesberichterstatter auch die einbezogenen Rechtsordnungen bestimmt, die zum größten Teil von Referentinnen und Referenten des Instituts bearbeitet wurden. In dem dadurch gesetzten Rahmen sollte mit der Länderauswahl für die Pilotstudie ein möglichst breites Spektrum verschiedener Rechtssysteme erfasst werden. Dies ist auch in weitgehendem Umfang gelungen: *China* und *Südkorea* repräsentieren den asiatischen Rechtsraum, wobei das chinesische Strafrecht sozialistische Züge trägt und das koreanische von der früheren Rezeption des deutschen Strafrechts geprägt ist. Dem Strafrecht von *Côte d'Ivoire* liegt teilweise das Recht der ehemaligen französischen Kolonialmacht und teilweise traditionelles Stammesrecht zugrunde. Die Strafrechtsordnungen von *England und Wales* und

Schottland gehören beide der Common-Law-Familie an, weichen aber zum Teil deutlich von einander ab. Mit *Frankreich*, *Italien* und *Spanien* sind Länder des romanischen Rechtskreises, mit *Polen* ein ehemals sozialistisches und mit *Schweden* ein nordisches Land vertreten. Das *österreichische* Strafrecht weist für den deutschen Sprachraum typische Züge auf; und in der *Türkei* ist seit kurzem ein grundlegend reformiertes Strafgesetz in Kraft, mit dem sich das türkische Strafrecht von früheren Vorbildern weitgehend emanzipiert hat. Acht der zwölf untersuchten Rechtsordnungen wurden durch Referentinnen und Referenten des Instituts bearbeitet, die aus dem jeweiligen Land stammen.

Da das Konzept des Gesamtprojekts auch auf die Entwicklung eines Datenbanksystems zugeschnitten ist, ergeben sich in der vorliegenden Veröffentlichung außerdem einige formale Besonderheiten gegenüber einer nur als Buch geplanten Veröffentlichung. Dies betrifft in erster Linie den Verzicht auf einen Fußnotenapparat mit Literaturangaben. Statt in Fußnoten werden bei der Stoffdarstellung sowohl belegende als auch weiterführende Hinweise zu Literatur und Rechtsprechung in detaillierter Form am Ende der einzelnen Kapitel präsentiert. Der Grund hierfür besteht darin, dass gegenwärtig noch offen ist, in welcher Weise diese Angaben in der elektronischen Datenbank technisch mit dem Text verknüpft werden sollen und deswegen bisher noch keine Festlegung auf Fußnoten erfolgte. Die zahlreichen Querverweise, die in der elektronischen Darstellungsform als Links vorgesehen sind, erscheinen hier in der Druckversion am Seitenende. Diese Verweise beziehen sich jeweils auf Textstellen innerhalb desselben Landesberichts.

Die Ergebnisse des Pilotprojekts zum Allgemeinen Teil des Strafrechts werden in insgesamt vier Teilbänden vorgelegt: Band 1 enthält eine Einführung in die dargestellten Rechtsordnungen mit Kapiteln unter anderem über nationale Rahmenbedingungen, verfassungsrechtliche Vorgaben, strafrechtstheoretische Grundlagen und die historische Entwicklung des Strafrechts. Die Bände 2 und 3 leiten die Allgemeinen Lehren des Strafrechts ein und behandeln das Gesetzlichkeitsprinzip, den internationalen Geltungsbereich des Strafrechts, den Begriff und die Systematisierung der Straftat sowie die Anforderungen an die objektive Tatseite, die subjektive Tatseite und das strafbare Verhalten im Vorfeld der Tatvollendung. In Band 4 folgen Kapitel unter anderem zu Tatbeteiligung, Verantwortlichkeit für Straftaten in Kollektiven, Gründen für den Ausschluss der Strafbarkeit sowie zur Verjährung. Die Veröffentlichung der Bände 2 und 3 erfolgt bereits vor den anderen Bänden, um erste Ergebnisse zu den Kernfragen des Strafrechts möglichst früh zu präsentieren und zu diskutieren. Band 1 mit ergänzenden Hintergrundinformationen und Band 4 mit den noch fehlenden Fragestellungen befinden sich in Vorbereitung.

Allen Mitarbeiterinnen und Mitarbeitern, die zum Gelingen des Projekts beigetragen haben, möchten wir sehr herzlich danken. Ein besonderer Dank gebührt dabei zunächst den Autorinnen und Autoren der Landesberichte, die mit ihren Darstellungen und Diskussionsbeiträgen in der Projektgruppe die Grundlage für die hier genutzte Metastruktur und damit auch die weitere Projektarbeit geschaffen haben. Sie sind auf der Folgeseite zusammen mit den Personen genannt, denen der Dank der Herausgeber und der Autoren gilt. Herrn *Phillip Brunst* danken wir dafür, dass er die Arbeit im Hinblick auf die Internetversion beratend begleitet hat. Darüber hinaus sind wir Herrn *Jan-Michael Simon* zu Dank verpflichtet, der nicht nur durch seine Diskussionsanregungen zum Inhalt des Projekts beigetragen hat, sondern auch durch die Mitwirkung an einem erfolgreichen Antrag auf Förderung aus dem Exzellenzfonds des Präsidenten der Max-Planck-Gesellschaft. Für die sorgfältige Drucklegung der vorliegenden Bände geht ein herzlicher Dank auch an Frau *Petra Lehser*, Frau *Irene Kortel* und Frau *Christa Karcher*, in deren Händen die redaktionelle Bearbeitung dieses Bandes lag, sowie an Frau *Lina Schneider* und Frau *Annika Schreiber* für ihre engagierte Mithilfe im Lektorat.

Die Globalisierung, die Notwendigkeit einer Verhinderung der zunehmenden transnationalen Kriminalität sowie das Bedürfnis nach einem universalen Schutz von Menschenrechten (durch Strafrecht und gegen Strafrecht) haben zu einem erheblichen Bedeutungszuwachs der Strafrechtsvergleichung geführt. Wir hoffen, dass das vorliegende Projekt und diese Publikation zu einer Weiterentwicklung der Strafrechtsvergleichung und der Entwicklung einer internationalen Strafrechtsdogmatik beitragen, die heute für die Integration der nationalen und internationalen Strafrechtsordnungen in einem weltweit funktionierenden System der Strafrechtspflege und des Schutzes der Menschenrechte unverzichtbar ist.

Freiburg, September 2008 *Ulrich Sieber* und *Karin Cornils*

Verzeichnis der einbezogenen Rechtsordnungen und der Autoren

China, Volksrepublik (ohne die Sonderverwaltungsgebiete Hongkong und Macao)	*Yang Zhao, Thomas Richter*
Côte d'Ivoire	*Adome Blaise Kouassi*
England und Wales	*Susanne Forster*
Frankreich	*Juliette Lelieur, Peggy Pfützner, Sabine Volz*
Italien	*Konstanze Jarvers*
Korea, Republik (Südkorea)	*Misuk Son*
Österreich	*Ingeborg Zerbes*
Polen	*Ewa Weigend*
Schottland	*Sarah Summers*
Schweden	*Karin Cornils*
Spanien	*Teresa Manso Porto*
Türkei	*Silvia Tellenbach*

Für fruchtbare Diskussionen, wertvolle Hinweise und sonstige fachliche Unterstützung aus den behandelten Ländern danken Herausgeber und Autoren sehr herzlich: Prof. *Petter Asp* (Universität Uppsala), Prof. *Enrique Bacigalupo* (Oberster Gerichtshof, Madrid), Prof. *Luigi Foffani* (Universität Modena und Reggio Emilia), Dr. *Carlos Gómez Jara* (Universität Autónoma, Madrid), Prof. *Vincenzo Militello* (Universität Palermo), Prof. *Lorenzo Picotti* (Universität Verona), Prof. *Javier Sánchez-Vera Gómez-Trelles* (Universität Complutense, Madrid), Prof. *Giulio de Simone* (Universität Lecce), Prof. *Włodzimierz Wróbel* (Jagiellonen Universität, Krakau), Prof. *Eleonora Zielińska* (Universität Warschau) und Prof. *Andrzej Zoll* (Jagiellonen Universität, Krakau).

Gesamtübersicht zu den Teilbänden

Strafrecht Allgemeiner Teil

I. Grundlagen

Band 1:
- A. Nationale Rahmenbedingungen
- B. Rechtsvergleichende und internationale Einordnung des Rechtssystems
- C. Verfassungsrechtliche Vorgaben
- D. Strafrechtstheoretische Grundlagen
- E. Abgrenzung und Einordnung des Strafrechts
- F. Strafrechtsquellen und Auslegungshilfen
- G. Entwicklung des Strafrechts, Strafverfahrensrechts und Strafvollstreckungsrechts

II. Allgemeine Lehren

Band 2:
- A. Gesetzlichkeitsprinzip
- B. Internationaler Geltungsbereich des Strafrechts
- C. Begriff und Systematisierung der Straftat

Band 3:
- D. Objektive Tatseite
- E. Subjektive Tatseite
- F. Strafbares Verhalten im Vorfeld der Tatvollendung

Band 4:
- G. Tatbeteiligung
- H. Verantwortlichkeit für Straftaten in Unternehmen Verbänden und anderen Kollektiven
- J. Gründe für den Ausschluss der Strafbarkeit
- K. Amnestie, Begnadigung und Ähnliches
- L. Verjährung

Inhaltsverzeichnis

Vorwort V

Verzeichnis der einbezogenen Rechtsordnungen und der Autoren XI

Gesamtübersicht zu den Teilbänden XIII

Gliederungsübersicht zu Teilband 3 XVII

D. Objektive Tatseite

- China 473
- Côte d'Ivoire 487
- England und Wales 501
- Frankreich 513
- Italien 532
- Korea 545
- Österreich 561
- Polen 571
- Schottland 583
- Schweden 592
- Spanien 603
- Türkei 623

E. Subjektive Tatseite

- China 635
- Côte d'Ivoire 646
- England und Wales 662
- Frankreich 678
- Italien 695
- Korea 711
- Österreich 729
- Polen 740
- Schottland 750
- Schweden 759
- Spanien 773
- Türkei 787

F. Strafbares Verhalten im Vorfeld der Tatvollendung

- China 799
- Côte d'Ivoire 812
- England und Wales 821
- Frankreich 834
- Italien 848
- Korea 863
- Österreich 882
- Polen 892
- Schottland 906
- Schweden 919
- Spanien 933
- Türkei 949

Herausgeber und Autoren 957

Gliederungsübersicht zu Teilband 3

Strafrecht Allgemeiner Teil
II. Allgemeine Lehren

D. Objektive Tatseite

1. Definition/Elemente der objektiven Tatseite
2. Tatsubjekt
3. Tathandlung
4. Tatbegehung durch Unterlassen
   a) Abgrenzung zwischen Handeln und Unterlassen
   b) Besondere Handlungspflichten, Garantenlehre
   c) Vorsatz, Fahrlässigkeit, Versuch und Tatbeteiligung bei Unterlassungsdelikten
   d) Besonderheiten der Strafzumessung bei Unterlassungsdelikten
5. Tatobjekt
6. Taterfolg
7. Kausalität und objektive Zurechnung
   a) Kausalitäts- und Zurechnungstheorien
   b) Eventuelle Besonderheiten bei der Fahrlässigkeitstat

E. Subjektive Tatseite

1. Definition/Elemente der subjektiven Tatseite
2. Vorsatz [und Unrechtsbewusstsein]/*Intention* und *recklessness*
   a) Begriff und Bezugspunkte des Vorsatzes
   b) Formen des Vorsatzes
3. Subjektive Seite der Fahrlässigkeitstat
   a) Begriff und Bezugspunkte der Fahrlässigkeit
   b) Formen/Grade der Fahrlässigkeit
4. Eingeschränktes Erfordernis von Vorsatz oder Fahrlässigkeit
5. Fehlvorstellungen des Täters, Irrtum

a) Irrtum über Tatsachen
b) Irrtum über Rechtsfragen

F. Strafbares Verhalten im Vorfeld der Tatbegehung

1. Allgemeines
   a) Überblick
   b) Gründe der Strafbarkeit
2. Versuch
   a) Definition
   b) Objektive Voraussetzungen der Versuchsstrafbarkeit
   c) Subjektive Voraussetzungen der Versuchsstrafbarkeit
3. Einzelprobleme
   a) Untauglicher Versuch
   b) Wahndelikt
   c) Versuchte Tatbeteiligung/Beteiligung am Versuch
4. Strafzumessung
5. Rücktritt vom Versuch
   a) Voraussetzungen
   b) Wirkung des Rücktritts
   c) Besonderheiten bei Tatbeteiligung mehrerer
6. Andere Formen strafbaren Verhaltens im Vorfeld der Tatvollendung

D. Objektive Tatseite

D. Objektive Tatseite

1. Definition/Elemente der objektiven Tatseite
2. Tatsubjekt
3. Tathandlung
4. Tatbegehung durch Unterlassen
   a) Abgrenzung zwischen Handeln und Unterlassen
   b) Besondere Handlungspflichten, Garantenlehre
   c) Vorsatz, Fahrlässigkeit, Versuch und Tatbeteiligung bei Unterlassungsdelikten
   d) Besonderheiten der Strafzumessung bei Unterlassungsdelikten
5. Tatobjekt
6. Taterfolg
7. Kausalität und objektive Zurechnung
   a) Kausalitäts- und Zurechnungstheorien
   b) Eventuelle Besonderheiten bei der Fahrlässigkeitstat

Die Differenzierung zwischen objektiver und subjektiver Tatseite in der Projektgliederung ist das Ergebnis langer, eingehender Diskussionen. Die früher teilweise übliche Systematisierung der Straftat nach diesen Kriterien ist in vielen Rechtsordnungen heute überholt. An ihre Stelle sind andere Stufen des Verbrechensaufbaus getreten, die sowohl objektive als auch subjektive Elemente enthalten (siehe dazu II.C.2.). In den am *Common Law* orientierten Rechtssystemen hingegen ist die Unterscheidung von *actus reus* und *mens rea* so grundlegend und unverzichtbar, dass sie schließlich für die gemeinsame Gliederung übernommen wurde. Es stellte für viele Landesberichterstatter eine besondere Herausforderung dar, sich von der in ihrer Rechtsordnung allgemein gebräuchlichen Systematik zu lösen und einer Gliederung zu folgen, die teilweise von der im betreffenden Land herrschenden Lehre ausdrücklich abgelehnt wird. Im Ergebnis hat diese Vorgehensweise mit ihren Fragestellungen aus einer ungewohnten Perspektive jedoch zu wertvollen neuen Einblicken in das eigene Strafrecht geführt.

Während das Tatsubjekt hier der objektiven Tatseite zugeordnet ist, wird es in manchen Rechtsordnungen als subjektives beziehungsweise eigenständiges Element angesehen. Auch zum Handlungsbegriff bestehen teilweise unterschiedliche Auffassungen. In einzelnen Ländern ist eine Strafbarkeit wegen Unterlassens nur ausnahmsweise für bestimmte gesetzlich geregelte Fälle anerkannt, in anderen Ländern spielt sie keine nennenswerte Rolle in der Verfolgungspraxis. Nicht in allen untersuchten Rechtssystemen wird zwischen dem Handlungsobjekt und dem durch die Strafnorm geschützten Interesse unterschieden. Ein vielfältiges Bild bieten auch die Kausalitäts- und Zurechnungslehren.

Die Trennung zwischen objektiven und subjektiven Aspekten der Fahrlässigkeitstat stellte für mehrere Projektteilnehmer ebenfalls eine deutliche Abweichung von der Strafrechtsdogmatik ihres Landes dar. Unverkennbar gewinnt jedoch gerade diese gesonderte Betrachtungsweise in einer Reihe von Rechtsordnungen zunehmend an Bedeutung.

Yang Zhao
Thomas Richter

Objektive Tatseite in
China

1. Definition/Elemente der objektiven Tatseite

In der chinesischen Strafrechtslehre umfasst der Verbrechensaufbau vier Elemente:[1]

– Schutzobjekt der Straftat (犯罪客体, *fanzui keti*),
– Subjekt der Straftat (犯罪主体, *fanzui zhuti*),
– objektiver Aspekt der Straftat (犯罪客观方面, *fanzui keguan fangmian*) sowie
– subjektiver Aspekt der Straftat (犯罪主观方面, *fanzui zhuguan fangmian*).

Zur objektiven Tatseite gehört im Wesentlichen der sogenannte objektive Aspekt der Straftat, der vor allem die Tathandlung, das Handlungsobjekt, den Taterfolg sowie die Kausalität umfasst.

Nach der führenden chinesischen Lehre bildet das Tatsubjekt einen eigenständigen Teil des Verbrechensaufbaus und gehört deshalb auch nicht zur objektiven Tatseite. Gleichwohl soll es hier aber Berücksichtigung finden, damit im Rahmen der gemeinsamen Projekt-Gliederung die Vergleichbarkeit der Regelungen in den verschiedenen Rechtsordnungen erhalten bleibt.

2. Tatsubjekt

Als Tatsubjekt kommen im chinesischen Strafrecht in erster Linie natürliche Personen in Betracht. Das erste Strafgesetzbuch der Volksrepublik China von 1979 enthielt keine Vorschrift über Straftaten von juristischen Personen. Deren strafrechtliche Verantwortlichkeit wurde in der damaligen Lehre auch überwiegend abgelehnt. Ein erster Schritt in diese Richtung setzte das Zollgesetz vom 22.1.1987, das in seinem § 47 Abs. 4 die Möglichkeit von Geldstrafen für (Wirtschafts-)Einheiten (单位, *danwei*) vorsah. Mit der Strafrechtsreform von 1997 wurde die Strafbar-

[1] Siehe dazu im Einzelnen II.C.2.

keit juristischer Personen generell in das Strafgesetzbuch (中华人民共和国刑法, *Zhonghua Renmin Gongheguo xingfa*, chStGB) eingeführt, wenn auch mit der Maßgabe, dass die Tatbestände des Besonderen Teils hierauf ausdrücklich Bezug nehmen müssen. Seither sind in einer Reihe von Tatbeständen auch nicht-natürliche Personen erfasst.[2]

Es gibt im Strafgesetzbuch Allgemein- und Sonderdelikte. Bei ersteren kommt jedermann als Täter in Frage. Bei letzteren setzt das Gesetz dagegen eine bestimmte Eigenschaft des Täters voraus. Zahlreiche Sonderdelikte beziehen sich auf Staatsbedienstete und Militärangehörige. Dies betrifft vor allem die Straftatbestände in den Kapiteln 8 (Bestechungsdelikte), 9 (Amtsmissbrauch) und 10 (Pflichtverletzungen durch Militärangehörige) des Besonderen Teils des chinesischen Strafgesetzbuchs. Aber auch in den anderen Kapiteln existieren Sonderdelikte. So kann zum Beispiel der Tatbestand der Misshandlung gemäß § 260 Abs. 1 chStGB nur von einem Familienangehörigen des Opfers verwirklicht werden.

Die Subjekteigenschaft umfasst nach chinesischer Auffassung auch die Fragen der *strafrechtlichen Verantwortlichkeit* natürlicher Personen. Zur strafrechtlichen Verantwortlichkeit gehören – auch nach chinesischer Auffassung – die Strafmündigkeit (§ 17 chStGB)[3] und der geistig-seelische Zustand der Person einschließlich eines eventuellen Rausches (§ 18 chStGB).[4] So werden etwa strafunmündige Kinder nicht als taugliche Subjekte einer Straftat angesehen. Ausländer, die diplomatische Privilegien und Immunität genießen, können zwar als Tatsubjekt gelten, ihre strafrechtliche Verantwortlichkeit wird nach § 11 chStGB allerdings auf diplomatischem Weg geklärt.[5]

3. Tathandlung

Im Mittelpunkt des objektiven Aspekts einer Straftat steht die schädigende Handlung (危害行为, *weihai xingwei*), die gesellschaftsschädlich sein muss. Der strafrechtliche Handlungsbegriff wird erst in jüngerer Zeit eingehender diskutiert. Konsens dürfte dahingehend bestehen, dass die Handlung ein vom menschlichen Bewusstsein getragenes, äußeres Tun ist. Der Handlungsbegriff umfasst Handeln und Unterlassen. Handeln (作为, *zuowei*) wird als aktives körperliches Tun, Unterlassen (不作为, *bu-zuowei*) als „negatives" körperliches Tun verstanden. Unterlassen ist die Nicht-Ausführung einer bestehenden Pflicht, deren Ausführung möglich

---

2 Näher dazu siehe II.H.

3 Siehe dazu II.J.6.

4 Siehe dazu II.J.7.

5 Siehe dazu auch II.B.2.a.

gewesen wäre.[6] Im Einzelfall kann die Unterscheidung sehr schwierig sein, etwa bei der Frage von verbotenem Besitz.

Dass die Handlung vom menschlichen Bewusstsein getragen sein muss, kennzeichnet die Abgrenzung zwischen einer Handlung im Sinne des objektiven Tatbestands und sonstigen körperlichen Bewegungen wie zum Beispiel Reflexbewegungen im Schlaf oder bei Bewusstlosigkeit. Letztere werden nicht strafrechtlich erfasst. Gemäß gesetzlicher Bestimmung (§ 18 Abs. 4 chStGB) werden Handlungen eines Betrunkenen als strafrechtlich relevant angesehen. Dies wird nach herrschender Ansicht, die teilweise auf die *actio-libera-in-causa*-Lehre hinweist, auch damit begründet, dass die Trunkenheit durch den Täter selbst verursacht wurde.

Das Verhalten eines Geisteskranken, der nicht in der Lage ist, sein Verhalten richtig zu erkennen und zu steuern, stellt demgegenüber keine Tathandlung dar. Das Gleiche gilt auch für ein Verhalten, das durch körperlich unwiderstehliche Gewalt verursacht wird. Im Gegensatz dazu liegt eine Tathandlung vor, wenn der Täter unter rein psychischer Bedrohung agiert hat.

Die Handlung muss nach außen erkennbar sein. Dadurch wird sie von inneren Gedanken, Ideen, Absichten und dergleichen abgegrenzt. Selbst wenn ein detaillierter Plan zu einer Straftat bereits vorhanden ist, liegt noch keine Handlung vor, solange keine nach außen erkennbaren Aktivitäten zur Vorbereitung oder Ausführung der Straftat erfolgen. Zu beachten ist in diesem Zusammenhang, dass das chinesische Strafrecht nicht nur den Versuch, sondern schon die Vorbereitung einer Straftat unter Strafe stellt.[7]

4. Tatbegehung durch Unterlassen

a) Abgrenzung zwischen Handeln und Unterlassen

Weder das Handeln noch das Unterlassen ist gesetzlich definiert. Im Schrifttum wird das Handeln überwiegend als eine aktive, physisch spürbare körperliche Bewegung definiert, durch die etwas strafrechtlich Verbotenes getan wird.

Das Unterlassen (不作为, *bu-zuowei*, wörtlich: Nicht-Handeln) wird üblicherweise als Gegensatz zum Handeln verstanden. Es gleicht aber nicht einfach einem „Nichtstun“, wie das Wort buchstäblich nahelegt, sondern setzt eine entsprechende Verpflichtung zum aktiven Handeln voraus, dessen Unterlassung gesellschaftsschädliche Folgen mit sich bringt und daher strafwürdig ist.

In der chinesischen Literatur ist die Unterscheidung zwischen echten (纯正不作为犯, *chunzheng bu-zuowei fan*) und unechten Unterlassungsdelikten (不纯正不作为犯,

---

6 Siehe näher dazu unten 4.

7 Siehe dazu II.F.6.

bu-chunzheng bu-zuowei fan) üblich. Allgemein ist davon auszugehen, dass diejenigen Straftaten, die nur durch Unterlassen begangen werden können, zu den echten Unterlassungsdelikten zählen. Die sonstigen Straftaten, die sowohl durch aktives Handeln als auch durch Unterlassen begangen werden können, werden den unechten Unterlassungsdelikten zugeordnet.

Das unechte Unterlassen, welches auch im revidierten Strafgesetzbuch nicht erwähnt wird, kann zwar als im Prinzip anerkanntes Institut angesehen werden; da zahlreiche grundsätzliche Fragen jedoch noch nicht hinreichend dogmatisch geklärt sind, spielt es in der Justizpraxis bislang kaum eine Rolle. Die Voraussetzungen für die Gleichstellung eines Unterlassens mit einem aktiven Tun ähneln den Bedingungen des deutschen Strafrechts:

– Zunächst muss der Betroffene rechtlich zu einem bestimmten aktiven Tun verpflichtet sein. Eine strengere Mindermeinung verlangt sogar, dass diese Pflicht eine strafrechtliche sein muss. Eine sittliche Pflicht ist nach einhelliger Ansicht im Schrifttum jedenfalls nicht ausreichend. Die Pflicht kann sich ergeben aus Rechtsvorschriften wie Gesetzen oder Verordnungen, aus dem Amt oder Beruf, aus eigenen Rechtshandlungen wie Verträgen oder einseitigen Rechtsverpflichtungen, oder schließlich aus Ingerenz. Auch in der Volksrepublik China ist im Einzelnen umstritten, inwieweit ein vorangegangenes Tun die spätere Interventionspflicht begründen kann.[8]

– Ferner muss der Betroffene die Möglichkeit zum aktiven Tun gehabt haben. Ob dies der Fall ist, soll sich einerseits aus den subjektiven Fähigkeiten des Betroffenen und andererseits aus den objektiven Verhältnissen ergeben. Dabei kann auch eine Rolle spielen, ob der Betroffene die objektiv vorliegende Möglichkeit zum aktiven Tun tatsächlich erkannt hat oder hätte erkennen müssen.

– Des Weiteren darf der Betroffene seiner Verpflichtung zum aktiven Tun nicht nachgekommen sein. Er darf also die von ihm rechtlich geforderte Handlung nicht ausgeführt haben. Dieses Erfordernis wird im Schrifttum als der Kern des Unterlassens betrachtet.

– Schließlich muss das Unterlassen der rechtlich gebotenen Handlung die Schädigung oder Gefährdung eines vom Strafrecht geschützten staatlichen, kollektiven oder individuellen Interesses herbeigeführt haben. Wäre die Schädigung oder Gefährdung auch bei einem Eingreifen des Verpflichteten eingetreten, soll kein strafrechtlich relevantes Unterlassen anzunehmen sein.

b) Besondere Handlungspflichten, Garantenlehre

Eine Tatbegehung durch Unterlassen setzt voraus, dass der Betroffene die Pflicht zu einer aktiven Handlung hat. In der chinesischen Lehre werden die Entstehungs-

---

[8] Siehe näher dazu unten b.

gründe der Handlungspflicht als Grundlage des Unterlassungsdelikts diskutiert. Nach der herrschenden Ansicht kann eine Handlungspflicht aus den folgenden Gründen entstehen:

– Zunächst kann durch Gesetz eine solche Pflicht ausdrücklich geregelt sein. Hier handelt es sich nicht nur um strafrechtliche Gesetze. In der Tat haben die meisten Handlungspflichten ihren Ursprung im Zivil- beziehungsweise Verwaltungsrecht. Der Tatbestand der unterlassenen Hilfeleistung des § 261 chStGB beispielsweise setzt eine Fürsorgepflicht nach den §§ 20, 21, 28, 29 chEheG vom 28.4.2001 voraus. Ferner können die anderen in der Verfassung anerkannten Rechtsquellen wie Verordnungen oder Satzungen[9] die Rechtsgrundlage einer solchen Pflicht darstellen.

– Zweitens kommt eine Handlungspflicht aufgrund des Berufs in Frage. Dies bezieht sich insbesondere auf solche Berufsgruppen wie Ärzte, Polizisten oder Feuerwehrleute. Nach einhelliger Meinung beschränkt sich eine solche berufliche Handlungspflicht im Prinzip nur auf die Dienstzeit und -stelle.

– Schließlich lässt sich eine Handlungspflicht auch durch eine vorangegangene Handlung begründen. Eine entsprechende Vorhandlung muss nicht rechtswidrig sein. Auch ein Rechtsgeschäft kann unter Umständen eine Handlungspflicht begründen. Es ist aber umstritten, inwieweit eine Straftat die Handlungspflicht begründen kann, deren Unterlassung an sich zur Strafbarkeit führt. Nach einer sehr weit verbreiteten Ansicht kommt es darauf an, ob es sich bei der vorangegangenen Straftat um ein erfolgsqualifiziertes Delikt handelt. Wenn dies der Fall ist, ist ein anschließendes Unterlassungsdelikt zu verneinen. Der Täter ist nur wegen der erfolgsqualifizierten Straftat strafbar. Handelt es sich nicht um ein solches Delikt, kann eine Tatmehrheit vorliegen, das heißt, der Täter kann sowohl wegen des vorangegangenen Tätigkeitsdelikts als auch wegen der Unterlassung strafbar sein.

c) Vorsatz, Fahrlässigkeit, Versuch und Tatbeteiligung bei Unterlassungsdelikten

Wie beim Tätigkeitsdelikt sind auch beim Unterlassungsdelikt bestimmte subjektive Voraussetzungen erforderlich. Es wird hierfür im Schrifttum nicht mehr zwischen echtem und unechtem Unterlassungsdelikt differenziert. Der Vorsatz muss sich nicht nur auf das „Nichtstun" als solches, sondern auch auf die eigene Pflicht zum aktiven Handeln beziehen. Außerdem muss der Täter erkannt haben, dass er objektiv in der Lage gewesen wäre, seiner Handlungspflicht nachzukommen. Hat der Täter die Möglichkeit zum Handeln nicht erkannt, kann ein Vorsatz bereits ausgeschlossen werden. In diesem Fall muss gleichwohl untersucht werden, ob die Möglichkeit des Eingreifens für den Täter objektiv erkennbar gewesen wäre. Hätte er sie erkennen können, so kommt eine Strafbarkeit wegen Fahrlässigkeit in Frage.[10]

---

[9] Siehe hierzu II.A.2.b.

[10] Siehe unten 7.b. sowie auch II.E.

Der Versuch eines Unterlassungsdelikts wird in der chinesischen Lehre kaum diskutiert. Auf das unechte Unterlassungsdelikt lassen sich jedenfalls die Bedingungen des Versuchs beim Tätigkeitsdelikt im Prinzip übertragen.[11]

Eine Tatbeteiligung durch Unterlassen ist nur denkbar, wenn die Verpflichtung zum Handeln auch den Beteiligten selbst erfasst. Die oben aufgeführten Voraussetzungen der Strafbarkeit wegen Unterlassens gelten also im Fall der Tatbeteiligung für jeden Mitwirkenden.

5. Tatobjekt

Das Tat- oder Handlungsobjekt (犯罪对象、行为对象, *fanzui duixiang* oder *xingwei duixiang*) ist zu unterscheiden vom abstrakten Schutzobjekt (客体, *keti*). Das Erstere bezieht sich auf die Personen, Sachen oder sonstigen Gegenstände, die der Täter direkt angegriffen hat. Das Letztere erfasst dagegen die durch die strafrechtlichen Vorschriften geschützten abstrakteren Rechtsgüter beziehungsweise (nach der in der chinesischen Lehre häufiger benutzten Terminologie) Gesellschaftsbeziehungen (社会关系, *shehui guanxi*).[12]

Soweit ein Straftatbestand ein Handlungsobjekt voraussetzt, handelt es sich dabei im Wesentlichen um Personen oder Sachen, wobei neben natürlichen Personen auch juristische Personen oder sonstige Personenvereinigungen und sowohl körperliche wie auch nicht-körperliche Sachen umfasst sein sollen.

6. Taterfolg

Das chinesische Schrifttum unterscheidet bei Straftatbeständen zwischen Tätigkeits- (行为犯，*xingwei fan*) und Erfolgsdelikten (结果犯, *jieguo fan*). Bei ersteren ist der Tatbestand bereits durch eine entsprechende Handlung verwirklicht. Das Erfolgsdelikt erfordert dagegen den Eintritt eines schädigenden Erfolgs. Ein solcher stellt auch eine Verletzung von „Gesellschaftsbeziehungen“ dar, die durch das Strafrecht geschützt werden.[13] Es gibt daneben eine Reihe von erfolgsqualifizierten Delikten (结果加重犯, *jieguo jiazhong fan*), bei denen normalerweise ein abgestufter Strafrahmen vorgesehen ist, nach dem der Täter schärfer bestraft wird, wenn der zusätzliche Erfolg herbeigeführt wurde.

Im chinesischen Strafrecht dominieren bisher die Verletzungsdelikte (实害犯, *shihai fan*). Dies dürfte auch damit zusammenhängen, dass das Erfordernis der kriminellen Gesellschaftsschädlichkeit einen vorweisbaren Schaden nahelegt, nach

---

[11] Näher hierzu siehe II.F.

[12] Näher hierzu siehe I.D.1.

[13] Näher hierzu siehe I.D.1.

tradierter Auffassung geradezu erfordert. Doch stoßen auch die Gefährdungsdelikte (危险犯, *weixian fan*) in der chinesischen Lehre und auch beim Gesetzgeber auf ein wachsendes Interesse. Tatsächlich enthält das Strafgesetz von 1997 bereits eine Reihe von Gefährdungsdelikten. Eine tiefer gehende dogmatische Diskussion ist allerdings erst im Entstehen begriffen.

7. Kausalität und objektive Zurechnung

a) Kausalitäts- und Zurechnungstheorien

Die Frage der Kausalität (因果关系, *yinguo guanxi*, wörtlich: Beziehung zwischen Ursache und Erfolg) wird zumeist im Kontext der objektiven Tatbestandsmerkmale behandelt, obwohl sie nach herrschender Meinung nicht bloßer Bestandteil derselben sein soll. Im chinesischen Schrifttum gibt es keine begriffliche Differenzierung zwischen Ursächlichkeit und Zurechnung, vielmehr wird beides im Komplex des Kausalzusammenhangs zu lösen versucht.

Vertreten werden im Schrifttum drei *Kausalitätstheorien*:

- die Bedingungstheorie,
- die Ursachentheorie und
- die Lehre vom adäquaten Kausalzusammenhang.

Am weitesten geht die Bedingungstheorie (条件说, *tiaojian shuo*), die jede Bedingung als kausal erfasst, die zum Erfolg führt, losgelöst von ihrem jeweiligen Anteil an der Erfolgsverursachung. Die beiden anderen Theorien legen die Bedingungstheorie zugrunde und versuchen, diese sinnvoll einzuschränken.

Die Ursachentheorie (原因说, *yuanyin shuo*) unterscheidet zwischen Ursachen für den Erfolgseintritt und bloßen Bedingungen. Für die Frage, wie unterschieden werden kann, existieren wiederum mehrere Meinungen, unter anderem

- die Lehre von der zwangsläufigen Ursache,
- die Lehre von der direkten Ursache,
- die Lehre von der letzten Ursache und
- die Lehre von der beschlossenen Ursache.

Schließlich versucht die Lehre vom adäquaten Kausalzusammenhang (相当因果关系说, *xiangdang yinguo guanxi shuo*), das Verhältnis zwischen Bedingung und Erfolg zu bewerten. Nur wenn das Verhältnis als adäquat einzustufen ist, soll der Kausalzusammenhang bejaht werden. Umstritten ist bei dieser Theorie, auf wen bei der Bewertung abzustellen ist. Die subjektive Theorie stellt auf den Täter selbst, die objektive auf den Richter und die vermittelnde Theorie auf den Täter als einen durchschnittlichen Bürger ab.

b) Eventuelle Besonderheiten bei der Fahrlässigkeitstat

Das Problem der Fahrlässigkeit (过失, *guoshi*) wird in der chinesischen Lehre ebenso wie der Vorsatz (故意, *guyi*) unter dem subjektiven Aspekt der Straftat (犯罪主观方面, *fanzui zhuguan fangmian*) behandelt.[14] Dem Wortlaut des § 15 Abs. 1 chStGB ist zu entnehmen, dass es sich im chinesischen Strafrecht bei allen Fahrlässigkeitstaten um Erfolgsdelikte handelt.

§ 15 Abs. 1 chStGB

Eine fahrlässige Straftat liegt vor, wenn der Täter hätte voraussehen müssen, dass das eigene Handeln für die Gesellschaft schädliche Folgen herbeiführen kann, er aber aus Unachtsamkeit beziehungsweise Nachlässigkeit dies nicht vorausgesehen hat, oder wenn er dies zwar vorausgesehen hat, aber leichtfertig darauf vertraute, zu einer Vermeidung [dieser Folgen] imstande zu sein, und diese Folgen dann doch eingetreten sind.

Die wichtigste objektive Voraussetzung für die Strafbarkeit wegen eines fahrlässigen Delikts ist also der Eintritt des im Tatbestand genannten Erfolgs. Im Schrifttum wird das Erfordernis des § 15 Abs. 1 chStGB, dass der Täter den Eintritt des Erfolgs „hätte voraussehen müssen", in der Weise interpretiert, dass einerseits der Eintritt des Erfolgs für den Täter zum Zeitpunkt der Tat objektiv erkennbar gewesen sein muss und andererseits dem Täter eine Sorgfaltspflicht obliegt. Diese beiden Umstände werden ebenfalls als notwendige Voraussetzungen für die Strafbarkeit der Fahrlässigkeitstat angesehen.

Umstritten ist das Kriterium der objektiven Erkennbarkeit des Erfolgs. Die absolute objektive Lehre hält es für ausreichend, wenn der Eintritt des Erfolgs für eine beliebige „vernünftige Person" erkennbar ist. Die gemäßigte objektive Lehre stellt auf bestimmte Personenkreise (Berufe, Altersgruppe und so weiter) ab. So liegt die Erkennbarkeit vor, wenn sie zum Beispiel einem Arzt oder einem Feuerwehrmann zumutbar ist und der Täter zu jenem Personenkreis gehört. Dagegen hält die subjektive Lehre die individuellen persönlichen Fähigkeiten (Alter, Erfahrung, Erziehung, Gesundheitszustand und so weiter) des Täters für entscheidend. Nach der wohl herrschenden subjektiv-objektiven Lehre müssen alle konkreten Umstände der Tat und persönlichen Eigenschaften des Täters berücksichtigt werden, und dabei sollen die persönlichen Fähigkeiten des Täters die wichtigere Rolle spielen, damit eine rein objektive Zurechnung vermieden wird.

Die Sorgfaltspflicht kann sich in erster Linie aus gesetzlichen, nicht notwendigerweise strafrechtlichen Vorschriften ergeben. Die Verletzung der Sorgfaltspflicht im Verwaltungs- und Zivilrecht (wie etwa Straßenverkehrsregeln, Produkthaftungsrecht, Umweltrecht oder Deliktsrecht) kann auch eine Fahrlässigkeitsstrafbarkeit begründen. Ferner kann die Sorgfaltspflicht aus beruflichen Erfordernissen entstehen. Auch die Rechtsgeschäfte können bestimmte Sorgfaltspflichten begrün-

---

[14] Siehe dazu II.E.3.

den, deren Verletzung zur Strafbarkeit führen kann. Schließlich wird im Schrifttum teilweise behauptet, dass auch die in der Gesellschaft allgemein übliche Gewohnheit unter Umständen eine Quelle der Sorgfaltspflicht darstellen kann.

Literaturhinweise

Chen, Xingliang, Xingfa shiyong zonglun (Allgemeine Lehre zur Anwendung des Strafrechts), Band 1. 2. Aufl. Bejing 2006, S. 67–122, 208–267, 506–565.

– Xingfa zonglun (Allgemeiner Teil des Strafrechts). Beijing 2002, S. 12–24.

He, Bingsong, Fanzui keguan fangmian (Objektiver Aspekt der Straftat). In: Bingsong He (Hrsg.), Xingfa jiaokeshu (Lehrbuch des Strafrechts), Band 1. 6. Aufl. Beijing 2003, S. 337–369.

– Fanzui keti (Objekt der Straftat). In: Bingsong He (Hrsg.), Xingfa jiaokeshu (Lehrbuch des Strafrechts), Band 1. 6. Aufl. Beijing 2003, S. 278–296.

He, Bingsong, Fanzui zhuti (Subjekt der Straftat). In: Bingsong He (Hrsg.), Xingfa jiaokeshu (Lehrbuch des Strafrechts), Band 1. 6. Aufl. Beijing 2003, S. 232–277.

Hu, Kangsheng/Li, Fucheng (Hrsg.), Zhonghua Renmin Gongheguo xingfa shiyi (Kommentar zum Strafgesetzbuch der Volksrepublik China). Beijing 1997, S. 21 ff.

Huang, Xiaoliang, Fanzui keguan fangmian (Objektiver Aspekt der Straftat). In: Bingzhi Zhao (Hrsg.), Xingfa zonglun (Allgemeiner Teil des Strafrechts). Beijing 2007, S. 221–267.

Jian, Ming, Fanzui goucheng lilun gaishu (Einführung in die Straftatbestandslehre). In: Kechang Ma (Hrsg.), Fanzui tonglun (Allgemeine Verbrechenslehre). 3. Aufl. Wuhan 1999, S. 59–100.

Li, Hong, Bu-zuowei fan yanjiu (Studie zum Unterlassungsdelikt). Wuhan 1997.

Lin, Wei, Gaidang xing (Tatbestandsmäßigkeit). In: Xingliang Chen (Hrsg), Xingfa xue (Strafrechtslehre). Shanghai 2003, S. 54–102.

Lin, Yinmao, Fanzui goucheng (Straftatbestand). In: Kechang Ma/Chunxi Yang/Jigui Lü (Hrsg.), Xingfa xue quanshu (Enzyklopädie der Strafrechtswissenschaft). Shanghai 1993, S. 37–41.

Liu, Hua, Fanzui de keguan fangmian (Objektiver Aspekt der Straftat). In: Kechang Ma/Chunxi Yang/Jigui Lü (Hrsg.), Xingfa xue quanshu (Enzyklopädie der Strafrechtswissenschaft). Shanghai 1993, S. 61–63.

– Fanzui jieguo (Taterfolg). In: Kechang Ma/Chunxi Yang/Jigui Lü (Hrsg.), Xingfa xue quanshu (Enzyklopädie der Strafrechtswissenschaft). Shanghai 1993, S. 67–70.

– Weihai xingwei (Schädigende Handlung). In: Kechang Ma/Chunxi Yang/Jigui Lü (Hrsg.), Xingfa xue quanshu (Enzyklopädie der Strafrechtswissenschaft). Shanghai 1993, S. 63–67.

Liu, Hua, Xingfa shang de yinguo guanxi (Kausalität im Strafrecht). In: Kechang Ma/Chunxi Yang/Jigui Lü (Hrsg.), Xingfa xue quanshu (Enzyklopädie der Strafrechtswissenschaft). Shanghai 1993, S. 70–78.

Liu, Shengrong, Fanzui zhuketi lilun yanjiu (Studie zur Theorie des Subjekts und des Objekts der Straftat). In: Shengrong Liu/Dingquan Huang (Hrsg.), Xingfa jichu lilun yanjiu (Studien zur grundlegenden Theorie des Strafrechts). Beijing 2001, S. 112–153.

Lü, Jigui, Faren fanzui (Straftat durch juristische Person). In: Kechang Ma/Chunxi Yang/Jigui Lü (Hrsg.), Xingfa xue quanshu (Enzyklopädie der Strafrechtswissenschaft). Shanghai 1993, S. 90–93.

– Fanzui duixiang (Handlungsobjekt). In: Kechang Ma/Chunxi Yang/Jigui Lü (Hrsg.), Xingfa xue quanshu (Enzyklopädie der Strafrechtswissenschaft). Shanghai 1993, S. 59–61.

– Fanzui keti (Objekt der Straftat). In: Kechang Ma/Chunxi Yang/Jigui Lü (Hrsg.), Xingfa xue quanshu (Enzyklopädie der Strafrechtswissenschaft). Shanghai 1993, S. 54–57.

– Fanzui keti de fenlei (Kategorien des Objekts der Straftat). In: Kechang Ma/Chunxi Yang/Jigui Lü (Hrsg.), Xingfa xue quanshu (Enzyklopädie der Strafrechtswissenschaft). Shanghai 1993, S. 57–59.

– Fanzui zhuti (Subjekt der Straftat). In: Kechang Ma/Chunxi Yang/Jigui Lü (Hrsg.), Xingfa xue quanshu (Enzyklopädie der Strafrechtswissenschaft). Shanghai 1993, S. 80–84.

– Xingshi zeren nengli (Straffähigkeit). In: Kechang Ma/Chunxi Yang/Jigui Lü (Hrsg.), Xingfa xue quanshu (Enzyklopädie der Strafrechtswissenschaft). Shanghai 1993, S. 84–87.

– Xingshi zeren nianling (Strafmündigkeit). In: Kechang Ma/Chunxi Yang/Jigui Lü (Hrsg.), Xingfa xue quanshu (Enzyklopädie der Strafrechtswissenschaft). Shanghai 1993, S. 87–90.

Richter, Thomas, Umweltstrafrecht in der Volksrepublik China. Freiburg 2002, S. 190–196.

Song, Qingde, Fanzui keti (Objekt der Straftat). In: Qingde Song (Hrsg.), Xin xingfa fanzui lun yanjiu (Studie zur Verbrechenstheorie des neuen Strafgesetzbuchs). Beijing 1999, S. 82–94.

– Xingfa zhong de yinguo guanxi (Kausalität im neuen Strafgesetzbuch). In: Qingde Song (Hrsg.), Xin xingfa fanzui lun yanjiu (Studie zur Verbrechenstheorie des neuen Strafgesetzbuchs). Beijing 1999, S. 61–81.

Strupp, Michael, Das neue Strafgesetzbuch der VR China. Kommentar und Übersetzung, Hamburg 1998.

Wang, Chen, Fanzui zhuti (Subjekt der Straftat). In: Kechang Ma (Hrsg.), Fanzui tonglun (Allgemeine Verbrechenslehre). 3. Aufl. Wuhan 1999, S. 239–303.

Wang, Shizhou, Fanzui goucheng (Straftatbestand). In: Chunxi Yang/Dunxian Yang (Hrsg.), Zhongguo xingfa lun (Das chinesische Strafrecht). 2. Aufl. Beijing 1998, S. 60–109.

– Fanzui goucheng (Straftatbestand). In: Shoufen Liu (Hrsg.), Xingfa xue gailun (Einführung in die Strafrechtslehre). Beijing 2000, S. 44–104.

– Strafbarkeit juristischer Personen im chinesischen Strafrecht. Entwicklung und Ausblick. ZStW 107 (1995), S. 1019–1027.

Xiong, Xuanguo, Fanzui keti (Objekt der Straftat). In: Kechang Ma (Hrsg.), Fanzui tonglun (Allgemeine Verbrechenslehre). 3. Aufl. Wuhan 1999, S. 101–134.

Xu, Shansong, Fanzui he fanzui goucheng (Die Straftat und der Straftatbestand). In: Qiong Zhang (Hrsg.), Zhongguo xingfa jiaocheng (Lehrbuch des chinesischen Strafrechts), Band 1. Beijing 1998, S. 45–56.

– Fanzui keguan yaojian (Objektiver Straftatbestand). In: Qiong Zhang (Hrsg.), Zhongguo xingfa jiaocheng (Lehrbuch des chinesischen Strafrechts), Band 1. Beijing 1998, S. 66–81.

– Fanzui keti (Objekt der Straftat). In: Qiong Zhang (Hrsg.), Zhongguo xingfa jiaocheng (Lehrbuch des chinesischen Strafrechts), Band 1. Beijing 1998, S. 57–65.

– Fanzui zhuti (Subjekt der Straftat). In: Qiong Zhang (Hrsg.), Zhongguo xingfa jiaocheng (Lehrbuch des chinesischen Strafrechts), Band 1. Beijing 1998, S. 82–95.

You, Wei, Fanzui goucheng (Straftatbestand). In: Huiyu Su (Hrsg.), Xingfa xue (Strafrechtslehre). Beijing 1999, S. 86–99.

– Fanzui keti (Objekt der Straftat). In: Huiyu Su (Hrsg.), Xingfa xue (Strafrechtslehre). Beijing 1999, S. 100–110.

– Fanzui zhuti (Subjekt der Straftat). In: Huiyu Su (Hrsg.), Xingfa xue (Strafrechtslehre). Beijing 1999, S. 136–151.

Zhang, Mingkai, Fanzui keguan yaojian (Objektiver Straftatbestand). In: Huiyu Su (Hrsg.), Xingfa xue (Strafrechtslehre). Beijing 1999, S. 111–135.

Zhang, Mingkai, Xingfa xue (Strafrechtslehre). 2. Aufl. Beijing 2003, S. 119–209.

Zhang, Wen, Xingfa yinguo guanxi ruogan lilun wenti yanjiu (Studie zu einigen theoretischen Fragen der Kausalität im Strafrecht). In: Shengrong Liu/Dingquan Huang (Hrsg.), Xingfa jichu lilun yanjiu (Studien zur grundlegenden Theorie des Strafrechts). Beijing 2001, S. 188–218.

Zhao Bingzhi, Fanzui keguan fangmian (Objektiver Aspekt der Straftat). In: Mingxuan Gao (Hrsg.), Xinbian Zhongguo xingfa xue (Das neue Lehrbuch des chinesischen Strafrechts), Band 1. Beijing 2000, S. 104–137.

– Fanzui keti (Objekt der Straftat). In: Mingxuan Gao (Hrsg.), Xinbian Zhongguo xingfa xue (Das neue Lehrbuch des chinesischen Strafrechts), Band 1. Beijing 2000, S. 95–103.

– Fanzui keti (Objekt der Straftat). In: Bingzhi Zhao (Hrsg.), Xingfa zonglun (Allgemeiner Teil des Strafrechts). Beijing 2007, S. 268–282.

– Fanzui zhuti (Subjekt der Straftat). In: Mingxuan Gao (Hrsg.), Xinbian Zhongguo xingfa xue (Das neue Lehrbuch des chinesischen Strafrechts), Band 1. Beijing 2000, S. 138–165.

– Fanzui zhuti (Subjekt der Straftat). In: Bingzhi Zhao (Hrsg.), Xingfa zonglun (Allgemeiner Teil des Strafrechts). Beijing 2007, S. 150–185.

Zhao, Tingguang, Fanzui de keguan fangmian (Der objektive Aspekt der Straftat). In: Kechang Ma (Hrsg.), Fanzui tonglun (Allgemeine Verbrechenslehre). 3. Aufl. Wuhan 1999, S. 135–238.

Zheng, Jinhuo, Fanzui goucheng gaishuo (Einführung in den Straftatbestand). In: Li Chen/Yongsheng Huang (Hrsg.), Xingfa zonglun (Allgemeiner Teil des Strafrechts). 2. Aufl. Xiamen 2002, S. 72–104.

– Fanzui keguan fangmian (Objektiver Aspekt der Straftat). In: Li Chen/Yongsheng Huang (Hrsg.), Xingfa zonglun (Allgemeiner Teil des Strafrechts). 2. Aufl. Xiamen 2002, S. 121–161.

– Fanzui keti (Objekt der Straftat). In: Li Chen/Yongsheng Huang (Hrsg.), Xingfa zonglun (Allgemeiner Teil des Strafrechts). 2. Aufl. Xiamen 2002, S. 105–120.

– Fanzui zhuti (Subjekt der Straftat). In: Li Chen/Yongsheng Huang (Hrsg.), Xingfa zonglun (Allgemeiner Teil des Strafrechts). 2. Aufl. Xiamen 2002, S. 162–203.

Rechtsprechung

Zum Tatsubjekt

Urteil des Mittleren Volksgerichts der Stadt Xinyu vom 1.8.1996, Urteil des Oberen Volksgerichts der Provinz Jiangxi vom 28.7.1997 und Urteil des Obersten Volksgerichts vom 25.2.1999, zusammenfassend abgedruckt als Fall Nr. 3, CK 1999/1, 21–26.

Urteil des Volksgerichts des Kreises Qingpu vom 21.12.1999, zusammenfassend abgedruckt als Fall Nr. 51, CK 2000/2, 26–29.

Urteil des Mittleren Volksgerichts der Stadt Zhengzhou vom 5.1.2000 und Beschluss des Oberen Volksgerichts der Provinz He'nan vom 5.4.2000, zusammenfassend abgedruckt als Fall Nr. 72, CK 2000/5, 15–24.

Urteil des Mittleren Volksgerichts der Stadt Jieyang vom 26.4.2001, zusammenfassend abgedruckt als Fall Nr. 232, CK 2003/2, 19–34.

Urteil des Volksgerichts des Stadtteils Changning der Stadt Shanghai vom 12.7.2002, zusammenfassend abgedruckt als Fall Nr. 204, CK 2002/5, 47–52.

Urteil des Gerichts für Eisenbahntransport (Beijing) vom 15.7.2002, zusammenfassend abgedruckt als Fall Nr. 235, CK 2003/2, 51–56.

Urteil des Volksgerichts des Stadtteils Hongkou der Stadt Shanghai vom 20.12.2004, zusammenfassend abgedruckt als Fall Nr. 399, CK 2006/3, 43–48.

Urteil des Mittleren Volksgerichts der Stadt Dalian und Urteil des Oberen Volksgerichts der Provinz Liaoning, zusammenfassend abgedruckt als Fall Nr. 422, CK 2006/6, 59–66. (Die Daten dieser Urteile sind nicht bekanntgegeben; da der Angeklagte am 30.4.2004 festgenommen wurde, wird geschätzt, dass diese Urteile von 2004 stammen.)

Zur Tathandlung

Urteil des Volksgerichts des Stadtteils Yuhuatai der Stadt Nanjing, zusammenfassend abgedruckt als Fall Nr. 310, CK 2004/4, 39–43. (Das Datum dieses Urteils ist nicht bekanntgegeben; da die Angeklagte am 25.2.2003 festgenommen wurde, wird geschätzt, dass das Urteil von 2003 stammt.)

Zur Tatbegehung durch Unterlassen

Urteil des Volksgerichts des Stadtteils Jiangbei der Stadt Chongqing und Urteil des Ersten Mittleren Volksgerichts der Stadt Chongqing vom 1.4.2004, zusammenfassend abgedruckt als Fall Nr. 295, CK 2004/3, 82–87. (Das erstere Urteil wohl im Februar 2004 verkündet.)

Zum Tatobjekt

Urteil des Volksgerichts des Kreises Lushan vom 28.10.1999, zusammenfassend abgedruckt als Fall Nr. 77, CK 2000/6, 10–15.

Urteil des Mittleren Volksgerichts der Stadt Weifang, zusammenfassend abgedruckt als Fall Nr. 309, CK 2004/4, 31–38. (Das Datum dieses Urteils ist nicht bekanntgegeben; da die Angeklagten am 28.12.2002 festgenommen wurden, wird geschätzt, dass das Urteil von 2003 stammt.)

Urteil des Gerichts für Eisenbahntransport (Lanzhou) vom 26.8.2003, zusammenfassend abgedruckt als Fall Nr. 426, CK 2007/1, 25–34.

Urteil des Volksgerichts des Stadtteils Huangpu der Stadt Shanghai vom 26.6.2006, zusammenfassend abgedruckt in: GB 2006/11, 33–40.

Zur Kausalität

Urteil des Volksgerichts des Kreises Guannan vom 30.5.2000 und Beschluss des Mittleren Volksgerichts der Stadt Lianyungang vom 19.6.2000, zusammenfassend abgedruckt als Fall Nr. 201, CK 2002/5, 31–36.

Urteil des Volksgerichts der Stadt Enping vom 17.5.2002, zusammenfassend abgedruckt als Fall Nr. 226, CK 2003/1, 49–55.

Urteil des Mittleren Volksgerichts der Stadt Nantong vom 24.12.2002 und Beschluss des Oberen Volksgerichts der Provinz Jiangsu vom 7.5.2003, zusammenfassend abgedruckt als Fall Nr. 276, CK 2004/1, 1–10.

Urteil des Mittleren Volksgerichts der Stadt Xiamen, Urteil des Oberen Volksgerichts der Provinz Fujian und Beschluss des Obersten Volksgerichts, zusammenfassend abgedruckt als Fall Nr. 389, CK 2006/2, 26–31. (Die Daten dieser Entscheidungen sind nicht bekanntgegeben; da der Angeklagte am 24.8.2004 festgenommen wurde, wird geschätzt, dass die Entscheidungen von 2004/2005 stammen.)

Urteil des Volksgerichts des Kreises Dianjiang und Beschluss des Dritten Mittleren Volksgerichts der Stadt Chongqing, zusammenfassend abgedruckt als Fall Nr. 421, CK 2006/6, 50–58. (Die Daten dieser Entscheidungen sind nicht bekanntgegeben; da die Angeklagte am 6.1.2005 festgenommen wurde, wird geschätzt, dass diese Entscheidungen von 2005 stammen.)

Urteil des Volksgerichts des Stadtteils Xiling der Stadt Yichang und Beschluss des Mittleren Volksgerichts der Stadt Yichang, zusammenfassend abgedruckt als Fall Nr. 440, CK 2007/3, 6–14. (Die Daten dieser Entscheidungen sind nicht bekanntgegeben; da gegen den Angeklagten am 17.6.2005 Zwangsmaßnahmen unternommen wurden, wird geschätzt, dass die Entscheidungen von 2005 stammen.)

Urteil des Volksgerichts der Stadt Hanchuan vom 7.7.2006, zusammenfassend abgedruckt als Fall Nr. 434, CK 2007/2, 21–26.

Abkürzungsverzeichnis

chEheG	Zhonghua Renmin Gongheguo hunyin fa (Ehegesetz der Volksrepublik China) vom 10.9.1980 in der Fassung vom 28.4.2001
chStGB	Zhonghua Renmin Gongheguo xingfa (Strafgesetzbuch der Volksrepublik China) vom 1.7.1979 in der Fassung vom 14.3.1997, zuletzt geändert am 29.6.2006
CK	Xingshi shenpan cankao (Ratgeber für Verhandlung und Verurteilung in Strafsachen) (Eine seit 1999 von den Strafsenaten des Obersten Volksgerichts herausgegebene Zeitschrift, in der neben Auszügen relevanter neuer Gesetze und praxisbezogenen Aufsätzen vor allem ausgewählte Fälle der Gerichte aller Stufen nach der einheitlichen Gliederung Sachverhalt, Kernfragen und Begründung des Urteils meistens zusammenfassend und mit Anmerkungen/Kommentierungen veröffentlicht werden) (Zitiert nach Jahrgang/Heftnummer, Seitenzahl)
GB	Zhonghua Renmin Gongheguo Zuigao Renmin Fayuan Gongbao (Amtsblatt des Obersten Volksgerichts der Volksrepublik China) (Zitiert nach Jahrgang/Heftnummer, Seitenzahl)

Adome Blaise Kouassi

Objektive Tatseite in
Côte d'Ivoire

1. Definition/Elemente der objektiven Tatseite

Das Strafrecht von Côte d'Ivoire, dessen Hauptaufgabe in dem Schutz der Gesellschaft besteht, kriminalisiert nicht einen bloßen rechtsfeindlichen Gedanken, eine verbrecherische Absicht oder den Entschluss zur Begehung einer Straftat. Dies erklärt sich durch die Tatsache, dass solche inneren Vorgänge, solange sie nicht nach außen in Erscheinung treten, die soziale Ordnung nicht stören. Strafrechtlich verfolgt wird ein kriminelles Verhalten nur, wenn es offenkundig geworden ist. Die äußere Erscheinung der Tat stellt dabei die objektive Tatseite dar. Wesentliche Elemente der objektiven Tatseite sind zunächst das Tatsubjekt und die Tathandlung:

Art. 95 Abs. 1 CP-CI

Eine natürliche Person fällt allein auf Grund ihrer Tathandlungen unter eine strafrechtliche Sanktion.

Die Tathandlung kann in einem positiven Tun (Beispiel: Totschlag) oder einem Unterlassen (Beispiel: unterlassene Hilfeleistung) bestehen; ebenso kann eine Straftat sich in einer einzigen Handlung erschöpfen oder aus mehreren Teilhandlungen zusammensetzen.

Ein weiteres Merkmal der objektiven Tatseite kann darin bestehen, dass eine von einem Tatsubjekt begangene Handlung zu einem bestimmten Ergebnis, dem sogenannten Taterfolg, führt und dieser mit der Tathandlung in kausalem Zusammenhang steht.

2. Tatsubjekt

Das ivorische Strafgesetzbuch (*Code pénal*, CP-CI) enthält in Art. 95 in Verbindung mit Art. 25–27 CP-CI Regelungen, die die strafrechtliche Verantwortlichkeit von natürlichen Personen betreffen. Danach sind juristische Personen als Tatsubjekt teilweise ausgeschlossen. Deren strafrechtliche Verantwortlichkeit kommt nur unter bestimmten strengen Voraussetzungen in Betracht.[1] Minderjährige natürliche Personen im Alter bis zu 13 Jahren sind – selbst bei nachgewiesener Schuld – strafunmündig.[2] Ebenso ist die strafrechtliche Verantwortlichkeit derjenigen natürlichen Personen ausgeschlossen, bei denen eine geistige Störung vorliegt, sofern diese den Willen des Täters beeinflusst hat.[3]

Nach der Strafrechtslehre ist Tatsubjekt *(délinquant)* derjenige, der die Tat begangen hat (Art. 25 CP-CI) oder daran teilgenommen hat (Art. 26 und 27 CP-CI). Hierbei handelt es sich zuerst natürlich um den Täter *(auteur)*. Für den Gesetzgeber ist gemäß Art. 25 Alt. 1 CP-CI diejenige Person Täter, welche die gesamte materielle Tat in eigener Person (tatsächlich) begeht. Täter kann auch derjenige sein, der eine Tat mittelbar durch eine nicht schuldhaft handelnde beziehungsweise strafrechtlich schuldunfähige Person begeht (Art. 25 Alt. 2 CP-CI) oder der eine andere Person durch Drohung zur Tatbegehung zwingt (Art. 25 Alt. 3 CP-CI). Weiter unterscheidet das Gesetz den Alleintäter vom Pluraltäter. Tatsubjekt kann nach Art. 26 CP-CI auch ein Mittäter *(coauteur)* sowie gemäß Art. 27 CP-CI auch ein Anstifter, Beistand oder Gehilfe sein.[4]

Es gibt verschiedene Sondertatbestände, die nur von einer Person mit besonderen Eigenschaften oder in besonderer Stellung verwirklicht werden können. Zum Beispiel ist gemäß Art. 281 CP-CI ein Beamter als Tatsubjekt strafbar, der – angestiftet durch einen Dritten – eine öffentliche Urkunde fälscht. Gemäß Art. 370 und 372 CP-CI ist sowohl derjenige strafbar, der einen Minderjährigen entführt, als auch der Anstifter zu einer solchen Einführung, wenn es sich dabei um den Vater, den Vormund oder die Mutter handelt. Ebenso werden gemäß Art. 174 und 243 CP-CI in Verbindung mit Art. 37 und 41 des Pressegesetzes Nr. 91-1033 vom 27. Dezember 1991 wegen Verunglimpfung des Staatsoberhaupts als Täter der Herausgeber einer Zeitung und ihr Redakteur bestraft, wenn sie einen tendenziösen Artikel veröffentlicht haben, der den Staatspräsidenten beleidigt.

3. Tathandlung

Es gibt keine Straftat ohne eine materielle Tathandlung. Weder die einfache verbrecherische Absicht oder Idee noch der Entschluss, ein Delikt zu begehen, sind unter Strafe gestellt, solange solche Gedanken abstrakt bleiben und die öffentliche Ordnung nicht beeinträchtigen. Erst das sichtbare Verhalten des Täters, durch welches seine verbrecherische Absicht offen zu Tage tritt, ist strafbar. Die aktive

1 Siehe dazu II.H.2.

2 Siehe näher II.J.6.

3 Siehe II.J.7.

4 Siehe im Einzelnen II.G.

Handlung beziehungsweise passive Haltung des Täters, die gegen das Gesetz verstößt, wird als materielles Element der Straftat bezeichnet.[5]

Die Tathandlung eines Begehungsdelikts *(infraction de commission)* besteht in dem aktiven Verstoß gegen ein rechtliches Verbot durch positives Tun. Das heißt der Täter tut etwas, was durch das Gesetz ausdrücklich verboten ist, zum Beispiel erschlägt er einen Menschen (Totschlag, Art. 342 CP-CI) oder nimmt eine fremde bewegliche Sache weg (Diebstahl, Art. 392 CP-CI).

Tatbestände, die ein bestimmtes aktives Tun unter Strafe stellen, sind im ivorischen Strafrecht der häufigste Typus von Regelungen, weil es einfacher ist, dem Bürger eine Handlung zu verbieten, als ihn zu einer Aktivität zu zwingen, gegen die er sich sträubt. Aber daneben existieren auch Tatbestände, für deren Tathandlung schon der bloße Gedanke auszureichen scheint. So stellt beispielsweise Art. 159 Abs. 3 CP-CI das Komplott beziehungsweise die Verschwörung unter Strafe. Hier wird bereits der Entschluss zu einem Anschlag *(attentat)* bestraft. Allerdings muss dieser Entschluss sich manifestiert haben, indem er mit mindestens einer anderen Person abgestimmt sein muss, sodass die Gesetzesvorschrift im Ergebnis doch eine materielle Tätigkeit voraussetzt, nämlich eine Absprache als Vorbereitungshandlung. Die Tathandlung kann auch in der Hinderung eines Dritten, sich nach seinem eigenen Willen zu verhalten, bestehen. Das ist zum Beispiel der Fall bei der Freiheitsberaubung (Art. 373 und 374 Abs. 1 CP-CI).

4. Tatbegehung durch Unterlassen

a) Abgrenzung zwischen Handeln und Unterlassen

Neben der Tatbegehung durch aktives Tun kommt auch diejenige durch Unterlassen vor. Das Unterlassen ist allerdings nur dann als eine Form der Tatbegehung anerkannt, wenn das Gesetz dies ausdrücklich vorsieht. In der Regel setzt der Gesetzestext das Unterlassen nicht dem aktiven Tun gleich. In diesen Fällen führt die bloße Passivität nicht zur Strafbarkeit: Wer ohne eigenes Fehlverhalten eine Sache von einem irrtümlich handelnden Dritten bekommen hat (zum Beispiel von einem Verkäufer, der zu viel Wechselgeld herausgibt), begeht keinen Diebstahl. Ebenso bleibt derjenige straffrei, der bei einer Tatbegehung durch andere regungslos zusieht; mangels eigenen aktiven Verhaltens ist er kein Teilnehmer an dieser Straftat.

Ausnahmsweise stellt das Gesetz ein Unterlassen der aktiven Tatbegehung gleich, sodass der entsprechende Straftatbestand auch durch passives Verhalten verwirklicht werden kann (unechtes Unterlassungsdelikt, *infraction de commission par omission*). Die Gleichsetzung kann implizit sein – so zum Beispiel im Fall der

---

5 Siehe II.C.2.c.

Begehung einer Unvorsichtigkeit durch Unterlassen (Art. 352 CP-CI) – oder explizit – zum Beispiel bei der Fluchthilfe für einen Gefangenen, die entweder durch positives Tun des Wächters oder durch dessen „freiwillige Untätigkeit" begangen werden kann.

Der andere Typus, das echte Unterlassungsdelikt *(infraction de pure omission),* ist im ivorischen Recht seltener anzutreffen. Ein Beispiel ist der viele verschiedene Deliktsformen umfassende Art. 352 CP-CI. Danach wird unter anderem derjenige bestraft, der eine Person vernachlässigt, die sich aufgrund ihres Alters oder ihrer physischen Verfassung nicht selbst helfen kann. Strafbar ist nach dieser Vorschrift außerdem die unterlassene Hilfeleistung, wenn der Täter einer Person in Gefahr Hilfe oder das Herbeiholen von Hilfe verweigert, ohne dass dadurch eine Gefahr für ihn selbst oder Dritte entstünde. Unter Gefahr ist das objektiv feststellbare Bevorstehen einer schwerwiegenden Rechtsgutsverletzung jeglicher Art zu verstehen, die nur mittels sofortigen Eingreifens abgewendet werden kann. Bei den echten Unterlassungsdelikten ist die Passivität unabhängig vom Eintritt eines Taterfolgs unter Strafe gestellt.

Gemäß Art. 278 CP-CI wird bestraft, wer nicht verhindert, dass gegenüber einer anderen Person und gegen deren körperliche Unversehrtheit ein Verbrechen oder Vergehen begangen wird, obwohl er dies ohne Gefahr für sich oder Dritte könnte. Art. 279 CP-CI bedroht denjenigen mit Strafe, der Kenntnis von einem vollendeten Verbrechen oder Verbrechensversuch hat, aber nicht dafür sorgt, dass eine zuständige Stelle benachrichtigt wird. Nach Art. 280 CP-CI ist auch strafbar, wer einen Beweis für die Unschuld einer inhaftierten oder einer wegen eines Verbrechens oder Vergehens verurteilten Person kennt, ohne dafür Sorge zu tragen, dass eine zuständige Stelle darüber informiert wird.

b) Besondere Handlungspflichten, Garantenlehre

Eine besondere Garantenlehre kennt das ivorische Strafrecht nicht. Bei echten Unterlassungsdelikten wie etwa der unterlassenen Hilfeleistung wird jedoch die Strafe erhöht, wenn der Täter besondere Fürsorgepflichten gegenüber dem Opfer hat.

c) Vorsatz, Fahrlässigkeit, Versuch und Tatbeteiligung bei Unterlassungsdelikten

In der Strafrechtslehre von Côte d'Ivoire wird der Vorsatz bei echten oder unechten Unterlassungsdelikten nicht ausdrücklich angesprochen. Es gelten insoweit die allgemeinen Vorsatzregeln.[6] Das Gleiche trifft für die Fahrlässigkeit zu. Auch

6 Siehe dazu II.E.2.

hier werden keine Besonderheiten in Bezug auf Unterlassungsdelikte diskutiert. Die Rechtsprechung orientiert sich teilweise an der Strafrechtslehre anderer Länder – etwa an der deutschen. Zum Versuch eines Unterlassungsdelikts gibt es im ivorischen Strafrecht ebenfalls weder eine spezielle Regelung noch eine eigene Theorie.[7] In der Praxis werden auch hier ausländische Lösungen herangezogen.

Die Teilnahme an einer Unterlassungsstraftat wird in Côte d'Ivoire als strafbar anerkannt. Jedoch setzt die Bestrafung voraus, dass auch der Teilnehmer selbst zum Handeln verpflichtet war. Häufig steht der Sachverhalt im Zusammenhang mit der Verantwortlichkeit eines Unternehmers. So ist der juristische Vertreter eines Unternehmens als Gehilfe im Sinne von Art. 98 Abs. 2 CP-CI strafbar, wenn er nicht verhindert, dass ein Angestellter ein vom Gesetz verbotenes Unterlassungsdelikt begeht. Auf der zivilrechtlichen Ebene wird er zur Leistung eines Schadensersatzes verpflichtet, gemäß Art. 99 CP-CI nach den Umständen, unter denen das Unterlassungsdelikt begangen wurde. Ebenso kennt das ivorische Strafrecht die Teilnahme an einer Straftat durch Unterlassen. Beispielsweise wird ein Vater als Gehilfe durch Unterlassen verurteilt, wenn er Misshandlungen duldet, die seine Frau an dem gemeinsamen Kind verübt.

d) Besonderheiten der Strafzumessung bei Unterlassungsdelikten

Bei einem echten Unterlassungsdelikt wird die Strafe erhöht, wenn der Täter gegenüber dem Opfer besondere Handlungs- beziehungsweise Garantenpflichten hat. In diesem Fall wird die Strafe verdoppelt.

5. Tatobjekt

Der konkrete Gegenstand, an dem sich die tatbestandsmäßige Handlung vollzieht, wird als Handlungsobjekt bezeichnet. Das Handlungsobjekt kann beispielsweise ein Mensch sein (Tötung, Körperverletzung) oder eine Sache (Diebstahl). Zu trennen ist das Handlungsobjekt von dem durch eine Strafbestimmung geschützten Rechtsgut. Rechtsgüter sind ideelle Werte der Sozialordnung, auf denen die Sicherheit, Wohlfahrt und Würde des Daseins der Gemeinschaft beruhen, etwa das Leben und die körperliche Unversehrtheit von Menschen oder das Eigentum. Die Definition des Begriffs „Rechtsgut" bleibt jedoch vage. Als Rechtgüter gelten unter anderem berechtigte und schutzbedürftige Interessen sowohl Einzelner wie der Allgemeinheit, aber auch erhaltenswerte Funktionseinheiten und -abläufe. Handlungsobjekt und Rechtsgut sind aufeinander bezogen, aber begrifflich auseinanderzuhalten. Beim Betrug beispielsweise richtet der Täter (das handelnde Subjekt) seine Handlung gegen einen anderen (das Objekt) und täuscht diesen. Erst infolge

---

7 Siehe allgemein zum Versuch II.F.

der Irreführung wird der Getäuschte veranlasst, Verfügungen zu treffen, die sein Vermögen schädigen. Wenn auch juristisch der Betrug erst mit der Vermögensschädigung vollendet ist und wenn auch der Betrüger selbstverständlich Vermögensvorteile erlangen will, so richtet sich die Handlung als solche doch in erster Linie gegen den Getäuschten selbst, und dieser wird als Tatobjekt angesehen. Der Begriff des Tatobjekts wird in dieser Definition häufig von Strafrechtlern benutzt, wenn sie den Tatbestand eines Delikts besonders deutlich darstellen wollen.

6. Taterfolg

Die ivorische Rechtslehre unterscheidet zwischen Tätigkeitsdelikten und Erfolgsdelikten nach der Beziehung zwischen Handlung und Handlungsobjekt. Bei Tätigkeitsdelikten *(infractions formelles)* reicht das Verhalten des Täters als solches aus, um den Straftatbestand zu verwirklichen. Auf den Eintritt eines Taterfolgs, sei es in Form einer konkreten Gefährdung oder Verletzung des Tatobjekts oder einer anderen unmittelbaren Folge des Täterverhaltens, kommt es für die Vollendung der Straftat nicht an.

Eines der bekanntesten Beispiele für diese Gruppe ist die Vergiftung. Gemäß Art. 342 Nr. 4, 343 CP-CI besteht die Vergiftung in der Verabreichung einer Substanz, die zum Tod führen kann (aber nicht zum Tod führen muss). Allein mit der Verabreichung ist die Straftat vollendet, ohne dass beim Opfer der Tod eintreten muss. Ein Versuch liegt dann vor, wenn es nicht zur Aufnahme der Substanz durch das Opfer gekommen ist. Ein anderes Beispiel betrifft die aktive Beamtenbestechung gemäß Art. 234 CP-CI in Verbindung mit Art. 233 CP-CI, die unabhängig davon strafbar ist, ob der Bestechende den angestrebten Erfolg erreicht. Auch die Geldfälschung, strafbar gemäß Art. 293 CP-CI, ist ein Tätigkeitsdelikt. Es ist zu beachten, dass bei Tätigkeitsdelikten häufig keine greifbare Störung der öffentlichen Ordnung vorliegt, da die Tat nicht zu einem nach außen in Erscheinung tretenden Ergebnis führen muss. Bestraft wird hier allein das kriminelle Verhalten des Täters.

Im Gegensatz dazu geht es bei Erfolgsdelikten (*infractions matérielles* beziehungsweise *infractions de commission*) um Straftaten, die unmittelbar schädliche Folgen mit sich bringen. Die Verwirklichung des Straftatbestands setzt in diesen Fällen den Eintritt eines tatbestandsmäßigen Erfolgs voraus. Der Erfolg kann materieller Natur (zum Beispiel die Beschädigung einer fremden Sache), physischer Natur (zum Beispiel der Tod eines Menschen), moralischer Natur (zum Beispiel die Verletzung der Ehre oder der Menschenwürde) oder juristischer Natur (Verletzung des Eigentumsrechts) sein. Die Straftat ist nicht vollendet, wenn der tatbestandsmäßige Erfolg nicht eintritt, sodass in diesem Fall nur eine Bestrafung wegen Versuchs in Betracht kommt.

Unter den Erfolgsdelikten bilden die erfolgsqualifizierten Delikte eine Sondergruppe. Obwohl es dazu in den ohnehin wenigen ivorischen Lehrbüchern zum Strafrecht keine Ausführungen gibt, kennt der CP-CI sehr wohl solche Delikte. Hier werden bestimmte, an sich schon strafbare Handlungen, wenn sie einen weitergehenden Verletzungserfolg herbeiführen, mit wesentlich höherer Strafe bedroht als die einfache Tat. Die vorsätzliche einfache Köperverletzung wird gemäß Art. 346 Abs. 2 Nr. 4 CP-CI mit Freiheitsstrafe zwischen sechs Tagen und einem Jahr oder Geldstrafe bestraft. Bei einer Körperverletzung mit schweren Folgen beziehungsweise mit Todesfolge (Art. 345 Abs. 2 Nr. 2 CP-CI) erhöht sich die Freiheitsstrafe auf fünf bis zehn Jahre, bei einer Körperverletzung mit Todesfolge gegen die eigenen Eltern sogar auf lebenslange Freiheitsstrafe. Um ein erfolgsqualifiziertes Delikt handelt es sich auch beim Raub mit Todesfolge. Gemäß Art. 395 Abs. 2 Nr. 3 CP-CI führt die schwere Folge zu einer Anhebung des Strafrahmens von fünf bis zehn Jahren (für einfachen Raub) auf lebenslange Freiheitsstrafe (für Raub mit Todesfolge).

Nach der Schwere der Beeinträchtigung des Tatobjekts werden Verletzungsdelikte und Gefährdungsdelikte unterschieden. Während bei den Verletzungsdelikten der Tatbestand eine Schädigung des Handlungsobjekts voraussetzt, reicht bei den Gefährdungsdelikten die Gefahr einer Verletzung als Folge der Handlung aus. Der Totschlag und die Sachbeschädigung sind beispielsweise Verletzungsdelikte, die Teilnahme am Straßenverkehr unter Alkoholeinwirkung ist ein Gefährdungsdelikt. Bei den Gefährdungsdelikten wird auf einer nächsten Ebene wiederum differenziert zwischen abstrakten und konkreten Gefährdungsdelikten.

Die Strafrechtslehre in Côte d'Ivoire kennt die abstrakten Gefährdungsdelikte unter dem Begriff *infractions obstacles* (Hindernisdelikte). Sie bestehen in einem gefährlichen Verhalten, das ein schädigendes Ereignis verursachen kann. Bereits das gefährliche Verhalten selbst wird bestraft, unabhängig davon, ob die schädliche Folge oder auch nur eine konkrete Gefahr für das geschützte Rechtsgut eintritt. So wird bei den Gefährdungsdelikten die Strafbarkeit auf den *iter criminis* (*sur le chemin du crime*/auf dem Weg zum Verbrechen) vorverlagert. Die Gefährdungsdelikte – als selbstständige Straftaten – ermöglichen es, bereits Verhaltensweisen, die in Wirklichkeit Vorbereitungshandlungen zur Begehung von schweren Straftaten darstellen und deren Versuch nicht strafbar ist, zu bestrafen. Als ein abstraktes Gefährdungsdelikt ist das Komplott zu nennen (Art. 158 in Verbindung mit Art. 159 CP-CI, *délit obstacle*, hier im Sinne eines zu verhindernden Attentats gegen staatliche Einrichtungen), ebenso die Mitgliedschaft in einer kriminellen Vereinigung gemäß Art. 186 bis 188 CP-CI. Auch die Teilnahme am Straßenverkehr unter Alkoholeinwirkung *(conduite sous l'empire d'un état alcoolique)* beziehungsweise im Rausch *(conduite en état d'ivresse)* gehört dazu. Als Besonderheit ist zu beachten, dass, wenn das gewünschte Ergebnis vom Täter des Gefährdungsdelikts tatsächlich erreicht worden ist, unterschiedliche Folgen eintreten. Entweder wird das Gefährdungsdelikt von der Straftat absorbiert, zu der es geführt hat (zum

Beispiel das Komplott von dem Attentat), oder beide Straftaten werden vollendet (zum Beispiel die Drohung und die Gewaltanwendung). Es kann auch vorkommen, dass das Gefährdungsdelikt bei der vollendeten Straftat als erschwerender Umstand gewertet wird (zum Beispiel die Trunkenheitsfahrt als erschwerender Umstand bei der fahrlässigen Tötung im Straßenverkehr).

Neben den abstrakten Gefährdungsdelikten gibt es die konkreten Gefährdungsdelikte *(infractions de mise en danger)*. Unter Strafe gestellt ist hier ein bewusstes Verhalten, das ein hohes Risiko der Herbeiführung eines bestimmten Schadens, etwa einer lebensgefährdenden Verletzung oder der Schädigung der Unversehrtheit der Person, aufweist. Die Realisierung des Risikos muss dabei nicht gewollt sein.

7. Kausalität und objektive Zurechnung

a) Kausalitäts- und Zurechnungstheorien

Das ivorische Schadensersatzrecht betont ganz eindeutig in Art. 1382 und 1383 *Code Civil* (CC-CI) die Notwendigkeit eines kausalen Zusammenhangs zwischen dem Verhalten des Täters und dem daraus resultierenden Schaden. Dieses Erfordernis gilt auch als Voraussetzung für die Strafbarkeit. Bei vielen Straftaten besteht keine Schwierigkeit hinsichtlich der kausalen Zurechnung. Probleme treten aber häufig bei Straftaten mit späteren Folgen auf. Das ist beispielsweise der Fall bei der fahrlässigen Tötung und Körperverletzung oder auch beim Todesfall infolge von vorausgehenden Körperverletzungen. Erwähnt werden kann hier das Beispiel einer Person, die nach Messerstichen in ein Krankenhaus eingeliefert und operiert wird, dann aber nach der Operation an den Folgen einer Wundinfektion verstirbt. Es stellt sich die Frage, ob in diesem Fall ein kausaler Zusammenhang zwischen den Messerstichen und dem Todesfall anzunehmen und der Straftatbestand der Körperverletzung mit Todesfolge, Art. 353 Abs. 3 CP-CI, anzuwenden ist.

Um eine angemessene Lösung zu finden, sind auf der theoretischen Ebene drei Systeme denkbar: die Bedingungs- beziehungsweise Äquivalenztheorie, die Adäquanztheorie und schließlich die Relevanztheorie. Diese Theorien sind von der deutschen Strafrechtslehre entwickelt und dann von der frankophonen Rechtslehre übernommen worden. Nach der deutschen strafrechtlichen Dogmatik kommt an erster Stelle die Bedingungstheorie beziehungsweise Äquivalenztheorie *(la théorie de l'équivalence des conditions)* in Betracht. Diese Theorie geht davon aus, dass ein Erfolg durch eine Handlung dann verursacht ist, wenn die Handlung nicht hinweggedacht werden kann, ohne dass der Erfolg entfiele. Danach muss die Handlung also, um kausal zu sein, eine *conditio sine qua non* des Erfolgs darstellen. Dabei werden alle Bedingungen eines Erfolgs als gleichwertig (äquivalent) angesehen. Im Fall des obigen Beispiels würde der Täter nach dieser Theorie für eine Körperverletzung mit Todesfolge gemäß Art. 353 Abs. 3 CP-CI bestraft. Die

Adäquanztheorie *(causalité adéquate)* dagegen hält dann eine kausale Verbindung zwischen Handlung und Erfolg für relevant, wenn nach dem natürlichen Geschehensablauf der Dinge das eingetretene Ergebnis erwartet werden konnte und nicht eine Folge des Zusammentreffens außerordentlicher Umstände ist. Daher verlangt diese Theorie, dass der Eintritt des vom Täter verursachten Erfolgs bei Vornahme der Handlung bis zu einem gewissen Grade wahrscheinlich gewesen sein müsse, damit die Handlung als Ursache des Erfolgs angesehen werden kann. Die Bedingung müsse dem Erfolg angemessen (adäquat) sein, und angemessen seien nur solche Bedingungen, die typischerweise geeignet seien, den Erfolg herbeizuführen. Die Anwendung dieser Theorie basiert auf einem Wahrscheinlichkeitsurteil, das sich auf das Verhältnis der Handlung zu dem tatbestandsmäßigen Erfolg bezieht. Abgesehen vom Erfolg darf die Art und Weise des Kausalverlaufs nicht völlig unwahrscheinlich gewesen sein, weil die objektive Zurechnung nur gerechtfertigt ist, wenn sich in dem Erfolg die spezifische Gefahr verwirklicht hat, die in der Handlung angelegt war. Als letzte ist die Relevanztheorie zu nennen. Bei dieser Theorie werden nur diejenigen Umstände einberechnet, die in zeitlicher Nähe und direktem Zusammenhang zum Ergebnis stehen. Hier wird die strafrechtliche Verantwortlichkeit eines Täters nur anerkannt, wenn seine Handlung eine nahe und unmittelbare Ursache des Resultats darstellt, und dies wird nur ausnahmsweise angenommen. Im obigen Beispielsfall verneint diese Theorie die Strafbarkeit wegen Körperverletzung mit Todesfolge nach Art. 353 Abs. 3 CP-CI.

In der Realität haben diese Theorien keine große Diskussion in Côte d'Ivoire ausgelöst. Jedoch wenden die Rechtspraktiker zum Teil das am 10. Juli 2000 in Frankreich verabschiedete Gesetz (Loi Nr. 2000-647 vom 10. Juli 2000 über die subjektive Seite der Fahrlässigkeitstat) an. Dieses Gesetz betrifft hauptsächlich die oben genannten Theorien und dient als Hilfe im rechtlichen Alltag, wonach der Verursacher eines indirekten Schadens sich nur dann strafbar macht, wenn er eine entscheidende Rolle bei der Schadensentstehung gespielt hat. Hingegen wird jedes Fahrlässigkeitsdelikt bestraft, wenn der Zusammenhang zwischen dem Fehlverhalten und dem Schadenseintritt direkt beziehungsweise unmittelbar ist. Jedoch kann nur der Richter bestimmen, ob und welcher Zusammenhang unmittelbar oder mittelbar mit dem Schaden besteht.

b) Eventuelle Besonderheiten bei der Fahrlässigkeitstat

Die Fahrlässigkeit ist im CP-CI nicht definiert. Sie gehört nach der Lehre zur subjektiven Seite der Tathandlung und wird durch die Begriffe Ungeschicklichkeit, Unvorsichtigkeit, Unaufmerksamkeit, Unachtsamkeit oder Missachtung von Sorgfaltspflichten umschrieben *(maladresse, imprudence, inattention, négligence ou inobservation des règlements)*.[8]

---

[8] Siehe II.E.3.

Art. 353 CP-CI

Wer aus Ungeschicklichkeit, Unvorsichtigkeit, Unachtsamkeit, Nachlässigkeit oder durch Missachtung von Sorgfaltspflichten eine fahrlässige Tötung begeht oder diese fahrlässig verursacht, wird mit einer Freiheitsstrafe von drei Monaten bis zu drei Jahren und einer Geldstrafe in Höhe von 100.000 FCFA bis 1.000.000 FCFA [circa 153 € bis 1.525 €, *Anm. d. Verf.*] bestraft.

Die Fahrlässigkeit besteht einerseits in der Vorhersehbarkeit eines möglichen Erfolgseintritts und in dem Unterlassen der notwendigen Vorsichtsmaßnahmen, um diesen zu vermeiden, sowie andererseits in der Sorglosigkeit hinsichtlich der Konsequenzen des eigenen Handelns. Da die erstgenannten Elemente auch objektiven Charakter haben, werden sie hier an dieser Stelle behandelt.[9] Im traditionellen Konzept bedeutet Fahrlässigkeit, dass eine schuldhafte Handlung *(faute)* trotz Vorhersehbarkeit der Folgen vorgenommen wurde. Die objektive Vorhersehbarkeit eines Ereignisses, das eingetreten ist oder noch eintreten kann, ist eine Bedingung für die Annahme von einfacher Fahrlässigkeit *(faute ordinaire)*. Vorhersehbarkeit bedeutet die Möglichkeit, dass der Täter sich die Folge seiner Handlungen vorstellen kann. Das eingetretene Ergebnis muss für einen durchschnittlichen Beobachter objektiv vorhersehbar sein. Dabei wird ein Täterbewusstsein vermutet, das die besonderen Folgen einer bestimmten Handlung abzusehen ermöglicht. Deshalb wird diese Vorhersehbarkeit *in abstracto* bewertet, das heißt gemessen an einem normalen, vorsichtig handelnden, vernünftigen Individuum, das sich unter den gleichen Umständen rechtskonform verhalten würde, und nicht im Vergleich zu den persönlichen Fähigkeiten des Täters.

Ein Beispiel aus der Praxis ist ein Chirurg, der einen Patienten nach der Operation nur einer Krankenschwester anvertraute, nicht aber einem anderen Arzt. Der Tod des Patienten war eine objektiv vorhersehbare Folge der Tathandlung des Arztes. Als weiteres Beispiel ist der Fall eines Schiffseigners zu nennen. Dieser ließ ein Schiff mit Passagieren weiterfahren, obwohl er um den schlechten Zustand des Schiffs wusste. Nachdem das Schiff untergegangen war, wurde er bestraft. Die Strafbarkeit erklärt sich aus der Tatsache, dass der Schiffseigner, ohne dass er das Schiffsunglück und die tödlichen Folgen wollte, diese zumindest hätte vorhersehen können.

Besonderheiten finden sich bei der Fahrlässigkeitstat auf zwei Ebenen. Die eine betrifft die willentliche Lebensgefährdung eines Dritten *(faute de mise en danger délibérée de la personne d'autrui)* und die andere das Fehlverhalten aus Sorglosigkeit (*faute d'imprudence* oder *faute d'imprévoyance*). Dieses wird als „qualifizierte" Fahrlässigkeit *(faute qualifiée)* bezeichnet und besteht in der absichtlichen und offensichtlichen Verletzung einer besonderen Sorgfaltspflicht oder in einer groben Fahrlässigkeit *(faute caractérisée)* bezüglich einer besonderen Sicherungspflicht, die von einem Gesetz oder einer Verordnung bestimmt worden ist. Außerdem wer-

---

[9] Zur subjektiven Seite der Fahrlässigkeit siehe II.E.3.

den Dritte im Fall einer *faute caractérisée* einem besonders schweren Risiko ausgesetzt.[10]

Die *faute de mise en danger délibérée* besteht in dem Willen, eine bestimmte Sorgfaltspflicht zu missachten. So enthält die willentliche Lebensgefährdung eines Dritten die absichtliche und offenbare Verletzung einer besonderen Verpflichtung zur Vorsicht oder Sicherung, die von einem Gesetz oder einer Verordnung vorgesehen ist. Damit das Vorliegen eines solchen Fehlverhaltens angenommen werden kann, verlangt der Gesetzgeber die offensichtliche und absichtliche Verletzung des Gesetzes. Als Beispiel ist zu nennen eine Wette zwischen zwei Fahrern, mehrere rote Ampeln zu überfahren. In diesem Fall resultiert die Nichtbeachtung der Lichtsignale aus einer eindeutigen Entscheidung der Fahrer, und es handelt sich nicht bloß um eine einfache Unaufmerksamkeit, die zu einem einfachen Übertretungsdelikt, nämlich einem Verkehrdelikt führt. Aber auch wenn ein solches Verhalten den Willen zur Verletzung einer gesetzlichen Verpflichtung vermuten lässt, muss dies nicht zwingend bedeuten, dass der Täter die möglichen schädlichen Folgen seiner bewussten Unvorsichtigkeit und der Missachtung der Vorschriften kannte.

Die willentliche Lebensgefährdung eines Dritten verlangt das Vorliegen zweier Bedingungen: Erstens muss die Verpflichtung zur Vorsicht von einem Gesetz oder einer Verordnung bestimmt sein, und zweitens muss es sich um eine besondere Verpflichtung handeln (und nicht um eine allgemeine Verpflichtung), die zum Schutz vor der Lebensgefährdung eines Dritten besteht. Der Zweck dieser doppelten Voraussetzung (der willentlichen Lebensgefährdung eines Dritten) ist es, die Bestrafung zu erschweren, weil der Gesetzgeber die jährliche Zunahme gerichtlich aufzuarbeitender Arbeitsunfälle, aber auch von Verkehrsunfällen auf diese Art und Weise vermindern wollte. Im Allgemeinen führt die willentliche Lebensgefährdung eines Dritten zur Strafschärfung. Hier sind jedoch die Fälle, in denen ein Schaden verursacht wird, von denjenigen zu unterscheiden, in denen kein Schaden entsteht.

Art. 353 CP-CI bestraft die unfreiwillige Lebensgefährdung durch eine ungewollte Brandstiftung mit Todes- oder Verletzungsfolge. Wenn die Straftat aus Unvorsichtigkeit oder Nachlässigkeit bei einer absichtlichen Verfehlung gegen gesetzliche oder andere Sicherheitsbestimmungen und Vorsichtsmaßnahmen begangen wurde, wird die Strafe erhöht. Deshalb ist die willentliche Lebensgefährdung eines Dritten ein erschwerender Umstand. Beispielsweise stellt sie bei Verkehrdelikten einen Strafschärfungsgrund dar, der auch im Zusammenhang mit anderen erschwerenden Umständen wie Fahren unter Einfluss von Drogen oder Alkohol, Fahren ohne Führerschein, Geschwindigkeitsüberschreitung, Fahrerflucht etc. vorliegen und zur Straferhöhung führen kann.

Hingegen kriminalisiert der CP-CI die Fälle nicht, in denen die willentliche Lebensgefährdung eines Dritten keinen Schaden verursacht hat. So hat der Gesetz-

---

10 Siehe dazu auch II.E.3.b.

geber beim Fehlen eines Erfolgseintritts bei Fahrlässigkeitsdelikten keine Strafe vorgesehen. Obwohl der Täter seine besonderen Sorgfaltspflichten versäumt hat, welche durch Gesetz beziehungsweise Verordnung geregelt sind, bleibt er straffrei, wenn seine Tat zu keinem Erfolg geführt hat. Da diese Lösung der Gerichtspraxis nicht gesetzlich geregelt ist, müssen die entsprechenden Entscheidungen auch nicht durch Gerichte begründet werden. Das ist aber ein Defizit, das schnell behoben werden sollte, weil im Alltag von Côte d'Ivoire Dritte sehr oft einem großen unmittelbaren Todes- beziehungsweise Verletzungsrisiko ausgesetzt sind. Es ist deshalb zu überlegen, ob nicht zusätzliche Gefährdungstatbestände in den CP-CI aufzunehmen sind, um den Schutz und die Sicherheit der Bevölkerung – vor allem im Straßenverkehr – zu erhöhen.

Derjenige, der einen Schaden direkt verursacht hat, ist auch bei einer einfachen Fahrlässigkeit aus Sorglosigkeit (*faute d'imprudence* oder *faute d'imprévoyance*) strafrechtlich verantwortlich.[11] Derjenige aber, der einen Schaden indirekt verursacht hat, wird nur bestraft, wenn es sich um eine qualifizierte Fahrlässigkeit handelt.

Die erste Form der qualifizierten Fahrlässigkeit ist die offenbare absichtliche Verletzung einer besonderen Sorgfaltspflicht oder einer durch Gesetz oder Verordnung angeordneten besonderen Sicherungspflicht. Dies setzt zum einen die Existenz einer speziellen gesetzlichen Verpflichtung voraus und zum anderen nicht nur die bewusste, sondern auch die gewollte Verletzung dieser Rechtsvorschriften (ohne allerdings ein bestimmtes Ergebnis anzustreben).

Die zweite Form besteht in einer groben Fahrlässigkeit *(faute d'imprudence caractérisée)*, die Dritte einem besonders schweren Risiko aussetzt. Hier hätte der Beschuldigte das Risiko, dem der Dritte ausgesetzt wird, nicht ignorieren dürfen. Damit soll vermieden werden, dass jemand bestraft wird, dem es unmöglich war, die Gefährdungssituation zu erkennen. Somit enthält der Ausdruck *ne pouvait ignorer* Aspekte des Strafrechts, des Strafprozessrechts und des Beweisrechts. Er bedeutet, dass es angesichts der Umstände nicht wahrscheinlich war, dass der Täter ein solches Risiko verkannte. Deshalb wird die Verfolgung eingeleitet, wenn das Risiko entweder dem Täter bewusst oder allen ersichtlich war. Die *faute d'imprudence caractérisée* wird jedoch im ivorischen Recht oft vernachlässigt, daher beschränken sich die Verurteilungen in der Praxis auf Fälle der *faute de mise en danger délibérée*.

Das Gesetz von Côte d'Ivoire verlangt in der Lehre von der Fahrlässigkeit einen Kausalzusammenhang zwischen der Sorgfaltspflichtverletzung des Täters und dem Eintritt des auf ihr beruhenden tatbestandsmäßigen Erfolgs. Der Zusammenhang zwischen beiden ist notwendig für das Vorliegen eines Fahrlässigkeitsdelikts. Zu diesem Bereich hat die Rechtsprechung keine einheitliche Theorie entwickelt.[12]

---

[11] Siehe dazu II.E.3.b.

[12] Siehe oben 7.a.

Wenn zwischen dem Fehlverhalten und dem Schaden ein direkter Zusammenhang besteht, wird die Verantwortlichkeit des Täters relevant; ist hingegen der Zusammenhang zwischen dem Fehlverhalten und dem Schaden nur ein indirekter, so ist eine qualifizierte Fahrlässigkeit erforderlich. Diese besteht entweder in der absichtlichen und offensichtlichen Verletzung der Sorgfalts- beziehungsweise Sicherungspflicht oder in einer groben Fahrlässigkeit.

Darüber hinaus wird derjenige Täter bestraft, der es versäumt hat, die notwendigen Maßnahmen zu treffen, um den Eintritt eines Schadens zu verhindern, den er selbst zwar nicht herbeigeführt hat, dessen Eintritt er jedoch hätte verhindern können und müssen. Dies betrifft zum Beispiel Unternehmer, Bürgermeister und auch Beamte mit entsprechenden Befugnissen.

Literaturhinweise

Bernardini, Roger, Droit pénal général. Introduction au droit criminel. Théorie générale de la responsabilité pénale [Allgemeiner Teil des Strafrechts. Einführung ins Strafrecht. Allgemeine Theorie der strafrechtlichen Verantwortlichkeit]. Paris 2003, S. 368, 470 f.

Bouloc, Bernard, Droit pénal général [Allgemeiner Teil des Strafrechts]. 19. Aufl. Paris 2005, S. 10 (Nr. 13), S. 205–208 (Nr. 211–212, 214), S. 216 (Nr. 227), S. 263 (Nr. 289), S. 266 f. (Nr. 295), S. 271 (Nr. 301, 303), S. 277 (Nr. 309).

Bouzat, Pierre/Pinatel, Jean, Traité de droit pénal et de criminologie. Droit pénal général [Lehrbuch des Strafrechts und der Kriminologie. Allgemeiner Teil des Strafrechts], Band 1. 2. Aufl. Paris 1970, S. 265.

Brill, Jean Pierre, Précis de droit pénal général [Kurzlehrbuch zum Allgemeinen Teil des Strafrechts]. Abidjan 1985, S. 27.

Canin, Patrick, Droit pénal général [Allgemeiner Teil des Strafrechts]. Paris 2000, S. 52.

Conte, Philippe/Maistre du Chambon, Patrick, Droit pénal général [Allgemeiner Teil des Strafrechts]. 5. Aufl. Paris 2000, S. 3 (Nr. 7), S. 5 (Nr. 12 f.), S. 162–165 (Nr. 304–306; 311), S. 171 f. (Nr. 322 f.).

Czepluch, Anna-Katharina, Täterschaft und Teilnahme im französischen Strafrecht. Berlin 1994, S. 143, 145–150.

Desportes, Frédéric/Le Gunehec, Francis, Droit pénal général [Allgemeiner Teil des Strafrechts]. 13. Aufl. Paris 2006, S. 27 (Nr. 53), S. 412–415 (Nr. 431, 434, 436, 438), S. 422 (Nr. 447), S. 434–437 (Nr. 460–462), S. 502 (Nr. 499).

Frisch, Wolfgang, Rechtsgut, Deliktstruktur und Zurechnung im Rahmen der Legitimation staatlichen Strafens. In: Roland Hefendehl/Andrew von Hirsch/Wolfgang Wohlers (Hrsg.), Die Rechtsgutstheorie. Baden-Baden 2003, S. 216.

Hirsch, Andrew von, Der Rechtsgutsbegriff und das „Harm Principle". In: Roland Hefendehl/Andrew von Hirsch/Wolfgang Wohlers (Hrsg.), Die Rechtsgutstheorie. Baden-Baden 2003, S. 20.

Jacobs, Kurt, Schutzobjekt und Tatobjekt. Straßburg 1914, S. 63 f.

Jescheck, Hans-Heinrich, Lehrbuch des Strafrechts. Allgemeiner Teil. 3. Aufl. Berlin 1978, S. 205, 208 f., 211, 225, 229 f., 568.

Levasseur, Georges, La participation criminelle [Die strafrechtliche Teilnahme]. In: Encyclopédie juridique de l'Afrique, tome X: Droit pénal et procédure pénale [Rechtswissenschaftliche Enzyklopädie für Afrika. Band X: Strafrecht und Strafprozessrecht]. Abidjan 1982, S. 59–83 (64).

Merle, Roger/Vitu, André, Traité de droit criminel. Problèmes généraux de la science criminelle. Droit pénal général [Lehrbuch des Strafrechts. Allgemeine Probleme der Strafrechtswissenschaft. Allgemeiner Teil des Strafrechts], Band I. 7. Aufl. Paris 1997, S. 263 (Nr. 181), S. 650 f. (Nr. 516), S. 652 f. (Nr. 518 f.), S. 701 f. (Nr. 559).

Pradel, Jean, Droit pénal général [Allgemeiner Teil des Strafrechts]. 16. Aufl. Paris 2006, S. 340–342 (Nr. 363–365), S. 371–377 (Nr. 400–402).

– Droit pénal comparé [Vergleichendes Strafrecht]. 2. Aufl. Paris 2002, S. 271 (Nr. 181).

Salvage, Philippe, Droit pénal général [Allgemeiner Teil des Strafrechts]. 5. Aufl. Grenoble 2001, S. 35.

Stefani, Gaston/Levasseur, Georges und andere, Droit pénal général [Allgemeiner Teil des Strafrechts]. 17. Aufl. Paris 2000, S. 291 (Nr. 334 f.).

Abkürzungsverzeichnis

CC-CI	Code civil de Côte d'Ivoire (Zivilgesetzbuch von Côte d'Ivoire)
CP-CI	Code pénal de Côte d'Ivoire (das ivorische Strafgesetzbuch)
CPP-CI	Code de procédure pénale de Côte d'Ivoire (Strafprozessordnung von Côte d'Ivoire)

Susanne Forster

Objektive Tatseite in England und Wales*

1. Definition/Elemente der objektiven Tatseite

Im englischen Strafrecht werden die äußeren, objektiven Tatelemente mit dem Begriff *actus reus* bezeichnet. Hierbei handelt es sich um ein sehr offenes, oft vages Konzept. Der Kern des Begriffs umfasst das positive, willensgesteuerte menschliche Handeln beziehungsweise das Unterlassen trotz bestehender Pflicht zum Handeln. Ausgenommen sind die Elemente, die ausschließlich den geistigen Zustand *(mental state)* des Täters betreffen.[1] Zu den Elementen des *actus reus* zählen je nach Tatbestand außerdem der Eintritt bestimmter Tatfolgen oder Umstände der Tatbegehung, beispielsweise beim Diebstahl *(theft)* die Tatsache, dass der Gegenstand einem anderen gehört *(belonging to another)*, oder bei der Vergewaltigung *(rape)* die fehlende Einwilligung des Opfers zum Geschlechtsverkehr. Darüber hinaus gehören zum *actus reus* auch das Tatsubjekt, das Tatobjekt sowie die Kausalität, die zwischen der Handlung und dem Eintritt des Taterfolgs bestehen muss, sofern es sich um Erfolgsdelikte *(result crimes)* handelt. Nicht zur objektiven Tatseite zählen hingegen die Strafausschließungsgründe *(defences)*.[2]

2. Tatsubjekt

Täter kann jede natürliche Person sein. Daneben kennt das englische Recht grundsätzlich auch eine Täterschaft juristischer Personen.[3] Allerdings gelten für die Täterschaft nicht-natürlicher Personen bestimmte Einschränkungen. Zum einen können sie nur Täter solcher Straftaten sein, die (auch) mit Geldstrafe bedroht sind. Daher kommt etwa eine Täterschaft bei Mord nicht infrage, da hierfür zwingend die lebenslange Freiheitsstrafe vorgeschrieben ist. Ebenso scheidet eine Täterschaft

---

* Für wertvolle Vorarbeiten zu diesem Kapitel danke ich meiner Vorgängerin im Referat, *Christiane Rabenstein*, LL.M.

1 Siehe hierzu II.E.

2 Siehe hierzu ausführlich II.J.–L.

3 Siehe II.H.2.

nicht-natürlicher Personen bei Straftaten aus, die nur höchstpersönlich begangen werden können, wie beispielsweise Bigamie oder Vergewaltigung.

Bei manchen Tatbeständen ist der Kreis der möglichen Täter eingeschränkt, so kann etwa nur die Mutter Täterin der Kindestötung *(infanticide)* sein. Eine derartige Einschränkung gibt es in der Regel nur bei den geschriebenen Straftatbeständen *(statutory offences)*. In diesen Fällen legt die jeweilige Gesetzesregelung einen ganz bestimmten Personenkreis fest, dem der Täter der betreffenden Straftat angehören muss. Zum Teil lässt sich jedoch nur durch Auslegung einer Vorschrift ermitteln, ob nur bestimmte Personen Täter sein können. Dies gilt etwa für den Straftatbestand der Vergewaltigung (s. 1 (1) *Sexual Offences Act* 2003). Der Gesetzestext selbst ist neutral gefasst, durch Auslegung wird jedoch deutlich, dass Täter *(principal)* einer Vergewaltigung nur Männer sein können. Diese Einschränkung gilt nur für die Täterschaft. Frauen können sich dennoch wegen Beihilfe zur Vergewaltigung strafbar machen. Allerdings verwirklichen sie in diesem Falle zugleich einen eigenständigen Tatbestand (*causing a person to engage in sexual activity*, s. 4 *Sexual Offences Act* 2003). Sofern ein Straftatbestand nur durch einen Täter verwirklicht werden kann, der einem bestimmten Personenkreis angehört, ist eine Begehung der Tat nicht durch mittelbare Täterschaft *(innocent agency)*[4] möglich, falls nur der mittelbare Täter, nicht aber auch die unmittelbar handelnde Person zu diesem Personenkreis gehört.

Bei eigenhändigen Delikten wie etwa dem Meineid *(perjury)* muss der Täter die Tathandlung selbst verwirklichen. Eine Teilnahme *(aiding and abetting)* an diesen Delikten ist jedoch in aller Regel möglich.

3. Tathandlung

Ein Handlungsbegriff als solcher existiert in der englischen Strafrechtslehre nicht. Der Begriff *actus reus* umfasst neben dem Verhalten des Täters auch alle anderen äußeren Tatumstände. Jede Straftat setzt ein Handeln des Täters voraus, da reine Gedanken und Vorstellungen nicht bestraft werden. Das Verhalten des Täters muss willentlich geschehen beziehungsweise willensgesteuert sein *(voluntary)*.

Verhalten, das nicht willentlich geschieht, kann keine Tathandlung darstellen. So gelten etwa Bewegungen eines Schlafenden oder Bewusstlosen nicht als Handlungen, sondern als Automatismen *(automatism)*. Das Vorliegen eines Automatismus stellt einen Strafausschließungsgrund *(defence)* dar, durch den die Existenz einer strafrechtlich relevanten Tathandlung *(actus reus)* verneint wird und die Handlung straflos bleibt.[5] Anders als die anderen Strafausschließungsgründe *(defences)*, wie

---

[4] Siehe dazu II.G.3.

[5] Siehe hierzu im Einzelnen II.J.7.

beispielsweise das Handeln in Notwehr *(self-defence)*, die das Vorliegen eines *actus reus* voraussetzen,[6] wird durch den *defence* des Automatismus bereits die Existenz des *actus reus* negiert. Die Einordnung der *defences* in den Straftataufbau ist allgemein umstritten.[7] Eindeutig ist jedoch, dass der *defence* des Automatismus dahingehend eine Ausnahme bildet, dass er bereits die Entstehung eines *actus reus* verhindert. Aufgrund dieser Besonderheit kann sich ein Beschuldigter auch bei verschuldensunabhängigen Delikten *(strict liability offences)* auf den *defence* des Automatismus berufen.[8]

Welche Art und welches Mindestmaß an Handeln erforderlich ist, variiert je nach Straftat. Tatbestände, die das Verhalten selbst unabhängig vom Eintritt einer bestimmten Folge unter Strafe stellen, bezeichnet man als *act crimes* oder *conduct crimes*, Tätigkeitsdelikte. Neben den Erfolgsdelikten[9] werden als dritte Kategorie die sogenannten *situational crimes* (Situationsdelikte) genannt: Bei diesen Delikten wird die Strafbarkeit nicht durch ein bestimmtes Handeln oder einen bestimmten Taterfolg begründet, sondern es reicht aus, dass sich der Täter in der unter Strafe gestellten Situation befindet; in der Regel hat der Täter jedoch diese Situation durch vorangegangenes Verhalten herbeigeführt. Beispiele für *situational crimes* sind das Führen eines Kraftfahrzeugs in betrunkenem Zustand *(being drunk in charge of a motor vehicle)* oder verschiedene Delikte des unerlaubten Besitzes, etwa von Waffen oder Drogen *(possession offences)*. Letztere werden manchmal auch als eigene Kategorie behandelt.

4. Tatbegehung durch Unterlassen

a) Abgrenzung zwischen Handeln und Unterlassen

Im englischen Strafrecht kann nicht nur ein aktives Handeln strafbar sein, sondern unter bestimmten Voraussetzungen auch ein Unterlassen. Allerdings ist man traditionell zurückhaltend in der Kriminalisierung von Unterlassen, da die Befürchtung besteht, dass die strafrechtliche Verantwortlichkeit hierdurch zu weit ausgedehnt werden könnte. Ob eine Straftat auch durch Unterlassen begangen werden kann, ist für jeden Tatbestand separat zu entscheiden.

Geschriebene Straftatbestände *(statutory offences)*, deren gesetzliche Definition zwingend ein aktives Handeln voraussetzt, können nicht durch Unterlassen begangen werden. Dies gilt etwa für die Misshandlung *(battery)*. Grundsätzlich ist untätiges Verhalten nur strafbar, wenn der gesetzliche Tatbestand so formuliert ist, dass

---

6 Siehe hierzu ausführlich II.J.

7 Siehe hierzu auch II.C.2.c.

8 Siehe zu den *strict liability offences* II.C.2.c und II.E.4.

9 Siehe II.D.6.

auch Unterlassen zur Verwirklichung ausreichen kann, etwa wenn ein bewusstes Geschehenlassen zum Eintritt eines bestimmten Erfolgs führt. Eine typische Formulierung, die verwendet wird, wenn ein geschriebener Straftatbestand sowohl durch aktives Tun als auch durch Unterlassen verwirklicht werden kann, ist die folgende: „Eine Person, die (...) verursacht, begeht eine Straftat." So wird etwa beim Straftatbestand des Totschlags nicht von „Töten", sondern von der „Verursachung des Todes" gesprochen.

Für die ungeschriebenen Straftatbestände *(common law offences)* ist die Abgrenzung zwischen aktivem Tun und Unterlassen besonders schwierig. Als Grundregel gilt, dass ein Täter nicht wegen untätigen Verhaltens bestraft werden kann. Allerdings unterliegt diese Regel zahlreichen Einschränkungen. Eine Möglichkeit der Begründung einer strafrechtlichen Verantwortlichkeit auch wegen untätigen Verhaltens ist die Konstruktion der fortdauernden Tat *(continuous act)*. Diese wird in solchen Fällen angewandt, in denen der Täter zunächst aktiv handelt, jedoch ohne dass die subjektiven Voraussetzungen *(mens rea)* für eine strafrechtliche Verantwortlichkeit gegeben wären. Im weiteren Verlauf erhält der Täter durch sein untätiges Verhalten den von ihm geschaffenen Zustand willentlich aufrecht, sodass nun der *actus reus* keinen Straftatbestand verwirklicht, die erforderliche *mens rea* jedoch vorliegt. Diese Situation ist Grundlage der Entscheidung *Fagan v Metropolitan Police Comr*. In diesem Fall hielt der Angeklagte seinen Wagen aus Versehen auf dem Fuß eines Polizisten an. Da er sich anschließend für mehrere Minuten weigerte, sein Fahrzeug zu bewegen und es auf dem Fuß des Polizisten stehen ließ, wurde er wegen tätlichen Angriffs auf einen Polizisten im Dienst *(assaulting a police officer in the execution of his duty)* verurteilt. Grundsätzlich müssen die objektiven und die subjektiven Voraussetzungen eines Tatbestands (*actus reus* und *mens rea*) gleichzeitig erfüllt sein. Nach der Doktrin des *continuous act* wird jedoch das Geschehen als fortdauernde Tat in einer Gesamtbetrachtung bewertet und so eine strafrechtliche Verantwortlichkeit begründet.

Die Unterlassungsdelikte lassen sich unterteilen in echte und unechte Unterlassungsdelikte. Bei den echten Unterlassungsdelikten reicht bereits das Unterlassen als solches aus, um den Tatbestand zu verwirklichen *(offences of mere omission, offences of pure omission)*. Die unechten Unterlassungsdelikte setzen hingegen voraus, dass durch das Unterlassen ein bestimmter Taterfolg verursacht worden ist *(offences of omission causing a result)*, der auch durch aktives Tun hätte verursacht werden können, wie etwa die Tötung durch Unterlassen. Echte Unterlassungsdelikte gibt es im englischen Strafrecht fast ausschließlich als geschriebene Tatbestände *(statutory offences)*. Beispiele hierfür sind etwa das Unterlassen, einen Unfall binnen 24 Stunden der Polizei zu melden, oder nach einem Hafturlaub ins Gefängnis zurückzukehren. Dagegen gibt es nur sehr vereinzelt echte Unterlassungsdelikte, die ausschließlich als ungeschriebener Tatbestand existieren. Auch die Gerichte sind sehr zurückhaltend bei der Anwendung eines ungeschriebenen Straftatbestands auf reines Unterlassen.

Das englische Recht kennt keine allgemeine Pflicht zur Hilfeleistung und es existiert kein (geschriebener oder ungeschriebener) Straftatbestand, der die unterlassene Hilfeleistung im Allgemeinen unter Strafe stellt. Ein solcher wird von der Lehre ganz überwiegend als zu allgemein abgelehnt. Vereinzelt wird jedoch auch die Schaffung eines solchen Tatbestands befürwortet und gefordert.

Im Einzelfall kann die Abgrenzung zwischen Handeln und Unterlassen schwierig sein. Dies gilt insbesondere im Bereich der Medizin, wenn es um das Einstellen lebenserhaltender Maßnahmen geht. Eindeutige Kriterien zur Abgrenzung haben sich bislang weder in der Lehre, noch in der Rechtsprechung herausgebildet.

b) Besondere Handlungspflichten, Garantenlehre

Für eine Strafbarkeit wegen Unterlassens müssen bestimmte Voraussetzungen erfüllt sein. Diese beziehen sich nur auf die unechten Unterlassungsdelikte, also die Delikte, bei denen der Taterfolg sowohl durch aktives Tun als auch durch Unterlassen herbeigeführt werden kann.

Eine Strafbarkeit wegen Unterlassens setzt voraus, dass eine Pflicht zum Handeln *(duty to act)* besteht und dass der Täter dieser Handlungspflicht willentlich *(voluntarily)* nicht nachgekommen, sondern untätig geblieben ist. Dabei muss es sich um eine Verpflichtung handeln, die rechtlich begründet ist *(legal obligation)*. Eine derartige Handlungspflicht kann im englischen Recht auf verschiedene Weise begründet werden. Es bestehen die folgenden vier Möglichkeiten: 1. Eine Handlungspflicht kann sich zunächst aus der besonderen Stellung oder Beziehung von Personen zueinander ergeben. Dies gilt etwa für Eltern gegenüber ihren Kindern sowie unter Ehegatten oder sonstigen Personen, die in einer Gemeinschaft leben. Eine ähnliche Beziehung, die eine besondere Handlungspflicht begründet, besteht etwa auch zwischen Arzt und Patient oder Schüler und Lehrer. Begründet wird sie in diesen Fällen damit, dass aufgrund des Zusammenlebens in einer engen Gemeinschaft beziehungsweise durch das besondere Vertrauensverhältnis auch die gegenseitige Hilfeleistung erwartet werden kann. 2. Eine Handlungspflicht kann durch die freiwillige Übernahme von Verantwortung gegenüber bestimmten Personen begründet werden. 3. Sie kann sich aus einer vertraglichen Beziehung ergeben. 4. Und schließlich kann sie auch dadurch entstehen, dass der Täter zuvor eine Gefahrensituation geschaffen hat.

Umfang und Inhalt der in einem Fall konkret bestehenden Handlungspflicht werden jeweils für den Einzelfall von den Gerichten bestimmt. Aus diesen Einzelfallentscheidungen lassen sich jedoch nur in unzureichendem Maße allgemeine Aussagen über eine Handlungspflicht treffen. Insbesondere ist nicht abschließend geklärt, wann eine solche endet; so ist beispielsweise unklar, ob eine Handlungspflicht, die aufgrund eines Arbeitsvertrages besteht, unmittelbar mit dem Ende der Dienstzeit endet.

c) Vorsatz, Fahrlässigkeit, Versuch und Tatbeteiligung bei Unterlassungsdelikten

Die subjektiven Elemente *(mens rea)*, die bei einem Täter vorliegen müssen, unterscheiden sich bei den Unterlassungsdelikten grundsätzlich nicht von denen, die bei der Begehung des entsprechenden Delikts durch aktives Tun vorliegen müssen. Allerdings kann die notwendige *mens rea* fehlen, sofern der Täter glaubt, seiner Handlungspflicht in ausreichendem Maße nachgekommen zu sein.

Der Versuch der Begehung eines Unterlassungsdelikts ist im englischen Recht nicht strafbar. Dies wird aus der gesetzlichen Definition des Versuchs (eine Handlung vornehmen) hergeleitet.[10] Allerdings wird immer wieder diskutiert, ob eine Versuchsstrafbarkeit nicht auch bei Unterlassungsdelikten wünschenswert ist.

Eine Tatbeteiligung durch Unterlassen ist möglich. Voraussetzung ist, dass für den Gehilfen eine Handlungspflicht bestand und er den Taterfolg durch sein Unterlassen (mit-)verursacht hat. Dies ist etwa in Fällen denkbar, in denen ein Wachmann ein Gebäude nicht abschließt, um einem anderen den Diebstahl der in dem Gebäude befindlichen Gegenstände zu ermöglichen oder zu erleichtern. Eine Tatbeteiligung durch Unterlassen ist auch dann möglich, wenn eine Person von Rechts wegen die Kontrolle über etwas hat, sie diese aber nicht ausübt und nicht in das Geschehen eingreift. Dies gilt etwa für den Eigentümer eines Fahrzeuges, der das gefährliche Fahren seines Fahrzeugs durch eine andere Person nicht unterbindet.[11]

Die Beteiligung an einem Unterlassungsdelikt wird in der englischen Strafrechtswissenschaft praktisch nicht thematisiert. Da grundsätzlich jedoch die Beteiligung an allen Straftaten möglich ist, sofern dies nicht ausdrücklich durch das Gesetz ausgeschlossen wird, ist davon auszugehen, dass auch die Beteiligung an einem Unterlassungsdelikt möglich ist.[12]

5. Tatobjekt

Im englischen Strafrecht wird nicht allgemein definiert, was das Tatobjekt eines Straftatbestands ist. Auch die (Kommentar-)Literatur setzt sich mit dieser Frage nur sehr vereinzelt auseinander. Vielmehr muss jeweils bei den einzelnen Straftatbeständen bestimmt werden, wer oder was Angriffsobjekt der Tat sein kann und welches rechtliche Interesse durch den Tatbestand geschützt werden soll. Bei den Tötungs- und Körperverletzungsdelikten wird in den einzelnen Tatbeständen ein Tatobjekt in dem Sinne benannt, dass definiert wird, wer Opfer *(victim)* sein kann.

---

10 Einzelheiten hierzu siehe II.F.2.

11 Siehe hierzu auch II.G.

12 Siehe hierzu auch II.G.

Bei den Tötungsdelikten wird beispielsweise ausdrücklich erwähnt, dass der Tod eines Menschen *(a human being)* verursacht wird. Bei den Diebstahlsdelikten wird im Tatbestand definiert, was weggenommen werden muss, nämlich Gegenstände *(property)*.

Das englische Recht kennt jedoch auch Tatbestände, die gegen kein bestimmtes Tatobjekt gerichtet sind. Dies gilt etwa für die Tatbestände der Bigamie *(bigamy)* und des Meineids *(perjury)*.

Vom Tatobjekt zu unterscheiden ist das geschützte Rechtsgut. Hierzu werden in der Lehre in einigen Bereichen verschiedene Straftatbestände zu Gruppen zusammengefasst. Diese Gruppen werden unter dem Aspekt gebildet, welches Interesse durch die verschiedenen Straftatbestände geschützt werden soll, wie etwa die Rechtspflege *(administration of justice)* oder die öffentliche Ordnung *(public order)*. Auch die systematische Zuordnung durch den Gesetzgeber lässt Rückschlüsse auf das geschützte Rechtsgut zu. So ist etwa die Bigamie im Rahmen der Straftaten gegen die Person geregelt, nämlich im *Offences Against the Person Act* 1861 (s. 57), während der Meineid *(perjury)* zu den Straftaten zählt, die sich gegen die Rechtspflege richten *(offences against the administration of justice)*.

Es sollte jedoch beachtet werden, dass das englische Recht den Begriff des „Rechtsguts“ und auch eine Rechtsgutslehre als solche nicht kennt, dass aber aufgrund der Geltung des *harm principle* bei der Anwendung des Strafrechts oftmals ähnliche Ergebnisse erzielt werden wie in Rechtsordnungen, die auf der Rechtsgutslehre basieren.[13]

6. Taterfolg

Die meisten Tatbestände setzen voraus, dass das Verhalten des Täters zum Eintritt eines bestimmten Erfolgs geführt hat; diese Straftaten werden *consequence* oder *result crimes* (Erfolgsdelikte) genannt. Zum Teil kommt es nur auf die Herbeiführung des Erfolgs als solchen an, wie etwa bei Mord *(murder)* oder Totschlag *(manslaughter)* die Verursachung des Todes. Teilweise wird aber zusätzlich eine bestimmte Handlung verlangt, wie etwa beim Delikt „Tötung durch gefährliche Fahrweise im Straßenverkehr“ *(causing death by dangerous driving)*.

Neben Delikten, die zumindest auch die Herbeiführung eines bestimmten Taterfolgs erfordern, gibt es außerdem Delikte, bei denen allein ein bestimmtes Verhalten unter Strafe gestellt wird, ohne dass auch ein bestimmter Taterfolg eingetreten sein müsste. Diese werden auch als Tätigkeitsdelikte *(act crimes/conduct crimes)* bezeichnet. Ein Beispiel für ein Tätigkeitsdelikt ist das gefährliche Fahren eines Fahrzeugs *(dangerous driving)*. Allerdings muss bei derartigen Tätigkeits-

---

[13] Vergleiche hierzu II.C.1.

delikten oft ein bestimmtes subjektives Element beim Täter erfüllt sein, so etwa bei der Vergewaltigung (bezüglich der fehlenden Einwilligung des Opfers) oder beim Tatbestand des unvorsichtigen Fahrens *(careless driving)*. Die dritte Deliktsart des englischen Rechts, die Situationsdelikte *(situational crimes)*, erfordert weder eine bestimmte Tathandlung[14] noch den Eintritt eines Taterfolgs, sondern allein das Vorliegen besonderer Umstände.

Eine Zuordnung der einzelnen Tatbestände zu weiteren Deliktstypen wie etwa den erfolgsqualifizierten Delikten kennt das englische Strafrecht nicht. Dennoch gibt es einzelne Tatbestände, bei denen zusätzlich zu der Verwirklichung eines Grunddelikts noch eine bestimmte Folge eingetreten sein muss. Dies gilt etwa für die Verursachung des Todes durch eine gesetzwidrige Handlung, die geeignet ist, eine Körperverletzung zu verursachen *(killing by an unlawful act likely to cause bodily harm)*. Dieses Delikt wird auch als *constructive manslaughter*, konstruierter Totschlag, bezeichnet. Bei diesen Tatbeständen muss der Täter nur über *mens rea* hinsichtlich des Grunddelikts (des *unlawful act*) verfügen. Für die weitere Tatfolge reicht es aus, dass die Handlung, durch die das Grunddelikt verwirklicht wird, objektiv geeignet ist, den Erfolg herbeizuführen, beziehungsweise dass bei dieser Handlung der Eintritt der weiteren Folge objektiv wahrscheinlich ist *(likely)*.

Auch gibt es keine Deliktskategorie, unter der allgemein Gefährdungsdelikte zusammengefasst sind. Das englische Strafrecht ist in diesem Sinne nur wenig systematisch und behandelt die zahlreichen Straftatbestände, in denen das Täterverhalten eine abstrakte oder konkrete Gefahr verursacht, als individuelle Delikte. Ein Beispiel für ein Gefährdungsdelikt, das das Hervorrufen einer konkreten Gefahr voraussetzt, ist das gefährliche Autofahren *(dangerous driving)*. Die Gefahr muss sich auf die Verletzung einer Person oder eine schwere Sachbeschädigung beziehen (ss. 2, 2 A (3) *Road Traffic Act* 1988).

7. Kausalität und objektive Zurechnung

a) Kausalitätstheorien

Erfolgsdelikte setzen Kausalität voraus, das heißt, der Erfolg muss durch die Handlung des Täters verursacht worden sein *(causation)*. Manche Tatbestände erfordern eine bestimmte Art von Verhalten, das zum Erfolgseintritt führt, zum Beispiel *causing death by dangerous driving*, während bei anderen Tatbeständen irgendein Verhalten, das zum Erfolg führt, genügt, zum Beispiel die Verursachung des Todes bei Mord *(murder)* oder Totschlag *(manslaughter)*.

---

[14] Siehe oben 3.

Ausgangspunkt zur Beurteilung der Kausalität ist das sogenannte *but for*-Prinzip:

It must be proved that, but for the defendant's act or omission, the event would not have occurred.

Es muss bewiesen werden, dass der Erfolg ohne das Handeln oder das Unterlassen des Täters nicht eingetreten wäre. Statt der Bezeichnung *but for*- Prinzip wird auch im englischen Recht häufig der Begriff *sine qua non*-Prinzip verwandt *(The act must be sine qua non for the prohibited consequence)*. Zum Teil wird dies aber auch als faktische oder tatsächliche Kausalität bezeichnet *(factual causation)*. Neben der faktischen Kausalität muss jedoch auch die rechtliche Kausalität *(legal causation)* gegeben sein. Diese schränkt die sehr große Reichweite der faktischen Kausalität ein und begrenzt insoweit die Strafbarkeit. Das Handeln des Täters war nur dann rechtlich kausal für den Eintritt des Erfolgs, wenn es in wesentlicher und entscheidender Weise den Erfolgseintritt verursacht hat *(substantial cause)*.

Weiter gibt es eine Reihe von Grundsätzen, nach denen das Vorliegen der Kausalität für bestimmte Fallgruppen – oft ergebnisorientiert – beurteilt wird; traditionell bleibt die Entscheidung über diese Tatsachenfrage den Geschworenen überlassen. Neben dem *but for*-Prinzip werden in Einzelfällen unter anderem die folgenden Grundsätze angewandt: Unter Umständen kann eine von mehreren Ursachen außer Betracht bleiben, wenn sie den Eintritt des Erfolgs nur geringfügig beschleunigt hat *(de minimis)*. Grundsätzlich ist der Täter aber auch dann für die Verursachung des Erfolgs verantwortlich, wenn andere Gründe den Erfolg mitverursacht haben *(contributory causes)*. Der Erfolg muss durch das schuldhafte Verhalten des Täters verursacht worden sein; wäre zum Beispiel das Opfer eines Verkehrsunfalls auch bei nicht-fahrlässigem Verhalten des Täters getötet worden, so ist dies dem Täter nicht zuzuschreiben.

Tritt zwischen die Handlung des Täters und den Taterfolg ein weiteres Ereignis *(intervening event)*, das zum Eintritt des Erfolgs beiträgt, kann sich dies auf die Strafbarkeit des Täters auswirken. Handelt es sich hierbei um ein völlig eigenständiges, unvorhergesehenes Ereignis, das selbst zum Taterfolg geführt hat, wird hierdurch der vom Täter in Gang gesetzte Kausalverlauf durchbrochen, und trifft ihn hinsichtlich des Erfolgseintritts keine strafrechtliche Verantwortung. In diesen Fällen kann er nur wegen Versuchs bestraft werden. Tritt der Erfolg hingegen infolge des Zusammenwirkens der Handlung des Täters und des dazwischentretenden Ereignisses ein, so macht sich der Täter weiterhin wegen des vollendeten Delikts strafbar, sofern er durch seine Tat einen wesentlichen Beitrag zum Eintritt des Erfolgs geleistet hat *(substantial cause)*.

Besonderheiten, die beim Opfer einer Straftat vorliegen, durchbrechen in aller Regel nicht die Kausalkette. Vielmehr wird von der Rechtsprechung meist die Regel angewandt, dass der Täter „sein Opfer so nehmen muss, wie er es vorfindet" *(The defendant must take his victim as he finds him)*. Dies bedeutet, dass der Täter auch dann für schwerere als die von ihm vorhergesehenen Folgen seiner Tat verantwortlich ist, wenn diese aufgrund individueller Dispositionen eintreten, die beim Opfer vorliegen.

b) Eventuelle Besonderheiten bei der Fahrlässigkeitstat

Fahrlässigkeitstaten *(crimes of negligence)* werden in der englischen Strafrechtsliteratur praktisch ausschließlich im Zusammenhang mit der subjektiven Tatseite *(mens rea)* behandelt. Im Gegensatz zu Taten, die mit *intention* oder *recklessness* begangen werden,[15] setzt die Fahrlässigkeitstat zwar keine bestimmte psychische Beziehung des Täters *(state of mind)* zu seiner Tat voraus. Jedoch spiegelt sie eine gewisse Fehlerhaftigkeit des Verhaltens des Täters wider und wird daher in der Literatur neben den anderen Formen der *mens rea* dargestellt.

Dennoch wird über das Vorliegen strafrechtlich relevanter Fahrlässigkeit im englischen Recht praktisch ausschließlich anhand objektiver Bewertungsmaßstäbe entschieden. Die entsprechenden Kriterien müssen losgelöst von dem individuellen Bewusstsein des Täters erfüllt sein. Im Gegensatz zu einer Tat, die *intention* oder *recklessness* voraussetzt,[16] ist bei der Fahrlässigkeitstat gerade nicht erforderlich, dass der Täter die Gefahr eines Erfolgseintritts erkennt. Die Fahrlässigkeit *(negligence)* im Strafrecht stützt sich auf die objektive Bewertung eines objektiv erkennbaren Risikos.

Ausschlaggebend für die strafrechtliche Verantwortlichkeit aufgrund von Fahrlässigkeit ist die Unvernünftigkeit *(unreasonableness)* des Verhaltens des Täters. Eine Person handelt unvernünftig und damit fahrlässig, wenn ihr Verhalten von dem einer vernünftig handelnden Person abweicht. Als vernünftig *(a reasonable person)* wird jemand angesehen, der unter denselben Umständen die Gefahr erkannt hätte, dass er den objektiven Tatbestand *(actus reus)* verwirklicht, und dieses Risiko nicht eingegangen wäre. Da ein objektiver Bewertungsmaßstab angelegt wird, ist es unerheblich, ob sich der Täter selbst der Gefahr bewusst war. Es ist allein entscheidend, dass sein Verhalten hinter dem Verhalten zurückbleibt, das von einer vernünftig handelnden Person erwartet würde, nämlich, dass sie angemessene Vorkehrungen getroffen hätte, um den spezifischen Schaden oder die spezifische Beeinträchtigung des Tatbestands zu verhindern.

Bei gesetzlich festgelegten Straftatbeständen *(statutory offences)*, durch die fahrlässiges Verhalten unter Strafe gestellt wird, spricht der Wortlaut der Regelung fast niemals ausdrücklich von einem fahrlässigen *(negligent)* Handeln des Täters. Vielmehr enthalten entsprechende Tatbestände in aller Regel eine Umschreibung

---

15 Siehe hierzu ausführlich II.E.2.

16 Siehe hierzu ausführlich II. E.2.

der Fahrlässigkeit, indem sie eine Sorgfaltspflichtverletzung durch den Täter unter Strafe stellen. Ein typisches Beispiel für solche Straftatbestände sind die Verkehrsdelikte *(road traffic offences)*. So erfordert etwa s. 3 *Road Traffic Act* 1988, dass der Fahrer eines Fahrzeugs ohne die gebührende Sorgfalt und Aufmerksamkeit gefahren ist *(driving without due care and attention)*.

Neben diesen konkreten, gesetzlich festgelegten Tatbeständen, bei denen Fahrlässigkeit zur Verwirklichung der Tat ausreicht, gibt es im englischen Recht zwei weitere Möglichkeiten, eine Strafbarkeit wegen fahrlässigen Handelns zu begründen. Zum einen kann durch Gerichtsentscheidung die Reichweite einer Verteidigungseinrede *(defence)* dahingehend eingeschränkt werden, dass dem Beschuldigten anstelle von vorsätzlichem Handeln sein fahrlässiges Verhalten vorgeworfen werden kann. Außerdem kann der Gesetzgeber in einem geschriebenen Tatbestand ausdrücklich regeln, dass eine bestimmte Überzeugung oder eine bestimmte Vorstellung *(belief)* des Täters angemessen beziehungsweise vernünftig *(reasonable)* sein muss, wodurch eine Verantwortlichkeit für das fahrlässige Verhalten des Täters begründet wird. Ein typisches Beispiel hierfür sind die Sexualdelikte. Seit dem Inkrafttreten des *Sexual Offences Act* 2003 muss etwa der Glaube des Täters, dass das Opfer seine Zustimmung *(consent)* zum Geschlechtsverkehr erteilt hatte oder dass die andere Person mindestens 16 Jahre alt war, angemessen sein. Diese Konstruktion gilt jedoch in aller Regel für Straftaten, bei denen grundsätzlich vorsätzliches Handeln *(intention)* erforderlich ist. Die Fahrlässigkeit bezieht sich bei diesen Tatbeständen nur auf ein bestimmtes Element der objektiven Tatseite *(actus reus)*.[17]

Literaturhinweise

Ashworth, Andrew, Principles of Criminal Law. 5. Aufl. Oxford 2006, S. 95–156.

Blackstone's Criminal Practice 2008. Peter Murphy (ed.). Oxford 2007, Section B1: Homicide and Related Offences (B1.46-1.51 Constructive Manslaughter [Killing by an Unlawful Act Likely to Cause Bodily Harm]), S. 177–183.

Clarkson, C.M.V., Understanding Criminal Law. 4. Aufl. London 2005, S. 20–54.

Clarkson, C.M.V./Keating, H.M./Cunningham, S.R., Clarkson and Keating Criminal Law – Text and Materials. 6. Aufl. London 2007, S. 75–108.

Dobson, Paul, Nutshells Criminal Law. 7. Aufl. London 2005, S. 1–10.

Lacey, Nicola/Wells, Celia/Quick, Oliver, Reconstructing Criminal Law. 3. Aufl. London 2003, S. 43–49.

---

17 Siehe hierzu auch II.E.3.

Padfield, Nicola, Criminal Law. 5. Aufl. Oxford 2006, S. 21–37.

Simester, A.P./Sullivan, G.R., Criminal Law – Theory and Doctrine. 3. Aufl. Oxford 2007, S. 63–118, 144–152.

Smith, John C./Hogan, Brian, Criminal Law. 11. Aufl. (bearbeitet von David Ormerod). Oxford 2005, S. 34–90.

Rechtsprechung

DPP v Newbury [1977] AC 500
Fagan v Metropolitan Police Comr [1968] All ER 442
Hennigan [1971] 3 All ER 133
Hill v Baxter [1958] 1 QB 277
Johnson v Rea [1961] 1 WLR 1400
Pittwood (1902) 19 TLR 37
R v Gibbins and Proctor (1918) 13 Cr App R 134
R v Jennings [1990] Crim LR 588
R v Pagett (1983) 76 Cr App R 279
R v White [1910] 2 KB 124

Abkürzungsverzeichnis

AC	Appeal Cases (Entscheidungssammlung)
All ER	All England Law Reports (Entscheidungssammlung)
Comr	Commissioner
Cr App R	Criminal Appeal Reports (Entscheidungssammlung)
Crim LR	Criminal Law Review (Fachzeitschrift)
KB	King's Bench (Entscheidungssammlung)
QB	Queen's Bench (Entscheidungssammlung)
R	Rex/Regina
s(s).	section(s)
TLR	Times Law Reports (Entscheidungssammlung)
WLR	Weekly Law Reports (Entscheidungssammlung)

Juliette Lelieur

Peggy Pfützner

Sabine Volz

Objektive Tatseite in

Frankreich

1. Definition/Elemente der objektiven Tatseite

Das französische Strafgesetzbuch (*Code pénal*, CP) sieht bezüglich der objektiven Seite der Straftat nur vor, dass Täter ist, wer eine Straftat begeht oder unter bestimmten Voraussetzungen versucht zu begehen (Art. 121-4 CP). Damit wird klargestellt, dass der Straftatbestand notwendig einen materiellen Bestandteil *(élément matériel)* hat. Eine nach außen tretende Wirkung der Tat ist unerlässliche Voraussetzung ihrer Strafbarkeit. Der kriminelle Entschluss allein kann ohne konkrete Materialisierung nicht zur Strafbarkeit führen – *nemo cogitationis poenam partitur*. Zudem beinhaltet Art. 121-1 CP den Grundsatz, dass jedermann nur für seine eigene Handlung *(de son propre fait)* strafrechtlich verantwortlich sein kann. Daran knüpft dann auch der weit überwiegende Teil der Straftatbestände im Besonderen Teil an, in dem regelmäßig mit der Formulierung: „*Le fait de* (…)" begonnen wird. Damit kommt zum Ausdruck, dass es zur Tatbestandsverwirklichung eines materiellen Bestandteils bedarf.[1]

Als ein wesentliches Element der objektiven Tatseite ist zunächst das Tatsubjekt zu nennen.[2] Um eine Strafbarkeit begründen zu können, muss eine natürliche oder juristische Person das materielle Element des Straftatbestands verwirklichen. Letzteres besteht zum einen in einer Handlung;[3] zum anderen ist für die Erfüllung des materiellen Elements meistens ein Taterfolg erforderlich.[4] Während das Tatobjekt keiner gesonderten Systematik unterliegt,[5] muss die Handlung unter bestimmten Tatumständen begangen werden – beispielsweise beim Diebstahl der Umstand, dass die entfernte Sache einem anderen gehört. Der Handlung kann nach französischem Recht ein Unterlassen nicht gleichgestellt werden. Eine Unterlassensstraf-

---

[1] Siehe auch II.C.2.c.

[2] Siehe unten 2.

[3] Siehe unten 3.

[4] Siehe unten 6.

[5] Siehe unten 5.

barkeit sieht das Gesetz jedoch für einige bestimmte Straftatbestände explizit vor.[6] Des Weiteren muss zwischen der Tathandlung und dem Taterfolg ein kausaler Zusammenhang bestehen.[7] Zur objektiven Tatseite gehört schließlich auch das Fehlen von objektiven, die strafrechtliche Verantwortung ausschließenden Gründen. Allerdings wird deren Fehlen in der französischen Literatur teilweise dem gesetzlichen Element *(élément légal)* zugeordnet, und zwar mit der Begründung, dass die den Grund festschreibende Norm den gesetzlichen Straftatbestand „lähme". Teilweise findet wegen des Wegfalls der Rechtswidrigkeit auch eine Zuordnung zum Unrechtselement *(élément injuste)* statt.[8]

2. Tatsubjekt

Straftäter kann zunächst jede natürliche Person sein.[9] Darüber hinaus besteht in Frankreich – im Unterschied zu vielen anderen europäischen Rechtsordnungen – seit Inkrafttreten des neuen *Code pénal* (1994) eine allgemeine Regelung zur Strafbarkeit juristischer Personen (mit Ausnahme des Staates und mit Einschränkungen hinsichtlich der Gebietskörperschaften). Gemäß Art. 121-2 Abs. 1 CP gilt dies für alle Taten, die auf Rechnung der juristischen Person von ihren Organen oder Vertretern begangen werden. Die Strafbarkeit der juristischen Person schließt dabei gemäß Art. 121-2 Abs. 3 CP die Strafbarkeit der natürlichen Person als Täter oder Teilnehmer derselben Tat nicht aus, sondern tritt neben sie und besteht daher kumulativ zu dieser.[10]

Einzelne Straftatbestände verlangen über die sonstigen Tatbestandsvoraussetzungen hinaus eine besondere Täterqualität. Zu nennen sind vor allem die Abstammung *(ascendance)* beziehungsweise solche Verhältnisse, in denen das Opfer der Aufsicht einer anderen Person untersteht *(personne ayant autorité)*, sowie die Amtsinhaberschaft *(qualité de fonctionnaire)*. Weitere Sonderdelikte sind auch solche, die nur von Soldaten *(militaires/soldats)* begangen werden können. Die besondere Täterqualität kann sowohl konstitutiver als auch qualifizierender Natur sein. Konstitutiv ist die Täterqualität etwa bei den Delikten der Beeinträchtigung der öffentlichen Verwaltung durch Personen, die ein öffentliches Amt ausüben, Art. 432-1 ff. CP. Ebenfalls konstitutiver Natur ist die Soldateneigenschaft bei der Fahnenflucht *(désertion)*, die in Art. L. 321-2 ff. *Code de justice militaire* unter Strafe gestellt ist. Qualifizierender Natur ist innerhalb dieses Straftatbestands hin-

---

6 Siehe unten 4.

7 Siehe unten 7.

8 Mehr zum Verbrechensaufbau unter II.C.2.c.; zu Gründen für den Ausschluss der Strafbarkeit unter II.J.

9 Zur Strafbarkeit Minderjähriger siehe II.J.6. beziehungsweise allgemein zur Verantwortlichkeit natürlicher Personen II.H.1.

10 Zur Strafbarkeit juristischer Personen siehe II.H.2.

gegen die Offizierseigenschaft, die eine Strafschärfung begründet. Ebenfalls qualifizierender Natur kann die Abstammung oder sonstige Autoritätsstellung sein. So begeht gemäß Art. 222-24-4 CP eine qualifizierte Vergewaltigung, wer die Tat als (nicht)ehelicher oder Adoptivverwandter aufsteigender Linie oder als Person begeht, in deren Obhut das Opfer steht. Im Zusammenhang mit diesen Sonderdelikten stellt sich die in Frankreich jedoch selten problematisierte Frage, wie sich das Erfordernis einer besonderen Täterqualität auf die Teilnehmerstrafbarkeit auswirkt. Bei fehlender Täterqualität eines Tatbeteiligten kann zwar eine Mittäterschaft nicht angenommen werden, doch ist die Teilnahme des *Extraneus* an dem Sonderdelikt generell möglich. Denn als Konsequenz aus dem Akzessorietätsprinzip folgt, dass es für die Teilnahme ausreicht, wenn die Tatbestandselemente, die einen persönlichen Charakter aufweisen, durch den Haupttäter erfüllt werden.[11]

3. Tathandlung

Für die Verwirklichung der meisten Straftatbestände ist die Vornahme einer konkreten Handlung notwendig *(nécessité d'un fait ou d'un acte)*. Diese Straftaten sind die sogenannten Begehungsstraftaten *(infractions de commission)*. Die Handlung kann sich ausschließlich aus einem positiven Tun, das eine physische Aktivität des Täters voraussetzt, ergeben. Niemals strafbar sind der reine, noch nicht nach außen getretene, kriminelle Entschluss oder allgemeine kriminelle Gedanken einer Person. Auch wer sich den Tod eines anderen Menschen wünscht, macht sich keines Tötungsdelikts strafbar, sofern er seinen Wunsch nicht durch eine nach außen tretende Wirkung umsetzt oder umzusetzen versucht. Ebenfalls wird eine „Präventivstrafbarkeit" für solche Personen, die sich aufgrund ihrer Lebensführung oder ihres psychischen Zustandes in einem gefährlichen, möglicherweise in die Begehung einer Straftat mündenden Zustand befinden, verneint. Jedermann kann nur für tatsächlich begangenes Unrecht, nicht jedoch für nur drohende Taten strafrechtlich zur Verantwortung gezogen werden. Eine Durchbrechung dieses Grundsatzes kann allenfalls in Straftaten gesehen werden, die bereits ihrem Sinn und Zweck nach auf eine Präventivstrafbarkeit abzielen. So werden gemäß Art. 321-6 CP neuerdings (eingeführt durch das Gesetz Nr. 2006-64 vom 23. Januar 2006) Personen bestraft, die gewohnheitsmäßige Beziehungen zu Straftätern unterhalten und ihre dem jeweiligen Lebensstandard entsprechenden Einkünfte nicht rechtfertigen können. Interessant ist insoweit die dem Straftatbestand innewohnende Schuldvermutung *(présomption de culpabilité)* und der damit einhergehenden Beweislastumkehr *(renversement de la charge de la preuve)*, denn der Betroffene muss die legale Herkunft seiner Einkünfte beweisen.

---

[11] Siehe dazu auch II.G.5.

Eine konkrete Abgrenzung der strafbaren Tathandlung gegenüber unbewussten Reflexen sowie Handlungen im Zustand einer Ohnmacht oder unter dem Einfluss von *vis absoluta* findet nicht statt.

4. Tatbegehung durch Unterlassen

a) Abgrenzung zwischen Handeln und Unterlassen

Zur Abgrenzung zwischen Handeln und Unterlassen *(omission)* weist die Lehre nur darauf hin, dass ein bloßes Nichtstun als Unterlassen qualifiziert werden muss und nur ein aktives Tun eine Handlung darstellen kann. Sie trifft aber keine weitergehende Unterscheidung zwischen Handlung und Unterlassen.

Der *Code pénal* enthält keine generelle Vorschrift, die es ermöglicht, die Verwirklichung einer Straftat durch Unterlassen zu bestrafen. In Ermangelung einer solchen Regelung hat es die Rechtsprechung unter Berufung auf das Analogieverbot *(interdiction de l'analogie)* abgelehnt, ein Unterlassen der gesetzlich festgelegten Begehung durch positives Tun gleichzusetzen. Eine Strafbarkeit durch Unterlassen kann demnach nur begründet werden, wenn eine gesetzliche Bestimmung dies ausdrücklich vorsieht. Danach kann eine Mutter, die ihr Kind verhungern lässt, nicht aus dem für eine positive Tatbegehung geschaffenen Mordtatbestand, sondern allenfalls aus einem Unterlassenstatbestand der Art. 227-1 ff. CP (Verlassen eines Minderjährigen) bestraft werden. In anderen Bereichen, wie etwa in Fällen der Wirtschaftskriminalität, hält die Rechtsprechung jedoch an diesem Grundsatz nicht immer streng fest, sodass in wenigen Entscheidungen Grenzfälle als aktives Tun eingestuft worden sind. So verurteilte die *Cour de cassation* einen Vorsitzenden einer Gesellschaft, deren Filiale die unrechtmäßige Beschaffung von Arbeitskräften unternahm, wegen *marchandage* (unzulässiges Beschaffen von Arbeitskräften) gemäß Art. L 8231-1 Arbeitsgesetzbuch *(Code du travail)*, da er sowohl die Befugnis als auch die Mittel besaß, diese von seinem Vorgänger eingeführte Vorgehensweise zu unterbinden, und sie nur mit seinem Einverständnis erfolgen konnte.

Die ausdrücklich geregelte Strafbarkeit des Unterlassens knüpft naturgemäß an die Verletzung einer Handlungspflicht an. Diese kann entweder aus einer bereits an anderer Stelle existierenden Norm resultieren oder sich unmittelbar aus der Strafvorschrift selbst ergeben. Im Laufe der Zeit wurden immer mehr Tatbestände geschaffen, in denen die Verletzung einer Pflicht zur Solidarität unter Strafe gestellt wurde. Als Beispiel sei hier nur die unterlassene Hilfeleistung gemäß Art. 223-6 Abs. 2 CP genannt. Dies erklärt sich im Hinblick darauf, dass durch die Schaffung von Rechtspflichten, wie der Pflicht zur Hilfe bei Gefahr, auch im Rechtsbewusstsein der Bevölkerung eine größere Solidaritätsbereitschaft verankert werden sollte. So hat sich im französischen Recht zwar keine allgemeine Unterlassensstrafbarkeit durchsetzen können, doch haben die eine Unterlassung sanktionierenden Straftatbestände mittlerweile einen nicht unbedeutenden Rang im französischen Strafrecht eingenommen. Es kann dabei zwischen echten und unechten Unterlassungsdelikten unterschieden werden.

Neben den Begehungsstraftaten existieren im französischen Recht echte Unterlassungsdelikte *(infractions d'omission/de pure omission)*. Diese bestehen nicht in einer Angleichung eines Unterlassens an ein tatbestandsmäßiges Tun, sondern können bereits tatbestandlich nur durch ein Unterlassen begangen werden, das vom Gesetzgeber als solches explizit unter Strafe gestellt ist. Hierzu zählen zum Beispiel das Verlassen einer Person in hilfloser Lage (Art. 223-3 CP) oder eines Minderjährigen unter 15 Jahren (Art. 227-1 sowie 227-2 CP für die Qualifikation). Gemäß Art. 227-2 Abs. 2 CP (und nicht, wie oben gesehen, wegen Mordes) macht sich daher die Mutter strafbar, die ihr Kind verhungern lässt und dadurch dessen Tod verursacht. Weitere Beispiele sind die unterlassene Verhinderung eines Verbrechens oder eines Vergehens gegen die körperliche Unversehrtheit (Art. 223-6 Abs. 1 CP), die unterlassene Hilfeleistung (Art. 223-6 Abs. 2 CP) und die unterlassene Bezeugung zugunsten eines Unschuldigen (Art. 434-11 CP).

Es gibt aber auch Straftaten, die sowohl durch positives Tun als auch durch Unterlassen begangen werden können. Dies sind die sogenannten unechten Unterlassungsdelikte *(infractions de commission par omission)*. Es handelt sich hierbei um Fahrlässigkeitsdelikte, deren Tatbestand so weit gefasst ist, dass das strafbare Verhalten auch in der Nichteinhaltung einer durch Gesetz oder Verordnung vorgeschriebenen Sorgfalts- oder Sicherheitspflicht liegen kann. Dies gilt zum Beispiel für den Tatbestand der fahrlässigen Tötung im Sinne von Art. 221-6 CP sowie der fahrlässigen Verletzung der Unversehrtheit der Person in Art. 222-19 CP. Gemäß Art. 121-3 Abs. 3 CP, der die Voraussetzungen der Fahrlässigkeitsstrafbarkeit bestimmt, tritt die Strafbarkeit jedoch nur dann ein, wenn „bewiesen wird, dass der Täter die übliche Sorgfalt nicht beachtet hat, wobei gegebenenfalls die Art seiner Aufgaben oder seines Amtes, seine Zuständigkeiten sowie seine Handlungsbefugnisse und die Mittel, über die er verfügt hat, zu berücksichtigen sind". In Art. 121-3 Abs. 4 CP heißt es weiter, dass jemand, der für einen Schaden nicht direkt verantwortlich ist, aber zu seinem Entstehen oder der Situation, die zu seinem Entstehen geführt hat, beigetragen oder nicht die zu seiner Verhinderung notwendigen Maßnahmen getroffen hat, strafrechtlich verantwortlich ist, wenn er offensichtlich vorsätzlich *(de façon manifestement délibérée)* eine bestimmte, im Gesetz oder in einer Verordnung vorgesehene Vorsichts- oder Sicherheitsvorschrift verletzt hat oder durch grobe Fahrlässigkeit *(faute caractérisée)* einen anderen in eine besondere Gefahr gebracht hat, die er erkennen musste. Aus all dem folgt dennoch keine allgemeine Unterlassenstrafbarkeit, da die jeweilige Handlungspflicht grundsätzlich positiv in einem Gesetz oder einer Verordnung festgeschrieben sein muss und nicht aus allgemeinen Grundsätzen gefolgert werden kann.

Eine Sonderstellung nimmt die von der Rechtsprechung entwickelte strafrechtliche Verantwortlichkeit des Betriebsleiters *(responsabilité pénale du chef d'entreprise)* ein. Danach ist es möglich, einen Betriebsleiter für das Handeln seines Erfüllungs- oder Verrichtungsgehilfen strafrechtlich zu belangen. Dabei muss der Betriebsleiter selbst weder aktiv geworden sein, noch muss er positive Kenntnis hinsichtlich der Handlungen seines Angestellten besessen haben. Diese Art der Verantwortlichkeit war zunächst nur vereinzelt ausdrücklich geregelt (zum Beispiel Art. L 263-2 des Arbeitsgesetzbuchs in der Fassung von 2003 für den Bereich der Sicherheit der Arbeiter). Die Rechtsprechung hat jedoch mittlerweile eine strafrechtliche Verantwortlichkeit auch in Ermangelung eines solchen Textes angenommen: In einer Grundsatzentscheidung legte das oberste französische Gericht *(Cour de cassation)* fest, dass „in Gewerbebetrieben, die im Interesse der Gesundheit und der öffentlichen Sicherheit bestimmten Regelungen unterliegen, die strafrechtliche Verantwortlichkeit vor allem die Betriebsleiter trifft, da diesen sowohl die Bedingungen als auch die Art und Weise der Ausübung ihres Gewerbes obliegen". Damit wurde ein Unterlassen des Betriebsleiters in Form mangelnder Überwachung beziehungsweise mangelnder Vorsicht, die die Begehung einer Straftat durch einen Untergebenen ermöglicht hat, für strafbar erklärt. Auch nach der Einführung der Strafbarkeit juristischer Personen im Zuge der großen Reform des *Code pénal* (1994) hat die Rechtsprechung an der persönlichen strafrechtlichen Verantwortlichkeit des Betriebsleiters festgehalten.[12]

b) Besondere Handlungspflichten, Garantenlehre

Eine spezielle Garantenlehre gibt es im französischen Recht nicht. Besondere Handlungspflichten können sich jedoch aus Gesetz oder Verordnung ergeben oder im Straftatbestand selbst vorgesehen sein. Ein entsprechender Verstoß kann dann eine Unterlassensstrafbarkeit begründen. So sind etwa Kaufleute zur Buchführung verpflichtet und Eltern zur Fürsorge für ihre Kinder. Wird diesen Pflichten nicht nachgekommen, folgt daraus unter Umständen eine strafrechtliche Verantwortlichkeit.

c) Vorsatz, Fahrlässigkeit, Versuch und Tatbeteiligung bei Unterlassungsdelikten

Es muss streng zwischen der generellen Straflosigkeit des Unterlassens und den ausdrücklich bestimmten Fällen, in denen ein Unterlassen ausnahmsweise strafbar ist, unterschieden werden. Aus der generellen Straflosigkeit des Unterlassens folgt konsequenterweise, dass auch ein fahrlässiges Unterlassen, der Versuch des Unterlassens oder die Tatbeteiligung straflos sind. In den einzelnen Fällen, in denen ein Unterlassen jedoch unter Strafe gestellt ist,[13] können grundsätzlich auch Fahrläs-

---

12 Zur strafrechtlichen Verantwortlichkeit des Betriebsleiters siehe auch II.H.1.

13 Siehe oben 4.a.

sigkeit, Versuch und Tatbeteiligung strafbar sein. Im Einzelnen gilt dabei Folgendes:

Wie aus Art. 121-3 Abs. 1 CP folgt, sind Verbrechen und Vergehen prinzipiell nur strafbar, wenn sie vorsätzlich begangen werden. Eine Strafbarkeit wegen Fahrlässigkeit ist jedoch gemäß Art. 121-3 Abs. 3 CP anerkannt, wenn dies ausdrücklich im Gesetz vorgesehen ist.[14] Mangels einer speziellen Regelung gelten die allgemeinen Voraussetzungen auch für die als strafbar eingestuften Unterlassungsdelikte. Generell ist damit Vorsatz erforderlich, aber auch eine fahrlässige Tatbegehung durch Unterlassen möglich. Letztere stellt im Bereich der unechten Unterlassungsdelikte sogar die Regel dar. Denn diese sind meist Fahrlässigkeitsdelikte, die durch ihre offene Tatbestandsformulierung gerade auch eine Begehung durch Unterlassen mit erfassen.[15] Als Beispiele können die fahrlässige Tötung gemäß Art. 221-6 CP und die fahrlässige Körperverletzung gemäß Art. 222-19 CP genannt werden.

Im französischen Strafrecht ist Voraussetzung für die Strafbarkeit der Teilnahme das Vorliegen einer strafbaren Haupttat. Daraus folgt bereits unmittelbar, dass die Teilnahme am Unterlassen generell mangels einer Strafbarkeit der Begehung durch Unterlassen ebenfalls straflos ist. Dies gilt allerdings nicht für solche Straftaten, bei denen ein Unterlassen explizit unter Strafe gestellt ist.[16] In diesem Fall gelten mangels spezieller Vorschriften die allgemeinen Regeln der Tatbeteiligung.[17]

Die Beihilfe durch Unterlassen ist aufgrund des Erfordernisses eines positiven Akts grundsätzlich straflos. Nach der Rechtsprechung sind jedoch einzelne eher passive, typische Verhaltensweisen der Beihilfe strafbar, sodass von dem Erfordernis eines positiven Akts teilweise abgewichen wird. So wurde zum Beispiel bei einer vorherigen Übereinkunft *(accord préalable)*, einer rechtlichen Pflicht *(devoir juridique)* oder einer moralischen Unterstützung *(appui moral)* eine Strafbarkeit angenommen. Eine freiwillige Anwesenheit während der Begehung einer Körperverletzung wurde beispielsweise von der Rechtsprechung teilweise als aktive (moralische) Unterstützung und damit als Beihilfe angesehen.[18]

d) Besonderheiten der Strafzumessung bei Unterlassungsdelikten

Eine gesetzliche Vorschrift, aus der sich Besonderheiten hinsichtlich der Strafzumessung bei Unterlassungsdelikten ergeben, existiert im französischen Strafrecht nicht. Generell wird den Richtern jedoch große Freiheit bei der Strafzumessung zugebilligt. Insbesondere sind im Gesetz keine Strafuntergrenzen vorgesehen, so-

---

14 Zur Fahrlässigkeit siehe II.E.3.

15 Siehe bereits oben 4.a.

16 Siehe oben 4.a.

17 Zur Tatbeteiligung insgesamt siehe II.G.

18 Siehe dazu auch II.G.5.

dass eine Milderung der Strafe in großem Maße möglich ist. Eine spezielle gerichtliche Praxis hinsichtlich der Bewertung der Unterlassungsdelikte ist nicht bekannt.

5. Tatobjekt

Die Begriffe „Tatobjekt" oder „Rechtsgut" werden in der französischen Literatur nicht oder nur vereinzelt verwendet, ohne dass sie Teil einer präzisen Systematik wären. Eine Theorie des Rechtsguts, wie sie beispielsweise in Deutschland bekannt ist, existiert in Frankreich nicht. Gebräuchlich ist vielmehr der Begriff des geschützten juristischen Werts *(valeur juridique protégée)* oder des geschützten juristischen Interesses *(intérêt juridique protégé)*. Der „juristische Wert" umfasst meistens sowohl „Tatobjekt" als auch „Rechtsgut", so beispielsweise das „menschliche Leben" bei den Tötungsdelikten, wobei eine explizite Unterscheidung zwischen dem Tatobjekt „Mensch" und dem Rechtsgut „Leben" nicht stattfindet. Auch im Bereich der Vermögensdelikte findet eine solche Unterscheidung nicht statt. Sie kann jedoch aus der jeweiligen Tatbestandsformulierung und der gesetzgeberischen Intention geschlossen werden. Zum Beispiel begeht einen Diebstahl *(vol)* gemäß Art. 311-1 CP, wer eine fremde Sache arglistig entwendet *(soustraction frauduleuse de la chose d'autrui)*. Tatobjekt ist folglich eine fremde (nach der Rechtsprechung bewegliche) Sache. Zugrunde liegt dem Delikt allerdings der Gedanke des Schutzes vor rechtswidrigen Angriffen auf das Eigentum, sodass dieses als das geschützte Rechtsgut (beziehungsweise juristischer Wert) anzusehen ist.

Es gibt weiterhin auch Deliktsarten ohne Handlungsobjekt, auch wenn diesem Umstand in der Literatur keine Bedeutung beigemessen wird. Zu nennen sind etwa der Meineid *(témoignage mensonger fait sous serment)* (Art. 434-13 CP) oder die Fahnenflucht *(désertion)* (Art. L321-2 ff CJM).

6. Taterfolg

Grundsätzlich lassen sich die Delikte des *Code pénal* in solche, die einen Erfolg *(résultat)* voraussetzen, und solche, die auf den Eintritt eines Erfolgs verzichten, einteilen. Die meisten Straftatbestände sind Erfolgsdelikte *(infractions matérielles)*. Sie setzen voraus, dass ein bestimmtes Ergebnis erreicht wird. So muss etwa bei den Tötungsdelikten der Tod eines Menschen als tatbestandlicher Erfolg eingetreten sein.

Der *Code pénal* beinhaltet aber auch einige schlichte Tätigkeitsdelikte *(infractions formelles)*, bei denen der vom Täter angestrebte Erfolg zur Begründung der Strafbarkeit nicht eintreten muss. Ein Beispiel hierfür ist etwa die Vergiftung gemäß Art. 221-5 CP:

Art. 221-5 CP

Wer durch die Anwendung oder Verabreichung von Substanzen, die geeignet sind, den Tod herbeizuführen, einen Anschlag auf das Leben eines anderen verübt, erfüllt den Tatbestand der Vergiftung.

Der Tatbestand ist so gefasst, dass er bereits erfüllt ist, sobald das Gift verabreicht wird, ohne dass der Tod, auf den es dem Täter ankommt, eintreten muss. Ein weiteres Beispiel ist die aktive Bestechung eines Beamten gemäß Art. 433-1 CP:

Art. 433-1 CP

Mit [...] wird bestraft, wer ohne Befugnis direkt oder indirekt Angebote oder Versprechungen macht oder Zuwendungen, Geschenke oder sonstige Vergünstigungen anbietet, um damit zu erreichen, dass ein Inhaber öffentlicher Gewalt, eine mit einer öffentlichen Aufgabe betraute oder mit einem öffentlichen Wahlmandat versehene Person

1. eine Handlung vornimmt oder unterlässt, die in den Bereich ihres Amtes, ihrer Aufgabe oder ihres Mandats fällt oder dadurch erleichtert wird, oder
2. ihren tatsächlichen oder vermeintlichen Einfluss missbraucht, um die Gewährung von Auszeichnungen, Beschäftigungsverhältnissen, Aufträgen oder anderen begünstigenden Entscheidungen durch eine Behörde oder die öffentliche Verwaltung zu erwirken.

Hier reicht bereits allein das Anbieten eines Vorteils zur Begründung der Strafbarkeit aus; unerheblich ist dagegen, ob auch eine Reaktion seitens des Beamten erfolgt.

Aus dem Verzicht auf den Eintritt des eigentlich vom Täter angestrebten Erfolgs ergeben sich mehrere Konsequenzen: Da der Eintritt des gewollten Erfolgs – wie etwa der Tod des Opfers – nicht Voraussetzung für die Strafbarkeit ist, handelt es sich eigentlich um ein Delikt, das sich von der Vorstellung und dem Ziel des Täters her noch im Versuchsstadium befindet. Dennoch ist das Delikt bereits ohne Erfolgseintritt vollendet. Damit stellt sich die Frage nach der Möglichkeit des Versuchs eines solchen Delikts. Dazu ist jeweils eine Einzelfallbetrachtung nötig. Ist die Deliktsbegehung durch eine einzige Handlung gekennzeichnet – wie dies etwa bei der Bestechung der Fall ist –, so kann konsequenterweise kein Versuchsstadium durchlaufen werden, da das Delikt bereits durch diese eine Handlung vollendet wird. Anders kann dies jedoch bei Delikten sein, die sich hinsichtlich ihrer Begehungsweise in Teilakte gliedern – so etwa im Falle der Vergiftung. Hier ist es denkbar, dass eine Handlung darin besteht, das Gift in ein Getränk zu mischen, welches dem Opfer zu einem späteren Zeitpunkt vorgesetzt wird. In der ersten Handlung könnte damit der Versuchsbeginn gesehen werden, von dem der Täter zurücktritt, wenn er das vergiftetete Getränk vernichtet. Hat das Opfer das Gift jedoch bereits zu sich genommen, ist auch durch ein Bemühen des Täters, den Tod zu verhindern, ein Rücktritt vom Versuch *(désistement volontaire)* der Vergiftung nicht mehr möglich. Zugunsten des Täters kann dann allenfalls die tätige Reue *(repentir actif)* angeführt werden.[19]

Aufgrund von vermehrten Auto- und Arbeitsunfällen wurde die Figur des konkreten Gefährdungsdelikts *(infraction de mise en danger)* in den neuen *Code pénal* eingeführt. Hierbei besteht der Erfolg in der Herbeiführung einer Gefahr, ohne dass sich diese realisiert haben muss.[20] Die Entstehung der Gefahr beruht auf einer Unvorsichtigkeit (Fahrlässigkeit), die aber offensichtlich bewusst geschaffen wird (Vorsatz).[21] Beispielhaft kann Art. 223-1 CP (Gefährdung Anderer) genannt werden.

Art. 223-1 CP
Wer eine andere Person unmittelbar einer gegenwärtigen Todes- oder Verletzungsgefahr aussetzt, die zu einer Verstümmelung oder bleibenden Behinderung führen kann, indem er offensichtlich bewusst eine besondere, durch Gesetz oder Verordnung auferlegte Sicherheits- oder Sorgfaltspflicht verletzt, wird [...] bestraft.

Unter dem Oberbegriff „Gefährdung der Person" *(De la mise en danger de la personne)* nennt außerdem das dritte Kapitel des Titels über die Angriffe gegen die menschliche Person eine Reihe von Tatbeständen, deren Erfolg in der Herbeiführung einer Gefahr besteht. Dabei werden neben der schon erwähnten Gefährdung Anderer diverse Delikte wie die Behinderung von Rettungsmaßnahmen (Art. 223-5 CP), die unterlassene Hilfeleistung (Art. 223-6 f. CP), der experimentelle Versuch am Menschen (Art. 223-8 f. CP), der Schwangerschaftsabbruch ohne Einwilligung der betroffenen Frau (Art. 223-10 CP) und die Anstiftung zur Selbsttötung (Art. 223-12 CP) aufgelistet. Es ist jedoch zu bemerken, dass diese Delikte im Gegensatz zu der Gefährdung Anderer (Art. 223-1 CP) das unmittelbare Hervorrufen einer Gefahr als Tatbestandsmerkmal nicht enthalten, so dass sie trotz der Bezeichnung im Gesetzbuch keine eigentlichen Gefährdungsdelikte sind.

Die Figur des abstrakten Gefährdungsdelikts existiert im französischen Strafrecht ebenfalls. Unter Strafe steht hier ein grundsätzlich gefährliches Verhalten, aus dem jedoch (noch) keine direkte Gefahr resultiert. In der Literatur wird daher auch von „Verhinderungstatbeständen" *(infractions obstacles)* gesprochen, da die Kriminalisierung des gefährlichen Verhaltens das Herbeiführen einer größeren Gefahr verhindern soll.[22] Als Beispiel können das Fahren im alkoholisierten Zustand (Art. L 234-1 der Straßenverkehrsordnung, *Code de la route*), die Verschwörung (Art. 412-2 CP), das illegale Tragen einer Waffe (Art. 32 *Décret-Loi* vom 18. April 1939) oder die Beteiligung an einer kriminellen Vereinigung (Art. 450-1 CP) genannt werden. Die „Verhinderungsstraftaten" ähneln damit den Tätigkeitsdelikten,

---

19 Zum Rücktritt vom Versuch und zur tätigen Reue mehr unter II.F.5.

20 Siehe auch II.D.7.b.

21 Siehe auch unter II.C.2.c.

22 Siehe dazu auch II.F.1.a.

dürfen mit ihnen jedoch nicht verwechselt werden. Ein tiefgreifender Unterschied besteht darin, dass es im Falle eines „Verhinderungstatbestands“ für die Bestrafung des Täters einen wesentlichen Unterschied macht, ob der Erfolg, den der Gesetzgeber gerade verhindern wollte, eintritt oder nicht. Der Eintritt eines Erfolgs ändert die Situation für den Täter grundlegend. Dadurch tritt nämlich in einigen Fällen an die Stelle der „Verhinderungsstraftat“ ein Erfolgsdelikt, innerhalb dessen die vorherige abstrakte Gefährdung einen strafschärfenden Umstand *(circonstance aggravante)* darstellt. In anderen Fällen wird der „Verhinderungstatbestand“ sogar vollständig verdrängt. So stellt die Trunkenheitsfahrt des Art. L 234-1 *Code de la route* für sich genommen eine „Verhinderungsstraftat“ dar. Kommt es jedoch während dieser Trunkenheitsfahrt zu einem Unfall mit Todesfolge, so stellt sich dies als ein strafschärfender Umstand im Rahmen der fahrlässigen Tötung gemäß Art. 221-6-1 Nr. 2 CP dar. Im Gegensatz dazu wird der „Verhinderungstatbestand“ der Verschwörung (Art. 412-2 CP) durch das Erfolgsdelikt der Begehung des Anschlags (Art. 412-1 CP) verdrängt.

In manchen Fällen geht der vom Täter verwirklichte Erfolg über das von ihm gewollte Ergebnis hinaus. Man spricht dann vom „überholten“ Vorsatz *(dol dépassé ou praeterintentionnel)*. Dieser objektive Überschuss[23] kann vom Gericht grundsätzlich nicht berücksichtigt werden. Etwa kann derjenige, der „nur“ mit Körperverletzungsvorsatz eine schwangere Frau so misshandelt, dass dadurch ein Abbruch der Schwangerschaft verursacht wird, nicht wegen des Schwangerschaftsabbruchs bestraft werden. Da in solchen Fällen jedoch gleichwohl ein Strafbedürfnis bestehen kann, hat der Gesetzgeber in einigen Fällen erfolgsqualifizierte Tatbestände geschaffen, die diesen Umstand berücksichtigen und eine Strafbarkeit wegen eines nicht gewollten, aber eingetretenen Erfolgs ermöglichen. Es können zwei unterschiedliche Behandlungsweisen festgestellt werden: Einmal wird sowohl der eingetretene Erfolg als auch der Vorsatz des Täters berücksichtigt. Ein andermal wird nur der tatsächlich eingetretene Erfolg berücksichtigt, ohne auch die innere Einstellung des Täters zum Tragen zu bringen. Beispielhaft können die Körperverletzung mit Todesfolge gemäß Art. 222-7 CP und die Entführung mit Todesfolge gemäß Art. 224-2 Abs. 2 CP einander gegenüber gestellt werden. Die Körperverletzung mit Todesfolge hat einen Strafrahmen, der zwischen dem für einfache Körperverletzung und dem für Totschlag liegt, sodass der Gesetzgeber in diesem Fall den mangelnden Vorsatz als strafmildernd gegenüber einer vorsätzlichen Tötung berücksichtigt hat, während die Entführung mit Todesfolge mit lebenslanger Gefängnisstrafe und damit wie Mord zu bestrafen ist, auch wenn der Täter den Tod nicht verursachen wollte.

---

[23] Siehe auch II.E.4.b.

7. Kausalität und objektive Zurechnung

Eine Handlung kann nur strafbar sein, wenn sie zur Verwirklichung der Straftat geführt hat, das heißt bei Erfolgsdelikten, wenn der tatbestandliche Erfolg aufgrund menschlichen Verhaltens eingetreten ist. Fehlt die kausale Verbindung zwischen Handlung und Erfolg, ist keine Strafbarkeit gegeben.

a) Kausalitäts- und Zurechnungstheorien

Die französische Literatur interessierte sich erst spät für die Frage der Kausalität – auf welche sie erst über die zivilrechtliche Lehre zur Haftung auf Schadensersatz kam – und ließ sich verstärkt von der deutschen und englischen Lehre leiten. So erschienen hauptsächlich die Äquivalenztheorie *(équivalence des conditions)* und die Adäquanztheorie *(condition adéquate)* nach und nach auch in den französischen Lehrbüchern. Ebenfalls vertreten wurde die Theorie der nächstliegenden Ursache *(proximité de la cause)*, die unter den für einen Erfolg ursächlichen Bedingungen nur die zeitnächste, die in direktem und nahem Zusammenhang mit dem Erfolg steht, als kausal im strafrechtlichen Sinne bezeichnet. Das Thema wurde aber durchgängig wenig diskutiert.

Der *Code pénal* beinhaltet keine generelle Vorschrift zur Kausalität. Die Rechtsprechung entwickelte daher das Prinzip, dass die Verbindung zwischen Handlung und Erfolg sicher *(certain)* sein muss, ohne dabei die in der Lehre vertretenen Ansätze aufzugreifen. Mit dieser Rechtsprechung wird vermieden, dass eine Person verurteilt wird, wenn Zweifel daran bestehen, ob ihre Handlung tatsächlich den Erfolg herbeiführte. Verlangt wird aber weder eine direkte noch eine ausschließliche Kausalität. Tatsache ist, dass die Rechtsprechung sich eher am vorliegenden Fehlverhalten als an der Frage der Kausalität orientiert: Wann immer ein solches festgestellt werden kann, tendiert sie zur Sanktionierung, solange dieses Verhalten jedenfalls eine Rolle in der Ursachenkette der Schadensherbeiführung gespielt hat.

Seit einiger Zeit wird der Frage der Kausalität aber mehr Interesse gewidmet. Das Gesetz Nr. 2000-647 vom 10. Juli 2000 über die Definition der fahrlässigen Delikte begrenzt die Strafbarkeit von natürlichen Personen aufgrund fahrlässigen Verhaltens und bedient sich dabei des Instruments der Kausalität. Da die Intention des Gesetzgebers die Begrenzung der Strafbarkeit fahrlässigen Handelns war, wirkt sich diese neue Vorschrift auch nur auf Fahrlässigkeitsdelikte aus. Auf die Strafbarkeit und die Bestimmung der Kausalität bei Vorsatzdelikten hat sie keinen Einfluss.[24]

Eine Einschränkung des kausalen Zusammenhangs durch die sogenannte Lehre der objektiven Zurechnung existiert in Frankreich nicht.

---

[24] Siehe zu den Änderungen im Bereich der Fahrlässigkeit näher unten 7.b.

Insbesondere im Bereich der Verantwortlichkeit des Betriebsleiters kann sich dieser zu seiner Entlastung auf einen „ausschließlichen Fehler" *(cause ou faute exclusive)* eines anderen berufen. Ein solcher kann vor allem dann vorliegen, wenn einem Dritten oder dem Opfer selbst grobes Verschulden zur Last gelegt werden kann. Die Anforderungen sind hier jedoch sehr hoch und ihre Voraussetzungen wenig konkretisiert. Die *Cour de cassation* hat ein ausschließliches Drittverschulden zugunsten des Betriebsleiters in einem Fall bejaht, in dem das Opfer, ein qualifizierter und erfahrener Arbeitnehmer, pflichtwidrig und völlig unerwartet in einen für ihn fremden Arbeitsablauf eingegriffen hatte und dabei zu Schaden kam. In einer weiteren Entscheidung verwies das Gericht darauf, dass das Opfer die Mittel und Fähigkeiten hatte, die Situation zu beherrschen, und erlegte ihm damit die Verantwortung für seine von ihm verursachte Selbstgefährdung auf.

b) Eventuelle Besonderheiten bei der Fahrlässigkeitstat

Die Fahrlässigkeit ist – entgegen der hier vertretenen Gliederung – nach französischem Verständnis insgesamt eine Frage der subjektiven Tatseite. Sie bildet einen einheitlichen und unteilbaren Aspekt der Schuld. Die nachfolgenden Ausführungen dürfen daher nicht zu dem Missverständnis führen, auch im französischen Strafrecht sei die Fahrlässigkeit teils in eine objektive und teils in eine subjektive Seite aufgeteilt. Eine solche Trennung objektiver und subjektiver Voraussetzungen wird nur im Rahmen dieses Projektes vorgenommen. Hier werden die objektive Vorhersehbarkeit der Tatbestandsverwirklichung, die Verletzung einer Sorgfaltspflicht und der auf der Sorgfaltspflichtverletzung beruhende Erfolgseintritt als objektive Voraussetzungen der Fahrlässigkeitsstrafbarkeit behandelt, während es sich nach französischem Verständnis um subjektive Aspekte der Straftat handelt.[25]

Der französische Gesetzgeber hat in Art. 121-3 Abs. 2–4 CP eine differenzierende Regelung der Strafbarkeit fahrlässigen Handelns getroffen.

Art. 121-3 CP

[Es gibt kein Verbrechen oder Vergehen ohne Vorsatz zur Tatbegehung.]

Wenn das Gesetz es vorsieht, liegt jedoch auch in den Fällen der bewussten Gefährdung eines anderen ein Vergehen vor.

Wenn das Gesetz es vorsieht, liegt außerdem in den Fällen von Unvorsichtigkeit, Nachlässigkeit oder der Verletzung einer im Gesetz oder in einer Verordnung vorgesehenen Sorgfalts- oder Sicherheitspflicht ein Vergehen vor, wenn festgestellt wird, dass der Täter nicht die übliche Sorgfalt beachtet hat; dabei sind gegebenenfalls die Art seiner Aufgaben oder seines Amtes, seine Zuständigkeiten sowie seine Handlungsbefugnisse und die Mittel, über die er verfügt hat, zu berücksichtigen.

In dem im vorausgehenden Absatz vorgesehenen Fall sind natürliche Personen, die den Schaden nicht unmittelbar verursacht haben, aber die Situation, in der der Schaden eingetreten ist, geschaffen oder zu ihrer Schaffung beigetragen oder nicht die zu ihrer Ver-

25 Zur subjektiven Tatseite insgesamt siehe II.E.

hinderung nötigen Maßnahmen getroffen haben, strafrechtlich verantwortlich, wenn feststeht, dass sie entweder offensichtlich vorsätzlich eine spezielle im Gesetz oder einer Verordnung vorgesehene Sorgfalts- oder Sicherheitspflicht verletzt haben oder einen schwerwiegenden Fehler begangen haben und damit einen Dritten einem Risiko von besonderer Schwere aussetzten, welches sie nicht verkennen konnten.

Die Strafbarkeit wegen Fahrlässigkeit kann grundsätzlich nur dann eintreten, wenn es zu einem schädlichen Erfolg gekommen ist. Eine Versuchsstrafbarkeit gibt es bei Fahrlässigkeitstaten nicht. Allerdings stellt etwa das Delikt der Gefährdung Anderer (Art. 223-1 CP) eine Ausnahme hierzu dar. Denn es wird durch Fahrlässigkeit begangen, setzt aber keinen Verletzungserfolg, sondern lediglich die Gefährdung eines anderen voraus. Dabei muss es sich jedoch um eine direkte und unmittelbare Todes- oder Verletzungsgefahr handeln. Eine fahrlässige Begehung von reinen Tätigkeitsdelikten kann es wie bei anderen Delikten grundsätzlich geben, wenn das Gesetz dies im Tatbestand ausdrücklich vorsieht.

Mit der Frage der Vorhersehbarkeit des Erfolgs befasst sich die weitgehend an der Praxis orientierte französische Strafrechtslehre nicht oder nur vereinzelt. Die *Cour de cassation* hat hingegen die mangelnde Vorhersehbarkeit bereits mehrfach als keinen geeigneten Grund angesehen, die strafrechtliche Verantwortlichkeit entfallen zu lassen. Die Rechtsprechung tendiert allgemein dazu, den Schwerpunkt der Betrachtung auf das Fehlverhalten selbst zu legen. Dieses wiederum wird häufig schon aus der vorliegenden Verletzung abstrakter Sorgfalts- und Sicherheitsvorschriften gefolgert. Dadurch, dass der Täter nicht alle notwendigen Vorsichtsmaßnahmen getroffen hat, hat er durch seine Unvorsichtigkeit ein Risiko für andere geschaffen, sodass er im Falle eines Schadenseintritts dafür zur Verantwortung gezogen werden kann.

Der Anknüpfungspunkt der Strafbarkeit ist jeweils eine Unvorsichtigkeit beziehungsweise Pflichtverletzung des Täters. In Art. 121-3 Abs. 2–4 CP sind unterschiedliche Formen der Fahrlässigkeit vorgesehen. Abs. 2 betrifft die bewusste Gefährdung eines anderen *(faute de mise en danger délibérée de la personne d'autrui)*, Abs. 3 den einfachen Fehler *(faute simple)*, also die einfache Fahrlässigkeit, und Abs. 4 zwei Formen der qualifizierten Fahrlässigkeit *(faute délibérée et faute caractérisée)*, wobei bei der Alternative der *faute caractérisée* oft von grober Fahrlässigkeit gesprochen wird.

Die einfache Fahrlässigkeit *(faute simple)* (Art. 121-3 Abs. 3 CP) setzt zweierlei voraus: Indem der Täter die Folgen seines Handelns nicht vorhergesehen hat, setzt er sich dem Vorwurf der Sorglosigkeit *(imprévoyance)* aus. Zudem hat er entweder eine sich aus Gesetz oder Verordnung ergebende Sorgfalts- oder Sicherheitspflicht missachtet oder er muss sich in Ermangelung einer solchen vorwerfen lassen, dass er die üblicherweise zu beachtende Sorgfalt nicht eingehalten hat *(indiscipline)*.[26]

---

[26] Siehe auch II.E.3.b.

Die qualifizierte Fahrlässigkeitsform der bewussten Gefährdung eines anderen *(mise en danger délibérée de la personne d'autrui)* (Art. 121-3 Abs. 2 CP) stellt an den Charakter der Pflichtverletzung erhöhte Anforderungen. Sie wurde durch die große Strafrechtsreform (1994) aufgrund vermehrter Auto- und Arbeitsunfälle in den *Code pénal* eingeführt. Aus den Gesetzesmaterialien geht hervor, dass die bewusste Gefährdung dem Eventualvorsatz *(dol éventuel)* entspricht, der daher als Fahrlässigkeits- und nicht als Vorsatzform behandelt wird.[27] Allerdings fand die Formulierung *mise en danger délibérée* keinen Eingang in den *Code pénal*. In einigen Tatbeständen des Besonderen Teils wird jedoch das Merkmal der *violation ou manquement manifestement délibérée d'une obligation de prudence ou de sécurité* verwendet. Es wird in der französischen Strafrechtslehre als Entsprechung der in Art. 121-2 Abs. 2 CP eingeführten Fahrlässigkeitsform gewertet und findet sich auch in Art. 121-3 Abs. 4 CP wieder, welcher allerdings nur bei indirekter Kausalität anzuwenden ist.[28] Außerdem hat der neue *Code pénal* ein autonomes konkretes Gefährdungsdelikt der bewussten Gefährdung eines anderen (Art. 223-1 CP) eingeführt, welches allgemein als deliktische Entsprechung zur Fahrlässigkeitsform des Art. 121-3 Abs. 2 CP angesehen wird. Dabei besteht Uneinigkeit darüber, ob es sich bei Art. 223-1 CP um ein Vorsatz- oder Fahrlässigkeitsdelikt handelt (von der Rechtsprechung wird es eher als Fahrlässigkeitsdelikt eingestuft[29]). Die Voraussetzungen der bewussten Gefährdung sind folgende: Wie durch die Rechtsprechung präzisiert wurde, muss es sich um eine vorsätzliche Verletzung einer Sorgfalts- oder Sicherheitspflicht handeln. Zudem muss die Verletzung eine spezielle, durch Gesetz oder Verordnung vorgesehene Sorgfalts- oder Sicherheitspflicht betreffen. Damit kann eine bewusste Gefährdung eines anderen nicht in der Außerachtlassung der gewöhnlichen Sorgfalt liegen, wie dies bei der einfachen Fahrlässigkeit möglich ist. Diese Voraussetzungen sind auch auf Art. 121-3 Abs. 4 CP und damit die qualifizierte Fahrlässigkeit anwendbar. Die bewusste Verletzung einer durch Gesetz oder andere Vorschriften auferlegten Sicherheits- oder Sorgfaltspflicht kann sich auch als Strafschärfungsgrund darstellen, so etwa im Rahmen der fahrlässigen Tötung nach Art. 221-6 Abs. 2 CP.

Art. 121-3 Abs. 4 CP, der die qualifizierte Fahrlässigkeit regelt, beinhaltet zwei Umschreibungen besonders schwerer Fahrlässigkeit: einmal die offensichtlich vorsätzliche Verletzung einer durch Gesetz oder Verordnung vorgesehenen besonderen Sorgfalts- oder Sicherheitspflicht (*violation manifestement délibérée d'une obligation particulière de prudence ou de sécurité prévue par la loi ou le règlement*, kurz: *faute délibérée*) und zum anderen die grobe Fahrlässigkeit *(faute caractérisée)*, durch die eine andere Person einer Gefahr von besonderer Schwere ausgesetzt worden ist, die nicht übersehen werden konnte *(qui exposait autrui à un risque*

27 Siehe dazu II.E.2.b.

28 Siehe unten.

29 Siehe II.C.2.c.

d'une particulière gravité qu'elle ne pouvait ignorer). Hinsichtlich der ersten Variante kann auf die Ausführungen im vorstehenden Absatz verwiesen werden. Die zweite Variante erfordert ebenfalls ein Fehlverhalten von gewisser Schwere. Denn beim Vorliegen qualifizierter Fahrlässigkeit wird eine Strafbarkeit auch im Falle nur indirekter Kausalität begründet.[30] Ein solches wird in der Praxis von der Rechtsprechung angenommen, wenn das Fehlverhalten selbst bereits ein Vergehen oder eine Übertretung darstellt, wie etwa das Überschreiten der zulässigen Höchstgeschwindigkeit oder weitere Delikte des *Code de la route*. Dieses Fehlverhalten muss eine Person einer besonders schweren Gefahr ausgesetzt haben, welche der Täter nicht verkennen konnte. Die besondere Schwere ergibt sich dabei aus der Gefahr selbst, die für die Person besteht, wie etwa eine Todesgefahr oder Gefahr schwerer Körperverletzung, sowie aus der Wahrscheinlichkeit des Verletzungseintritts. Durch die Formulierung, dass der Täter diese Gefahr nicht verkennen konnte, wird klar gestellt, dass es nicht ausreicht, dass er die Gefahr hätte erkennen müssen. Damit ist – wie oben dargestellt – die Vorhersehbarkeit nicht entscheidend. Allerdings kann das Wissen des Täters um die Gefahr aus der Gefährlichkeit seiner Handlung geschlossen werden und braucht in der Praxis damit nicht immer positiv festgestellt werden, da dies sonst zu erheblichen Beweisschwierigkeiten führen würde.[31] Diesen Ausführungen schließt sich die Frage nach dem strafrechtlichen Fahrlässigkeitsmaßstab an.[32]

Zwischen dem pflichtwidrigen Verhalten des Täters und dem Eintritt des Erfolgs muss schließlich ein Kausalzusammenhang bestehen. Wie dieser Kausalzusammenhang sich auf die Strafbarkeit auswirkt, wurde durch das Gesetz Nr. 2000-647 vom 10. Juli 2000, durch welches die Strafbarkeit für fahrlässiges Verhalten natürlicher Personen eingeschränkt werden sollte, neu geregelt. Eine Einschränkung erfolgt demnach durch eine Verknüpfung des Grades der Fahrlässigkeit mit der erforderlichen Kausalitätsbeziehung zwischen Handlung und Erfolg: Je entfernter der Kausalzusammenhang ist, desto schwerer muss die Fahrlässigkeit wiegen, um eine strafrechtliche Verantwortlichkeit begründen zu können. Liegt indirekte Kausalität vor, so kommen zwei Formen der qualifizierten Fahrlässigkeit in Betracht: zum einen die offensichtlich vorsätzliche Verletzung einer durch Gesetz oder Verordnung vorgesehenen speziellen Sorgfalts- oder Sicherheitspflicht (*faute délibérée* im Sinne von Art. 121-3 Abs. 4 Alternative 1 CP) und zum anderen der Vorwurf, einen schwerwiegenden Fehler begangen zu haben und damit einen Dritten einem Risiko von besonderer Schwere ausgesetzt zu haben, welches man nicht verkennen konnte (*faute caractérisée* im Sinne von Art. 121-3 Abs. 4 Alternative 2 CP). Liegt keine dieser gesteigerten Fahrlässigkeitsformen vor, so bleibt derjenige, der einen Schaden nur indirekt verursacht hat, straffrei. Liegt lediglich eine einfache Fahrläs-

---

30 Siehe unten.

31 Mehr zur qualifizierten Fahrlässigkeit unter II.E.3.b.

32 Siehe unter II.E.3.a.

sigkeit *(faute simple)* vor, so muss für die Strafbarkeit des Täters eine direkte Kausalität feststellbar sein. Der tatbestandliche Erfolg muss also nicht nur sicher, sondern auch unmittelbar durch das fahrlässige Verhalten verursacht worden sein.[33] Damit wird der Richter hier gezwungen, sich auch mit der sonst vernachlässigten Frage der Kausalbeziehung auseinanderzusetzen. Denn der Grad der erforderlichen Fahrlässigkeit hängt unmittelbar vom Kausalzusammenhang ab und *vice versa*. Der Begriff der direkten Kausalität darf allerdings nicht mit dem der sicheren Kausalität[34] gleichgesetzt werden. Ersterer wird nur im Zusammenhang mit Fahrlässigkeitsdelikten verwendet, während der Begriff der sicheren Kausalität allgemeiner gefasst ist.

Literaturhinweise

Bon, Pierre-André, La causalité en droit pénal (Die Kausalität im Strafrecht) Université de Poitiers, 2006.

Desportes, Frédéric/Le Gunehec, Francis, Droit pénal général (Strafrecht Allgemeiner Teil). 13. Aufl. Paris 2006, Titre II, Sous-Titre I, Chapitre I: L'élément matériel de l'infraction (Das materielle Element der Tat), S. 411–437 und Chapitre II: L'élément intellectuel de l'infraction (Das subjektive Element der Tat), S. 439–502.

Le Gunehec, Francis, Élément moral de l'infraction (Das subjektive Element der Tat), Jurisclasseur, Code Pénal, Band 1, Art. 121-3: fasc. 20.

Merle, Roger/Vitu, André, Traité de droit criminel, Problèmes généraux de la science criminelle – Droit pénal général (Abhandlung zum Kriminalstrafrecht, Allgemeine Probleme der Strafrechtswissenschaft – Strafrecht Allgemeiner Teil), Band I. 7. Aufl. Paris 1997, Deuxième Partie, Livre I, Titre I, Chapitre premier: L'élément légal de l'infraction (Das gesetzliche Element der Tat), S. 506–555 und Titre II: La structure matérielle de l'infraction (Die materielle Struktur der Tat), S. 604–659.

Pfefferkorn, Fabian, Grenzen strafbarer Fahrlässigkeit im französischen und deutschen Recht. Berlin 2006.

Pradel, Jean, Droit pénal général (Strafrecht Allgemeiner Teil). 16. Aufl. Paris 2006/2007, Deuxième Partie, Livre Premier, Titre II, Sous-Titre II: Les Éléments constitutifs de l'infraction (Die konstitutiven Elemente der Tat), S. 337–377 und Titre III, Sous-Titre Premier, Chapitre Premier: L'individu (Die Einzelperson), S. 383–490.

Stefani, Gaston/Levasseur, Georges/Bouloc, Bernard, Droit pénal général. 20. Aufl. Paris 2007, Premiere Partie, Titre 2, Chapitre 1: L'élément matériel (Das materielle Element), S. 205–230.

---

33 Zur subjektiven Seite der Fahrlässigkeitstat siehe II.E.3.

34 Siehe oben 7.a.

Rechtsprechung

Entscheidung zur Straflosigkeit des Unterlassens aufgrund des Analogieverbots: Affaire de la „Séquestrée de Poitiers“, Cour d'appel de Poitiers, 20 novembre 1901, D. 1902 II 81; siehe auch die Urteilsbesprechung in *Pradel, Jean/Varinard, André,* Les grands arrêts du droit pénal général (Die großen Entscheidungen zum Strafrecht Allgemeiner Teil). 4. Aufl. Paris 2003, Nr. 28, S. 350–358.

Entscheidung zum Unterlassen im Bereich der Wirtschaftskriminalität: Cass. crim. 12 mai 1998, Bull. crim. Nr. 160.

Grundsatzentscheidung der *Cour de cassation* zur Strafbarkeit des Betriebsleiters: Cass. crim. 7 novembre 1956, JCP 1956, II, 9304.

Entscheidungen zur Beihilfe durch Unterlassen:

- bloße Anwesenheit als (moralische) Unterstützung: Cass. crim. 20 janvier 1992, Dr. pénal 1992, chr. Nr. 70; Cass. crim. 22 janvier 1992, Dr. pénal 1993, chr. Nr. 13;
- Unterlassen von Verhinderungsmöglichkeiten: Cass. crim. 9 octobre 1989, Bull. crim. Nr. 343; Cass. crim. 30 juin 1999, Bull. crim. Nr. 175;
- siehe auch die Urteilsbesprechungen in *Pradel, Jaen/Varinard, André,* Les grands arrêts du droit pénal général (Die großen Urteile zum Allgemeinen Teil des Strafrechts). 4. Aufl. Paris 2003, Nr. 34, S. 419–430.

Entscheidung zum Erfordernis einer *causalité certaine*: Cass. crim. 20 novembre 1996, Bull. crim. Nr. 417.

Entscheidungen zur Entlastung wegen ausschließlichen Drittverschuldens (im Bereich der Sicherheit am Arbeitsplatz): Cass. crim. 14 mars 1979, Bull. crim. Nr. 109; Cass. crim. 14 octobre 1986, Bull. crim. Nr. 288.

Entscheidung zur Vorhersehbarkeit des Erfolgs: Cass. crim. 4. novembre 1971, D. 1972, Somm. 20/21.

Entscheidungen zu den Voraussetzungen der bewussten Gefährdung eines anderen, zum Erfordernis der vorsätzlichen Verletzung einer speziellen, im Gesetz oder in der Verordnung vorgesehenen Sorgfalts- oder Sicherheitspflicht: Cass. crim 25 juin 1996, Bull. crim. Nr. 274, Anmerkung: *Mayaud, Yves*, RSC 1997, 106 f.; *Robert, Jacques-Henri*, RSC 1997, 390 f.; speziell im Straßenverkehr: Cass. crim. 12 mars 1997, Bull. crim. Nr. 102; Cass. crim. 12 novembre 1997, Bull. crim. Nr. 384; Cass. crim. 11 mars 1998, Bull. crim. Nr. 99.

Abkürzungsverzeichnis

Bull. crim.	Bulletin des arrêts de la Chambre criminelle de la Cour de cassation (Rechtsprechungssammlung der Strafkammer des Kassationsgerichtshofs)
Cass. crim.	Chambre criminelle de la Cour de cassation (Strafkammer des Kassationsgerichtshofs)
chr.	Chroniques (Rubrik in der Fachzeitschrift Droit pénal)
CJM	Code de justice militaire (Militärgesetzbuch)

CP	Code pénal (Strafgesetzbuch)
CPP	Code de procédure pénale (Strafprozessgesetz)
D.	Recueil Dalloz (Fachzeitschrift mit Urteilsanmerkungen)
Dr. pénal	Droit pénal (Fachzeitschrift)
fasc.	fascicule (Faszikel bzw. Lieferung)
JCP	Jurisclasseur périodique (Semaine juridique) (Fachzeitschrift)
RSC	Revue de science criminelle et de droit pénal comparé (Fachzeitschrift)
Somm.	Sommaires de Jurisprudence (Rubrik in der Fachzeitschrift Recueil Dalloz)

Konstanze Jarvers

Objektive Tatseite in

Italien

1. Definition/Elemente der objektiven Tatseite

Nach dem sogenannten Prinzip der Materialität *(principio di materialità)* kann nur ein menschliches Verhalten, das in der Außenwelt objektiv feststellbar ist, eine Straftat darstellen. Zur objektiven Tatseite werden die Merkmale gezählt, die die Verwirklichung eines bestimmten deliktstypischen Unrechts einer Straftat bedingen, also insbesondere das Verhalten *(condotta)* in der Form des Handelns *(azione)* oder des Unterlassens *(omissione)*, Kausalität *(rapporto di causalità)* und Erfolg *(evento)*. Ob in der objektiven Tatseite negativ das Fehlen von objektiven Gründen, die die Strafbarkeit ausschließen, also vor allem das Fehlen von Rechtfertigungsgründen enthalten ist (so die Vertreter des zweigliedrigen Verbrechensbegriffs), oder ob die Rechtswidrigkeit ein eigenes, strafbegründendes Merkmal der Straftat ist (so die Vertreter des dreigliedrigen Verbrechensbegriffs), ist in Italien umstritten.[1]

2. Tatsubjekt

Tatsubjekt *(soggetto attivo)*, das heißt Täter einer Straftat, ist nach italienischem Verständnis grundsätzlich nur eine, aber auch jede natürliche Person (sogenannte Deliktsfähigkeit, *capacità penale*).[2] Adressat eines Strafurteils (sogenannte Straffähigkeit, *capacità alla pena*) kann diese Person aber nur sein, wenn sie schuldfähig *(imputabile)* ist. Nach der neueren Lehre wird auch in Italien die Schuldfähigkeit (Zurechnungsfähigkeit) als Voraussetzung der Straftat angesehen.

Kommt bei den Allgemeindelikten *(reati comuni)* jeder Mensch als Täter in Betracht, so können Sonderdelikte *(reati propri)* nur von Personen mit bestimmten natürlichen oder rechtlichen Eigenschaften begangen werden. Ob ein Straftatbestand ein Sonderdelikt darstellt, kann sich aus der Formulierung der Norm selbst ergeben (zum Beispiel „Mutter“ bei der Kindstötung, Art. 578 Strafgesetzbuch [*co-*

---

1 Siehe II.C.2.c.

2 Zur strafrechtlichen Verantwortlichkeit juristischer Personen vergleiche II.H.2.

dice penale, c.p.], oder „Amtsträger" bei den meisten Verbrechen gegen die öffentliche Verwaltung, Art. 314 ff. c.p.). Aber auch wenn der Tatbestand allgemein („Wer … begeht") formuliert ist, kann sich durch Auslegung ergeben, dass es sich um ein Sonderdelikt handelt (beispielsweise kann die Unterschlagung, Art. 646 c.p., nur durch den Besitzer begangen werden, der Inzest, Art. 564 c.p., nur durch einen Verwandten). Die Sonderdelikte werden in der italienischen Lehre weiter differenziert:

Echte Sonderdelikte *(reati propri esclusivi)* zeichnen sich dadurch aus, dass ohne die besondere Eigenschaft eine Strafbarkeit nicht gegeben sein kann (beispielsweise Inzest, Art. 564 c.p., Bigamie, Art. 556 c.p. oder Entweichung, Art. 385 c.p.).

Unechte Sonderdelikte *(reati propri non esclusivi)* sind bei Fehlen der qualifizierenden Eigenschaft nicht straflos, sondern durch einen anderen (schwereren oder leichteren) Tatbestand unter Strafe gestellt (zum Beispiel Unterschlagung, Art. 646 c.p. im Verhältnis zur Amtsunterschlagung, Art. 314 c.p., vorsätzliche Tötung, Art. 575 c.p. im Verhältnis zur Kindstötung, Art. 578 c.p.).

Die Qualifikation als Sonderdelikt hat entscheidende Auswirkungen im Zusammenhang mit dem Vorsatz. Dieser muss nur dann die besondere Eigenschaft umfassen, wenn sie sich auf die tatsächlichen Momente (das heißt die Handlung oder den Erfolg) auswirkt, was allerdings bei den meisten Delikten der Fall ist.[3] Im Rahmen der strafbaren Beteiligung mehrerer Personen ist zu beachten, dass auch ein *Extraneus* Beteiligter eines Sonderdelikts sein kann, wenn er weiß, dass der andere Beteiligte die qualifizierende Eigenschaft besitzt. Dieser Vorsatz ist demgegenüber nach Art. 117 c.p. nicht erforderlich, wenn sich durch die bezeichneten Verhältnisse, Eigenschaften oder Beziehungen eine andere Straftat ergibt, also bei den unechten Sonderdelikten.[4] Sonderdelikte sind bereits im italienischen Strafgesetzbuch nicht selten, im Nebenstrafrecht nimmt ihre Zahl stetig zu, daher sind sie von erheblicher praktischer Bedeutung.

3. Tathandlung

Der Handlungsbegriff *(concetto di azione)* hat zum einen die Aufgabe, eine übergeordnete Kategorie zu bilden, der vorsätzliches und fahrlässiges Handeln, positives Tun und Unterlassen umfasst. Er schließt zum anderen unbewusstes menschliches Tun aus. In der italienischen Literatur setzt man sich auch mit den im deutschen Recht bekannten Handlungsbegriffen auseinander.

Unter dem Einfluss der positivistisch-naturalistischen Lehre der letzten Jahrhundertwende definiert die „kausale Handlungslehre" *(teoria causale)* die Handlung

---

[3] Siehe auch II.E.2.b.

[4] Siehe im Einzelnen unten II.G.5.a.

als Veränderung der Außenwelt durch menschlichen Willen. Dieser Begriff ist allerdings für Unterlassen nicht anwendbar und führt dazu, dass der Vorsatz als Teil der Handlung anzusehen ist, was der herrschenden italienischen Lehre widerspricht.

Die „finale Handlungslehre“ *(teoria finalistica)* sieht demgegenüber in der Handlung ein zielgerichtetes Tun. Auch hiergegen wird eingewandt, dass der Vorsatz als begründendes Element angesehen wird. Weitere Bedenken werden in Bezug auf fahrlässige Delikte und Unterlassungsdelikte erhoben. Bei ersteren sei der Erfolg nicht gewollt, das Handeln könne demnach nicht zielgerichtet sein. Bei Unterlassungsdelikten sei der Geschehensablauf wiederum nicht ohne Weiteres steuerbar.

Nach der „sozialen Handlungslehre“ *(teoria sociale)* besteht strafrechtlich relevantes Verhalten in der Antwort des Menschen auf eine erkannte oder erkennbare Situationsanforderung durch eine mögliche und frei gewählte Reaktion. Mit diesem Begriff können alle deliktischen Verhaltensformen erfasst werden, jedoch wird er als zu allgemein kritisiert. Da alle diese übergreifenden Handlungsbegriffe nicht als ausreichend angesehen wurden, hat man sich in Italien vielfach darauf beschränkt, für jedes deliktische Verhalten einen eigenen Handlungsbegriff zu entwickeln.

Im Bereich des postitiven Tuns ist heute nach herrschender Lehre unter Handlung *(azione)* eine von außen wahrnehmbare körperliche Bewegung zu verstehen, die geeignet ist, das von der Norm geschützte Interesse zu verletzen. Nicht umfasst sind hingegen rein innere Vorgänge. Bei der Handlung wird weiter differenziert zwischen Straftaten mit gebundener Form *(reati a forma vincolata)*, bei denen verlangt wird, dass die Handlung in einer bestimmten Art und Weise oder mit bestimmten Mitteln erfolgt (beim Diebstahl muss der Täter sich die Sache beispielsweise durch Wegnahme aneignen), und Straftaten mit freier Form *(reati a forma libera)*, diese können auf jede Weise verwirklicht werden. Entscheidend ist nur, dass die Handlung kausal für den Erfolg war (so beispielsweise bei der vorsätzlichen Tötung).

Ausgeschlossen ist die Handlung, wenn sie durch höhere Gewalt *(forza maggiore)*, Zufall *(caso fortuito)* oder körperlichen Zwang *(costringimento fisico)* bedingt ist, Art. 45, 46 c.p. Diese Vorschriften werden dogmatisch teilweise als kausalitätsausschließend und teilweise als vorsatz- beziehungsweise schuldausschließend angesehen.

4. Tatbegehung durch Unterlassen

Art. 40 c.p. (Kausalzusammenhang)

Niemand kann wegen einer Tat, die vom Gesetz mit Strafe bedroht ist, bestraft werden, wenn der schädigende oder gefährliche Erfolg, von dem die Strafbarkeit der Tat abhängt, nicht die Folge seiner Handlung oder Unterlassung ist.

Einen Erfolg nicht zu verhindern, obwohl eine Rechtspflicht zur Verhinderung besteht, kommt der Verursachung gleich.

a) Abgrenzung zwischen Handeln und Unterlassen

Beim Unterlassen handelt es sich um ein negatives Verhalten. Es wird heute bezeichnet als fehlende Vornahme einer Handlung, die nötig gewesen wäre. Bei der Strafbarkeit des Unterlassens wird zwischen echten *(reati omissivi propri)* und unechten Unterlassungsdelikten differenziert. Erstere sind in eigenen Straftatbeständen im Strafgesetzbuch (zum Beispiel unterlassene Hilfeleistung, Art. 593 c.p., Unterlassung von Amtshandlungen, Art. 328 c.p., oder Unterlassung der Anzeige einer strafbaren Handlung durch eine Amtsperson, Art. 361 c.p.) oder in Nebengesetzen enthalten.

Unechte Unterlassungsdelikte *(reati omissivi impropri)* – auch Begehungsdelikte durch Unterlassen *(reati commissivi mediante omissione)* genannt – sind in Art. 40 Abs. 2 c.p. geregelt. Dieser stellt die unterlassene Verhinderung eines Erfolgs trotz Bestehens einer Rechtspflicht bezüglich der Rechtswirkungen, und damit vor allem auch im Hinblick auf den Strafrahmen, der (aktiven) Verursachung gleich. Die hierdurch entstandene Erweiterung der Strafbarkeit gilt jedoch nicht für alle Deliktstypen. So können nach der Lehre eigenhändige Delikte, gewohnheitsmäßige Delikte sowie alle anderen, deren tatbestandliche Umschreibung notwendigerweise mit aktivem Tun zusammenhängt, nicht durch Unterlassen begangen werden. Eine Unterlassensstrafbarkeit wird daher im Wesentlichen bei kausal orientierten Straftatbeständen mit freier Form in Betracht kommen. Der Tatbestand des unechten Unterlassungsdelikts wird gegenüber dem Begehungsdelikt in Italien als autonom angesehen. Dabei wird jedoch die Frage der Abgrenzung zwischen Handeln und Unterlassen nur am Beispiel von wenigen Extremfällen (zum Beispiel die Nichtbeachtung von Sorgfaltspflichten bei Fahrlässigkeitsdelikten, die Unterbindung von Hilfeleistungen Dritter oder die Unterbrechung eigener Hilfeleistungen) problematisiert, ohne allgemeine Abgrenzungskriterien zu entwickeln.

b) Besondere Handlungspflichten, Garantenlehre

Entscheidende Voraussetzung für die Strafbarkeit wegen eines unechten Unterlassungsdelikts ist neben der Möglichkeit zum Handeln und der Kausalität die Rechtspflicht zum Handeln. Erforderlich ist eine spezielle Garantenstellung *(posizione di garanzia)* gegenüber dem geschützten Rechtsgut, die durch eine besondere

Verbindung zwischen dem Garanten und dem Rechtsgut entsteht, das der Rechtsgutsinhaber nicht in ausreichendem Maße selbst schützen kann oder will. Nach der traditionellen Lehre kann sich die Garantenstellung aus dem Gesetz *(legge)*, aus einem Vertrag *(contratto)*, aus einer richterlichen Anordnung *(ordine di autorità giudiziaria)*, aus vorangegangenem gefährlichem, aber erlaubtem Tun *(precedente azione pericolosa)*, aus Gewohnheitsrecht sowie aus freiwilliger Übernahme ergeben. Diese formelle Sichtweise wird durch die in der neueren Lehre vertretene materielle Theorie ergänzt, die je nach dem Ursprung der Handlungspflichten zwischen Schutz- und Überwachungspflichten differenziert.

Bei den gesetzlich vorgesehenen Schutzpflichten *(obbligo di protezione)* ist vor allem das Verhältnis zwischen Eltern und Kindern zu nennen. Hier besteht die Schutzpflicht sowohl gegenüber natürlichen Ereignissen wie auch gegenüber Angriffen von Seiten Dritter. Auch Ehegatten sind sich gegenseitig zum Schutz verpflichtet. Schutzpflichten können aber ebenso vertraglich oder freiwillig übernommen werden (zum Beispiel von einem Babysitter).

Überwachungspflichten *(obbligo di controllo)* in Bezug auf eine Gefahrenquelle hat zum einen derjenige, der die Dispositions- oder Organisationsherrschaft über gefährliche Sachen oder Situationen hat. Ferner begründen durch Erziehung, Ausbildung, Fürsorge oder Beaufsichtigung gekennzeichnete Verhältnisse die Verpflichtung, rechtswidriges Handeln Dritter zu verhindern. Schließlich können Überwachungspflichten auch durch Vertrag oder freiwillige Übernahme entstehen.

c) Vorsatz, Fahrlässigkeit, Versuch und Tatbeteiligung bei Unterlassungsdelikten

Der Vorsatz *(dolo)* muss sich bei den echten Unterlassungsdelikten auf die Voraussetzungen der Handlungspflicht, also auf den Tatbestand des Unterlassungsdelikts beziehen. Die Unkenntnis des Strafgesetzes, das die entsprechende Handlungspflicht begründet, ist gemäß Art. 5 c.p. (nach dem Urteil des italienischen Verfassungsgerichtshofs aus dem Jahr 1988[5]) nur dann relevant, wenn sie unvermeidbar war. Der Unterlassungstäter muss zudem wissen, dass er die Möglichkeit hat, so zu handeln, wie es das Gesetz von ihm verlangt.

Bei unechten Unterlassungsdelikten muss der Täter darüber hinaus nicht nur die tatsächlichen Voraussetzungen kennen, aus denen sich seine Garantenstellung ergibt. Der Vorsatz muss sich außerdem auf die diesbezüglichen außerstrafrechtlichen Regeln beziehen. Ein entsprechender Irrtum schließt nach Art. 47 Abs. 3 c.p.[6] die Strafbarkeit aus.

---

5 Siehe hierzu II.E.2.a und II.E.5.b.

6 Siehe hierzu II.E.5.b.

Auch bei der Fahrlässigkeit *(colpa)* ist zwischen echtem und unechtem Unterlassungsdelikt zu unterscheiden. Bei den echten fahrlässigen Unterlassungsdelikten kann Bezugspunkt der Sorgfaltspflichtverletzung zum einen das fehlende Erkennen der tatbestandlichen Situation sein, aus der sich die Pflicht zum Handeln ergibt, soweit diese im konkreten Fall erkennbar war. Die Fahrlässigkeit kann sich zum anderen aber auch auf die Nichterfüllung der pflichtgemäßen Handlung beziehen.

Unechte Unterlassungsdelikte können nur dann fahrlässig begangen werden, wenn der entsprechende Tatbestand für das aktive Tun eine fahrlässige Begehung vorsieht. Ein Teil der Lehre geht dabei davon aus, dass die Sorgfaltspflicht mit der Garantenpflicht übereinstimmt. Andere sind der Auffassung, dass sich diese Pflichten nur teilweise überschneiden und daher auf jeden Fall getrennt zu prüfen sind.

Die traditionelle Lehre hält den Versuch *(tentativo)* eines echten Unterlassungsdelikts nicht für möglich. Solange der zweckmäßige Zeitpunkt für die geforderte Handlung noch nicht verstrichen sei, könne das Unterlassen noch keine Pflichtverletzung darstellen. Nach Ablauf der Frist sei aber stets ein vollendetes Delikt anzunehmen. Demgegenüber hält die neuere Lehre einen Versuch dann für gegeben, wenn der Täter Handlungen vornimmt, die darauf gerichtet sind, das geforderte Handeln unmöglich zu machen (zum Beispiel bei Art. 328 c.p., wenn der Beamte sich ins Ausland begibt, um sich nicht zu der Zeit an dem Ort aufzuhalten, wo er eine Amtshandlung vornehmen müsste). Unstreitig möglich ist der Versuch eines unechten Unterlassungsdelikts. Er ist immer dann vorstellbar, wenn trotz des Unterlassens aufgrund eines zufälligen Ereignisses der Erfolg nicht eingetreten ist. Im Einzelfall kann aber die Bestimmung des Zeitpunkts schwierig sein, in dem der strafbare Versuch beginnt. Die Tendenz geht wohl dahin, den Moment als entscheidend anzusehen, in dem die Verspätung einer Rettungshandlung eine direkte Gefährdung des geschützten Rechtsguts verursacht oder eine gegebenenfalls schon bestehende Gefahr vergrößert.[7]

Die Beteiligung *(concorso)* am Unterlassungsdelikt ist grundsätzlich möglich. Dabei wird derjenige, der sich durch Unterlassen an einem Unterlassungsdelikt beteiligt, in den meisten Fällen bereits selbst den Tatbestand des Unterlassungs delikts erfüllen. Geschieht die Beteiligung am Unterlassen durch aktives Tun (wenn zum Beispiel jemand, der selbst nicht eingreifen kann, einen anderen anstiftet, eine Hilfeleistung zu unterlassen) so muss der entsprechende Beteiligte kein Garant sein. Die Beteiligung am Unterlassungsdelikt durch Unterlassen erfordert demgegenüber eine Garantenstellung. Sie ist beispielsweise in dem Fall denkbar, in dem mehrere Garanten übereinstimmen, ihre Garantenpflicht nicht zu erfüllen. Nach den allgemeinen Regeln ist auch möglich, dass sich ein Garant durch Unterlassen an einem Begehungsdelikt eines anderen beteiligt (zum Beispiel, wenn im Falle einer Vergewaltigung eines minderjährigen Mädchens dessen Mutter untätig

---

[7] Siehe auch II.F.3.d.

bleibt). Neben der Garantenstellung des Beteiligten wird hier vorausgesetzt, dass das Unterlassen die Verwirklichung der Straftat bedingt oder jedenfalls erleichtert haben muss.[8]

5. Tatobjekt

Das Tatobjekt *(oggetto materiale)* ergibt sich in der Regel aus dem gesetzlichen Tatbestand und besteht in der konkreten Person oder Sache, auf die die Handlung des Täters gerichtet ist. Es muss daher stets vom Vorsatz umfasst sein. Vom Tatobjekt zu unterscheiden ist der Begriff des Rechtsguts (*bene giuridico* oder *oggetto giuridico*), das auch abstrakten Charakter haben kann, und der Begriff des Rechtsgutsinhabers *(soggetto passivo)*. Es gibt allerdings zahlreiche Fälle, in denen Tatobjekt und Rechtsgutsinhaber identisch sind (beispielsweise bei der Körperverletzung). Sie gehen aber umso weiter auseinander, je abstrakter oder immaterieller ein Rechtsgut ist (zum Beispiel: Eigentümer – fremde bewegliche Sache beim Diebstahl).

Die tatbestandsmäßige Handlung muss nach der italienischen Strafrechtsdogmatik zwingend die Verletzung eines Rechtsguts beinhalten *(principio di offensività)*. Eine Tat, die das von der Vorschrift geschützte Rechtsgut nicht verletzt, erfüllt nach herrschender Lehre den Tatbestand entgegen dem ersten äußeren Anschein nicht. Ansonsten würde das strafrechtliche Unrecht auf bloßen Ungehorsam reduziert und widerspräche den Prinzipien des Tatstrafrechts. Die Fälle, bei denen der Bezug zwischen Tatbestandserfüllung und Rechtsgutsverletzung fehlt, wie beispielsweise beim Diebstahl wertloser Sachen (Weinbeere, rostiger Nagel, Kleingeld aus dem Trevi-Brunnen) oder bei bestimmten, den Traditionen entsprechenden Verhaltensweisen (Belästigungen oder Störungen im Karneval, übertriebene oder unwahre Werbeslogans) sind im italienischen Recht daher nach herrschender Lehre bereits im Rahmen der objektiven Tatseite zu lösen. Im Gegensatz zur Rechtsgutsverletzung, die immer gegeben sein muss, gibt es Tatbestände, bei denen ein Tatobjekt fehlen kann (zum Beispiel beim Meineid, Art. 372 c.p.).

6. Taterfolg

Der Erfolg *(evento)* ist das Ergebnis der Handlung oder Unterlassung. Streitig ist, ob der Erfolg naturalistisch (als Veränderung der äußeren Wirklichkeit durch das schädigende Verhalten), juristisch (als Verletzung des durch die Strafnorm geschützten Rechtsguts) oder in beiderlei Sinn zu verstehen ist.

---

[8] Siehe hierzu im Einzelnen II.G.5.b.

Im Gegensatz zu den Erfolgsdelikten *(reati di evento)* ist ein Erfolg bei den Tätigkeitsdelikten *(reati di condotta)* nicht erforderlich, sondern es reicht die reine Ausführung der verbotenen Handlung. Hierzu gehören beispielsweise die Verweigerung von Amtshandlungen, Art. 328 c.p., die kriminelle Vereinigung, Art. 416 c.p., der Inzest, Art. 564 c.p., oder der Hausfriedensbruch, Art. 614 c.p.

Erfolgsqualifizierte Delikte *(reati aggravati dall'evento)* sind solche, bei denen sich durch die Verwirklichung eines weiteren Erfolgs die Strafe gegenüber der ursprünglichen Tat, die bereits eine Straftat darstellt, erhöht. So wird das Vergiften von Trinkwasser oder Nahrungsmitteln schwerer bestraft, wenn die Tat den Tod eines Menschen zur Folge hat (Art. 439 Abs. 2 c.p.). Traditionell unterscheidet man zwei Gruppen von erfolgsqualifizierten Delikten. Zum einen solche, bei denen es unerheblich ist, ob die schwere Folge gewollt ist oder nicht, wie beispielsweise die Verurteilung des zu Unrecht Beschuldigten zu einer Gefängnisstrafe von mehr als fünf Jahren bei der falschen Anschuldigung (*calunnia*, Art. 368 Abs. 3 c.p.). Demgegenüber darf bei der anderen Gruppe der besondere Erfolg nicht gewollt sein, da sonst ein anderer Tatbestand anwendbar ist. Hier sind der Missbrauch von Erziehungs- oder Züchtigungsmitteln (*abuso die mezzi di correzione o di disciplina*, Art. 571 c.p.) oder Misshandlungen in der Familie oder von Kindern (*maltrattamenti in famiglia o verso fanciulli*, Art. 572 c.p.) zu nennen. Sind die betreffenden schweren Folgen (Körperverletzung, Tod) gewollt, so ist ausschließlich der entsprechende Tatbestand des vorsätzlichen Delikts (vorsätzliche Körperverletzung, Art. 582 c.p., beziehungsweise vorsätzliche Tötung, Art. 575 c.p.) anwendbar. Heftig umstritten ist die Rechtsnatur der erfolgsqualifizierten Delikte. Zunächst hatte man angenommen, diese Delikte fielen unter die objektive Verantwortlichkeit,[9] weshalb die reine Kausalverbindung ausreiche. Unter Hinweis auf die Vereinbarkeit mit dem Schuldprinzip geht die heutige Lehre jedoch überwiegend davon aus, dass es sich bei der schweren Folge um einen erschwerenden Umstand handelt. Daraus folgt, dass sie dem Täter nur zur Last gelegt werden kann, wenn er sie gekannt hat oder hätte kennen müssen. Es muss also etwas Ähnliches wie Fahrlässigkeit gegeben sein. In Bezug auf andere Gesichtspunkte der erschwerenden Umstände wird diese Lösung aber für problematisch angesehen, weshalb in der Lehre dringend eine Reform und entsprechende Regelung gefordert wird, entweder im Sinne einer Vorsatz-Fahrlässigkeits-Kombination nach deutschem Modell oder als selbständige Kategorie von Straftaten.

Unterschieden wird ferner zwischen den Verletzungsdelikten *(reato di danno)* und den Gefährdungsdelikten *(reato di pericolo)*. Während erstere eine effektive Rechtsgutsverletzung herbeiführen, stellen letztere lediglich eine Bedrohung für das Rechtsgut dar, das der Gefahr ausgesetzt wird, tatsächlich oder potentiell verletzt zu werden. Dementsprechend werden die Gefährdungsdelikte weiter unterteilt in konkrete und abstrakte Gefährdungsdelikte. Bei den konkreten Gefährdungs-

[9] Siehe hierzu II.E.4.b.

delikten (*reati di pericolo concreto*, beispielsweise das Blutbad, Art. 422 c.p., oder die Gefahr eines Eisenbahnunglücks als Folge einer Sachbeschädigung, Art. 431 c.p.) muss der Richter im Einzelfall feststellen, ob tatsächlich eine Gefährdung vorgelegen hat. Im Gegensatz hierzu ist die konkrete Gefahr bei den abstrakten Gefährdungsdelikten *(reati di pericolo astratto)* nicht Voraussetzung des Straftatbestands, sondern der Gesetzgeber stellt Handlungen unter Strafe, die typischerweise ein bestimmtes Rechtsgut gefährden (zum Beispiel einfache Brandstiftung, Art. 423 Abs. 1 c.p., mafiaartige Vereinigung, Art. 416-*bis* c.p., Aufforderung zu strafbaren Handlungen, Art. 414 c.p., oder Vergiften von Trinkwasser oder Nahrungsmitteln, Art. 439 c.p.). Ein Teil der Lehre äußert Zweifel an der Verfassungsmäßigkeit der abstrakten Gefährdungsdelikte, da sie das Risiko enthielten, lediglich den Ungehorsam des Täters zu bestrafen, ohne ein Rechtsgut zu schützen. Die Rechtsprechung und die herrschende Lehre teilen diese Auffassung jedoch nicht.

7. Kausalität und objektive Zurechnung

Art. 40 c.p. (Kausalzusammenhang)

Niemand kann wegen einer Tat, die vom Gesetz mit Strafe bedroht ist, bestraft werden, wenn der schädigende oder gefährliche Erfolg, von dem die Strafbarkeit der Tat abhängt, nicht die Folge seiner Handlung oder Unterlassung ist.

Einen Erfolg nicht zu verhindern, obwohl eine Rechtspflicht zur Verhinderung besteht, kommt der Verursachung gleich.

Art. 41 c.p. (Zusammentreffen von Ursachen)

Das Zusammentreffen von vorhergehenden, gleichzeitigen oder später hinzutretenden Ursachen, auch wenn diese unabhängig von der Handlung oder Unterlassung des Täters sind, schließt den Kausalzusammenhang zwischen der Handlung oder Unterlassung und dem Erfolg nicht aus.

Die später hinzugetretenen Ursachen schließen den Kausalzusammenhang aus, wenn sie allein zur Herbeiführung des Erfolgs ausreichend waren. In diesem Fall wird, wenn die vorher begangene Handlung oder Unterlassung für sich allein eine strafbare Handlung bildet, auf die für diese angedrohte Strafe erkannt.

Die vorhergehenden Bestimmungen werden auch dann angewendet, wenn die bereits bestehende, gleichzeitige oder später hinzugetretene Ursache in der rechtswidrigen Handlung eines anderen besteht.

Das Erfordernis eines Kausalzusammenhangs *(rapporto di causalità)* zwischen Handlung und Erfolg ist ausdrücklich in Art. 40 c.p. geregelt. Danach kann niemand wegen einer Tat, die vom Gesetz mit Strafe bedroht ist, bestraft werden, wenn der schädigende oder gefährliche Erfolg, von dem die Strafbarkeit abhängt, nicht Folge seiner Handlung oder Unterlassung ist. Art. 40 c.p. definiert aber nicht, wann eine solche Kausalverbindung besteht. Nach Art. 41 c.p. schließt das Zusammentreffen von Ursachen den Kausalzusammenhang zwischen der Handlung und der Unterlassung nicht aus (Abs. 1). Dies gilt nicht, wenn eine später hinzugetretene Ursache für sich schon zur Herbeiführung des Erfolgs ausreichend war (Abs. 2).

a) Kausalitäts- und Zurechnungstheorien

Art. 40 c.p. verlangt, dass der Erfolg die Folge der Handlung beziehungsweise Unterlassung des Täters sein muss, er definiert aber nicht, unter welchen Voraussetzungen das der Fall ist. Ausgangspunkt ist hierfür die Bedingungstheorie beziehungsweise die Theorie von der natürlichen Kausalität *(teoria condizionalistica, teoria della causalità naturale)*. Danach ist jede Bedingung eine gleichwertige Ursache, wenn sie nicht hinweggedacht werden kann, ohne dass der Erfolg nicht eingetreten wäre. Um diese exzessive Ausweitung der Verantwortlichkeit zu begrenzen, wurden weitere, vielfach im deutschen Recht entwickelte Kausalitätstheorien vertreten. Nach der Theorie von der adäquaten Kausalität *(teoria della causalità adeguata)* gilt als strafrechtlich relevante Ursache des Erfolgs nur eine solche Bedingung, die nach allgemeiner Erfahrung geeignet ist, diesen herbeizuführen. Demgegenüber geht die Theorie von der menschlichen Kausalität *(teoria della causalità umana)* davon aus, dass es einen Wirkungskreis gibt, den der Mensch dank seines Wissens und Wollens beherrschen kann. Nur die Ergebnisse, die in diesen Bereich gehören, können danach als vom Menschen verursacht angesehen werden. Schließlich ist nach der Theorie von der wissenschaftlichen Kausalität *(teoria della causalità scientifica)* eine Handlung dann ursächlich für einen strafrechtlich relevanten Erfolg, wenn sie nach Wissenschaftsgesetzen in der Lage ist, den Erfolg herbeizuführen, der ohne sie sicher oder mit großer Wahrscheinlichkeit nicht eingetreten wäre. Die letztgenannte Theorie wird heute sowohl in der Literatur als auch in der Rechtsprechung bevorzugt.

Bei Unterlassungsdelikten ist die Kausalität dann gegeben, wenn der Erfolg eine sichere oder wahrscheinliche Folge der Untätigkeit des Täters war. Dabei muss nach herrschender Meinung eine hypothetische oder prognostische Beurteilung erfolgen. Es ist also zu fragen, ob die unterlassene Handlung den Erfolg hätte verhindern können.

Angestoßen von der deutschen Lehre wird auch in Italien die Theorie von der objektiven Zurechnung des Erfolgs *(teoria dell'imputazione obiettiva dell'evento)* diskutiert. In diesem Zusammenhang sind insbesondere zwei Kriterien von Bedeutung. Zum einen erfordert die objektive Zurechnung unter dem Gesichtspunkt der Risikoerhöhung *(aumento del rischio)* neben der Kausalverbindung, dass die Handlung tatsächlich die Wahrscheinlichkeit des Erfolgseintritts erhöht hat. Zum anderen kann eine Tat unter Berücksichtigung des Normzwecks *(scopo della norma violata)* einem Täter dann nicht zugerechnet werden, wenn sie nicht das spezifische Risiko verwirklicht, das durch die entsprechende Norm geschützt werden soll. In der italienischen Lehre wird die Theorie der objektiven Zurechnung insofern als positiv bewertet, als sie im Wesentlichen sachgerechte und ausgewogene Lösungen biete. Allerdings sei sie noch nicht in überzeugende und präzise Formulierungen umgesetzt worden. Daher hält man es teilweise für erfolgversprechend, diese Theorie weiter auszuarbeiten.

Ebenfalls zu einer teilweisen Einschränkung der Kausalität führt die Anwendung von Art. 41 Abs. 2 und 3 c.p. Danach wird der Kausalzusammenhang ausgeschlossen, wenn eine später hinzutretende Ursache allein für den Erfolgseintritt ausreichend war. Dies gilt sowohl für einen außergewöhnlichen Kausalverlauf aufgrund von äußeren Umständen wie auch durch Selbstgefährdung des Opfers oder das rechtswidrige Handeln eines Dritten (Abs. 3). Nach einem Teil der Literatur soll diese Vorschrift die Kausalverbindung dann ausschließen, wenn der Erfolg durch ein außergewöhnliches Ereignis eintritt (zum Beispiel stirbt ein Verletzter auf dem Weg zum Krankenhaus aufgrund eines Verkehrsunfalls, oder jemand wird während eines Gewitters in den Wald geschickt und dort vom Blitz erschlagen). Immer muss nach herrschender Lehre jedoch die andere Ursache später hinzugekommen sein. Die Gegenmeinung sieht Art. 42 Abs. 2 c.p. als einen Unterfall des Zufalls an (Art. 45 c.p.) und wendet ihn daher auch auf vorherige und gleichzeitige Mitursachen an.

b) Eventuelle Besonderheiten bei der Fahrlässigkeitstat

Beim fahrlässigen Delikt besteht die objektive Tatseite aus der Handlung, dem Erfolg sowie der entsprechenden Kausalverbindung. Nach der traditionellen italienischen Lehre ist die Fahrlässigkeit selbst (im Sinne einer Sorgfaltspflichtverletzung) als ein Teil der subjektiven Tatseite zu verstehen, während es sich nach der neueren Lehre um eine selbständige Form deliktischen Verhaltens handelt, sodass nach dieser Auffassung die Sorgfaltspflichtverletzung, die Überschreitung des erlaubten Risikos sowie die objektive Vorhersehbarkeit und Vermeidbarkeit des Erfolgseintritts zur objektiven Tatseite gehören.

Was die Kausalität betrifft, so muss der Erfolg nicht so sehr die notwendige Folge der materiellen Handlung als solcher, sondern vielmehr ein Resultat der sorgfaltswidrigen Handlung sein. Er muss also in gewisser Weise das Risiko konkretisieren, das die verletzte Norm gerade verhindern sollte. Dabei können sich Zweifel ergeben, wenn der Erfolg auch bei normgerechtem Verhalten eingetreten wäre (zum Beispiel wenn ein Fahrzeug beim Überholen den Sicherheitsabstand zu einem betrunkenen Radfahrer nicht einhält und diesen dann überfährt, weil er plötzlich weit nach links ausweicht). Nach einhelliger Meinung muss der Erfolg jedenfalls zu der Art von Verletzungen gehören, die durch die Norm verhindert werden sollten.

Literaturhinweise

Antolisei, Francesco, Manuale di diritto penale. Parte generale (Lehrbuch des Strafrechts. Allgemeiner Teil.). 16. Aufl. Mailand 2003, S. 219–272.

Boido, Annalisa, Le posizione di garanzia (Die Garantenstellungen). In: Mauro Ronco (Hrsg.), Il reato. Struttura del fatto tipico. Presupposti oggettivi e soggettivi dell'imputazione penale. Il requisito dell'offensività del fatto (Die Straftat. Struktur des objektiven Tatbestands. Objektive und subjektive Voraussetzungen des strafrechtlichen Vorwurfs. Das Erfordernis der Rechtsgutsverletzung). Bologna 2007, S. 259–322.

Cadoppi, Alberto/Veneziani, Paolo, Elementi di diritto penale. Parte generale (Grundbegriffe des Strafrechts. Allgemeiner Teil). 3. Aufl. Padua 2007, S. 177–232.

Canestrari, Stefano/Cornacchia, Luigi/De Simone, Giulio, Manuale di diritto penale. Parte generale (Lehrbuch des Strafrechts. Allgemeiner Teil). Bologna 2007, S. 307–384.

Crespi, Alberto/Forti, Gabrio/Zuccalà, Giuseppe (Hrsg.), Commentario breve al codice penale (Kurzkommentar zum Strafgesetzbuch). 5. Aufl. Padua 2008, Art. 39–62.

Dolcini, Emilio/Marinucci, Giorgio (Hrsg.), Codice penale commentato (Kommentiertes Strafgesetzbuch). 2. Aufl. Mailand 2006, Art. 39–62.

Donini, Massimo, Imputazione oggettiva dell'evento. "Nesso di rischio" e responsabilità per fatto proprio (Objektive Vorwerfbarkeit des Erfolgs. „Risikozusammenhang" und Verantwortlichkeit für die eigene Tat). Turin 2006.

Fiandaca, Giovanni, Il reato commissivo mediante omissione (Das Begehungsdelikt durch Unterlassen). Mailand 1979.

Fiandaca, Giovanni/Musco, Enzo, Diritto penale. Parte generale (Strafrecht. Allgemeiner Teil). 5. Aufl. Bologna 2007, S. 148–152, 207–247, 573–621.

Grasso, Giovanni, Il reato omissivo improprio (Das unechte Unterlassungsdelikt). Mailand 1983.

Mantovani, Ferrando, Diritto penale. Parte generale (Strafrecht. Allgemeiner Teil). 5. Aufl. Padua 2007, S. 107–232.

Marinucci, Giorgio, Il reato come azione (Die Straftat als Handlung). Mailand 1971.

Marinucci, Giorgio/Dolcini, Emilio, Manuale di diritto penale. Parte generale (Lehrbuch des Strafrechts. Allgemeiner Teil). 2. Aufl. Mailand 2006, S. 153–194.

Padovani, Tullio, Diritto penale (Strafrecht). 7. Aufl. Mailand 2006, S. 90–98, 103–138.

– (Hrsg.), Codice penale (Strafgesetzbuch). 4. Aufl. Mailand 2007, Art. 39–62.

Pagliaro, Antonio, Principi di diritto penale. Parte generale (Prinzipien des Strafrechts. Allgemeiner Teil). 8. Aufl. Mailand 2003, S. 341–389.

– Il reato (Die Straftat). In: Carlo Federico Grosso/Tullio Padovani/Antonio Pagliaro (Hrsg.), Trattato di diritto penale, vol. I (Abhandlung des Strafrechts, Band I). Mailand 2007, S. 155–219.

Palazzo, Francesco, Corso di diritto penale. Parte generale (Lehrgang des Strafrechts. Allgemeiner Teil). 3. Aufl. Turin 2008, S. 215–283.

Pulitanò, Domenico, Diritto penale (Strafrecht). 2. Aufl. Turin 2007, S. 181–254.

Riz, Roland, Introduzione sugli aspetti di diritto comparato (Einführung in die strafrechtlichen Aspekte). In: Lorenzo Picotti/Giorgio Spangher (Hrsg.), Competenza penale del giudice di pace e "nuove" pene non detentive. Effettività e mitezza della sua giurisdizione (Strafrechtliche Kompetenz des Friedensrichters und „neue" nicht freiheitsentziehende Strafen. Effektivität und Milde seiner Rechtsprechung). Mailand 2003, S. 81–89.

Romano, Mario, Commentario sistematico del codice penale, I (Art. 1-84) (Systematischer Kommentar des Strafgesetzbuchs, I). 3. Aufl. Mailand 2004, Pre-Art. 39, Rn. 27–48, 91–102; Art. 40, Rn. 1–83; Art. 41–62.

Ronco, Mauro, Il reato: modello teorico e struttura del fatto tipico (Die Straftat: Theoretisches Modell und Struktur des objektiven Tatbestands). In: Mauro Ronco (Hrsg.), Il reato. Struttura del fatto tipico. Presupposti oggettivi e soggettivi dell'imputazione penale. Il requisito dell'offensività del fatto (Die Straftat. Struktur des Tatbestands. Objektive und subjektive Voraussetzungen des strafrechtlichen Vorwurfs. Das Erfordernis der Rechtsgutsverletzung). Bologna 2007, S. 59–158.

– La dimensione oggettiva del fatto tipico: il nesso causale tra condotta ed evento (Die objektive Seite des Tatbestands: die Kausalverbindung zwischen Verhalten und Erfolg). In: Mauro Ronco (Hrsg.), Il reato. Struttura del fatto tipico. Presupposti oggettivi e soggettivi dell'imputazione penale. Il requisito dell'offensività del fatto (Die Straftat. Struktur des Tatbestands. Objektive und subjektive Voraussetzungen des strafrechtlichen Vorwurfs. Das Erfordernis der Rechtsgutsverletzung). Bologna 2007, S. 159–258.

Sgubbi, Filippo, Responsabilità penale per omesso impedimento dell'evento (Strafrechtliche Verantwortlichkeit für die unterlassene Verhinderung des Erfolgs). Mailand 1975.

Abkürzungsverzeichnis

c.p.	Codice penale (italienisches Strafgesetzbuch)

Misuk Son

Objektive Tatseite in

Korea

1. Definition/Elemente der objektiven Tatseite

Die Straftat enthält ausgehend von der Handlung ein objektives und ein subjektives Element.[1] Die beiden Elemente sind nicht voneinander getrennt, sondern miteinander verbunden. Dies wird durch den Verbrechensaufbau vor Augen geführt.

Das objektive Element der Tat bezieht sich zumeist auf ihre äußere Seite – das heißt, die objektiven Umstände und den objektiven Gegenstand. Eine Tat wird erst durch die äußere Wirkungsseite strafrechtlich bedeutsam. Die objektive Seite der Straftat besagt demgemäß, dass (bei Erfolgsdelikten) der tatbestandsmäßige Erfolg eingetreten und dem Täter objektiv zurechenbar sein muss. Zu den objektiven Merkmalen der Straftat gehören das Tatsubjekt, die Tathandlung, der tatbestandsmäßige Erfolg und der objektive Kausalzusammenhang beziehungsweise die objektive Zurechnung.[2]

Die objektiven Elemente der Straftat und ihre Bedeutung im Verbrechenssystem ergeben sich aus dem interpersonalen Handlungszusammenhang. Denn aus ihm ist zwingend abzuleiten, dass das Unrecht eine äußere Seite haben muss.

2. Tatsubjekt

Eine Straftat kann nur von einer natürlichen Person begangen werden. Das Tatsubjekt des gesetzlich vertypten Unrechts ist damit prinzipiell nur ein Mensch.[3] Tatgeschehen und Taterfolg müssen allein ihm als sein Werk zugerechnet werden.[4] Tatsubjekt beziehungsweise Täter ist nach den Tatbeständen des Besonderen Teils des koreanischen Strafgesetzbuchs (형법, kStGB), wer den gesamten objektiven und subjektiven Tatbestand einer Straftat durch seine Handlung erfüllt.[5]

---

1 Vergleiche dazu auch II.C.

2 Zur subjektiven Tatseite siehe II.E.

3 Zur handlungs- und zurechnungsunfähigen Person siehe unten 3. sowie auch II.J.6–7.

4 Zur Problematik der Strafbarkeit von juristischen Personen siehe II.H.

5 Zum Täterbegriff siehe II.G.1.

Es gibt jedoch Tatbestände im Besonderen Teil, welche den möglichen Täterkreis auf bestimmte Personen einschränken, da manche Rechtsverletzungen nur durch ganz bestimmte Personen begangen werden können. Zu nennen sind hier insbesondere die Sonderdelikte und die eigenhändigen Delikte.[6] Bei den Sonderdelikten kann im Unterschied zu den Allgemeindelikten nur Täter sein, wer die erforderliche Täterqualität besitzt (Beispiel: Der Amtsträger bei den echten Amtsdelikten).

Bei den eigenhändigen Delikten, wie zum Beispiel Meineid (§ 152 kStGB) und Ehebruch (§ 241 kStGB), kann nur Tatsubjekt sein, wer die Tathandlung unmittelbar selbst ausführt. Mittäterschaft ist bei solchen Delikten ausgeschlossen, wenn der Beteiligte den Tatbestand nicht eigenhändig in seiner Person verwirklicht. Die Beteiligten bei den eigenhändigen Delikten, die die Tathandlung nicht selbst ausführen, können nicht Täter, sondern nur Teilnehmer (Anstifter oder Gehilfe) sein.[7]

3. Tathandlung

Das erste Merkmal im Verbrechensaufbau ist die Handlung eines Menschen;[8] nur sie kann Gegenstand der Strafbarkeit sein. Die Handlung kann entweder ein aktives Tun oder ein Unterlassen sein.[9] Die Art der Tatbegehung beziehungsweise die Tathandlung ist in den jeweiligen Deliktstypen des Besonderen Teils und des Sonder- beziehungsweise Nebenstrafrechts bestimmt.

Die Frage nach dem Handlungsbegriff hat in der Strafrechtsdogmatik immer noch eine fundamentale und aktuelle Bedeutung, selbst wenn in der Literatur Unsicherheit darüber besteht, ob das moderne Strafrecht dem Handlungsbegriff überhaupt noch einen Platz einräumen kann, da menschliche Handlungen aufgrund ihrer Mannigfaltigkeit nicht einheitlich definierbar sind und der Handlungsbegriff in der Praxis kaum eine Bedeutung hat.

Die Strafbarkeit einer Tat ist mit ihren Handlungsmerkmalen fest verbunden und sogar davon abhängig, wie die menschliche Handlung als elementare Voraussetzung der Strafbarkeit verstanden wird.[10] Die im gegenwärtigen koreanischen Strafrecht hergestellte Einigkeit über die Bedeutung des Handlungsbegriffs ist jedoch nur vordergründig. Das Verständnis von der strafbaren Handlung als Grundbegriff des Strafrechts ist eine wesentliche Voraussetzung für das Verständnis des gedanklichen Gesamtzusammenhangs des Verbrechenssystems und die Wirklichkeit des

---

6 Vergleiche dazu auch II.G.5.

7 Dazu auch II.G.5.

8 Zum Verbrechensaufbau siehe II.C.

9 Näheres hierzu unten 4.

10 Zur Bedeutung des Handlungsbegriffs im Verbrechenssystem siehe auch II.C.2.

Verbrechens selbst. Der Handlungsbegriff kann daher nicht einfach als selbstverständlich zugrunde gelegt, sondern muss immer wieder kritisch hinterfragt werden.

In koreanischen Lehrbüchern werden oft in Anlehnung an die deutsche Lehre die folgenden drei Funktionen beziehungsweise Aufgaben des Handlungsbegriffs genannt: Der Handlungsbegriff ermöglicht zunächst die Ausgrenzung des bloßen Zufalls aus einer strafbaren Handlung (sogenannte negative Ab- beziehungsweise Ausgrenzungsfunktion des Zufalls vom Handlungsbegriff, 행위개념의 한계기능). Ferner kann der Handlungsbegriff die strafrechtlich relevanten Begriffe wie zum Beispiel Vorsatz, Fahrlässigkeit und Unterlassen positiv bezeichnen (sogenannte Klassifikationsfunktion des Handlungsbegriffs oder die Handlung als Grundelement des Strafrechts, 분류기능, 근본기능). Der Handlungsbegriff spielt darüber hinaus für den Verbrechensaufbau eine wichtige Rolle und verbindet die jeweiligen einzelnen Elemente des Verbrechenssystems miteinander, denn die menschliche Handlung ist der erste Anhaltspunkt für die Strafbarkeit. Auch die jeweiligen entscheidenden Inhalte des Verbrechensaufbaus hängen von dem Handlungsbegriff ab (sogenannte Verknüpfungs- beziehungsweise Verbindungsfunktion des Handlungsbegriffs, 결합기능).

Im Folgenden wird die Handlungslehre des koreanischen Strafrechts, die von der deutschen Entwicklung und Lehre stark beeinflusst wurde, in Grundzügen dargestellt.[11]

Die „kausale Handlungslehre“ (인과적 행위론): Nach dem kausalen Handlungsbegriff ist Handlung die auf menschliches Wollen zurückführbare Bewirkung einer Veränderung in der Außenwelt. Die Handlung besteht danach nur aus den äußeren und objektiv in Erscheinung getretenen Merkmalen, sodass ein Tatbestandsbegriff möglich ist, der nur objektive Merkmale enthält. Bei der kausalen Handlungslehre kommt als Handlung nur die bloße Verursachung der Körperbewegung und des anschließenden Kausalprozesses durch den Willen in Betracht, ohne Rücksicht darauf, was der Täter gewollt hatte. Die kausale Handlungslehre, die lediglich aus naturalistischen Begriffen gebildet wurde, genügt gerade deswegen im Strafrecht nicht.

Die „finale Handlungslehre“ (목적적 행위론): Das Wesen der menschlichen Handlung ist nach der finalen Handlungslehre nicht die Willkürlichkeit und der sich an sie anschließende Kausalprozess, sondern der zielbewusste, das Geschehen lenkende Wille. Die Handlung wird durch den Inhalt des Willens umgrenzt. Die freie sinnbestimmte Entscheidung gehört danach nicht zur Handlung. Die Finalität der Handlung wird dem Vorsatz gleichgestellt.

Die Freiheit der Entscheidung ist jedoch nicht Teil der Finalität und bleibt außerhalb der Handlung. Mit der Finalität ist zwar ein Teilelement des Phänomens

---

[11] Vergleiche auch II.C.

„Handlung" richtig beschrieben. Das Wesen der menschlichen Handlung ist mit ihr jedoch nicht erfasst. Denn in einer so verstandenen Entscheidungsfreiheit wird die menschliche Handlung mit ihrer Kausalität gleichgesetzt und dasjenige, was der Handlung durch die Freiheit des Menschen erwächst, wird zusammen mit der Schuld ausgeklammert. Der finale Handlungsbegriff kann deswegen nicht alle Formen des Verbrechens – wie zum Beispiel Fahrlässigkeit oder Unterlassen – erfassen.

Die „soziale Handlungslehre" (사회적 행위론): Die gegenwärtig in Korea herrschende Handlungslehre ist die soziale. Die Handlung im Sinne des Strafrechts ist danach das vom Willen getragene, sozial relevante, den Mitmenschen oder Gruppen von Mitmenschen berührende Verhalten. Die soziale Handlungslehre umfasst somit die fahrlässige Handlung und das Unterlassen als sozial relevante strafbare Handlung. Die konkreten Ausprägungen des sozialen Handlungsbegriffs sind jedoch im Einzelnen sehr vielfältig.

Eine tiefer begründete Form des sozialen Handlungsbegriffs ist der individuelle Handlungsbegriff. Danach kommt es für das Verbrechen auf die Qualität an, die die menschliche Handlung im Unterschied zur Aktivität anderer Lebewesen auszeichnet. Der geistigen Seite der Handlung muss dann ein besonderes Gewicht zukommen. Das Verhältnis des Einzelnen zum anderen und die Handlung, soweit sie durch diese Beziehung ihre Gestalt hat, bilden den Ausgangspunkt der sozialen beziehungsweise individuellen Handlungslehre. Die Handlung wird danach als die durch die Entscheidung einer Person gestaltete Wirklichkeit definiert. Diese gestaltete Wirklichkeit ist eine besondere Form der Wirklichkeit. Sie ist nicht das Produkt eines bloßen Kausalablaufs, sondern die Auswirkung der bewussten Entscheidung einer Person.

4. Tatbegehung durch Unterlassen

a) Abgrenzung zwischen Handeln und Unterlassen

Die Straftat kann – wie bereits oben erwähnt – nicht nur durch aktives Tun (작위), sondern auch durch Unterlassen (부작위) begangen werden. Die gesetzliche Grundlage für die Strafbarkeit des Unterlassens findet sich in § 18 kStGB:

§ 18 kStGB Unterlassungsdelikt
Hat jemand, der zur Verhinderung der Entstehung einer Gefahr verpflichtet ist oder der durch eigene Handlung eine Gefährdung verursacht hat, das Entstehen der Gefahr nicht verhindert, so wird er nach dem eingetretenen Erfolg bestraft.

Die Besonderheit der Strafbarkeit nach § 18 kStGB besteht darin, dass man durch das Unterlassen einer gebotenen Handlung den tatbestandsmäßigen Erfolg verwirklicht hat. Das gebotswidrige Unterlassen bestimmter notwendiger Tätigkeiten stellt eine „enttäuschte Erwartung“ dar und ist insofern von einem bloßen Nicht-Tun zu unterscheiden.

Rechtsnormen bestehen generell aus Verbots- und Gebotsnormen (금지 규범과 명령, 요구규범). Erstere verbieten die Ausführung einer bestimmten Handlung, wie es zum Beispiel beim Totschlag der Fall ist: „Man darf nicht töten.“ Verbotsnormen stellen zugleich ein Verbot der Verletzung des fremden Rechtsguts dar. Die meisten Straftaten werden durch ein solches verbotswidriges Tun begangen (sogenannte Kommissivdelikte). Im Unterschied zu Verbotsnormen verlangen Gebotsnormen die Vornahme einer bestimmten Handlung, wie zum Beispiel beim Hausfriedensbruch: „Man soll sich auf die Aufforderung des dazu Berechtigten hin vom Haus entfernen.“ Das Recht (beziehungsweise Rechtsgut) wird in diesem Fall durch die gebotswidrige Nichtvornahme eines von der Rechtsordnung verlangten Tuns verletzt. Die Unterlassungsdelikte (Omissivdelikte) setzen daher das Unterlassen eines bestimmten Tuns voraus.[12]

Die Notwendigkeit der Unterscheidung zwischen Handeln und Unterlassen folgt aus der unterschiedlichen Ausgestaltung der Strafbarkeitsvoraussetzungen. Die Strafbarkeit des Unterlassens setzt im Unterschied zum Begehungsdelikt voraus, dass eine Rechtspflicht zum Handeln beziehungsweise zur Verhinderung des Erfolgseintritts besteht.[13]

Das geltende koreanische StGB nennt kein allgemeines Kriterium für die Abgrenzung zwischen Tun und Unterlassen. Diese Abgrenzung ist jedoch in vielen Fällen unproblematisch, da man oft schon allein durch die äußere Erscheinung beziehungsweise den Kausalzusammenhang der Tatverwirklichung feststellen kann, ob ein aktives Handeln (zum Beispiel physischer Einsatz) vorliegt oder nicht. Es gibt jedoch Fälle, in denen nur schwer zu entscheiden ist, ob Tun oder Unterlassen vorliegt (Beispiel: Ein mit Hepatitis B infizierter Chirurg operiert weiter, ohne an Reihenuntersuchungen zur Erkennung seiner Krankheit teilzunehmen).

Zur Unterscheidung zwischen Tun und Unterlassen werden zwei Kriterien angeboten: ein naturalistisches und ein normatives. Nach dem naturalistischen Kriterium ist der Energieeinsatz durch den Täter oder die Kausalität seines Verhaltens maßgeblich für die Unterscheidung. Nach dem normativen Ansatz, den die überwiegende Meinung in Korea vertritt, wird danach gefragt, wo bezüglich seines sozialen Sinns und seiner Wertung der Schwerpunkt des Geschehens lag. Mit der Wertung ist hier die soziale Vorwerfbarkeit gemeint. Der entscheidende Anhaltspunkt für die Abgrenzung beziehungsweise Identifizierung von Tun und Unterlassen ist jedoch die in Frage kommende Verhaltenspflicht. Bei Konstellationen mit beiden Elementen ist daher nach der das Verhalten primär prägenden Norm zu urteilen.

---

12 Zur Unterscheidung von echten und unechten Unterlassungsdelikten siehe unten.

13 Vergleiche § 18 kStGB; Näheres dazu siehe unten.

Die Unterlassungsdelikte ihrerseits lassen sich in echte und unechte aufteilen. Bei den echten Unterlassungsdelikten (진정 부작위범) ist ein Nicht-Tun unmittelbar tatbestandsmäßig, das heißt, das strafbare Unterlassen wird im Tatbestand genau beschrieben. Jeder kann Täter eines echten Unterlassungsdelikts sein, zum Beispiel wer sich beim Hausfriedensbruch oder Menschenauflauf trotz Aufforderung dazu nicht entfernt (§§ 319 Abs. 2, 116 kStGB) oder wer nach vorübergehender Entlassung aus dem Gewahrsam trotz Vorladung nicht zurückkehrt (§ 145 Abs. 2 kStGB).

Unechte Unterlassungsdelikte (부진정 부작위범) werden dagegen im Tatbestand nicht umschrieben. „Unecht" werden sie deswegen genannt, weil ihre Strafbarkeit aus einem Begehungstatbestand folgt, wobei der Erfolg nicht nur durch ein Tun, sondern auch durch ein Unterlassen verwirklicht werden kann. Ein Beispiel dafür ist die Tötung durch Unterlassen (eine Mutter lässt ihr Kind verhungern; §§ 250 Abs. 1, 18 kStGB). Die Tötung durch Unterlassen kann mit der Tötung durch aktives Tun hier deswegen gleichgestellt werden, weil es von der Begründung her keinen grundsätzlichen Unterschied macht, ob die Mutter ihr Kind etwa durch Erschlagen (aktives Tun) oder Verhungernlassen (Unterlassen) getötet hat.

Das geltende koreanische StGB kennt zwar – im Unterschied zum deutschen StGB – keine ausdrückliche Regelung der Gleichwertigkeit von Unterlassen und aktivem Tun. Lehre und Rechtsprechung gehen jedoch bei der Annahme der unechten Unterlassungsdelikte notwendigerweise davon aus, dass die Verwirklichung des gesetzlichen Tatbestands durch Unterlassen derjenigen durch ein positives Tun entsprechen muss. Dieses Entsprechungserfordernis stellt insofern ein ungeschriebenes Tatbestandsmerkmal der unechten Unterlassungsdelikte dar.

Bei den unechten Unterlassungsdelikten stellt sich oft die Frage, ob aktives Tun oder Unterlassen vorliegt. Die praktische Bedeutung der Unterscheidung besteht darin, dass die Strafbarkeit der unechten Unterlassungsdelikte eine besondere Handlungspflicht voraussetzt.[14] Die unechten Unterlassungsdelikte sind im Gegensatz zu den Begehungsdelikten daher Sonderdelikte. Hier kann nur Täter sein, wer eine Garantenstellung im Sinne des § 18 kStGB besitzt.

b) Besondere Handlungspflichten, Garantenlehre

Ein unechtes Unterlassungsdelikt kann nur derjenige begehen, der rechtlich verpflichtet ist, den tatbestandsmäßigen Erfolg abzuwenden. Dies wird als Garantenpflicht (보증인 의무) bezeichnet. Garantenpflichten sind rechtliche Handlungspflichten bestimmter Personen für den Schutz bestimmter Rechtsgüter, deren Nichterfüllung deshalb dem aktiven Verletzungshandeln gleichsteht. Nach § 18 kStGB hat ganz allgemein derjenige eine Garantenpflicht, der durch eigene Hand-

[14] Siehe unten 4.b.

lung eine Gefährdung verursacht hat oder zur Verhinderung der Entstehung einer Gefahr verpflichtet ist.

Das geltende koreanische StGB gibt jedoch keine näheren Hinweise darauf, woraus sich die Garantenpflichten im Einzelnen ergeben und nach welchen Kriterien sie eingeteilt werden. Die Garantenpflichten konkretisieren sich im jeweiligen Rechtsgutsbezug als besondere Tätigkeitspflichten aus den zugrundeliegenden Umständen.

Die gegenwärtig herrschende Lehre unterteilt die Garantenpflichten in Anlehnung an die deutsche Lehre in formelle und materielle (funktionale) Kriterien. Dabei werden die formellen Kriterien, die die strafrechtlichen Handlungspflichten zu eng ziehen, durch materielle Gesichtspunkte ergänzt (sogenannte Gesamtauslegungsmethode).

Nach den formellen Kriterien (형식설) ergeben sich die Garantenpflichten aus Gesetz, Vertrag, enger Lebensgemeinschaft und vorangegangenem gefährdendem Tun (sogenannte Ingerenz). Nach den materiellen Kriterien (실질설) gliedern sich die Handlungspflichten des Garanten in Obhuts- und Sicherungspflichten (보증인의 보호의무와 안전의무). Erstere stellen auf den Schutz eines bestimmten Rechtsguts, Letztere auf die Sicherung einer bestimmten Gefahrenquelle ab. Die Obhutspflicht kann sich aus enger persönlicher Verbundenheit, aus engen Gemeinschaftsbeziehungen oder aus freiwilliger Übernahme ergeben. Die Sicherungspflicht resultiert aus der Verantwortlichkeit für eine Gefahrenquelle, sei es eine Person oder eine Sache.

Wie gezeigt schließen sich die formellen und materiellen Kriterien nicht gegenseitig aus, sondern ergänzen beziehungsweise überschneiden sich. Denn die materiellen Inhalte sind ohne gesetzliche Grundlage schwer zu rechtfertigen, und umgekehrt können aus einer bloß formellen Gesetzeslage der tatsächliche Inhalt und Umfang sowie die Angemessenheit der Garantenstellung nicht wirksam hergeleitet werden.

Demgegenüber kritisiert eine starke Mindermeinung, dass die materiellen Kriterien nicht wirklich auf den Umfang und die Grenzen der Garantenpflichten hinweisen, sondern dass die Gefahr bestehe, die Strafbarkeit zu weit auszudehnen. Dies gelte umso mehr, als alle materiellen Kriterien der Garantenpflichten in Wahrheit auch durch die formellen Kriterien umfasst würden. Dagegen ziehen nach jener Meinung die formellen Kriterien die Handlungspflichten zwar zu eng, aber beinhalten eine klare Normativität im Gegensatz zu den materiellen Kriterien. Die strafrechtlichen Garantenpflichten seien folglich aufgrund des Bestimmtheitsgebots rechtsstaatlich bedenklich und bedürften starker Einschränkungen. Diese Ansicht versucht somit die Garantenpflichten grundsätzlich auf den formellen Kriterien aufzubauen und durch die besonderen Sicherungspflichten bezüglich der Gefahrentstehung beziehungsweise der Gefahrenquelle zu ergänzen.

Nach der Rechtsprechung ist die Handlungspflicht nicht bloß moralisch, sondern rechtlich begründet. Als rechtliche Pflicht kann sie auf einem geschriebenen oder ungeschriebenen Gesetz oder auf zivilrechtlichem oder öffentlichem Recht beruhen. Daraus folgt, dass Handlungspflichten sowohl kraft Gesetzes oder aus einem vorangegangenen gefährlichen Tun heraus als auch aufgrund von Treu und Glauben oder der gesellschaftlichen Sitte entstehen können (vergleiche Daepan 6.9.1996, 95Do2551; 9.4.2004, 2003Do7828).

c) Vorsatz, Fahrlässigkeit, Versuch und Tatbeteiligung bei Unterlassungsdelikten

Der Vorsatz ist als subjektives Tatbestandsmerkmal bei allen Begehungsdelikten erforderlich.[15] Bei den echten Unterlassungsdelikten bezieht sich der Vorsatz auf die im Tatbestand beschriebenen Merkmale. Bei den unechten Unterlassungsdelikten, in deren Tatbestand ungeschriebene Merkmale enthalten sind, ist nach herrschender Meinung der Vorsatz in Bezug auf alle geschriebenen und ungeschriebenen Tatbestandmerkmale, wie zum Beispiel die Garantenpflicht und Entsprechungsklausel, nötig.

Auch bei Unterlassungsdelikten ist eine fahrlässige Begehung möglich, wenn ihre Strafbarkeit im Gesetz vorgesehen ist.[16] Ihr strafbarer Unwertgehalt besteht in der fahrlässigen Verletzung einer Sorgfaltspflicht durch Unterlassung. Bei den fahrlässigen Unterlassungsdelikten wird durch Unterlassen unvorsätzlich, aber individuell vorhersehbar, vermeidbar und objektiv zurechenbar eine erhöhte Gefahr geschaffen und dadurch der Tatbestand verwirklicht. Außerdem werden die Garantenpflicht und die Sorgfaltspflicht bei der Fahrlässigkeit meist als identisch angesehen.

Ferner kommt auch der Versuch eines Unterlassungsdelikts nach den Regelungen in §§ 25 ff. kStGB in Betracht.[17] Der Versuch eines Unterlassungsdelikts ist sowohl in der Form des unbeendeten als auch des beendeten Versuchs möglich. Ersterer liegt dann vor, wenn der Täter glaubt, durch die gebotene Handlung den Erfolgseintritt vermeiden zu können; Letzterer liegt vor, wenn der Täter glaubt, durch die gebotene Handlung den Erfolgseintritt nicht mehr verhindern zu können. In beiden Fällen ist für den Rücktritt vom Versuch eine aktive Handlung erforderlich.[18]

Schließlich kommt auch die Tatbeteiligung bei Unterlassungsdelikten in Frage. Teilnahme (Anstiftung und Beihilfe) an Unterlassungsdelikten ist durch aktives

---

15 Siehe dazu II.E.2.

16 Siehe unten 7.b. und II.F.3.

17 Zur Problematik des unmittelbaren Ansetzens zur Tat beim Unterlassungsdelikt siehe II.F.3.

18 Zum Rücktritt vom unbeendeten und beendeten Versuch siehe näher II.F.5.

Tun möglich; in diesem Fall ist die Garantenpflicht der Teilnehmer nicht erforderlich. Davon zu unterscheiden ist die Teilnahme an einer Straftat durch Unterlassen. Hier ist nach der Rechtsprechung und herrschenden Lehre nur eine Beihilfe durch Unterlassen möglich, da ein bloßes Nichtstun den Tatentschluss nicht aktiv im Sinne einer Anstiftung hervorrufen kann (vergleiche Daepan 27.11.1987, 84Do1916). Mittäterschaft zwischen Unterlassungstätern kann vorliegen, wenn mehrere Täter eine gemeinsame Pflicht haben und in ihrem Unterlassen ein „Zusammenwirken" gesehen werden kann. Denkbar ist auch die Mittäterschaft zwischen Begehungs- und Unterlassungstätern, die jedoch in der Realität selten vorkommt. Die mittelbare Täterschaft durch Bestimmung des Werkzeugs, welches eine Garantenpflicht hat und die gebotene Handlung unterlässt, ist ebenfalls möglich.

d) Besonderheiten der Strafzumessung bei Unterlassungsdelikten

Die Rechtsfolge für Unterlassungsdelikte ist unterschiedlich je nachdem, ob es sich um echte oder unechte Unterlassungsdelikte handelt. Während sie bei den echten Unterlassungsdelikten im jeweiligen Tatbestand ausdrücklich bestimmt ist, wird die Rechtsfolge der unechten Unterlassungsdelikte nicht positiv geregelt, sondern gemäß § 18 kStGB nach dem eingetretenen Erfolg festgelegt. Das geltende koreanische StGB kennt keine ausdrückliche fakultative Strafmilderung für Unterlassungsdelikte. In der koreanischen Lehre wird jedoch zum Teil ihre fakultative Milderung *de lege ferenda* vorgeschlagen, da die Verwirklichung einer Straftat durch Unterlassen meist weniger strafwürdig als durch aktives Tun sei. Der Gesetzentwurf von 1992, der jedoch nicht verabschiedet werden konnte, hat in § 15 die fakultative Milderung der unechten Unterlassungsdelikte vorgesehen. Da aber koreanische Gerichte einen weiten Ermessensspielraum bei der Strafzumessung haben, können die strafmildernden Umstände der Unterlassungsdelikte grundsätzlich im Einzelfall berücksichtigt werden (vergleiche §§ 51, 53 kStGB):

§ 51 kStGB Maßstäbe der Strafzumessung
Bei der Zumessung der Strafe werden folgende Umstände in Betracht gezogen:
1. das Alter, der Charakter und das Verhalten, die Intelligenz und das Milieu des Täters; 2. die Umstände, die den Verletzten betreffen; 3. die Beweggründe, die Mittel und der Erfolg der Straftat; 4. die Umstände nach der Tatbeteiligung.

§ 53 kStGB Strafmilderung nach Ermessen
Liegen bei der Begehung eines Delikts mildernde Umstände vor, kann die Strafe generell nach Ermessen des Gerichts gemildert werden.

5. Tatobjekt

Das Tatobjekt (행위객체) ist der konkrete Gegenstand der Verbrechenshandlung (Beispiel: eine fremde bewegliche Sache beim Diebstahl). Dabei ist der Begriff

„Rechtsgut" (법익) vom Begriff „Tatobjekt" zu unterscheiden. „Rechtsgut" bedeutet das allgemein vom Gesetz geschützte Interesse. Als Rechtsgüter werden die substanziell und rechtlich anerkannten wichtigsten Freiheitsinteressen des Einzelnen oder der Allgemeinheit bezeichnet (Beispiele: Leben, Unversehrtheit des Körpers, Bewegungsfreiheit, Eigentum oder Vermögen).

Die Tatobjekte sind oft in den Tatbeständen im Besonderen Teil des kStGB ausdrücklich bestimmt. In anderen Fällen können sie jedoch anhand der tatbestandsmäßigen Handlung leicht herausgefunden werden. Demgegenüber wird das Rechtsgut im jeweiligen Tatbestand nicht genannt, sondern es ergibt sich aus der Gesamtbetrachtung des betreffenden Delikts.

Ferner gibt es auch Tatbestände, die kein Tatobjekt erfordern, zum Beispiel reine Tätigkeitsdelikte wie Meineid (§ 152 kStGB).

6. Taterfolg

Der Taterfolg stellt die Verwirklichung des im Tatbestand vertypten Unrechtszustands durch die Tathandlung dar. In der Lehre wird üblicherweise nach den im Besonderen Teil des kStGB beschriebenen Taterfolgstypen zwischen Erfolgs- und Tätigkeitsdelikten sowie auch nach dem Beeinträchtigungszustand des Rechtsguts zwischen Verletzungs- und Gefährdungsdelikten differenziert. Bei den Erfolgs- und Verletzungsdelikten ist der Taterfolg zum Beispiel die Tötung eines Menschen beim Totschlag (§ 250 Abs. 1 kStGB) oder die Wegnahme einer Sache beim Diebstahl (§ 329 kStGB). Bei den Gefährdungsdelikten besteht er in der konkreten oder abstrakten Gefährdung, wie zum Beispiel im Fall der Brandstiftung (§ 164 kStGB) oder der Aussetzung einer hilflosen Person trotz bestehender Garantenpflicht (§ 271 Abs. 1 kStGB).

Ohne Bedeutung ist ein Taterfolg bei schlichten Tätigkeitsdelikten, wie zum Beispiel der Falschaussage (§ 152 Abs. 1 kStGB) oder der Urkundenfälschung (§ 225 kStGB). Der Tatbestand wird bei diesen Delikten bereits allein durch das im Gesetz beschriebene äußere Tätigwerden erfüllt. Es kommt daher zum Beispiel bei der Falschaussage nicht darauf an, ob der Richter diese bei seiner Entscheidung berücksichtigt oder nicht.

Zu erwähnen ist schließlich der Taterfolg bei den erfolgsqualifizierten Delikten, die eine besondere Form des Erfolgsdelikts darstellen. Die erfolgsqualifizierten Delikte setzen sich aus einem Grunddelikt und einer daraus resultierenden Folge zusammen. Zum Beispiel besteht das Grunddelikt des § 259 Abs. 1 (Körperverletzung mit Todessfolge) kStGB in der Körperverletzung gemäß § 257 Abs. 1 kStGB. Die qualifizierte Folge ist der Tod des Verletzten.[19]

---

19 Siehe hierzu auch II.E.4.

7. Kausalität und objektive Zurechnung

a) Kausalitäts- und Zurechnungstheorien

Bei den Erfolgsdelikten wird für das Vorliegen einer Straftat neben der tatbestandsmäßigen Handlung der Eintritt des tatbestandsmäßigen Erfolgs vorausgesetzt. Notwendig ist dabei, dass zwischen Handlung und Erfolg ein Kausalzusammenhang (인과관계) bestehen muss. Das heißt, die Handlung des Täters muss die Ursache für den tatbestandsmäßigen Erfolg sein. Der tatbestandsmäßige Erfolg muss ferner dem Handelnden objektiv als sein Werk zurechenbar sein. § 17 kStGB drückt dies mit zurückhaltender und abstrakter Formulierung aus. Die einschlägige Norm lautet:

§ 17 kStGB Kausalzusammenhang
Steht eine Handlung in keinem Zusammenhang mit der Entstehung der Gefahr als Element der Straftat, so wird sie nicht wegen des eingetretenen Erfolgs bestraft.

Die Kausalität der Handlung für den tatbestandsmäßigen Erfolg ist insofern ein geschriebenes Tatbestandsmerkmal im koreanischen StGB. Besteht keine Verbindung beziehungsweise kein Kausalzusammenhang zwischen Handlung und Erfolg, wird der Tatbestand nicht erfüllt. In diesem Fall kann allerdings ein Versuch in Frage kommen, wenn seine Strafbarkeit im Gesetz vorgesehen ist (§ 29 kStGB[20]).

Da das allgemein anerkannte Kausalgesetz, das Ursache und Folge verbindet, jedoch von abstrakter Natur ist, stellt die strafrechtliche Begrenzung beziehungsweise die Bewertung des Kausalzusammenhangs zwischen Handlung und tatbestandsmäßigem Erfolg ein schwieriges Unterfangen dar. Es gibt zahlreiche Kausalitätstheorien. Dazu gehören zum Beispiel die Äquivalenztheorie, die Formel von der gesetzmäßigen Bedingung, die Adäquanz- sowie die Relevanztheorie. Darauf wird im Folgenden kurz eingegangen:

Die Äquivalenztheorie (Bedingungstheorie, 조건설) besagt, dass jede Bedingung, die nicht hinweggedacht werden kann, ohne dass der Erfolg entfallen würde, kausal für diesen ist (sogenannte *conditio-sine-qua-non*-Formel). Dabei gilt die naturwissenschaftliche Betrachtung auch für den strafrechtlichen Bewertungsmaßstab. Das Problem der Äquivalenztheorie besteht darin, dass sie die strafrechtliche Verantwortung nicht einschränkt, sondern uferlos ausdehnt. Ein Teil der früheren Rechtsprechung beruhte auf diesem Ansatz (vergleiche Daepan 24.5.1955, 4288Hyongsang26; 7.6.1955, 4288Hyongsang88). In der Lehre findet aber die Äquivalenztheorie derzeit kaum Anhänger.

Die Formel von der gesetzmäßigen Bedingung (합법칙적 조건설) geht ebenso wie die Äquivalenztheorie von der Gleichwertigkeit der Bedingungen aus. Sie ver-

---

20 Näher zum Versuch siehe II.F.

sucht jedoch die Ursache des strafrechtlich relevanten Erfolgs durch vordefinierte, auf allgemein anerkannten Naturgesetzen beruhende Mindestbedingungen einzugrenzen. Danach hängt ein Kausalzusammenhang davon ab, „ob sich einer Handlung zeitlich nachfolgende Veränderungen in der Außenwelt angeschlossen haben, die mit der Handlung nach den allgemein bekannten Naturgesetzen notwendig verbunden sind und sich als tatbestandsmäßiger Erfolg darstellen“. Die gegenwärtig herrschende Lehre in Korea folgt diesem Ansatz. Seine Anhänger versuchen ferner, den strafrechtlich relevanten Kausalzusammenhang durch die Lehre der objektiven Zurechnung einzuschränken.[21]

Nach der Formel von der gesetzmäßigen Bedingung wird der Kausalzusammenhang zwischen einer Handlung und ihrer Folge in folgenden Fällen bejaht: in Fällen von Alternativ- und Doppelkausalität, von überholter, hypothetischer und kumulativer Kausalität sowie von abgebrochener Kausalität, von erfolgsqualifizierten Delikten und von Unterlassungsdelikten. Dagegen wird der Kausalzusammenhang nach jener Lehre im Fall der kumulativ abgebrochenen Kausalität verneint, da die Bedingung hier nicht wirklich realisiert wurde.

Die Adäquanztheorie (상당인과관계설) will den Kausalzusammenhang nur dann annehmen, wenn zwischen Handlung und Erfolg eine hohe Wahrscheinlichkeit nach allgemeiner Lebenserfahrung besteht. Sie versucht damit, die strafrechtliche Verantwortlichkeit für ganz ungewöhnliche und unvorhersehbare, nach der Lebenserfahrung unwahrscheinliche Kausalverläufe auszuschließen. Ein großer Teil der Rechtsprechung (vergleiche zum Beispiel Daepan, 5.12.1995, 95Do425; 11.12.2001, 2001Do5005), eine starke Mindermeinung sowie die frühere herrschende Lehre folg(t)en dieser Theorie.

Demgegenüber legt die Relevanztheorie (중요설) den Kausalzusammenhang danach fest, ob der Erfolg im Einzelfall durch seine tatbestandsmäßig relevanten Bedingungen herbeigeführt worden ist. Sie unterscheidet dabei zwischen der Kausalität im Sinne der Bedingungstheorie und der normativen Zurechnung des Erfolgs. Diese Lehre wird zwar in jedem Lehrbuch erwähnt, findet jedoch kaum Anhänger.

Die herrschende Lehre in Korea versucht in Anlehnung an die deutsche Lehre die strafrechtliche Verantwortung für den Erfolg einer Handlung nach dem Maßstab objektiver Zurechnung einzuschränken. Dies bedeutet, dass der strafrechtliche Kausalzusammenhang durch die Formel von der gesetzmäßigen Bedingung bestimmt und die konkrete Zurechenbarkeit des Erfolgs durch die Lehre der objektiven Zurechnung (객관적 귀속론) festgelegt wird.

Es gibt jedoch keine einheitliche Kategorie für die objektive Zurechenbarkeit. In der Lehre werden folgende im Wesentlichen negative Kriterien für ihr Nichtvorlie-

---

[21] Näher dazu siehe unten.

gen genannt: die Risikoverringerung, die mangelnde Beherrschbarkeit der Kausalverläufe, das erlaubte Risiko, die fehlende Schutznorm, die fehlende Gefahrverwirklichung, die fehlende Verwirklichung des unerlaubten Risikos und die fehlende objektive Vorhersehbarkeit und Beherrschbarkeit des Erfolgseintritts. Die objektive Zurechenbarkeit wird nach jener Lehre auch im Fall des Handelns eines Opfers auf eigene Gefahr und bei einverständlicher Fremdgefährdung verneint.

b) Eventuelle Besonderheiten bei der Fahrlässigkeitstat

Nach § 13 Satz 1 kStGB wird nur die vorsätzliche Handlung bestraft. Dies gilt jedoch nicht, wenn das Gesetz etwas anderes bestimmt:

§ 13 kStGB Tatvorsatz
Eine Handlung, die durch Unkenntnis eines Tatumstands bedingt ist, der zum gesetzlichen Tatbestand eines Delikts gehört, wird nicht bestraft. Dies gilt jedoch dann nicht, wenn das Gesetz etwas anderes bestimmt.

Fahrlässige Handlungen sind daher nur dann strafbar, wenn sie vom Gesetz ausdrücklich mit Strafe bedroht werden. Dies ergibt sich aus § 14 kStGB. Die einschlägige Norm lautet:

§ 14 kStGB Fahrlässiges Handeln
Eine Handlung in einer durch Vernachlässigung normaler Achtsamkeit herbeigeführten Unkenntnis von Tatumständen, die zum gesetzlichen Tatbestand eines Delikts gehören, ist nur dann strafbar, wenn das Gesetz dies ausdrücklich bestimmt.

Daraus folgt auch, dass § 14 kStGB das Verhältnis zwischen Vorsatz und Fahrlässigkeit zum Ausdruck bringt. Im Fall der Unkenntnis eines objektiven Tatbestandsmerkmals entfällt der Vorsatz und die Tat kann nur wegen Fahrlässigkeit bestraft werden.

Die Fahrlässigkeit ist dadurch charakterisiert, dass der Täter objektiv sorgfaltswidrig handelt, aus diesem Handeln ein tatbestandsmäßiger Verletzungs- beziehungsweise Gefährdungserfolg resultiert und dem Täter die Sorgfaltswidrigkeit auch subjektiv anzulasten ist. Nach der herrschenden vermittelnden Verbrechenslehre wird die sogenannte Doppelfunktion der Fahrlässigkeit anerkannt.[22] Danach ist die objektive Fahrlässigkeit (Sorgfaltspflichtverletzung, 주의의무위반) ein Tatbestandsmerkmal, die subjektive Vermeidbarkeit ein Schuldmerkmal.

Für die Strafbarkeit des fahrlässigen Handelns muss nach dem Wortlaut von § 14 kStGB zunächst eine objektive Sorgfaltspflichtverletzung vorliegen.[23] Ferner muss

22 Vergleiche II.C.2.c.

23 Zu den subjektiven Merkmalen des fahrlässigen Delikts siehe II.E.3.

dadurch der tatbestandsmäßige Erfolg eingetreten sein, der in einem Kausalzusammenhang zur Sorgfaltspflichtverletzung stehen muss.

§ 14 kStGB enthält eine gesetzliche Definition des Fahrlässigkeitsbegriffs oder gibt zumindest einen Anhaltspunkt dafür, was strafrechtlich unter fahrlässigem Handeln zu verstehen ist. Fahrlässiges Handeln bedeutet danach die Vernachlässigung der normalen Achtsamkeit. Der gesetzliche Wortlaut „Vernachlässigung der normalen Achtsamkeit“ (정상의 주의를 태만) wird in der Lehre mit „objektiver Sorgfaltspflichtverletzung“ gleichgesetzt. Wann eine Vernachlässigung der normalen Achtsamkeit beziehungsweise die Verletzung der objektiven Sorgfaltspflicht vorliegt, ist jedoch je nach Einzelfall zu beurteilen, da das Gesetz nicht alle möglichen Sorgfaltspflichten im konkreten Fall ausformulieren kann. Aus diesem Grund wird der Tatbestand der Fahrlässigkeit auch als offener Tatbestand bezeichnet.

Die objektive Sorgfaltspflicht enthält nach der Rechtsprechung und herrschenden Meinung im Wesentlichen zwei Elemente: die objektive Vorhersehbarkeit des Erfolgs und die objektive Vermeidbarkeit der Erfolgsverwirklichung (vergleiche Daepan 12.6.1984, 82Do3199).

Objektiv vorhersehbar ist nach der Rechtsprechung und der herrschenden Meinung, was nach dem Standard ein erfahrener und umsichtiger Mensch in der konkreten Rolle des Täters hätte erkennen können und müssen (vergleiche Daepan 8.11.1996, 95Do2710). Ein Sonderwissen ist jedoch dabei mit zu berücksichtigen.

Die objektive Sorgfaltspflicht wird jedoch nicht in jedem Fall angenommen, selbst wenn der Erfolgseintritt objektiv vorhersehbar und vermeidbar war. Es gibt nämlich zwei Kategorien, die die Sorgfaltspflicht begrenzen: das erlaubte Risiko und den Vertrauensgrundsatz (허용된 위험과 신뢰의 원칙). Ersteres besagt, dass das auf der Vorhersehbarkeit und Vermeidbarkeit beruhende allgemeine Gefährdungsverbot in der heutigen Industriegesellschaft nicht uneingeschränkt anzuwenden, sondern in sozialadäquat bestimmten Bereichen als erlaubtes Risiko auch zu dulden sei; so ist beispielsweise die Teilnahme am Straßenverkehr erlaubt, auch wenn bekannt ist, dass bei Verkehrsunfällen Menschen zu Schaden kommen.

Der Vertrauensgrundsatz gilt vor allem für den Straßenverkehr und besagt, dass man sich bei Einhaltung der erforderlichen Sorgfalt grundsätzlich darauf verlassen darf, dass andere dies auch tun, sofern keine konkreten Anhaltspunkte dagegen sprechen. Ob der Vertrauensgrundsatz auch auf andere Bereiche angewendet werden kann, ist im Einzelfall zu entscheiden.

Liegt eine Verletzung der objektiven Sorgfaltspflicht vor, dann muss als weitere Voraussetzung für die Strafbarkeit des fahrlässigen Handelns der Kausalzusammenhang zwischen der Sorgfaltspflichtverletzung und dem Erfolg bestehen. Für das Fahrlässigkeitsdelikt gelten die Kausalitäts- und die Zurechnungslehre ebenso wie beim Erfolgsdelikt.[24]

Um die objektive Zurechnung von fahrlässig herbeigeführten Folgen bejahen zu können, muss der Erfolg auf der Verletzung der objektiv gebotenen Sorgfalt, nämlich auf der Pflichtwidrigkeit beruhen. Danach kann ein Erfolg nur zugerechnet werden, wenn er im Fall eines hypothetisch rechtmäßigen Verhaltens des Täters nicht eingetreten wäre.

Ferner muss der Erfolg im Schutzbereich der Norm liegen (Risikozusammenhang), das heißt, die verletzte Norm muss gerade einen Erfolg wie den eingetretenen verhindern wollen.

Literaturhinweise

Bae, Jong-Dae, Hyungbop Chongnon (Strafrecht. Allgemeiner Teil). 7. Aufl. Seoul 2004, S. 130–144, 154, 172–193, 587–608, 630–648.

Cha, Yong-Seok, Hyungbop Chongnon Gangeui (Strafrecht. Allgemeiner Teil). 2. Aufl. Seoul 1988, S. 207–234, 274–285, 303–362, 525–545, 852–881.

Cho, Jun-Hyun, Hyungbop Chongnon (Strafrecht. Allgemeiner Teil). 3. Aufl. Seoul 2004, S. 132–148, 175–213, 358–366, 376–395.

Chong, Seong-Kun/Park, Kwang-Min, Hyungbop Chongnon (Strafrecht. Allgemeiner Teil). 2. Aufl. Seoul 2005, S. 84–110, 126–128, 137–156, 413–435, 448–475.

Hwang, San-Dok, Hyungbop Chongnon (Strafrecht. Allgemeiner Teil). 5. Aufl. Seoul 1986, §§ 6, 7, 8, 9, 17.

Kim, Il-Su/Suh, Bo-Hak, Hyungbop Chongnon (Strafrecht. Allgemeiner Teil). 10. Aufl. Seoul 2004, S. 107–119, 134–181, 437–461,479–509.

Kim, Seoung-Don, Hyungbop Chongnon (Strafrecht. Allgemeiner Teil). Seoul 2006, S. 137–151, 179–199, 519–552, 583–628.

Kim, Seoung-Chun/Kim, Hyoung-Jun, Hyungbop Chongnon (Strafrecht. Allgemeiner Teil). 3. Aufl. Seoul 1998, S. 124–133, 139–173, 198–227, 245–265.

Lee, Jae-Sang, Hyungbop Chongnon (Strafrecht. Allgemeiner Teil). 5. Aufl. Seoul 2003, §§ 6, 8, 10, 11, 14.

Oh, Young-Gun, Hyungbop Chongnon (Strafrecht. Allgemeiner Teil). Seoul 2005, § 8 Rn. 20, 27–33, § 11, § 12 Rn. 39–76, § 16.

Park, Sang-Gi, Hyungbop Chongnon (Strafrecht. Allgemeiner Teil). 6. Aufl. Seoul 2004, S. 62–69, 88–105, 277–296, 312–325.

---

[24] Dazu siehe oben 7.a.

Ryu, Ki-Chun, Hyongbophak (Strafrechtswissenschaft). 22. Aufl. Seoul 1982, §§ 14, 21, 22, 47.

– Das koreanische Strafgesetzbuch. Deutsche Übersetzung und Einführung von *Paul K. Ryu*. Berlin 1968.

Shin, Dong-Woon, Hyungbop Chongnon (Strafrecht. Allgemeiner Teil). 2. Aufl. Seoul 2006, S. 80–102, 111–142, 143–168, 220–238.

Son, Misuk, Die mittelbare Täterschaft und das System der Tatbeteiligung im koreanischen StGB. ZStW 119 (2007), 750–767.

Yim, Woong, Hyungbop Chongnon (Strafrecht. Allgemeiner Teil). 2. Aufl. Seoul 2002, S. 87–97, 104– 106, 117–136, 480–505, 519–541.

Rechtsprechung

Entscheidungen des koreanischen Obersten Gerichtshofs

Daepan, 9.4.2004, 2003Do7828;

Daepan, 11.12.2001, 2001Do5005;

Daepan, 8.11.1996, 95Do2710;

Daepan, 6.9.1996, 95Do2551;

Daepan, 5.12.1995, 95Do425;

Daepan, 27.11.1987, 84Do1916;

Daepan, 12.6.1984, 82Do3199;

Daepan, 7.6.1955, 4288Hyongsang88;

Daepan, 24.5.1955, 4288Hyongsang26.

Abkürzungsverzeichnis

Daepan	Entscheidung des koreanischen Obersten Gerichtshofs
kStGB	koreanisches Strafgesetzbuch
kStPO	koreanische Strafprozessordnung
StGB	Strafgesetzbuch

Ingeborg Zerbes

Objektive Tatseite in

Österreich

1. Definition/Elemente der objektiven Tatseite

Die objektive Tatseite (objektiver Tatbestand, Tatbild) einer materiell-strafrechtlichen Verbotsnorm (Deliktstatbestand) umfasst sämtliche Merkmale der Tat, die nicht im gedanklichen Bereich des Täters liegen und den generellen Unwert der Tat konstituieren. Dazu gehören in der Regel alle im Deliktstatbestand beschriebenen Merkmale des verbotenen Verhaltens. Nur ausnahmsweise sind auch Schuldmerkmale im Deliktstatbestand vertypt; in Österreich werden sie als objektivierte Schuldmerkmale bezeichnet.

Die gesetzliche Beschreibung der objektiven Tatseite eines Delikts enthält

- stets die Beschreibung eines *Subjekts* der Straftat;
- stets die Beschreibung der *verbotenen Handlung* (Tathandlung);
- fallweise die Festlegung eines *Handlungsobjekts*;
- fallweise die Bezeichnung eines *Erfolgs*, der als zurechenbare Folge der Tathandlung eintreten muss.

2. Tatsubjekt

a) Allgemeine Delikte

Die meisten Deliktstatbestände sind insofern allgemeine Delikte, als sie von jedem Menschen begangen werden können. Dementsprechend wird die Handlungsbeschreibung mit „wer" (die verbotene Handlung setzt) eingeleitet, zum Beispiel § 75 österreichisches Strafgesetzbuch (öStGB), Mord: „Wer einen anderen tötet … ist … zu bestrafen."

b) Sonderdelikte

Nur manche Deliktstatbestände setzen „besondere persönliche Eigenschaften oder Verhältnisse" (§ 14 öStGB) des Täters voraus. Einen Amtsmissbrauch (§ 302 öStGB) kann etwa nur ein Beamter begehen, Täter eines Vorenthaltens von Dienstnehmerbeiträgen zur Sozialversicherung (§ 153c öStGB) ist stets ein Dienstgeber, Täter eines echten Militärdelikts ist ein Soldat (§ 1 österreichisches Militärstrafgesetz).

c) Verbandsverantwortlichkeit

Seit dem 1.6.2006 können auch bestimmte *Personenverbände* strafrechtlich verantwortlich gemacht werden. Subjekt dieser Straftaten sind aber wiederum einzelne Personen: einer der Entscheidungsträger des Verbands oder einer der Mitarbeiter (§ 3 österreichisches Verbandsverantwortlichkeitsgesetz).

3. Tathandlung

a) Begriff

Die Tathandlung ist jenes menschliche Verhalten, das wegen seiner *sozialinadäquaten Gefährlichkeit* für das durch den Deliktstatbestand geschützte Rechtsgut unter Androhung von Strafe verboten ist. Sie kann ausdrücklich beschrieben sein, ist es aber nicht immer: Viele Deliktstatbestände, insbesondere jene zum Schutz der körperlichen Unversehrtheit (Delikte gegen Leib und Leben) definieren nur den Erfolg (sogenannte Erfolgs-Verursachungsdelikte). In diesen Fällen ist jede Handlung, die diesen Erfolg erstens auf *objektiv sorgfaltswidrige* und zweitens auf *objektiv zurechenbare* Weise herbeiführt, eine strafbare Tathandlung.

b) Die finale Handlungslehre

Die österreichische Strafrechtsdogmatik ist von einer finalen Handlungslehre geprägt. Dementsprechend wird die menschliche Handlung als die Betätigung des Willens betrachtet: Sie ist ein auf ein bestimmtes Ziel hin gesteuertes Geschehen, ein Akt der Selbstbestimmung.

Dieses Verständnis prägt auch das Wesen der strafrechtlichen Verantwortlichkeit: Erstens kann nur ein *vom Willen beherrschtes Verhalten* zur Strafbarkeit führen. Reflexbewegungen, Bewegungen eines Bewusstlosen und mit absoluter Gewalt erzwungene Bewegungen – zum Beispiel die Verletzung eines anderen unter Einfluss eines Stoßes – entsprechen nicht dem strafrechtlichen Handlungsbegriff.

Zweitens ergibt sich der strafrechtliche Unwert einer Handlung nicht allein aus dem tatbildlichen Schaden, sondern auch – und unverzichtbar – aus der *inneren Einstellung des Täters*: Dieser muss die Tatbestandsverwirklichung vorsätzlich oder – soweit Fahrlässigkeitshaftung vorgesehen ist (§ 7 öStGB) – unter Verletzung der gebotenen Sorgfalt begangen haben. Das schädigende oder gefährdende

Potential einer Handlung muss folglich bereits im Handlungszeitpunkt – *ex ante* – erkennbar sein; eine Haftung allein für den schädigenden oder gefährlichen Geschehensverlauf (eine sogenannte Erfolgshaftung) ist im österreichischen Strafrechtssystem ausgeschlossen.

4. Tatbegehung durch Unterlassen

a) Abgrenzung zwischen Handeln und Unterlassen

Die einzelnen Deliktstatbestände enthalten in der Regel solche Begriffe, die eine Aktivität beschreiben, zum Beispiel töten, verletzen, wegnehmen, täuschen, drohen. Unter bestimmten Umständen macht sich jedoch auch strafbar, wer nichts tut, um den deliktstypischen Schaden zu verhindern. § 2 öStGB legt diese Ausdehnung der Tatbestände allgemein fest:

§ 2 öStGB Begehung durch Unterlassung
Bedroht das Gesetz die Herbeiführung eines Erfolgs mit Strafe, so ist auch strafbar, wer es unterlässt, ihn abzuwenden, obwohl er zufolge einer ihn im besonderen treffenden Verpflichtung durch die Rechtsordnung dazu verhalten ist und die Unterlassung der Erfolgsabwendung einer Verwirklichung des gesetzlichen Tatbildes durch ein Tun gleichzuhalten ist.

Demnach kann *jedes Erfolgsdelikt* – nicht aber ein allein durch die verbotene Tätigkeit definierter Tatbestand – auch durch Inaktivität begangen werden. Vorausgesetzt wird allerdings erstens, dass den Unterlassenden eine besondere Pflicht, die sogenannte *Garantenpflicht,* trifft, dem Erfolgseintritt entgegen zu wirken.[1] Zweitens enthält § 2 öStGB eine Gleichwertigkeitsklausel:[2] Die Untätigkeit muss in ihrem Unrechtsgehalt dem aktiven Tun wenigstens annähernd gleichkommen.

Außer dieser allgemein geltenden Regel gibt es vereinzelt Tatbestände, nach denen die Inaktivität unmittelbar mit Strafe bedroht wird. Zu diesen als *echte Unterlassungsdelikte* bezeichneten gehören vor allem das Imstichlassen eines Verletzten (§ 94 öStGB) und die Unterlassung der Hilfeleistung (§ 95 öStGB).

Unterlassen bedeutet nach strafrechtlichem Begriffsverständnis das Nicht-Vornehmen der gebotenen Handlung. Der Unterlassungstäter tut nichts oder – und das wohl weit häufiger – nicht das Richtige. An einer Unfallstelle vorbeizufahren etwa ist allgemein-sprachlich eine Tätigkeit, aber nach § 95 öStGB beurteilt handelt es sich um eine Unterlassung (der Hilfeleistung): Die gesetzlich vorgesehene Handlung, die „offensichtlich erforderliche Hilfe zu leisten“, wird nicht vorgenommen.

---

[1] Siehe unten 4.c.

[2] Siehe unten 4.c.

– Gleichwertigkeit der Unterlassung mit einer Tätigkeit

Soweit die Strafbarkeit wegen Unterlassens aus § 2 öStGB abgeleitet wird, muss „die Unterlassung der Erfolgsabwendung einer Verwirklichung des gesetzlichen Tatbildes durch ein Tun gleichzuhalten" sein. Ein wichtiger Teil der Lehre bezieht diesen Satz nur auf Deliktstatbestände, in denen die Tathandlung nicht über die Herbeiführung eines Erfolgs, sondern genauer beschrieben ist. Eine Täuschung etwa, die Tathandlung eines Betrugs (§ 146 öStGB), liegt nicht bei jeder Nicht-Aufklärung eines Irrtums vor, sondern nur dann, wenn das Schweigen die soziale Bedeutung einer bestimmten (täuschenden) Äußerung hat.

Bei reinen Erfolgs-Verursachungsdelikten (zum Beispiel Mord, § 75 öStGB: Wer einen anderen tötet …) hat die Gleichwertigkeitsklausel keine Bedeutung; in der Judikatur wurde sie dementsprechend stets bejaht, wenn festgestellt wurde, dass ein Garant untätig geblieben ist.

b) Besondere Handlungspflichten, Garantenlehre

– Pflichtauslösende Situation und Möglichkeit der Pflichterfüllung

Erste Voraussetzung der Unterlassungsstrafbarkeit ist freilich, dass eine Sachlage vorliegt, die ein Tätigwerden erforderlich macht. Bei solchen Unterlassungsdelikten, nach denen allein die Unterlassung die Strafbarkeit auslöst (schlichte Unterlassungsdelikte), ergeben sich diese Voraussetzungen direkt aus dem Tatbestand. So steht der Täter beispielsweise nach § 94 öStGB (Imstichlassen eines Verletzten) nur dann vor einer pflichtbegründenden Situation, wenn er zuvor die Verletzung eines anderen verursacht hat und daher Hilfe erforderlich ist.

Häufiger ist die Konstruktion, nach der die Strafbarkeit wegen Unterlassens an den Eintritt eines bestimmten Erfolgs gebunden ist. Bei diesen Erfolgs-Unterlassungsdelikten – sämtliche unechten Unterlassungsdelikte fallen unter diese Kategorie – löst die *ex ante* wahrnehmbare Gefahr des Erfolgseintritts die Pflicht zu aktiven Rettungshandlungen aus.

Es muss nicht ausdrücklich gesetzlich festgelegt werden, dass Untätigkeit nur der Person vorgeworfen werden kann, die faktisch die Möglichkeit hatte, ihre Handlungspflicht zu erfüllen. Ist etwa derjenige, der einen Unfall verursacht hat, selbst in seinem Wagen eingeklemmt, kann er seinem Opfer gar nicht helfen – er haftet daher natürlich nicht nach § 94 öStGB.

– Pflicht zur Tätigkeit: Garantenstellung

Für Untätigkeit haftet nur, wen eine Pflicht zum Tätigwerden trifft, die sogenannte *Garantenpflicht*: wer „zufolge einer ihn im besonderen treffenden Verpflichtung durch die Rechtsordnung dazu verhalten ist", den Erfolg abzuwenden (§ 2 öStGB).

Garantenpflichten sind demnach stets *rechtlich vorgegeben.* Moralische Pflichten genügen nicht; es muss aber nicht notwendig eine gesetzliche Anordnung vorliegen; gewohnheitsrechtliche Regeln gelten ebenso, wie eine Ableitung aus Analogie zulässig ist. In Österreich werden weitgehend übereinstimmend drei verschiedene Rechtsquellen unterschieden:

– *gesetzlich vorgegebene Garantenpflichten* wie zum Beispiel die Beistandspflicht, die Eltern gegenüber ihren Kindern innehaben (§ 137 Abs. 2 österreichisches Allgemeines bürgerliches Gesetzbuch);

– *freiwillige und tatsächliche Pflichtenübernahme* insbesondere durch Vertrag wie zum Beispiel von Mitgliedern der Feuerwehr, Bergführern gegenüber der übernommenen Touristengruppe, Ärzten gegenüber ihren Patienten etc.;

– die Pflicht zur ergänzenden Tätigkeit aus einem vorangegangenen gefahrenbegründenden Verhalten; dieses sogenannte *Ingerenzprinzip* beruht darauf, dass jeder, der eine Gefahrenquelle eröffnet hat, zur Abwendung des drohenden Schadens tätig werden muss.

c) Vorsatz, Fahrlässigkeit, Versuch und Tatbeteiligung bei Unterlassungsdelikten

– Vorsätzliche und fahrlässige Begehung durch Unterlassung

Sämtliche vorsätzlichen Erfolgsdelikte können auch durch *vorsätzliche Unterlassung* begangen werden. Der Vorsatz muss sich auf alle Elemente des Tatbildes beziehen: auf die *pflichtbegründende Sachlage,* die *objektive Möglichkeit,* die erforderliche Handlung zu setzen, auf die *tatsächlichen Umstände*, aus denen sich die Garantenpflicht ergibt, und auf das eigene *Unterlassen.* Letzteres erfordert eine bewusste Entscheidung gegen die gebotene Handlung.

Erfolgs-Unterlassungsdelikte können unter den Voraussetzungen des § 2 öStGB auch fahrlässig begangen werden. Erkennt der Täter nicht, dass er als Garant zum Handeln verpflichtet ist, wird er nur bestraft, wenn er (auch) diesbezüglich sorgfaltswidrig war, wenn er also zumindest erkennen hätte können, dass er zum Handeln verpflichtet ist.

– Versuch bei Unterlassungsdelikten

Ein Versuch ist bei Unterlassungsdelikten grundsätzlich schwer vorstellbar: Sobald der Täter die gebotene Handlung unterlässt, hat er das Delikt streng genommen bereits vollendet.

Die Rechtsprechung geht in Übereinstimmung mit der gesamten Doktrin jedoch davon aus, dass der bewusste Entschluss zum Unterlassen erst fällt, nachdem eine gewisse Zeit ab der Wahrnehmung der pflichtbegründenden Sachlage verstrichen ist. So wird insbesondere nach Verkehrsunfällen eine Überlegungsfrist von einigen

Minuten eingeräumt, in denen derjenige, der zuerst vorbeigefahren und insofern untätig geblieben ist, noch umkehren kann, ohne sich für einen Versuch verantworten zu müssen.

– Beteiligung durch Unterlassen und Beteiligung an Unterlassungsdelikten

Sämtliche Formen der Tatbeteiligung – unmittelbare Täterschaft, Bestimmungstäterschaft und Beitragstäterschaft (des § 12 öStGB)[3] – sind auch *durch Unterlassung* vorstellbar. Vorausgesetzt ist, dass der untätige Beteiligte Garant ist. So ist der Parkplatzwächter, der zusieht, wenn andere einen Autodiebstahl begehen, Beitragstäter zu dieser Tat (§ 127 öStGB), nicht aber der einfache Passant, der das Gleiche beobachtet.

Diskutiert wird, ob sich ein Garant auch an schlichten Tätigkeitsdelikten durch Unterlassung beteiligen kann. Der Wortlaut des § 2 öStGB scheint das auszuschließen, da er sich nur auf Erfolgsdelikte bezieht („Bedroht das Gesetz die Herbeiführung eines Erfolges mit Strafe …"). Die Judikatur hat jedoch anders entschieden: Eine Mutter, die nicht versucht hat, ihren Partner am sexuellen Missbrauch ihrer Tochter zu hindern, wurde als Beitragstäterin bestraft. Der von einem untätigen Garanten bewirkte „Erfolg" besteht demnach in der Rechtsgutsbeeinträchtigung, die der unmittelbare Täter durch aktives Tun herbeiführt.

Bestimmung (§ 12 Fall 2) oder Beitrag zu (§ 12 Fall 3 öStGB) einer *Unterlassung* eines Garanten folgt den allgemeinen Regeln der Beteiligungslehre: Sie setzt keine Garantenstellung des Beteiligten voraus – schließlich wird er ja aktiv, sodass er die Handlungsbeschreibung des in Rede stehenden Tatbildes in Verbindung mit § 12 öStGB erfüllt, ohne dass § 2 öStGB herangezogen werden muss.

d) Besonderheiten der Strafzumessung bei Unterlassungsdelikten

Unterlassen mag nach § 2 öStGB „einem Tun gleichzuhalten" sein – dennoch kann es zu einem besonderen Milderungsgrund nach § 34 öStGB führen:

§ 34 öStGB Besondere Milderungsgründe

Ein Milderungsgrund ist insbesondere, wenn der Täter (…)

5. sich lediglich dadurch strafbar gemacht hat, dass er es (…) unterlassen hat, den Erfolg abzuwenden;

5. Tatobjekt

Als Tatobjekt wird jener Gegenstand oder jene Person bezeichnet, an dem die Tathandlung vollzogen wird. Das ist etwa bei den Delikten gegen Leib und Leben

---

[3] Siehe dazu II.G.

(§§ 75 ff. öStGB) oder gegen die Freiheit (§§ 99 ff. öStGB) ein „anderer" (Mensch), beim Diebstahl (§ 127 öStGB) eine „fremde bewegliche Sache", bei Sachbeschädigung (§ 125 öStGB) eine „fremde Sache", bei Datenbeschädigung bestimmte „Daten" (§ 126a öStGB), bei Urkundenfälschung (§§ 223 f. öStGB) eine „Urkunde" etc.

Das Tatobjekt repräsentiert den Wert, den die Rechtsordnung durch den betreffenden Deliktstatbestand besonders, und zwar durch Androhung von Strafe, gegen einen Angriff schützt: das Leben, die körperliche Unversehrtheit und die Freiheit von Menschen, das Vermögen, die Möglichkeit der Nutzung von Datenverarbeitungssystemen oder die Integrität von Urkunden.

Es gibt aber auch Delikte, in denen das geschützte Rechtsgut sich nicht in einem Tatobjekt widerspiegelt. Sie sind vor allem unter den Delikten gegen die Allgemeinheit zu finden; die Amtsdelikte („strafbare Verletzungen der Amtspflicht", §§ 302 ff. öStGB) sind hier zu nennen: Der Missbrauch der Befugnis etwa, den ein Beamter bei einem Amtsmissbrauch begeht, wird nicht auf einen bestimmten Gegenstand bezogen. Auch strafbare falsche Zeugenaussagen (§§ 288 und 289 öStGB) werden allein durch die Tathandlung, nicht durch ein bestimmtes Tatobjekt beschrieben. Das verletzte Rechtsgut ist hier die Rechtspflege, bei Amtsdelikten die Integrität der öffentlichen Verwaltung.

6. Taterfolg

Viele Deliktstatbestände verlangen eine von der verbotenen Handlung abgrenzbare Wirkung in der Außenwelt, den sogenannten Taterfolg; fallweise wird die Tathandlung überhaupt bloß als Herbeiführung eines Erfolgs beschrieben (sogenannte Erfolgs-Verursachungsdelikte, etwa § 75 öStGB, Mord: „Wer einen anderen tötet …"). So muss bei der Mehrzahl der Delikte gegen Individualrechtsgüter ein Erfolg nachgewiesen werden: Bei den Verletzungsdelikten muss jemand verletzt worden sein, bei Mord oder Totschlag muss jemand getötet worden sein, bei einem Betrug muss ein Vermögensschaden eingetreten sein etc. – der körperliche Angriff alleine beziehungsweise die Täuschung alleine erfüllt die jeweilige Tatbestandsbeschreibung nicht; unter Umständen sind diese Handlungen jedoch als versuchte Körperverletzung, als versuchter Mord, als versuchter Betrug etc. strafbar.

Der deliktstypische Erfolg besteht meist in einer *Verletzung* des betreffenden Rechtsguts (Verletzungsdelikte). Bei jenen *Gefährdungsdelikten,* deren Tatbestand eine Erfolgsbeschreibung enthält, ist im Gegensatz dazu bereits eine bloße *konkrete Gefährdung* (zum Beispiel § 89 öStGB, Gefährdung der körperlichen Sicherheit) oder sogar die bloße *Möglichkeit einer Gefährdung* (potentielle Gefährdungsdelikte, zum Beispiel § 180 Abs. 1 öStGB) strafbar.

Schlichte Tätigkeitsdelikte erfassen eine bestimmte Handlung, ohne dass bestimmte Auswirkungen nachgewiesen werden müssen. Hierzu sind auch die rein abstrakten Gefährdungsdelikte zu zählen: Sie verbieten eine Handlung, weil deren Gefährlichkeit gesetzlich unwiderlegbar vermutet wird, daher verzichten sie auf die Beschreibung sowohl eines konkreten als auch eines potentiellen Gefährdungserfolgs (zum Beispiel § 169 Abs. 1 öStGB, Brandstiftung: Allein das Verursachen einer Feuersbrunst wird mit Strafe bedroht).

7. Kausalität und objektive Zurechnung

Tathandlung und Erfolg müssen in einem Zusammenhang stehen: Der Täter muss durch seine Tat den Erfolg *verursacht* haben. Voraussetzung ist daher, dass die Handlung für den Erfolgseintritt kausal war. Die Kausalität ist die *naturgesetzliche Beziehung* zwischen Handlung und Erfolg. Sie wird daher übereinstimmend nach der Äquivalenztheorie – der Theorie aller gleichwertigen Bedingungen – bejaht: wenn die Tathandlung nach allgemeiner oder sachverständiger Erfahrung Veränderungen in der Außenwelt nach sich gezogen hat, mit denen sie naturgesetzmäßig verbunden ist und die einem tatbildlichen Erfolg entsprechen. In Lehrbüchern lässt sich stets die Formel der *conditio sine qua non* finden, ebenso die Anleitung, sich die in Rede stehende Handlung hinwegzudenken. Wenn der Taterfolg nach dieser Vorstellung nicht eingetreten wäre, ist die Kausalität zu bejahen.

Die Feststellung der Kausalität enthält noch keine Wertung. Sie ist dementsprechend eine notwendige, nicht aber auch eine hinreichende Bedingung für die Feststellung strafrechtlicher Verantwortlichkeit. So setzt beispielsweise auch der Verkäufer eines Autos eine naturgesetzliche Bedingung für allfällige spätere Unfälle – er ist aber freilich nicht deswegen auch für Körperverletzung strafbar.

Damit ein Erfolg tatsächlich als das Werk des Täters qualifiziert werden kann, ist ihm der Erfolg auch nach *normativen* Maßstäben zuzurechnen.

Eine Einschränkung der – allein unter dem Gesichtspunkt der Kausalität beurteilten – Strafbarkeit ergibt sich freilich bereits aus der Tathandlung: Nur eine im Hinblick auf den Taterfolg sozial-inadäquat gefährliche Handlung[4] kann als Tathandlung qualifiziert werden. Der im obigen Beispiel erwähnte Autoverkäufer etwa, der das mängelfreie, später in einen Unfall verwickelte Auto verkauft hat, handelt nicht einmal sozial-inadäquat gefährlich.

Die strafrechtliche Haftung ist jedoch noch weiter zu begrenzen. Die österreichische Doktrin hat dazu drei Kriterien entwickelt:

---

[4] Siehe oben 3.a.

– Adäquanz

Eine erste Haftungsbeschränkung erfolgt durch den Ausschluss ausgesprochen ungewöhnlicher Geschehensabläufe: Völlig atypische Kausalverläufe führen nicht zur strafrechtlichen Verantwortlichkeit.

– Risikozusammenhang

Weitaus wichtiger ist die Beurteilung einer Handlung im Hinblick auf den *Schutzzweck der übertretenen Verhaltensnorm.* Ausgangspunkt ist, dass als strafbare Tathandlung nur eine sozial-inadäquat gefährliche Handlung in Frage kommt – eine Handlung also, die wegen ihrer spezifischen Gefährlichkeit gegen eine bestimmte Verhaltensnorm verstößt. Es ist daher zu fragen, ob sich mit dem eingetretenen Erfolg gerade das Risiko verwirklicht hat, dem die übertretene Verhaltensnorm entgegenwirken soll.

Ein Beispiel: A nimmt B die Vorfahrt, dadurch kollidieren die Fahrzeuge und B wird leicht verletzt. Freilich verstößt die Fahrweise des A gegen das Gebot der Straßenverkehrsordnung „Vorrang-Geben". Dieses Gebot soll Kollisionen und daraus resultierende Körperverletzungen vermeiden; der Schaden des B steht also im Risikozusammenhang mit dem Verstoß gegen die Straßenverkehrsordnung. A ist daher für die leichte Körperverletzung des B verantwortlich.

Wenn der Fall sich aber so weiterentwickelt, das B mit der Rettung ins Spital transportiert, der Rettungswagen auf dem Weg dorthin in einen Unfall verwickelt wird und B an den Folgen dieses Unfalls stirbt, wird der Risikozusammenhang zum Verhalten des A durchbrochen: Der Schutzzweck des Gebots „Vorrang-Geben" erstreckt sich nicht auf derartige Folgeunfälle.

Die wichtigsten Fallgruppen, in denen der Risikozusammenhang entfällt, sind folgende:

- Verwirklichung eines Risikos, das ein Dritter eröffnet hat; war etwa der Rettungsfahrer im erwähnten Fallbeispiel betrunken, so ist der zweite Unfall auf seine Normverletzung zurückzuführen.
- Verwirklichung eines Risikos des Verletzten selbst; dieser lässt sich beispielsweise nicht behandeln und führt damit eine massive Verschlechterung seines Zustands herbei.
- Verwirklichung eines allgemeinen Lebensrisikos; ein durch einen anderen verletzter Skifahrer wird zum Beispiel durch die Bergrettung abtransportiert, die – ohne irgendein (weiteres) menschliches Versagen – in eine Lawine gerät.

In Fallgruppen wie diesen kann dem (Erst-)Verursacher der (zusätzliche) Schaden nicht normativ zugerechnet werden.

– Risikoerhöhung gegenüber rechtmäßigem Alternativverhalten

Die normative Zurechnung entfällt, wenn sich die inadäquate Gefährlichkeit des zu überprüfenden Verhaltens nicht konkret ausgewirkt hat. Wenn etwa A die Geschwindigkeit überschreitet und das plötzlich auf die Straße laufende Kind niederstößt und tötet, muss geprüft werden, ob das Kind ebenfalls tödlich verletzt worden wäre, wenn A mit der erlaubten Geschwindigkeit unterwegs gewesen wäre. Muss dies – etwa aufgrund eines Gutachtens eines Sachverständigen – bezweifelt werden, kann dem A die Tötung des Kindes nicht mehr normativ zugerechnet werden.

Literaturhinweise

Burgstaller, Manfred, Spezielle Fragen der Erfolgszurechnung und der objektiven Sorgfaltswidrigkeit. In: Melnizky/Müller (Hrsg.), Festschrift Pallin. Wien 1989, S. 39.

– Das Fahrlässigkeitsdelikt im Strafrecht. Wien 1974.

– in: Höpfel/Ratz (Hrsg.), Wiener Kommentar zum Strafgesetzbuch. 26. Lieferung. 2. Aufl. Wien 2001, § 6.

Fuchs, Helmut, Österreichisches Strafrecht. Allgemeiner Teil I. 6. Aufl. Wien 2004.

Kienapfel, Diethelm/Höpfel, Frank, Strafrecht. Allgemeiner Teil. 12. Aufl. Wien 2007.

Leukauf, Otto/Steininger, Herbert, Kommentar zum Strafgesetzbuch. 3. Aufl. Eisenstadt 1992.

Lewisch, Peter, Funktion und Reichweite des Vertrauensgrundsatzes im Fahrlässigkeitsstrafrecht. ZVR 2000, 146.

Triffterer, Otto, Österreichisches Strafrecht, Allgemeiner Teil. 2. Aufl. Wien 1994.

Hilf, Marianne, in: Höpfel/Ratz (Hrsg.), Wiener Kommentar zum Strafgesetzbuch. 59. Lieferung. 2. Aufl. Wien 2005, § 2.

Welzel, Hans, Um die finale Handlungslehre. Eine Auseinandersetzung mit ihren Kritikern. Tübingen 1949.

Rechtsprechung

ZVR 1975/124 (Überlegungsfrist).

JBl 1983, 545 mit Anmerkung *Liebscher* (Garantenstellung).

14 Os 11/97 (unveröffentlicht).

Abkürzungsverzeichnis

JBl	Juristische Blätter
öStGB	österreichisches Strafgesetzbuch
ZVR	Zeitschrift für Verkehrsrecht

Ewa Weigend

Objektive Tatseite in

Polen

1. Definition/Elemente der objektiven Tatseite

Zur objektiven Seite der Straftat zählt man das Tatsubjekt (den Täter), dessen Handlung oder Unterlassen (Tathandlung), das Tatobjekt sowie gegebenenfalls den tatbestandsmäßigen Erfolg als Außenwirkung der Handlung (Taterfolg) und dessen Kausalzusammenhang mit der Tathandlung. Auch die sogenannten modalen Tatumstände *(modalne okoliczności czynu)*, wie zum Beispiel Tatort, Tatzeit und andere Umstände der Tatbegehung (zum Beispiel „öffentlich“) gehören nach Auffassung der polnischen Strafrechtslehre zur objektiven Seite der Straftat.

2. Tatsubjekt

Bis zum Inkrafttreten des Gesetzes über die Verantwortlichkeit von Kollektivsubjekten (2003) sah das polnische Strafrecht ausschließlich natürliche Personen als mögliche Subjekte einer Straftat an. Nach der heute geltenden Rechtslage wird die Tatsubjektfähigkeit von juristischen Personen für enumerativ genannte Straftaten, die unter gesetzlich definierten Voraussetzungen begangen worden sind, anerkannt.[1]

Der Begriff des Tatsubjekts erstreckt sich im polnischen Strafrecht auf alle Formen der strafbaren Tatbeteiligung, das heißt sowohl auf sämtliche Täterschaftsformen als auch auf die Anstiftung und Beihilfe.[2]

Nach der Abgrenzung des möglichen Täterkreises richtet sich die Einteilung in Allgemeindelikte, Sonderdelikte und eigenhändige Delikte. Die meisten Straftaten können von jedermann begangen werden, da es sich bei ihrer Mehrzahl um Allgemeindelikte *(przestępstwa powszechne/delicta communia)* handelt. Darauf weist das polnische Strafgesetzbuch (*kodeks karny*, k.k) am Anfang der meisten Strafrechtsvorschriften des Allgemeinen Teils hin, indem es den namenlosen „wer“ *(kto)* als Täter nennt.

---

[1] Siehe II.H.

[2] Siehe II.G.

Dagegen kann Tatsubjekt eines Sonderdelikts *(przestępstwa indywidualne/ delicta propria)* nur eine Person sein, die besondere, durch das Gesetz bestimmte Eigenschaften besitzt *(intraneus)*. Diese Eigenschaften begrenzen den Täterkreis (beispielsweise Soldat: Kapitel XXXVIII k.k; Schwangere: Art. 152 bis 154 k.k; öffentlicher Funktionär/Amtsträger: Art. 231 k.k). Innerhalb dieser Deliktsgruppe differenziert die Lehre zwischen echten *(przestępstwa indywidualne właściwe)* und unechten Sonderdelikten *(przestępstwa indywidualne niewłaściwe)*. Bei Ersteren wirken die gesetzlich bestimmten Eigenschaften strafbegründend (beispielsweise bei Amtsträgern), bei Letzteren entweder strafschärfend (zum Beispiel bei Personen mit einer bestimmten Obhutspflicht) oder strafmildernd (zum Beispiel bei Müttern während des Geburtsvorgangs).

Hervorzuheben, wenn auch ohne praktische Folgen für das polnische Täterschaftsmodell, sind die so genannten eigenhändigen Delikte *(przestępstwa własnoręczne)*. Man bezeichnet sie als Sonderdelikte in Bezug auf die Tathandlung, da der Tatbestand bei den eigenhändigen Delikten die unmittelbare eigenhändige Vornahme der gesamten Tatbestandshandlung voraussetzt. So etwa bei der Straftat der falschen Aussage (Art. 233 k.k): Auch wenn hier theoretisch jedermann Tatsubjekt sein kann, wird seine Tatsubjektfähigkeit allerdings strafrechtlich nur dann relevant, wenn bestimmte Handlungsumstände auftreten, das heißt, wenn er eine Aussage in einem Gerichtsverfahren oder in einem anderen gesetzlich geregelten Verfahren macht.

3. Tathandlung

Aus dem Wortlaut der Art. 1 und 115 k.k ergibt sich, dass Gegenstand strafrechtlicher Wertung eine Tat ist, das heißt ein menschliches Verhalten, das sich in der Außenwelt abspielt. Vorgänge, die nur „im Kopf" des Täters stattfinden, wie Gedanken oder emotionale Zustände, stellen keine strafrechtlich relevanten Handlungen dar, solange sie nicht nach außen in Erscheinung treten. An der Handlungsqualität fehlt es ebenfalls bei Körperbewegungen, die nicht willkürlich gesteuert werden können, wie zum Beispiel Reflexbewegungen, Bewegungen im Zustand der Bewusstlosigkeit, sowie bei einem Verhalten, das durch äußere unwiderstehliche Gewalt *(vis absoluta)* unmittelbar erzwungen wird. Daraus folgt das im polnischen Strafrecht geltende Prinzip *cogitationis poenam nemo partitur*.

Art. 115 k.k, der Legaldefinitionen der gesetzlichen Begriffe enthält, definiert in § 1 eine verbotene Tat als:

Art. 115 § 1 k.k
(…) ein Verhalten, das die im Strafgesetz bestimmten Merkmale aufweist.

Der strafrechtliche Begriff der Tathandlung umfasst nach der in Polen herrschenden Auffassung sowohl das aktive Tun als auch die Unterlassung. Tun und Unterlassen bezeichnen somit unterschiedliche Arten der Verwirklichung von Straftatbeständen durch eine menschliche Handlung.[3]

Die strafrechtliche Handlung stellt ein vom Willen beherrschbares menschliches Verhalten dar, das eine bestimmte Folge in der Außenwelt herbeiführt (kausaler Handlungsbegriff). Dieses Verhalten darf nicht isoliert kausal betrachtet werden, es steht in einer bestimmten Beziehung zu der Umwelt, in welcher der Mensch handelt: Die strafrechtlich relevante menschliche Handlung ist nämlich sozialerheblich (sozialer Handlungsbegriff). Dies bedeutet, dass sie nur dann für das Strafrecht von Interesse ist, wenn sie in einem bestimmten Grad sozialschädlich ist.[4]

Auch bei der Kategorie der Unterlassung kommt auf der individuellen Wertungsebene ein normatives Urteil hinzu: Es setzt nämlich beim Ausbleiben des nach den geltenden Normen zu erwartenden aktiven Tuns an, das ebenfalls steuerbar (möglich) ist. Der finale Handlungsbegriff fand in der polnischen Strafrechtslehre – mit einer Ausnahme – keine Anhänger.

4. Tatbegehung durch Unterlassen

a) Abgrenzung zwischen Handeln und Unterlassen

Das Unterlassen ist kein bloßes „Nichtstun"; vielmehr bedeutet es ebenfalls eine Form menschlichen Verhaltens und wird unter dem normativen Gesichtspunkt der Erwartungen, die eine rechtsgutsschützende Norm stellt, rechtlich negativ bewertet. Strafbares Unterlassen ist demnach das Ausbleiben einer bestimmten erwarteten Aktivität, die im konkreten Fall der Verwirklichung eines gesetzlichen Tatbestands durch Tun entspricht. Dies bedeutet, dass als strafrechtlich erhebliches Unterlassen nicht ein passives Verhalten allein, sondern das Versäumnis eines gebotenen und erwünschten aktiven Tuns verstanden wird.

Während das strafbare Tun in der Verletzung eines rechtlichen Verbots besteht, setzt die Strafbarkeit des Unterlassungstäters die Verletzung einer Gebotsnorm voraus, die eine bestimmte Handlung anordnet. Die Verletzung der Rechtsnorm besteht demnach in der Unterlassung des gebotenen Tuns durch den Täter.

Die polnische Lehre unterscheidet zwischen Handlungsdelikten, die auch Kommissivdelikte genannt werden *(przestępstwa z działania/delicta commissiva)* und sowohl durch Handeln als auch durch Unterlassen verwirklicht werden können (Totschlag: Art. 148 k.k, Falschaussage: Art. 233 k.k), und Unterlassungsdelikten,

---

[3] Siehe unten 4.a.

[4] Siehe II.C.1.a.

die als Omissivdelikte bekannt sind *(przestępstwa z zaniechania/delicta ommissiva)*, bei diesen kommt nur die Unterlassung als Begehungsform in Betracht (unterlassene Hilfeleistung: Art. 162 k.k, Nichtanzeige einer Straftat: Art. 240 k.k). Es gibt freilich auch eine Gruppe von Straftaten, die ausschließlich durch aktives Tun begehbar sind (so etwa der tätliche Angriff auf einen Beamten/öffentlichen Funktionär: Art. 223 k.k, Vergewaltigung: Art. 197 k.k).

Die Gliederung der Unterlassungsdelikte in zwei strukturell verschiedene Gruppen, in echte und unechte, ist in der Strafrechtslehre ebenfalls anerkannt. Die Verwirklichung eines Omissivtatbestands wird als echtes Unterlassungsdelikt (*właściwe przestępstwo z zaniechania*, zum Beispiel die Nichtanzeige einer Straftat: Art. 240 k.k) bezeichnet. Es handelt sich bei dieser Gruppe um solche Straftaten, die sich in der Nichtvornahme einer vom Gesetz geforderten Handlung erschöpfen. Die Erfolgsabwendung wird hier nicht zur Pflicht des Täters gemacht und der Erfolgseintritt bildet kein Tatbestandsmerkmal.

Dagegen wird dem Täter beim unechten Unterlassungsdelikt *(niewłaściwe przestępstwo z zaniechania)* eine Pflicht zur Erfolgsabwendung unterstellt. Der Erfolgseintritt gehört hier zum gesetzlichen Tatbestand, und der Garant, der diese Erfolgsabwendungspflicht verletzt hat, wird dafür strafbar gemacht, wie zum Beispiel bei dem in Art. 220 § 1 k.k beschriebenen Tatbestand der Unterlassung der Pflichten im Bereich der Arbeitssicherheit und -hygiene und der Herbeiführung einer unmittelbaren Gefahr für Leib und Leben der Arbeiter.

b) Besondere Handlungspflichten, Garantenlehre

Das geltende Strafrecht bringt in Art. 2 k.k die einschlägige Regelung bei den unechten Unterlassungsdelikten zum Ausdruck:

Art. 2 k.k

Wegen eines durch Unterlassen begangenen Erfolgsdelikts ist nur derjenige strafbar, der eine besondere rechtliche Pflicht zur Erfolgsabwendung hatte.

Eine Person wird zum Unterlassungstäter nur dann, wenn sie in besonderer Weise zum Schutz des gefährdeten Rechtsguts aufgerufen ist, das heißt, wenn ihr bestimmte Schutzpflichten in Bezug auf dieses Rechtsgut obliegen und durch deren Nichterfüllung ein für das Gut nachteiliger Erfolg eingetreten ist. Der materielle Inhalt dieser Pflicht besteht somit in der Vornahme der gebotenen Handlung und in der Abwendung eines tatbestandsmäßigen Erfolgs. Der Täter ist damit zum Garanten für die Erfolgsabwendung gemacht worden.

Durch den normativen Inhalt des Art. 2 k.k wird der Kreis der Garanten begrenzt: Die Nichtabwendung des Erfolgs kann dem Garanten nur dann zur Last gelegt werden, wenn es sich um ein pflichtwidriges Unterlassen handelt. Dies bedeutet, dass die durch das Erfolgsabwendungsgebot geforderte Handlung eine besondere rechtliche Schutzpflicht erfüllen muss. Eine solche Pflicht kann sich aus einem Gesetz, aus einem von Polen ratifizierten völkerrechtlichen Vertrag, aus einer freiwillig übernommenen Verpflichtung, aus einem vorangegangenen gefährdenden Tun des Täters (Ingerenz) oder aus einer lange bestehenden engen Lebensbeziehung ergeben. Bei freiwillig übernommenen Pflichten wird kein zivilrechtlicher Vertrag vorausgesetzt.

Darüber hinaus muss die individuelle Handlungsfähigkeit des Garanten vorhanden sein. Das heißt, es muss ihm möglich sein, das Erforderliche in sinnvoller und angemessener Weise zu tun und auch die für die Erfolgsabwendung geeigneten Hilfsmittel und Methoden einzusetzen. Schränkt der Garant seine Handlungsfähigkeit selbst ein oder hebt er sie böswillig gänzlich auf, so ist sein Unterlassen ebenfalls als pflichtwidrig einzustufen. Hat seine pflichtgemäße Abwendungshandlung dagegen keine – oder nur eine minimale – Chance auf Erfolg (Abwendung der tatbestandsmäßigen Folge), so ist seine Untätigkeit abhängig von der konkreten Lage und Lebenserfahrung zu bewerten, wobei die „Kosten" seiner eventuellen Handlung zur Neutralisierung der drohenden Gefahr und der soziale Rang des geschützten Rechtsguts zu berücksichtigen sind.

c) Vorsatz, Fahrlässigkeit, Versuch und Tatbeteiligung bei Unterlassungsdelikten

Der Unterlassungstäter kann sowohl vorsätzlich als auch fahrlässig handeln. Grundsätzlich – wenn auch in der Lehre umstritten – ist der Versuch einer Straftat durch Unterlassen (*usiłowanie przez zaniechanie*) denkbar. Demgegenüber wäre die rein theoretische Figur des Versuchs einer Unterlassung *(usiłowanie zaniechania)* nur in der Weise vorstellbar, dass der Täter aktiv wird und die von ihm erwartete Handlung doch erbringt.

Eine ausdrückliche Regelung im geltenden Strafrecht hat die Beteiligung/Mitwirkung durch Unterlassen *(współdziałanie przez zaniechanie)* hinsichtlich der Beihilfe gefunden (Art. 18 § 3 k.k): Beihilfe durch Unterlassen ist in Polen möglich, sofern dem Gehilfen eine besondere rechtliche Pflicht zur Tatverhinderung obliegt.[5] Dagegen ist eine Anstiftung durch Unterlassen rechtlich ausgeschlossen. Bezüglich der Strafzumessung bei Unterlassungsdelikten sieht das geltende polnische Strafrecht keine Besonderheiten vor.

---

[5] Siehe II.G.5.

5. Tatobjekt

Das Tat- oder Handlungsobjekt *(przedmiot przestępstwa)* bezeichnet den konkreten Gegenstand der Außenwelt, an dem oder mit Bezug auf den sich die Tathandlung verwirklicht. Bei dem Tatobjekt handelt es sich demnach um den Gegenstand, an dem die Straftat verübt wird oder auf den der Angriff des Täters *(zamach przestępny)* gerichtet ist. In Frage kommen hier natürliche Personen, Sachen sowie auch unkörperliche Gegenstände (wie zum Beispiel die Psyche eines Menschen bei der strafbaren Bedrohung: Art. 190 k.k). Es gibt im geltenden Strafrecht allerdings auch Tatbestände, die kein Tatobjekt kennen, wie etwa die in Art. 206 k.k pönalisierte Doppelehe.

Den realen Gegenstand, an dem sich die tatbestandsmäßige Handlung vollzieht, bezeichnet man in Polen auch als Objekt der Vollzugshandlung *(przedmiot czynności wykonawczej)* oder als Angriffsobjekt *(przedmiot zamachu)*.

Der Begriff des Tat-/Handlungsobjekts unterscheidet sich von dem abstrakten Begriff des geschützten Rechtsguts *(dobro chronione prawem/ogólny przedmiot ochrony)*. Bekanntlich besteht eine der Aufgaben des Strafrechtssystems im Rechtsgüterschutz (Schutzfunktion des Strafrechts[6]). Dem rechtlichen Schutz unterliegen sowohl die Rechtsgüter des Einzelnen (Individualrechtsgüter wie Leben, Gesundheit, Freiheit, Ehre oder Eigentum) als auch die Güter der Allgemeinheit/der Gesellschaft (Universalrechtsgüter wie zum Beispiel Umwelt, Sicherheit des Staates und seiner Organe sowie öffentliche Sicherheit).

Die Begriffe des Handlungsobjekts und des Rechtsguts sind auseinanderzuhalten. Der Erfolgsunwert einer Straftat liegt in der realen Verletzung des Handlungsobjekts, dagegen stellt das Rechtsgut einen ideellen Wert dar, der dem real verletzenden Zugriff des Täters entzogen ist.

6. Taterfolg

Von der Tathandlung zu trennen ist der Taterfolg *(skutek przestępny)*. Er bezieht sich auf räumlich und zeitlich unterscheidbare Veränderungen in der Außenwelt, die der Täter durch sein Handeln oder Unterlassen verursacht. Damit ist nicht nur der physikalisch messbare Schaden oder eine Verletzung an dem Tatobjekt gemeint (zum Beispiel der Tod eines Menschen: Art. 148 bis 155 k.k, Sachbeschädigung: Art. 288 k.k), sondern auch eine ideelle, nicht messbare Veränderung, wie etwa der Entzug der Fortbewegungsfreiheit eines Menschen (Freiheitsberaubung: Art. 189 k.k). Der Erfolg ist kein Bestandteil der Tathandlung, er wird der Gruppe der objektiven Tatbestandsmerkmale respektive den Merkmalen der objektiven Tatseite zugeordnet.

---

6 Siehe I.D.1.

Legt man die Beziehung zwischen Handlung und Handlungsobjekt zugrunde, so unterscheidet die Lehre zwischen Erfolgs- *(przestępstwa materialne/skutkowe)* und schlichten Tätigkeitsdelikten *(przestępstwa formalne/przestępstwa z działania)*. Die Erfolgsdelikte setzen in ihrem Tatbestand eine von der Handlung abgrenzbare Wirkung am Handlungsobjekt voraus (etwa Sachbeschädigung: Art. 288 k.k; Körperverletzung: Art. 156 k.k). Bei den schlichten Tätigkeitsdelikten erschöpft sich der Unrechtstatbestand dagegen in einer Handlung des Täters, ohne dass ein Erfolg eintreten muss (zum Beispiel unterlassene Hilfeleistung: Art. 162 k.k, Falschaussage: Art. 233 k.k).

Eine Sondergruppe der Erfolgsdelikte bilden die durch den Erfolg qualifizierte Delikte *(przestępstwa kwalifikowane przez następstwo)*.[7]

In der polnischen Lehre wird die Meinung vertreten, dass das Hervorrufen einer konkreten Gefahr für ein Rechtsgut ebenfalls als ein Taterfolg betrachtet werden kann (konkretes Gefährdungsdelikt/*przestępstwo materialne konkretnego narażenia na niebezpieczeństwo*). Demgegenüber liegt kein Erfolgsdelikt, sondern ein schlichtes Tätigkeitsdelikt vor, wenn der Täter sich nur abstrakt gefährlich verhält (abstraktes Gefährdungsdelikt/*przestępstwo formalne abstrakcyjnego narażenia na niebezpieczeństwo*, etwa die in Art. 212 § 1 k.k pönalisierte üble Nachrede).

7. Kausalität und objektive Zurechnung

a) Kausalitäts- und Zurechnungstheorien

Damit dem Täter eines Erfolgsdelikts der Erfolg als Ergebnis seiner Handlung zugerechnet werden kann, muss seine Handlung (respektive Unterlassung) zum Erfolg in eine strafrechtlich relevante Beziehung gesetzt werden. Die Kausalität *(przyczynowość)* wird von den Vertretern der Strafrechtslehre als ursächlicher Zusammenhang zwischen der Handlung (der Unterlassung) und dem Erfolg definiert. Diese Zusammensetzung stellt im Grundsatz eine naturwissenschaftliche Kategorie dar. Dennoch wird sie zur Lösung des genuin strafrechtlichen Problems der Zurechnung gebraucht.

Auch die polnische Strafrechtslehre versuchte, die Frage nach der Verursachung des tatbestandsmäßigen Erfolgs anhand der sogenannten Bedingungstheorie *(teoria warunku koniecznego)* zu beantworten. Die Kausalität des Täterverhaltens für den Erfolgseintritt stellt dabei eine notwendige Bedingung *(conditio sine qua non)* für die Strafbarkeit dar, das heißt für die Zurechnung des eingetretenen Erfolgs. Die Handlung des Täters bildet gemäß dieser Theorie eine notwendige Bedingung für den Erfolg.

---

7 Siehe II.E.4.

Die Bedingungstheorie, die auf die empirische Gesetzmäßigkeit der Ursachenkette abstellt, hat sich allerdings beim praktischen Nachweis des Kausalzusammenhangs als sehr problematisch erwiesen: Der Ursachenzusammenhang stellt bekanntlich eine notwendige, nicht aber eine ausreichende Bedingung der Erfolgszurechnung dar. Darüber hinaus führt ihre konsequente Anwendung ins Uferlose, da dieser Theorie nach alle Erfolgsursachen gleichwertig sind (auch die Ur-Ur-Ur-Eltern des Mörders wären demgemäß als Mordverursacher anzusehen). Ferner nützt sie dann wenig, wenn das Erfahrungswissen keine Antwort auf die Frage ermöglicht, ob ein bestimmter Faktor den Erfolgseintritt beeinflusst hat.

Zur Begrenzung des strafrechtlich erheblichen Haftungszusammenhangs auf der Kausalitätsebene wurden auch Adäquanz- und Relevanztheorien herangezogen. Damit die Handlung des Täters als Erfolgsursache angesehen werden könne, müsse – nach der Adäquanztheorie – der Erfolg als wahrscheinlich/voraussehbar und damit als typisch respektive angemessen (adäquat) eingestuft werden können. Die Relevanztheorie, wenn auch von der Gleichwertigkeit aller Erfolgsursachen ausgehend, stellt bezüglich der Erfolgsbedingungen jeweils auf den Schutzzweck der betreffenden Norm und die Besonderheiten des einzelnen Straftatbestands ab, und nicht auf die Wahrscheinlichkeit des Eintritts einer Tatfolge.

Die durch die genannten Theorien herausgearbeiteten Kriterien für die Begrenzung der strafrechtlichen Haftung fanden auch in Polen Eingang in die Lehre von der objektiven Zurechnung des Erfolgs *(obiektywne przypisanie skutku)*: Danach kann dem Täter der durch seine Tat verursachte Erfolg objektiv nur dann zugerechnet werden, wenn seine Handlung eine verbotene Gefährdung des rechtlich geschützten Rechtsguts geschaffen hat und die Gefahr sich im tatbestandsmäßigen Erfolg realisierte.

Bei den Tätigkeitsdelikten basiert die Zurechnung des Erfolgs auf einem kausalen und einem normativen Zusammenhang. Der normative Zusammenhang setzt bei der tatbestandsmäßig relevanten Verletzung eines gesetzlichen Verbots oder Gebots an und wird bei Tätigkeits- und Unterlassungsdelikten in gleicher Weise hergestellt.

Bei den unechten Unterlassungsdelikten ist der normative Zusammenhang nach Art. 2 k.k nur dann zu bejahen, wenn den Täter eine besondere rechtliche Pflicht zur Erfolgsabwendung traf. Die objektive Zurechnung des tatbestandsmäßigen Erfolgs beruht bei dieser Deliktskategorie darauf, dass an die Stelle der Verursachung des Erfolgs durch positives Tun (so bei den Tätigkeitsdelikten) seine Nichtabwendung entgegen der bestehenden Garantenpflicht tritt.

b) Eventuelle Besonderheiten bei der Fahrlässigkeitstat

Auch wenn nach Meinung der modernen Strafrechtslehre die Fahrlässigkeit ein subjektives Merkmal der verbotenen Tat – und nicht eine Schuldform – darstellt,[8] zeichnen sie neben subjektiven[9] auch objektive Merkmale aus. Die objektive Voraussetzung einer durch den Täter fahrlässig begangenen Tat besteht in der Verletzung der erforderlichen Sorgfaltspflicht. Art. 9 § 2 k.k bringt dies wie folgt zum Ausdruck:

Art. 9 § 2 k.k
Eine verbotene Tat ist fahrlässig verwirklicht, wenn der Täter die Tat, ohne den Vorsatz zu haben, sie zu begehen, sie infolge der Verletzung der unter den gegebenen Umständen erforderlichen Sorgfalt dennoch begeht, obwohl er die Möglichkeit ihrer Begehung vorausgesehen hat oder hätte voraussehen können.

Daraus ergibt sich, dass das objektive Merkmal der fahrlässigen Begehungsart in der Verletzung der objektiven Sorgfaltpflicht und den daraus resultierenden Folgen liegt. Der Täter verwirklicht hierbei den gesetzlichen Tatbestand zwar ungewollt, dennoch ist sein Handeln pflichtwidrig: Es besteht entweder im pflichtwidrigen Nichterkennen der Möglichkeit der Straftatbegehung oder im pflichtwidrigen Vertrauen darauf, dass der gesetzliche Erfolg nicht eintreten wird.[10] In beiden Fällen verletzt der Täter die durch menschliches Wissen und Erfahrung formulierten Regeln des sorgfältigen Umgangs mit den Rechtsgütern (Sorgfaltsregeln, die sogenannten *reguły ostrożności*). Diese Regeln sind erheblich, da sie im Leben der Gemeinschaft die Grenzen des sozialadäquaten Verhaltens markieren. Verhaltensweisen, die sich innerhalb dieser Grenzen bewegen, sind – wenn auch für die Rechtsgüter gefährdend oder sogar verletzend – rechtlich erlaubt und damit straffrei. So zum Beispiel bestimmen die Regeln der ärztlichen Kunst letztlich, ob der Eingriff mit tödlichem Ausgang an einem kranken Patienten eine verbotene Tat gemäß Art. 155 k.k (Totschlag) oder eine Art zulässiger Heilbehandlung darstellt.

Die zu beachtenden Regeln des Umgangs mit den Rechtsgütern sind mannigfaltig und in unterschiedlichen Quellen platziert (zum Beispiel im Gesetz: Straßenverkehrsordnung, Vorschriften über Arbeitssicherheit und -hygiene oder in den sogenannten Berufsregeln: Regeln der ärztlichen Kunst, Sportregeln). Ein Teil der im Rechtsverkehr geltenden Sorgfaltsregeln ist nicht formalisiert; diese sind infolge langer menschlicher Erfahrungen „erprobt“ und als vernünftige Handlungsweisen für die Aktivitäten in bestimmten Lebensbereichen allgemein anerkannt. Unabhängig jedoch von ihrer vielfältigen Art und ihren Quellen zeichnen sich die einschlägigen Regeln in dem Sinne durch ihren objektiven Charakter aus, dass sie ohne

---

8 Siehe II.C.2.c.

9 Siehe II.E.3.

10 Siehe II.E.3.b.

Rücksicht auf die individuellen Eigenschaften des Handelnden in bestimmten Lagen anwendbar sind. Dies ergibt sich aus dem Umstand, dass sie abstrakt und generalisierend gefasst sind und gleichwohl die Verhaltensstandards für bestimmte Berufsgruppen oder Aktivitätsarten enthalten. Diese Verhaltensstandards bestehen – bei objektiver Erkennbarkeit und richtiger Einschätzung der Gefahr für das Rechtsgut – in der Verpflichtung zur Vornahme solcher Vorkehrungen, die zur Vermeidung oder Einschränkung des Schadens für das Rechtsgut führen sollen.

Art und Maß der anzuwendenden Sorgfalt richten sich nach den Anforderungen, die an das Verhalten eines „Modell-Bürgers" zu stellen sind, das heißt an das Verhalten eines typischen, vernünftigen und gewissenhaften Menschen, welcher sich in der konkreten und *ex ante* betrachteten Gefahrenlage befindet.

Es ist hervorzuheben, dass Art. 9 § 2 k.k nicht von einer beliebigen Sorgfalt spricht, sondern nur von einer solchen, die „unter den gegebenen Umständen erforderlich ist". Das Merkmal der „Erforderlichkeit der Sorgfalt unter den gegebenen Umständen" wird in der Praxis anhand der Eigenschaften und Qualifikation (Eignung) des Handelnden für die Abwehr der erkennbaren Gefahr, der Art und Weise der Bewältigung der Gefahr sowie anhand der verwendeten Werkzeuge respektive Mittel bestimmt.

Eine weitere objektive Voraussetzung der Fahrlässigkeit besteht in der Kausalität der Sorgfaltspflichtverletzung für die Straftatbegehung. Das Gesetz (Art. 9 § 2 k.k) verwendet hierbei den unmissverständlichen Ausdruck „Folge" der erforderlichen, aber unterlassenen Sorgfalt. Dies setzt in der Praxis die Notwendigkeit des Beweises voraus, dass die im Verhalten des fahrlässig handelnden Täters enthaltene Verletzung des Sorgfaltsgebots ursächlich für die Begehung der Straftat war. Als Beispiel kann in diesem Kontext der aus der polnischen Rechtsprechungspraxis bekannte Fall angeführt werden, in dem das Gericht die Unfallverursachung durch einen betrunkenen Autofahrer mit der Begründung verneint hat, dass der Verlust der Fahrzeugbeherrschung nicht durch den Trunkenheitszustand des Fahrers, sondern durch eine plötzlich und unerwartet aufgetretene Störung des Lenkungssystems des Wagens verursacht wurde.

Auch wenn die für das Strafrecht erhebliche Sorgfaltspflicht dem Bedürfnis nach Gewährleistung maximaler Sicherheit für die am Rechtsverkehr beteiligten Güter entspringt, wäre es kontraproduktiv, wenn das Sorgfaltsgebot einen sinnvollen und sozial nutzbringenden Umgang mit den Rechtsgütern behindern würde. Aus diesem Grund wird in der Rechtsprechung des Obersten Gerichts oftmals betont, dass jenseits der anerkannten Sorgfaltspflichten eine vernünftige Nutzung der vom Recht geschützten Güter möglich sein müsse.

Literaturhinweise

Cieślak, Marian, Polskie prawo karne. Zarys systemowego ujęcia (Abriss des polnischen Strafrechtssystems). Warschau 1995, S. 142–162.

Dębski, Ryszard, Pozaustawowe znamiona przestępstwa (Ungeschriebene Tatbestandsmerkmale). Lodz 1995.

Gardocki, Lech, Prawo karne (Strafrecht). 11. Aufl. Warschau 2005, S. 47–75 mit weiteren Literaturangaben.

Kubicki, Leszek, Przestępstwo popełnione przez zaniechanie (Durch Unterlassen begangene Straftat). Warschau 1975.

Kunicka-Michalska, Barbara, in: Genowefa Rejman (Hrsg.), Kodeks karny. Część ogólna. Komentarz (Strafgesetzbuch. Allgemeiner Teil. Kommentar). Warschau 1999, S. 42–140.

Majewski, Jarosław, Prawnokarne przypisywanie skutku przy zaniechaniu (Erfolgszurechnung bei Unterlassung). Krakau 1997, S. 13–123.

Marek, Andrzej, Prawo karne (Strafrecht). 6. Aufl. Warschau 2005, S. 100–127, 141–148 mit weiteren Literaturangaben.

Mącior, Władysław, Czyn ludzki i jego znaczenie w prawie karnym. Zagadnienia podstawowe (Die menschliche Handlung und ihre Bedeutung im Strafrecht. Grundprobleme). Warschau 1990.

Rejman, Genowefa, in: Ewa Bieńkowska/Barbara Kunicka-Michalska/Genowefa Rejman/Janina Wojciechowska (Hrsg.), Kodeks karny. Część ogólna. Komentarz (Strafgesetzbuch. Allgemeiner Teil. Kommentar). Warschau 1999, S. 148–199, 446–467 mit weiteren Literaturangaben.

– Odpowiedzialność karna lekarza (Strafbarkeit des Arztes). Warschau 1991, S. 16–50.

Wąsek, Andrzej, Kodeks karny. Komentarz do art. 1–31 (Strafgesetzbuch. Kommentar zu Art. 1–31), Band I. Danzig 2000, S. 11–49, 109–121 mit weiteren Literaturangaben.

Das polnische Strafgesetzbuch. Kodeks karny. Deutsche Übersetzung und Einführung von *Ewa Weigend*. Freiburg 1998, Art. 1–116.

Wolter, Władysław, O czynie jako działaniu lub zaniechaniu przestępnym (Die Tat als strafbares Handeln oder Unterlassen). Państwo i Prawo 1956, Nr. 5/6, 4–5.

Zoll, Andrzej (Hrsg.), Kodeks karny. Część ogólna. Komentarz do art. 1–116 (Strafgesetzbuch. Allgemeiner Teil. Kommentar zu Art. 1–116), Band I. 2. Aufl. Krakau 2004, S. 28–39, 51–56, 76–88, 148–157 mit weiteren Literaturangaben.

– Odpowiedzialność karna za niepowodzenie w leczeniu (Strafbarkeit des Arztes für eine misslungene Heilbehandlung). Warschau 1988.

Rechtsprechung

Rechtsprechung des Obersten Gerichts

Urteil vom 4.11.1998 (V KKN 303/1997), OSNKW 1998, Nr. 11/12, Pos. 50.

Urteil vom 10.12.2002 (IV KKN 667/1999), LEX Nr. 74384.

Urteil vom 81.2004 (II KK 230/2003), OSNwSK 2004, Nr. 1, Pos. 42.
Urteil vom 24.2.2005 (V KK 375/2004), OSNKW 2005, Nr. 3, Pos. 31.
Urteil vom 22.11.2005 (V KK 100/2005), LEX Nr. 164374.
Entscheidung vom 22.12.2006 (II KK 92/2006), OSNwSK 2006, Nr. 1, Pos. 2576.

Abkürzungsverzeichnis

k.k	kodeks karny (das polnische Strafgesetzbuch)
LEX	Polnische juristische elektronische Datenbank
OSNKW	Orzecznictwo Sądu Najwyższego, Izba Karna i Wojskowa (Rechtsprechung des Obersten Gerichts, Straf- und Militärkammer. Entscheidungssammlung)
OSNwSK	Orzecznictwo Sądu Najwyższego w sprawach karnych (Rechtsprechung des Obersten Gerichts in Strafsachen. Entscheidungssammlung)

Sarah Summers

Objektive Tatseite in

Schottland

1. Definition/Elemente der objektiven Tatseite

Die objektiven Elemente einer Straftat werden durch den *actus reus* erfasst. Damit eine strafbare Handlung oder ein strafbares Unterlassen vorliegt, muss etwas getan beziehungsweise versucht – oder unter gewissen Umständen unterlassen – worden sein; bloße Absichten sind nicht strafbar *(HM Advocate v Mackenzie)*. Der *actus reus* verkörpert dieses „etwas". Jeder Straftatbestand hat seinen eigenen, spezifischen *actus reus*.

2. Tatsubjekt

Prinzipiell kann jede natürliche Person Täter sein, vorausgesetzt, dass sie *capacity* (Zurechnungsfähigkeit) hat. Kinder unter acht Jahren sind allgemein nicht zurechnungsfähig, werden als nicht strafmündig bezeichnet und tragen keine strafrechtliche Verantwortung für ihre Handlungen, *Criminal Procedure (Scotland) Act* 1995, s. 41; *Merrin v S.*

Auch juristische Personen können strafrechtlich verantwortlich sein. Ihre strafrechtliche Haftung ist jedoch beschränkt: Nur bestimmte Firmen *(companies, partnerships: Companies Acts; Dean v John Menzies (Holdings) Ltd)* werden in Schottland so behandelt, als ob sie eine eigene Rechtspersönlichkeit *(persona; personae fictae)*, neben der von Direktoren und Arbeitnehmern, hätten. Diese Firmen können strafrechtlich für bestimmte Taten belangt werden. Manche Straftaten (beispielsweise Mord) können nicht von juristischen Personen begangen und bestimmte Strafen (etwa Gefängnis) können nicht gegen sie verhängt werden. Die Reichweite der strafrechtlichen Verantwortung von nicht-natürlichen Personen bleibt aber unklar. Es fehlt in Schottland noch eine gut etablierte Theorie hierzu.

Ferner gibt es Straftaten, bei welchen als Täter nur Personen in Frage kommen, die spezielle Voraussetzungen erfüllen, sodass der Täterkreis eingeschränkt ist. Solche Einschränkungen können beispielsweise in einer Beziehung zum Opfer (wie im Fall von Inzest, *incest*; und Kindestötung, *infanticide*) oder in einer Sonderpflicht des Täters (wie im Fall der passiven Bestechung, *bribery*) liegen.

3. Tathandlung

Der *actus reus* besteht zumeist in einer Handlung. Anerkannt ist, dass nur freiwillige *(voluntary)* Handlungen bestraft werden können *(involuntary acts are not truly acts at all)*. Es gilt eine Vermutung zugunsten der Freiwilligkeit, sodass dieser Umstand nicht als Teil des *actus reus* bewiesen werden muss. Vielmehr wird eine Handlung als freiwillig eingestuft, es sei denn, dass Beweise dagegen sprechen. Infolgedessen wird die Frage der Freiwilligkeit beziehungsweise Unfreiwilligkeit manchmal als eine *defence*, und nicht als Teil des *actus reus* betrachtet. Mit *Ross v HM Advocate* wurde die Zuordnung insofern unklar, als das Gericht die Unfreiwilligkeit in jener spezifischen Situation als die *mens rea*, also eher den subjektiven Tatbestand betreffend auffasste. Im angeführten Fall hatte der Angeschuldigte ein Bier getrunken, welchem ohne sein Wissen verschiedene Drogen (unter anderem LSD) beigemischt worden waren. Im Rausch verletzte er mehrere Personen mit einem Messer lebensgefährlich. Die dem Bier beigemischten Drogen wurden als externer und unfreiwilliger Faktor gewertet, die *mens rea* wurde verneint.

In der schottischen Rechtsprechung werden verschiedene Konstellationen genannt, in welchen Handlungen als unfreiwillig eingestuft werden können:

- Reflexe *(reflex actions)*, welche als bloße unbewusste Reaktionen auf äußere Stimuli definiert sind (beispielsweise wenn ein Fahrer plötzlich wegen eines Bienenstichs ins Schleudern gerät, *Hill v Baxter*; vergleiche *Johnston v National Coal Board*);
- Hypnose *(hypnosis)*, vorausgesetzt, dass man sich dieser nicht freiwillig unterzogen hat *(HM Advocate v Raiker)*;
- Automatismen, welche nicht auf Krankheit, sondern auf externe Faktoren (etwa Schlafwandeln, *Finegan v Heywood*; unfreiwillige Einnahme von Drogen, *Ross v HM Advocate*, *Sorley v HM Advocate*; giftige Dämpfe, *HM Advocate v Ritchie*) zurückgeführt werden müssen.

Die Lehre unterscheidet nur am Rande zwischen Tätigkeitsdelikten *(conduct-crimes)* und Erfolgsdelikten *(result-crimes)*.[1]

4. Tatbegehung durch Unterlassen

a) Abgrenzung zwischen Handeln und Unterlassen

Der *actus reus* kann, entgegen seinem Namen, unter bestimmten Umständen auch durch eine Unterlassung begangen werden. Eine geschlossene Theorie der Unterlassungsstrafbarkeit gibt es aber im schottischen Strafrecht nicht. Es liegen

---

[1] Siehe unten 7.

auch nur wenige Entscheidungen über Unterlassungsdelikte vor, und in der Rechtsprechung ist eine deutliche Tendenz erkennbar, die Behandlung entsprechender Fragen zu vermeiden. Statt sich zum Beispiel mit der Abgrenzung zwischen Handeln und Unterlassen zu beschäftigen, konzentrieren sich die Gerichte allgemeiner auf das Verhältnis zwischen der „Haltung" des Angeklagten und den „kausalen" Folgen.

Unterlassungen sind außerdem deutlich schwieriger als „freiwillig" oder „unfreiwillig" einzuordnen. Sie werden tendenziell als „freiwillig" betrachtet, wenn der Täter nicht gehandelt hatte, obwohl ihm dies physisch möglich gewesen wäre und kein externer Druck bestand (beispielsweise Zwang oder höhere Gewalt, *coercion/ duress*).

Es gibt im schottischen Strafrecht eine geringere Anzahl von gesetzlich festgelegten Unterlassungstatbeständen (beispielsweise die Weigerung, einen Atemlufttest abzugeben, *Road Traffic Act* 1988, s. 8(9); die Vernachlässigung der Fürsorgepflicht gegenüber Minderjährigen, *Children and Young Persons (Scotland) Act* 1937). Im *common law* werden Unterlassungen nur eingeschränkt behandelt. Auch sind sie nur unter besonderen Voraussetzungen überhaupt strafrechtlich relevant: Nur wenn eine bestimmte Handlungspflicht besteht, kann die Nichtvornahme der Handlung strafbar sein.[2] Die Unterlassung wird dann quasi als Äquivalent zur aktiven Begehung der Straftat betrachtet. Allgemeine Handlungspflichten wie zum Beispiel eine allgemeine Pflicht zu intervenieren, um eine Straftat zu verhindern, bestehen nicht *(Wilson Latta and Rooney)*. Unterlassungen sind also eher selten und auch dann nur unter bestimmten Umständen strafbar.

b) Besondere Handlungspflichten, Garantenlehre

Es gibt vier Kategorien von Fällen, in welchen eine Handlungspflicht bejaht werden kann:

– Die Unterlassung folgt einer vorangehenden gefährlichen Handlung *(omission follows on from a prior dangerous act)*: Wenn jemand eine gefährliche Situation schafft, ist er verpflichtet, Sicherheitsmaßnahmen gegen die Gefahr zu treffen (*HM Advocate v McPhee*; *MacPhail v Clarke*). In *HM Advocate v McPhee* hatte der wegen Mordes angeklagte Täter sein Opfer geschlagen, getreten und dann in einem Feld bewusstlos und schwer verletzt liegen lassen. Das Gericht stellte fest, dass er wegen Mordes verurteilt werden könne, sofern bewiesen würde, dass er "wickedly and feloniously exposed the unconsicous woman regardless of the consequences to the inclemency of the weather, and if she died in consequence (…) both of the beating and the exposure". In *MacPhail* hatte ein Bauer ein Feuer auf seinem Feld angezündet. Dieses breitete sich über eine befahrene Straße aus, und

---

2 Siehe unten b.

es kam zu einer Kollision zweier Fahrzeuge. Da der Bauer nichts unternahm, um die von ihm geschaffene gefährliche Situation zu beheben, wurde er wegen Gefährdung anderer *(culpable and reckless endangerment)* verurteilt.

– Pflichten aus dauerhafter persönlicher Beziehung *(personal relationship)*: Eltern beispielsweise haben besondere Pflichten in Bezug auf ihre Kinder *(Bone v HM Advocate)*. In *Bone* war ein Kind von dem Freund der Mutter über eine Zeitspanne von mehreren Monaten regelmäßig geschlagen und schließlich getötet worden. Sowohl der Freund als auch die Mutter wurden wegen Mordes angeklagt. Die Mutter wurde wegen *culpable homicide* verurteilt, weil sie eine Pflicht gehabt hätte, etwas zu unternehmen, um ihr Kind zu schützen. (Im späteren Revisionsverfahren wurde diese Verurteilung aufgrund fehlender Zurechnungsfähigkeit *[capacity]* aufgehoben).

– Pflichten aus vertraglicher Bindung mit ausdrücklichem Inhalt *(express contract)*.

– Pflichten aus sonstiger rechtlicher Bindung *(duties arising from a legal obligation)*. Darunter werden Handlungspflichten verstanden, welche aus der Beziehung zwischen Täter und Opfer unter bestimmten Umständen entstehen können (Fälle, in welchen eine permanente rechtliche oder persönliche Verbindung besteht, wie beispielsweise zwischen Eltern und Kindern, sind hier nicht gemeint). In dem englischen Fall *R v Instan* wohnte eine Nichte zusammen mit der bettlägerigen Tante. Die Tante starb aufgrund von Unterernährung und fehlender ärztlicher Behandlung; die Nichte wurde wegen Tötung *(manslaughter)* durch Unterlassen verurteilt, da sie der Pflicht, sich genügend um die Tante zu kümmern, nicht nachgekommen war.

Wichtig erscheint, zwischen Unterlassung und fährlässiger Handlung zu differenzieren. Im Gegensatz zur Charakterisierung eines „fahrlässigen Unterlassens" als versehentliche Nichtvornahme einer Handlung, zu der man verpflichtet wäre, ist die Situation, in welcher „fahrlässiges Handeln" vorliegt, dadurch gekennzeichnet, dass jemand aufgrund eines Fehlers bei seinem Tun die angemessene Sorgfalt nicht anwendet, also nachlässig handelt.[3]

c) Vorsatz, Fahrlässigkeit, Versuch und Tatbeteiligung bei Unterlassensdelikten

Ob eine freiwillige Unterlassung als *intentional, reckless, negligent* oder nicht strafbar *(not culpable)* – etwa aufgrund eines Irrtums – einzustufen ist, wird nach den gleichen Prinzipien bestimmt, die für Handlungen gelten.[4]

Auch im *common law* ist eine Tatbeteiligung durch Unterlassen grundsätzlich möglich. Durch die Rechtsprechung wurde klargestellt, dass allein die Anwesenheit

---

3 Siehe unten 7.b. und II.E.

4 Siehe II.E.

eines Beobachters am Tatort nicht genügt, um ihm strafrechtliche Verantwortung aufzuerlegen *(Mowat v HM Advocate)*. Im Hinblick auf die Beteiligung an einem Unterlassungsdelikt bietet die Rechtsprechung verschiedene Fälle: In *Bonar and Hogg v MacLeod* wurde ein Polizist als *art and part* verantwortlich für Körperverletzung bestraft, nachdem er nicht interveniert oder sich distanziert hatte, als ein rangniedrigerer Polizist einen Gefangenen angriff. Strafrechtliche Verantwortung für die gesetzlich geregelten Unterlassungstatbestände ist auf die Personen beschränkt, die gemäß dem spezifischen Gesetz eine Handlungspflicht haben *(Fishmongers Co v Bruce)*.

5. Tatobjekt

Auch wenn der *actus reus* sich häufig auf ein Angriffsobjekt bezieht, gibt es im schottischen Recht kein allgemeines Konzept des Tatobjekts.

6. Taterfolg

Die Lehre unterscheidet zwischen Tätigkeitsdelikten *(conduct-crimes)* und Erfolgsdelikten *(result-crimes)*; der Unterschied ist im schottischen Recht aber von wenig Bedeutung. Als Beispiel eines Erfolgsdelikts wird oft Mord genannt. Mord ist die Tötung eines Menschen mit *mens rea*; wie genau der Mord begangen wird, ist für die Definition des Straftatbestands *(actus reus)* irrelevant. In Bezug auf Tätigkeitsdelikte stellt die Handlung selbst den *actus reus* dar. So ist zum Beispiel Meineid *(perjury)* die Leistung einer Falschaussage unter Eid: hier ist es unerheblich, ob der Erfolg eingetreten ist, ob also das Gericht irregeführt wurde.

Der Wert dieser Abgrenzung ist umstritten und wurde beispielsweise im Fall *R v Treacy* von *Lord Diplock* in Frage gestellt (siehe aber *R v Miller*). Die Unterscheidung wird fast ausschließlich in Fällen erwähnt, in welchen die Gerichtsbarkeit umstritten ist (*HM Advocate v Megrahi* (No 1); *HM Advocate v Witherington*; *ABKCO Music & Records Inc v Music Collection International Ltd*[5]). Überdies wird die Identifizierung von Erfolgsdelikten in Fällen betont, in welchen Fragen der Kausalität von besonderer Bedeutung sind.[6]

---

5 Siehe dazu II.B.

6 Siehe unten 7.

7. Kausalität und objektive Zurechnung

Das Problem der Kausalität wird in der Lehre weder dem *actus reus* noch der *mens rea* zugeordnet, sondern als selbstständiges Thema gesondert behandelt. Der Grund für dieses Vorgehen wird nicht ausdrücklich erklärt; vermutlich wird angenommen, dass der Kausalität sowohl objektive als auch subjektive Merkmale zugeschrieben werden können.

a) Kausalitäts- und Zurechnungstheorien

Viele Tatbestände, wie beispielsweise die Delikte gegen die Person *(crimes against the person)*, setzen einen Ursachenzusammenhang zwischen einer Handlung/Unterlassung und einer Folge voraus: Damit eine Person als für den Erfolg verantwortlich betrachtet werden kann, muss sie diesen verursacht haben. Kausalität wird aufgrund des *but for* oder *sine qua non*-Tests bestimmt: hätte der Täter nicht (so) gehandelt, wäre der Erfolg nicht (so) eingetreten.

Das Thema der Kausalität ist reich an Einzelfallproblemen. Zu nennen ist hier etwa die konkurrierende oder mitwirkende Bedingung, *pre-exisiting condition*, welche zum Beispiel bei einer besonderen Prädisposition medizinischer Art in Frage steht. Im schottischen Recht besteht eine einfache Grundregel: *the accused must take his victim as he finds him/thin skull rule (Rutherford v HM Advocate)*: Das Argument, dass das Opfer alt oder bereits krank war, etwa ein schwaches Herz hatte, und dass der in Frage stehende Erfolg bei einer jungen, gesunden Person nicht eingetreten wäre, wird nicht als *defence* anerkannt *(Bird v HM Advocate)*.

Schwierigkeiten bei der Feststellung des Kausalzusammenhangs können auch dadurch entstehen, dass mehrere von einander unabhängige Handlungen zum Erfolg beitragen. Wenn sowohl A als auch B simultan, aber unabhängig voneinander auf C schießen und diesen töten, werden beide wegen Mordes verurteilt. Dies gilt in Abweichung von der Regel, dass zwei Personen für eine Tat nur nach *art and part* haften können. Wenn A und B ein illegales Autorennen vereinbaren und A beim Rennen einen Unfall verursacht, werden sowohl A also auch B für die aus dem Unfall entstandenen Schäden verantwortlich gemacht.

Die Kausalkette kann durch einen sogenannten *novus actus interveniens* unterbrochen werden. Verletzt A den B mit einem Messer lebensgefährlich, aber stirbt B an einer anschließend von C verabreichten Dosis Gift, kann A gemäß *Macdonald* nicht wegen Mordes bestraft werden. In *Lord Advocate's Reference (No 1 of 1994)* wurde entschieden, dass die Tatsache, dass ein Drogenkranker sich das Betäubungsmittel (hier: Amphetamin) selbst verabreicht, den Verkäufer der Drogen nicht von der strafrechtlichen Verantwortung für den Tod des Süchtigen entlastet. Ähnlich entschied das Gericht in *Finlayson v HM Advocate*, dass das Ausschalten von lebenserhaltenden Geräten durch einen Krankenhausarzt keinen *novus actus* darstellt und die (frühere) Kausalkette nicht unterbricht.

b) Eventuelle Besonderheiten bei der Fahrlässigkeitstat

Negligence ist im *common law* nur dann relevant, wenn sie als *gross negligence*, das heißt nach den Kriterien der *recklessness* qualifiziert, auftritt.[7] Dagegen statuieren verschiedene gesetzliche Tatbestände selbst für die einfache *negligence* eine strafrechtliche Verantwortung, und zwar sowohl bei einer Tatbegehung durch Handeln als auch durch Unterlassen. *Negligence* wird als Mangel bei der anzuwendenden Sorgfalt grundsätzlich als Form der *mens rea* betrachtet, es wird aber auch eine Beziehung zur objektiven Tatseite zugestanden. Bevor *negligence* bejaht werden kann, muss feststehen, dass das Verhalten des Täters als freiwillig qualifiziert werden kann. Überdies muss klar sein, dass das Resultat solchen Verhaltens dessen objektiv voraussehbare Konsequenz darstellt.

Das Maß der anzuwendenden Sorgfalt wird an einem rein objektiven Standard, demjenigen der vernünftigen Drittperson *(reasonable man)* gemessen. Es ist danach irrelevant, ob der Täter selbst sein Handeln als *negligent* erkannte – also bewusst ein Risiko einging – oder nicht. Für die strafrechtliche Verantwortlichkeit genügt es, dass eine vernünftige Drittperson das Verhalten als *negligent* ansehen würde. War der Täter aufgrund von Krankheit oder anderen externen Faktoren nicht in der Lage, dem objektiven Maßstab zu genügen, wird das Verhalten als unfreiwillig qualifiziert, was Straflosigkeit zur Folge hat.

Literaturhinweise

Gordon, Gerald H., The Criminal Law of Scotland, vol I. 3. Aufl. Edinburgh 2000, S. 57–94, 115–143.

Hume, David, Commentaries on the Law of Scotland Respecting Crimes, vol. i und ii. 3. Aufl. Edinburgh 1844.

Jones, Timothy H./Christie, Michael G.A., Criminal Law. 3. Aufl. Edinburgh 2003.

Macdonald, J.H.A., A Practical Treatise on the Criminal Law of Scotland. 3. Aufl. Eindburgh 1894.

McCall Smith, R.A.A./Sheldon, D., Scots Criminal Law. Edinburgh 2003.

Renton, R.W./Brown, H.H., Renton and Brown's Criminal Procedure. 6. Aufl. Edinburgh 2006.

Shiels, RS, Scots Criminal Law and Liability for Omissions. 70 (2006) Journal of Criminal Law, 413–423.

[7] Siehe dazu II.E.

Rechtsprechung

ABKCO Music & Records Inc v Music Collection International Ltd [1995] RPC 657 (CA)

Bird v HM Advocate 1952 JC 23

Bonar and Hogg v MacLeod 1983 SCCR 161

Bone v HM Advocate 2006 SLT 164

Dean v John Menzies (Holdings) Ltd 1981 JC 23

Finegan v Heywood 2000 SCCR 460

Finlayson v HM Advocate 1979 JC 33

Fishmongers Co v Bruce 1980 SLT (Notes) 35

Hill v Baxter [1958] 1 QB 277

HM Advocate v Mackenzie 1913 SC (J) 107, 111

HM Advocate v McPhee 1935 JC 46

HM Advocate v Megrahi (No 1) 2000 SLT 1393

HM Advocate v Raiker 1989 SCCR 149

HM Advocate v Ritchie 1926 JC 45

HM Advocate v Witherington (1881) 8 R (J) 41

Johnston v National Coal Board 1960 SLT (Notes) 46

Lord Advocate's Reference (No 1 of 1994) 1995 SLT 248

MacPhail v Clarke 1983 SLT (Sh Ct) 37

Merrin v S (1987) SLT 193

Mowat v HM Advocate 1999 SLT 688

R v Instan (1893) 1 QB 450

R v Miller [1983] 2 AC 161

R v Treacy [1971] AC 537

Ross v HM Advocate 1991 SLT 564

Rutherford v HM Advocate 1943 JC 1

Sorely v HM Advocate 1192 JC 102

Wilson v Smith, Stornoway Sheriff Court, January 9, 1996, unreported

Wilson Latta and Rooney, High Court at Glasgow, Feb 1968, unreported

Abkürzungsverzeichnis

AC	Appeal Cases (Law Reports)
HM Advocate	Her Majesty's Advocate

JC	Justiciary Cases
RPC	Reports of Patent, Design and Trade Mark Cases (Entscheidungssammlung)
QB	Queen's Bench Division (Entscheidungssammlung)
SC	Session Cases (Entscheidungssammlung)
SCCR	Scottish Criminal Case Reports (Entscheidungssammlung)
Sh Ct	Sheriff Court
SLT	Scots Law Times (Entscheidungssammlung/Fachzeitschrift)
v	versus
vol.	volume

Karin Cornils

Objektive Tatseite in

Schweden

1. Definition/Elemente der objektiven Tatseite

Elemente der objektiven Tatseite beziehungsweise Merkmale der unerlaubten Tat[1] sind das Tatsubjekt, dessen Handlung oder Unterlassen, das Tatobjekt und ein eventueller tatbestandsmäßiger Erfolg sowie dessen Kausalzusammenhang mit der Tathandlung oder seine sonstige Zurechnung gegenüber dem Täter. Ferner zählen hierzu die traditionell sogenannten allgemeinen objektiven Gründe für den Ausschluss der Strafbarkeit, die in der neueren Lehre auch als Rechtfertigungsgründe bezeichnet werden.[2]

2. Tatsubjekt

Nach schwedischem Recht können nur natürliche Personen eine Straftat begehen und zu Strafe oder einer anderen strafrechtlichen Sanktion verurteilt werden.[3] Zum Personenkreis potentieller Straftäter gehören auch Kinder und Geisteskranke. Nach dem Kriminalgesetzbuch (*Brottsbalken*, BrB) darf gegen erstere jedoch, sofern sie die Straftat vor Erreichen des Strafmündigkeitsalters von 15 Jahren begangen haben, keine strafrechtliche Sanktion und gegen letztere keine Gefängnisstrafe verhängt werden (Kap. 1 § 6, Kap. 30 § 6 BrB).[4]

Während für die meisten Straftaten jeder Mensch als Täter in Betracht kommt, richtet sich bei einigen Sonderdelikten die Strafdrohung ausschließlich gegen bestimmte Personengruppen, die sich durch besondere Eigenschaften auszeichnen oder eine besondere Position innehaben *(specialsubjekt)*, beispielsweise Frauen (Kindestötung, Kap. 3 § 3 BrB), Schuldner (Gläubigerbegünstigung, Kap. 11 § 4 BrB) oder Soldaten (Fahnenflucht, Kap. 21 § 7 BrB). Wer nicht die besondere Eigenschaft oder Stellung besitzt, um Täter eines Sonderdelikts zu sein – ein soge-

---

1 Zu den verschiedenen Lehren vom Verbrechensaufbau siehe II.C.2.

2 Siehe dazu ausführlich II.J.

3 Zur Verantwortlichkeit juristischer Personen siehe II.H.2.

4 Siehe eingehend dazu II.J.6.–7.

nannter *Extraneus* –, kann sich jedoch wegen Tatbeteiligung strafbar machen.[5] Entsprechendes gilt prinzipiell für unechte Unterlassungsdelikte, bei denen die Strafbarkeit als Täter weitgehend auf Personen mit einer besonderen Garantenstellung beschränkt ist.[6]

Eine weitere Ausnahme bilden die sogenannten eigenhändigen Delikte. Sie sind dadurch charakterisiert, dass der jeweilige Tatbestand nur durch ein persönliches Handeln des Täters verwirklicht werden kann, wie etwa bei Beleidigung (Kap. 5 § 3 BrB), Vergewaltigung (Kap. 6 § 1 BrB), Doppelehe (Kap. 7 § 1 BrB) oder Meineid (Kap. 15 § 1 BrB). Dies wirkt sich nach der schwedischen Teilnahmelehre in der Weise aus, dass bei solchen Delikten eine sogenannte erweiterte oder konvertierte Täterschaft, das heißt eine Übertragung der Tätereigenschaft auf andere Personen, nicht konstruiert werden kann.[7]

In bestimmten Fällen, insbesondere im Rahmen der Unternehmerhaftung *(företagaransvar)*, kann jemand auch für das Handeln eines anderen strafrechtlich zur Verantwortung gezogen werden.[8] Innerhalb eines Unternehmens, das als juristische Person betrieben wird, gibt es eine Organ- oder Vertreterhaftung; die juristische Person selbst kann sich jedoch nicht strafbar machen.[9]

3. Tathandlung

Der Handlungsbegriff wird definiert als ein menschliches Verhalten, das sich in der Außenwelt abspielt. Innere Vorgänge wie Vorstellungen, Wünsche, Entschlüsse oder Absichten können nur dann strafbar sein, wenn sie zum Ausdruck gebracht werden, etwa in der Kommunikation mit einer anderen Person oder in öffentlichen Äußerungen. Die meisten Handlungen finden in einem bestimmten sozialen Zusammenhang statt.

Nicht alle Körperbewegungen, sondern nur solche, die kontrolliert ausgeführt werden, sind Handlungen im strafrechtlichen Sinne. Bloße reflexartige Bewegungen bleiben deshalb ebenso außer Betracht wie etwa Bewegungen eines Bewusstlosen oder solche, die durch äußere Gewalteinwirkung (beispielsweise durch einen heftigen Stoß) verursacht werden und somit unfreiwillig geschehen. Andererseits setzt das kriminalisierte Verhalten nicht notwendig überhaupt eine bestimmte Bewegung voraus, sondern kann beispielsweise schon in dem Besitz von kinderpor-

---

5 Siehe näher dazu II.G.5.

6 Siehe dazu unten 4.

7 Siehe eingehend dazu II.G.3. und 5.

8 Siehe dazu II.H.1.

9 Siehe dazu II.H.2.

nographischen Bildern (Kap. 16 § 10 a BrB) oder in dem Sichversprechenlassen eines Vorteils (Kap. 20 § 2 BrB) bestehen.

In den gesetzlichen Straftatbeständen ist die jeweilige Tathandlung häufig durch ein Verb beschrieben, das zugleich bestimmte Umstände impliziert (zum Beispiel erwerben, verfälschen, missbrauchen, veröffentlichen) oder bereits eine bestimmte Folge des Täterverhaltens mit umfasst (töten, einen Brand legen, zerstören). In diesen Fällen ist die Abgrenzung zwischen der eigentlichen Handlung und den sie begleitenden Tatumständen beziehungsweise dem durch die Handlung herbeigeführten Erfolg willkürlich.

4. Tatbegehung durch Unterlassen

a) Abgrenzung zwischen Handeln und Unterlassen

Die Tathandlung kann in einem aktiven Tun oder Unterlassen bestehen. Der Begriff des Unterlassens ist ein rein sozialer Begriff, denn er hat im Gegensatz zur Handlung keine Entsprechung in der physischen Wirklichkeit. Als strafrechtlich relevantes Unterlassen wird nicht allein ein passives Verhalten oder bloße Untätigkeit, sondern das Versäumnis eines bestimmten erwarteten aktiven Tuns verstanden. Insofern ist der Begriff des Unterlassens untrennbar mit dem der Handlung verbunden (er „parasitiert" auf letzterem). Ob die betreffende Person an Stelle der unterlassenen Handlung etwas Anderes tut, ist unerheblich.

Sogenannte Omissivstraftaten (beispielsweise Fundunterschlagung, Kap. 10 § 8 BrB, oder unterlassene Abwendung einer Gemeingefahr, Kap. 13 § 10 BrB) können nur durch Unterlassen, alle übrigen, die sogenannten Kommissivstraftaten, können entweder durch Handeln oder Unterlassen begangen werden. Die Verwirklichung eines Kommissivtatbestands durch aktives Tun wird als Handlungsdelikt bezeichnet, die Verwirklichung eines Kommissivtatbestands durch Unterlassen als unechtes Unterlassungsdelikt *(oäkta underlåtenhetsbrott)* und die Verwirklichung eines Omissivtatbestands als echtes Unterlassungsdelikt *(äkta underlåtenhetsbrott)*.

Das strafbare Unterlassen kann in der bloßen Verletzung einer Handlungspflicht bestehen (etwa im Verschweigen der Wahrheit bei der Falschaussage, Kap. 15 §§ 1 ff. BrB) oder in dem Versäumnis, einen bestimmten Ursachenverlauf zu unterbrechen und damit den Eintritt der entsprechenden Folge (beispielsweise den Tod eines Menschen) abzuwenden. Letzteres kann unter gewissen Voraussetzungen der Erfolgsverursachung durch aktives Handeln gleichgestellt werden. Um den – sonst unüberschaubaren – Kreis der potentiellen Täter zu begrenzen, wird in den betreffenden Fällen eine strafrechtliche Verantwortlichkeit nur dann angenommen, wenn für denjenigen, der es unterlässt, einen Erfolg abzuwenden, ein besonderer Anlass zum Eingreifen besteht.

b) Besondere Handlungspflichten, Garantenlehre

Zur Festlegung der Kriterien für die an den Betreffenden gerichtete qualifizierte Erwartung einer aktiven Handlung wurde zunächst die sogenannte Rechtspflichttheorie *(rättspliktsteorin)* entwickelt, der ein Teil der schwedischen Lehre folgt. Sie stellt darauf ab, aus welchem Rechtsgrund (Gesetz, Vertrag oder vorausgegangenes Tun) der Betreffende zum Eingreifen verpflichtet war. Innerhalb dieser Lehre besteht jedoch eine gewisse Unsicherheit, inwieweit eine rechtliche Pflicht zur Gefahrenabwendung für denjenigen begründet werden kann, der die Gefahr selbst verursacht hat. Deshalb lehnen andere die Rechtspflichttheorie ab und vertreten stattdessen die sogenannte Garantenlehre *(garantläran)*. Diese unterscheidet nicht nach dem formellen Rechtsgrund, sondern nach dem Inhalt der Handlungspflicht zwischen dem „Überwachungsgaranten", der Gefahren eines bestimmten Ursprungs zu verhindern hat, und dem „Schutzgaranten", der bestimmte Personen, Sachen oder Rechte vor Gefahren zu bewahren hat.

Der Überwachungsgarant *(övervakningsgarant)* ist verantwortlich für die Kontrolle eigener Gefahrenquellen (etwa Tiere, Maschinen oder Gebäude, die sich in seinem Eigentum oder Besitz befinden) und gefährlicher Geschehensabläufe, die er selbst in Gang gesetzt hat (etwa eine ärztliche Operation). Im Rahmen bestimmter Beziehungen (beispielsweise Eltern–Kind, Vormund–Mündel, Lehrer–Schüler, Vorgesetzter–Untergebener) kann jemand als Überwachungsgarant auch zum Eingreifen in Kausalverläufe verpflichtet sein, die eine andere Person ausgelöst hat. Ebenso kann ihm aufgrund gesetzlicher oder behördlicher Bestimmung, vertraglicher Vereinbarung, betrieblicher Arbeitsverteilung, freiwilliger Übernahme oder ähnlicher Umstände auch die Kontrolle über fremde Gefahrenquellen obliegen. Während es für den Überwachungsgaranten um Gefahren eines bestimmten Ursprungs geht, hat der Schutzgarant *(skyddsgarant)* Gefahren abzuwenden, die einen anderen Menschen oder bestimmte fremde Interessen bedrohen. Die Schutzpflicht kann sich aus enger Lebensgemeinschaft (etwa innerhalb einer Familie oder eines Haushalts), aus einer Gefahrengemeinschaft (beispielsweise einer Bergsteigergruppe oder Forschungsexpedition), aus freiwilliger Übernahme (Babysitter) oder aus besonderer Berufspflicht (Leibwächter, Arzt, Krankenschwester, Schwimmlehrer) ergeben.

c) Vorsatz, Fahrlässigkeit, Versuch und Tatbeteiligung bei Unterlassungsdelikten

Bei unechten Unterlassungsdelikten muss der Vorsatz beziehungsweise die Fahrlässigkeit des Täters zumindest die tatsächlichen oder rechtlichen Umstände erfassen, aus denen sich seine Garantenstellung ergibt. Im Falle eines echten Unterlassungsdelikts muss der Täter wissen beziehungsweise aus Fahrlässigkeit nicht wissen, welche Handlung von ihm erwartet wird.

Grundsätzlich kann auch der Versuch einer Straftat durch Unterlassen begangen werden. Dies gilt etwa für den Fall, dass eine Mutter, deren Säugling ins Wasser gefallen ist, sich vorsätzlich abwendet und keine Rettungsversuche unternimmt, das Kind aber in letzter Minute von einem hinzukommenden Dritten gerettet wird. Der Versuch einer Unterlassung ist demgegenüber nur in der Weise denkbar, dass der Täter letztlich doch die von ihm erwartete aktive Handlung erbringt.

Die Beteiligung an einer Straftat durch Unterlassen ist unter der Voraussetzung strafbar, dass der Teilnehmer sich in einer Garantenstellung befindet.[10] Das bekannteste Schulbeispiel ist der Pförtner, der es unterlässt, die Eingangstür abzuschließen, um einem Dieb den Zugang zum Haus zu erleichtern. Im Übrigen stellt das Kriminalgesetzbuch bei bestimmten schweren Delikten die unterlassene Tataufdeckung (Kap. 23 § 6 Abs. 1 BrB) ausdrücklich unter Strafe.[11]

In der schwedischen Lehre wird teilweise angenommen, dass eine Beteiligung an einem Unterlassungsdelikt nicht möglich sei. Andere vertreten den entgegengesetzten Standpunkt und können sich dabei auf die Vorarbeiten zum Kriminalgesetzbuch stützen. Beispiele für die Teilnahme an einem echten Unterlassungsdelikt sind Anstiftung und psychische Beihilfe zur Fundunterschlagung. Zu einem unechten Unterlassungsdelikt stiftet beispielsweise an, wer eine Mutter überredet, ihr Kind verhungern zu lassen; wer ihren bereits gefassten Entschluss bestärkt, leistet (psychische) Beihilfe zu ihrer Unterlassungstat.

Die Strafbarkeit wegen der Begehung eines Kommissivdelikts durch Unterlassen ist unter anderem deshalb von besonderer Bedeutung, weil die schwedische Rechtsordnung – im Gegensatz zu den meisten europäischen Ländern – keinen Straftatbestand der unterlassenen Hilfeleistung kennt. Der Gesetzgeber hat die Einführung einer entsprechenden Vorschrift wiederholt (zuletzt 2001) abgelehnt, und zwar stets mit der Begründung, dass die in Frage stehenden Sachverhalte in hinreichendem Umfang als unechte Unterlassungsdelikte verfolgt werden könnten.

Schwedische Gerichte sind freilich eher zurückhaltend in der Verurteilung wegen Unterlassens. Die wenigen veröffentlichten Entscheidungen beschränken sich im Wesentlichen auf Fälle von fahrlässiger Körperverletzung und fahrlässiger Tötung sowie ganz vereinzelt Brandstiftung und Tierquälerei.

d) Besonderheiten der Strafzumessung bei Unterlassungsdelikten

Bei echten Unterlassungsdelikten sind die gesetzlichen Strafrahmen relativ niedrig. Dies beruht auf dem Gedanken, dass ein Handlungsgebot höhere Anforderungen an den Betroffenen stellt als ein Verbot, und je höher die Anforderungen sind, desto milder sollte die Sanktion für denjenigen sein, der sie nicht erfüllt.

---

10 Siehe dazu II.G.3.

11 Siehe dazu II.G.5.

5. Tatobjekt

Das Angriffsobjekt einer Tathandlung *(gärningsobjekt, brottsobjekt)* ergibt sich aus dem gesetzlichen Tatbestand. Es ist nicht identisch mit dem durch die Kriminalisierung geschützten – abstrakten – Rechtsgut *(skyddsobjekt)*. So ist beispielsweise „eine andere Person" Tatobjekt der Vergewaltigung, während die sexuelle Selbstbestimmung das mit der entsprechenden Strafbestimmung (Kap. 6 § 1 BrB) geschützte Rechtsgut darstellt.

Einige Straftatbestände nennen kein bestimmtes Angriffsobjekt; dies gilt beispielsweise für die Bestimmungen über Falschaussage (Kap. 15 §§ 1 ff. BrB) und Auflauf (Kap. 16 § 1 BrB).

6. Taterfolg

Je nachdem, ob das Gesetz nur eine Tathandlung oder auch einen bestimmten durch sie bewirkten tatbestandsmäßigen Erfolg *(följd, effekt)* ausdrücklich anführt, wird in der traditionellen Lehre differenziert zwischen sogenannten reinen Verhaltensdelikten *(beteendedelikt, rent handlingsbrott)* und Erfolgsdelikten *(effektbrott)*. Diese Einteilung wird heute teilweise in Frage gestellt, weil der Gesetzeswortlaut keineswegs immer deutlich erkennen lasse, ob ein bestimmter Erfolg zum Tatbestand gehöre, und letztlich alle Deliktsarten im konkreten Fall eine Tatfolge hätten. Einigkeit besteht jedoch hinsichtlich der Unterscheidung von Verletzungsdelikten *(skadedelikt)* und konkreten Gefährdungsdelikten *(faredelikt)*. Bei ersteren (beispielsweise Körperverletzung, Kap. 3 § 5 BrB) setzt der Tatbestand eine Schädigung des Tatobjekts voraus, während bei letzteren (beispielsweise Brandstiftung, Kap. 13 § 1 BrB) die Gefahr einer Verletzung als Taterfolg ausreicht.

Eine besondere Kategorie unter den Verhaltensdelikten bilden die abstrakten Gefährdungsdelikte *(abstrakta faredelikt, delikt med presumerad fara)*. Die entsprechenden Tatbestände beschreiben eine Tathandlung, die nach Ansicht des Gesetzgebers für das geschützte Rechtsgut typischerweise gefährlich ist (beispielsweise üble Nachrede, Kap. 5 § 1 BrB, Exhibitionismus, Kap. 6 § 7 Abs 3 BrB, oder Flugplatzsabotage, Kap. 13 § 5 b Abs. 1 BrB). Es genügt, dass die Tat geeignet ist, einen bestimmten Erfolg herbeizuführen, ohne dass die generelle Gefahr sich im Einzelfall zu konkretisieren braucht.

Erfolgsqualifizierte Tatbestände sind mit der Einführung des Kriminalgesetzbuchs abgeschafft worden.[12]

---

[12] Siehe dazu II.E.4.

7. Kausalität und objektive Zurechnung

a) Kausalitäts- und Zurechnungstheorien

Kausalität wird definiert als der ursächliche Zusammenhang zwischen der tatbestandsmäßigen Handlung oder Unterlassung und dem Erfolg. Zur Begrenzung der Strafbarkeit wird die Bedingungs- oder Äquivalenztheorie für unbrauchbar gehalten, weil der Ursachenzusammenhang zwischen einer bestimmten Handlung und dem eingetretenen Erfolg sich mit Hilfe der *conditio-sine-qua-non*-Formel nicht nachweisen lasse, sondern bei der hypothetischen Probe bereits logisch als gegeben vorausgesetzt werde.

Stattdessen wendet ein Teil der Lehre die Adäquanztheorie an, nach der nur solche Handlungen strafbar sein können, die zum Tatzeitpunkt eine objektive Gefahr desjenigen (typischen) Erfolgs dargestellt haben, der tatsächlich eingetreten ist. Ein anderer Teil der Lehre lehnt auch die Adäquanzprüfung als untauglich ab, weil sie die Risikobeurteilung in einem konkreten Sachverhalt davon abhängig mache, wie genau das Tatgeschehen beschrieben wird. Je weniger Einzelheiten bekannt sind, desto leichter sei es, die Adäquanz zu bejahen. Dazu wird folgendes Beispiel angeführt: A hält den Radfahrer B an, mit dem er befreundet ist, und begrüßt ihn mit einem leichten, scherzhaften Klaps auf den Kopf. Dann lässt er B weiterfahren, worauf dieser an der nächsten Wegbiegung von einem Blitz erschlagen wird. A hat den Tod des B verursacht, indem er ihn angehalten und damit die Bedingung dafür gesetzt hat, dass B im Augenblick des Blitzeinschlags an der Wegbiegung war. Angesichts der ausführlichen Sachverhaltsbeschreibung erscheint jedoch die Kausalität als nicht adäquat. Beschreibt man den Geschehensablauf hingegen mit wesentlich knapperen Angaben (A schlägt B auf den Kopf und kurz darauf stirbt B), so erscheint der Ursachenzusammenhang viel eher als adäquat. Insoweit sei das Adäquanzurteil durch die Sachverhaltsbeschreibung manipulierbar und deshalb abzulehnen.

Zur Begrenzung der strafrechtlichen Verantwortung wird in der neueren Strafrechtslehre teilweise ein Lösungsmodell angeboten, dem der Begriff „Tatfahrlässigkeit" *(gärningsculpa)* zugrunde liegt und das trotz dieser Bezeichnung auch für Vorsatztaten gilt. Im Gegensatz zu dem Schuldmerkmal der persönlichen Fahrlässigkeit [13] bildet nach dieser Lehrmeinung die Tatfahrlässigkeit innerhalb des Verbrechensaufbaus ein Element der rechtswidrigen Handlung.[14] Sie besteht – ähnlich wie in anderen Strafrechtsordnungen nach der Lehre von der objektiven Zurechnung – darin, dass zum einen der Täter in seinem kontrollierten Verhalten ein unerlaubtes Risiko eingegangen ist und zum anderen dieses Risiko für den Eintritt des tatbestandsmäßigen Erfolgs relevant gewesen ist. Wäre der Erfolg auch bei

---

[13] Siehe dazu II.E.3.

[14] Siehe dazu II.C.2.c.

rechtlich korrektem Verhalten eingetreten, so ist die Eingehung des unerlaubten Risikos für ihn nicht relevant. Neben der tatbestandsmäßigen Handlung kommt dabei der Tatkontrolle eine wesentliche Bedeutung zu. Eine Handlung ist kontrolliert, solange der Täter in der Lage ist, sie abzubrechen und damit den weiteren Geschehensverlauf zu verhindern. Ein Unterlassen ist kontrolliert, solange der Täter die von ihm erwartete Handlung vornehmen kann. Bei Vorsatzdelikten gilt Folgendes: Geht der Täter mit seiner kontrollierten Handlung (beziehungsweise mit seinem kontrollierten Unterlassen) kein unerlaubtes Risiko ein, so ist er für unkontrollierte Folgen seines Verhaltens nicht verantwortlich, selbst wenn er deren Eintritt erhofft oder gar beabsichtigt hat. Wer etwa eine Sprengstoff-Fabrik mit allen erforderlichen Schutzvorkehrungen – und dennoch in der Hoffnung auf eine Explosion – betreibt, ist im Falle eines Betriebsunglücks nicht strafbar. Wer seiner Erbtante eine Flugreise finanziert, damit sie bei einem eventuellen Absturz ums Leben kommt, kann für ihren tatsächlich auf diese Weise eingetretenen Tod nur dann verantwortlich gemacht werden, wenn er beispielsweise Kenntnis von einem technischen Mangel des Flugzeugs hatte. Im Übrigen wird im Falle eines außergewöhnlichen Kausalverlaufs darauf abgestellt, ob der Täter in der aktuellen Situation Anlass hatte, das Risiko des tatsächlich eingetretenen Erfolgs in Betracht zu ziehen.

b) Eventuelle Besonderheiten bei der Fahrlässigkeitstat

Fahrlässigkeit *(oaktsamhet, culpa)* wird in der schwedischen Strafrechtslehre definiert als Abweichung von einem bestimmten Sorgfaltsstandard oder als ein Verhalten ohne hinreichende Berücksichtigung bestimmter Risiken.[15]

Nach traditioneller Lehre wird die Fahrlässigkeit in zwei Schritten geprüft: Zunächst ist festzustellen, ob der Täter eine objektive Sorgfaltspflicht verletzt und damit die Tatbestandsverwirklichung herbeigeführt hat. Anschließend ist zu untersuchen, ob von dem Täter in der konkreten Situation die erforderliche Sorgfalt verlangt werden konnte. Beide Fragen wurden lange Zeit – und werden teilweise noch heute – der subjektiven Tatseite zugerechnet. Demgegenüber hat sich eine neuere Lehrmeinung herausgebildet, nach welcher der Begriff der Fahrlässigkeit innerhalb des Verbrechensaufbaus zwei unterschiedliche Funktionen erfüllt: Im Rahmen der unerlaubten (rechtswidrigen) Tat beschreibt er die auf mangelnder Sorgfalt beruhende Verursachung eines tatbestandsmäßigen Erfolgs (bei Anwendung der gebotenen Sorgfalt würde der Erfolg nicht eintreten); im Rahmen der persönlichen Verantwortlichkeit (Schuld) beschreibt er die tadelnswerte Unkenntnis oder Fehlvorstellung des Täters über die eigene Tatbegehung (bei Anwendung der gebotenen Sorgfalt würde der Täter erkennen, dass er eine unerlaubte Tat begeht). Die erste Funktion, die zur objektiven Tatseite gehört, ist eine Ausprägung der Tatfahrläs-

---

[15] Siehe auch II.E.3.

sigkeit,[16] die zweite Funktion bildet ein Element der subjektiven Tatseite und wird persönliche Fahrlässigkeit genannt.[17] In Anlehnung an die neuere Lehre werden die objektiven Aspekte der Fahrlässigkeitstat (die dem ersten Prüfungsschritt nach der traditionellen Lehre entsprechen) hier im Rahmen der objektiven Tatseite behandelt.

Bei Fahrlässigkeitsdelikten gilt nach der Lehre von der Tatfahrlässigkeit Folgendes: Eine kontrollierte Handlung ist fahrlässig in Bezug auf einen unkontrollierten Erfolg, wenn sie – für den Täter objektiv erkennbar – ein unerlaubtes Risiko in Bezug auf gerade diesen Erfolg darstellt, sodass eine verantwortungsbewusste Person nicht so gehandelt oder Schutzmaßnahmen getroffen hätte. Ein kontrolliertes Unterlassen ist fahrlässig in Bezug auf einen unkontrollierten Erfolg, wenn die Vornahme der unterlassenen Handlung das Risiko dieses Erfolgs ausgeschlossen oder verringert hätte. Die Eingehung eines unerlaubten Risikos entspricht dabei im Wesentlichen der Verletzung einer objektiven Sorgfaltspflicht im Sinne der traditionellen Lehre. Anhaltspunkte für das Bestehen einer Sorgfaltspflicht können sich aus verschiedenen Verhaltensregeln, etwa aus rechtlichen Vorschriften (Straßenverkehrsordnung, Arbeitsschutzbestimmungen), technischen Normen, medizinischer „lex artis", Sportregeln oder ähnlichen Standards ergeben, teilweise werden sie auch von der Rechtsprechung aufgestellt.

Die Verhaltensregel muss darauf ausgerichtet sein, gerade solche Folgen zu vermeiden, deren fahrlässige Verursachung in dem anzuwendenden Straftatbestand kriminalisiert ist. Ferner muss das Risiko – ebenso wie die Sorgfaltspflicht nach der traditionellen Lehre – für den Täter objektiv erkennbar gewesen sein. Schließlich wird verlangt, dass die Eingehung des unerlaubten Risikos – entsprechend der Sorgfaltspflichtverletzung nach der traditionellen Lehre – für die Verwirklichung des Tatbestands (bei Erfolgsdelikten für den Eintritt des Erfolgs) relevant gewesen ist. (Beispiel 1: Wer ein Auto mit defekter Bremse vermietet, geht das unerlaubte Risiko ein, dass infolge Bremsversagens ein Mensch zu Schaden kommt. Wenn der Fahrer des Autos jedoch einen Unfall erleidet, ohne überhaupt die Bremse benutzt zu haben, ist die Sorgfaltspflichtverletzung des Vermieters für den eingetretenen Schaden nicht relevant. Beispiel 2: Wer durch unvorsichtiges Fahren einen Fußgänger verletzt, der auf der Fahrbahn liegenbleibt, von einem nachfolgenden Auto überfahren wird und an den Verletzungen stirbt, ist ein objektiv erkennbares Risiko eingegangen, das für die Todesfolge relevant war. Deshalb wird der erste Autofahrer wegen fahrlässiger Tötung selbst dann bestraft, wenn die von ihm verursachten Verletzungen nicht lebensgefährlich waren.)

Je nach den Umständen des Einzelfalls kann ein selbstgefährdendes Verhalten des Tatopfers von Bedeutung sein. Der Oberste Gerichtshof hat drei Jugendliche,

---

[16] Siehe auch oben 7.a.

[17] Nähere Ausführungen hierzu unter II.E.3.

die gemeinsam mit einem vierten gefährliche Sprengstoffexperimente als „Spiel" betrieben hatten, bei denen der Vierte verletzt wurde, vom Vorwurf der fahrlässigen Körperverletzung freigesprochen mit der Begründung, dass der Verletzte selbst in dem gleichen Maße wie die Angeklagten das unerlaubte und schadensrelevante Risiko eingegangen sei.

Literaturhinweise

Asp, Petter, Plaidoyer för en objektiviserad gärningsculpa? (Plädoyer für eine objektivierte Tatfahrlässigkeit?). In: Tilmann Mohr/Jan Nemitz (Hrsg.), Strafrecht aus nordischer Perspektive. Festschrift für Karin Cornils. Aachen 2003, S. 5–24.

Das schwedische Kriminalgesetzbuch – Brottsbalken. Deutsche Übersetzung und Einführung von *Karin Cornils* und *Nils Jareborg*. Freiburg 2000.

Erenius, Gillis, Oaktsamhet. Studier i sttraffrätt (Fahrlässigkeit. Studien im Strafrecht). Stockholm 1971. In englischer Übersetzung erschienen unter dem Titel Criminal Negligence and Individuality. Stockholm 1976.

Frände, Dan, Gärningsculpa och „objektive Zurechnung" – några jämförelser (Tatfahrlässigkeit und „objektive Zurechnung" – einige Vergleiche). In: Petter Asp u.a. (Hrsg.), Flores juris et legum. Festskrift till Nils Jareborg. Uppsala 2002, S. 237–250.

Holmqvist, Lena u.a. (Hrsg.), Brottsbalken. En kommentar (Das Kriminalgesetzbuch. Ein Kommentar). Kap. 1–12. Stockholm Loseblatt, 1:4; 1:6.

Jareborg, Nils, Allmän kriminalrätt (Allgemeines Kriminalrecht). Uppsala 2001, S. 127–132, 149–236.

– Handling och uppsåt. En undersökning rörande dolusläranas underlag (Handlung und Vorsatz. Eine Untersuchung zu den Grundlagen der Vorsatzlehre). Stockholm 1969, S. 67–172.

Leijonhufvud, Madeleine/Wennberg, Suzanne, Straffansvar (Strafrechtliche Verantwortung). 7. Aufl. Stockholm 2005, S. 33–55, 77–79.

Strahl, Ivar, Allmän straffrätt i vad angår brotten (Allgemeines Strafrecht in Bezug auf die Straftat). Stockholm 1976, S. 32–74, 168–211.

Rechtsprechung

Entscheidungen des Obersten Gerichtshofs

NJA I 1934, S. 86 (87):	Objektive Zurechnung bei atypischem Kausalverlauf nach Verkehrsunfall (fahrlässige Tötung)
NJA I 1937, S. 434 (436):	Objektive Zurechnung bei spezieller Konstitution des Tatopfers (Körperverletzung mit Todesfolge)

NJA I 1938, S. 84 (89):	Kausalzusammenhang zwischen Körperverletzung und Tod des Tatopfers durch Lungenembolie
NJA I 1956, S. 635 (638):	Objektive Zurechnung bei fahrlässiger Tötung (Übergabe einer Pistole unter Missachtung von Sicherheitsvorschriften)
NJA I 1957, S. 139 (144, 149):	Zur Frage der Unterbrechung des Kausalzusammenhangs durch eigenverantwortliches Dazwischentreten eines Dritten
NJA I 1959, S. 254 (259 ff.):	Grobe Fahrlässigkeit; Kausalzusammenhang zwischen objektiver Sorgfaltspflichtverletzung und Taterfolg
NJA I 1962, S. 469 (479):	Kausalität bei konkurrierenden Schadensursachen
NJA I 1963, S. 39 (43):	Selbstgefährdendes Verhalten des Tatopfers bei fahrlässiger Körperverletzung
NJA I 1966, S. 30 (34):	Verwirklichung eines unerlaubten Risikos bei neu hinzutretender Todesursache
NJA I 2005, S. 372 (382 ff.):	Begründung einer Garantenpflicht; Überwachungsgarant aufgrund betrieblicher Arbeitsverteilung

Abkürzungsverzeichnis

BrB	Brottsbalken (das schwedische Kriminalgesetzbuch)
NJA	Nytt Juridiskt Arkiv (Neues Juristisches Archiv, Teil I: Rechtsprechung; Teil II: Gesetzgebung)

Teresa Manso Porto

Objektive Tatseite in
Spanien

1. Definition/Elemente der objektiven Tatseite

Die objektive Tatseite der Straftat ist in Spanien in mehrere Stufen unterteilt. Zur objektiven Tatseite im weiten Sinne gehören der objektive Tatbestand *(tipo objetivo)*, die Rechtswidrigkeit/Elemente der Rechtfertigung *(antijuricidad/elementos de la justificación)*, die objektiven Bedingungen der Strafbarkeit *(condiciones objetivas de punibilidad)* und die Strafaufhebungsgründe *(excusas absolutorias, causas personales de exclusión de la punibilidad)*. Eine strenge Unterscheidung zwischen objektiver und subjektiver Tatseite lässt sich allein auf der Ebene des Tatbestands durchführen, obgleich sie schon hier als relative Unterscheidung gilt, da sich beide Seiten gegenseitig bedingen. Darüber hinaus wäre die Einordnung aller Verbrechensmerkmale in eine objektive beziehungsweise eine subjektive Seite dem herrschenden Verbrechensaufbau (Tatbestand – Rechtswidrigkeit – Schuld) allerdings unangemessen, da alle Verbrechenskategorien von objektiven und subjektiven beziehungsweise individualisierenden Momenten mehr oder weniger durchdrungen werden.[1]

Insbesondere ist die Trennung zwischen objektiver und subjektiver Tatseite bei der Fahrlässigkeitstat erklärungsbedürftig, denn sie betrifft den Fahrlässigkeitsbegriff selbst, der wiederum in engem Zusammenhang mit der Überwindung des klassischen Verbrechensaufbaus und der Entwicklung des Handlungs- beziehungsweise des Schuldbegriffs steht.[2] Während früher die Fahrlässigkeit als Schuldform und die Schuld überwiegend als psychische Beziehung des Täters zu seiner Tat (psychologischer Schuldbegriff) verstanden wurde, wird sie heute nach herrschender Meinung als eigenständige Form des Unrechtstatbestands konzipiert. Innerhalb dieses grundsätzlichen Fahrlässigkeitsbegriffs werden wiederum eher objektivierende oder eher individualisierende Auffassungen vertreten.[3]

Zum objektiven Tatbestand im systematischen Sinne gehören – zumindest in ihren äußeren Merkmalen – im Prinzip der Täter, die Handlung (oder Unterlassung)

---

[1] Siehe II.C.

[2] Siehe II.C.2.c.

[3] Siehe näher II.E.3.a. und b.

und die Tatumstände (deskriptive und normative Elemente sowie sonstige Anforderungen des Gesetzes an Begehungsmittel, zeitliche und örtliche Umstände etc.). Für Vertreter der Lehre von den negativen Tatbestandsmerkmalen gehört hierzu auch der „negative Tatbestand", das heißt das Fehlen von Rechtfertigungsgründen, da im Fall einer Rechtfertigung kein tatbestandsmäßiges Verhalten vorhanden wäre. Hierzu wird auch eine mittlere Position vertreten.

Ob der objektive Tatbestand etwas von den weiteren objektiven Elementen wirklich Getrenntes und Verschiedenes sein soll und warum eine solche Trennung sinnvoll sein soll, ist in der spanischen Literatur unterschiedlich beantwortet worden. Einige argumentieren, dass nur der objektive Tatbestand von einem subjektiven Bezug abgedeckt wird oder dass Tatbestand und Rechtswidrigkeit verschiedene Wertungsstufen bilden. Andere wollen dem Tatbestand gleich alle „strafrechtlichen" Rechtswidrigkeitselemente (einschließlich der objektiven Bedingungen der Strafbarkeit) zuordnen. In diesem Zusammenhang ist die Beziehung zwischen Verbrechensbegriff und Verbrechensaufbau nicht klar. Weitgehende Einstimmigkeit besteht darüber, dass der Tatbestand als Prüfungsbegriff für die strafrechtliche Relevanz eines Verhaltens verstanden wird und dass er sowohl aus objektiven als auch aus subjektiven Elementen – oder besser Aspekten beziehungsweise Momenten – besteht. Die Tatbestandsmäßigkeit kann kein Prädikat bloßer Interna sein, sondern setzt ein in der Welt „objektiviertes" Verhalten voraus. Und ebenso wenig ist ein Verhalten tatbestandsmäßig, wenn in unvorhersehbarer Weise eine bloß kausale Bedingung für einen bestimmten „Erfolg" in die Welt gesetzt wird. Eine Trennung zwischen objektiven und subjektiven Aspekten soll insofern nur didaktischen oder analytischen Zwecken dienen.

2. Tatsubjekt

Täter kann nach geltendem Recht nur eine natürliche Person sein, wobei der herkömmlichen Herleitung dieser Maxime aus dem Schuldprinzip, um die Strafbarkeit juristischer Personen auszuschließen, die Grundlage entzogen wird. Zum einen gibt es immer mehr Stimmen in der Literatur, die sowohl Fremdverantwortungs- als auch Selbstverantwortungsmodelle vertreten. Zum anderen lag 2006 eine umfassende Gesetzesnovellierung vor, die auch die Strafbarkeit juristischer Personen vorsah. Der Entwurf wurde allerdings als Ganzes zurückgenommen.

Je nach den gesetzlichen Anforderungen an den Einzeltäter wird zwischen Jedermannsdelikten *(delitos comunes)* und Sonderdelikten *(delitos especiales)* unterschieden. Bei Letzteren handelt es sich entweder um Delikte, die nur von Subjekten mit bestimmten Tätermerkmalen begangen werden können (echte Sonderdelikte) oder um solche, die gesetzlich in beiden Formen, nämlich als Jedermanns- und als Sonderdelikte, erfasst sind (unechte Sonderdelikte). In diesem Fall verwendet der Gesetzgeber häufig eine Generalklausel mit einer besonderen Strafbestimmung in

Bezug auf einen oder auf mehrere Tatbestände. Beispielsweise wird nach Art. 390 Abs. 1 des spanischen Strafgesetzbuches (*Código penal*, CP) der Beamte oder Amtsträger bestraft, der eine öffentliche Urkunde in einer der vier vorgesehenen Varianten fälscht (Sonderdelikt), während Art. 392 CP drei von diesen vier Varianten auch dann bestraft, wenn sie von einer Privatperson begangen werden (Jedermannsdelikt). Damit sind die ersten drei Varianten des Art. 390 Abs. 1 CP unechte Sonderdelikte und die letzte ein echtes Sonderdelikt. Umgekehrt bestraft Art. 470 Abs. 1 CP eine Privatperson, die einem Inhaftierten zur Flucht verhilft (Jedermannsdelikt), während Art. 471 CP eine Strafverschärfung vorsieht, wenn der Täter der zuständige Beamte ist (unechtes Sonderdelikt).

Eine weitere Einschränkung des Täterkreises stellen die eigenhändigen Delikte *(delitos de propia mano)* dar, welche die „persönliche" Verwirklichung des Tatbestands im Sinne einer körperlichen Handlung verlangen und somit eine mittelbare Täterschaft ausschließen. Ein eigenhändiges Delikt begeht beispielsweise, wer gemäß Art. 381 ein Fahrzeug auf offenkundig leichtsinnige Art und Weise führt und eine konkrete Gefährdung für das Leben und die körperliche Unversehrtheit anderer herbeiführt. In vielen Fällen besteht jedoch keine Einigkeit darüber, welche Delikte als eigenhändig verstanden werden sollen beziehungsweise welche rechtlichen Folgen diese Bezeichnung haben soll. Der spanische Oberste Gerichtshof *(Tribunal Supremo)* hat beispielsweise bezüglich der Vergewaltigung, die überwiegend als eigenhändig verstanden wird, mittelbare Täterschaft angenommen. Bezüglich des Waffenbesitzes und des Umstands der Verwendung einer Waffe gibt es konträre Entscheidungen, wobei in allen Fällen die Möglichkeit des gleichzeitigen Besitzes von mehreren Personen und der Mittäterschaft anerkannt werden. In der überwiegenden Zahl der Entscheidungen wird ausdrücklich behauptet, dass der Eigenhändigkeit eine Mittäterschaft bei diesen Straftaten nicht entgegensteht. Damit wird der Begriff „eigenhändig" zumindest auch in einem weiteren Sinn verwendet. Manche Entscheidungen bezeichnen die Kategorie der eigenhändigen Delikte als „obskur" oder erkennen an, dass sie umstritten ist.

3. Tathandlung

Straftaten können Handlungen oder Unterlassungen sein (Art. 10 CP). Der Handlungsbegriff, über welchen kein theoretischer Konsens herrscht, hat als zentraler Begriff in der Diskussion um die Verbrechensstruktur etwas an Bedeutung verloren. Dennoch ist sein Verhältnis zum Tatbestand nicht übereinstimmend geklärt. Weitgehende Einigkeit besteht heute über die Funktion der Handlung als prüfungstechnischer Begriff und als erster „Filter", der diejenigen Körperbewegungen ausschließt, die keine strafrechtliche Bedeutung haben können (Reflexbewegungen, Handlungen unter *vis absoluta* und Bewusstlosigkeit).

Die spanische Strafrechtswissenschaft hat sich mit dem finalen Handlungsbegriff, der dem unter Einfluss des Rechtspositivismus entstandenen kausalen Handlungsbegriff in Deutschland entgegengesetzt wurde, sehr intensiv auseinandergesetzt. Die theoretischen Postulate des Finalismus, insbesondere die vermeintliche Bindung des Gesetzgebers an die ontologischen Strukturen der Handlung, haben sich zwar nicht durchgesetzt, wohl aber deren Folgen für den Verbrechensaufbau.[4] Allerdings ist in der spanischen Doktrin früh angemerkt worden, dass ein „finalistischer" Verbrechensaufbau, der den Vorsatz im Tatbestand behandelt, mit dem kausalen Handlungsbegriff vereinbar sei. Als Alternative zu dem kausalen und dem finalen Handlungsbegriff wurde ein sozialer Handlungsbegriff auch in Spanien vereinzelt vertreten, wobei in den Darstellungen der Lehre gleichzeitig betont wird, dass zwischen dem finalen und dem sozialen Handlungsbegriff kein Widerspruch bestehen müsse. Soweit es um die Frage geht, welche Handlungen strafrechtlich relevant sind, wird die soziale Bedeutung der Handlung gegenüber ihrer ontologischen Natur stärker betont beziehungsweise die Frage nach dem Substrat der Handlung als Problem des Handlungsbegriffs zum Teil sogar verneint. In diesem Sinne kann generell von einer Normativierungstendenz bei der Diskussion um die Handlung gesprochen werden.

Freilich muss bei den heutigen Definitionen der Handlung deutlich differenziert werden, welche Funktionen dem Handlungsbegriff auferlegt werden. Es besteht in der Diskussion nämlich keine Einigkeit darüber, welche Funktionen der Handlungsbegriff überhaupt erfüllen soll beziehungsweise welcher Handlungsbegriff in der Lage ist, die für notwendig erachteten Funktionen zu erfüllen. Beispielsweise wird von einer Lehrmeinung vertreten, dass die Handlung eine in den 1950er Jahren in Deutschland formulierte dreifache Funktion erfüllen müsse und dass die finale Handlung diese drei Funktionen erfüllen könne: grundlegendes Element (logische Bedeutung), verbindendes Element (systematische Bedeutung) und begrenzendes Element (praktische Bedeutung). Andere Autoren behaupten, dass der finale Handlungsbegriff als rein natürlicher Begriff kein verbindendes Element in der Verbrechenssystematik sein könne. Er könne nur bestehen oder nicht bestehen, aber keine Wertprädikate tragen. Andere fügen hinzu, dass man weder ein verbindendes noch ein grundlegendes Element brauche. Wiederum andere verzichten auf einen Handlungsbegriff und setzen direkt bei der Tatbestandsmäßigkeit an.

Im Ergebnis kann man generell feststellen, dass die Auffassung von der Funktion des Handlungsbegriffs als prüfungstechnischer Begriff der Verbrechenssystematik, wonach insbesondere die oben genannten Konstellationen als strafrechtlich relevante Handlungen von vorneherein ausscheiden können, sich am besten bewährt hat. Außerdem hat sich die sonstige Diskussion um die Handlung teilweise in die Problematik der Tatbestandsmäßigkeit verlagert; hier haben sich zwei Tendenzen herausgebildet. In einer ersten Linie wird ein dem kausalen Handlungsbegriff zumindest nahestehender Begriff beziehungsweise ein Begriff der Handlung als indi-

---

[4] Siehe II.C.2.c.

viduell vermeidbares Verhalten vertreten, dem die objektive Zurechnung,[5] die ihrerseits Elemente des sozialen Handlungsbegriffs übernommen hat, und der subjektive Tatbestand hinzugerechnet werden. In einer zweiten Linie wird die finale Handlung als Objekt der Wertung oder als reelles Substrat in den Mittelpunkt der Tatbestandsmäßigkeit gestellt. Als Alternative wird ein Handlungsbegriff als vorangestellte Kategorie mit negativer Funktion vorgeschlagen.

Hauptsächlich infolge der Diskussion um die Handlung als grundlegendes Element des Verbrechenssystems ist schon früh ein axiologisch neutraler Handlungsbegriff vorgeschlagen worden, der in dieser Funktion sowohl Handlungen als auch Unterlassungen umfassen[6] und darüber hinaus als verbindendes Element der weiteren Verbrechenskategorien gelten soll.

In den 1990er Jahren ist ein Einzelversuch unternommen worden, den modernen Umwandlungen der philosophischen Handlungskonzeptionen (insbesondere der Theorie des kommunikativen Handelns) Rechnung zu tragen und eine neue Konzeption des Verbrechens mit Folgen für die Systematik des Verbrechensaufbaus zu entwickeln. Gegenüber der herkömmlichen Lehre wird hier weder nach einem Substrat der Handlung gesucht noch an eine Unterscheidung zwischen Objekt der Wertung und Wertung des Objekts angeknüpft. Handlung sei nicht das Tun, sondern dessen Bedeutung beziehungsweise die dem Tun rechtlich zugeschriebene Bedeutung. Aus dem Handlungsbegriff und aus dem Geltungsanspruch der Norm beziehungsweise aus deren verschiedenen Aspekten (Anspruch auf Relevanz, auf formelle Rechtswidrigkeit, auf Vorwurf und Anspruch auf Notwendigkeit der Strafe) werden Ansätze für ein mögliches Verbrechenssystem entwickelt. Verbrechenskategorien wären dabei erstens der Handlungstatbestand, der in zwei Stufen – nämlich Tatbestand und materielle Rechtswidrigkeit – aufgeteilt werden soll. In diesen zwei Stufen sollen zwei Aspekte geprüft werden, die sich aus dem Anspruch der Norm auf Relevanz ergeben, nämlich dass die Körperbewegungen den für die Typisierung maßgeblichen Handlungsregeln folgen (Intelligibilität) und dass sie einen rechtsverletzenden Charakter haben. Zu dem Handlungstatbestand kommt die Antinormativität oder formelle Rechtswidrigkeit *(ilicitud, antijuricidad formal)* hinzu. Diese soll gegeben sein, wenn die tatbestandsrelevante Handlung mit vorwerfbarer Intention (Vorsatz oder Fahrlässigkeit) begangen wird und keine Erlaubnissätze (Rechtsfertigungsgründe, Exkulpationsgründe oder die Tatverantwortung ausschließende Umstände) angewandt werden können. Eine dritte Kategorie wäre der Schuldvorwurf *(juicio de culpabilidad)*, der neben dem Handlungstatbestand die Erkennbarkeit des Unrechts und die Zurechenbarkeit verlangt. Als Letztes käme ein Urteil über die Notwendigkeit der Strafe im Einzelfall dazu, das etwa Aspekte des Gnadenrechts einschließen könnte. – Die Konsequenzen des mangelnden Konsenses über den Handlungsbegriff sind auf praktischer Ebene allerdings weniger sichtbar.

---

[5] Siehe unten 7.

[6] Siehe unten 4.a.

4. Tatbegehung durch Unterlassen

a) Abgrenzung zwischen Handeln und Unterlassen

Traditionell enthält der Besondere Teil überwiegend Deliktsbeschreibungen, die als aktive Verhaltensweisen verstanden werden. Darüber hinaus hat man sich die Frage gestellt, ob ein passives Verhalten ebenfalls der Handlung ähnliche Elemente aufweist, die eine Gleichstellung rechtfertigen könnten. Neuere Entwicklungen bezeichnen diesen Ausgangspunkt als Irrweg, soweit er dazu führt, dass die Unterlassung zu stark vom Handlungsbegriff abhängig gemacht wird.

Damit bleibt aber immer noch die Frage offen, ob Handlung und Unterlassung zwei nebeneinanderstehende oder einheitliche Elemente der Verbrechenslehre sein sollen. Die überwiegende Meinung hält die Bildung eines Oberbegriffs für Handlungen und Unterlassungen für eine unlösbare Aufgabe und will die Unterlassung als andersartiges und selbstständiges Verhalten verstehen. Eine weitere Lehrmeinung betont, dass die strafrechtlichen Verbote und Gebote sich jeweils auf Handlungen oder Unterlassungen beziehen können, ohne dass man im Einzelfall immer deutlich differenzieren könne, beziehungsweise dass das Entscheidende nicht die Frage sei, ob aktives oder passives Verhalten vorliege, sondern jeweils dessen Bedeutung hinsichtlich des Tatbestands. Ein nicht unwesentlicher Berührungspunkt beider Positionen könnte darin bestehen, dass allein aus der Charakterisierung eines Verhaltens als Handlung oder Unterlassung keine unmittelbaren Folgen für die strafrechtliche Behandlung hergeleitet werden.

Ungeachtet der Entwicklung der erörterten Grundsatzfragen wird heute allgemein zwischen Begehungs- und Unterlassungsdelikten unterschieden. Hinter ersteren steht ein strafrechtliches Verbot, etwas zu tun. Hinter letzteren steht ein strafrechtliches Gebot, etwas zu tun.

Die Unterlassungsdelikte werden in den spanischen Lehrbüchern in einem selbstständigen Kapitel behandelt, in dem parallel zu den Begehungsformen der spezifische Inhalt der verschiedenen Deliktskategorien für Unterlassungsfälle beschrieben wird. Dies soll nicht in dem Sinne verstanden werden, dass es sich um zwei unterschiedliche Verbrechenssysteme handeln würde. Auch der Idee, dass sich die Unterlassungsdelikte nach dem Inversionsprinzip richten sollen, wird praktisch nicht gefolgt.

Es wird grundsätzlich zwischen zwei verschiedenen Arten von Unterlassungsdelikten differenziert. Die Straftaten, die nur dadurch verwirklicht werden können, dass der Täter eine bestimmte, rechtlich gebotene Handlung unterlässt (etwa eine Straftat anzuzeigen), werden echte Unterlassungsdelikte *(delitos propios de omisión)* genannt. Beispielsweise macht sich nach Art. 450 Abs. 2 CP derjenige strafbar, der sich nicht an die Behörde wendet, wenn er von der bevorstehenden oder gegenwärtigen Begehung einer Straftat gegen das Leben, die Gesundheit, die Freiheit oder die sexuelle Selbstbestimmung Kenntnis hat. Daneben wird die Kategorie der unechten Unterlassungsdelikte *(delitos impropios de omisión)* anerkannt. Dabei handelt es sich um eine Ergänzung der Verstöße gegen die Verbote, etwas zu tun (soweit man diese prinzipiell auf aktive Handlungen beschränkt): die Fälle der sogenannten Begehung durch Unterlassen *(comisión por omisión)*. Beide Begehungsformen bestehen darin, dass der Täter den tatbestandsmäßigen Erfolg nicht vermieden hat (beziehungsweise im weiteren Sinne „verursacht" hat). Die Möglichkeit der Begehung durch Unterlassen wird häufig auf die Erfolgsdelikte im engen Sinne beschränkt. Allerdings ist diese Einschränkung in der Praxis – und insbesondere bei Sonderpflichten – nicht so geläufig. Beispielsweise bedroht Art. 405 CP den Beamten mit Strafe, der in einer Verwaltungsangelegenheit eine willkürliche Entscheidung wissentlich erlässt (Tätigkeitsdelikt), und die Rechtsprechung beurteilt als Fall von Begehung durch Unterlassen etwa den Sachverhalt, dass ein Beamter es unterlässt, einen Scheck zugunsten eines Berechtigten zu unterschreiben. Ebenfalls wird etwa die Mutter, die sexuelle Übergriffe, habituelle Misshandlungen *(maltrato habitual)* oder schwere Körperverletzungen gegen ihr Kind untätig zulässt, jeweils als Mittäterin wegen Begehung durch Unterlassen bestraft.

Was die traditionelle Unterscheidung zwischen echten und unechten Unterlassungsdelikten angeht, ist allerdings in der Lehre darauf hingewiesen worden, dass es im spanischen CP neuerdings auch Deliktsbeschreibungen gibt, die einen Verstoß gegen ein Gebot, etwas zu tun, enthalten, und dass dieses „etwas" gleichzeitig konkret in der Erfolgsvermeidung besteht, wie es bei unechten Unterlassungsdelikten der Fall ist. Beispielsweise kriminalisiert Art. 450 Abs. 1 CP unter anderem denjenigen, der eine Straftat gegen das Leben „nicht verhindert", obwohl er dies durch sein unverzügliches Eingreifen ohne Gefahr für sich oder einen anderen hätte tun können. Diese Konstellation eines Gebots zur Erfolgsverhinderung hat zur Annahme geführt, man könne nicht mehr generell behaupten, echte Unterlassungsdelikte seien diejenigen, die ausdrücklich im Gesetz vorgesehen sind, unechte diejenigen, die aus dem Zusammenspiel eines Begehungsdelikts mit einer speziellen Garantenstellung entstehen. Vielmehr beschränkten sich echte Unterlassungsdelikte auf solche Straftaten, die ein Handlungsgebot enthielten und bei denen die Erfolgsvermeidung kein Tatbestandselement sei.

Eine andere Ansicht schlägt eine Dreiteilung der Unterlassungsdelikte vor. Erstens gebe es begehungsgleiche Unterlassungsdelikte, die auf dem Gedanken der Verantwortung kraft Organisation beziehungsweise der Risikoherrschaft beruhen. Zweitens gebe es einfache (echte) Unterlassungsdelikte, bei denen es sich um Verletzungen der Rechtspflichten aus Mindestsolidarität handelt. Und drittens gebe es verschärfte, nichtbegehungsgleiche Unterlassungsdelikte, die auf dem Gedanken der Verantwortung aus qualifizierter (institutioneller) Solidarität basieren. Die mittelschweren Unterlassungsdelikte sollten als Qualifizierungen des Tatbestands der unterlassenen Hilfeleistung vertypt werden.

Eine ganze Reihe von Fällen, in denen der Täter den Tatbestand durch ein eher passives Verhalten verwirklicht, betreffen sogenannte verhaltensgebundene Delikte oder Tätigkeitsdelikte (zum Beispiel beim Betrugstatbestand, wenn jemand eine Täuschung dadurch herbeiführt, dass er schweigt, oder beim Beleidigungstatbestand, wenn jemand eine Person beleidigt, indem er ihr den Gruß in der Öffentlichkeit verweigert). Häufig wird hier argumentiert, dass es sich nicht um begehungsgleiche Unterlassungsdelikte handele, sondern um Verhaltensformen, die sich unmittelbar in die Deliktsbeschreibung des Besonderen Teils hineininterpretieren lassen. Dies zeigt erstens, dass es sich bei der Abgrenzung zwischen Handlung und Unterlassung weniger um phänomenologische Unterschiede als um die normative Bedeutung des Verhaltens hinsichtlich des Tatbestands handelt, und zweitens, dass sich die praktisch relevanten Abgrenzungsfragen durch generelle Kriterien kaum lösen lassen, sondern eher als Auslegungsprobleme im Besonderen Teil gestellt werden.

Im verbleibenden Bereich der (wirklichen) unechten Unterlassungsdelikte, bei denen das Vorliegen einer Garantenstellung vorausgesetzt wird, sind bestehende Zweifel gegen deren Vereinbarkeit mit dem Gesetzlichkeitsprinzip durch die Einführung einer Garantenstellungsklausel im Allgemeinen Teil des CP 1995 nicht komplett ausgeräumt worden. Alternativ wird vorgeschlagen, dass der Gesetzgeber abschließend bestimmt, welche Tatbestände durch Unterlassung verwirklicht werden können. Die Auslegung der Garantenstellungsklausel ist bis heute umstritten.[7]

b) Besondere Handlungspflichten, Garantenlehre

Bis 1995 gab es im spanischen Strafgesetzbuch keine ausdrückliche Garantenstellungsklausel. Der spanische *Tribunal Supremo* hatte aber die Tatbestandsmäßigkeit bei Begehung durch Unterlassen schon früher anerkannt. Welche konkreten Erfolgsdelikte des Besonderen Teils mittels der Anwendung der Klausel des Art. 11 CP durch Unterlassen begangen werden können, ist nicht abschließend bestimmt. Art. 11 CP lautet:

Art. 11 CP

Die Straftaten oder Übertretungen, die in der Herbeiführung eines Erfolgs bestehen, werden nur dann als durch Unterlassung begangen angesehen, wenn dessen Nichtvermeidung unter Verletzung einer besonderen Rechtspflicht des Täters nach dem Sinn des Gesetzestextes der Verursachung gleichsteht. Insoweit ist die Unterlassung der Handlung gleichzustellen:

a) wenn eine besondere gesetzliche oder vertragliche Verpflichtung zum Handeln vorliegt,

b) wenn der Unterlassende durch eine vorausgegangene Handlung oder Unterlassung eine Gefahrenlage für das rechtlich geschützte Gut geschaffen hat.

---

7 Siehe unten b.

Der Regelung des Art. 11 CP ist in der Lehre entgegengehalten worden, dass sie zwei unterschiedliche Garantenlehren zu kombinieren versuche beziehungsweise vermische. In diesem Sinne wird der erste Absatz, bei dem auf die Gleichstellung der Nichtvermeidung mit der Verursachung aufgrund der Verletzung einer besonderen Rechtspflicht abgestellt wird, mit einer funktionalen Garantenlehre in Verbindung gebracht. Diese modernere Lehre liefert eine materielle Begründung der Garantenpflicht, die danach unterscheidet, ob der Täter eine Schutzfunktion vor fremden Eingriffen gegenüber dem Rechtsgut oder eine Überwachungsfunktion hinsichtlich der von dem Rechtsgut ausgehenden Gefahren erfüllt. Darüber hinaus wird im zweiten Teil des Art. 11 CP einer formalen Theorie gefolgt, die als Rechtsquellen für die Begründung einer Rechtspflicht das Gesetz, den Vertrag oder das vorangegangene Tun anerkennt.

Die weitgehende Angleichung zwischen Begehungs- und Unterlassungsdelikten wird durch einen Ansatz, nach dem auch bei Begehungsdelikten von Verletzung einer Garantenpflicht gesprochen werden könne, ein Stück weiter vorangetrieben. Eine entsprechende Entwicklung kann auf neue Positionen zurückgeführt werden, die bei den Begehungsdelikten an der Unterscheidung zwischen Herrschafts- und Pflichtdelikten ansetzen. Diese Lehre deutschen Ursprungs wurde in Spanien übernommen und insbesondere für den Bereich der Tatbeteiligung weiterentwickelt. Für die Unterlassung ergibt sich als Ausgangspunkt, dass die normative Struktur einer bestimmten Straftat bei der Frage, ob Handlung und Unterlassung äquivalent sein können, eine wichtige Rolle spielt. Die Herrschaftsdelikte beziehen sich auf Garantenstellungen, die auf die eigene Organisation des Täters zurückgeführt werden können (beispielsweise, wenn jemand eine besonders riskante Aktivität ausübt und entsprechende Sicherheitsmaßnahmen nicht ergreift), während sich bei den Pflichtdelikten eine Gleichstellung der Unterlassungshandlungen mit den aktiven Begehungsformen schon aus der institutionellen Position des Täters ergibt (beispielsweise ein Vater, der das Kind sexuell missbraucht oder dessen Misshandlungen durch einen Dritten nicht verhindert beziehungsweise duldet).

c) Vorsatz, Fahrlässigkeit, Versuch und Tatbeteiligung bei Unterlassungsdelikten

Der Vorsatz bei Unterlassungsdelikten besteht ebenso wie bei Begehungsdelikten hauptsächlich in der Kenntnis der tatbestandsmäßigen Situation, bei der folgende Elemente vorausgesetzt werden: Kenntnis der Umstände, welche die Handlungspflicht begründen, Kenntnis der Umstände, welche die Handlungsmöglichkeiten begründen, und (zusätzlich bei den unechten Unterlassungsdelikten) Kenntnis der Umstände, welche die Garantenstellung begründen. Die Fahrlässigkeit besteht demgegenüber in der mangelnden Kenntnis der oben genannten Umstände, wenn diese zumindest erkennbar waren.[8]

Der Versuch eines Unterlassungsdelikts ist im spanischen Recht nach den allgemeinen Regeln möglich. In der Lehre wird diese Konstellation jedoch wenig beachtet. In der Rechtsprechung gilt sie grundsätzlich als möglich, spielt allerdings eine geringe Rolle. In letzter Zeit wurde etwa der Fall diskutiert, dass ein Menschenschmuggler einen illegalen Einwanderer unter lebensgefährlichen Bedingungen in seinem Kraftfahrzeug versteckt und transportiert hat. Eine versuchte Tötung durch Unterlassung lag im konkreten Fall allerdings nicht vor.

Die Tatbeteiligung durch Unterlassen setzt eine Garantenstellung voraus. Bei der Einzeltäterschaft gelten im Übrigen die allgemeinen Regeln. Die Möglichkeit, jemanden durch passives Verhalten im Sinne der mittelbaren Täterschaft zu instrumentalisieren, wird verneint. Diese sei vielmehr nur durch aktives Tun plausibel. Auch die Möglichkeit, einen gemeinsamen Entschluss im Sinne der Mittäterschaft durch passives Verhalten zu fassen, wird teils verneint. Beide Haltungen haben Folgen für die Annahme sonstiger Täterschaftsformen bei Unterlassungsdelikten.[9]

Was die *Teilnahme durch Unterlassen* angeht, so sind die notwendige Beihilfe *(cooperación necesaria)* und die einfache Beihilfe *(complicidad)* als Unterlassungsteilnahmeformen in der Rechtsprechung längst anerkannt und zwar sowohl für Fahrlässigkeits- als auch für Vorsatz(unterlassungs)straftaten. Die Rechtsprechung fasst die Voraussetzungen für die Teilnahme häufig in ein objektives, ein subjektives sowie ein normatives Element zusammen. Das objektive Element besteht in der „Kausalität“. Die notwendige Beihilfe verlangt ein an Gewissheit angrenzendes Wahrscheinlichkeitsurteil bezüglich der Erfolgsvermeidung durch die unterlassene Handlung. Demgegenüber liegt einfache Beihilfe vor, wenn der unterlassene Beitrag den Erfolg erschwert hätte. Das subjektive Element verlangt Vorsatz bezüglich der Verursachung des Erfolgs beziehungsweise dessen Erleichterung. Das normative Element besteht in einer spezifischen Handlungspflicht (Garantenstellung), die in einer gesetzlichen Vorschrift, in der freiwilligen Übernahme einer Pflicht oder in einem sonstigen vorangehenden Verhalten, welches eine Gefahrenquelle für andere schafft, ihren Ursprung haben kann.

In der Literatur wird allerdings diskutiert, ob die Verletzung einer Garantenpflicht bei Unterlassen stets zur Täterschaft führt. Dies wird zumindest für den Kreis der Pflichtdelikte vertreten. Die Rechtsprechung hat notwendige Beihilfe durch Unterlassen beispielsweise in Fällen angenommen, in denen ein Ladenbesitzer den Drogenverkauf in seinem Lokal zulässt und dadurch eine entscheidende Bedingung für den Erhalt des Drogenverkehrs erfüllt. Einfache Beihilfe wurde angenommen, wenn jemand an einem schweren Raub mitwirkt und eine darauffol-

---

[8] Siehe näher unten 7.b. und II.E.3.

[9] Siehe unten.

gende Straftat gegen das Leben oder die sexuelle Freiheit des Opfers durch den Mittäter tatenlos mit ansieht oder wenn er unter diesen Umständen den Ort verlässt. Bei mehrfachen Vergewaltigungen durch zwei Täter wird allerdings notwendige Beihilfe durch Unterlassung beziehungsweise Mittäterschaft angenommen. Die Möglichkeit der Anstiftung durch Unterlassen wird in der Lehre überwiegend abgelehnt, da das notwendige Hervorrufen des Vorsatzes beim Täter in Zusammenhang mit aktiven Einwirkungsformen gesehen wird.

Die Tatbeteiligung an Unterlassungsdelikten hat in der spanischen Literatur wenig Beachtung gefunden. Was die Mittäterschaft angeht, ist der Standpunkt in der Lehre teils unklar, weil zwischen gemeinsamem Ausführungsplan und Tatverhalten häufig nicht differenziert wird. So wird Mittäterschaft bei Unterlassungsdelikten generell insoweit ausgeschlossen, als man für die Mittäterschaft einen gemeinsamen Tatentschluss verlangt, der bei Unterlassungsstraftaten in der Regel als nicht vorliegend vermutet wird. Andere begründen die Ablehnung umgekehrt damit, dass ein gemeinsamer Entschluss über den Ausführungsplan ein aktives Tun voraussetzt. Eine weitere Lehrmeinung hält Mittäterschaft bei Unterlassungsdelikten dagegen grundsätzlich für möglich, wenn die Pflicht nur durch mehrere Personen gemeinsam erfüllt werden kann. Wenn aber mehrere beteiligt sind, von denen einige aktiv, andere durch Unterlassen tätig werden, so sei derjenige, der unterlässt, ein notwendiger Gehilfe *(cooperador necesario)* des Tätigkeitsdelikts, der aber nach spanischem Recht wie ein Täter bestraft wird.

Mittelbare Täterschaft bei Unterlassungsdelikten scheidet aus, sei es, weil man zwischen der (notwendig aktiven) Instrumentalisierung eines Werkzeugs und der Ausführungshandlung nicht differenziert,[10] sei es, weil differenzierend folgendermaßen argumentiert wird: Verletze der „Hintermann" eine Pflicht, indem er untätig bleibe, so sei er direkter Täter. Bei Anstiftung und Beihilfe zu Unterlassungsdelikten bestehen im Prinzip keine Besonderheiten.

5. Tatobjekt

Das Zielobjekt einer Verletzung oder Gefährdung in der Außenwelt wird als Tatobjekt (häufiger: Handlungsobjekt) bezeichnet. Dieses ist vom Rechtsgut zu unterscheiden, welches einen ideellen Wert darstellt. Wenn das Tatobjekt eine einzelne Person ist (passives Handlungssubjekt), wird diese gegebenenfalls vom passiven Subjekt der Straftat unterschieden. Letzteres ist Inhaber des betroffenen Rechtsguts, wie zum Beispiel in einem Betrugsfall, in dem der Getäuschte/Verfügende und der Geschädigte verschiedene Personen sind. Sofern zwischen Tatobjekt und Rechtsgut unterschieden wird, stellt das Tatobjekt kein notwendiges

---

10 Siehe oben.

Element des objektiven Tatbestands dar. Mindestelemente sind allein ein aktives Subjekt und dessen (aktives oder passives) Verhalten.

6. Taterfolg

Der Begriff „Erfolg" hat mehrere Bedeutungen und kann deshalb zu unterschiedlichen Klassifizierungen von Straftatbeständen führen. Der juristische Erfolg wird teils als Rechtsgutsbeeinträchtigung verstanden, die entweder als Folge der Handlung entsteht oder in der Handlung selbst impliziert ist. Nach der Art der Rechtsgutsbeeinträchtigung unterscheidet man zwischen Verletzungs- und Gefährdungsdelikten. Die Verletzungsdelikte setzten eine materielle Rechtsgutsverletzung voraus, selbst wenn diese durch eine Tätigkeit als solche entsteht (wie zum Beispiel beim Hausfriedensbruch), während die Gefährdungsdelikte durch die bloße Wahrscheinlichkeit der Rechtsgutsverletzung gekennzeichnet werden. Dieses Unterscheidungskriterium berücksichtigt nicht, ob die materielle Rechtsgutsverletzung ein Element des Tatbestands darstellt oder nicht. Wird demgegenüber darauf abgestellt, ob der Tatbestand einen materiellen Erfolg verlangt, so wird zwischen Tätigkeitsdelikten und Erfolgsdelikten unterschieden. Bei den Erfolgsdelikten verlangt der Tatbestand eine von der Handlung selbst getrennte Veränderung in der Außenwelt, die entweder eine materielle Verletzung (Verletzungserfolg) oder eine (konkrete) Rechtsgutsgefährdung (Gefährdungserfolg) sein kann.

Die erfolgsqualifizierten Delikte wurden in der spanischen Literatur, trotz einer mit dem Schuldprinzip vereinbaren Auslegung, nach welcher der qualifizierende Erfolg zumindest fahrlässig verursacht werden muss, überwiegend als Relikte des *versari in re ilicita* angesehen und schließlich aus dem spanischen Strafgesetzbuch ausgemustert.[11] Entsprechende Unrechtsprobleme (beispielsweise die Begehung eines Raubs mit anschließender Todesfolge) werden im Wege der Idealkonkurrenz gelöst.

7. Kausalität und objektive Zurechnung

a) Kausalitäts- und Zurechnungstheorien

Bei den Erfolgsdelikten wird ein besonderer Zusammenhang zwischen Handlung und Erfolg verlangt. Ein solcher wurde ebenso wie in Deutschland, Italien oder Frankreich traditionell als Kausalität bezeichnet. Es wurden verschiedene Kausalitätstheorien vertreten, insbesondere die Äquivalenztheorie, die einen rein logischen Ursachenbegriff bietet, und die Anwendungsformel *conditio sine qua non*, die ver-

---

[11] Siehe II.E.4.

sucht, den Kreis der Ursachen auf diejenigen zu beschränken, die nicht hinweggedacht werden können, ohne dass der Erfolg nicht herbeigeführt worden wäre. Die Rechtsprechung hat sie durch den Aphorismus *causa, causae, causa causati* übernommen. Sie greift ebenfalls auf Begriffe wie „wirksame", „erste und wirksame" oder „hauptsächliche" Kausalität zurück, um die relevante Ursache zu ermitteln. Wenn zwischen der ersten Handlung und dem Erfolg eine dritte Person einen neuen Kausalverlauf in Gang setzt, der den Erfolg herbeiführt, bevor die erste Handlung ihre Wirkung voll entfaltet, dann bleibt die erste Handlung im Versuchsstadium stecken und die zweite wird kausal. Dieses Ergebnis wird dadurch erreicht, dass hypothetische Kausalverläufe (die erste Handlung hätte den Erfolg herbeigeführt) nicht berücksichtigt werden.

Den Fällen, in denen sowohl der Täter als auch das Opfer mit ihrem Verhalten kausal für den Erfolg waren, wird von den Kausalitätstheorien derart Rechnung getragen, dass durch eine Bemessung die intensivere oder überwiegende Ursache ermittelt wird. Folglich kann das Verhalten des Opfers dazu führen, dass der Beitrag des „Täters" als geringer oder sogar als strafrechtlich irrelevant bewertet wird. Die spanische Rechtsprechung nennt die Konstellation traditionell „Schuldkonkurrenz" *(concurrencia de culpas)*. Eine andere Lösung operiert in diesen Fällen mit dem Einwilligungsgedanken. Danach wird der Handelnde in dem Maße entlastet, in dem das Opfer das Risiko gekannt und hierin eingewilligt hat. Solche Lösungen funktionieren nicht in Fällen, in denen dem Opfer ein besonderer Schutz gewährt werden muss, und werden auch von der Rechtsprechung ausdrücklich abgelehnt. Praxisrelevant wurde in Spanien seit den 1990er Jahren der Bereich der Arbeitsunfälle. Sie haben gezeigt, dass selbst bei fahrlässigem Verhalten des Opfers die Verantwortung des Täters davon unberührt bleiben kann.

Bei den Unterlassungsdelikten wird bezüglich des Zusammenhangs zwischen Täterverhalten und Taterfolg herkömmlich die Frage geprüft, ob die unterlassene Handlung den Erfolg vermieden hätte (hypothetische Kausalität). Dabei wird diskutiert, mit welchem Gewissheitsgrad diese Hypothese formuliert werden muss. Andere Ansätze fragen nicht mehr nach einem hypothetischen Kausalverlauf, sondern sprechen von Kausalität in einem weiteren Sinne zwischen der Unterlassung und dem Erfolg. Hierbei zeichnet sich die Tendenz ab, den Zusammenhang zwischen dem tatsächlich Geschehenen (dem Täterverhalten) und dem Erfolg herzustellen.

Sowohl bei Handlungen als auch bei Unterlassungen führen derartige Kausalitätsformeln dennoch meist zu einer uferlosen Zurechnung, die im subjektiven Bereich nur teilweise korrigiert werden kann. Deshalb sind solche Formeln weitgehend aufgegeben worden. Größere Beachtung hat die Adäquanztheorie gefunden, welche aber eigentlich nicht mehr als Kausalitätstheorie verstanden wird, sondern als normative Korrektur der Kausalität und als Basis für die weitere Entwicklung der heute herrschenden Lehre von der objektiven Zurechnung, deren Anwendung meist nicht nur auf Erfolgsdelikte beschränkt bleibt.[12]

Die spanische Rechtsprechung hat die Adäquanztheorie insbesondere im Zusammenhang mit der Problematik der außergewöhnlichen Kausalverläufe schon Ende der 1960er beziehungsweise in den 1970er Jahren aufgenommen und in den 1980er Jahren konkret als Problem der tatbestandsmäßigen Relevanz des Verhaltens formuliert. In früheren Entscheidungen wurden solche Fälle teils dadurch gelöst, dass bei mangelnder Kalkulierbarkeit oder Vorhersehbarkeit des Täterverhaltens in Bezug auf dessen Folgen die Kausalität verneint wurde. Später wurde verlangt, dass der Erfolg „eine natürliche, adäquate und ausreichende Folge des willentlichen Entschlusses und der körperlichen Bewegung des handelnden Subjekts darstellt". Bei einer solchen Bewertung beruft sich die Rechtsprechung oft auf Erfahrungsgrundsätze oder auf den gesunden Menschenverstand. Zugleich weist sie ausdrücklich darauf hin, dass diese Entwicklung von einer materiellen zu einer juristischen Kausalität für Vorsatz- und für Fahrlässigkeitstaten gleichermaßen gilt.

Nachdem die Suche nach einem Oberbegriff für Handlungen und Unterlassungen beziehungsweise nach einem Eckstein des Systems an Bedeutung verloren hatte und das Augenmerk auf die Tatbestandsmäßigkeit als die rechtlich relevante, normative Frage gelenkt wurde, ist die (objektive) Zurechnung immer mehr zum zentralen Begriff geworden.

Nach der Lehre von der objektiven Zurechnung, welche die rechtliche Perspektive in den Vordergrund stellt, geht es darum, eine ganze Reihe von Fällen, in denen die Handlung des Täters für den Erfolg kausal geworden ist, aus der strafrechtlichen Zurechnung auszuschließen, weil der Täter keine rechtlich missbilligte Gefahr geschaffen, beziehungsweise weil es sich dabei um ein erlaubtes Risiko gehandelt hat. Dabei werden verschiedene Fallkonstellationen und Topoi differenziert und systematisiert (unter anderem nach Schutzzweck der Norm, Regressverbot oder Einwilligung des Opfers).

Die objektive Zurechnungslehre ist in ihren verschiedenen Ausführungen in Spanien unterschiedlich aufgenommen und weiterentwickelt worden. Ein Teil der Lehre, die dem Finalismus nahesteht, hält sie für überflüssig und plädiert für Lösungen im subjektiven Bereich, sodass etwa die Schaffung einer Gefahr erst dann als tatbestandsmäßig irrelevant gelten soll, wenn sie vom Vorsatz des Täters nicht erfasst wird. Allerdings ist diese Lehre vor allem im Bereich der Fahrlässigkeitsdelikte fruchtbar gemacht worden. Anderseits findet sie nicht nur bei Unterlassungsdelikten, sondern auch in sonstigen Bereichen der Verbrechensproblematik, wie zum Beispiel bei der Tatbeteiligung oder sogar bei der Frage der Vermeidbarkeit des Verbotsirrtums ebenfalls Anwendung.

---

[12] Siehe sogleich unten.

Grundsätzlich soll nach der Lehre von der objektiven Zurechnung geprüft werden, ob das Verhalten des Täters ein rechtlich missbilligtes Risiko geschaffen hat und ob der Erfolg die Realisierung dieses Risikos darstellt. Die hierbei entwickelten Zurechnungsinstitute bieten normative Kriterien, die sich an der Funktion des Strafrechts orientieren. Auf der ersten Stufe (Zurechnung des Verhaltens) geht es insbesondere um das erlaubte Risiko, das Vertrauensprinzip und das Regressverbot oder die Tatbegehung in Garantenstellung. Das erlaubte Risiko schließt aus der Zurechnung die Schaffung von Gefahren aus, die in der Gesellschaft wegen ihrer sozialen Nützlichkeit, aus Tradition oder ähnlichen Gründen akzeptiert werden. Grundlage für die Beurteilung, die immer aus einer objektiven und *ex-ante*-Perspektive geschehen muss, kann eine rechtliche Normierung oder eine Güterabwägung sein. Das Vertrauensprinzip, das aktuell umstritten ist, schließt aus der Zurechnung das kausale Verhalten einer Person aus, die in der konkreten Situation darauf vertrauen konnte, dass andere Beteiligte sich im Rahmen des erlaubten Risikos verhalten würden. Das auch umstrittene Regressverbot schließt aus der Zurechnung das kausale Verhalten einer Person aus, wenn nicht sie, sondern das Opfer selbst oder ein Dritter für die Erfolgsvermeidung Garant war. Hier werden wiederum viele Konstellationen unterschieden.

Weitere Zurechnungskriterien auf der zweiten Ebene (Risikorealisierung) untersuchen die Frage, wann der Erfolg die Realisierung des unerlaubten Risikos darstellt. Danach wird etwa die Zurechnung nicht ausgeschlossen, wenn der Erfolg aufgrund eines anderen Risikos ebenfalls eingetreten wäre (hypothetischer Kausalverlauf), beispielsweise wenn jemand auf eine Person schießt, die schon tödlich verletzt war. Auch abweichende oder ungewöhnliche Kausalverläufe können dann zugerechnet werden, wenn sie innerhalb der Grenzen des Risikos geschehen, die zum Zeitpunkt der Handlung unabhängig von der Tätervorstellung objektiv festgelegt werden konnten.

In Bezug auf die Relevanz des Opferverhaltens ist in Spanien eine Lösung für diese Fälle als ausdifferenziertes Institut im Bereich der objektiven Zurechnung und konkret auf der Stufe der Verhaltenszurechnung entwickelt worden. Unter der Voraussetzung, dass die Folge und ihre Risikofaktoren in gemeinsamer Organisation des Täters und des Opfers entstanden sind, soll vorrangig dem Rechtsgutsinhaber (dem Opfer) die Rechtsgutsverletzung zugerechnet werden, es sei denn, das Opfer wurde instrumentalisiert, beziehungsweise der Täter hatte dem Opfer gegenüber besondere Schutzpflichten.

b) Eventuelle Besonderheiten bei der Fahrlässigkeitstat

Der Fahrlässigkeitsbegriff wird in der spanischen Lehre überwiegend als objektiv-normativer Begriff verstanden und im Kern als Verletzung einer objektiven Sorgfaltspflicht definiert, wobei das Verhältnis zwischen Begriff und Verbrechensaufbau unklar ist. Zum Teil bestehen Unterschiede je nachdem, ob Individualisierungsmomente erst bei der Schuld oder (zumindest teilweise) schon im Unrechtstatbestand berücksichtigt werden. Aber selbst (vorrangig) objektivistische Konzeptionen des fahrlässigen Unrechts berücksichtigen subjektive Momente bei der Prüfung eines adäquaten Kausalverlaufs beziehungsweise bei der Tatbestandsmäßigkeit zumindest insofern, als sie nur denjenigen Gefahren Relevanz gewähren, die sich (für einen durchschnittlichen Menschen und daher prinzipiell auch für den Täter) in vorhersehbarer Weise im Erfolg verwirklichen könnten. Manche schließen sogar Sonderwissen und Sonderfähigkeiten des Täters in das objektive Urteil mit ein. Ein weiterer Teil der Diskussion betrifft Inhalt und Umfang der subjektiven Seite selbst.[13] Grundsätzliche Einigkeit besteht in der Lehre allein darüber, dass die objektiv-normativen Kriterien, die ursprünglich als abgrenzende Korrektur des psychologischen Schuldbegriffs entwickelt wurden, als Problem des objektiven Tatbestands verstanden werden.

Im Mittelpunkt der Tatbestandsmäßigkeit bei der Fahrlässigkeit steht nach üblicher Formulierung die Verletzung der objektiven Sorgfaltspflicht. Die Bestimmung dieser Pflicht orientiert sich grundsätzlich an den Regelungen der jeweiligen Lebensbereiche und an den Erfahrungsmaximen der Technik, der Wissenschaft und des jeweiligen Berufsstands *(lex artis)*.

Die spanische Rechtsprechung definiert die Fahrlässigkeit traditionell anhand eines psychologischen (Voraussehbarkeit) und eines normativen (Pflichtverletzung) Elements. Neben diesen beiden Elementen prüft die Rechtsprechung bei der fahrlässigen Straftat die Verursachung eines Schadens und eine adäquate Kausalitätsbeziehung zwischen dem sorgfaltswidrigen Verhalten, das das Risiko ausgelöst hat, und dem Damnum.[14]

Sowohl in der Lehre als auch in der Rechtsprechung werden jedoch Institute der Lehre von der objektiven Zurechnung für die Bestimmung des fahrlässigen Unrechts in unterschiedlicher Form allmählich übernommen. Im objektiven Tatbestand der Fahrlässigkeit wird also neben der Kausalität die objektive Zurechnung geprüft, nämlich die Schaffung eines missbilligten Risikos und (bei Erfolgsdelikten) die Risikorealisierung. Insofern ergeben sich für fahrlässige Delikte unter dem Aspekt „Kausalität und Zurechnung" keine prinzipiellen Besonderheiten. Vielmehr hat die Auswirkung der Lehre von der objektiven Zurechnung auf das fahrlässige Delikt auf die Dauer zu der Erkenntnis geführt, dass die Verletzung einer objektiven Sorgfaltspflicht eigentlich eine allgemeine Klausel darstellt, die sehr verschiedene Zurechnungselemente enthalten kann, welche durch die Lehre der objektiven Zurechnung besser charakterisiert werden, und dass durch diese Ausarbeitung konsistentere Lösungen angeboten werden können. Insofern wird sogar behauptet, dass die Verletzung der objektiven Sorgfaltspflicht in den verschiedenen Kriterien

[13] Siehe II.E.

[14] Siehe oben a.

der objektiven Zurechnung aufgegangen ist.[15] Andererseits wird von einer Lehrmeinung betont, dass die Sorgfaltspflicht keine andere Pflicht sein kann als die von der Norm ausgehende Pflicht zur Tatvermeidung.

Eine Besonderheit der objektiven Seite der Fahrlässigkeit in Spanien stellte vor allem die sogenannte Berufsfahrlässigkeit nach der früheren Rechtslage dar. Diese Figur war sehr umstritten, weil man nicht deutlich zwischen Fahrlässigkeit bei der Berufsausübung *(culpa profesional)* und Fahrlässigkeit des Berufsausübenden *(culpa del profesional)* unterscheiden konnte. Letzteres konnte man als rein formelles Kriterium verstehen und anwenden, wobei die Straferschwerung früher sehr gravierend war. Dennoch war die Rechtsprechung bei der Rechtsanwendung sehr restriktiv. Der *Código penal* von 1995 hat diese Figur an einigen Stellen des Besonderen Teils lediglich als Begründung für die Art der Bestrafung beibehalten. Konkret wird etwa bei Verletzung einer Leibesfrucht (Art. 157 f CP) durch berufliche Fahrlässigkeit eines Gynäkologen gegen diesen eine besondere Untauglichkeitserklärung zur Ausübung des Berufs für die Dauer von sechs Monaten bis zu zwei Jahren verhängt (Art. 158 Abs. 2 CP).

Literaturhinweise

Allgemeines

Bacigalupo, Enrique, Principios de derecho penal, parte general. 5. Aufl. Madrid 1998, 3. Kapitel, S. 164–223; 9. Kapitel, S. 389–416.

Bustos Ramírez, Juan, Manual de derecho penal, parte general. 4. Aufl. Barcelona 1994, 9. Kapitel, S. 239–245; 11. Kapitel, S. 267–277; 15. Kapitel, S. 377–388.

Cerezo Mir, José, Curso de derecho penal español, Band II. 6. Aufl. Madrid 1998, 13. Kapitel, S. 51–65; 15. Kapitel, S. 81–99; 16. Kapitel, S. 100–119; 37. Kapitel, S. 252–251.

Cobo Del Rosal, Manuel/Vives Antón, Tomás Salvador, Derecho penal, parte general. 5. Aufl. Valencia 1999, 8. Kapitel, S. 367–395 und S. 405–426.

Cuello Contreras, Joaquín, El derecho penal español, parte general. 3. Aufl. Madrid 2002, 6. Kapitel, S. 374–433.

Luzón Peña, Diego-Manuel, Derecho penal, parte general I. Madrid 1996, 14. Kapitel, S. 345–356.

Mir Puig, Santiago, Derecho penal, parte general. 7. Aufl. Barcelona 2004, 7. Kapitel, S. 179–193; 10. Kapitel, S. 237–259; 12. Kapitel, S. 305–330.

Muñoz Conde, Francisco/García Arán, Mercedes, Derecho penal, parte general. 7. Aufl. Valencia 2007, 12. Kapitel, S. 209–223; 13. Kapitel, S. 225–235; 14. Kapitel, S. 237–250.

15 Siehe oben a.

Quintero Olivares, Gonzalo/Morales Prats, Fermín, Parte general del derecho penal. 2. Aufl. Navarra 2007, 7. Kapitel, S. 283–324 und S. 343–374.

Zugaldía Espinar, José Miguel, Derecho penal, parte general. 2. Aufl. Valencia 2004, 21. Kapitel, S. 413–431; 22. Kapitel, S. 434–467; 39. und 40. Kapitel, S. 795–832.

Zur Tathandlung beziehungsweise zum Handlungsbegriff

Bacigalupo, Enrique, Delitos impropios de omisión. Madrid 2005, S. 65–88.

Cerezo Mir, José, Die Auseinandersetzung um die finale Handlungslehre in der spanischen Strafrechtswissenschaft. ZStW 84 (1972), S. 1033–1067.

– Der finale Handlungsbegriff als Grundlage des Strafrechtssystems. ZStW 71 (1959), S. 44–53.

– El finalismo hoy. ADPCP 1993, S. 6–19.

Jaen Vallejo, Manuel, El concepto de acción en la dogmática penal. Madrid 1994.

Martínez-Buján Pérez, Carlos, La concepción significativa de la acción de T.S. Vives y sus correspondencias sistemáticas con las concepciones teleológico-funcionales del delito. Homenaje al Dr. Marino Barbero Santos, Band I. Cuenca 2001, S. 1141–1178.

Silva Sánchez, Jesús María, La función negativa del concepto de acción. Algunos supuestos problemáticos. ADPCP 1986, S. 905–933.

– Sobre los movimientos impulsivos y el concepto jurídico-penal de acción. ADPCP 1991, S. 1–23.

Vives Antón, Tomás Salvador, Fundamentos del sistema penal. Valencia 1996, S. 203–309 und S. 483–487.

Zum Taterfolg/Tatobjekt

Luzón Peña, Diego-Manuel, Derecho penal, parte general I. Madrid 1996, 14. Kapitel, S. 345–356.

Martínez Escamilla, Margarita, La imputación objetiva del resultado. Madrid 1992.

Zum Unterlassen

Alastuey Dobón, María Carmen, Delitos de comisión por omisión en la jurisprudencia del Tribunal Supremo. ADPCP 1992, S. 968–1021.

Alcácer Guirao, Rafael, Tentativa y desistimiento en la comisión por omisión. La Ley, Nummer 5, 2002, S. 1453–1465.

Bacigalupo, Enrique, Conducta precedente y posición de garante en el Derecho penal. ADPCP 1970, S. 35–48.

– Delitos impropios de omission. Cuadernos "Luis Jiménez de Asúa", Band 25. Madrid 2006.

Gimbernat Ordeig, Enrique, El delito de omisión impropia. RDPC 1999, S. 525–553.

– Handlung, Unterlassung und Verhalten. In: Gerhard Dornseifer et al. (Hrsg.), Gedächtnisschrift für Armin Kaufmann. Köln u.a. 1989, S. 159–179.

Gimbernat Ordeig, Enrique (Hrsg.), Omisión e imputación objetiva en derecho penal. Jornadas hispano-alemanas de derecho penal. Madrid 1994.

Gracia Martín, Luis, La comisión por omisión en el derecho penal español. AP 38, 1995, S. 683–715.

Huerta Tocildo, Susana, Problemas fundamentales de los delitos de omisión. Madrid 1987.

Lacruz López, Juan Manuel, Comportamiento omisivo y derecho penal. Madrid 2004.

Lascuraín Sánchez, Juan Antonio, Los delitos de omisión: Fundamentos de los deberes de garantía. Madrid 2002.

Rodríguez Mesa, María José, La atribución de responsabilidad en comisión por omisión. Navarra 2005.

Sánchez-Vera Gómez-Trelles, Javier, Intervención omisiva, posición de garante y prohibición de sobrevaloración del aporte. ADPCP 1995, S. 187–263.

– Pflichtdelikt und Beteiligung. Dissertation. Bonn 1999.

Silva Sánchez, Jesús María, El delito de omisión – concepto y sistema. Barcelona 1986.

– Zur Dreiteilung der Unterlassungsdelikte. In: Bernd Schünemann et al. (Hrsg.), Festschrift für Claus Roxin zum 70. Geburtstag. Berlin, New York 2001, S. 641–650.

Terragni, Marco Antonio, Omisión impropia y posición de garante. RDPC 1996, S. 1227–1244.

Zu Kausalität und (objektiver) Zurechnung

Cancio Meliá, Manuel/Ferrante, Marcelo/Sancinetti, Marcelo A., Estudios sobre la teoría de la imputación objetiva. Buenos Aires 1998.

Corcoy Bidasolo, Mirentxu, Injusto e imputación objetiva en el delito imprudente. 2. Aufl. Buenos Aires 2005.

Cuesta Aguado, Paz Mercedes de la, Tipicidad e imputación objetiva. Valencia 1996.

Luzón Peña, Diego-Manuel, Derecho penal, parte general I. Madrid 1996, 15. Kapitel, S. 357–388.

Martinez Escamilla, Margarita, La imputación objetiva del resultado. Madrid 1992.

Zur Fahrlässigkeit

Choclán Montalvo, José Antonio, Deber de cuidado y delito imprudente. Barcelona 1998.

Corcoy Bidasolo, Mirentxu, Injusto e imputación objetiva en el delito imprudente. 2. Aufl. Buenos Aires 2005.

Gil Gil, Alicia, El delito imprudente. Fundamentos para la determinación de lo injusto imprudente en los delitos activos de resultado. Barcelona 2007.

Rechtsprechung

STS 189/2007 vom 6. März (Lehre von der objektiven Zurechnung).

STS 102/2005 vom 4. Februar (keine Kausalität bei Unterlassen).

STS 1671/2002 vom 16. Oktober (Schuldkonkurrenz, Regressverbot, Handeln auf eigene Gefahr; objektive Zurechnung trotz „Einwilligung" bei Garantenpflichten).

STS 732/2002 vom 22. April (Mittäterschaft beim Waffenbesitz, wenn die Waffen für alle verfügbar sind).

STS 1538/2000 vom 9. Oktober (hypothetische Kausalität).

STS 963/2000 vom 2. Juni (Mittäterschaft bei Waffenbesitz nur möglich, wenn man sie tatsächlich besitzt).

STS 1903/1994 vom 2. November (mittelbare Täterschaft bei Vergewaltigung; die Kategorie der eigenhändigen Delikte sei obskur, ihre Begründung zweifelhaft).

STS vom 23. April 1992, RJ 1992/6783 (Kausalität im Strafrecht beziehungsweise in den Naturwissenschaften).

STS vom 30. März 1991, RJ 1990/2651 (Kausalität bei Unterlassen).

STS vom 6. März 1991, RJ 1991/1992 (Adäquanztheorie).

STS vom 11. Februar 1987, RJ 1987/1241 (juristische Kausalität für Vorsatz und Fahrlässigkeit identisch).

STS vom 31. Januar 1986, RJ 1986/24 (Teilnahme durch Unterlassen).

Abkürzungsverzeichnis

ADPCP	Anuario de Derecho Penal y Ciencias Penales (Fachzeitschrift)
AP	Actualidad Penal (Fachzeitschrift)
CP	Código penal (spanisches Strafgesetzbuch)
RDPC	Revista de Derecho Penal y Criminología (Fachzeitschrift)
RJ	Repertorio de Jurisprudencia (Entscheidungssammlung)
STS	Sentencia del Tribunal Supremo (Urteil des spanischen Obersten Gerichtshofs)

Silvia Tellenbach

Objektive Tatseite in der

Türkei

1. Definition/Elemente der objektiven Tatseite

Die objektive Seite der Tat umfasst die Umstände, die bei der Tat äußerlich in Erscheinung treten. Sie fragt nach dem Täter, nach seinem Handeln oder Unterlassen, die für das Ergebnis seines Tuns maßgeblich sind, ferner danach, ob sich sein Handeln gegen ein Objekt richtet, und wenn ja, gegen welches, oder ob es dessen nicht bedarf. Schließlich dürfen auch keine Umstände vorliegen, die eine Strafbarkeit aus objektiven Gründen ausschließen, wie zum Beispiel Rechtfertigungsgründe.

2. Tatsubjekt

Das türkische Strafgesetzbuch (*Türk Ceza Kanunu*, TCK) sieht im Regelfall als Täter *(fail)* eine natürliche Person *(özel kişi)* vor. Einige wenige Delikte können nur von mehreren Tätern zusammen begangen werden, etwa die rechtswidrige gemeinsame Arbeitsniederlegung von öffentlichen Bediensteten. Hier müssen mindestens vier Personen beteiligt sein; sind es weniger, so ist der Straftatbestand nicht erfüllt (Art. 260 TCK).

In den letzten Jahren wurde in der Türkei lebhaft diskutiert, ob auch juristische Personen *(tüzel kişi)* Täter sein könnten. Das neue Strafgesetzbuch hat hier eine Art Zwischenlösung gefunden, indem es zwar die Verhängung von Strafen gegen juristische Personen ablehnt, die Verhängung von Sicherungsmaßnahmen jedoch ermöglicht.[1]

Bei manchen Tatbeständen ist der mögliche Täterkreis auf Personen begrenzt, die eine bestimmte Eigenschaft aufweisen (Sonderdelikte, *özgü suçlar*). So muss bei einer Reihe von Tatbeständen der Täter ein öffentlicher Bediensteter sein (zum Beispiel Bestechlichkeit, Art. 252 TCK). Nur ein Untersuchungshäftling oder Strafgefangener kann aus dem Gefängnis entweichen (Art. 292 TCK). Eine Abtreibung an sich selbst kann nur eine schwangere Frau verüben (Art. 100 TCK). Be-

---

[1] Siehe dazu II.H.

sondere Voraussetzungen für den Täter sind auch häufig im Nebenstrafrecht anzutreffen. So muss der Täter einer militärischen Straftat in der Regel ein Soldat sein.

Tatbeteiligte an Sonderdelikten, die nicht selbst die Eigenschaft aufweisen, die das Charakteristikum des Tatbestands ausmacht, können nur als Anstifter oder Gehilfen bestraft werden.

Art. 40 Abs. 2 TCK (Akzessorietät)

(…)

(2) Bei Sonderdelikten kann nur Täter sein, wer die besonderen Tätereigenschaften erfüllt. Die sonstigen Personen, die an der Begehung dieser Taten beteiligt sind, sind jedoch als Anstifter und Gehilfen verantwortlich.

Ferner gibt es Straftaten, bei denen zwar jedermann Täter des Grundtatbestands sein kann, eine besondere Eigenschaft aber einen Strafschärfungsgrund bildet, so zum Beispiel die Urkundenfälschung durch den Beamten (Art. 204 Abs. 2 TCK) oder das Betäubungsmitteldelikt, das durch den Arzt oder Apotheker begangen wird (Art. 188 Abs. 8 TCK).

Der Begriff des eigenhändigen Delikts ist im türkischen Strafrecht bedeutungslos. Er wird, soweit ersichtlich, nur von einem einzigen Autor behandelt und abgelehnt.

3. Tathandlung

In der türkischen Lehre werden die im deutschen Recht bekannten Handlungsbegriffe ebenfalls dargestellt. Nach dem kausalen Handlungsbegriff (*tabii, illi* oder *nedensel hareket teorisi*) ist die Handlung ein willensgetragenes menschliches Verhalten, das in der Außenwelt eine Veränderung verursacht oder verhindert. Nach der finalen Handlungslehre (*amaççı* oder *gâi hareket teorisi*) ist die Handlung ein auf ein bestimmtes Ziel gerichtetes menschliches Verhalten. Nach der Lehre vom sozialen Handlungsbegriff *(sosyal hareket teorisi)* ist eine Handlung ein menschliches Verhalten, das sich in einem Tun oder Unterlassen äußert, dadurch einen Erfolg herbeiführt und in der Gesellschaft eine Bedeutung hat. Bewegungen eines Schlafenden oder Bewusstlosen sowie Reflexbewegungen sind nach allen Theorien aus dem Handlungsbegriff ausgeschlossen, weil sie je nach Theorie nicht willensgetragen oder nicht zielgerichtet sind oder ihnen in der Gesellschaft keine Bedeutung zugemessen wird. Gedanken werden grundsätzlich nicht als Handlungen angesehen und scheiden damit aus dem Bereich einer strafbaren Handlung von vornherein aus. Allerdings wird die Möglichkeit von Meinungsäußerungsdelikten *(düşünce suçları)* in einem engen Rahmen anerkannt, und zwar dann, wenn die Äußerung der Gedanken den gesellschaftlichen Frieden gefährdet. Hierbei wird jedoch auf die engen Grenzen für derartige Tatbestände verwiesen, die Art. 10 EMRK setzt.

Die türkischen Autoren vertreten zum Handlungsbegriff meist vermittelnde Lösungen, man begegnet aber auch der Auffassung, dass die Diskussionen über diese Theorien nicht mehr zeitgemäß seien und daher nur noch wenig Bedeutung hätten. Einigkeit besteht jedenfalls darin, dass aus strafrechtlicher Sicht eine Handlung ein Verhalten ist, das eine rechtliche Bedeutung hat, weil es zur Erfüllung eines Straftatbestands beiträgt.

4. Tatbegehung durch Unterlassen

a) Abgrenzung zwischen Handeln und Unterlassen

Eine Handlung ist das einem Täter zuzurechnende Verhalten, das Ausdruck eines Willens von rechtlicher Bedeutung ist. Dabei wird davon ausgegangen, dass auch bei der Fahrlässigkeit die Handlung als solche gewollt ist und nur der Erfolg nicht vom Willen umfasst ist. Eine Straftat wird durch aktives Handeln oder durch Unterlassen verwirklicht. Dabei ist die Tatbegehung durch aktives Handeln, das Kommissivdelikt *(icrai suç)*, die weitaus häufigste Begehungsform. Eine Tatbegehung durch Unterlassen, das Omissivdelikt *(ihmali suç)*, ist nur bei wenigen Delikten vorgesehen. Dazu zählen zum Beispiel unterlassene Hilfeleistung (Art. 98 TCK), unterlassene Meldung einer meldepflichtigen Straftat (Art. 278 TCK) oder des Aufenthaltsorts eines flüchtigen Untersuchungs- oder Strafgefangenen (Art. 284 Abs. 1 TCK). Unechte Unterlassungsdelikte *(gerçek olmayan ihmali suçlar)*, teilweise auch als Kommissivdelikte durch Unterlassen *(ihmal suretiyle icrai suçlar)* bezeichnet, sind dagegen im Allgemeinen Teil des türkischen Strafgesetzbuchs nicht geregelt. In der Lehre werden sie nur kurz und uneinheitlich behandelt. In den wenigen in der Rechtsprechung behandelten Fällen wird der Begriff des aktiven Handelns weit ausgelegt oder die Frage ganz übergangen. Jedoch finden sich seit Kurzem im Besonderen Teil einige Fälle eines unechten Unterlassungsdelikts als eigene Tatbestände. Dabei geht es um vorsätzliche Tötung (Art. 83 TCK), vorsätzliche Körperverletzung (Art. 88 TCK) und Folter (Art. 94 Abs. 5 TCK) durch Unterlassen.

Art. 83 TCK (Vorsätzliche Tötung durch Unterlassen)

(1) Um eine Person für einen Todeserfolg verantwortlich machen zu können, der infolge der Unterlassung einer Handlung eingetreten ist, zu der sie verpflichtet war, muss die Unterlassung der Pflichterfüllung den gleichen Wert wie ein aktives Handeln haben.

(2) Um der Unterlassung und der Handlung gleichen Wert zumessen zu können,

a) muss der Täter aus Gesetz oder Vertrag zu einem bestimmten aktiven Verhalten verpflichtet sein oder

b) muss sich eine das Leben anderer gefährdende Lage aus seinem vorangegangenen Tun ergeben.

(3) Bei einer Person, die durch die Nichterfüllung einer Pflicht den Tod eines anderen verursacht hat, kann als Grundstrafe anstelle von erschwertem lebenslangem Gefängnis 20–25 Jahre Gefängnis, anstelle von lebenslangem Gefängnis 15–20 Jahr Gefängnis, in den sonstigen Fällen 10–15 Jahre Gefängnis verhängt werden. Diese Strafminderung kann aber auch unterbleiben.

Art. 88 TCK (Körperverletzungen durch Unterlassen)

(1) Wird die vorsätzliche Körperverletzung durch Unterlassen begangen, so kann die Strafe bis auf zwei Drittel gemildert werden. Bei der Anwendung dieser Vorschrift werden die Bedingungen bezüglich der Begehung einer vorsätzlichen Tötung durch Unterlassen berücksichtigt.

Art. 94 TCK (Folter)

(1) Gegenüber dem öffentlichen Bediensteten, der eine Person in einer Weise behandelt, die mit der Menschenwürde nicht zu vereinbaren ist und zu körperlichen oder seelischen Qualen, zur Beeinflussung der Wahrnehmungs- oder Willensfähigkeit oder zu Herabwürdigung führt, wird eine Strafe von drei bis zu zwölf Jahren Gefängnis verhängt.

(…)

(5) Wird die Tat durch Unterlassen begangen, so wird bei der zu verhängenden Strafe keine Milderung aus diesem Grund vorgenommen.

b) Besondere Handlungspflichten, Garantenlehre

Als Täter eines unechten Unterlassungsdelikts kann nur belangt werden, wer eine Garantenposition hat. Diese ergibt sich aus Gesetz, Vertrag oder vorangegangenem gefährdendem Tun und lehnt sich damit an die ältere deutsche Lehre an. Das Unterlassen muss der Verwirklichung des Tatbestands durch aktives Tun entsprechen.

c) Vorsatz, Fahrlässigkeit, Versuch und Tatbeteiligung bei Unterlassungsdelikten

Einzelfragen zu unechten Unterlassungsdelikten sind entsprechend ihrer schwachen Stellung bisher nur sehr selten und nur in der Lehre, weit vorwiegend unter Berufung auf ausländische Quellen, behandelt worden. Danach sollen Vorsatz und Fahrlässigkeit bei echten und unechten Unterlassungsdelikten genauso möglich sein wie bei Delikten durch aktives Tun. Dagegen ist noch umstritten, ob ein Versuch bei echten Unterlassungsdelikten möglich ist. Während die ältere Lehre davon ausging, dass die Tat sofort vollendet ist, gewinnt eine neuere Lehre mehr und mehr an Boden, die einen Versuch bei Unterlassungsdelikten bejaht. Bei unechten Unterlassungsdelikten kann jedoch nach herrschender Meinung ein Versuch begangen werden, zum Beispiel wenn die Mutter, die den Säugling verhungern lassen wollte, diesem wieder zu essen gibt. Mittäterschaft ist sowohl bei der echten wie bei der unechten Unterlassung möglich. Mittelbare Täterschaft durch Unterlassen wird ebenfalls bejaht. Dagegen wird mittelbare Täterschaft bei einer unechten Unterlassung abgelehnt, weil hier im Regelfall der Hintermann schon wegen einer echten Unterlassungstat zu belangen ist. Anstiftung und Beihilfe sind sowohl bei echten wie bei unechten Unterlassungsdelikten möglich.

d) Besonderheiten der Strafzumessung bei Unterlassungsdelikten

Bei Tötung und Körperverletzung durch Unterlassen ist eine fakultative Strafmilderung vorgesehen. Dagegen wird diese bei der Folter ausdrücklich ausgeschlossen. Die Konstellation, die hinter diesem Tatbestand steht, ist der Vorgesetzte, der die Tat verhindern könnte, sie aber geschehen lässt. Dieses Verhalten soll bewusst genauso schwer wie die aktive Folterung bestraft werden.

5. Tatobjekt

Das Tatobjekt *(suç konusu)* ergibt sich aus dem Tatbestand, zum Beispiel die fremde bewegliche Sache beim Diebstahl (Art. 141 TCK). Es ist zu unterscheiden vom abstrakten Begriff des geschützten Rechtsguts *(hukuksal değer)*, beim Diebstahl zum Beispiel des Eigentums. Es gibt jedoch auch Delikte, bei denen kein Tatobjekt vorhanden ist, zum Beispiel die Doppelehe (Art. 230 TCK), der Meineid (Art. 275 TCK) oder das Bereitstellen von Räumlichkeiten für Glücksspiele (Art. 228 Abs. 1 TCK).

6. Taterfolg

Das türkische Strafrecht unterscheidet zwischen Taten, bei denen ein Erfolg eingetreten sein muss, zum Beispiel der Tod beim Totschlag (Art. 81 TCK) *(neticeli suçlar)*, und Taten, die sich in einer Tätigkeit erschöpfen *(salt hareket suçları, sırf hareket suçları)*, zum Beispiel das Auffordern zu einer Straftat (Art. 214 TCK).

Erfolgsqualifizierte Delikte *(netice sebebiyle ağırlaşmış suç)* waren meist in Form eines Strafschärfungsgrundes schon lange in der Türkei bekannt, zum Beispiel die Körperverletzung mit Todesfolge. Die Tatsache, dass es beim Eintreten des Erfolgs nicht mehr darauf ankam, ob dieser für den Täter in irgendeiner Weise vorhersehbar war, wurde zunehmend als Verstoß gegen das Schuldprinzip kritisiert. Das führte dazu, dass in das neue Strafgesetzbuch eine Vorschrift aufgenommen wurde, die nach deutschem Vorbild vorsieht, dass ein Täter für die schwere Folge seiner Tat nur dann zur Verantwortung gezogen werden kann, wenn ihm diesbezüglich mindestens Fahrlässigkeit vorzuwerfen ist.

Art. 23 TCK (Erfolgsqualifizierte Delikte)

(1) Hat eine Tat einen schwereren oder einen anderen als den vom Vorsatz umfassten Erfolg zur Folge, so kann dafür nur verantwortlich gemacht werden, wer hinsichtlich dieser Folge mindestens fahrlässig gehandelt hat.

Die türkische Lehre kennt ferner Gefährdungsdelikte *(tehlike suçları)*, und dort die Unterscheidung zwischen konkreten Gefährdungsdelikten *(somut tehlike suç-*

ları), bei denen der Richter zu prüfen hat, ob tatsächlich durch die Tat eine Gefahr entstanden ist (zum Beispiel Unterlassen der Sicherung von Baustellen und Ruinen, Art. 176 TCK), und abstrakten Gefährdungsdelikten *(soyut tehlike suçları)*, bei denen das Bestehen einer Gefahr für das Rechtsgut angenommen wird, ohne dass ihr tatsächliches Vorliegen nachgewiesen werden muss (zum Beispiel Beleidigung und üble Nachrede, Art. 125 TCK).

7. Kausalität und objektive Zurechnung

a) Kausalitäts- und Zurechnungstheorien

Das türkische Strafgesetzbuch enthält selbst keine Definition von Kausalität, auch wenn es bei einigen Tatbeständen Wendungen wie „verursachen" (zum Beispiel Art. 87, 95, 103 TCK) oder „in Gefahr" bringen (Art. 173 TCK) gebraucht. Das wird jedoch in der Lehre nicht als Mangel gerügt. Vielmehr werden die meist aus dem deutschen Recht bekannten Kausalitätstheorien diskutiert und verwendet. Hier wird an erster Stelle die Bedingungstheorie *(şart teorisi, auch şartların eşitliği teorisi, eşitlik teorisi, basit şart teorisi)* genannt, der zufolge alle Bedingungen, die in irgendeiner Weise zu dem Erfolg beigetragen haben, gleichwertig sind. Gelegentlich werden als Spielarten dieser Theorie auch die Theorie von der wirksamen Bedingung *(etkin sebep teorisi)*, von der wirksamsten Bedingung *(en etkin sebep teorisi)* und von der letzten Bedingung *(son sebep teorisi)* erwähnt.

Als größter Einwand gegen diese Theorie wird ihre Weite kritisiert, die in manchen Fällen zu Ergebnissen führe, die nicht mit Recht und Billigkeit im Einklang stünden. Das gilt besonders in Fällen eines außergewöhnlichen Kausalverlaufs, wie zum Beispiel durch das Hinzutreten eines Dritten oder die Selbstgefährdung eines Opfers. Um die Folgen eines solchen für den Täter abzumildern, hat das frühere Strafgesetzbuch von 1926 in Art. 452 Abs. 2 eine besondere Strafmilderung für den Fall geschaffen, dass der Tod infolge von Umständen eingetreten ist, die vor der Tat vorlagen, aber dem Täter nicht bekannt waren, oder infolge des Hinzutretens von Umständen, die außerhalb des Willens des Täters lagen und unerwartet waren. Diese Sonderregelung findet sich im neuen Strafgesetzbuch jedoch nicht mehr. Als zweite Theorie wird die Adäquanztheorie *(uygun sebep teorisi)* behandelt, die verlangt, dass die Handlung geeignet sein müsse, den Erfolg typischerweise herbeizuführen, was bei unerwartbaren Kausalverläufen, insbesondere bei Eingreifen Dritter, die Verantwortlichkeit des Täters beschränkt. Hiergegen wird vor allem die mangelnde Eindeutigkeit der Kriterien bemängelt, die eine Abgrenzung ermöglichen sollen. Am Rande finden sich auch Bemerkungen zur Relevanztheorie *(hukuki önem teorisi)*.

Wenn man die Entscheidungen des Kassationshofs betrachtet, so finden sich in älterer Zeit zwar auch Entscheidungen, die sich auf die Bedingungstheorie stützen, in neuerer Zeit jedoch scheint sich die Adäquanztheorie durchgesetzt zu haben. In der Lehre dagegen ist das Bild durchwachsen. Auf der einen Seite stehen Autoren, welche die Bedingungstheorie vertreten und die notwendig erscheinenden Eingrenzungen mit Hilfe von Vorsatz und Fahrlässigkeit bewirken wollen, die überwiegend noch als Schuldformen angesehen werden. Andere vertreten eine Mischform von Bedingungstheorie und Adäquanztheorie oder reichern die Bedingungstheorie mit sonstigen Rechtsgedanken an.

Die relative Stärke der Adäquanztheorie dürfte darauf zurückzuführen sein, dass bis zur Einführung des neuen Strafgesetzbuchs noch die Strafbarkeit wegen eines erfolgsqualifizierten Delikts aufgrund einer rein objektiven Verantwortlichkeit für den schweren Erfolg bestand. Das Korrektiv der Schuld, das im Normalfall eine als zu weit empfundene Verantwortlichkeit einschränken kann, griff in einem derartigen Fall nicht. Es bestand nur die Möglichkeit, ein als unbillig empfundenes Ergebnis bereits im Stadium der Kausalität abzuwenden. Im neuen Strafgesetzbuch wurde jetzt jedoch mit Art. 23 TCK[2] eine dem § 18 dtStGB entsprechende Vorschrift geschaffen, die für die Bestrafung eines erfolgsqualifizierten Delikts verlangt, dass dem Täter mindestens Fahrlässigkeit vorzuwerfen ist. Da damit der wichtigste Grund für die Befürwortung der Adäquanztheorie weggefallen ist, könnte sich in der nächsten Zeit ihre Bedeutung in der Lehre stark verringern, auch die Haltung des Kassationshofs könnte sich ändern. Als einschränkende Kriterien für die Bedingungstheorie sind dann vor allem Tatbestand und Schuld von Wichtigkeit. Die Lehre von der objektiven Zurechnung gewinnt zwar allmählich an Bekanntheit, hat sich aber bisher noch nicht in der Breite durchgesetzt.

b) Eventuelle Besonderheiten bei der Fahrlässigkeitstat

Fahrlässigkeit wird im türkischen Recht bis heute überwiegend noch als Schuldform gesehen, auch wenn die Formulierung des Fahrlässigkeitsbegriffs im neuen Strafgesetzbuch auf eine Einordnung in den Tatbestand hinweist und bei einigen Autoren ein Umdenken in diese Richtung eingesetzt hat.

Art. 22 TCK (Fahrlässigkeit)

(…)

(2) Fahrlässigkeit ist ein Verhalten, bei dem durch eine Sorgfaltspflichtverletzung der im gesetzlichen Tatbestand bezeichnete Erfolg verwirklicht wird, ohne dass dies vorausgesehen wurde.

Sowohl bei denjenigen, die die Fahrlässigkeit als Schuldform ansehen, wie auch bei denjenigen, die sie als Teil des Tatbestands behandeln, werden die subjektive und die objektive Seite der Fahrlässigkeit nicht wirklich deutlich auseinandergehalten. Es lassen sich jedoch auch im türkischen Recht objektive Merkmale herausarbeiten. Kernstück einer Fahrlässigkeitstat ist die Verletzung einer Sorgfaltspflicht.

---

2 Siehe oben 6.

Diese kann vorgegeben sein durch bestimmte Vorschriften, zum Beispiel im Straßenverkehr, durch einen bestimmten beruflichen Kodex, etwa in manchen Fällen ärztlichen Handelns, aber auch durch Verhaltensnormen, die sich durch die allgemeine Lebenserfahrung ergeben. Diese Pflichtverletzung muss einen bestimmten Erfolg verursacht haben, es muss also ein Kausalzusammenhang bestehen, und schließlich muss der eingetretene Erfolg vorhersehbar gewesen sein.

Für Fälle, in denen mehrere fahrlässig herbeigeführte Ursachen zusammenwirken, wird in dem neuen Fahrlässigkeitstatbestand besonders betont, dass jeder der Beteiligten nach seiner eigenen Schuld zu bestrafen sei.

Art. 22 TCK (Fahrlässigkeit)

(...)

(5) Bei Straftaten, die durch die Fahrlässigkeit von mehr als einer Person begangen wurden, ist jeder nach seiner eigenen Schuld verantwortlich. Die Strafe eines jeden Täters wird nach seiner Schuld gesondert bestimmt.

Dahinter steht eine Konstellation, die bisher im türkischen Recht eine erhebliche praktische Bedeutung hatte. Es ist zwar festzuhalten, dass bei Fahrlässigkeit keine Mittäterschaft möglich ist, wohl aber Nebentäterschaft. Gerade im Straßenverkehr ist es sehr häufig, dass an einem Unfall mehrere beteiligt sind: Fußgänger A geht bei Rot über die Ampel, Autofahrer B sieht ihn zu spät, weil er gerade seine CD auswechselte, und fährt ihn an. Das alte Strafgesetzbuch enthielt eine Vorschrift, nach der bei fahrlässiger Tötung eine Strafe bis auf ein Achtel herabgesetzt werden konnte (Art. 455 von 1926). Das führte dazu, dass bei derartigen Unfällen in der Praxis von einer Schuld von acht Achteln ausgegangen wurde und diese dann auf alle Beteiligten verteilt wurde. Diese schematische und dadurch oft ungerechte Praxis sollte im neuen Strafgesetzbuch abgeschafft werden. Daher wurde die Bestrafung nach der jeweiligen eigenen Schuld noch einmal besonders hervorgehoben.

Literaturhinweise

Artuk, Emin/Gökçen, Ahmet/Yenidünya, Caner, 5237 Sayılı Yeni TCK'ya Göre Hazırlanmış Ceza Hukuku – Genel Hükümler I (Strafrecht Allgemeiner Teil nach dem neuen Türkischen Strafgesetzbuch, Gesetz Nr. 5237, Band 1). 2. überarbeitete Aufl. Ankara 2006, 415–472.

Centel, Nur/Zafer, Hamide/Çakmut, Özlem, Türk Ceza Hukukuna Giriş (Einführung in das türkische Strafrecht). 4. Aufl. Istanbul 2006, S. 230–290, 396–413.

Demirbaş, Timur, Ceza Hukuku – Genel Hükümler (Strafrecht – Allgemeiner Teil). 5. Aufl. Ankara 2007, S. 201–239.

Hakeri, Hakan, Ceza Hukukunda İhmal Kavramı ve İhmali Suçların Çeşitleri (Der Begriff der Unterlassung und die Arten der Unterlassungsdelikte im Strafrecht). Ankara 2003.

Özbek, Veli Özer, Yeni Türk Ceza Kanununun Anlamı (Die Bedeutung des neuen türkischen Strafgesetzbuchs). 2. Aufl. Ankara 2005, S. 120–131, 261–300.

Özgenç, İzzet, Türk Ceza Hukuku Genel Hükümler (Türkisches Strafrecht Allgemeiner Teil). 2. Aufl. Ankara 2007, S. 169–222.

Öztürk, Bahri/Erdem, Mustafa Ruhan, Uygulamalı Ceza Hukuku ve Emniyet Tedbirleri Hukuku (Angewandtes Strafrecht und Recht der Sicherungsmaßnahmen). 9. Aufl. Ankara 2006, S. 126–145, 204–208.

Roxin, Claus/Isfen, Osman, Der Allgemeine Teil des neuen türkischen Strafgesetzbuchs. GA 2005, 228–243 (236).

Sözüer, Adem, Einführung in die Gesamtreform des türkischen Strafrechts (I). Istanbul 2006, S. 15–18.

– Die Reform des türkischen Strafrechts, ZStW 119 (2007), 717–749 (719–720, 722).

Ünver, Yener, Ceza Hukukuyla Korunması Amaçlanan Hukuksal Değer (Das durch Strafrecht zu schützende Rechtsgut). Ankara 2003, S. 124–147, 584–590.

Rechtsprechung

1. Strafsenat des Kassationshofs vom 27.10.1942, E. 2803, K. 2705, *Centel/Zafer/Çakmut*, Giriş, S. 276.

Großer Strafsenat des Kassationshofs vom 12.5.1980, E. 1-151, K. 206, YKD 6 (1980), 1279–1283.

Großer Strafsenat des Kassationshofs vom 20.11.1989, E. 1-302, K. 361, YKD 16 (1990), 1216–1218.

Großer Strafsenat des Kassationshofs vom 4.10.1993, E. 4-153, K. 215, YKD 20 (1994), 123–125.

10. Strafsenat des Kassationshofs vom 10.12.1998, E. 10133, K. 12221, YKD 26 (2000), 985–987.

Abkürzungsverzeichnis

dtStGB	deutsches Strafgesetzbuch
E.	Esas (Rechtssache)
EMRK	Europäische Konvention zum Schutze der Menschenrechte und Grundfreiheiten
K.	Karar (Entscheidung, Beschluss)
TCK	Türk Ceza Kanunu (Türkisches Strafgesetzbuch)
YKD	Yargıtay Kararları Dergisi (Zeitschrift für die Entscheidungen des Kassationshofs)
ZStW	Zeitschrift für die gesamte Strafrechtswissenschaft

E. Subjektive Tatseite

E. Subjektive Tatseite

1. Definition/Elemente der subjektiven Tatseite
2. Vorsatz [und Unrechtsbewusstsein]/*Intention* und *recklessness*
   a) Begriff und Bezugspunkte des Vorsatzes
   b) Formen des Vorsatzes
3. Subjektive Seite der Fahrlässigkeitstat
   a) Begriff und Bezugspunkte der Fahrlässigkeit
   b) Formen/Grade der Fahrlässigkeit
4. Eingeschränktes Erfordernis von Vorsatz oder Fahrlässigkeit
5. Fehlvorstellungen des Täters, Irrtum
   a) Irrtum über Tatsachen
   b) Irrtum über Rechtsfragen

Hinsichtlich der Entscheidung für eine Differenzierung zwischen objektiver und subjektiver Tatseite siehe die Vorbemerkungen zum Kapitel II.D. Eine vergleichende Untersuchung zur subjektiven Tatseite muss die besondere Stellung des Unrechtsbewusstseins im Verbrechensaufbau einiger Strafrechtsordnungen ebenso berücksichtigen wie die unterschiedliche Abgrenzung zwischen vorsätzlich und nichtvorsätzlich begangener Tat. Letztere bildet einen Schwerpunkt dieses Kapitels. Die Gliederung folgt einer grundsätzlichen Einteilung in Vorsatz und Fahrlässigkeit nach kontinentalem Muster, doch ist den Berichterstattern ausnahmsweise die Möglichkeit eingeräumt, hiervon abzuweichen.

Zum Vorsatz werden neben den verschiedenen Formen der allgemeine Begriff, die Elemente, die Bezugspunkte und der Zeitpunkt des Bezugs untersucht. Entsprechendes gilt für die subjektive Seite der Fahrlässigkeitstat (zu deren objektiver Seite siehe II.D.7.b.).

Straftaten mit objektiver Verantwortlichkeit *(strict liability)*, deren Bedeutung zunimmt und die in einzelnen Rechtsordnungen bereits eine erhebliche Rolle als eigene Deliktskategorie spielen, sind hier – neben erfolgsqualifizierten Delikten – als Fälle des eingeschränkten Erfordernisses von Vorsatz oder Fahrlässigkeit eingeordnet.

Unter Fehlvorstellungen des Täters werden an dieser Stelle nur die verschiedenen Formen des Irrtums über Tatsachen eingehend behandelt. Eine ausführliche Darstellung des Irrtums über Rechtsfragen erfolgt im Zusammenhang mit den Gründen für den Ausschluss der Strafbarkeit (Kapitel II.J.). Dort finden sich auch die Abschnitte über Entschuldigungsgründe, Minderjährigkeit, geistige Störung und Rausch.

Yang Zhao
Thomas Richter

Subjektive Tatseite in
China

1. Definition/Elemente der subjektiven Tatseite

Im chinesischen Schrifttum ist die subjektive Tatseite (主观方面, *zhuguan fangmian*) überwiegend als die psychologische Haltung des Täters zu seiner Handlung und deren Folgen definiert. Die herrschende Meinung geht davon aus, dass die subjektive Tatseite *folgende Elemente* enthalten kann:

– Vorsatz,

– Fahrlässigkeit,

– Absicht,

– Motiv.

Es ist gemäß § 16 Strafgesetzbuch (中华人民共和国刑法, *Zhonghua Renmin Gongheguo xingfa*, chStGB) eine obligatorische Voraussetzung für die Bejahung einer Straftat, dass entweder Vorsatz (故意, *guyi*) oder Fahrlässigkeit (过失, *guoshi*) gegeben ist.[1] Das chinesische Strafrecht geht damit vom Schuldstrafrecht als dogmatischer Grundlage aus. Nach dem Grundsatz der Einheit von objektiven und subjektiven Elementen erfüllen Handlungen, die weder vorsätzlich noch fahrlässig verursacht wurden, nicht die Voraussetzungen einer Straftat.[2] Beide Formen werden dogmatisch im Begriff der Schuld (罪过, *zuiguo*) zusammengefasst.

Das Verhältnis zwischen Fahrlässigkeit und Vorsatz ist nicht eindeutig geklärt; die wohl herrschende Meinung sieht fahrlässiges Handeln tendenziell als nicht so schwerwiegend wie vorsätzliches Handeln an. Dies führt dazu, dass bei denjenigen Straftatbeständen, die sowohl fahrlässiges als auch vorsätzliches Verhalten unter Strafe stellen, für den ersteren Fall eine mildere Sanktion vorgesehen ist. Solche Bestimmungen sind vor allem im Abschnitt zu den die öffentliche Sicherheit gefährdenden Straftaten (Kapitel 2 des Besonderen Teils des chStGB von 1997) zu finden.

---

1 Näher hierzu siehe unten 2. und 3.

2 Siehe auch unten 4.

Dagegen ist die Absicht (目的, *mudi*) ein zusätzliches und optionales subjektives Element bei Vorsatztaten. Die Absicht spielte unter dem alten Strafgesetzbuch von 1979 noch eine bedeutende Rolle, und zwar vor allem für die sogenannten konterrevolutionären Verbrechen (Kapitel 1 des Besonderen Teils des chStGB von 1979), bei denen immer auf eine konterrevolutionäre Absicht abgestellt wurde. Mit der Strafrechtsreform von 1997 wurden die Bestimmungen über konterrevolutionäre Verbrechen durch ein Kapitel über Staatsschutzdelikte ersetzt, bei denen nicht mehr nach der Absicht des Täters gefragt wird. Dennoch ist die Absicht heute weiterhin als ein Tatbestandsmerkmal für eine Reihe von Straftaten vorgesehen, wie zum Beispiel die illegale Herstellung von Pistolen oder Gewehren im Sinne des § 126 Nr. 1–2 chStGB, bei der der Täter den Verkauf beabsichtigen muss, oder der Schmuggel von pornografischen Veröffentlichungen im Sinne des § 152 Abs. 1 chStGB, bei dem eine auf Gewinnerzielung oder Verbreitung gerichtete Absicht des Täters erforderlich ist.

Das Motiv (动机, *dongji*) schließlich bildet keine Voraussetzung innerhalb des Tatbestands und ist deswegen auch nicht relevant für das Zustandekommen einer Straftat; gleichwohl kann es eine nicht unerhebliche Rolle bei der Strafzumessung spielen.

Darüber hinaus wird in der chinesischen Strafrechtslehre auch das Problem des Irrtums (错误, *cuowu*) im Rahmen der subjektiven Tatseite diskutiert. Obwohl das Problem des Irrtums nicht im geltenden Strafgesetzbuch geregelt ist, unterscheidet die Lehre üblicherweise zwischen Irrtum über Tatsachen (事实错误, *shishi cuowu*) und Irrtum über Rechtsfragen (法律错误, *falü cuowu*). Diese beiden Formen des Irrtums umfassen jeweils wiederum einige Unterfälle.[3]

2. Vorsatz und Unrechtsbewusstsein

a) Begriff und Bezugspunkte des Vorsatzes

Gemäß § 14 Abs. 1 chStGB liegt eine vorsätzliche Straftat vor, wenn der Täter in Kenntnis dessen gehandelt hat, dass seine Handlung für die Gesellschaft gefährliche Folgen herbeizuführen vermag, und er den Eintritt solcher Folgen gewünscht oder in Kauf genommen hat.

§ 14 Abs. 1 chStGB

Eine Straftat wird vorsätzlich begangen, wenn der Täter sie in Kenntnis dessen begeht, dass seine Handlung für die Gesellschaft schädliche Folgen herbeizuführen vermag und er den Eintritt dieser Folgen gewünscht oder in Kauf genommen hat.

3 Siehe näher dazu unten 5.

Nach einhelliger Ansicht besteht der Vorsatz im chinesischen Strafrecht aus der organischen Einheit von einem intellektuellen und einem voluntativen Element. Das Erstere verlangt, dass der Täter seine Handlung und ihre gesellschaftsschädliche Folge kennt. Das Letztere fordert, dass der Täter aufgrund seiner Kenntnisse die Handlung willentlich ausgeführt hat und dabei den Eintritt der gesellschaftsschädlichen Folge gewünscht oder mindestens in Kauf genommen hat.

Der Vorsatz muss sich auf sämtliche objektiven Tatbestandsmerkmale beziehen. Objektive und subjektive Seite bedingen sich gegenseitig und bilden ein unteilbares Ganzes. Die organische Einheit von subjektiver und objektiver Seite gilt nach überwiegender, von Hegelscher Dialektik geprägter Meinung als ein zentraler Grundsatz des chinesischen Strafrechts.[4] Der Vorsatz bezieht sich dabei auf die objektiven Tatsachen. Welche Tatsachen im Einzelnen vom Wissen des Täters umfasst sein müssen, ist jedoch umstritten. Eine sehr weitgehende Meinung fordert Kenntnis des gesamten Tatgeschehens einschließlich des Charakters der Handlung und deren Folge, des Schutz- und Handlungsobjekts und aller kausalen Verbindungen. Dem gegenüber begnügt sich eine andere Meinung bereits mit dem Wissen um den durch die Handlung verursachten gesellschaftsschädlichen Erfolg. Vermittelnd geht die wohl herrschende Meinung davon aus, dass der Täter neben dem Erfolg mindestens noch die den Erfolg verursachende Handlung gekannt haben muss; ein Bewusstsein über abstrakte Fragen wie den Charakter oder das Schutzobjekt der Tat soll dagegen nicht erforderlich sein.

Auch zur Frage der Voraussehbarkeit der Handlungsauswirkungen für den Täter gehen die Meinungen auseinander. Nach allgemeiner Meinung bezieht sich der Vorsatz auch auf die Gesellschaftsschädlichkeit der Handlung. Jedoch wird ein Irrtum über die Tatsache der Gesellschaftsschädlichkeit einer gewöhnlichen Straftat wie Totschlag, Diebstahl oder Betrug für ausgeschlossen gehalten. Vorstellbar ist ein solcher Irrtum allenfalls in Randbereichen des Strafrechts.[5]

Ob der Täter darüber hinaus auch erkennen muss, dass seine Handlung rechtswidrig und strafbar ist, bleibt noch ungeklärt. Die Mehrheit der Autoren tendiert dazu, solche Kenntnisse nicht als erforderlich anzusehen, da man sonst versuchen könnte, unter dem Vorwand der Unkenntnis einer Bestrafung zu entgehen.[6]

Der maßgebliche Zeitpunkt für den Vorsatz ist nach einhelliger Ansicht (spätestens) der Zeitpunkt der Handlung. Der Vorsatz kann sich also nur auf den gegenwärtigen oder künftigen Sachverhalt beziehen. Ein „rückwirkender“ Vorsatz, also eine Art Genehmigung der eigenen Handlung, wird in der Lehre eindeutig abgelehnt.

---

4 Vgl. auch II.C.

5 Siehe dazu II.J.8.

6 Ausführlicher zum Verbotsirrtum siehe unten 5.b.

b) Formen des Vorsatzes

Ausgehend vom Wortlaut des maßgeblichen §14 Abs. 1 chStGB unterscheidet die chinesische Literatur zwischen direktem Vorsatz (直接故意, *zhijie guyi*) und indirektem Vorsatz (间接故意, *jianjie guyi*). Die Unterscheidung bezieht sich dabei auf das voluntative Element. Während es beim direkten Vorsatz gerade das Bestreben des Handelnden sein muss, dass ein bestimmter gesellschaftsschädlicher Erfolg eintreten wird, reicht es beim indirekten Vorsatz aus, dass der Eintritt eines solchen Erfolgs erkannt und in Kauf genommen wird. Beim indirekten Vorsatz wird ferner hinsichtlich des intellektuellen Elements differenziert, ob der Handelnde den Eintritt des Erfolgs nur für möglich oder aber für zwangsläufig hält. Diese Unterscheidung kann vor allem bei der Strafzumessung von Bedeutung sein.

Die Abgrenzung zwischen indirektem Vorsatz und Fahrlässigkeit wegen Selbstüberschätzung[7] besteht nach herrschender Ansicht im voluntativen Element. Im Fall des indirekten Vorsatzes ist es dem Täter gleichgültig, ob die gesellschaftsschädliche Folge eintritt, während bei der Fahrlässigkeit wegen Selbstüberschätzung der Täter den Eintritt solcher Folgen eigentlich vermeiden will und darauf vertraut, dass sie ausbleiben

Unter „Absicht“ wird die subjektive Zielsetzung beziehungsweise Bestrebung des Täters verstanden, durch seine Handlung ein bestimmtes Ergebnis zu erreichen, wobei der objektive, tatsächliche Eintritt dieses Ergebnisses unerheblich ist. Nach herrschender Meinung kommt die Absicht nur im Fall des direkten Vorsatzes in Frage. Beim indirekten Vorsatz strebt der Täter den Eintritt der gesellschaftsschädlichen Folge eigentlich nicht an, sondern er nimmt diesen lediglich in Kauf. Deswegen kann seine gegebenenfalls vorhandene sonstige Zielsetzung nicht der Absicht im Sinne des hier behandelten fakultativen Tatbestandsmerkmals gleichgestellt werden. Die Absicht ist als optionales Element in zahlreichen Straftatbeständen des Besonderen Teils des Strafgesetzbuchs in verschiedenen Ausprägungen gefordert.

3. Subjektive Seite der Fahrlässigkeitstat

a) Begriff und Bezugspunkte der Fahrlässigkeit

Fahrlässigkeit wird in § 15 chStGB definiert:

§ 15 chStGB

Eine fahrlässige Straftat liegt vor, wenn der Täter voraussehen muss, dass das eigene Handeln für die Gesellschaft schädliche Folgen herbeiführen kann, er aber aus Unachtsamkeit oder Nachlässigkeit dies nicht vorausgesehen hat, oder wenn er dies zwar vo-

---

[7] Siehe unten 3.b.

rausgesehen hat, aber leichtfertig darauf vertraute, zu einer Vermeidung [dieser Folgen] imstande zu sein, und diese Folgen dann doch eingetreten sind.
Für eine fahrlässige Straftat wird [der Täter] strafrechtlich nur dann zur Verantwortung gezogen, wenn dies im Gesetz [ausdrücklich] so bestimmt ist.

Fahrlässiges Verhalten, das zu einem gesellschaftsschädlichen Erfolg führt, kann strafbar sein. Die Fahrlässigkeit gliedert sich nach § 15 Abs. 1 chStGB in Unachtsamkeit – der Handelnde sieht die Folgen seines Verhaltens nicht voraus, aber hätte sie voraussehen müssen, sowie in Leichtfertigkeit – der Handelnde sieht den wahrscheinlichen Eintritt der Folgen voraus, aber vertraut unberechtigt darauf, dass diese Folgen vermieden werden können. Als Maßstab der Vorhersehbarkeit einer Fahrlässigkeitstat wird in der Volksrepublik China die subjektive Lehre, die das individuelle Wissensniveau des konkreten Täters heranzieht, der objektiven Betrachtungsweise vorgezogen.[8]

Wann eine zu bestrafende *Fahrlässigkeitstat* vorliegt, ist im chinesischen Strafrecht vielfach ungeklärt. § 15 Abs. 2 chStGB beschränkt die strafrechtliche Verantwortlichkeit auf Fahrlässigkeitstaten, „wenn dies im Gesetz [ausdrücklich] so bestimmt ist". Dies soll nach herrschender Meinung bedeuten, dass die Strafbarkeit der fahrlässigen Tatbegehung gesetzlich geregelt sein muss. Die überwiegende Meinung setzt dieses Erfordernis mit dem Gesetzlichkeitsprinzip gleich und hält infolgedessen die Regelung in § 15 Abs. 2 chStGB nach Abschaffung der strafbegründenden Analogie durch die Strafrechtsreform von 1997[9] entweder für obsolet oder zumindest für sprachlich verbesserungswürdig. Nur ein kleiner Teil des Schrifttums fordert im Gesetzeswortlaut den ausdrücklichen Hinweis auf fahrlässige Tatbegehung, etwa durch die Tatbestandsmerkmale „fahrlässig" oder „Unfall".

b) Formen/Grade der Fahrlässigkeit

Gemäß dem Wortlaut des § 15 Abs. 1 chStGB wird in der Lehre zwischen zwei Formen der Fahrlässigkeit differenziert. Diese sind
- die Fahrlässigkeit wegen Unachtsamkeit (疏忽大意的过失, *shuhu dayi de guoshi*) und
- die Fahrlässigkeit wegen Selbstüberschätzung (过于自信的过失, *guoyu zixin de guoshi*).

Ob diese beiden genannten Formen zwei hierarchische und sich gegenseitig ausschließende Grade der Fahrlässigkeit bilden, bleibt umstritten. Die überwiegende Ansicht hält die letztere Form für subjektiv stärker vorwerfbar als die erstere, was vor allem bei der Strafzumessung berücksichtigt werden soll.

---

[8] Siehe unten 3.b.

[9] Siehe dazu II.A.1. und 2.c.

Abgrenzungsprobleme bestehen insbesondere in Bezug auf das Verhältnis zwischen Fahrlässigkeit wegen Selbstüberschätzung und indirektem Vorsatz.[10] Denn in beiden Fällen sieht der Täter den möglichen Eintritt der gesellschaftsschädlichen Folgen seiner Tat bereits voraus. Nach herrschender Meinung spielt dabei die Haltung beziehungsweise Gesinnung des Täters die entscheidende Rolle. Wünscht der Täter solche Folgen eigentlich nicht und glaubt er einfach, dass er ihren Eintritt vermeiden kann, so handelt es sich um eine Fahrlässigkeit wegen Selbstüberschätzung. Bleibt der Eintritt oder Nichteintritt solcher Folgen dem Täter gleichgültig, so soll ein indirekter Vorsatz angenommen werden.

4. Eingeschränktes Erfordernis von Vorsatz oder Fahrlässigkeit

Wird ein Tatbestand aus unüberwindbaren oder unvorhersehbaren Gründen erfüllt, so liegt nach § 16 chStGB keine Straftat vor. Das im chinesischen Strafrecht geltende Schuldprinzip steht dem Gedanken einer *Haftung ohne Verschulden*, wie sie vor allem im anglo-amerikanischen Rechtskreis entwickelt wurde, im Grunde unversöhnlich gegenüber.

§ 16 chStGB
Wird durch das Verhalten objektiv eine schädliche Folge herbeigeführt, ist dies aber weder auf Vorsatz noch auf Fahrlässigkeit, sondern auf unüberwindbare oder unvorhersehbare Gründe zurückzuführen, handelt es sich nicht um eine Straftat.

Eine Anwendung der *strict liability* dürfte daher *de lege lata* in der Volksrepublik China ausgeschlossen sein. Gleichwohl wird die Idee der *strict liability* vom chinesischen Schrifttum aufgenommen und leidenschaftlich diskutiert.

5. Fehlvorstellungen des Täters, Irrtum

a) Irrtum über Tatsachen

In der chinesischen Lehre wird zumeist zwischen Tatsachenirrtum und Rechtsirrtum unterschieden. Der Tatsachenirrtum (事实错误, *shishi cuowu*) kann sich auf die Subjekteigenschaft, das Schutzobjekt und die objektiven Voraussetzungen beziehen. Beim Irrtum über die objektiven Voraussetzungen wird weiter unterschieden zwischen dem Irrtum über das Handlungsobjekt, die objektive Handlung, besondere Voraussetzungen hinsichtlich Zeit und Ort sowie die Kausalität. Kennt der Täter bestimmte Tatbestandsmerkmale nicht, so handelt er ohne Vorsatz. Gibt es einen parallelen Straftatbestand, der nur Fahrlässigkeit fordert, so ist zu prüfen, ob dem Täter eine fahrlässige Tatbegehung vorgeworfen werden kann. Glaubt der Täter irrtümlich an bestimmte Tatbestandsmerkmale, die jedoch nicht existieren, so

---

10 Siehe oben 2.b.

kommt ein Versuch der vorsätzlichen Straftat in Betracht. Diese Schlussfolgerungen werden aus der Formulierung des Vorsatzes respektive der Fahrlässigkeit in den §§ 14, 15 chStGB gezogen.

So kommt es beim Irrtum über das Handlungsobjekt *(error in persona vel in objecto)* darauf an, ob das von der Vorstellung des Täters erfasste Tatobjekt und das von der Handlung wirklich betroffene Objekt vom Strafrecht gleich bewertet werden. Liegt hier eine Gleichwertigkeit vor, so wirkt sich der Irrtum nicht auf den Vorsatz aus. Beispielsweise begeht der Täter immer noch eine Körperverletzung, wenn er den ihm unbekannten Y verprügelt, den er in der Dämmerung für seinen Erzfeind X gehalten hat.

Der Maßstab der strafrechtlichen Gleichwertigkeit gilt auch für den Fall des Fehlgehens der Tat *(aberratio ictus)*. Hier verfehlt der Täter bei der Handlung einerseits sein ins Auge gefasstes Objekt; andererseits trifft seine Handlung ein anderes Objekt. Sind hier beide Objekte strafrechtlich gleich bewertet, ist der Vorsatz des Täters nicht von seinem Irrtum beeinflusst. Ist die strafrechtliche Gleichwertigkeit nicht gegeben, so ist nach herrschender Meinung hinsichtlich des beabsichtigten Objekts ein Versuch, hinsichtlich des wirklich angegriffenen Objekts je nach den konkreten Umständen entweder eine indirekt vorsätzliche beziehungsweise eine fahrlässige Straftat oder ein Unfall zu bejahen. Wenn beispielsweise der Täter seinen Erzfeind X verletzen möchte, indem er ihm ein Messer in den Rücken werfen will, aber der Wurf fehlgeht, so kommt es darauf an, ob das Messer stattdessen den Hund des X oder aber den zufällig vorbeigehenden Y trifft. Im Fall der Verletzung des Y ist eine Gleichwertigkeit der Tatobjekte gegeben, sodass die vorsätzliche Körperverletzung als vollendet angesehen werden kann, während es im Fall der Verletzung des Hundes an der Gleichwertigkeit fehlt und der Täter sich nur wegen versuchter Körperverletzung strafbar gemacht hat; die Verletzung des Hundes ist gemäß § 275 chStGB mangels Strafbarkeit fahrlässiger Sachbeschädigung nicht strafbar. – Als Tatsachenirrtum verstanden und behandelt werden auch die Putativnotwehr und der Putativnotstand.[11]

b) Irrtum über Rechtsfragen

Beim Rechtsirrtum (法律错误, *falü cuowu*)[12] verkennt der Handelnde die rechtliche Bedeutung seiner Tat. Hier werden drei Gruppen unterschieden.

- In der ersten Gruppe ist ein bestimmtes Verhalten nicht strafbar, der Handelnde glaubt jedoch an dessen Strafbarkeit.
- Umgekehrt ist in der zweiten Gruppe eine Handlung strafbar, während der Täter glaubt, sie sei straflos.

---

11 Siehe II.J.2.

12 Siehe dazu II.J.8.

– In der letzten Fallgruppe hält der Täter sein strafbares Verhalten zwar zutreffend für strafbar, irrt jedoch in der rechtlichen Einordnung der Tat.

Für die erste Gruppe wird eine Strafbarkeit verneint, weil die objektiven Voraussetzungen einer Straftat nicht erfüllt sind. Die zweite Fallgruppe wird als Verbotsirrtum behandelt.[13] Der Irrtum des Täters beeinflusst die Strafbarkeit im Prinzip nicht. In der dritten Fallgruppe schließlich ist der Irrtum hinsichtlich der rechtlichen Einordnung sowie hinsichtlich der Frage der Konkurrenzen oder der Strafzumessung unerheblich. Die Strafbarkeit ist insoweit unabhängig vom juristischen Verständnis des Täters.

Literaturhinweise

Chen, Xingliang, Xingfa shiyong zonglun (Allgemeine Lehre zur Anwendung des Strafrechts), Band 1. 2. Aufl. Bejing 2006, S. 67–207.

– Xingfa zonglun (Allgemeiner Teil des Strafrechts). Beijing 2002, S. 24–31.

He, Bingsong, Fanzui zhuguan fangmian (Subjektiver Aspekt der Straftat). In: Bingsong He (Hrsg.), Xingfa jiaokeshu (Lehrbuch des Strafrechts), Band 1. 6. Aufl. Beijing 2003, S. 297–336.

Hu, Kangsheng/Li, Fucheng (Hrsg.), Zhonghua Renmin Gongheguo xingfa shiyi (Kommentar zum Strafgesetzbuch der Volksrepublik China). Beijing 1997, S. 17–20.

Jia, Yu, Fanzui zhuguan fangmian (Subjektiver Aspekt der Straftat). In: Bingzhi Zhao (Hrsg.), Xingfa zonglun (Allgemeiner Teil des Strafrechts). Beijing 2007, S. 186–220.

Jian, Ming, Fanzui goucheng lilun gaishu (Einführung in die Straftatbestandslehre). In: Kechang Ma (Hrsg.), Fanzui tonglun (Allgemeine Verbrechenslehre). 3. Aufl. Wuhan 1999, S. 59–100.

Ke, Gezhuang, Xingfa shang de renshi cuowu (Irrtum im Strafrecht). In: Kechang Ma/ Chunxi Yang/Jigui Lü (Hrsg.), Xingfa xue quanshu (Enzyklopädie der Strafrechtswissenschaft). Shanghai 1993, S. 108–111.

Lin, Yinmao, Fanzui goucheng (Straftatbestand). In: Kechang Ma/Chunxi Yang/Jigui Lü (Hrsg.), Xingfa xue quanshu (Enzyklopädie der Strafrechtswissenschaft). Shanghai 1993, S. 37–41.

Lü, Jigui, Fanzui de zhuguan fangmian (Subjektiver Aspekt der Straftat). In: Kechang Ma/Chunxi Yang/Jigui Lü (Hrsg.), Xingfa xue quanshu (Enzyklopädie der Strafrechtswissenschaft). Shanghai 1993, S. 93–95.

Lü, Jigui, Fanzui de guyi (Vorsatz der Straftat). In: Kechang Ma/Chunxi Yang/Jigui Lü (Hrsg.), Xingfa xue quanshu (Enzyklopädie der Strafrechtswissenschaft). Shanghai 1993, S. 95–99.

---

13 Siehe näher dazu II.J.8.

– Fanzui de mudi (Absicht der Straftat). In: Kechang Ma/Chunxi Yang/Jigui Lü (Hrsg.), Xingfa xue quanshu (Enzyklopädie der Strafrechtswissenschaft). Shanghai 1993, S. 99–101.

– Fanzui dongji (Motiv der Straftat). In: Kechang Ma/Chunxi Yang/Jigui Lü (Hrsg.), Xingfa xue quanshu (Enzyklopädie der Strafrechtswissenschaft). Shanghai 1993, S. 101–103.

– Fanzui de guoshi (Fahrlässigkeit der Straftat). In: Kechang Ma/Chunxi Yang/Jigui Lü (Hrsg.), Xingfa xue quanshu (Enzyklopädie der Strafrechtswissenschaft). Shanghai 1993, S. 103–107.

Richter, Thomas, Umweltstrafrecht in der Volksrepublik China. Freiburg 2002, S. 184–190.

Song, Qingde, Fanzui de zhuguan fangmian (Subjektiver Aspekt der Straftat). In: Qingde Song (Hrsg.), Xin xingfa fanzui lun yanjiu (Studie zur Verbrechenstheorie des neuen Strafgesetzbuchs). Beijing 1999, S. 124–152.

Strupp, Michael, Das neue Strafgesetzbuch der VR China. Kommentar und Übersetzung. Hamburg 1998.

Wang, Chen, Fanzui zhuguan fangmian (Subjektiver Aspekt der Straftat). In: Kechang Ma (Hrsg.), Fanzui tonglun (Allgemeine Verbrechenslehre). 3. Aufl. Wuhan 1999, S. 304–402.

Wang, Shizhou, Fanzui goucheng (Straftatbestand). In: Chunxi Yang/Dunxian Yang (Hrsg.), Zhongguo xingfa lun (Das chinesische Strafrecht). 2. Aufl. Beijing 1998, S. 50–109.

– Fanzui goucheng (Straftatbestand). In: Shoufen Liu (Hrsg.), Xingfa xue gailun (Einführung in die Strafrechtslehre). Beijing 2000, S. 44–104.

– The Problem of Justification and Excuse in the Chinese Criminal Law. In: Albin Eser/ Haruo Nishihara (Hrsg.), Rechtfertigung und Entschuldigung IV. Freiburg 1995, S. 107–110.

Xu, Shansong, Fanzui he fanzui goucheng (Die Straftat und der Straftatbestand). In: Qiong Zhang (Hrsg.), Zhongguo xingfa jiaocheng (Lebrbuch des chinesischen Strafrechts), Band 1. Beijing 1998, S. 45–56.

Yang, Xingpei, Fanzui goucheng yuanlun (Zum Verbrechensaufbau). Beijing 2004, S. 183–238.

You, Wei, Fanzui goucheng (Straftatbestand). In: Huiyu Su (Hrsg.), Xingfa xue (Strafrechtslehre). Beijing 1999, S. 86–99.

Zhang, Mingkai, Fanzui zhuguan yaojian (Subjektiver Straftatbestand). In: Huiyu Su (Hrsg.), Xingfa xue (Strafrechtslehre). Beijing 1999, S. 152–173.

– Xingfa xue (Strafrechtslehre). 2. Aufl. Beijing 2003, S. 210–253.

Zhang, Xiangjun, Fanzui zhuguan yaojian (Subjektiver Straftatbestand). In: Qiong Zhang (Hrsg.), Zhongguo xingfa jiaocheng (Lebrbuch des chinesischen Strafrechts), Band 1. Beijing 1998, S. 96–116.

Zhao, Bingzhi, Fanzui zhuguan fangmian (Subjektiver Aspekt der Straftat). In: Mingxuan Gao (Hrsg.), Xinbian Zhongguo xingfa xue (Das neue Lehrbuch des chinesischen Strafrechts), Band 1. Beijing 2000, S. 166–197.

Zheng, Jinhuo, Fanzui goucheng gaishuo (Einführung in den Straftatbestand). In: Li Chen/ Yongsheng Huang (Hrsg.), Xingfa zonglun (Allgemeiner Teil des Strafrechts). 2. Aufl. Xiamen 2002, S. 72–104.

– Fanzui de zhuguan fangmian (Subjektiver Aspekt der Straftat). In: Li Chen/Yongsheng Huang (Hrsg.), Xingfa zonglun (Allgemeiner Teil des Strafrechts). 2. Aufl. Xiamen 2002, S. 204–246.

Zhou, Guangquan, Youze xing (Schuld). In: Xingliang Chen (Hrsg.), Xingfa xue (Strafrechtslehre). Shanghai 2003, S. 133–167.

Rechtsprechung

Zum Vorsatz

Urteil des Mittleren Volksgerichts der Stadt Fuyang vom 9.1.1998, Urteil des Oberen Volksgerichts der Provinz Anhui vom 7.7.1998 und Urteil des Obersten Volksgerichts vom 3.11.1999, zusammenfassend abgedruckt als Fall Nr. 35, CK 1999/5, 23–28.

Urteil des Mittleren Volksgerichts der Stadt Suzhou vom 2.2.1999, Beschluss des Oberen Volksgerichts der Provinz Jiangsu vom 30.3.1999 und Urteil des Obersten Volksgerichts vom 24.6.1999, zusammenfassend abgedruckt als Fall Nr. 28, CK 1999/4, 24–28.

Urteil des Mittleren Volksgerichts der Stadt Dongguan und Beschluss des Oberen Volksgerichts der Provinz Guangdong, zusammenfassend abgedruckt als Fall Nr. 344, CK 2005/3, 33–41. (Die Daten dieser Entscheidungen sind nicht bekanntgegeben; da der Angeklagte am 31.12.2003 festgenommen wurde, wird geschätzt, dass diese Entscheidungen von 2004 stammen.)

Urteil des Mittleren Volksgerichts der Stadt Xiamen, Urteil des Oberen Volksgerichts der Provinz Fujian und Beschluss des Obersten Volksgerichts, zusammenfassend abgedruckt als Fall Nr. 389, CK 2006/2, 26–31. (Die Daten dieser Entscheidungen sind nicht bekanntgegeben; da der Angeklagte am 24.8.2004 festgenommen wurde, wird geschätzt, dass die Entscheidungen von 2004/2005 stammen.)

Urteil des Volksgerichts des Stadtteils Jianxi der Stadt Luoyang und Beschluss des Mittleren Volksgerichts der Stadt Luoyang, zusammenfassend abgedruckt als Fall Nr. 432, CK 2007/2, 6–12. (Die Daten dieser Entscheidungen sind nicht bekanntgegeben; da die Angeklagte am 9.8.2005 festgenommen wurde, wird geschätzt, dass die Entscheidungen von 2005/2006 stammen.)

Urteil des Mittleren Volksgerichts der Stadt Lianyungang und Beschluss des Oberen Volksgerichts der Provinz Jiangsu, zusammenfassend abgedruckt als Fall Nr. 439, CK 2007/3, 1–5. (Die Daten dieser Entscheidungen sind nicht bekanntgegeben; da der Angeklagte am 1.12.2005 festgenommen wurde, wird geschätzt, dass die Entscheidungen von 2006 stammen.)

Zum Vorsatz bei Tatbeteiligung

Urteil des Mittleren Volksgerichts der Stadt Wuxi vom 31.3.1999, zusammenfassend abgedruckt als Fall Nr. 168, CK 2002/2, 25–31.

Urteil des Ersten Mittleren Volksgerichts der Stadt Tianjin vom 21.10.2003 und Urteil des Oberen Volksgerichts der Stadt Tianjin vom 20.12.2004, zusammenfassend abgedruckt als Fall Nr. 380, CK 2006/1, 15–22.

Urteil des Mittleren Volksgerichts der Stadt Wenzhou vom 17.3.2006 und Urteil des Oberen Volksgerichts der Provinz Zhejiang vom 1.8.2006, zusammenfassend abgedruckt als Fall Nr. 408, CK 2006/5, 1–4.

Urteil des Mittleren Volksgerichts der Stadt Qingdao, zusammenfassend abgedruckt als Fall Nr. 409, CK 2006/5, 5–10. (Das Datum dieses Urteils ist nicht bekanntgegeben; da der letzte Angeklagte am 20.4.2004 festgenommen wurde, wird geschätzt, dass das Urteil von 2004 stammt.)

Zur Fahrlässigkeit

Urteil des Volksgerichts des Stadtteils Huaiyin der Stadt Huaian, zusammenfassend abgedruckt als Fall Nr. 346, CK 2005/3, 49–52. (Das Datum dieses Urteils ist nicht bekanntgegeben; da der Angeklagte am 28.5.2004 in Untersuchungshaft befindet, wird geschätzt, dass das Urteil von 2004 stammt.)

Zur Abgrenzung zwischen indirektem Vorsatz und Fahrlässigkeit

Urteil des Mittleren Volksgerichts der Region Akesu vom 31.7.2003 und Urteil des Oberen Volksgerichts des Selbstverwaltungsgebiets Xinjiang vom 6.1.2004, zusammenfassend abgedruckt als Fall Nr. 370, CK 2005/6, 12–18.

Zum Tatbestandsirrtum

Urteil des Mittleren Gerichts für Eisenbahntransport (Shanghai) vom 19.1.1999 und Beschluss des Oberen Volksgerichts der Stadt Shanghai vom 23.8.1999, zusammenfassend abgedruckt als Fall Nr. 37, CK 1999/5, 34–39.

Urteil eines Volksgerichts, abgedruckt als Fall Nr. 315, CK 2004/5, 15–23. (Das entscheidende Gericht und das Datum dieses Urteils sind nicht bekanntgegeben. Da die federführenden Kommentatoren zwei Mitarbeiter am Volksgericht des Stadtteils Gaoming der Stadt Foshan sind, wird geschätzt, dass es sich um eine Entscheidung jenes Gerichts handelt. Da die Angeklagte am 3.1.2003 festgenommen wurde, wird geschätzt, dass das Urteil von 2003 stammt.)

Abkürzungsverzeichnis

chStGB	Zhonghua Renmin Gongheguo xingfa (Strafgesetzbuch der Volksrepublik China) vom 14.3.1997
CK	Xingshi shenpan cankao (Ratgeber für Verhandlung und Verurteilung in Strafsachen) (Eine seit 1999 von den Strafsenaten des Obersten Volksgerichts herausgegebene Zeitschrift, in der neben Auszügen relevanter neuer Gesetze und praxisbezogenen Aufsätzen vor allem ausgewählte Fälle der Gerichte aller Stufen nach der einheitlichen Gliederung Sachverhalt, Kernfragen und Begründung des Urteils meistens zusammenfassend und mit Anmerkungen/Kommentierungen veröffentlicht werden) (Zitiert nach Jahrgang/Heftnummer, Seitenzahl)

Adome Blaise Kouassi

Subjektive Tatseite in
Côte d'Ivoire

1. Definition/Elemente der subjektiven Tatseite

Die Behandlung der subjektiven Tatseite gehört zu einer klassischen Theorie, die mehr auf einer philosophischen als auf einer rein juristischen Doktrin beruht, welche für Rechtspraktiker sehr abstrakt bleibt und sich in der Praxis kaum auswirkt. Aus dieser Lehre folgt, dass einer Straftat nicht nur ein objektives Verhalten zugrunde liegt, sondern auch eine geistige Grundhaltung, eine besondere Psychologie des Täters. Diese geistige Disposition wird als *élément moral* beziehungsweise *élément psychologique* bezeichnet und bildet die subjektive Tatseite, die vorliegen muss, um den Täter wegen seines objektiven Verhaltens strafrechtlich zur Verantwortung ziehen zu können.[1]

Die subjektive Tatseite erstreckt sich von der Fahrlässigkeit *(faute)* bis hin zum Vorsatz *(dol)*. Der Vorsatz wiederum kann bestehen aus einem Generalvorsatz, einem Sondervorsatz, einem Eventualvorsatz, einem bestimmten beziehungsweise unbestimmten Vorsatz, einem Motiv oder einem Zweck.[2] Im Allgemeinen muss der Vorsatz bei Verbrechen und Vergehen vorliegen; hingegen spielt er bei Übertretungen keine Rolle.

Auch gemäß dem ivorischen Strafgesetzbuch (*Code pénal*, CP-CI) reicht allein die Durchführung einer strafbaren Tat nicht aus, um die strafrechtliche Verantwortung des Täters anzunehmen. Die von einem Täter begangene Tat führt nur zur Bestrafung, wenn ihm diese Tat zugerechnet werden kann. Die strafrechtliche Verantwortlichkeit ist eng verbunden mit der Schuld und der Zurechnung. Sie basiert auf der grundsätzlichen Anerkennung der moralischen Freiheit eines jeden Menschen und auf dessen Fähigkeit zur Willensbildung bezüglich einer Straftat. Daher wird eine Strafe nur verhängt, wenn die notwendigen Bedingungen erfüllt sind: Es muss dem Täter gemäß Art. 95 Abs. 2 CP-CI seine Willensfreiheit attestiert werden können.

---

1 Siehe auch II.C.2.c.

2 Siehe unten 2.

Art. 95 Abs. 2 CP-CI

Verantwortlich für seine Tathandlungen ist allein derjenige, der fähig ist, sie zu verstehen und zu wollen.

Der Täter muss also imstande sein, seine Tat zu verstehen und die Umstände der Tatbestandsverwirklichung zu wollen. Dies gibt dann insgesamt Aufschluss hinsichtlich der vorsätzlichen oder fahrlässigen Begehungsweise. Derjenige, der keine Möglichkeit hat, eine Entscheidung zwischen der Einhaltung oder der Übertretung von Rechtsvorschriften zu treffen, besitzt keinen freien Willen und ist in seinen Handlungen nicht frei. Deshalb wird er von einer Bestrafung ausgenommen. Vielmehr ist allein derjenige strafrechtlich verantwortlich, der die Tatbestandmerkmale einer Straftat mit dem Willen verwirklicht, dass sein Verhalten zur Realisierung der Straftat führen wird. Hier treten zwei unterschiedliche Merkmale der subjektiven Tatseite in Erscheinung: der Wille und die verbrecherische Absicht.

Der Wille bezieht sich auf den festen Entschluss, eine vom Gesetz als strafbar festgelegte Handlung zu begehen und ihre Folgen anzustreben. Es muss also die freie Fähigkeit zu wollen vorhanden sein. Der Wille, die Tatbestandmerkmale zu verwirklichen, soll nicht nur die objektiven Handlungen umfassen, die vom Täter begangen werden, sondern auch die Folgen derselben, sofern diese Folgen selbst Bestandteil einer Straftat sind. Wenn die Folgen wegen eines Grundes nicht realisiert werden, der unabhängig vom Willen des Täters ist, wird auf einen strafbaren Versuch erkannt, sofern dies gesetzlich bestimmt ist. Wenn die Folgen nicht Merkmal der Straftat sind, bleibt es bei der Strafbarkeit der einfachen Begehung. Das ist zum Beispiel der Fall beim Prüfungsbetrug (*fraudes aux examens et concours*, Art. 275 CP-CI), bei dem der einfache Betrug unabhängig vom erreichten Resultat betraft wird. Allerdings muss auf der subjektiven Tatseite der Wille von Einschränkungen frei sein, beispielsweise muss das Alter des Täters (Minderjährigkeit) oder eine eventuelle geistige Störung etc. Berücksichtigung finden. Es kann jedoch bei einer geistigen Störung anstelle einer Bestrafung zu bestimmten Sicherungsmaßnahmen gegenüber dem Täter kommen.

Neben dem bloßen Willen gibt es die verbrecherische Absicht des Täters als besondere Ausprägung der vorsätzlichen Straftaten, unabhängig davon, ob der Täter in Kenntnis oder Unkenntnis die vom Gesetz vorhergesehene und bestrafte Tat gewollt hat.

Jedoch existieren Fälle, in denen der Wille sich mit der Absicht „vermischt". Das ist etwa der Fall bei Schlägen gegen einen Dritten in der Absicht, ihn zu verletzen. In diesem Fall wird man nicht behaupten können, dass der Täter zwar Schläge einsetzen wollte, aber keine Verletzung wünschte. Dementsprechend ist allgemein anerkannt, dass für die Strafbarkeit nach dem CP-CI – soweit in einzelnen Bestimmungen nichts anderes festgelegt ist – ein „Generalvorsatz" *(dol général)* Voraussetzung ist, der sich aus einem Willens- und einem Wissenselement zusammensetzt. Der Eventualvorsatz, bei dem sich der Täter mit dem Taterfolg lediglich abfindet, wird nicht unter diese Vorsatzdefinition subsumiert; in solchen Fällen wird von bewusster Fahrlässigkeit ausgegangen.[3] Allenfalls wird, wenn der Täter den Taterfolg billigend in Kauf nimmt, sich also einem klaren Wollen des Taterfolgs annähert, nach herrschender Rechtsauslegung bedingter Vorsatz angenommen. Ist ein gesteigertes Wollen oder ein Vorsatz vorausgesetzt, der auf mehr als den objektiven Tatbestand gerichtet ist, so muss das in den jeweiligen Strafnormen zum Ausdruck kommen.[4]

Unstrittig ist die fahrlässige Begehung eines Delikts (*faute d'imprudence* oder *de négligence*, zum Beispiel Art. 353 CP-CI) nur dann strafbar, wenn dies ausdrücklich in einem Gesetz vorgesehen ist. Im CP-CI findet diese Ansicht insofern ihre Grundlage, als die Fahrlässigkeit auch nur in einzelnen Tatbeständen strafbewehrt ist. Dementsprechend gibt es aber auch keine allgemeine Definition der Elemente der Fahrlässigkeit. Anhaltspunkte bietet in dieser Hinsicht beispielsweise das fahrlässige Tötungsdelikt in Art. 353 Abs. 1: Als Merkmale werden „Ungeschicklichkeit, Unvorsichtigkeit, Unaufmerksamkeit, Nachlässigkeit oder Nichtbeachtung von Regeln" aufgezählt. Die herrschende Rechtsauslegung entnimmt dieser Aufzählung einen allgemeingültigen Charakter und geht so weit, bewusste Formen dieser Fahrlässigkeit auch auf eine bloße Inkaufnahme des Taterfolgs zu erstrecken.[5]

Eine umfassende direkte Regelung des Tatirrtums fehlt im ivorischen Strafrecht. Allerdings enthält Art. 96 CP-CI eine Aufzählung der Irrtümer, die ohne Auswirkung auf die Strafbarkeit sind. Hierzu zählen als spezielle Formen des Tatirrtums der Irrtum über die Person des Opfers *(erreur sur la personne de la victime)* und der Irrtum über das Tatobjekt *(erreur sur l'objet de l'infraction)*. Daraus wird im Umkehrschluss gefolgert, dass die übrigen Tatirrtümer, das heißt jene über die Elemente des objektiven Tatbestands, die Strafbarkeit ausschließen.[6]

2. Vorsatz

a) Begriff und Bezugspunkte des Vorsatzes

Der Tatbestand gilt zu dem Zeitpunkt als erfüllt, an dem das subjektive mit dem objektiven Element zur Deckung kommt. Im ivorischen Strafrecht wird das subjektive Element durch den Willen und die Absicht charakterisiert. Der Wille muss sich einerseits auf die Handlung selbst und andererseits auf die Folgen der Handlung erstrecken. Wenn der Täter willentlich die Tat begangen und deren Folgen gewollt

---

3 Siehe unten 2.b. und 3.

4 Siehe unten 2.b.

5 Siehe unten 3.

6 Siehe unten 5.

hat, handelt er mit Vorsatz. Daher wird der Vorsatz angesehen als die *volonté de commettre le délit tel qu'il est déterminé par la loi.* Das Bewusstsein des Täters, das rechtliche Verbot zu übertreten *(la conscience, chez le coupable, d'enfreindre les prohibitions légales)*, bildet die Basis der Vorsatztheorie. Deren zentrales Element ist die *faute intentionnelle*, das heißt ein absichtliches Fehlverhalten, welches in dem Willen besteht, ein Verbot zu übertreten oder das Strafrecht zu verletzen. Dieses subjektive Element wird von der Lehre als *dol criminel* oder einfach *dol* (Vorsatz) bezeichnet. Bei absichtlicher Begehung einer Tat wird der Täter bestraft, weil er um die Strafbarkeit des begangenen Verhaltens weiß, die Tat aber trotzdem begeht. Deshalb ist der Vorsatz an sich – nach der Vorsatzlehre – das wahre Kriterium hinsichtlich der Verwirklichung eines Tatbestands. Jedoch gibt es im ivorischen Strafrecht keine Vorschrift, die direkt und abschließend die Elemente des Vorsatzes benennt. In einigen Strafnormen (zum Beispiel Art. 278 CP-CI) wird Vorsatz in Form einer „willentlichen" Begehung explizit verlangt, was zunächst die Vermutung nahelegt, Vorsatz sei keine grundsätzliche Voraussetzung der Strafbarkeit. Art. 95 Abs. 2 CP enthält aber indirekt Elemente des Vorsatzes als grundsätzliche Voraussetzung der Strafbarkeit, indem er für die Schuldfähigkeit voraussetzt, dass der Täter imstande ist, die Tat zu „verstehen" und zu „wollen".[7] Bei Fehlen dieser Voraussetzung ist beim Täter nicht von einer Verantwortlichkeit für die Tat auszugehen, er ist dann schuldunfähig. Die Fähigkeit seine Tat zu verstehen und zu wollen, hängt wiederum von gewissen Voraussetzungen ab.

Im ivorischen Strafrecht unterscheidet man zwischen zwei verschiedenen Vorsatzarten, dem *dol général* (Generalvorsatz) und dem *dol spécial* (Spezialvorsatz).[8] Allgemein bedeutet Vorsatz, dass der Täter imstande sein muss, die Tat zu verstehen und verwirklichen zu wollen, also die Umstände der Tatbestandsverwirklichung zu kennen und zu wollen. Der Unterschied zwischen den zwei verschiedenen Vorsatzarten, die letztlich hinsichtlich der Strafbarkeit keinen Unterschied machen, ist, dass dem *dol spécial* ein besonderes psychologisches Element innewohnt, das zusätzlich zum *dol général* vorhanden sein kann und bei manchen Delikten wie etwa dem Totschlag erforderlich ist. Die Analyse des Vorsatzes zeigt zwei Elemente auf: ein intellektuelles (*la connaissance*, das Wissen/das Bewusstsein) und ein voluntatives (*la volonté*, der Wille).

– Das intellektuelle Element (Wissen)

Wie oben erwähnt basiert das intellektuelle Element einerseits auf der *connaissance de fait infractionnel*, das heißt auf der Kenntnis der objektiven Tatbestandsmerkmale *(éléments matériels)* einer Straftat und dem Bewusstsein des Täters, die vom Gesetz verbotene Straftat zu begehen. Andererseits beruht es auf der *connais-*

---

7 Siehe oben 1.

8 Siehe unten b.

sance de l'état de droit infractionnel, das heißt auf dem Wissen um die Rechtswidrigkeit. Dabei spielt notwendigerweise die Irrtumslehre eine Rolle.[9] Insgesamt betrifft das intellektuelle Element die Kenntnis des Täters von der gesetzlichen und faktischen Wirklichkeit, was bedeutet, dass ein Täter sich die objektiven Tatbestandsmerkmale ganz genau vorgestellt hat und sich bewusst war, dass das Gesetz seine Handlung verbietet.

– Das voluntative Element (Wollen)

Diesem Element liegt der freie Wille zugrunde, trotz aller Kenntnis der Umstände in einer bestimmten Weise zu handeln. Dieser geäußerte Wille ist Zeichen des Einverständnisses mit einem Vorhaben, das Zeichen von Entschlossenheit, von der Bereitschaft, eine Wahl zu treffen. Das voluntative Element kann in zwei Formen auftreten, entweder als direkter oder als indirekter Vorsatz. Bei direktem (unmittelbarem) Vorsatz strebt der Wille des Täters nach der Erzielung eines Ergebnisses, während der Täter beim indirekten (mittelbaren) Vorsatz weiß, dass seine freiwillig durchgeführte Handlung zu einem sicheren oder beinahe sicheren Ergebnis führen wird, das aber nicht unbedingt angestrebt worden ist. Die ivorische Rechtsprechung gleicht die Behandlung des indirekten (mittelbaren) Vorsatzes der des direkten (unmittelbaren) Vorsatzes an. Als Beispiel ist das Tötungsdelikt zu erwähnen: Hier besteht der Vorsatz einerseits in dem Bewusstsein der Tatsache, dass etwa Schläge zum Tod führen können, und andererseits in dem Willen, genau dieses Ergebnis zu erreichen.

b) Formen des Vorsatzes

Der Generalvorsatz *(dol général)* besteht darin, dass der Täter in vollem Bewusstsein der angedrohten Strafe eine vom Gesetz verbotene Handlung begeht und zeigt die „Feindseligkeit" des Täters gegenüber den moralischen und sozialen Werten, die vom Strafrecht geschützt werden. Er ist ein *élément intellectuel minimum*, das für die Verantwortlichkeit des Täters bei jeder vorsätzlichen Straftat vorausgesetzt wird. Die Motive *(les mobiles)*, mit denen der Täter eventuell seine Tat zu rechtfertigen versucht, sind dabei gleichgültig. Ebenso wenig stellen die Einwilligung des Opfers[10] oder der Irrtum[11] Entschuldigungsgründe dar.

Bei bestimmten Straftaten genügt der oben genannte Generalvorsatz nicht, um die Verantwortlichkeit des Täters zu begründen, sondern es wird ein Spezialvorsatz *(dol spécial)* verlangt. Das ist beispielsweise der Fall, wenn das Gesetz in seiner Definition einer Straftat ein genau bestimmtes Ergebnis erfordert, welches vom

---

9 Siehe unten 5. und J.8.

10 Siehe dazu II.J.4.

11 Siehe II.J.8. und unten 5.

Täter gewollt sein muss. Deshalb verlangt die Doktrin hier neben dem Generalvorsatz einen Spezialvorsatz. Dieser besteht aus einer zusätzlichen und konkreteren kriminellen Absicht – wie etwa der Zueignungsabsicht bei einem Diebstahl *(animus furandi)* –, das heißt aus dem Willen, ein ganz bestimmtes Ergebnis zu erreichen, und nicht mehr nur aus dem Willen, eine strafbare Tat zu begehen. Ein Spezialvorsatz wird insbesondere bei der vorsätzlichen Tötung verlangt, nämlich die Absicht zu töten *(animus necandi)*. Ohne diese Absicht wird die Tathandlung als eine unvorsätzliche Tötung oder Köperverletzung mit Todesfolge angesehen. Einige Dogmatiker differenzieren nicht zwischen Generalvorsatz und Spezialvorsatz. Beide seien ein und dasselbe, der eine werde von dem anderen umfasst. Tatsächlich lässt sich schwer vorstellen, dass eine Person, die ein Tötungsdelikt begehen will (Generalvorsatz), nicht den Tod einer Person erreichen will (Spezialvorsatz).

Neben diesen beiden Hauptarten des Vorsatzes finden sich noch der einfache Vorsatz *(dol simple)* und der schwere Vorsatz *(dol aggravé)*. Wie oben dargestellt, berücksichtigt die Vorsatztheorie verschiedene Stufen, deren Beachtung bei der Tatqualifizierung und der Strafzumessung eine Rolle spielen. So charakterisiert der einfache Vorsatz eine Situation, in der die durchgeführte Handlung spontan realisiert wurde, was zur Anwendung des gesetzlichen Grundstrafrahmens führt. Hingegen enthält der schwere Vorsatz eine besondere Absicht, das heißt eine erheblich größere psychologische Anstrengung, die der Täter bei der Durchführung der Straftat an den Tag gelegt hat. Hier wird die Tatausführung nicht durch die spontane Äußerung des Täters bezüglich der Realisierung charakterisiert, sondern durch die Äußerung einer Absicht, die lange überlegt wurde und reifen konnte, was zur Schärfung der Strafe führt. Deshalb wird die vorsätzliche Tötung als Mord bezeichnet und nach dem Wortlaut des Art. 343 CP-CI sogar mit der Todesstrafe bedroht, obwohl diese durch den höherrangigen Art. 2 Abs. 3 der Verfassung von Côte d'Ivoire abgeschafft worden ist. Bei einer „einfachen" Tötung droht nach Art. 344 CP-CI eine lebenslange Freiheitsstrafe.

Wenn der Wille nicht nach seiner Stärke und Intensität beurteilt wird, sondern nach den Ergebnissen, unterscheidet man den bestimmten Vorsatz *(dol déterminé)* vom unbestimmten Vorsatz *(dol indéterminé)*. Es handelt sich bei Ersterem um einen bestimmten Vorsatz, wenn der Täter ein bestimmtes Verbrechen oder Vergehen (zum Beispiel Tötung oder Diebstahl) begehen wollte, und zwar gegenüber einer bestimmten Person. Der *dol indéterminé* liegt dagegen vor, wenn der Täter zwar ein Ergebnis anstrebt, aber zum Beispiel die Identität des Opfers nicht kennt. Die rechtliche Beurteilung des Vorsatzes hängt vor allem von der Ausprägung des Willens im Verhältnis zum tatsächlichen Ergebnis der Tat ab. Es handelt sich auch um einen unbestimmten Vorsatz, wenn der Täter zwar das Ergebnis einer Straftat anstrebt, er sich aber im Voraus dieses Ergebnis nicht ganz deutlich vorstellt, also unter Umständen die Handlung des Täters zu unterschiedlichen Ergebnissen führen kann. So können beispielsweise Schläge nur zu einem Bluterguss, zu einer vorübergehenden oder endgültigen Behinderung oder schließlich doch zum Tod des Opfers führen.

In der Vorsatztheorie wird auch der sogenannte überholte Vorsatz (*dol praeterintentionnel* beziehungsweise *dol dépassé*) erörtert. Bei dieser Art des Vorsatzes führt das Ergebnis der Tathandlung über die Vorausplanung des Täters hinaus oder überschreitet das Ziel, das dieser sich vorgestellt hat. Das ist etwa der Fall, wenn eine Abtreibung zum Tod der Frau führt oder wenn ein Opfer aufgrund der Schläge des Täters stirbt, anstatt „nur" Verletzungen zu erleiden. Es bedeutet, dass der Täter, obwohl er die Tathandlung vorgenommen hat, nicht alle Folgen wollte. Deshalb ist zu fragen, ob hier der Wille des Täters oder das Ergebnis seiner Tathandlung bestraft werden muss.

Im Prinzip muss ein Gericht das Vorliegen eines überholten Vorsatzes nicht berücksichtigen. Jedoch sollte der Gesetzgeber im Rahmen der zukünftigen Kriminalpolitik diese Vorsatzart berücksichtigen. Zwei Situationen sind vorstellbar: Einmal können sowohl der (überholte) Wille beziehungsweise die Absicht des Täters als auch das (überholende) Ergebnis zusammen berücksichtigt werden durch eine Strafe, die schärfer ist, als wenn der Täter nur nach seinem Willen, aber milder, als wenn er nur auf der Basis des Ergebnisses beurteilt würde. Das ist der Fall, wenn ein Täter ohne tödliche Absicht Gewalt gegen eine Person anwendet, welche aber dann doch zu deren Tod führt (Beispielsweise wenn ein Täter auf der Straße eine Person schlägt, diese daraufhin stürzt, mit dem Kopf auf die Bordsteinkante fällt und an der Kopfverletzung stirbt). In diesem Fall wird eine Strafe verhängt, die zwischen der Strafe für eine vorsätzliche Tötung und der für eine Körperverletzung mit Todesfolge liegt, also milder als beim erstgenannten und schärfer als beim letztgenannten Delikt.

Zum anderen kann der Gesetzgeber bei schweren Tathandlungen nicht mehr den (überholten) Willen des Täters, sondern nur das (überholende) Ergebnis berücksichtigen. Das ist etwa der Fall bei einer Entführung oder Freiheitsberaubung, die zum Tod des Opfers geführt hat. Bei Eintritt des Todes wird diese Tathandlung schwer bestraft, auch wenn dieses Ergebnis nicht das Ziel des Täters war.

Als letzte Vorsatzart ist der Eventualvorsatz *(dol éventuel)* zu nennen, der bei einem Täter gegeben ist, der keinesfalls den eingetretenen Erfolg oder überhaupt eine Folge gewollt, aber doch für möglich gehalten hat. Das ist zum Beispiel der Fall, wenn ein Autofahrer einen anderen trotz eingeschränkter Sicht vor einer Anhöhe überholt und dadurch einen tödlichen Unfall provoziert. Die Mehrheit der Lehre nimmt hier Vorsatz an, weil sie eine schwere Fahrlässigkeit dem Vorsatz gleichsetzt. Gelegentlich wird der *dol eventuel* auch dem *dol direct* gleichgesetzt, zum Beispiel im Fall einer vorsätzlichen Brandstiftung, die unglücklicherweise zum Tod beziehungsweise zur Körperverletzung einer oder mehrerer Personen geführt hat, oder bei einer Tat nach Art. 362 Abs. 4 CP-CI, gemäß dem „gewöhnliche Gewalt" gegenüber einem Kind unter 15 Jahren mit lebenslanger Freiheitsstrafe bedroht ist, falls die Misshandlungen zum Tod geführt haben, auch wenn sie nicht in Tötungsabsicht begangen worden sind. Nach der Rechtsprechung ist der *dol éventuel* jedoch keinesfalls der Intention eines Täters gleichzusetzen. Diese Behauptung wird gerechtfertigt durch die Tatsache, dass bei diesem Vorsatz kein Wille existiert, das Ergebnis zu realisieren. Daher soll es sich beim *dol éventuel* nicht um Vorsatz, sondern um Fahrlässigkeit handeln. Nach Meinung des Verfassers muss der Eventualvorsatz aber deutlich von der Fahrlässigkeit abgegrenzt werden.

3. Subjektive Seite der Fahrlässigkeitstat

a) Begriff und Bezugspunkte der Fahrlässigkeit

Art. 95 Abs. 2 CP-CI sagt bezüglich des Vorsatzes, dass der Täter imstande sein muss, die Tat zu verstehen und zu wollen.[12] Hat der Täter eine Handlung gewollt, jedoch nicht den Taterfolg, obwohl er diesen sehr wohl hätte vorhersehen und vermeiden können, spricht man von Fahrlässigkeit, und auch diese kann bestraft werden. So bestimmt der *Code pénal* beispielsweise in

Art. 353 CP-CI
Wer aus Ungeschicklichkeit, Unvorsichtigkeit, Unachtsamkeit, Nachlässigkeit oder durch Missachtung von Sorgfaltspflichten eine fahrlässige Tötung begeht oder diese fahrlässig verursacht, wird mit einer Freiheitsstrafe von drei Monaten bis zu drei Jahren und einer Geldstrafe in Höhe von 100.000 FCFA bis 1.000.000 FCFA [circa 153 € bis 1.525 €] bestraft.

Der Vorsatz verlangt das Anstreben eines Ergebnisses. Jedoch ist diese Voraussetzung nicht zwingend notwendig für das Vorliegen einer Straftat. Diese kann auch existieren, wenn der Täter kein strafbares Ergebnis seiner Tat angestrebt hat, aber einfach gegenüber den vom Strafrecht geschützten Werten „gleichgültig" geblieben ist. Dabei entsteht ein fahrlässiges Fehlverhalten *(faute)*, das ausreicht, als Straftat qualifiziert zu werden.

Die Fahrlässigkeit ist im CP-CI nicht allgemein definiert – ein Defizit, das von Literatur und Rechtsprechung jedoch ausgeglichen wurde. Hier wird der Begriff der Fahrlässigkeit als das Versäumnis einer Pflichterfüllung *(manquement à un devoir)* definiert.

Als Erscheinungsformen der Fahrlässigkeitstat werden Ungeschicklichkeit, Unvorsichtigkeit, Unaufmerksamkeit, Unachtsamkeit oder Missachtung von Sorgfaltspflichten aufgezählt *(maladresse, imprudence, inattention, négligence ou inobservation des règlements)*. Die herrschende Meinung geht daneben auch von Fahrlässigkeit aus, wenn der Täter einen Taterfolg in Kauf nimmt.

---

[12] Siehe oben 2.a.

b) Formen/Grade der Fahrlässigkeit

Die Aspekte der Fahrlässigkeit lassen sich wiederum in verschiedene Gruppen einteilen: die einfache Fahrlässigkeit *(faute ordinaire)*, bei der der Täter eigentlich das Ergebnis nicht gewollt hat, und die qualifizierte Fahrlässigkeit *(faute d'imprudence qualifiée)*, die mit der willentlichen Gefährdung eines Dritten verknüpft ist *(faute de mise en danger délibérée de la personne d'autrui)*.[13]

– Einfache Fahrlässigkeit *(faute ordinaire)*

Der Begriff *faute ordinaire* bezeichnet ein Fehlverhalten aus Unvorsichtigkeit beziehungsweise Nachlässigkeit, das einerseits eine Sorglosigkeit und andererseits eine Zügellosigkeit vermuten lässt. Bei dieser Form der Fahrlässigkeit ist der Täter sorglos, weil er die schädlichen Folgen seiner Handlung nicht vorhergesehen hat. Das Fehlverhalten darf einerseits nicht vorsätzlich entstanden sein und muss andererseits zu einem Schaden geführt haben. Damit liegt hier kein bedingter Vorsatz vor. Dem Täter ist nicht bewusst, eine strafbare Tat zu begehen, weswegen auch der Generalvorsatz fehlt. Das Fehlen des Vorsatzes bedeutet jedoch nicht, dass dem Täter jeglicher Wille fehlt. Die Unvorsichtigkeit beziehungsweise Nachlässigkeit kann willentlich begangen werden. Wenn zum Beispiel ein Autofahrer willentlich ein vorausfahrendes Fahrzeug überholt, dann aber mit einem Auto aus der Gegenrichtung zusammenstößt, so war hier zwar der Überholvorgang gewollt, nicht aber die Folgen seiner Handlung, das heißt der Unfall.

Beim Fehlverhalten aus Unvorsichtigkeit beziehungsweise Nachlässigkeit wird die Realisierung eines Schadens vermutet. Die Sorglosigkeit schließt den Eintritt eines unvorhergesehenen Schadens ein. Weil ein bestimmtes Verhalten einen Schaden verursacht hat, wird das Gericht *a posteriori* fragen, ob der Täter sorglos gewesen und deshalb eines Vergehens aus Unvorsichtigkeit beziehungsweise Nachlässigkeit schuldig zu sprechen ist. Daher kann ein Vergehen dieser Art nicht vorliegen, wenn kein Schaden eingetreten ist. Zum Beispiel gibt es keine Bestrafung eines Jägers, der aus Versehen in die Richtung seines Jagdkameraden schießt, diesen aber glücklicherweise nicht verletzt. Die Ausschließung jeder Strafe beim Mangel einer negativen Folge erklärt auch, warum der Versuch beim Vergehen aus Unvorsichtigkeit nicht strafbar ist.

Die Unvorsichtigkeit oder Nachlässigkeit besteht in der Missachtung bestimmter sozialer Regeln. Eine unvorsichtige oder nachlässige Person zeigt mangelnde Disziplin, wenn sie die gebührende Vorsicht außer Acht lässt, die von ihr normalerweise erwartet werden kann. Die Disziplinlosigkeit manifestiert sich in der Verletzung von Grundwerten bei sozialen Aktivitäten und sie zeigt gegenüber den Wer-

---

[13] Siehe näher dazu II.D.7.b.

ten eine tadelnswerte Gleichgültigkeit (beispielsweise im Respekt gegenüber dem menschlichen Leben).

Ob eine Person unvorsichtig oder nachlässig war, bestimmt sich danach, ob diese Person Vorsichts- und Sicherheitsregeln verletzt hat. Die Existenz einer solchen Regel oder Norm kann auf zweierlei Art festgestellt werden. Einerseits kann die Verhaltensregel in einem Gesetz oder in einem *Reglement* zu finden sein. Bei dem *Reglement* handelt es sich um ein *decret* (Verordnung), eine *arrêté* (Beschluss) oder ein *circulaire* (Rundbrief). Andererseits kommt es auch vor, dass keine schriftliche Regelung vorliegt. In diesem Fall muss der Richter untersuchen, ob eine Unvorsichtigkeit oder eine Nachlässigkeit begangen wurde. Sein Maßstab ist dabei das Verhalten eines „normalerweise" vorsichtigen Individuums, das das Gleiche tut wie der Täter. Es wird eine objektive Bewertung vorgenommen. Herkömmlicherweise sagt die Lehre, dass die Fahrlässigkeit *in abstracto* vom Strafrichter bewertet wird.[14] Dies bedeutet jedoch, dass die Psyche oder die besonderen Fähigkeiten des Angeklagten vom Richter nicht berücksichtigt werden. Der Täter kann deshalb auch seine Unerfahrenheit, seine Inkompetenz oder seine Ungeschicklichkeit nicht beweisen, um der Bestrafung zu entgehen, denn solche individuellen Umstände bleiben für den Richter ohne Bedeutung. Der Richter muss belegen, dass im Hinblick auf die konkreten und äußeren Umstände und im Vergleich zu einer Durchschnittsperson eine Unvorsichtigkeit oder eine Nachlässigkeit begangen wurde.

– Qualifizierte Fahrlässigkeit

Sie besteht aus zwei Qualifizierungen, durch die sie sich von der einfachen Fahrlässigkeit unterscheidet. Es handelt sich dabei um die *faute de mise en danger délibérée* (die bewusste Gefährdung eines Dritten) und um die *faute d'imprudence caractérisée* (die grobe Fahrlässigkeit).

Die *faute de mise en danger délibérée* besteht einerseits in dem Willen, eine Verpflichtung zur Vorsicht zu missachten. Damit dies angenommen werden kann, verlangt der Gesetzgeber die offensichtliche und absichtliche Verletzung einer rechtlichen Vorschrift. Als Beispiel ist zu nennen eine Wette zwischen zwei Fahrern, mehrere rote Ampeln zu überfahren. In diesem Fall resultiert die Nichtbeachtung der Lichtsignale aus einer eindeutigen Entscheidung der Fahrer und ist nicht bloß eine einfache Unaufmerksamkeit, die zu einem einfachen Übertretungsdelikt, nämlich einem Verkehrdelikt führt. Die bewusste Gefährdung eines Dritten verlangt andererseits, dass die Verletzung sich gegen eine besondere Verpflichtung zur Vorsicht richtet, die rechtlich vorgeschrieben ist. Dies fordert zwei Bedingungen: Erstens muss die Sorgfaltspflicht von einem Gesetz oder einem *Reglement*[15] be-

14 Siehe dazu II.D.7.b.

15 Siehe oben.

stimmt sein, und zweitens muss es sich um eine besondere Verpflichtung handeln. Außerdem muss die Verletzung der besonderen Verpflichtung (und nicht einer allgemeinen Verpflichtung) die bewusste Gefährdung eines Dritten bedeuten.[16]

Die grobe Fahrlässigkeit *(faute d'imprudence caractérisée)* besteht aus drei Elementen:

– Erstens muss die Fahrlässigkeit oder Nachlässigkeit offensichtlich sein. Dies bedeutet, dass das Fehlverhalten ganz bestimmte Merkmale aufweisen und schwerer sein muss als eine einfache Fahrlässigkeit *(faute ordinaire)*.[17]

– Zweitens muss die *faute d'imprudence caractérisée* einen Dritten einem besonders schweren Risiko ausgesetzt haben. Diese Schwere besteht in der Natur des Risikos (zum Beispiel Tötung, Köperverletzung oder schwere Umweltverschmutzung) und der hohen Wahrscheinlichkeit seiner Realisierung. Voraussetzung ist auch hier, dass der tatsächlich eingetretene Schaden vorhersehbar sein muss. Das Risiko muss vor oder während der fehlerhaften Handlung bestehen, während der Schaden durch die fehlerhafte Handlung als Verwirklichung des Risikos eintritt. Das Risiko und die Gefährdung existieren allerdings auch, wenn kein Schaden eintritt.

– Schließlich darf der „Täter" bei der *faute d'imprudence caractérisée* das Risiko nicht ignorieren können. Damit soll vermieden werden, dass jemand bestraft wird, dem es unmöglich war, die Gefährdungssituation zu erkennen. So enthält der Ausdruck *ne pouvait ignorer* Aspekte des Strafrechts, des Strafprozessrechts und des Beweisrechts. Er bedeutet, dass im Rahmen der Umstände es nicht wahrscheinlich war, dass dem Täter ein solches Risiko persönlich bewusst war. Deshalb wird die Verfolgung eingeleitet, wenn dem Beschuldigten die Natur des Risikos bewusst oder die Natur des Risikos allen ersichtlich war. So ist die strafrechtliche Verantwortlichkeit eines mittelbaren Täters nicht anerkannt, wenn dieser sich nicht bewusst war, dass seine Handlung oder sein Unterlassen gegenüber einem Dritten zu einer besonderen und schweren Gefahr führen würde. Auf jeden Fall besteht die *faute d'imprudence caractérisée* aus der Summe der drei genannten Bedingungen. Diese Form der gesteigerten Fahrlässigkeit wird jedoch im ivorischen Recht oft vernachlässigt, in der Regel beschränken sich die Verurteilungen auf die *faute de mise en danger délibérée*.

---

16 Siehe dazu auch II.D.7.b.

17 Siehe oben.

4. Eingeschränktes Erfordernis von Vorsatz oder Fahrlässigkeit

a) Objektive Verantwortlichkeit (strict liability)

Die ivorische Strafrechtslehre und Strafrechtspraxis erfassen das Deckungsprinzip unter dem Begriff der *faute contraventionnelle*. Diese besteht in der einfachen Nichtbeachtung einer rechtlichen Vorschrift und betrifft bestimmte Tatbestände, die weder vorsätzliche noch fahrlässige Tatbegehung voraussetzen. Der Straftatbestand besteht allein in der Nichtbeachtung rechtlicher Vorschriften oder Regeln, ohne dass hierbei die vorsätzliche oder fahrlässige Begehungsweise eine Rolle spielt.

Im Rahmen der Übertretungen erfährt das subjektive Element eine starke Begrenzung, da die Übertretung, sobald das verbotene Verhalten objektiv festgestellt wird, als erfüllt anzusehen ist, ohne dass der Richter nach einem kriminellen Vorsatz zu suchen hat. Da die Übertretung schon allein bei einem Verstoß gegen eine rechtliche Vorschrift oder Regel vorliegt, wird sie wie die Fahrlässigkeit als eine soziale Disziplinlosigkeit gewertet. Im Verhältnis zur Fahrlässigkeit oder Nachlässigkeit weist die Übertretung jedoch zwei wichtige Eigenheiten auf. Zum einen setzt sie nicht das Vorliegen eines Schadens voraus. Zum anderen verbürgt sie allgemeine Regeln des Zusammenlebens, welche die Grundwerte der Gesellschaft nicht schützen, aber wenigstens eine Art von richtigem Sozialverhalten verlangen, ohne bei einer Verletzung einen so schwerwiegenden moralischen Tadel nach sich zu ziehen wie bei einem Verbrechen oder Vergehen. Bei den Übertretungstatbeständen hat die Staatsanwaltschaft keine vorsätzliche oder fahrlässige Begehungsweise zu untersuchen, da es für die Strafbarkeit ausreicht, wenn die objektiven Voraussetzungen erfüllt sind, beispielsweise die Behinderung des Straßenverkehrs durch das Hinterlassen von Gegenständen auf der Fahrbahn.

Die Übertretung stellt eine Verletzung präventiver Vorschriften dar, die die Wahrung der öffentlichen Sicherheit und Ordnung zum Ziel haben, weshalb sie einer schnellen und effektiven Strafe bedarf. Völlig bedeutungslos ist hierbei die vorsätzliche oder fahrlässige Begehungsweise des Täters. Es wird eine strenge Beachtung der einschlägigen Vorschriften erwartet, deren Nichtbeachtung jedoch eine relativ milde Sanktionierung nach sich zieht.

b) Erfolgsqualifizierte Delikte

In der ivorischen Strafrechtslehre wird das erfolgsqualifizierte Delikt im Rahmen der vorsätzlichen Straftat (überholter Vorsatz) behandelt.[18]

---

[18] Siehe oben 2.b.

5. Fehlvorstellungen des Täters, Irrtum

a) Irrtum über Tatsachen

Bei der Zurechnung werden der Wille oder die Absicht des Täters vermutet, die vom Gesetz verbotene Straftat zu begehen. Deshalb ist der Täter bei Fehlen dieser Voraussetzung prinzipiell nicht strafbar. Hier kommen Aspekte der Irrtumslehre ins Spiel.

Der Täter kennt bei einem Irrtum über Tatsachen die Rechtslage, irrt sich aber über die Eigenschaft bestimmter tatbestandsrelevanter Merkmale der Handlung, die er begeht. Dies bedeutet, dass dem Täter nicht bewusst ist, dass seine Handlung tatsächlich einem Verhalten entspricht, das bestraft wird.

Eine explizite und umfassende Regelung des *Irrtums* über Tatsachen fehlt im ivorischen Strafrecht. Jedoch enthält Art. 96 CP-CI eine Aufzählung derjenigen Irrtümer, die ohne Auswirkung auf die Strafbarkeit sind.

Art. 96 CP-CI
Die strafrechtlichen Rechtsunkenntnisse, das Motiv, der Irrtum über die Person des Opfers, der Irrtum über das Tatobjekt und die Vergebung des Opfers sind ohne Auswirkung auf das Vorliegen der Strafbarkeit.

Dazu zählen als spezielle Formen des Tatsachenirrtums *(erreur de fait)* der Irrtum über die Person des Opfers *(erreur sur la personne de la victime)* und derjenige über das Tatobjekt *(erreur sur l'objet de l'infraction)*.

Aus Mangel an ausführlichen Erläuterungen im Gesetzestext muss die Rechtsprechung zu Hilfe genommen werden, um den Tatsachenirrtum darzulegen. Der Irrtum über Tatsachen ist die Verkennung der Eigenschaften einer Tathandlung. Der Täter kann zum Beispiel Personen verwechselt oder sich über das Alter des Opfers getäuscht haben. Die Lösung für jeden einzelnen Fall variiert nach der Art der Straftat, die aus einem Irrtum heraus begangen wurde. Im Allgemeinen schließt das Vorliegen eines Irrtums, wenn er sich auf einen notwendigen Bestandteil der Straftat bezieht, die Verantwortlichkeit aus. Als notwendige Bestandteile der Straftat gelten die Vorbedingungen der Straftat *(conditions préalables)* sowie die objektiven Tatbestandsmerkmale. So kann ein Irrtum über Tatsachen zum Wegfall des Vorsatzes führen, der das psychologische Element in vorsätzlichen Straftaten bildet: Es gibt keinen Diebstahl im Sinne von Art. 392 CP-CI, wenn eine Person eine fremde Sache in dem Glauben an sich nimmt, dass sie selbst die Eigentümerin dieser Sache sei. Ebenso liegt keine Entführung eines Minderjährigen im Sinne von Art. 371 CP-CI vor, wenn der Täter beweisen kann, dass er dachte, es mit einem Volljährigen zu tun zu haben.

Hingegen spielt der Irrtum über Tatsachen keine Rolle, wenn durch ihn der Vorsatz nicht entfällt. Das ist der Fall, wenn der Irrtum weder eine Vorbedingung noch ein Tatbestandsmerkmal der Straftat (beispielsweise die Qualität des Besitzes oder das Alter des Opfers) betrifft, sondern ein sekundäres oder nebensächliches Element der Straftat, so zum Beispiel wenn eine Person glaubt, das Werk eines sehr berühmten Künstlers zu stehlen, es sich jedoch nur um eine Kopie des Werks handelt. Ebenso ist der Irrtum über die Person des Opfers *(error in persona)* nicht von Belang. Der Täter, der den X in dem Glauben erschießt, es handele sich um Y, begeht ein Tötungsdelikt, da er mit Tötungsabsicht *(animus necandi)* handelt und tatsächlich einen Menschen umbringt. Außerdem werden dem Täter alle erschwerenden Umstände bezüglich der Person des Opfers, das er erschießen wollte, zugerechnet. So wird wegen Vatermordes bestraft, wer einen Dritten in dem Glauben erschießt, seinen eigenen Vater zu töten.

Als nächstes ist die *aberratio ictus* zu nennen, bei welcher beispielsweise der Täter auf A schießt, aber stattdessen B tödlich trifft, weil er schlecht gezielt hat. Nach einer hierzu existierenden Theorie soll der Verlauf der Straftat in zwei Tathandlungen getrennt werden: Die eine soll als ein verfehltes vorsätzliches Delikt, das heißt als Mordversuch gegenüber der Person, die der Täter eigentlich treffen wollte, gewertet werden. Die andere soll als ein Fahrlässigkeitsdelikt gegenüber dem irrtümlich getroffenen Opfer angesehen werden. Die Rechtsprechung hat eine andere Entscheidung getroffen: Sie erkennt auf eine einzige Straftat, nämlich diejenige, die vom Täter gewollt war. Dabei werden auch eventuelle erschwerende Umstände bezüglich des vom Täter anvisierten Opfers (das jedoch nicht getroffen wurde) zugerechnet.

Im Fall einer nicht vorsätzlichen Straftat spielt der Irrtum jedoch keine Rolle. Hier besteht der Irrtum gerade in einer Nachlässigkeit, die durch den Gesetzgeber bestraft wird. Deshalb wird zum Beispiel derjenige, der durch Überfahren einer roten Ampel, die nach seiner Vorstellung grün oder gelb war (Irrtum über Tatsachen), einen Verkehrunfall verursacht, für eine fahrlässige Körperverletzung beziehungsweise Tötung verantwortlich gemacht. Gleiches gilt für eine Person, die bei der Reinigung eines Gewehrs einen Freund verletzt oder tötet, wenn sie geglaubt hat, dass die Waffe nicht geladen sei (Irrtum über Tatsachen).

b) Irrtum über Rechtsfragen

Der Irrtum über Rechtsfragen *(Rechtsirrtum)* besteht in der Unkenntnis oder in der falschen Interpretation des Gesetzes. Der *Rechtsirrtum* (*erreur de droit* beziehungsweise *ignorance de la loi pénale*) ist im ivorischen Recht weitgehend geregelt. Art. 96 CP-CI bestimmt, dass der Rechtsirrtum grundsätzlich ohne Auswirkung auf die Strafbarkeit des Täters ist. Diese Vorschrift basiert auf dem Prinzip, dass „Unkenntnis nicht vor Strafe schützt" *(nemo censetur ignorare legem)*. Das bedeutet, dass jedem Bürger die Kenntnis des Rechts zuzumuten ist, weshalb er nicht seine Unwissenheit über das Vorliegen oder Nicht-Vorliegen eines Gesetzes zur Entlastung anführen kann. Diese Vermutung der Rechtskenntnis gilt generell.

Sie betrifft alle Strafrechtsvorschriften, sowohl die Gesetze, die Verbrechen und Vergehen unter Strafe stellen, als auch diejenigen, die Übertretungen kriminalisieren. Sie betreffen ebenso die Gesetzesbestimmungen im Zivilrecht, Handelsrecht oder Verwaltungsrecht und gelten für Inländer wie auch für Ausländer, die im Lande leben. Würde allerdings diese Regelung, die auf einer juristischen Fiktion basiert, streng beachtet werden, so wäre dies in einem Land wie Côte d'Ivoire, in dem ein großer Teil der Bevölkerung aus Analphabeten besteht, als äußerst fragwürdige Bestimmung zu beurteilen.

Die Rechtsprechung ist uneinheitlich: Teilweise wird entschieden, dass der Rechtsirrtum kein Strafausschließungsgrund sei, teilweise, dass er keinen Rechtfertigungsgrund darstelle oder dass der vom Täter behauptete Irrtum keine Auswirkung auf die schuldhafte Absicht hatte.

Nach herrschender Auffassung ist die Fehlvorstellung über Rechtsfragen jedoch dann erheblich und hebt den subjektiven Tatbestand auf, wenn der Rechtsirrtum absolut unvermeidlich war *(erreur invincible* oder *erreur inévitable).*[19]

Literaturhinweise

Accad, Lucien, Définition des comportements délictueux. In: Encyclopédie juridique de l'Afrique. Band X: Droit pénal et procédure pénale. 10. Aufl. Abidjan 1982, S. 44 f., 49.

Bernardini, Roger, Droit pénal général. Introduction au droit criminel. Théorie générale de la responsabilité pénale. Paris 2003, S. 390–394 (Nr. 418–421).

Bouloc, Bernard, Droit pénal général. 19. Aufl. Paris 2005, S. 242–244 (Nr. 267–269).

Brill, Jean Pierre, Précis de droit pénal général. Abidjan 1985, S. 21 ff. (Nr. 34), S. 33 f., 38.

Desportes, Frédéric/Le Gunehec, Francis, Droit pénal général. 14. Aufl. Economica, Paris 2007, S. 406 (Nr. 463), S. 417 (Nr. 470), S. 424 (Nr. 477), S. 429–431 (Nr. 482, 484), S. 435 (Nr. 488), S. 438 (Nr. 490), S. 444 (Nr. 491), S. 447–449 (Nr. 494, 496), S. 451–455 (Nr. 498-1, 498-2, 498-4), S. 462 f. (Nr. 499), S. 619 f. (Nr. 674-1), S. 623 f. (Nr. 679–681), S. 627 (Nr. 685, 685-1), S. 630–637 (Nr. 685-6, 685-7, 686–692).

Geck, Wolf, Die Grenzen der Vorsatzhaftung im französischen Strafrecht. Eine rechtsvergleichende Untersuchung, o.V. Freiburg 1967, S. 6 f.

Kolb, Patrick/Leturmy, Laurence, Droit pénal général. Paris 2005, S. 196 (Nr. 162 f.)

Legros, Robert, L'élément moral dans les infractions. Liège 1952, S.1, 4.

Merle, Roger/Vitu, André, Traité de droit criminel. Problèmes généraux de la science criminelle. Droit pénal général. Tome I. 7. Aufl. Paris 1997, S. 729 (Nr. 579).

[19] Siehe ausführlich dazu II.J.8.

Pradel, Jean, Droit pénal général. 16. Aufl. Paris 2006, S. 454–458 (Nr. 491, 493, 495, 496–498), S. 463 f. (Nr. 502), S. 469 (Nr. 510), S. 472 (Nr. 512).

Salvage, Philippe, Droit pénal général. 6. Aufl. Grenoble 2006, S. 50 (Nr. 94).

Abkürzungsverzeichnis

Alt.	Alternative
Const-CI	Constitution de Côte d'Ivoire (die ivorische Verfassung)
CP-CI	Code pénal de Côte d'Ivoire (das ivorische Strafgesetzbuch)
FCFA	Franc de la communauté financière de l'Afrique (die ivorische Währung)

Susanne Forster

Subjektive Tatseite in England und Wales*

1. Definition/Elemente der subjektiven Tatseite

Im englischen Strafrecht gilt die Maxime *actus non facit reum nisi mens sit rea.* Dies bedeutet, dass eine Straftat nur dann verwirklicht wird, wenn die strafbare Handlung mit einem subjektiven Element einhergeht. Die subjektiven Tat- und Schuldelemente werden im englischen Recht unter dem Begriff *mens rea* zusammengefasst. Dies sind die innere Vorstellung des Täters und das Schuldelement *(fault element, culpable state of mind)*, die sich auf den *actus reus* der Tat beziehen müssen. Der Konstruktion der *mens rea* liegt als Grundgedanke das Prinzip der Autonomie des Individuums zugrunde. Eine strafrechtliche Verantwortlichkeit soll nur die Personen treffen, die sich ihrer Handlungen und deren möglicher Konsequenzen bewusst sind und die grundsätzlich die Fähigkeit besitzen, zwischen verschiedenen Verhaltensweisen zu wählen, sodass davon ausgegangen werden darf, dass sie sich für ihr Verhalten und dessen Konsequenzen bewusst entschieden haben. Es wird grob zwischen *intention, recklessness*[1] und *negligence*[2] unterschieden.

Im englischen Strafrecht gilt für die geschriebenen Straftatbestände *(statutory offences)* die Vermutung *(presumption)*, dass zumindest einige *mens-rea*-Elemente vorliegen müssen, um eine Person wegen einer bestimmten Tat zu verurteilen. Die Vermutung ist besonders stark im Hinblick auf Tatbestände, die einen „wahren kriminellen" Charakter haben. Allerdings gibt es zahlreiche Abweichungen von diesem *common-law*-Prinzip.[3] Dies gilt insbesondere für die sogenannten *regulatory offences*, die streng genommen nicht zu den Straftatbeständen zählen,[4] sowie für die Tatbestände, die – zumindest bezüglich eines Teils des objektiven Tatbestands – ohne das Vorliegen eines subjektiven Elements verwirklicht werden *(strict liability)*.[5] Da

* Für wertvolle Vorarbeiten zu diesem Kapitel danke ich meiner Vorgängerin im Referat, *Christiane Rabenstein*, LL.M.

1 Siehe dazu unten 2.

2 Siehe unten 3.

3 Siehe dazu ausführlich unten 4.

4 Siehe dazu auch II.C.1.

5 Siehe dazu unten 4.

diese Straftatbestände in der jüngeren Vergangenheit jedoch stark zugenommen und für das englische Strafrecht erheblich an Bedeutung gewonnen haben, lässt sich in diesem Zusammenhang nicht mehr von einer Ausnahme sprechen, sondern es handelt sich um eine weitere Möglichkeit der Begründung strafrechtlicher Verantwortlichkeit.

Ein Tatbestand lässt sich nicht grundsätzlich den *strict liability offences* oder den Tatbeständen zuordnen, bei denen das Vorliegen von *mens rea* nachgewiesen werden muss. Es ist vielmehr möglich, dass innerhalb eines Tatbestands die verschiedenen objektiven Tatbestandselemente verschiedene Anforderungen an das Vorliegen subjektiver Elemente stellen. Es hängt vom einzelnen Tatbestand ab, auf welche objektiven Elemente sich die *mens rea* beziehen muss und wie stark ausgeprägt die subjektive Einstellung des Täters zu seiner Tat sein muss. Es kann ein unterschiedlicher Grad von *mens rea* bezüglich der einzelnen Elemente des *actus reus* genügen. In der Praxis ist die Entscheidung über das Vorliegen der erforderlichen subjektiven Elemente den Geschworenen *(jury)* überlassen. Diese sollen in ihrer Entscheidung auch nicht durch entsprechend detaillierte Erklärungen seitens des Gerichts beeinflusst werden.

2. Intention und recklessness

a) Begriff und Bezugspunkte des Vorsatzes

Im englischen Recht unterscheidet man grundsätzlich zwischen verschiedenen Formen von *mens rea*. Bei dieser Differenzierung kommt es darauf an, ob beziehungsweise wie stark der Täter einen bestimmten Taterfolg herbeiführen will. Aufgrund dieser Einordnung lassen sich zwei Arten von *mens rea* unter den Begriff „Vorsatz“ einordnen, sofern diesem Begriff ein sehr weites Verständnis zugrunde gelegt wird: *intention* (Absicht, direkter Vorsatz), die auch als *intent* bezeichnet wird, und *recklessness* (Rücksichtslosigkeit, Inkaufnehmen, Gleichgültigkeit). Weder *intention* noch *recklessness* sind gesetzlich definiert.

Die meisten Straftatbestände des englischen Rechts setzen voraus, dass der Täter entweder mit *intention* (mit direktem Vorsatz, Absicht) bezüglich des Taterfolgs handelt, oder dass er *reckless* (rücksichtslos) hinsichtlich des Erfolgseintritts ist. Dies bedeutet, dass in diesen Fällen auch *recklessness* ausreichend ist, um die Anforderungen an die subjektive Tatseite zu erfüllen. So bestimmt etwa das *mens-rea*-Erfordernis für eine strafbare Sachbeschädigung nach s. 1 (1) *Criminal Damage Act* 1971, dass der Täter Eigentum beschädigen will oder gleichgültig hinsichtlich der Beschädigung von Eigentum handelt *(intending to destroy or damage any property or being reckless as to whether any property would be destroyed or damaged)*. Bis heute haben sich weder in der Rechtsprechung noch in der Lehre klare

Abgrenzungskriterien für die Unterscheidung zwischen *intention* und *recklessness* herausgebildet.

Wie soeben dargestellt, ist eine klare Abgrenzung in der Praxis in vielen Fällen nicht unbedingt erforderlich, da meist der Nachweis von *recklessness* ausreicht, um den Täter wegen einer bestimmten Tat bestrafen zu können. Dennoch erscheint eine Unterscheidung aus den folgenden Gründen wichtig: (1) Ein Versuch ist nur dann strafbar, wenn der Täter den *intent* (Absicht, direkten Vorsatz) hat, eine Straftat zu begehen (s. 1 *Criminal Attempts Act* 1981); (2) Die sprachliche Unterscheidung spiegelt auch eine moralische Verschiedenheit der Taten wider. Häufig bringt erst die subjektive Beziehung des Täters zu seiner Tat deren größere (moralische) Verwerflichkeit zum Ausdruck. (3) Für *recklessness* ist entscheidend, dass das Eingehen des Risikos, dass sich der Taterfolg verwirklicht, unangemessen *(unreasonable)* ist. Ein entsprechendes Erfordernis der Unangemessenheit gibt es bei der *intention* hingegen nicht. (4) Die Unterscheidung ist im Hinblick auf die Strafausschließungsgründe *(defences)* wichtig. Um sich etwa auf den Strafausschließungsgrund der Selbstverteidigung *(self-defence)* berufen zu können, muss der Täter mit dem Vorsatz beziehungsweise der Absicht gehandelt haben, sich selbst zu verteidigen.[6]

– Intention

Intention bezieht sich auf die Konsequenzen einer Handlung. Das heißt, eine Person handelt vorsätzlich hinsichtlich der Konsequenzen ihrer Handlungen, wenn sie deren Eintritt will. Ob der Erfolgseintritt voraussichtlich eintreten wird oder nicht, ist zunächst unerheblich. Das Motiv, das hinter dem Handeln eines Täters steht, darf nicht mit *intention* verwechselt werden. Es ist theoretisch für die Begründung strafrechtlicher Verantwortlichkeit nicht relevant. So führt etwa auch ein lobenswertes Motiv nicht zum Ausschluss der Strafbarkeit, da es als solches kein *defence* (Strafausschließungsgrund) ist. Allerdings zeigt die englische Rechtsprechung, dass in der Praxis keineswegs alle Beweggründe als völlig bedeutungslos erachtet werden. Sie können einerseits im Hinblick auf das Vorliegen eines Strafausschließungsgrundes wie Handeln unter Zwang *(duress)* oder Notstand *(necessity)* Beachtung finden und spielen andererseits auf der Strafzumessungsebene eine wichtige Rolle.

Je nachdem, ob die Tat ein Tätigkeitsdelikt oder ein Erfolgsdelikt[7] ist, handelt eine Person vorsätzlich im formalen Sinne, wenn:

– sie die Handlung ausführen (oder den Taterfolg herbeiführen) will, oder

---

6 Einzelheiten dazu siehe unter II.J.2.

7 Siehe auch II.D.6.

- sie glaubt, dass es für sie möglich ist, das zu erreichen, was sie mit der Handlung anstrebt (oder bestimmte Konsequenzen herbeizuführen), und
- sie sich so verhält, weil sie dies will oder dies glaubt.

Es ist nicht erforderlich, dass nach der Vorstellung des Täters der Eintritt des Taterfolgs wahrscheinlich ist. Er muss diesen lediglich für möglich halten.

– Recklessness

Der Begriff *recklessness* lässt sich mit „Rücksichtslosigkeit" übersetzen. Diese muss in Bezug auf den Eintritt des Taterfolgs vorliegen. Eine alternative Umschreibung des Begriffs wäre das Inkaufnehmen des Erfolgseintritts oder auch das Eingehen eines ungerechtfertigten beziehungsweise unangemessenen Risikos *(unjustified risk, unreasonable risk)*. Allerdings stellt nicht jedes Eingehen eines Risikos zugleich auch ein Handeln mit *recklessness* dar. Ob das Eingehen eines Risikos gerechtfertigt ist oder nicht, hängt davon ab, wie sich der soziale Wert der Handlung zu der Wahrscheinlichkeit und der Schwere des möglicherweise durch sie verursachten Schadens verhält. Entscheidend ist, ob es sich um ein Risiko handelt, das auch eine angemessen und umsichtig handelnde Person eingehen würde. Der Bewertungsmaßstab ist objektiv, das bedeutet in der Praxis, dass das Gericht oder die *Jury* festlegt, welche Sorgfalt erforderlich ist. Für das Vorliegen von *recklessness* lässt sich nicht allgemein sagen, wie hoch die Wahrscheinlichkeit sein muss, dass der mögliche Schaden beziehungsweise Taterfolg tatsächlich eintritt. Der Grad des (bewusst) eingegangenen Risikos ist von Straftat zu Straftat verschieden. Das Risiko kann sich auf mehrere Aspekte der Tat beziehen, nämlich auf Handlungen, Umstände oder auch die Konsequenzen der Tat.

Das Konzept der *recklessness* vereint verschiedene Formen der *mens rea*, die in vielen anderen Rechtsordnungen, insbesondere im deutschen Recht, voneinander abgegrenzt werden: den bedingten Vorsatz *(dolus eventualis)* und die bewusste Fahrlässigkeit.

Es ist umstritten, ob das Vorliegen von *recklessness* allein anhand objektiver oder auch unter Berücksichtigung subjektiver Kriterien festgestellt werden soll. In der englischen Rechtsprechung gab es seit 1957 mehrere Grundsatzentscheidungen, durch die der Bewertungsmaßstab mehrfach verändert wurde. Grundsätzlich muss in allen Fällen zunächst nachgewiesen werden, dass der Täter ein (objektiv) unangemessenes Risiko eingegangen ist. Darüber hinaus muss erwiesen sein, dass sich der Täter der Existenz dieses unangemessenen Risikos bewusst war. Diese subjektive Betrachtungsweise wird auch als *subjective recklessness* oder – in Anlehnung an die hierzu ergangene Grundsatzentscheidung – als *Cunningham recklessness* bezeichnet. Es wird auf die Vorstellung des Täters in Bezug auf das Risiko abgestellt. Der Täter muss voraussehen, dass aufgrund seines Handelns das Risiko eines bestimmten Schadenseintritts besteht, und er muss diesen Schadenseintritt willentlich in Kauf nehmen. Diese Kriterien müssen bei allen geschriebenen Tatbeständen *(statutory offences)*, die *recklessness* voraussetzen, erfüllt sein.

Der anzuwendende Bewertungsmaßstab für *recklessness* war im englischen Strafrecht zwischenzeitlich stark umstritten. Mit der Entscheidung in *Caldwell* wandte sich die Rechtsprechung von dem subjektiven Bewertungsmaßstab ab und gab der *objective recklessness*, die auch als *Caldwell recklessness* bezeichnet wird, den Vorzug. Hierbei wird darauf abgestellt, was ein „vernünftiger Dritter" *(reasonable person)* in derselben Situation gedacht, gewusst und vorhergesehen hätte. So kann *objective recklessness* zum Beispiel bedeuten, dass der Täter ein Risiko vorhergesehen hat, aber trotzdem weiterhandelte, oder aber dass er ein Risiko nicht erkannt hat, obwohl er es hätte erkennen müssen.

Der rein objektive Bewertungsmaßstab war starker Kritik ausgesetzt, da er zu widersprüchlichen und ungerechten Ergebnissen führte. Im Jahr 2004 kehrte das *House of Lords* mit der Entscheidung *R v G and Another* schließlich zur Anwendung der *Cunningham recklessness*, das heißt zur subjektiven Betrachtungsweise zurück.

– Bezugspunkte der subjektiven Tatseite

Grundsätzlich müssen sich *actus reus* und *mens rea* decken. Nach dem *principle of correspondence* (Deckungsprinzip) muss Vorsatz oder Fahrlässigkeit hinsichtlich jedes einzelnen Elements des *actus reus* vorliegen. Von diesem Grundsatz gibt es einige Ausnahmen.[8] *Actus reus* und *mens rea* müssen außerdem prinzipiell auch zeitlich zusammenfallen *(principle of contemporaneity)*. Es hängt vom einzelnen Tatbestand ab, auf welche objektiven Elemente sich *intention* beziehungsweise *recklessness* beziehen müssen und wie diese im Einzelfall definiert werden. Regelmäßig muss jedoch nachgewiesen werden, dass der Täter nicht nur grundsätzlich die erforderliche *mens rea (intention, recklessness)* aufwies, sondern, dass sich diese auf den Taterfolg bezog. Dies bedeutet etwa im Fall des Tatbestands der schweren Körperverletzung *(serious injury)*, dass der Täter mit *intention* oder *recklessness* bezüglich der Verursachung einer schweren Körperverletzung handelte, und zwar nicht etwa nur hinsichtlich der Verursachung eines weniger schweren Schadens wie einer einfachen Körperverletzung. Die abschließende Entscheidung über das Vorliegen der erforderlichen *mens rea* ist den Geschworenen überlassen, ohne dass sie für ihre Entscheidungen durch detaillierte Erklärungen des Richters geleitet werden sollen.

---

[8] Siehe unten 4.

– Zeitpunkt des Bezugs

Grundsätzlich muss der Täter in dem Zeitpunkt, in dem er die strafbare Handlung oder das strafbare Unterlassen vornimmt, über die für die Tat erforderliche *mens rea* verfügen, und diese muss sich auf das entsprechende aktive Tun oder Unterlassen beziehen. Dies wird auch als *contemporaneity* oder *concurrence* bezeichnet. Allerdings ist diese Regel gewissen Einschränkungen unterworfen. Bei Taten, deren Erfolg erst einige Zeit nach Ausführung der Tathandlung eintritt, ist entscheidend, dass der Täter im Zeitpunkt der Ausführung der Tathandlung über die erforderliche *mens rea* verfügte. Bei mehraktigen Handlungen oder komplexen Taten, bei denen *mens rea* zu einem bestimmten Zeitpunkt gegeben war, jedoch bei der Ausführung der Tathandlung oder eines Teils der Tathandlung nicht mehr vorlag, wird durch verschiedene Konstruktionen wie die des fortdauernden Geschehens *(continuing acts)* oder im Wege einer Gesamtbetrachtung *(complex single transaction)* erreicht, dass sich trotz des zeitlichen Auseinanderfallens der objektiven und subjektiven Tatseite eine strafrechtliche Verantwortlichkeit begründen lässt.

b) Formen des Vorsatzes

Im englischen Strafrecht sind *intention* und *recklessness* die beiden Hauptformen, die sich dem Begriff „Vorsatz“ im weitesten Sinne zuordnen lassen. Oftmals werden über diese beiden Hauptformen hinaus verschiedene Unterkategorien gebildet. Allerdings ist bei der Verwendung dieser Unterkategorien zu beachten, dass ihnen keine einheitliche Definition und auch kein bestimmtes Verständnis zugrunde liegen, sondern die Begriffe oftmals willkürlich und synonym von den Gerichten verwendet werden. Die verschiedenen Bezeichnungen haben jedoch die Funktion, Abstufungen hinsichtlich des Willenselements innerhalb der Hauptkategorien von *mens rea* zu verdeutlichen.

– Intention/intent

Innerhalb der Kategorie *intention*, auch als *intent* bezeichnet, wird insbesondere danach unterschieden, wie stark der Täter einen bestimmten Taterfolg herbeiführen will. Unter *direct* oder *purposive intent* versteht man, dass der Täter einen bestimmten Erfolg oder Zustand (unbedingt) herbeiführen will. Beim *oblique* oder *inferred intent* handelt der Täter mit dem Wissen, dass ein bestimmter Erfolg eintreten wird oder sein Eintreten praktisch sicher ist. Der Täter fährt mit seiner Handlung trotz dieses Wissens fort, obwohl er nicht (unbedingt) den Erfolgseintritt herbeiführen will. Wichtig ist es, *intention* vom Motiv des Täters abzugrenzen, das für die Strafbarkeit grundsätzlich irrelevant ist.

Neben den bereits dargestellten Formen des *intent* gibt es Tatbestände, bei denen ein an sich rechtmäßiges Verhalten dadurch zur Straftat wird, dass die Handlung mit einer bestimmten „überschießenden“ Absicht begangen wird. Ein Beispiel hierfür ist der Straftatbestand des Mitsichführens eines Brecheisens in der Absicht, dieses für einen Einbruch zu benutzen (s. 25 *Theft Act* 1968). Bei diesen Straftatbeständen wird auch vom *ulterior intent* gesprochen. Diesen Taten ist gemeinsam, dass bei ihnen als *mens-rea*-Element eine Absicht vorliegt, die sich nicht auf den eigentlichen *actus reus* bezieht. In dem genannten Beispiel erfüllt der reine Besitz des Brecheisens den *actus reus*. Ob dieses tatsächlich für einen Einbruch genutzt wird oder nicht, spielt keine Rolle. Deshalb wird in diesem Zusammenhang von *ulterior intent* gesprochen, da die Absicht über den *actus reus* hinausgeht.

Als weitere Form der *intent*-Taten gibt es außerdem die besonderen Absichtstaten, die *offences of specific intent*. Hierzu gehören etwa Mord *(murder)* und schwere Körperverletzung *(intentional wounding)*, aber auch Diebstahl *(theft)* und andere Eigentumsdelikte. Allerdings erfolgt die Zuordnung bestimmter Delikte zu dieser Kategorie willkürlich und wird daher vielfach kritisiert. Die Zuordnung bestimmter Delikte zu den *offences of specific intent* spielt insbesondere im Zusammenhang mit den Strafausschließungsgründen *(defences)* eine Rolle. Wird ein Absichtsdelikt im Rauschzustand *(intoxication)* begangen, so kann der Rauschzustand dazu führen, dass hierdurch die spezielle Absicht *(specific intent)* wegfällt und stattdessen ein weniger schwerer Tatbestand erfüllt ist, der diese spezielle Absicht nicht erfordert. So könnte der Täter etwa immer noch wegen vorsätzlicher Tötung *(manslaughter)* oder rechtswidriger Körperverletzung *(unlawful wounding)* bestraft werden. [9]

– Recklessness

Bei *recklessness* wird streng genommen nicht zwischen verschiedenen Formen unterschieden. Zum Teil findet sich in der Lehre zwar die Unterscheidung zwischen *subjective* und *objective recklessness*, jedoch dient dies zumeist nur der Darstellung der verschiedenen Bewertungsmaßstäbe, die für das Vorliegen von *recklessness* angewendet werden können. Da der Meinungsstreit, welchem Bewertungsmaßstab der Vorzug zu geben sei, seit der Entscheidung *R v G and Another* jedoch eindeutig zugunsten der subjektiven Betrachtungsweise entschieden wurde[10] und sich eine Abweichung hiervon nicht abzeichnet, gibt es derzeit nur eine Kategorie von *recklessness*. Im Rahmen der Vorschläge zur Reform der Tötungsdelikte aus dem Jahr 2005 wurde eine Einteilung von *recklessness* in zwei Kategorien vorgeschlagen: *reckless indifference* (rücksichtslose Gleichgültigkeit) und *reckless stupidity* (rücksichtslose Dummheit). Allerdings wurde dieser Gedanke wieder verworfen, da die Unterscheidung weniger zu einer deutlichen Kategorisierung inner-

---

[9] Siehe zu dieser Problematik im Einzelnen II.J.7.

[10] Siehe oben 2.a.

halb der *recklessness* als vielmehr zu Abgrenzungsproblemen gegenüber der (groben) Fahrlässigkeit *(gross negligence)* geführt hätte.[11]

– Sonstige Formen der *mens rea*

Neben *intention* und *recklessness* als den Hauptformen der *mens rea* gibt es im englischen Strafrecht weitere Variationen. In zahlreichen gesetzlich festgelegten Straftatbeständen *(statutory offences)*, insbesondere im Bereich der Eigentumsdelikte, finden sich Anforderungen hinsichtlich der subjektiven Tatseite, die sich zunächst nicht eindeutig als *intention* oder *(Cunningham) recklessness* identifizieren lassen. Dies gilt vor allem für sehr alte Gesetze. So erfordert etwa s. 48 *Malicious Damage Act* 1861, dass die Zerstörung eines Bootes *maliciously* (böswillig) erfolgt. Ebenso finden sich Formulierungen wie *with a view to*, was dem *ulterior intent* entspricht, oder *wilfulness*, was in etwa der *objective recklessness/Caldwell recklessness* gleichkommt.

Die bisher angesprochenen *mens-rea*-Formen beziehen sich auf die Konsequenzen einer Tat. Das englische Recht kennt außerdem speziell für die Begehungsdelikte[12] sowie für Delikte, die sowohl Elemente eines Begehungs- als auch eines Erfolgsdelikts aufweisen, die *mens-rea*-Form des Wissens oder der Überzeugung im Hinblick auf bestimmte Tatumstände *(knowledge of or belief in circumstances)*. Diese *mens-rea*-Form wird in der Lehre auch schlicht als *knowledge* bezeichnet. Der Täter muss davon überzeugt sein, dass ein bestimmter Tatumstand tatsächlich existiert. Es genügt nicht, dass er das Vorliegen dieses Tatumstands nur für möglich hält. Dies wäre ausreichend für die Begehung der Tat mit *recklessness*, nicht aber für die wissentliche Begehung *(knowledge)*. Das Erfordernis von *knowledge* bezüglich bestimmter Tatumstände ist vergleichbar mit den Anforderungen der *intention* hinsichtlich der Konsequenzen einer Tat.

Das englische Recht schreibt dem Täter entsprechendes Wissen zu, wenn er von bestimmten Tatsachen ausgeht und deren tatsächliches Vorliegen absichtlich nicht hinterfragt. Dies wird auch als „absichtliche Blindheit" *(wilful blindness)* bezeichnet. Der Täter wird im Regelfall auf der Grundlage des Sachverhalts bestraft, den er sich beim Ausführen seiner Handlungen vorgestellt hat. Entsprechende Anforderungen finden sich für die Begehungsdelikte etwa im Bereich der Sexualdelikte im Hinblick auf das Alter des Opfers oder seine Einwilligung in den Geschlechtsverkehr. Für die Delikte, die eine Mischform aus Begehungs- und Erfolgsdelikt darstellen, lässt sich etwa das Delikt der Sachbeschädigung mit Schaffung einer Lebensgefahr (*causing criminal damage with intent to endanger life or being reckless as to life being endangered*, s. 1 (2) *Criminal Damage Act* 1971) als Beispiel anführen.

---

11 Siehe unten 3.

12 Siehe hierzu II.D.6.

3. Subjektive Seite der Fahrlässigkeitstat

a) Begriff und Bezugspunkte der Fahrlässigkeit

Im englischen Recht werden Fahrlässigkeitstaten als *crimes of negligence* bezeichnet. Die Einordnung der Fahrlässigkeit ist nicht unproblematisch. Sie wird in der englischen Strafrechtsliteratur praktisch ausschließlich im Zusammenhang mit der subjektiven Tatseite behandelt. Im Gegensatz zu Taten, die mit *intention* oder *recklessness* begangen werden,[13] setzt die Fahrlässigkeitstat zwar keine bestimmte psychische Beziehung des Täters *(state of mind)* zu seiner Tat voraus. Da sie jedoch eine gewisse Fehlerhaftigkeit des Verhaltens des Täters widerspiegelt, wird sie in der Literatur neben den anderen Formen der *mens rea* erörtert. Teilweise wird Fahrlässigkeit allerdings auch als ein Teil des *actus reus* angesehen, etwa als Konkretisierung der erforderlichen Tathandlung.

Eine gesetzliche Regelung der Fahrlässigkeit gibt es im englischen Recht nicht. Für die gesetzlich festgelegten Tatbestände *(statutory crimes)* regeln die einzelnen Vorschriften ausdrücklich, inwiefern der Täter fahrlässig handeln muss. Dabei wird der Begriff „fahrlässig" *(negligently)* nur in den wenigsten Fällen ausdrücklich im Gesetz erwähnt.[14] Ungeschriebene Tatbestände *(common law offences)*, bei denen Fahrlässigkeit für die Begründung strafrechtlicher Verantwortlichkeit ausreicht, gibt es heute fast nicht mehr. Eine Ausnahme hiervon bildet der ungeschriebene Tatbestand des Totschlags *(manslaughter)*, wobei für dessen Verwirklichung grobe Fahrlässigkeit *(gross negligence)* erforderlich ist. Weitere ungeschriebene Tatbestände im Bereich der Fahrlässigkeitstaten, wie etwa das gefährliche Fahren *(dangerous driving)*, sind inzwischen auch gesetzlich geregelt.

Eine Person handelt fahrlässig *(negligently)*, wenn eine vernünftig handelnde Person *(a reasonable person)* unter denselben Umständen sich der Gefahr bewusst gewesen wäre, dass sie den objektiven *Tatbestand (actus reus)* verwirklicht, und dieses Risiko nicht eingegangen wäre. Abgestellt wird vor allem auf die Unvernünftigkeit des Verhaltens des Täters. Es ist unerheblich, ob dem Täter selbst das Risiko bewusst war. Entscheidend ist allein, dass sein Verhalten hinter dem zurückblieb, was vernünftigerweise erwartet wird.

Über das Vorliegen strafrechtlich relevanter Fahrlässigkeit wird im englischen Recht praktisch ausschließlich anhand objektiver Bewertungsmaßstäbe entschieden.[15] Die entsprechenden Kriterien müssen losgelöst von dem individuellen Bewusstsein des Täters erfüllt sein. Im Gegensatz zu einer Tat, deren Strafbarkeit *intention* oder *recklessness* voraussetzt,[16] ist bei der Fahrlässigkeitstat gerade nicht

---

13 Siehe hierzu ausführlich oben 2.

14 Siehe hierzu auch II.D.7.b.

15 Siehe dazu eingehend II.D.7.b.

16 Siehe hierzu ausführlich oben 2.

erforderlich, dass der Täter die Gefahr des Erfolgseintritts erkennt. Die Fahrlässigkeit *(negligence)* im Strafrecht stützt sich auf die objektive Bewertung eines objektiv erkennbaren Risikos.

Allerdings gelten gewisse Ausnahmen von dieser rein objektiven Betrachtungsweise. Diese sind jedoch in der Lehre umstritten, und auch die Rechtsprechung lässt bislang keine klare Linie erkennen. So soll auch die individuelle Fähigkeit des Täters zum vernünftigen Handeln berücksichtigt werden. Dies kann sich sowohl zugunsten als auch zulasten des Täters auswirken. Einerseits sollen Defizite auf Seiten des Täters berücksichtigt und hierdurch möglicherweise seine strafrechtliche Verantwortlichkeit ausgeschlossen werden, wenn er aufgrund seiner körperlichen oder geistigen Verfassung nicht in der Lage war, wie eine vernünftige Person zu handeln. Andererseits werden auch besondere Fähigkeiten oder besonderes Wissen, über das der Täter verfügt, berücksichtigt und entsprechend höhere Anforderungen an sein Handeln gestellt. Dies gilt etwa im Zusammenhang mit der Ausübung eines bestimmten Berufs. Dabei wird das Handeln des Täters daran gemessen, was von einem fachgerecht arbeitenden und kompetenten Fachmann erwartet werden darf, und nicht an dem Standard, der für einen Laien gelten würde. Wie bereits erwähnt, ist die Berücksichtigung subjektiver Elemente bei der Fahrlässigkeit umstritten. Erst eine Entscheidung des *House of Lords* könnte eine endgültige Klarheit schaffen. Bislang lassen verschiedene Entscheidungen des Obersten Gerichts erwarten, dass es sich für eine Berücksichtigung der individuellen Fähigkeiten aussprechen dürfte. Das Gericht hat sich dabei bislang vor allem darauf berufen, dass insbesondere eine Nichtberücksichtigung von Defiziten des Täters zu ungerechten Ergebnissen führen würde.

Das Erfordernis der Fahrlässigkeit muss sich nicht zwangsläufig mit der gesamten objektiven Tatseite decken, sondern kann sich auch nur auf bestimmte Elemente des *actus reus* beziehen. Der Begriff der Fahrlässigkeit bezieht sich bei Tatbeständen wie etwa dem Fahren ohne die erforderliche Sorgfalt *(careless driving)* allein auf die erforderliche Tathandlung des Tatbestands und nicht auf den Taterfolg oder auf Tatumstände. Darüber hinaus gibt es aber auch Tatbestände, bei denen sich die Fahrlässigkeit allein auf einen bestimmten Tatumstand *(circumstance)* bezieht. Dies gilt insbesondere für verschiedene Sexualdelikte, bei denen verlangt wird, dass der Täter nicht vernünftigerweise glaubt *(does not reasonably believe)*, dass das Opfer in den Geschlechtsverkehr einwilligte (*rape*, s. 1 *Sexual Offences Act* 2003) oder dass das Opfer ein bestimmtes Alter habe (*sexual activity with a child*, s. 9 *Sexual Offences Act* 2003). Bei diesen Taten muss der Täter vorsätzlich handeln, hinsichtlich des betreffenden Tatumstands ist jedoch Fahrlässigkeit ausreichend.

b) Formen/Grade der Fahrlässigkeit

Das englische Recht unterscheidet im Bereich der Fahrlässigkeit zwischen einfacher *(ordinary negligence)* und grober Fahrlässigkeit *(gross negligence)*.

Einfache Fahrlässigkeit *(ordinary negligence)* gilt meist im Bereich der Verkehrsdelikte. Der Gesetzeswortlaut sieht häufig nicht ausdrücklich ein „fahrlässiges" *(negligently)* Handeln vor. Vielmehr finden sich Umschreibungen der Fahrlässigkeit, wie etwa die Außerachtlassung der gebührenden Sorgfalt und Aufmerksamkeit beim Fahren eines Fahrzeugs *(driving without due care and attention)*. Darüber hinaus bieten auch positive Anforderungen an die Sorgfältigkeit des Tuns *(due dilligence)* einen Hinweis darauf, dass fahrlässiges Verhalten strafbar ist. Dies gilt etwa im Bereich des Lebensmittelrechts (*Food Safety Act* 1990). Ein weiteres Beispiel dafür, wie der Begriff „Fahrlässigkeit" im Gesetz und in der Rechtsprechung umschrieben wird, ist *carelessness* (Sorglosigkeit, Unachtsamkeit, Nachlässigkeit). Hierbei handelt es sich nicht um eine eigenständige Form der Fahrlässigkeit, sondern lediglich um eine Umschreibung oder Ersetzung des Begriffs *negligence*.

Grobe Fahrlässigkeit *(gross negligence)* bedeutet, dass das Verhalten des Täters deutlich hinter dem Handeln zurückbleibt, das von einem vernünftig handelnden Menschen *(reasonable person)* erwartet wird. Dieser Bewertungsmaßstab für die grobe Fahrlässigkeit spiegelt sich etwa in Formulierungen wie *falls far below* oder *falls short of the standard by a considerable margin* wider. In der Literatur wurde vereinzelt auch ein anderes Kriterium für das Vorliegen grober Fahrlässigkeit aufgestellt. Grobe Fahrlässigkeit sei dann gegeben, wenn die vom Täter versäumten Vorkehrungen, die zur Vermeidung des Schadenseintritts hätten getroffen werden müssen, sehr einfach seien und selbst von Personen getroffen werden könnten, die nur über eine sehr geringe physische oder psychische Belastbarkeit verfügten.

Ob zur Begründung der Strafbarkeit ein grob fahrlässiges Handeln erforderlich ist, oder ob bereits die einfache Fahrlässigkeit ausreicht, ist bei gesetzlich festgelegten Tatbeständen *(statutory offences)* zunächst anhand der Anforderungen der konkreten Regelung zu ermitteln. Bei den ungeschriebenen Tatbeständen *(common law offences)* haben sich durch die Rechtsprechung Tatbestände herausgebildet, bei denen grobe Fahrlässigkeit erforderlich ist. Dies ist insbesondere der Fall bei der fahrlässigen Tötung *(manslaughter by gross negligence)*, die grundsätzlich ein grob fahrlässiges Handeln voraussetzt.

Den Begriff beziehungsweise die Form der bewussten Fahrlässigkeit gibt es im englischen Strafrecht nicht. *Recklessness* ist eine Kategorie der *mens rea*, die inhaltlich die bewusste Fahrlässigkeit, aber zugleich auch das umfasst, was in anderen Rechtsordnungen als *dolus eventualis* zum Vorsatz gehört. Da Handeln mit *recklessness* in vielen Straftatbeständen dem Handeln mit *intention* gleichgestellt ist, ist diese Form der *mens rea* hier, wie auch in der englischen Strafrechtsliteratur üblich, neben der *intention* erläutert.[17]

4. Eingeschränktes Erfordernis von Vorsatz oder Fahrlässigkeit

Grundsätzlich müssen sich *actus reus* und *mens rea* decken. Nach dem *principle of correspondence*, dem Deckungsprinzip,[18] muss Vorsatz oder Fahrlässigkeit hinsichtlich der Elemente des *actus reus* vorliegen. Von diesem Grundsatz gibt es einige Ausnahmen. *Actus reus* und *mens rea* müssen außerdem grundsätzlich auch zeitlich zusammenfallen *(principle of contemporaneity, concurrence)*.[19] Es hängt vom einzelnen Tatbestand ab, auf welche objektiven Elemente sich *intention* beziehungsweise *recklessness* beziehen müssen und wie diese im Einzelfall definiert werden.

Bei *strict liability* wird, zumindest in Bezug auf Teile des *actus reus*, kein subjektives Element vorausgesetzt. Der Täter macht sich bereits durch die Verwirklichung des *actus reus* strafbar. Man könnte den Begriff *strict liability* daher mit verschuldensunabhängiger Verantwortlichkeit übersetzen. *Strict liability offences* sind in der Regel gesetzlich definiert. Sie stellen zwar eine Abweichung vom Deckungsprinzip dar, jedoch sind inzwischen derart viele Delikte als *strict liability offences* ausgestaltet, dass sie im englischen Recht keine Ausnahme mehr bilden, sondern eine wichtige Rolle für das Strafrecht spielen. In den meisten Fällen enthält der gesetzliche Tatbestand einer *strict liability offence* auch *defences*, also die Voraussetzungen für einen Ausschluss der Strafbarkeit, beispielsweise wenn der Täter mit der erforderlichen Sorgfalt gehandelt hat *(due diligence)*.[20]

In Abweichung vom *principle of correspondence* gibt es darüber hinaus eine Reihe von Tatbeständen mit sogenannter *constructive liability*: *mens rea* muss sich hier nicht auf den gesamten *actus reus* erstrecken, beispielsweise nicht auf eine besondere Tatfolge. So reicht beim Totschlag durch eine rechtswidrige Handlung *(manslaughter by an unlawful act)* aus, dass der Täter eine rechtswidrige Handlung begeht, die eine vorhersehbare Gefahr mit sich bringt, dass hierdurch dem Opfer Schaden zufügt wird. Über die möglicherweise tödlichen Folgen seines Handelns muss er sich hingegen keine Gedanken gemacht haben; der Täter muss allein mit der erforderlichen *mens rea* hinsichtlich des *unlawful act* gehandelt haben.[21] Auch im Hinblick auf das zeitliche Zusammenfallen von *actus reus* und *mens rea* gibt es Ausnahmen, wenn etwa eine Reihe von Handlungen zusammengefasst wird, um strafrechtliche Verantwortung zu begründen *(continuing act)*. Manche Straftaten

---

17 Siehe oben 2.a.

18 Siehe oben 2.a.

19 Siehe oben 2.a.

20 Siehe auch II.J.1.

21 Siehe hierzu auch II.D.6.

verlangen sogenannten *ulterior intent*:[22] Hier wird eine über die Elemente des *actus reus* hinausgehende Absicht des Täters verlangt, etwa bei *burglary* (Einbruch, Einbruchsdiebstahl) die Absicht, im Gebäude weitere Straftaten zu begehen.

5. Fehlvorstellungen des Täters, Irrtum

a) Irrtum über Tatsachen

Fehlvorstellungen beziehungsweise Irrtümer des Täters *(mistake)*, egal ob sich diese auf Tatsachen oder Rechtsfragen beziehen, werden in der englischen Strafrechtswissenschaft zumeist nicht im Zusammenhang mit der subjektiven Tatseite erörtert, sondern als eine *eigene Form der Strafausschließungsgründe (defence)* behandelt.[23]

Ein Irrtum über ein Merkmal des objektiven Tatbestands *(mistake of fact)* hat bei *intention* und *recklessness* immer den Ausschluss des subjektiven Tatbestands und damit Straflosigkeit zur Folge. Bei *negligence* muss es sich um einen begründeten Irrtum *(reasonable mistake)* handeln. Bei *intention* und *recklessness* muss der Irrtum nur dann begründet sein, wenn dies gesetzlich ausdrücklich verlangt wird.

Ein Irrtum über das Tatobjekt ist irrelevant und für die Strafbarkeit unbeachtlich, sofern sich das anvisierte und das tatsächlich verletzte Tatobjekt qualitativ entsprechen. Dies ist etwa dann der Fall, wenn der Täter statt Person A, die er eigentlich töten wollte, Person B tötet. Im englischen Recht wird hier auch von *transferred malice* gesprochen, was sich etwa mit „übertragener Böswilligkeit" übersetzen lässt. Der Täter macht sich jedoch nur dann strafbar, wenn er die erforderliche *mens rea* für die Straftat besaß, deren *actus reus* er tatsächlich verwirklicht hat. Wenn etwa der Täter einen Stein wirft, um eine Person zu verletzen, und dieser Stein zwar nicht die Person trifft, aber eine Scheibe zerstört, macht sich der Täter nicht wegen Sachbeschädigung *(criminal damage)* strafbar, da ihm hierzu die erforderliche *mens rea* fehlt. Im Fall der *transferred malice* werden auch die Strafausschließungsgründe, auf die sich der Täter berufen kann, übertragen. Dies gilt insbesondere für die Notwehr *(self-defence)*. Befindet sich der Täter in einer Notwehrlage und will sich gegen seinen Angreifer verteidigen, so kann er sich auf diesen Strafausschließungsgrund auch dann berufen, wenn seine Notwehrhandlung, etwa ein Schuss, unbeabsichtigt nicht den Angreifer, sondern einen unbeteiligten Dritten trifft.

Im Hinblick auf die Vorstellungen des Täters von der Tauglichkeit seines Versuchs ist die Rechtslage seit dem Inkrafttreten des *Criminal Attempts Act* 1981 ein-

---

22 Siehe hierzu auch oben 2.b.

23 Siehe daher auch II.J.

deutig. Darin ist ausdrücklich geregelt, dass es auf die Vorstellung des Täters ankommt. Er kann selbst dann wegen Versuchs bestraft werden, wenn es sich um einen untauglichen Versuch handelt *(impossibility)*, der Täter sich jedoch vorgestellt hat, er könne die Tat verwirklichen.[24]

b) Irrtum über Rechtsfragen

Ein Rechtsirrtum *(mistake of law)* ist unerheblich, wenn der Täter sich über die strafrechtliche Relevanz seines Tuns täuscht.[25] Ein reiner Verbotsirrtum oder die Unkenntnis von Vorschriften, ob vermeidbar oder nicht, hat keinen Einfluss auf die Strafbarkeit. Etwas anderes kann im Einzelfall gelten, wenn der Rechtsirrtum sich auf ein zivilrechtliches Rechtsverhältnis bezieht. Irrt sich beispielsweise der Täter bei einem Diebstahl über die Eigentumsverhältnisse der weggenommenen Sache und hält diese irrtümlicherweise für seine eigene, so kann dieser Irrtum von einem Gericht als relevant erachtet werden. In diesem Fall würde auch der Rechtsirrtum dazu führen, dass ein Element des subjektiven Tatbestands wegfällt, sodass die Tat straflos wäre.

Ein unvermeidbarer Verbotsirrtum, der für die Strafbarkeit als solche unbeachtlich ist, kann auf der Strafzumessungsebene berücksichtigt werden.[26]

Ein Irrtum über Rechtfertigungsgründe, also die irrtümliche Annahme einer Situation, in der die Tat gerechtfertigt wäre, wird wie das tatsächliche Vorliegen dieser Situation behandelt.[27]

Literaturhinweise

Amirthalingam, Kumaralingam, Caldwell Recklessness Is Dead, Long Live Mens Rea's Fecklessness. Modern Law Review (2004), 491–500.

Ashworth, Andrew, Principles of Criminal Law. 5. Aufl. Oxford 2006, S. 85–92, 157–201.

Clarkson, C.M.V./Keating, H.M./Cunningham, S.R., Clarkson and Keating Criminal Law – Text and Materials. 6. Aufl. London 2007, S. 108–230.

Clarkson, C.M.V., Understanding Criminal Law. 4. Aufl. London 2005, S. 54–79.

Hart, Herbert Lionel Adolphus, Negligence, Mens Rea, and Criminal Responsibility. In: Hart (ed.), Punishment and Responsibility. Oxford 1968, S. 136, 149.

---

24 Siehe hierzu ausführlich II.F.3.

25 Siehe hierzu ausführlich II.J.8.

26 Siehe hierzu II.J.

27 Siehe II.J.

Jefferson, Michael, Criminal Law. 8. Aufl. Harlow 2007, S. 86–132.

Lacey, Nicola/Wells, Celia/Quick, Oliver, Reconstructing Criminal Law – Text and Materials. 3. Aufl. London 2003, S. 49–62.

Law Commission Consultation Paper No. 177, A New Homicide Act for England and Wales? (2005), paras. 3.150–3.162.

Padfield, Nicola, Criminal Law. 5. Aufl. Oxford 2006, S. 38–61.

Simester, A.P./Sullivan, G.R., Criminal Law – Theory and Doctrine. 3. Aufl. Oxford 2007, S. 119–163; 615–641.

Smith, John C./Hogan, Brian, Criminal Law. 11. Aufl. (bearbeitet von David Ormerod). Oxford 2005, S. 90–128.

Rechtsprechung

Adomako [1995] 1 AC 171
B v DPP [2000] Crim LR 403
Cooper v Simmons (1862) 26 JP 486
DPP v Majewski [1977] AC 443
DPP v Morgan [1976] AC 182
Elliott v C. (a minor) [1983] 1 WLR 939
Gammon (Hong Kong) Ltd. v A-G of Hong Kong [1985] AC 1
Hardie [1985] 1 WLR 64
Hudson [1966] 1 QB 448
R v Caldwell [1982] AC 341 (House of Lords)
R v Cunningham [1957] QB 396
R v G and Another [2004] 1 AC 1034
R v Lawrence [1982] AC 510
R v Prince [1874–80] All ER Rep 881
R v Stephenson [1979] 1 QB 695
Smith [1974] QB 354

Abkürzungsverzeichnis

AC	Appeal Cases (Entscheidungssammlung)
A-G	Attorney General
All ER Rep	All England Law Reports Reprint (Entscheidungssammlung)
Crim LR	Criminal Law Review (Fachzeitschrift)
DPP	Director of Public Prosecutions
JP	Justice of the Peace Reports (Entscheidungssammlung)

QB	Queen's Bench (Entscheidungssammlung)
R	Rex/Regina
s.	section
v	versus
WLR	Weekly Law Reports (Entscheidungssammlung)

Juliette Lelieur
Peggy Pfützner
Sabine Volz

Subjektive Tatseite in

Frankreich

1. Definition/Elemente der subjektiven Tatseite

Die subjektive Tatseite *(élément moral)*, auch als schuldhaftes Handeln *(faute)* bezeichnet,[1] korrespondiert mit der inneren Einstellung der Person, die die objektiven Merkmale des Straftatbestands erfüllt hat. Sie kann in einem vorsätzlichen *(faute intentionnelle)* oder nicht-vorsätzlichen Verhalten *(faute non-intentionnelle)* bestehen. Generell unterscheidet die französische Lehre daher auch zwischen vorsätzlichen Delikten *(infractions intentionnelles)* und nicht-vorsätzlichen Delikten *(infractions non-intentionnelles)*, wobei besonders Letztere weiter unterteilt werden. Die meisten Autoren sehen mit der Existenz einer *faute pénale* die subjektive Tatseite als erfüllt an. Vereinzelt wird darüber hinaus das Fehlen eines Verbotsirrtums und einer psychischen oder neuropsychischen Störung als Bestandteil der subjektiven Tatseite betrachtet, obwohl beide Elemente im neuen Strafgesetzbuch (*Code pénal*, CP) als die Verantwortung ausschließende Gründe dargestellt sind (Art. 122-3 und 122-1 CP).[2] Zur Begründung wird vorgebracht, dass der Täter in beiden Situationen nicht nur aufgrund eines besonderen Umstands für strafrechtlich nicht verantwortlich erklärt werden könne, sondern sich bei der Tatbegehung nicht bewusst war, eine Straftat zu verwirklichen. Daher könne schon aus diesem Grund ein schuldhaftes Handeln nicht gegeben sein.

Hinsichtlich der subjektiven Tatseite sieht der *Code pénal* vor, dass Verbrechen und Vergehen grundsätzlich nur bei vorsätzlicher Tatbegehung strafbar sind (Art. 121-3 Abs. 1 CP).[3] Als Vergehen sind jedoch einzelne Straftatbestände festgelegt, die schon durch die bewusste Gefährdung eines anderen *(mise en danger délibérée d'autrui)* erfüllt werden (Art. 121-3 Abs. 2 CP) und damit dem Fahrlässigkeitsbereich zugeordnet werden.[4] Außerdem kann das Gesetz solche Vergehen

---

[1] Siehe auch II.C.2.c.

[2] Siehe auch II.J.

[3] Siehe unten 2.

[4] Siehe unten 2.b. und 3.b.

vorsehen, die durch „Unvorsichtigkeit, Nachlässigkeit oder Verletzung einer im Gesetz oder in einer Verordnung vorgesehenen Sorgfalts- oder Sicherheitspflicht" begangen werden, wobei der Täter nur strafbar ist, wenn er die „übliche Sorgfalt nicht beachtet" hat. „Dabei sind gegebenenfalls die Art seiner Aufgaben oder seines Amtes, seine Zuständigkeiten sowie seine Handlungsbefugnisse und die Mittel, über die er verfügt hat, zu berücksichtigen" (Art. 121-3 Abs. 3 CP).[5] Bei Übertretungen stellt der *Code pénal* keine generellen Anforderungen an das subjektive Element und begnügt sich damit, die Strafbarkeit im Fall höherer Gewalt auszuschließen (Art. 121-3 Abs. 5 CP). Allerdings beinhalten viele Übertretungstatbestände ein subjektives Erfordernis, manchmal sogar Vorsatz. So verlangt beispielsweise die Zerstörung, Beschädigung oder Verunstaltung einer Sache mit nur geringfügigem Schaden gemäß Art. R. 635-1 CP ein vorsätzliches Handeln.

2. Vorsatz

a) Begriff und Bezugspunkte des Vorsatzes

Der *Code pénal* bestimmt in Art. 121-3 Abs. 1 ganz allgemein, dass Verbrechen und Vergehen grundsätzlich nur bei vorsätzlicher Tatbegehung strafbar sind.

Art. 121-3 Abs. 1 CP

Es gibt kein Verbrechen oder Vergehen ohne Vorsatz zur Tatbegehung.

Eine Legaldefinition des Vorsatzes enthält der *Code pénal* nicht. Auch die Rechtsprechung hat sich um eine Begriffskonkretisierung nicht weiter bemüht. In der Literatur wurden jedoch eine Definition und die wesentlichen Elemente des Vorsatzes herausgearbeitet. Der Vorsatz *(dol)* wird als „Wille, das Strafgesetz zu übertreten, und das Wissen darum, dass man das Strafgesetz bricht" oder als „Wille, eine Handlung zu begehen, von der man weiß, dass sie verboten ist" definiert. Dies entspricht einem Vorsatzbegriff mit voluntativen und kognitiven Merkmalen. Das voluntative Element des Vorsatzes muss sich dabei nur auf die Überschreitung des Strafgesetzes beziehen. Der Wille, mit der Tat ein bestimmtes Ziel zu erreichen, also der Beweggrund *(mobile)* des Täters, ist grundsätzlich unbeachtlich. Nur dort, wo das Gesetz an ein bestimmtes Motiv des Täters anknüpft, spielt dieses eine Rolle. Das Wissen um das Strafverbot, also das kognitive Element, wird aufgrund des Prinzips *nemo censetur ignorare legem* (niemand darf das geltende Recht ignorieren) – außer im Fall eines Rechtsirrtums[6] – als stets erfüllt betrachtet. Diese Definition entspricht dem Begriff des Generalvorsatzes *(dol général ou ordinaire, dolus generalis)*. Allerdings genügt nur für wenige Delikte das bloße Vorliegen

---

[5] Siehe unten 3.

[6] Siehe dazu unten 5.b. sowie II.J.8.

eines Generalvorsatzes. Dazu gehört etwa die widerrechtliche Verwendung von Zeichen, die der öffentlichen Gewalt vorbehalten sind (Art. 433-14 CP): Die willentliche Verwendung des Zeichens ist strafbar, gleichgültig, ob der Täter damit auf einen bestimmten Zweck abgezielt hatte oder nicht. Ansonsten werden aber weitere Anforderungen an den Vorsatz gestellt.[7]

Obwohl die französische Literatur das Deckungsprinzip nicht deutlich thematisiert, steht fest, dass sich der Vorsatz auf alle Umstände beziehen muss, die zur Subsumierung des materiellen Verhaltens unter den juristischen Tatbestand notwendig sind.[8] So muss der Täter bei der widerrechtlichen Verwendung von Zeichen wissen, dass das Zeichen, welches er verwendet, der öffentlichen Gewalt vorbehalten ist. Häufig geht die Rechtsprechung davon aus, dass die Erfüllung des objektiven Tatbestands das Vorliegen des Vorsatzes impliziert, und betrachtet die subjektive Tatseite als gegeben, ohne dass der Vorsatz gesondert bewiesen werden muss. Dabei vertritt die Rechtsprechung die Ansicht, dass die Unschuldsvermutung *(présomption d'innocence)* nicht beeinträchtigt werde, sofern der Angeklagte den Beweis des Fehlens des Vorsatzes – meistens durch die Existenz eines Tatbestandsirrtums[9] – erbringen kann. Dies führt zu einer Beweislastumkehr *(renversement de la charge de la preuve)*, wie sie auch bei der Einführung neuer Straftatbestände – wie z.B. Art. 321-6 CP – vorkommt.[10]

Für die Frage, welchen zeitlichen Bezugspunkt der Vorsatz hat, findet sich zwar keine Antwort im Gesetz, doch wird einhellig davon ausgegangen, dass der Vorsatz spätestens im Moment der Tatbegehung vorliegen muss. Er kann allerdings auch schon vor der Tatbegehung gegeben sein und während dieser andauern. Man spricht dann von Vorbedacht *(préméditation)*. Die Legaldefinition des Vorbedachts findet sich in:

Art. 132-72 CP

Der Vorbedacht ist der vor der Handlung gefasste Plan, ein bestimmtes Verbrechen oder Vergehen zu begehen.

Ein mit Vorbedacht begangenes Tötungsdelikt beispielsweise wird nicht als vorsätzliche Tötung *(meurtre)* (Art. 221-1 CP), sondern als Mord *(assassinat)* (Art. 221-3 CP) bezeichnet. Damit führt der Vorbedacht hier zur Subsumtion unter einen verschärften Tatbestand *(infraction aggravée)* mit erhöhter Strafandrohung.

---

[7] Siehe unten b.

[8] Zu den Ausnahmen siehe unten 4.

[9] Siehe unten 5.a.

[10] Siehe dazu auch II.D.3.

b) Formen des Vorsatzes

Die Grundform des Vorsatzes ist der Generalvorsatz. Er besteht aus dem Willen, eine Tat zu begehen, von der der Täter weiß, dass sie gesetzlich verboten ist. Der Generalvorsatz stellt die schwächste Vorsatzform dar, deren Elemente allen anderen Vorsatzformen gemeinsam sind, jedoch in den meisten Fällen alleine nicht zur Verwirklichung der subjektiven Tatseite ausreichen, sodass weitere Bedingungen hinzukommen müssen. Er ist quasi der kleinste gemeinsame Nenner der Vorsatzdelikte.

Tritt neben die Voraussetzungen des Generalvorsatzes eine bestimmte kriminelle Absicht, so spricht man von Spezialvorsatz *(dol spécial, dolus specialis)*. Dieser besteht in der Absicht, einen bestimmten Erfolg, der durch das Strafgesetz verboten ist, herbeizuführen. So muss etwa bei den Tötungsdelikten als Spezialvorsatz die Tötungsabsicht *(animus necandi)* gegeben sein, damit der subjektive Tatbestand erfüllt ist. Ist die Tötungsabsicht nicht gegeben, handelt es sich um eine bloße Körperverletzung mit Todesfolge. Auch beim Diebstahl reicht der Generalvorsatz nicht aus, sondern es muss die Absicht des Täters hinzutreten, sich als Eigentümer der Sache zu gerieren *(volonté d'appropriation)*. Will der Täter sich die Sache jedoch nicht zueignen, sondern sie nur benutzen, so liegt kein Diebstahl vor.

Der „gesteigerte" Vorsatz *(dol aggravé)* kann entweder durch die ausnahmsweise Berücksichtigung der Beweggründe des Täters (zum Beispiel Handeln aus ethnischen Gründen bei Völkermord, Art. 211-1 CP) auftreten oder einen Strafschärfungsgrund *(circonstance aggravante des peines)* der Straftat darstellen. So stellt zum Beispiel bei den Tötungsdelikten das Vorliegen des Vorbedachts als ein vor der Handlung gefasster Plan einen Strafschärfungsgrund dar, sodass eine Strafbarkeit wegen Mordes, Art. 221-3 CP in Verbindung mit Art. 132-72 CP, anzunehmen ist.[11]

Der „bedingte" Vorsatz *(dol éventuel, dolus eventualis)* liegt nach der französischen Lehre dann vor, wenn der Täter den eingetretenen Erfolg nicht erreichen wollte, aber mit dem Wissen gehandelt hat, dass sein Verhalten Gefahren für andere birgt, und sich mit dem Risiko eines Schadenseintritts abgefunden hat. In der Literatur wird oft folgendes Beispiel angeführt: Ein Autofahrer überholt ein vor ihm fahrendes Auto, ohne sehen zu können, ob ein Fahrzeug aus der entgegengesetzten Richtung kommt, und verursacht so einen Unfall. Der bedingte Vorsatz wird von der Vorsatzform des Art. 121-3 Abs. 1 CP nicht erfasst, sondern wird nach der Gesetzessystematik des *Code pénal* mit Zustimmung der Lehre als nichtvorsätzliches Verhalten eingestuft und dabei als eine Art bewusster Fahrlässigkeit behandelt. Dies folgt aus der Gleichstellung des Eventualvorsatzes mit der qualifizierte Fahrlässigkeitsform der bewussten Gefährdung eines anderen *(mise en*

---

[11] Siehe schon oben 2.a.

danger délibérée de la personne d'autrui) (Art. 121-3 Abs. 2 CP).[12] Damit bildet der Eventualvorsatz nicht eine Untergrenze des Vorsatzes, sondern stellt sich als gesteigerte Fahrlässigkeit an der Grenze zum Vorsatz dar, die diesem aber nicht mehr zuzurechnen ist. Zwar wird vereinzelt davon gesprochen, dass der Täter auf das Ausbleiben des Erfolgs vertraut; eine Abgrenzung zum Vorsatz anhand dieses voluntativen Elements findet aber nicht statt. Unter der Geltung des alten *Code pénal*, der nur die einfache Fahrlässigkeit vorsah, hatte diese Einordnung als Fahrlässigkeitsdelikt nur schwer hinzunehmende Folgen. Sie führte dazu, dass – wenn es zu einem Schadenseintritt kam – der Eventualvorsatz der einfachen Fahrlässigkeit gleichgestellt werden musste, da es sich eben nicht um ein vorsätzliches Delikt handelte. War kein Erfolg eingetreten, wurde das Verhalten gar nur als Übertretung eingestuft. Der neue *Code pénal* von 1994 schaffte hier Abhilfe. Zwar wird der Eventualvorsatz noch immer als Form der Fahrlässigkeit eingestuft, doch soll er der bewussten Gefährdung eines anderen *(faute de mise en danger délibérée)* nach Art. 121-3 Abs. 2 CP[13] entsprechen, was zu einer Strafschärfung führt.

Weitere Vorsatzformen, wie der *dol dépassé* („überholter" Vorsatz) und der *dol indéterminé* (unbestimmter Vorsatz) werden unten unter 4. behandelt.

3. Subjektive Seite der Fahrlässigkeitstat

Zwar ist die Fahrlässigkeit im französischen Strafrecht als einheitlicher Aspekt der subjektiven Tatseite anzusehen, doch werden im Rahmen dieses Projekts die „objektiven Voraussetzungen" der Fahrlässigkeitstat gesondert behandelt,[14] während hier nur die „subjektive Seite" der Fahrlässigkeitstat näher dargestellt wird.

a) Begriff und Bezugspunkte der Fahrlässigkeit

Der allgemeinen Aussage des Art. 121-3 Abs. 1 CP, dass es keine Verbrechen oder Vergehen ohne Vorsatz zur Tatbegehung gibt, lässt das Gesetz eine diesen Grundsatz relativierende und ausdifferenzierte gesetzliche Regelung der Möglichkeiten fahrlässiger Tatbegehung in den Absätzen 2 bis 4 folgen:

Art. 121-3 CP

(…)

Wenn das Gesetz es vorsieht, liegt jedoch auch in den Fällen der bewussten Gefährdung eines anderen ein Vergehen vor.

---

[12] Wortlaut siehe II.D.7.b.

[13] Dazu sogleich unter 3.b.

[14] Siehe dazu II.D.7.b.

Wenn das Gesetz es vorsieht, liegt außerdem in den Fällen von Unvorsichtigkeit, Nachlässigkeit oder der Verletzung einer im Gesetz oder in einer Verordnung vorgesehenen Sorgfalts- oder Sicherheitspflicht ein Vergehen vor, wenn festgestellt wird, dass der Täter nicht die übliche Sorgfalt beachtet hat; dabei sind gegebenenfalls die Art seiner Aufgaben oder seines Amtes, seine Zuständigkeiten sowie seine Handlungsbefugnisse und die Mittel, über die er verfügt hat, zu berücksichtigen.

In dem im vorausgehenden Absatz vorgesehenen Fall sind natürliche Personen, die den Schaden nicht unmittelbar verursacht haben, aber die Situation, in der der Schaden eingetreten ist, geschaffen oder zu ihrer Schaffung beigetragen haben oder nicht die zu ihrer Verhinderung nötigen Maßnahmen getroffen haben, strafrechtlich verantwortlich, wenn feststeht, dass sie entweder offensichtlich vorsätzlich eine spezielle, im Gesetz oder einer Verordnung vorgesehene Sorgfalts- oder Sicherheitspflicht verletzt haben oder einen schwerwiegenden Fehler begangen haben und damit einen Dritten einem Risiko von besonderer Schwere aussetzten, welches sie nicht verkennen konnten.

Die Definition der Fahrlässigkeit hat den Gesetzgeber in den letzten Jahren immer wieder beschäftigt. Durch verschiedene Reformen und Neufassungen des Art. 121-3 CP sollte eine Begrenzung der Strafbarkeit natürlicher Personen für fahrlässiges Verhalten erreicht werden. Dies geschah zuletzt über die Verknüpfung des Kausalitätsnachweises mit der Schwere des Schuldvorwurfs.[15]

Eine Fahrlässigkeitstat kann auf verschiedene Arten begangen werden, besteht allerdings immer aus einer Pflichtverletzung *(violation d'un devoir)*, die – mehr oder weniger bewusst oder unbewusst – durch eine Handlung oder ein Unterlassen begangen wird. Hinzutreten muss immer ein Erfolg, für den das Verhalten des Täters kausal gewesen ist.[16]

Im Rahmen der Festlegung eines strafrechtlichen Fahrlässigkeitsmaßstabs stehen sich in der französischen Terminologie die Begriffe *appréciation in abstracto* und *appréciation in concreto* gegenüber, die aber in der Literatur keinem einheitlichen Konzept unterliegen. Bei Ersterem wird das Verhalten des Täters an dem einer normal vorsichtigen und aufmerksamen Person unter denselben äußeren Umständen gemessen, wobei als Maßstab immer danach gefragt wird, wie sich ein guter Familienvater *(bon père de famille)* verhalten hätte. Bei Letzterem werden hingegen die persönlichen Fähigkeiten des Täters berücksichtigt. Die Rechtsprechung favorisiert grundsätzlich den „abstrakten" Maßstab. Seit der Neufassung des Art. 121-3 Abs. 3 CP im Jahr 1996 scheint aber der Richter verpflichtet zu sein, den Blick auch auf die Fähigkeiten des Täters zu lenken. Denn es heißt in Abs. 3, dass der Täter nicht verantwortlich ist, wenn er die „übliche Sorgfalt beachtet hat; dabei sind gegebenenfalls die Art seiner Aufgaben oder seines Amtes, seine Zuständigkeiten sowie seine Handlungsbefugnisse und die Mittel, über die er verfügt hat, zu berücksichtigen". In der Literatur herrscht jedoch Uneinigkeit darüber, ob sich dadurch der Bewertungsmaßstab tatsächlich geändert hat. Die Rechtsprechung

15 Dazu mehr unter II.D.7.b.

16 Zu diesen „objektiven Strafbarkeitsvoraussetzungen" der Fahrlässigkeitstat siehe II.D.7.b.

selbst hat jedenfalls weitestgehend an ihrem „abstrakten“ Maßstab festgehalten. Da im französischen Recht die Fahrlässigkeit – wie bereits dargestellt – einen einheitlichen, zusammenhängenden Teil der Schuld bildet und damit grundsätzlich nur im Rahmen des *élément moral* von Bedeutung ist, bewirkt die Konzeption der *appréciation in abstracto* im Prinzip eine Objektivierung des Fahrlässigkeitsmaßstabs im Schuldbereich.

Die Fahrlässigkeitstat unterscheidet sich von der Vorsatztat dadurch, dass der Täter den Erfolg seiner Tat nicht gewollt hat, warum auch von unbeabsichtigten Delikten *(infractions involontaires)* gesprochen wird. Dabei darf nicht übersehen werden, dass die Verletzung einer Sorgfaltspflicht, die zu einem unbeabsichtigten Erfolg führte, sehr wohl gewollt sein kann. Daher kann auch zwischen bewusster und unbewusster Unvorsichtigkeit und anderen mehr oder weniger schweren Formen/Graden der Fahrlässigkeit unterschieden werden.

b) Formen/Grade der Fahrlässigkeit

Das Strafgesetz unterscheidet vier Arten von nicht-vorsätzlichem Verhalten: die bewusste Gefährdung einer anderen Person (*faute de mise en danger délibérée de la personne d'autrui*, Art. 121-3 Abs. 2 CP), die einfache Fahrlässigkeit (*faute simple*, Art. 121-3 Abs. 3 CP), die qualifizierte Fahrlässigkeit in Form der vorsätzlichen Verletzung einer speziellen Sorgfalts- oder Sicherheitspflicht, die in einem Gesetz oder einer Verordnung vorgesehen ist (*faute de violation manifestement délibérée d'une obligation particulière de prudence ou de sécurité prévue par la loi ou le règlement*, Art. 121-3 Abs. 4, 1. Alternative CP), und in Form der groben Fahrlässigkeit, die einen anderen einer Gefahr von besonderer Schwere aussetzt, die der Täter nicht verkennen konnte (kurz: *faute caractérisée*, Art. 121-3 Abs. 4, 2. Alternative CP).

Die bewusste Gefährdung einer anderen Person *(faute de mise en danger délibérée)* im Sinne von Art. 121-3 Abs. 2 CP entspricht einem mittleren Fahrlässigkeitsvorwurf. Der Täter nimmt bewusst eine Gefahr in Kauf, jedoch in der Hoffnung, dass aus dieser Gefahr kein Schaden entsteht. Damit entspricht die bewusste Gefährdung dem Eventualvorsatz, der – wie oben unter 2.b. dargestellt –, als Fahrlässigkeits- und nicht als Vorsatzform behandelt wird. Die bewusste Gefährdung liegt gemäß den Präzisierungen der Rechtsprechung in einer vorsätzlichen Verletzung einer speziellen Sorgfalts- oder Sicherheitspflicht, die im Gesetz oder der Verordnung bereits vorgesehen ist. Ein Verstoß gegen eine allgemeine, ungeschriebene Vorsichtsregel reicht hier nicht aus.[17]

Unter einfacher Fahrlässigkeit im Sinne von Art. 121-3 Abs. 3 CP versteht man die gewöhnlichen Unvorsichtigkeiten, die jeder Person unterlaufen können. Indem

---

[17] Siehe auch II.D.7.b.

der Täter die Folgen seines Handelns nicht vorausgesehen hat, setzt er sich dem Vorwurf der Sorglosigkeit *(imprévoyance)* aus. Zudem hat er entweder eine aus Gesetz oder Verordnung hervorgehende Sorgfalts- oder Sicherungspflicht missachtet oder er muss sich vorwerfen lassen, dass er die üblicherweise zu beachtende Sorgfalt nicht eingehalten hat *(indiscipline)*. Im Fall der einfachen Fahrlässigkeit hat der Täter nicht das Bewusstsein, eine Straftat zu begehen. Da der Täter den Erfolg des Schadenseintritts nicht vorhergesehen hat, hatte er auch nicht die Absicht, einen solchen Erfolg herbeizuführen. Hingegen kann die Missachtung der Sorgfalts- oder Sicherheitspflicht selbst vorsätzlich erfolgt sein – etwa das bewusste Überfahren einer roten Ampel. Art. 121-3 Abs. 3 CP unterscheidet zwei Formen einfacher Fahrlässigkeit: Unvorsichtigkeit beziehungsweise Nachlässigkeit *(faute d'imprudence et de négligence)* und Verletzung einer im Gesetz oder in einer Verordnung vorgesehenen Sorgfalts- oder Sicherheitspflicht *(manquement à une obligation de prudence ou de sécurité prévue par la loi ou le règlement)*. Damit der Straftatbestand erfüllt ist, muss bei dieser einfachen Pflichtverletzung die Kausalitätsverbindung zwischen der Pflichtverletzung und dem Erfolg direkt sein.[18]

Die Kategorie der qualifizierten Fahrlässigkeit *(faute qualifiée)* wurde durch Gesetz Nr. 2000-647 vom 10.7.2000 geschaffen, da eine Pönalisierung der einfachen Fahrlässigkeit auf die Fälle einer direkten Kausalität begrenzt werden sollte.[19] Bei indirekter Kausalität ist die Strafbarkeit vom Vorliegen einer gesteigerten Fahrlässigkeit abhängig. Dabei unterscheidet das Gesetz zwei Alternativen: einmal die offensichtlich vorsätzliche Verletzung einer durch Gesetz oder Verordnung vorgesehenen besonderen Sorgfalts- oder Sicherheitspflicht *(violation manifestement délibérée d'une obligation particulière de prudence ou de sécurité prévue par la loi ou le règlemen,* kurz: *faute délibérée)* und zum anderen die grobe Fahrlässigkeit *(faute caractérisée)*, durch die eine andere Person einer Gefahr von besonderer Schwere ausgesetzt worden ist, die nicht übersehen werden konnte *(qui exposait autrui à un risque d'une particulière gravité qu'elle ne pouvait ignorer)*. Beide Fahrlässigkeitsformen stellen einen erhöhten Schuldvorwurf dar und sind als schwerste Form der Fahrlässigkeit anzusehen.[20]

4. Eingeschränktes Erfordernis von Vorsatz oder Fahrlässigkeit

Von dem grundsätzlichen Erfordernis, dass der Vorsatz beziehungsweise die Fahrlässigkeit sich auf alle objektiven Tatmerkmale bezieht,[21] können Ausnahmen

---

[18] Siehe auch II.D.7.b.

[19] Siehe dazu auch II.D.7.b.

[20] Zu den Voraussetzungen der beiden qualifizierten Fahrlässigkeitsformen siehe unter II.D.7.b.

[21] Siehe oben 2. und 3.

festgestellt werden. Zu nennen sind hier die objektive Verantwortlichkeit (siehe unten), das erfolgsqualifizierte Delikt *(délit praeterintentionnel)*, der Eventualvorsatz[22] und der unbestimmte Vorsatz *(dol indéterminé)*.

Im Sinne einer objektiven Verantwortlichkeit ist als Besonderheit die von der Rechtsprechung entwickelte strafrechtliche Verantwortlichkeit eines Betriebsleiters *(responsabilité du chef d'entreprise)* anzuführen. Diese ermöglicht es, einen Betriebsleiter für das Handeln seines Erfüllungs- oder Verrichtungsgehilfen strafrechtlich verantwortlich zu machen, ohne dass der Betriebsleiter selbst aktiv geworden sein oder Kenntnis vom Handeln des Gehilfen besessen haben muss. Diese Art der Verantwortlichkeit war zunächst nur in einigen Bestimmungen ausdrücklich geregelt (zum Beispiel in Art. L 263-2 des Arbeitsgesetzbuchs für den Bereich der Sicherheit am Arbeitsplatz). Die Rechtsprechung hat jedoch mittlerweile eine strafrechtliche Verantwortlichkeit auch in Ermangelung einer solchen Regelung angenommen: In einer Grundsatzentscheidung legte die *Cour de cassation* fest, dass in Gewerbebetrieben, die im Interesse der Gesundheit und der öffentlichen Sicherheit bestimmten Regelungen unterliegen, die strafrechtliche Verantwortlichkeit vor allem die Betriebsleiter treffe, da diese sowohl für die Bedingungen als auch für die Art und Weise der Ausübung ihres Gewerbes verantwortlich seien. Damit wurde ein Unterlassen in Form von mangelnder Überwachung beziehungsweise mangelnder Vorsicht, die die Begehung einer Straftat eines Untergebenen ermöglicht hat, für strafbar erklärt.[23]

Geht das vom Täter erreichte Ziel über das von ihm gewollte Ergebnis hinaus (objektiver Überschuss), liegt „überholter" Vorsatz *(dol dépassé ou praeterintentionnel)* vor. Dieser objektive Überschuss kann vom Gericht grundsätzlich nicht berücksichtigt werden, sodass zum Beispiel derjenige, der mit Körperverletzungsvorsatz auf eine schwangere Frau einschlägt und dadurch einen Schwangerschaftsabbruch provoziert, nicht wegen Schwangerschaftsabbruchs bestraft werden kann. Der Gesetzgeber hat jedoch in manchen Fällen erfolgsqualifizierte Tatbestände *(délits praeterintentionnels)* geschaffen, die diesen Umstand berücksichtigen und eine Strafbarkeit wegen eines nicht gewollten, aber eingetretenen Erfolgs ermöglichen. Dabei hat der Gesetzgeber zwei unterschiedliche Wege eingeschlagen: Einmal berücksichtigt er sowohl den eingetretenen Erfolg als auch den Vorsatz des Täters; ein andermal berücksichtigt er nur den tatsächlich eingetretenen Erfolg, ohne auch die innere Einstellung des Täters einzubeziehen. Als Beispiele können die Körperverletzung mit Todesfolge gemäß Art. 222-7 CP und die Entführung mit Todesfolge nach Art. 224-2 Abs. 2 CP genannt werden. Die Körperverletzung mit Todesfolge hat eine Strafandrohung von 15 Jahren und liegt damit zwischen der Strafandrohung der einfachen Körperverletzung und der des Totschlags, sodass der Gesetzgeber in diesem Fall den mangelnden Tötungsvorsatz als gegenüber einer

---

22 Siehe bereits 2.b. und 3.b.

23 Zur strafrechtlichen Verantwortlichkeit des Betriebsleiters siehe ausführlich II.H.1.

vorsätzlichen Tötung strafmildernd berücksichtigt hat; die Entführung mit Todesfolge hingegen ist mit lebenslanger Gefängnisstrafe belegt und damit wie Mord zu bestrafen, auch wenn der Täter den Tod nicht verursachen wollte.

Unter dem Stichwort „Inkongruenz von Vorsatz und Erfolg" *(disconcordance entre le dol et le résultat)* wird in der französischen Literatur neben dem Eventualvorsatz[24] und dem „überholten Vorsatz" auch der unbestimmte Vorsatz *(dol indéterminé)* diskutiert. Von unbestimmtem Vorsatz spricht man, wenn der Vorsatz des Täters sich nicht auf einen bestimmten Erfolg konkretisiert hat. Dies ist etwa der Fall, wenn der Täter sich keine genauen Vorstellungen hinsichtlich der Schwere des Taterfolgs oder auch der Identität des Opfers gemacht hat, sondern einen eher allgemeinen Schädigungsvorsatz aufweist.

Dem trägt das Gesetz an mehreren Stellen Rechnung: So sind etwa alle Körperverletzungstatbestände in der Weise aufgebaut, dass die Strafe je nach zugefügtem Schaden variiert. Der Täter, der bei einer gewalttätigen Handlung gegen eine Person deren vollständige Arbeitsunfähigkeit von mehr als acht Tagen provoziert, ist mit einer Gefängnisstrafe bis zu drei Jahren und einer Geldstrafe bis zu 45.000 € und damit einer Vergehensstrafe zu bestrafen (Art. 222-11 CP), während eine Tat, durch die eine Arbeitsunfähigkeit von weniger als acht Tagen (Art. R 625-1 CP) oder gar keine Arbeitsunfähigkeit (Art. R 624-1 CP) herbeigeführt wurde, nur mit einer Übertretungsstrafe geahndet wird. Dabei ist unerheblich, ob der Vorsatz des Täters die tatsächlich eingetretene Schwere des Erfolgs umfasst. Begründet wird diese Sicht wiederum mit einem rein pragmatischen Hinweis auf die mangelhafte Möglichkeit der Beweisführung hinsichtlich der Tätervorstellung. Auch Art. 322-6 CP (unter dem Titel: Zerstörungen, Beschädigungen und Verunstaltungen, die eine Gefahr für Personen darstellen) verlangt nur einen hinsichtlich der Opfer unbestimmten Vorsatz. Dabei spricht er von einem Mittel, das eine Gefahr für Personen herbeiführen kann, wobei sich der Vorsatz des Täters nicht auf die Herbeiführung einer Gefahr für bestimmte Personen konkretisieren muss.

5. Fehlvorstellungen des Täters, Irrtum

Es können zwei Irrtumsarten unterschieden werden: der Irrtum über Tatsachen und der Irrtum über Rechtsfragen. Letzterer wird im *Code pénal* als ein die strafrechtliche Verantwortung ausschließender Grund genannt und daher auch ausführlich unter II.J.8. behandelt.

---

[24] Dazu bereits oben 2.b.

a) Irrtum über Tatsachen

Der Tatirrtum *(erreur de fait)* ist im Strafgesetzbuch nicht geregelt. Die Rechtsprechung entwickelte jedoch den Grundsatz, dass dem Täter, der keine Kenntnis von einem zum gesetzlichen Tatbestand gehörenden Umstand hat, der Vorsatz fehlt, und er sich daher nicht wegen einer vorsätzlichen Tat strafbar gemacht hat. Gesetzlicher Anknüpfungspunkt hierfür ist Art. 121-3 CP, wonach Verbrechen und Vergehen vorbehaltlich einer gesetzlichen Kriminalisierung fahrlässigen Verhaltens nur bei vorsätzlicher Tatbegehung strafbar sind.

Bezieht sich der Irrtum auf ein wesentliches Merkmal eines Vorsatzdelikts, so ist der Täter nicht zu bestrafen. Unter wesentlichen Merkmalen sind sowohl Vorbedingungen der Strafbarkeit *(conditions préalables de l'infraction)* – wie etwa die Insolvenz beim Bankrott – als auch Tatbestandsmerkmale *(éléments constitutifs)* – wie die Fremdheit einer Sache beim Diebstahl – zu verstehen. Die Straflosigkeit kann entweder bereits durch ein Gesetz vorgesehen oder durch die Rechtsprechung festgelegt werden. Beispiel einer gesetzlichen Regelung ist etwa die Vorschrift, dass wegen des Verkaufs von Zigaretten an Minderjährige unter 16 Jahren straflos bleibt, wer sich nachweislich über das Alter des Minderjährigen irrte (Art. L 3512-1-1, CSP). Ebenso ist der Schankwirt, der Alkohol an einen Minderjährigen ausschenkt, nicht wegen eines Verstoßes gegen die Vorschriften über den Schutz Minderjähriger vor Alkoholismus strafbar, wenn er nachweisen kann, dass er über das Alter des Minderjährigen im Irrtum war.

Diskussionen entstanden hinsichtlich der Frage, wie es sich auf die Strafbarkeit beziehungsweise Straflosigkeit auswirkt, wenn der Täter dem Irrtum aufgrund eigener Fahrlässigkeit erlag. Einige Stimmen in der Literatur haben vorgeschlagen, den auf Fahrlässigkeit beruhenden Irrtum für unbeachtlich zu erklären. Damit würde jedoch letztendlich eine fahrlässige Tatbegehung einer vorsätzlichen gleichgestellt werden, was wegen des *aliud*-Verhältnisses von Vorsatz und Fahrlässigkeit nicht möglich ist. Die Rechtsprechung ist dieser Auffassung dann auch nicht gefolgt und hat es abgelehnt, den Tatirrtum auf unvermeidbare Irrtümer zu begrenzen. In der Praxis muss der Irrtum jedoch nach den Umständen des Falls nachvollziehbar und nicht zu grob sein, damit er vor Gericht berücksichtigt wird. Beruht der Irrtum auf einer Fahrlässigkeit seitens des Täters, so ist allerdings eine Bestrafung wegen eines Fahrlässigkeitsdeliktes grundsätzlich möglich. Der Irrtum soll kein Mittel sein, um sich dem der Fahrlässigkeit innewohnenden Unvorsichtigkeitsvorwurf entziehen zu können. So wird beispielsweise wegen fahrlässiger Tötung bestraft, wer im Glauben, eine Ampel sei grün, über Rot fährt und dabei einen Menschen tötet. Wenn der Irrtum jedoch eine gewisse Qualität besitzt, das heißt unvorhersehbar *(imprévisible)* und unvermeidbar *(inévitable)* ist, kommt die Rechtsprechung in Ausnahmefällen auch zu einem Freispruch. So sprach das Berufungsgericht von Dijon einen wegen fahrlässiger Tötung verurteilten Autofahrer frei, der, ohne dies zu bemerken, bei Dunkelheit einen auf der Straße liegenden, betrunkenen

Mann überfuhr. Die näheren Tatumstände ließen nach der Rechtsprechung auf eine Ausnahmesituation schließen.

Nicht jeder Irrtum ist auch gleichermaßen beachtlich. Bezieht sich die Fehlvorstellung des Täters nur auf ein ergänzendes Element der Straftat *(élément accessoire de l'infraction)*, so bleibt sie unbeachtlich. So etwa, wenn der Irrtum nur die Identität des Tatobjekts betrifft, sogenannter *error in persona*. In einem solchen Fall bleibt der Vorsatz unberührt, und der Tatirrtum ist irrelevant, da die Absicht, einen Menschen zu töten, auch bei simpler „Verwechslung" vorliegt. Zudem ist die Identität einer Person nicht Teil des gesetzlichen Tatbestands. Wegen Mordes an einer Person macht sich daher auch strafbar, wer eine andere als die beabsichtigte Person tötet. Hinsichtlich des *error in persona* ist zu erwähnen, dass strafschärfende Umstände, die in Bezug auf die jeweilige Person vorliegen, ebenfalls beachtlich bleiben. So wird wegen Verwandtenmordes (Art. 221-4 Nr. 2 CP) auch schärfer bestraft, wer letztlich aufgrund einer Verwechslung keinen Verwandten, sondern einen Fremden getötet hat. Ebenso sind aber auch Umstände zugunsten des Täters zu berücksichtigen. Wäre er etwa in Bezug auf die vorgestellte Person durch Notwehr gerechtfertigt, so bleibt er auch straflos, wenn er aufgrund einer Personenverwechslung einen anderen als den Angreifer verletzt.

Das soeben Gesagte gilt auch für den *error in objecto*, der damit ebenfalls unbeachtlich ist. Ob dies auch dann gilt, wenn die Objekte sehr unterschiedlicher Natur sind, kann nicht abschließend beurteilt werden. Diskutiert werden in der französischen Literatur nur Beispiele, bei denen die Gegenstände gleicher beziehungsweise ähnlicher Natur sind (so beispielsweise der Diebstahl eines Rings aus Gold oder Kupfer). Grundsätzlich gilt jedoch: Der Irrtum ist so lange unbeachtlich, wie der Vorsatz in Bezug auf die Tatelemente bestehen bleibt (im vorstehenden Beispiel ist es also unerheblich, ob der Dieb den Ring für einen goldenen oder kupfernen hält, solange er ihn in jedem Fall wegnehmen will).

Diskussionen gab es auch hinsichtlich der Figur der *aberratio ictus* – sogenanntes Fehlgehen der Tat. Hier wurde von einigen Autoren angeregt, dass der Täter wegen zweier Delikte zu bestrafen sei: zum einen wegen Versuchs der beabsichtigten Tat und zum anderen wegen fahrlässiger Begehung der tatsächlichen Tat. Die Rechtsprechung hat jedoch anders entschieden: Da die Tötungsabsicht unberührt bleibe, entschied sie, dass sich wegen vollendeten Mordes strafbar mache, wer aus Versehen daneben treffe. Wie beim *error in persona* sind auch hier strafschärfende oder -mildernde Umstände in Bezug auf die anvisierte Person maßgeblich.

Ebenso ist eine Fehlvorstellung über die Tauglichkeit des Versuchs unbeachtlich und der Täter eines untauglichen Versuchs *(infraction impossible)* grundsätzlich strafbar.[25]

---

[25] Siehe hierzu ausführlich II.F.3.a.

Des Weiteren sind Irrtümer im Bereich von Fahrlässigkeitsdelikten stets unbeachtlich. Wer etwa einen anderen Menschen aus Versehen erschießt, während er sein Gewehr reinigt, ist auch dann wegen fahrlässiger Tötung zu bestrafen, wenn er irrtümlich davon ausging, die Waffe sei ungeladen.

Ein Irrtum über die tatsächlichen Voraussetzungen eines Rechtfertigungsgrundes wird danach beurteilt, welcher Rechtfertigungsgrund dem Irrenden bei tatsächlichem Vorliegen der vorgestellten Umstände zur Seite stehen würde. Die Putativnotwehr (Verteidigung gegen einen nicht tatsächlich vorliegenden, sondern allein in der Vorstellung des Täters existierenden rechtswidrigen Angriff – *atteinte putative)* wird von der Rechtsprechung als Strafausschlussgrund zugelassen, wenn die vom Täter angenommenen Umstände wahrscheinlich *(vraisemblable)* erscheinen. So entschied sich die Rechtsprechung in einem Fall, in dem ein Vater einen Dritten erschoss, der seinen Sohn nur spielerisch mit einer Pistole bedrohte, für eine Rechtfertigung und damit einen Freispruch aufgrund von Putativnotwehr.

Ist die Fehlvorstellung dagegen zwar plausibel, aber nicht zu entschuldigen, wird der Ausschlussgrund der Notwehr verwehrt. Die Rechtsprechung verneinte die Voraussetzungen der Putativnotwehr in einem Fall, in dem ein Vater mitten in der Nacht in der Küche seinen eigenen Sohn erschoss, weil er ihn fälschlicherweise für einen Einbrecher hielt. Anders wird dies von der herrschenden Lehre im Fall des Putativnotstands (der Betroffene irrt über das Vorliegen einer tatsächlichen Gefahr) beurteilt. Während die Notwehr auch ein subjektives Element aufweist, gilt der Notstand in der Lehre als rein objektiver Strafausschlussgrund. Deshalb lehnt die herrschende Meinung die Figur des Putativnotstands ab. Der Wortlaut „gegenwärtige oder bevorstehende Gefahr" *(danger actuel ou imminent)* fordere das tatsächliche Vorliegen einer solchen Gefahr. Von der Rechtsprechung ist diese Frage jedoch (noch) nicht eindeutig entschieden worden.[26]

b) Irrtum über Rechtsfragen

Der in Frankreich als Rechtsirrtum *(erreur de droit)* bekannte Verbotsirrtum ist durch die große Strafrechtsreform 1994 in den *Code pénal* eingeführt worden und dort in Art. 122-3 CP geregelt.

Art. 122-3 CP

Strafrechtlich nicht verantwortlich ist, wer nachweislich aufgrund eines unvermeidbaren Rechtsirrtums geglaubt hat, die Handlung rechtmäßig vornehmen zu können.

Vor dieser Kodifizierung des Rechtsirrtums, der als subjektiver Strafausschlussgrund behandelt wird,[27] stand die Rechtsprechung lange Zeit auf dem Standpunkt, dass ein Rechtsirrtum aufgrund des Prinzips *nemo censetur ignorare legem* (nie-

---

[26] Zu den Strafausschlussgründen siehe II.J.

[27] Siehe ausführlich dazu in II.J.8.

mand darf das geltende Recht ignorieren) stets unbeachtlich sei. Dies wurde bereits früher von der Literatur heftig kritisiert. Die Regelung des Art. 122-3 CP lässt die Strafbarkeit jedoch nur hinsichtlich eines unvermeidbaren Rechtsirrtums entfallen. An die Unvermeidbarkeit werden hohe Anforderungen gestellt, sodass der Anwendungsbereich der Norm damit in der Praxis erheblich reduziert wird. Der Rechtsirrtum ist immer nur dann einschlägig, wenn der Täter tatsächlich denkt, sein Handeln sei rechtmäßig. Dabei kann er zum einen darüber irren, dass sein Verhalten überhaupt einem Straftatbestand unterfällt; zum anderen kann er im Irrtum über das Vorliegen eines die Strafbarkeit ausschließenden Grundes, etwa einer gesetzlichen Erlaubnis sein.

Der Irrtum umfasst zwei Varianten: Er kann entweder in der gänzlichen Unkenntnis einer Norm oder in ihrer fälschlichen Auslegung begründet sein. Die Strafbarkeit entfällt jedoch in beiden Fällen nur bei objektiver Unvermeidbarkeit des Irrtums. Unvermeidbarkeit kann insbesondere in den Fällen einer fehlerhaften Information durch eine zuvor durchgeführte Konsultation der Verwaltungs- beziehungsweise Justizbehörden oder einer fehlenden beziehungsweise fehlerhaften Verkündung des Gesetzestextes gegeben sein. Innerhalb dieser beiden Fallgruppen finden sich die meisten Anwendungsfälle des Verbotsirrtums. Beruht der Irrtum auf einer fehlerhaften Information, ist die Straflosigkeit an bestimmte Voraussetzungen geknüpft: Zum einen verlangt die Rechtsprechung bei einfachen Sachverhalten ein Minimum an Überprüfung durch den Täter selbst, der sich zum Beispiel nicht auf eine einfache telefonische Auskunft verlassen darf. Ist er sich in seiner Rechtseinschätzung unsicher oder handelt es sich um einen komplizierten Fall, so muss er Rat bei einer kompetenten Stelle suchen. Hat er dies getan, ist es weiterhin nötig, dass ihm dort falsche Informationen mitgeteilt wurden, auf deren Richtigkeit er jedoch uneingeschränkt vertraut hat.

Grundsätzlich kann sich der Irrtum auf jede beliebige Rechtsregel beziehen, das heißt auf ein Gesetz oder eine Verordnung aus dem Strafrechtsbereich oder aus einem anderen Rechtsgebiet, wie zum Beispiel dem Zivil-, Handels- oder Verwaltungsrecht. Dabei ist der Rechtsirrtum nicht auf Vorsatzdelikte beschränkt, sondern kann auch im Bereich der Fahrlässigkeit einschlägig sein. Des Weiteren kann sich der Irrtum auch auf das Vorliegen eines Rechtfertigungsgrundes (etwa einer gesetzlichen Erlaubnis) beziehen, dessen Reichweite falsch eingeschätzt wird. Nach dem Wortlaut von Art. 122-3 CP trägt der Täter die Beweislast für die Tatsache, dass er sich in einem unvermeidbaren Irrtum befunden hat. Er muss diesen Verteidigungseinwand auch eigenständig vorbringen, da eine Prüfung von Amts wegen nicht erfolgt.

Besteht die Fehlvorstellung des Täters darin, dass er irrtümlich glaubt, eine Straftat zu begehen, aber schon der gesetzliche Tatbestand nicht erfüllt ist, spricht man von einem Wahndelikt *(infraction putative)*, welches sich nur in der Vorstellung des Täters abspielt. Mit Blick auf den Legalitätsgrundsatz kann dadurch keine Strafbarkeit begründet werden.[28]

Literaturhinweise

Zu Vorsatz und Fahrlässigkeit

Desportes, Frédéric/Le Gunehec, Francis, Droit pénal général (Strafrecht Allgemeiner Teil). 13. Aufl. Paris 2006, Titre II, Sous-titre I, Chapitre II: L'élément intellectuel de l'infraction (Das subjektive Element der Tat), S. 439–502.

Le Gunehec, Francis, Élément moral de l'infraction (Subjektives Element der Tat). Jurisclasseur, Code Pénal, Band 1, Art. 121-3: fasc. 20.

Merle, Roger/Vitu, André, Traité de droit criminel. Problèmes généraux de la science criminelle – Droit pénal général (Abhandlung zum Strafrecht. Allgemeine Probleme der Strafrechtswissenschaft – Strafrecht Allgemeiner Teil), Band I. 7. Aufl. Paris 1997, Deuxième Partie, Livre II, Titre II: Les aspects intellectuels de la culpabilité (Die subjektiven Aspekte der Schuld), S. 727–770.

Pfefferkorn, Fabian, Grenzen strafbarer Fahrlässigkeit im französischen und deutschen Recht. Berlin 2006.

Pradel, Jean, Droit pénal général (Strafrecht Allgemeiner Teil). 16. Aufl. Paris 2006/2007, Deuxième Partie, Titre III, Sous-Titre Premier, Chapitre Premier, Section II, Sous-Section II, § 1: La faute intentionnelle (Die Vorsatzschuld), S. 462–471 und § 2: La faute non intentionnelle (Die Fahrlässigkeitsschuld), S. 471–490.

Renout, Harald, Droit pénal général (Strafrecht Allgemeiner Teil). 9. Aufl. Orléans 2004/2005, Partie II, Chapitre 4: L'élément moral de l'infraction (Das subjektive Element der Tat), S. 137–161.

Stefani, Gaston/Levasseur, Georges/Bouloc, Bernard, Droit pénal général (Strafrecht Allgemeiner Teil). 20. Aufl. Paris 2007. Première Partie, Titre II, Chapitre II: L'élément moral (Das subjektive Element), S. 234–260.

Zur Reform des Art. 121-3 CP

Seillan, Hubert, Les points clés de la réforme – causalité indirecte et faute d'une certaine gravité (Die Schlüsselpunkte der Reform – indirekte Kausalität und Fehler/Schuld einer gewissen Schwere). In: Accidents et Responsabilité Pénale depuis la loi du 19 juillet 2000 (Unfälle und strafrechtliche Verantwortlichkeit seit dem Gesetz vom 19. Juli 2000). Les Cahiers de Préventique (2), 8–10.

---

[28] Mehr zum Wahndelikt unter II.F.3.b.

Zum Rechtsirrtum

Couturier, Jean-Pierre, L'erreur de droit invincible en matière pénale (Der unvermeidbare Rechtsirrtum im Strafrecht). RSC 1968, 547–563.

Desportes, Frédéric/Le Gunehec, Francis, Droit pénal général (Strafrecht Allgemeiner Teil). 13. Aufl. Paris 2006, Titre II, Sous-Titre III, Chapitre I, Section IV: L'erreur sur le droit (Der Irrtum über das Recht), S. 665–687.

Merle, Roger/Vitu, André, Traité de droit criminel. Problèmes généraux de la science criminelle – Droit pénal général (Abhandlung zum Strafrecht. Allgemeine Probleme der Kriminalstrafrechtswissenschaft – Strafrecht Allgemeiner Teil), Band I. 7. Aufl. Paris 1997, Deuxième Partie, Livre II, Titre II, Chapitre I, Section I, § 1.B.c.: L'erreur de droit invincible (Der unvermeidbare Rechtsirrtum), S. 738–740.

Pradel, Jean, Droit pénal général (Strafrecht Allgemeiner Teil). 16. Aufl. Paris 2006/2007. Deuxième Partie, Titre III, Sous-Titre Premier, Chapitre Premier, Section II, Sous-Section I, § 3, B.: L'erreur de droit (Der Rechtsirrtum), S. 456–461.

Stefani, Gaston/Levasseur, Georges/Bouloc, Bernard, Droit pénal général (Strafrecht Allgemeiner Teil). 20. Aufl. Paris 2007. Première Partie, Titre III, Chapitre II, Section II, § 3, A.: L'erreur de droit (Der Rechtsirrtum), S. 373–376.

Zum Tatirrtum

Desportes, Frédéric/Le Gunehec, Francis, Droit pénal général (Strafrecht Allgemeiner Teil). 13. Aufl. Paris 2006. Titre II, Sous-Titre I, Chapitre II, Section 1, § 1 Rn. 472: Incidence de l'erreur de fait (Die Wirkung des Tatirrtums), S. 452–453 und Sous-Titre III, Chapitre I, Section 4, § 2, Rn. 679 ff.: Distinction entre l'erreur de droit et l'erreur de fait (Unterscheidung zwischen Rechtsirrtum und Tatirrtum), S. 672–673.

Pradel, Jean, Droit pénal général (Strafrecht Allgemeiner Teil). 16. Aufl. Paris 2006/2007, Deuxième Partie, Titre III, Sous-Titre Premier, Chapitre Premier, Section II, Sous-Section I, § 3, A.: L'erreur de fait (Der Tatirrtum), S. 454–456.

Stefani, Gaston/Levasseur, Georges/Bouloc, Bernard, Droit pénal général (Strafrecht Allgemeiner Teil). 20. Aufl. Paris 2007, Première Partie, Titre III, Chapitre II, Section II, § 3, B.: L'erreur de fait (Der Tatirrtum), S. 376–378.

Rechtsprechung

Zum Erfordernis einer vorsätzlichen Verletzung einer speziellen Sorgfalts- oder Sicherheitspflicht im Rahmen der bewussten Gefährdung eines anderen: Cass. crim. 25 juin 1996, Bull. crim Nr. 274 mit Anmerkungen von *Mayaud, Yves*, RSC 1997, 106 f.; *Robert, Jacques-Henri*, RSC 1997, 390 f.; speziell im Straßenverkehr siehe Cass. crim. 12 mars 1997, Bull. crim. Nr. 102; Cass. crim. 12 novembre 1997, Bull. crim. Nr. 384, Cass. crim. 11 mars 1998, Bull. crim. Nr. 99.

Grundsatzentscheidung zur strafrechtlichen Verantwortlichkeit des Betriebsleiters: Cass. crim. 7 novembre 1956, JCP, 1956, II, 9304

Zum Tatirrtum: Cass. crim. 6 novembre 1963, D. 1965, (Jurisprudence) 323 ff. mit Anmerkung von *Vouin, Robert*; CA Dijon 21 mai 1954, D. 1954, 444.

Zur *aberratio ictus*: Cass. crim. 5 janvier 1978, Bull. crim. Nr. 5.

Zur Putativnotwehr: Cass. crim. 14 février 1957, Bull. crim. Nr. 155.

Abkürzungsverzeichnis

Bull. crim.	Bulletin des arrêts de la Chambre criminelle de la Cour de cassation (Rechtsprechungssammlung der Strafkammer des Kassationsgerichtshofs)
CA	Cour d'appel
Cass. crim.	Chambre criminelle de la Cour de cassation (Strafkammer des Kassationsgerichtshofs)
CJM	Code de justice militaire (Militärgesetzbuch)
CP	Code pénal (Strafgesetzbuch)
CPP	Code de procédure pénale (Strafprozessordnung)
CSP	Code de la santé publique (Gesetz über die Volksgesundheit)
D.	Recueil Dalloz (Fachzeitschrift)
fasc.	fascicule (Faszikel bzw. Lieferung)
JCP	Jurisclasseur périodique (Semaine juridique) (Fachzeitschrift)
RSC	Revue de science criminelle et de droit pénal comparé (Fachzeitschrift)

Konstanze Jarvers

Subjektive Tatseite in

Italien

1. Definition/Elemente der subjektiven Tatseite

Grundsätzlich kann nach italienischem Strafrecht niemand für eine Handlung oder Unterlassung bestraft werden, wenn er sie nicht mit Wissen und Wollen *(coscienza e volontà)* begangen hat (Art. 42 Abs. 1 Strafgesetzbuch, *codice penale*, c.p.). Die Frage, ob das Verhalten des Täters bewusst und gewollt war, wird von der überwiegenden Meinung als ein Element der Schuld angesehen. Teile der neueren Literatur wollen demgegenüber einen subjektiven Tatbestand entsprechend dem deutschen Verständnis anerkennen, in dessen Rahmen der Vorsatz anzusiedeln ist. Verbrechen werden nach Art. 42 Abs. 2 c.p. nur bei vorsätzlicher Begehung bestraft, soweit das Gesetz nicht ausdrücklich präterintentionale oder fahrlässige Begehung unter Strafe gestellt hat. Bei Übertretungen ist jeder für vorsätzliche oder fahrlässige Begehung verantwortlich (Art. 42 Abs. 4 c.p.).

2. Vorsatz

a) Begriff und Bezugspunkte des Vorsatzes

– Gesetzliche Regelung

Art. 42 c.p. (Verantwortlichkeit für Vorsatz oder Fahrlässigkeit oder für das präterintentionale Verbrechen. Objektive Verantwortlichkeit)
Niemand kann wegen einer Handlung oder Unterlassung bestraft werden, die vom Gesetz mit Strafe bedroht ist, wenn er sie nicht mit Wissen und Wollen begangen hat.

Niemand kann wegen einer vom Gesetz als Verbrechen mit Strafe bedrohten Tat bestraft werden, wenn er sie nicht mit Vorsatz begangen hat, mit Ausnahme der vom Gesetz ausdrücklich vorgesehenen Fälle des präterintentionalen oder des fahrlässigen Verbrechens.

Das Gesetz bestimmt die Fälle, in denen der Erfolg dem Täter als Folge seiner Handlung oder Unterlassung in anderer Weise zur Last gelegt wird.

Bei den Übertretungen ist jeder für seine bewusste und gewollte Handlung oder Unterlassung, sei sie vorsätzlich oder fahrlässig, verantwortlich.

Art. 43 c.p. (Psychologisches Element der strafbaren Handlung)

Das Verbrechen ist:

vorsätzlich oder absichtlich, wenn der schädigende oder gefährliche Erfolg, der das Ergebnis der Handlung oder Unterlassung ist und von dem das Gesetz die Strafbarkeit abhängig macht, vom Täter als Folge seiner Handlung oder Unterlassung vorausgesehen und gewollt ist;

präterintentional oder über die Absicht hinausgehend, wenn durch die Handlung oder Unterlassung ein schädigender oder gefährlicher Erfolg herbeigeführt wird, der schwerer ist als der vom Täter gewollte;

fahrlässig oder gegen die Absicht, wenn der Erfolg, mag er auch vorausgesehen sein, vom Täter nicht gewollt ist und infolge von Nachlässigkeit, Unvorsichtigkeit, Untüchtigkeit oder auch Nichtbeachtung von Gesetzen, Verordnungen, Befehlen oder Regelungen eintritt.

Die Unterscheidung zwischen vorsätzlicher und fahrlässiger Tat, die durch diesen Artikel für Verbrechen festgelegt ist, wird auch auf Übertretungen angewendet, wenn das Strafgesetz von dieser Unterscheidung eine Rechtswirkung abhängig macht.

– Elemente des Vorsatzes

Der Vorsatz *(dolo)* bildet das grundlegende Element des strafrechtlichen Unrechts, da er das normale Kriterium für die subjektive Vorwerfbarkeit der Tat darstellt, ohne dass dies jeweils in den einzelnen Straftatbeständen ausdrücklich bestimmt sein muss. Der Vorsatz ist also ein strafbegründendes Merkmal und zugleich die schwerste Form der Schuld. Nach Art. 43 Abs. 1 c.p. ist Vorsatz anzunehmen, wenn der Täter den durch sein Verhalten verursachten tatbestandlichen Erfolg vorausgesehen und gewollt hat.

Der Vorsatz besteht zum einen aus der Vorstellung *(rappresentazione)* von der Tat, also aus dem Wissenselement. Das bedeutet, dass der Täter alle Elemente, die den objektiven Tatbestand bilden, vorausgesehen haben muss. Die Unkenntnis oder die falsche Vorstellung von einer Voraussetzung führt zum Ausschluss des Vorsatzes.[1] In Bezug auf die deskriptiven Merkmale bedeutet dies, dass der Täter die äußeren Merkmale so kennen muss, wie sie sich in der Realität darstellen. Bei den normativen Merkmalen (wie beispielsweise die Fremdheit der Sache beim Diebstahl) genügt es demgegenüber, wenn der Täter die reinen Fakten kennt. Er muss nicht wissen, welche genaue juristische Bedeutung dieses Merkmal hat. Für das Vorliegen des Wissenselements muss der Täter keine absolute Gewissheit über die entsprechenden Merkmale haben. Es können Zweifel verbleiben. Solche Zweifel sind nicht als Irrtum zu qualifizieren, denn der Täter hat dabei gleichzeitig eine doppelte Vorstellung. Setzt der Tatbestand aber ausdrücklich positive Kenntnis voraus, so ist es nicht ausreichend, wenn der Täter das betreffende Tatbestandsmerkmal nicht als sicher ansieht.

---

[1] Siehe unten 5.a.

Das zweite Element des Vorsatzes ist das Wollen *(volontà)* der Tat. Der Täter muss also die Verwirklichung der Handlung und Herbeiführung des Erfolgs gewollt haben. Dabei sind diejenigen Folgen als gewollt anzusehen, die der Täter für den Fall, dass sie eintreten, gebilligt hat.

– Bezugspunkte des Vorsatzes

Bezugspunkte des Vorsatzes *(oggetto del dolo)* sind nach italienischem Verständnis alle objektiven Merkmale des Tatbestands. Dies gilt zum einen für die tatbestandsmäßige Handlung, die sowohl vorhergesehen als auch gewollt sein muss. Ferner muss sich der Vorsatz – hier allerdings nur in seinem Wissenselement – auf alle anderen Merkmale beziehen, die die Handlung kennzeichnen, wie die Eigenschaften des Tatobjekts oder vorherige oder begleitende Tatumstände. Auch normative Tatbestandsmerkmale, also solche, die aufgrund anderer Regeln zu bewerten sind, müssen – wie bereits erwähnt – in ihren tatsächlichen Grundlagen vorhergesehen worden sein. In Bezug auf die negativen Elemente der Tat, also das Fehlen von Rechtfertigungsgründen, ist es für die Strafbarkeit ausreichend, dass der Täter nicht einen Rechtfertigungsgrund für gegeben hält.[2] Bei Erfolgsdelikten muss sich das Wissen und Wollen schließlich vor allem auch auf den (natürlichen und juristischen) Erfolg sowie auf den Kausalverlauf in seinen für die Erfüllung des Tatbestands wesentlichen Zügen beziehen.

Die Frage, ob ein Unrechtsbewusstsein vorliegt *(coscienza dell'offesa)*, entscheidet sich zum einen danach, ob sich der Täter der negativen Auswirkungen der Tat auf schützenswerte Interessen bewusst war, unabhängig davon, ob er die entsprechende Norm im Einzelnen kannte. Auf der anderen Seite muss untersucht werden, ob der Täter das strafrechtliche Unrecht beziehungsweise die Rechtswidrigkeit seiner Tat kannte, was dann auch den Bezugspunkt des Vorsatzes betrifft. Diese Fragen waren früher aufgrund der Fassung von Art. 5 c.p. von Bedeutung, der die Irrelevanz der Unkenntnis des Strafgesetzes bestimmt. Der italienische Verfassungsgerichtshof schränkte diese Norm aber im Jahr 1988 mit dem Hinweis auf das Schuldprinzip insofern ein, als die unvermeidbare Unkenntnis des Strafgesetzes hiervon ausgenommen wurde.[3] Das Gericht hat dabei aber die Vermeidbarkeit objektiv gefasst, sodass entscheidend ist, ob die Kenntnis der Vorschrift objektiv unmöglich war. Hieraus folgt, dass der Täter das Bewusstsein haben muss, eine Tat zu begehen, die ein strafrechtlich sanktioniertes Unrecht darstellt. Die Kenntnis der spezifischen Norm ist nicht erforderlich.

– Zeitpunkt der Deckung

Der Vorsatz muss zum Zeitpunkt der Tat gegeben sein. Ein dem Zeitpunkt des tatbestandsmäßigen Verhaltens nur vorhergehender *(dolo antecedente)* oder nach-

---

2 Siehe unten 5.a.

3 Siehe unten 5.b.

folgender Vorsatz *(dolo susseguente)* ist unerheblich. Dabei kann sich die Perspektive je nach Art des Verhaltens ändern. Werden die Modalitäten des Verhaltens umschrieben, müssen sie vom Vorsatz getragen sein, während sie umgesetzt werden. Bei kausal orientierten Erfolgsdelikten, wie beispielsweise den Tötungsdelikten, muss der Vorsatz zum Zeitpunkt des letzten Handlungsaktes (und nicht erst beim Erfolgseintritt) vorliegen, da hier das kausale Geschehen noch vom Täter dominiert wird.

b) Formen des Vorsatzes

Als Vorsatzform kennt das italienische Strafrecht den direkten Vorsatz *(dolo diretto)*. Dieser liegt vor, wenn der Täter die Tatumstände kennt (oder für sehr wahrscheinlich hält) und es als sicher (oder sehr wahrscheinlich) voraussieht, dass sein Verhalten den Tatbestand verwirklichen wird. Wer in einer solchen Situation handelt, will die als sicher (oder sehr wahrscheinlich) angenommene Folge seiner Handlung. Teile der Rechtsprechung und Lehre grenzen hiervon die Absicht *(dolo intenzionale)* ab und qualifizieren sie als eigene Vorsatzform. Sie ist gegeben, wenn der Täter gerade die Verwirklichung des tatbestandlichen Verhaltens (bei Tätigkeitsdelikten) oder die Verursachung des Erfolgs (bei Erfolgsdelikten) erstrebt. Hier wird das Willenselement des Vorsatzes relevant und erreicht seine höchste Intensität. Das Wissenselement wird hingegen insofern abgeschwächt, als es ausreichend ist, wenn der Täter die Tatbestandsverwirklichung für möglich hält.

Der indirekte Vorsatz *(dolo indiretto)* ist insbesondere in der Form des *dolus eventualis (dolo eventuale)* relevant. Hier will der Täter den tatbestandlichen Erfolg zwar nicht, er sieht ihn aber als möglich voraus und akzeptiert das Risiko, dass dieser tatsächlich eintritt. Im Vergleich zum direkten Vorsatz ist hier eine geringere Intensität festzustellen. Der *dolus eventualis* ist zwar im Strafgesetzbuch nicht ausdrücklich geregelt, er wird jedoch dem Grundsatz nach von der herrschenden Lehre und der Rechtsprechung unstreitig anerkannt. In der Lehre wird diese Tendenz der Rechtsprechung, den Anwendungsbereich des *dolus eventualis* auszuweiten, gesehen und kritisiert.

Beide Vorsatzformen können als Alternativvorsatz *(dolo alternativo)* auftreten. Dabei hält der Täter zwei Folgen seines Handelns für sehr wahrscheinlich (direkter Vorsatz) oder möglich (indirekter Vorsatz) und akzeptiert das Risiko der einen wie der anderen. Dies ist zum Beispiel der Fall, wenn sich ein Angreifer gleichermaßen den Tod wie die Körperverletzung des Opfers vorstellt.

In der italienschen Dogmatik werden aber noch weitere Vorsatzformen unterschieden:

Zum einen gibt es die Differenzierung zwischen dem allgemeinen *(dolo generico)* und dem besonderen Vorsatz *(dolo specifico)*. Um Ersteren handelt es sich, wenn das Gesetz lediglich Wissen und Wollen der Tatbestandsverwirklichung verlangt, unabhängig davon, welches Ziel der Täter verfolgt. *Dolo specifico* ist hingegen erforderlich, wenn zusätzlich zum allgemeinen Vorsatz ein bestimmtes Ziel oder ein bestimmter Beweggrund des Täters vorausgesetzt wird, wobei dieses Ziel nicht notwendigerweise auch tatsächlich verwirklicht werden muss. Beim Diebstahl muss der Täter beispielsweise in der Absicht handeln, für sich oder einen anderen einen Vorteil zu erlangen.

Differenziert wird zum anderen zwischen dem Schädigungsvorsatz *(dolo di danno)*, bei dem der Täter das von der Norm geschützte Rechtsgut tatsächlich verletzen möchte, und dem Gefährdungsvorsatz *(dolo di pericolo)*, der gegeben ist, wenn das Rechtsgut nur bedroht werden soll.

Schließlich werden auch unter dem Gesichtspunkt der Intensität des Vorsatzes mehrere Vorsatzarten unterschieden: Der plötzlich entstehende (Affekt-)Vorsatz *(dolo d'impeto)* ist anzunehmen, wenn die Entscheidung zur Tat spontan gefasst und unmittelbar umgesetzt wird. Beim geplanten Vorsatz *(dolo di proposito)* liegt zwischen der Entscheidung und der Ausführung eine gewisse Zeitspanne, während der vorbedachte Vorsatz *(dolo premeditato)* ein gewisses planerisches Element enthält und daher erfordert, dass der Täter seinen kriminellen Entschluss über eine gewisse Zeit aufrechterhält. Diese Vorsatzform bildet insbesondere bei der vorsätzlichen Tötung einen Erschwerungsgrund (Art. 577 Abs. 1 Nr. 3 c.p.). Im Übrigen ist die Bestimmung der Intensität des Vorsatzes im Rahmen der Strafzumessung für den Richter verpflichtend (Art. 133 Abs. 1 Nr. 3 c.p.).

3. Subjektive Seite der Fahrlässigkeitstat

a) Begriff und Bezugspunkte der Fahrlässigkeit

Die fahrlässige Tat ist bei Verbrechen nur strafbar, wenn dies ausdrücklich im Gesetz bestimmt ist (Art. 42 Abs. 2 c.p.).[4] Übertretungen können demgegenüber stets auch fahrlässig begangen werden (Art. 42 Abs. 4 c.p.). Die Fahrlässigkeit stellt im Vergleich zum Vorsatz die weniger schwere Schuldform dar und ist dementsprechend subsidiär. Der Begriff der Fahrlässigkeit ist in Art. 43 Abs. 3 c.p. definiert. Fahrlässigkeit ist gegeben,

> wenn der Erfolg, mag er auch vorausgesehen sein, vom Täter nicht gewollt ist und infolge von Nachlässigkeit, Unvorsichtigkeit, Untüchtigkeit oder auch Nichtbeachtung von Gesetzen, Verordnungen, Befehlen oder Regelungen eintritt.

Die gesetzliche Definition ist insofern nicht ganz vollständig, als sie sich auf Erfolgsdelikte bezieht und daher schlichte Tätigkeitsdelikte nicht erfasst. Nachlässigkeit *(negligenza)* im Sinne des Gesetzes ist gegeben, wenn die verletzte Verhaltensregel eine positive Handlung vorschreibt (zum Beispiel Kerzen zu löschen, bevor

---

4 Siehe oben 2.a.

man sich schlafen legt). Die Unvorsichtigkeit *(imprudenza)* besteht demgegenüber in der Zuwiderhandlung gegen eine Verhaltensregel, aus der sich die Pflicht ergibt, etwas nicht oder nur in einer bestimmten Weise zu tun (beispielsweise sich nicht betrunken ans Steuer zu setzen). Unter Untüchtigkeit *(imperizia)* ist eine qualifizierte Form der Nachlässigkeit und Unvorsichtigkeit zu verstehen. Sie bezieht sich auf Tätigkeiten, die besondere technische Kenntnisse erfordern (zum Beispiel die eines Chirurgs). Schließlich ist auch die Fahrlässigkeit aufgrund der Nichtbeachtung von Gesetzen, Verordnungen, Befehlen oder Regelungen *(inosservanza di leggi, regolamenti, ordini o discipline)* wegen der zunehmenden Positivierung von Sorgfaltsregeln praktisch von erheblicher Bedeutung.

Nach der traditionellen italienischen Lehre ist die Fahrlässigkeit nur als ein Teil der subjektiven Tatseite zu verstehen, während es sich nach der neueren Lehre dabei um eine selbstständige Form deliktischen Verhaltens handelt. Nach Letzterer besteht die fahrlässige Tat aus drei Elementen: aus dem negativen Element des fehlenden Vorsatzes, dem objektiven Element der Nichtbeachtung von Verhaltensregeln[5] und schließlich dem subjektiven Element der Fahrlässigkeit, als dessen entscheidende Kriterien die subjektive Vorhersehbarkeit *(prevedibilità)* und Vermeidbarkeit *(evitabilità)* angesehen werden.

b) Formen/Grade der Fahrlässigkeit

Bereits das Gesetz bestimmt zwei Fallgruppen der Fahrlässigkeit. Die allgemeine Fahrlässigkeit *(colpa generica)* besteht in der Verletzung von Sorgfaltspflichten sozialer Natur. Hierzu gehören die Nachlässigkeit, die Unvorsichtigkeit und die Untüchtigkeit. Dabei ist als Wertungsmaßstab der einer normalen Person anzusetzen, die unter denselben Bedingungen wie der Täter handelt. Hingegen betreffen die Fälle der besonderen Fahrlässigkeit *(colpa specifica)* die Verletzung von Sorgfaltspflichten juristischer Natur, also die Nichtbeachtung von Verhaltensnormen, die durch Gesetze, Verordnungen, Befehle oder Regelungen bestimmt sind. Hier genügt allein die Verletzung der Sorgfaltsnorm, da diese selbst bereits das festlegt, was vom Handelnden erwartet werden kann. Ein besonderer Wertungsmaßstab ist nicht erforderlich.

Ferner wird differenziert zwischen der echten Fahrlässigkeit und den Sonderfällen der unechten Fahrlässigkeit. Die echte Fahrlässigkeit *(colpa propria)* ist dadurch gekennzeichnet, dass der Täter den Erfolgseintritt nicht will, und stellt die typische Form fahrlässigen Verhaltens dar. Unechte Fahrlässigkeit *(colpa impropria)* liegt vor, wenn der Täter, obwohl er den Erfolg gewollt hat, nur wegen fahrlässiger Tat bestraft werden kann. Eine solche Konstellation liegt beim fahrlässigen Exzess im Zusammenhang mit Rechtfertigungsgründen (Art. 55 c.p.), bei der irrtümlichen Annahme von Rechtfertigungsgründen (Art. 59 Abs. 4 c.p.) und beim

---

[5] Siehe dazu II.D.7.b.

fahrlässigen Tatbestandsirrtum (Art. 47 c.p.) vor. Auch hier handelt es sich um strukturell fahrlässige Verhaltensweisen, denn der Täter will vielleicht den Erfolg, es fehlt ihm aber der Vorsatz in Bezug auf einzelne wesentliche Merkmale.

Auf die Intensität des Wissenselements bezieht sich schließlich die Unterscheidung zwischen bewusster und unbewusster Fahrlässigkeit. Sieht der Täter den Erfolg als mögliche Folge seiner Handlung voraus, akzeptiert er ihn aber nicht, sondern vertraut darauf, dass er ausbleibt, so liegt ein Fall der bewussten Fahrlässigkeit *(colpa cosciente)* vor. Sie unterscheidet sich insoweit vom *dolus eventualis*, bei dem immer erforderlich ist, dass der Täter das Risiko der Erfolgsverwirklichung in gewisser Weise akzeptiert. Im italienischen Recht ist die bewusste Fahrlässigkeit als erschwerender Umstand ausdrücklich vorgesehen (Art. 61 Nr. 3 c.p.). Statistisch häufiger sind jedoch die Fälle der unbewussten Fahrlässigkeit *(colpa incosciente)*. Hier wird sich der Täter nicht bewusst, dass er durch sein Verhalten die Rechtsgüter eines anderen verletzen oder gefährden kann. Der Tatvorwurf besteht in diesem Fall darin, dass der Täter der gefährlichen Situation nicht genügend Aufmerksamkeit geschenkt hat.

4. Eingeschränkte Voraussetzung von Vorsatz oder Fahrlässigkeit

a) Präterintentionales Verbrechen

Das italienische Strafgesetzbuch sieht neben Vorsatz und Fahrlässigkeit als eine Art dritte Schuldform die Präterintentionalität *(preterintenzionalità)* vor. Diese ist nach Art. 43 Abs. 2 c.p. gegeben, wenn der schädigende oder gefährliche Erfolg schwerer ist, als der vom Täter gewollte. Der nicht gewollte schwere Erfolg geht also über das hinaus, was vom Willen des Täters noch umfasst ist. Da die schwere Folge gerade nicht gewollt ist, kann die Präterintentionalität auch nicht zwischen Vorsatz und Fahrlässigkeit angesiedelt werden, wie dies die Schöpfer des Strafgesetzbuchs noch angenommen hatten.

Im geltenden italienischen Strafrecht gibt es nur noch zwei Fälle des präterintentionalen Verbrechens: die präterintentionale Tötung (*omicidio preterintenzional*, Art. 584 c.p.) und die präterintentionale Abtreibung (*aborto preterintenzionale*, Art. 18 Abs. 2 L. 22 maggio 1978, n. 194). Sie sind gegeben, wenn ein Täter durch Handlungen, die auf eine Körperverletzung abzielen, einen Menschen tötet beziehungsweise die Unterbrechung der Schwangerschaft verursacht.

Die Rechtsnatur dieser Verbrechensform ist umstritten. Ein Teil der Lehre sieht sie als eine Mischung von Vorsatz und Fahrlässigkeit an. Die Rechtsprechung und der andere Teil der Lehre hält sie für eine Mischung von Vorsatz und objektiver

Verantwortlichkeit. Daher ist man zum Teil der Meinung, dass die Präterintentionalität nicht unproblematisch und reformbedürftig sei.[6]

b) Objektive Verantwortlichkeit

Das italienische Strafrecht kennt auch Fälle der objektiven Verantwortlichkeit *(responsabilità oggettiva)*. In Art. 42 Abs. 3 c.p. bestimmt es die Fälle, in denen dem Täter der Erfolg seiner Handlung oder Unterlassung „in anderer Weise", also nicht auf der Grundlage von Vorsatz oder Fahrlässigkeit zur Last gelegt werden kann. Allein die objektive kausale Beziehung des Erfolgs zum Verhalten des Täters reicht für die Strafbarkeit aus, ohne dass dazu eine subjektive Verbindung bestehen muss. Da die objektive Verantwortlichkeit eine gravierende Ausnahme vom Schuldprinzip beinhaltet, wird sie in weiten Kreisen als verfassungswidrig angesehen. Aus diesem Grund besteht weitgehend Einigkeit darüber, dass die im Gesetz vorgesehenen Fälle der objektiven Verantwortlichkeit dringend reformbedürftig sind. Wie eine solche Reform aussehen könnte, ist jedoch umstritten.

Folgende Fallgruppen der sogenannten reinen objektiven Verantwortlichkeit *(responsabilità oggettiva pura)* werden in diesem Zusammenhang diskutiert:

– Die sogenannte *aberratio delicti*, Art. 83 c.p.:

Wird ein anderer als der gewollte Erfolg verursacht, ist der Täter wegen Fahrlässigkeit verantwortlich, wenn die Tat vom Gesetz als fahrlässiges Verbrechen (nicht Übertretung) unter Strafe gestellt ist. Der Verweis auf die Fahrlässigkeit bezieht sich hier nach traditioneller Auffassung nicht auf die strukturellen Merkmale der Fahrlässigkeit, sondern nur auf die Rechtsfolgen. Es seien lediglich die Strafen für die Fahrlässigkeit anwendbar. Die Kriterien für die Verantwortlichkeit seien also objektiv. Neuere Meinungen gehen jedoch dahin, dass auch die nicht gewollte Folge fahrlässig verursacht wurde.

– *Abweichen* der strafbaren Handlung vom Vorsatz eines Beteiligten, Art. 116 c.p.:

Wird eine andere Tat als die von einem der Beteiligten gewollte begangen, ist dieser auch dafür verantwortlich, wenn der Erfolg die Folge seiner Handlung oder Unterlassung ist. Mit Hinweis auf das Prinzip der persönlichen strafrechtlichen Verantwortlichkeit (Art. 27 Abs. 1 Cost.) ist nach dem italienischen Verfassungsgerichtshof aber nicht allein die materielle Kausalität ausreichend, sondern zudem muss auch eine psychische Kausalität vorliegen. Daher verlangt die Rechtsprechung heute, dass die Begehung der anderen Straftat für den Beteiligten „vorhersehbar" war.[7]

---

[6] Vergleiche hierzu gleich unten b.

[7] Siehe im Einzelnen unten II. G.3.a.

– Verantwortlichkeit des Chefredakteurs für Pressedelikte, Art. 57 c.p.:

Der verantwortliche oder stellvertretende Chefredakteur, der es unterlassen hat, den Inhalt der unter seiner Leitung periodisch erscheinenden Druckwerke zu kontrollieren, ist wegen Fahrlässigkeit verantwortlich, wenn durch die Veröffentlichung strafbare Handlungen begangen werden.

Ob auch die Fälle der sogenannten gemischt objektiven Verantwortlichkeit *(responsabilità oggettiva "mista")* unter diese Kategorie fallen, ist im Einzelnen umstritten:

– Erfolgsqualifizierte Delikte *(delitti aggravati dall'evento)*:

Bei den erfolgsqualifizierten Delikten ist eine Erhöhung der Strafe für die Verwirklichung eines im Verhältnis zum bereits strafbaren Grundtatbestand schwereren Erfolgs vorgesehen. Dabei wird unterschieden zwischen Verbrechen, bei denen es unerheblich ist, ob die schwere Folge gewollt ist oder nicht (zum Beispiel die Verurteilung des Opfers als Folge einer falschen Anschuldigung, Art. 368 Abs. 3 c.p.), und solchen, bei denen die qualifizierende Folge nicht gewollt sein darf (beispielsweise eine schwere Folge von Misshandlungen, Art. 572 c.p.). In der Lehre ist umstritten, ob es sich bei den erfolgsqualifizierten Delikten um einen erschwerenden Umstand handelt (so die herrschende Lehre) oder um eine selbstständige Deliktsart, die ähnlich wie die präterintentionalen Delikte eine Vorsatz-Fahrlässigkeits-Kombination *(dolo misto a colpa)* enthalten, mit der Folge, dass bezüglich des schweren Umstands mindestens Fahrlässigkeit vorliegen muss. Auch hier wird dringend eine Reform gefordert.

– Objektive Bedingungen der Strafbarkeit *(condizioni obiettive di punibilità)*:

Nach Art. 44 c.p. muss sich der Vorsatz nicht auf objektive Bedingungen der Strafbarkeit beziehen. Auch deren Kausalzusammenhang mit der tatbestandsmäßigen Handlung ist nicht unbedingt erforderlich. Ob diese Bedingungen zu den konstitutiven Elementen der Straftat gehören, ist umstritten.

– *Präterintentionalität*, Art. 43 Abs. 2 c.p.:

Auch hier ist umstritten, ob dies ein Fall der objektiven Verantwortlichkeit ist oder nicht.[8]

5. Fehlvorstellungen des Täters, Irrtum

Beim Irrtum wird auch nach italienischem Recht meist streng zwischen Tat- und Rechtsirrtum differenziert. Dabei steht die Unkenntnis dem Irrtum gleich. Viele der verschiedenen denkbaren Irrtumsfälle sind im italienischen Strafgesetzbuch ausdrücklich geregelt.

---

[8] Siehe hierzu bereits oben a.

Art. 5 c.p. (Unkenntnis des Strafgesetzes)

Niemand kann sich zu seiner Entschuldigung auf die Unkenntnis des Strafgesetzes berufen.

Art. 47 c.p. (Tatbestandsirrtum)

Der Irrtum über den Tatbestand der strafbaren Handlung schließt die Strafbarkeit des Täters aus. Beruht jedoch der Irrtum auf Fahrlässigkeit, so ist die Strafbarkeit nicht ausgeschlossen, wenn die Tat vom Gesetz als fahrlässiges Verbrechen mit Strafe bedroht ist.

Der Irrtum über den Tatbestand einer bestimmten strafbaren Handlung schließt die Strafbarkeit wegen einer anderen strafbaren Handlung nicht aus.

Der Irrtum über ein anderes Gesetz als das Strafgesetz schließt die Strafbarkeit dann aus, wenn er einen Irrtum über den Tatbestand der strafbaren Handlung verursacht hat.

Art. 48 c.p. (Irrtum durch Täuschung seitens eines anderen)

Die Bestimmungen des vorhergehenden Artikels werden auch angewendet, wenn der Irrtum über den Tatbestand der strafbaren Handlung durch Täuschung seitens eines anderen hervorgerufen worden ist.

Art. 49 c.p. (Irrtümliche Annahme und Unmöglichkeit der Begehung einer strafbaren Handlung)

Straflos ist, wer eine Tat, die keine strafbare Handlung ist, in der irrtümlichen Annahme begeht, dass sie strafbar sei.

Die Strafbarkeit ist auch dann ausgeschlossen, wenn infolge der Untauglichkeit der Handlung oder des Fehlens des Handlungsgegenstandes der schädigende oder gefährliche Erfolg unmöglich ist.

Weist die Tat in den von den vorhergehenden Bestimmungen vorgesehenen Fällen die Tatbestandsmerkmale einer anderen strafbaren Handlung auf, so wird die für die wirklich begangene Tat angedrohte Strafe angewendet.

In dem in Absatz 2 bezeichneten Fall kann der Richter anordnen, dass der freigesprochene Angeklagte einer Sicherungsmaßnahme unterworfen wird.

Art. 59 c.p. (Nicht bekannte oder irrtümlich angenommene Umstände)

Umstände, die die Strafe mildern oder ausschließen, werden dem Täter zu seinen Gunsten angerechnet, auch wenn er sie nicht gekannt hat oder wenn sie von ihm irrtümlich als nicht vorliegend angenommen wurden.

Umstände, die die Strafe erschweren, werden nur dann dem Täter zur Last gelegt, wenn er sie gekannt oder aus Fahrlässigkeit nicht gekannt hat oder aufgrund eines durch Fahrlässigkeit bestimmten Irrtums als nicht vorliegend angenommen hat.

Nimmt der Täter irrtümlich das Vorliegen erschwerender oder mildernder Umstände an, so werden ihm diese nicht zu seinen Lasten oder Gunsten angerechnet.

Nimmt der Täter irrtümlich das Vorliegen von Umständen an, die die Strafe ausschließen, so werden ihm diese immer zu seinen Gunsten angerechnet. Handelt es sich jedoch um einen durch Fahrlässigkeit bestimmten Irrtum, so ist die Strafbarkeit nicht ausgeschlossen, wenn die Tat vom Gesetz als fahrlässiges Verbrechen unter Strafe gestellt ist.

Art. 60 c.p. (Irrtum über die Person des Verletzten)

Im Falle eines Irrtums über den durch eine strafbare Handlung Verletzten gehen die erschwerenden Umstände, die die Verhältnisse oder Eigenschaften des Verletzten oder die Beziehungen zwischen dem Verletzten und dem Täter betreffen, nicht zu Lasten des Täters.

Dagegen werden ihm zu seinen Gunsten die irrtümlich angenommenen mildernden Umstände angerechnet, die die genannten Verhältnisse, Eigenschaften oder Beziehungen betreffen.

Die Bestimmungen dieses Artikels werden nicht angewendet, wenn es sich um Umstände handelt, die das Alter oder andere körperliche oder geistige Verhältnisse oder Eigenschaften des Verletzten betreffen.

Art. 82 c.p. (Verletzung einer anderen Person als derjenigen, gegen die der Angriff gerichtet war)

Ist infolge eines Irrtums beim Gebrauch der Mittel zur Ausführung der strafbaren Handlung oder aus einem anderen Grund eine andere Person als diejenige, gegen die der Angriff gerichtet war, verletzt worden, ist der Täter verantwortlich, als hätte er die strafbare Handlung zum Nachteil der Person begangen, die er treffen wollte, jedoch hinsichtlich der erschwerenden und mildernden Umstände unter Vorbehalt des Artikels 60.

Ist außer der anderen Person auch diejenige verletzt worden, gegen die der Angriff gerichtet war, so wird gegen den Täter die für das schwerste Verbrechen angedrohte Strafe verhängt, die bis um die Hälfte erhöht wird.

Art. 83 c.p. (Vom Willen des Täters abweichender Erfolg)

Wird, abgesehen von den Fällen des vorhergehenden Artikels, infolge eines Irrtums beim Gebrauch der Mittel zur Ausführung der strafbaren Handlung oder aus einem anderen Grund ein anderer Erfolg verursacht, ist der Täter für den nicht gewollten Erfolg wegen Fahrlässigkeit verantwortlich, wenn die Tat vom Gesetz als fahrlässiges Verbrechen unter Strafe gestellt ist.

Hat der Täter außerdem den gewollten Erfolg herbeigeführt, so werden die Bestimmungen über das Zusammentreffen von strafbaren Handlungen angewendet.

Art. 84 c.p. (Zusammengesetzte strafbare Handlung)

Die Bestimmungen der vorhergehenden Artikel werden nicht angewendet, wenn das Gesetz Tatsachen, die für sich selbst eine strafbare Handlung bilden würden, als Tatbestandsmerkmale oder erschwerende Umstände einer einzigen strafbaren Handlung betrachtet.

Verweist das Gesetz bei der Bestimmung der Strafe für die zusammengesetzte strafbare Handlung auf die Strafen für die einzelnen Handlungen, aus denen sie gebildet ist, so dürfen die in den Artikeln 78 und 79 angegebenen Höchstgrenzen nicht überschritten werden.

a) Irrtum über Tatsachen

Der Irrtum über Tatsachen *(errore di fatto)* besteht normalerweise in der fehlenden oder falschen Wahrnehmung der äußeren Realität. Er bezieht sich auf die wesentlichen strafbegründenden Merkmale und führt grundsätzlich nach Art. 47 Abs. 1 c.p. zum Ausschluss der Strafbarkeit wegen vorsätzlicher Tat. In der Regel irrelevant ist jedoch ein Irrtum, der auf der Verwechslung von Personen oder Sachen beruht *(error in persona, error in obiecto)*, die für den Straftatbestand eine gleichwertige Stellung haben. Wo eine solche Verwechslung aber Personen oder Sachen unterschiedlichen Ranges betrifft, kann die Strafbarkeit ganz entfallen oder eine andere Strafvorschrift anwendbar sein (beispielsweise einfache Nötigung statt Widerstand gegen eine Amtsperson). Auch der Irrtum über den Kausalverlauf ist unerheblich, solange der Erfolg immer noch als eine Verwirklichung des in der Handlung des Täters enthaltenen Risikos anzusehen ist.

Ein solcher „tatsächlicher Irrtum über Tatsachen“ *(errore di fatto sul fatto)* schließt zwar den Vorsatz, nicht notwendigerweise aber auch die Fahrlässigkeit aus. Dementsprechend kann eine Verantwortlichkeit wegen fahrlässiger Tat übrig bleiben, wenn zum einen der Irrtum auf Fahrlässigkeit beruht und zum anderen die Tat vom Gesetz ausdrücklich als fahrlässiges Verbrechen unter Strafe gestellt ist. Ebenso bleibt nach Art. 47 Abs. 2 c.p. die Strafbarkeit wegen einer anderen Tat, auf deren Tatbestand sich der Irrtum nicht bezieht, bestehen. Art. 48 c.p. bestimmt, dass Art. 47 c.p. auch dann anwendbar ist, wenn der Irrtum durch die Täuschung eines anderen hervorgerufen wurde. Allerdings ist dann der Täuschende für die Tat des Getäuschten verantwortlich.

Betrifft der Irrtum nicht die Willensbildung, sondern verläuft die Ausführung der Tat anders, als es sich der Täter vorgestellt hatte *(aberratio ictus)*, so bleibt die Verletzung normativ gleich, und nach Art. 82 Abs. 1 c.p. verändert sich der Tatvorwurf nicht. Demgegenüber betrifft Art. 83 c.p. die sogenannte *aberratio delicti*, bei der der Täter irrtümlich andere Rechtsgüter verletzt als er ursprünglich wollte. Hier kann er bezüglich der nicht gewollten Tat nur wegen Fahrlässigkeit verantwortlich gemacht werden.[9]

Der untaugliche Versuch *(reato impossibile)* ist in Art. 49 Abs. 1 Satz 2 c.p bestimmt. Er führt in der Regel zur Straflosigkeit, kann aber nach Abs. 4 eine Sicherungsmaßnahme zur Folge haben.[10]

Beim Irrtum über Rechtfertigungsgründe und erschwerende oder mildernde Umstände gilt nach Art. 59 c.p. Folgendes:[11] Kennt der Täter mildernde Umstände oder Rechtfertigungsgründe nicht oder hat er sie irrtümlich als nicht vorliegend angenommen, werden sie ihm dennoch zu seinen Gunsten angerechnet (Art. 59 Abs. 1 c.p.). Umgekehrt führt die irrtümliche Annahme eines Rechtfertigungsgrundes oder mildernden Umstands nur dann zu deren Anwendung, wenn der Irrtum nicht auf Fahrlässigkeit beruht (Art. 59 Abs. 4 c.p.). Dies gilt nach herrschender Meinung jedoch nur, wenn der Täter sich eine tatsächliche Situation vorstellt, die – läge sie tatsächlich vor – einen Milderungs- oder Rechtfertigungsgrund darstellen würde. Kennt er hingegen die Tatsachen, glaubt aber irrtümlich, sein Verhalten sei in dieser Situation gerechtfertigt, handelt es sich um einen Rechtsirrtum, der nach Art. 5 c.p. zu lösen ist.[12]

Bei irrtümlicher Annahme erschwerender Umstände werden diese dem Täter nicht zugerechnet (Art. 59 Abs. 4 c.p.). Hat er umgekehrt die erschwerenden Umstände

---

9 Siehe auch oben 4.b.

10 Siehe näher dazu II.F.3.a.

11 Vergleiche hierzu auch II.J.2.d.

12 Siehe unten b.

nicht gekannt oder als nicht vorliegend angenommen, so werden sie ihm nur dann zur Last gelegt, wenn seine Unkenntnis auf Fahrlässigkeit beruht (Art. 59 Abs. 3 c.p.).

b) Irrtum über Rechtsfragen

Der Irrtum über Rechtsfragen *(errore di diritto)* basiert auf der Unkenntnis oder falschen Auslegung einer strafrechtlichen oder außerstrafrechtlichen Rechtsvorschrift. Ein Irrtum über die Strafvorschrift *(errore sul precetto)* beziehungsweise die Unkenntnis des Strafgesetzes *(ignoranza della legge penale)* ist nach Art. 5 c.p. irrelevant, es sei denn, er war unvermeidbar. Umgekehrt ist ein Wahndelikt *(reato putativo)* nach Art. 49 Abs. 1 c.p. straflos. Es liegt vor, wenn der Täter in der irrigen Annahme handelt, sein Verhalten sei strafbar. Hier ist es jedoch unerheblich, ob das Wahndelikt auf einem Tatsachen- oder einem Rechtsirrtum beruht. Über Art. 5 und 49 Abs. 1 c.p. sind nach herrschender Meinung grundsätzlich auch die irrtümliche Annahme eines Rechtfertigungsgrundes beziehungsweise die Unkenntnis eines Rechtfertigungsgrundes zu lösen.

Anders ist die Sachlage beim Irrtum über eine außerstrafrechtliche Norm *(errore su legge extrapenale)*. Hier bezieht sich der Irrtum nicht auf die Strafnorm selbst, sondern auf eine andere – häufig zivilrechtliche – Norm. Bei einem solchen Irrtum ist folgendermaßen zu differenzieren:
– Verursacht der Irrtum über eine außerstrafrechtliche Norm (zum Beispiel der Irrtum über die Fremdheit der Sache beim Diebstahl) einen Tatbestandsirrtum, so ist nach Art. 47 Abs. 3 c.p. die Strafbarkeit ausgeschlossen. Der Täter muss also durch das Fehlurteil über die außerstrafrechtliche Norm so in die Irre geleitet worden sein, dass er nicht mehr in dem Bewusstsein handelte, eine Tat zu begehen, die einen strafrechtlichen Tatbestand verwirklicht.
– Ist dies nicht der Fall, beschränkt sich der Irrtum also (ohne in einen Tatbestandsirrtum einzumünden) darauf, beim Täter die irrige Überzeugung auszulösen, die verwirklichte Tat sei strafrechtlich erlaubt, so liegt eine vergleichbare Situation wie beim Irrtum über ein Strafgesetz vor. Es bleibt dann bei der Regelung des Art. 5 c.p., und der Irrtum ist unbeachtlich. Wie die Abgrenzung zwischen Art. 5 c.p. und Art. 47 Abs. 3 c.p. im Einzelnen vorzunehmen ist, ist allerdings umstritten.

Literaturhinweise

Antolisei, Francesco, Manuale di diritto penale. Parte generale (Lehrbuch des Strafrechts. Allgemeiner Teil). 16. Aufl. Mailand 2003, S. 345–436.

Basile, Fabio, La colpa in attività illecita. Un'indagine di diritto comparato sul superamento della responsabilità oggettiva (Die Fahrlässigkeit bei erlaubten Tätigkeiten. Eine vergleichende Untersuchung zur Überwindung der objektiven Verantwortlichkeit). Mailand 2005.

Belfiore, Elio, Contributo alla teoria dell'errore in diritto penale (Beitrag zur Irrtumslehre im Strafrecht). Turin 1997.

Cadoppi, Alberto/Veneziani, Paolo, Elementi di diritto penale. Parte generale (Grundbegriffe des Strafrechts. Allgemeiner Teil). 3. Aufl. Padua 2007, S. 285–370.

Canestrari, Stefano, L'illecito penale preterintenzionale (Das präterintentionale strafrechtliche Unrecht). Padua 1989.

– Dolo eventuale e colpa cosciente (Dolus eventualis und bewusste Fahrlässigkeit). Mailand 1999.

Canestrari, Stefano/Cornacchia, Luigi/De Simone, Giulio, Manuale di diritto penale. Parte generale (Lehrbuch des Strafrechts. Allgemeiner Teil). Bologna 2007, S. 385–502, 571–644.

Caruso, Giovanni, Ignoranza ed errore sulla legge penale (Unkenntnis und Irrtum über ein Strafgesetz). In: Mauro Ronco (Hrsg.), Il reato. Struttura del fatto tipico. Presupposti oggettivi e soggettivi dell'imputazione penale. Il requisito dell'offensività del fatto (Die Straftat. Struktur der Tatbestandsmäßigkeit. Objektive und subjektive Voraussetzungen des strafrechtlichen Vorwurfs. Das Erfordernis der Rechtsgutsverletzung). Bologna 2007, S. 687–770.

Cocco, Giovanni, L'errore sul fatto (Der Irrtum über Tatsachen). In: Mauro Ronco (Hrsg.), Il reato. Struttura del fatto tipico. Presupposti oggettivi e soggettivi dell'imputazione penale. Il requisito dell'offensività del fatto (Die Straftat. Struktur der Tatbestandsmäßigkeit. Objektive und subjektive Voraussetzungen des strafrechtlichen Vorwurfs. Das Erfordernis der Rechtsgutsverletztung). Bologna 2007, S. 607–686.

Crespi, Alberto/Forti, Gabrio/Zuccalà, Giuseppe (Hrsg.), Commentario breve al codice penale (Kurzkommentar zum Strafgesetzbuch). 5. Aufl. Padua 2008, Art. 5, 42–43, 47.

Dolcini, Emilio/Marinucci, Giorgio (Hrsg.), Codice penale commentato (Kommentiertes Strafgesetzbuch). 2. Aufl. Mailand 2006, Art. 5, 42–43, 47.

Donini, Massimo, Illecito e colpevolezza nella teoria del reato (Unrecht und Schuld in der Verbrechenslehre). Mailand 1989.

– Il delitto contravvenzionale (Das Übertretungsdelikt). Mailand 1993.

Fiandaca, Giovanni/Musco, Enzo, Diritto penale. Parte generale (Strafrecht. Allgemeiner Teil). 4. Aufl. Bologna 2007, S. 345–401, 559–566 und 611–616.

Forti, Gabrio, Colpa ed evento nel diritto penale (Fahrlässigkeit und Erfolg im Strafrecht). Mailand 1990.

Giunta, Fausto, Illiceità e colpevolezza nella responsabilità colposa, I (Unrecht und Schuld bei der fahrlässige Verantwortlichkeit, I). Padua 1993.

Licci, Giorgio, Reato putativo e reato impossibile (Wahndelikt und untauglicher Versuch). In: Mauro Ronco (Hrsg.), Il reato. Struttura del fatto tipico. Presupposti oggettivi e soggettivi dell'imputazione penale. Il requisito dell'offensività del fatto (Die Straftat. Struktur der Tatbestandsmäßigkeit. Objektive und subjektive Voraussetzungen des strafrechtlichen Vorwurfs. Das Erfordernis der Rechtsgutsverletzung). Bologna 2007, S. 771–810.

Mantovani, Ferrando, Diritto penale. Parte generale (Strafrecht. Allgemeiner Teil). 5. Aufl. Padua 2007, S 300–387.

Marinucci, Giorgio/Dolcini, Emilio, Manuale di diritto penale. Parte generale (Lehrbuch des Strafrechts. Allgemeiner Teil). 2. Aufl. Mailand 2006, S. 243–312.

Padovani, Tullio, Diritto penale (Strafrecht). 7. Aufl. Mailand 2006, S. 90–98, 175–242.

(Hrsg.), Codice penale (Strafgesetzbuch). 4. Aufl. Mailand 2007, Art. 5, 42–43, 47.

Pagliaro, Antonio, Principi di diritto penale (Prinzipien des Strafrechts. Allgemeiner Teil). Parte generale. 8. Aufl. Mailand 2003, S. 273–340 und 401–425.

– Il reato (Die Straftat). In: Carlo Federico Grosso/Tullio Padovani/Antonio Pagliaro (Hrsg.), Trattato di diritto penale, vol. I (Abhandlung des Strafrechts, Band I). Mailand 2007, S. 85–153.

Palazzo, Francesco, L'errore sulla legge extrapenale (Der Irrtum über die außerstrafrechtliche Norm). Mailand 1974.

– Corso di diritto penale. Parte generale (Lehrgang des Strafrechts. Allgemeiner Teil). 3. Aufl. Turin 2008, S. 284–354, 427–452.

Pulitanò, Domenico, L'errore di diritto nella teoria del reato (Der Rechtsirrtum in der Verbrechenslehre). Mailand 1976.

– Diritto penale. 2. Aufl. Turin 2007, S. 311–426.

Romano, Mario, Commentario sistematico del codice penale, I. (Art. 1–84) (Systematischer Kommentar des Strafgesetzbuchs, I). 3. Aufl. Mailand 2004, Art. 5, 42–43, 47.

Ronco, Mauro, Gli elementi soggettivi del fatto tipico. Sezione I.–V. (Die subjektiven Elemente des Tatbestands. Abschnitt I.–V.). In: Mauro Ronco (Hrsg.), Il reato. Struttura del fatto tipico. Presupposti oggettivi e soggettivi dell'imputazione penale. Il requisito dell'offensività del fatto (Die Straftat. Struktur der Tatbestandsmäßigkeit. Objektive und subjektive Voraussetzungen des strafrechtlichen Vorwurfs. Das Erfordernis der Rechtsgutsverletzung). Bologna 2007, S. 393–598.

Vallini, Antonio, Antiche e nuove tensioni tra colpevolezza e reati artificiali (Alte und neue Spannungen zwischen Schuld und künstlichen Delikten. Turin 2003.

Rechtsprechung

Corte Cost. 24. März 1988, n. 364, Giur. Cost. 1988, S. 1504 ff.

Corte Cost. 13. Mai 1965, n. 42, Giur. Cost. 1965, S. 639 ff.

Cass. 2. Oktober 1996, Dir. pen. e proc. 1997, 319.

Cass. 1. April 1980, Cass. pen. 1981, S. 2002 f.

Cass. 26. September 1978, Cass. pen. 1980, S. 396 f.

Abkürzungsverzeichnis

Cass.	Corte di Cassazione (italienischer Kassationsgerichtshof)
Cass. pen.	Cassazione penale

Corte Cost.	Corte Costituzionale (italienischer Verfassungsgerichtshof)
Cost.	Costituzione della Repubblica Italiana (italienische Verfassung)
c.p.	Codice penale (italienisches Strafgesetzbuch)
Dir. pen. e proc.	Diritto penale e processo
Giur. cost.	Giurisprudenza costituzionale (Entscheidungssammlung)
L.	Legge (Gesetz)

Misuk Son

Subjektive Tatseite in

Korea

1. Definition/Elemente der subjektiven Tatseite

Die subjektive Tatseite kennzeichnet das innere und psychologische Phänomen der Tat beziehungsweise das Verhältnis zu ihr aus der Perspektive des Handelnden, das äußerlich nicht in Erscheinung tritt. Nach der herrschenden Verbrechenslehre werden Vorsatz, Fahrlässigkeit, Absichten und Motive des Täters bei den jeweiligen Delikten als unrechtsbegründende Elemente des subjektiven Tatbestands aufgefasst.[1] Das koreanische Strafrecht unterscheidet folglich zwischen objektiven und subjektiven Tatbestandsmerkmalen.[2] Die subjektiven Tatbestandsmerkmale (주관적 구성요건요소) sind ferner als subjektive Unrechtselemente von bloßen Schuldmerkmalen zu unterscheiden.

Der Vorsatz (*dolus*, 고의) stellt die wichtigste subjektive Zurechnungsvoraussetzung dar und wird ganz allgemein als das Wissen und Wollen (인식과 의욕) der objektiven Tatbestandsverwirklichung definiert.[3] Fahrlässigkeit besagt, dass der Täter aufgrund einer Sorgfaltspflichtverletzung den tatbestandsmäßigen Erfolg verwirklicht hat, unabhängig davon, ob ihm die Möglichkeit des Erfolgseintritts bewusst war oder nicht.[4]

Vorsatz und Fahrlässigkeit als subjektive Elemente der Tat sind grundlegende Voraussetzungen für die Strafbarkeit; sie werden daher generell dem subjektiven Tatbestand gleichgestellt. Demgegenüber können Absichten und Motive beim Fahrlässigkeitsdelikt nicht vorliegen, sondern nur bei bestimmten Vorsatzdelikten. Sie sind neben dem Vorsatz zusätzliche Voraussetzung der Strafbarkeit und werden deswegen als übersubjektiver oder besonderer subjektiver Tatbestand (초과주관적 구성요건요소) bezeichnet.

Ferner werden Begriffe wie Vorsatz, (bewusste) Fahrlässigkeit oder Absicht als Dispositionsbegriffe (성향개념) charakterisiert, da sie keine greifbaren Gegen-

---

1 Vergleiche dazu II.C.2.c.

2 Zu den objektiven Tatbestandsmerkmalen siehe II.D.

3 Näher dazu siehe unten 2.

4 Näher dazu siehe II.D.7.b. und unten 3.b.

stände der Außenwelt wie Stein oder Holz, sondern innere Zustände bezeichnen. Die Schwierigkeit liegt darin, die Inhalte der Dispositionsbegriffe normativ zu bestimmen, um mit ihnen als Rechtsbegriffe arbeiten zu können.

2. Vorsatz (und Unrechtsbewusstsein)

a) Begriff und Bezugspunkte des Vorsatzes

– Gesetzliche Regelung

Das geltende koreanische Strafgesetzbuch (형법, kStGB) regelt den Vorsatz wie folgt:

§ 13 kStGB Tatvorsatz
Eine Handlung, die durch Unkenntnis eines Tatumstands bedingt ist, der zum gesetzlichen Tatbestand eines Delikts gehört, wird nicht bestraft. Dies gilt jedoch dann nicht, wenn das Gesetz etwas anderes bestimmt.

§ 13 kStGB bestimmt, dass nur die vorsätzliche Tat strafbar ist (Satz 1) und fahrlässige Taten nur ausnahmsweise bestraft werden (Satz 2). Die Strafandrohung ist für fahrlässige Taten niedriger als für vorsätzliche Taten. Die Unterscheidung zwischen vorsätzlichen und fahrlässigen Taten ist daher praktisch von großer Bedeutung. Eine weitere praktische Bedeutung dieser Unterscheidung liegt in der Strafbarkeit von Versuch und Teilnahme, da die versuchte Tat nur bei den Vorsatzdelikten und die Teilnahme (Anstiftung und Beihilfe) nur unter der Voraussetzung einer vorsätzlichen Haupttat möglich ist.[5]

Die normative Bedeutungskenntnis eines jeden zum gesetzlichen Tatbestand gehörenden Umstands ist nach § 13 Satz 1 kStGB ein Vorsatzerfordernis; mithin wird der Bedeutungsirrtum grundsätzlich als vorsatzausschließend anerkannt.[6]

Das geltende koreanische StGB setzt den Begriff des Tatvorsatzes letztlich voraus und bestimmt ihn nicht näher. Die Formen, in denen sich der Tatvorsatz realisieren kann (Absicht, Wissentlichkeit oder *dolus eventualis*), werden in § 13 kStGB nicht unterschieden. Der Gesetzgeber hat sich auch einer Abgrenzung zur (bewussten) Fahrlässigkeit enthalten.[7]

---

[5] Dazu siehe II.F.1.a. und II.G.3.

[6] Näher dazu siehe unten 5.a.

[7] Zur Abgrenzung des Eventualvorsatzes von der bewussten Fahrlässigkeit siehe unten 2.b.

– Elemente des Vorsatzes

Wie bereits oben erwähnt, enthält das koreanische StGB (§ 13) keine Vorsatzdefinition und spricht nur von der „Unkenntnis eines Tatumstands“. Ein Teil der früheren Rechtsprechung ging daher davon aus, dass für den Vorsatz nur das im Gesetz erwähnte intellektuelle Element (Wissen der Tatumstände) genüge (sogenannte Vorstellungstheorie, 인식설; vergleiche Daepan 22.4.1955, 54Do36). Danach kann die Strafbarkeit aber unsachgemäß zu weit ausgedehnt werden.

In der heutigen Lehre ist man sich darüber einig, dass der Vorsatzbegriff der Sache nach notwendigerweise nicht nur die intellektuelle, sondern auch die voluntative Seite erfordert (sogenannte Willenstheorie, 의사설). Die Rechtsprechung und herrschende Lehre definieren demgemäß den Begriff des Tatvorsatzes als Wissen und Wollen der objektiven Tatbestandsverwirklichung (vergleiche zum Beispiel Daepan 12.6.1955, 4287Hyongsang176; 14.5.2004, 2004Do74). Daraus folgt, dass der Vorsatz strukturell aus einer intellektuellen (Wissen) und einer voluntativen (Wollen) Komponente besteht.

Das intellektuelle Element des Vorsatzes (고의의 지적 요소) ist unmittelbar aus § 13 Satz 1 kStGB zu entnehmen und erfordert die Kenntnis des Tatumstands, der zum gesetzlichen Tatbestand gehört, das heißt, der Täter muss Kenntnis bezüglich aller objektiven Tatbestandsmerkmale haben.[8] Das voluntative Element des Vorsatzes (고의의 의지적 요소) besagt, dass der Täter die Verwirklichung des tatbestandsmäßigen Erfolgs will.[9] Das Wissen und das Wollen beziehen sich dabei nicht abstrakt auf die Tat als solche, sondern erfassen vielmehr jeden einzelnen Umstand.

Hinsichtlich der Begriffsbestimmung des Vorsatzes kritisiert eine Mindermeinung, dass § 13 kStGB gesetzgeberisch verfehlt sei, da er das voluntative Element nicht ausdrücklich erwähne. Die herrschende Meinung wendet dagegen ein, dass die fehlende Bestimmung der Wollenskomponente ohne Weiteres durch Auslegung ermittelt werden könne.

– Bezugspunkte des Vorsatzes

Der Tatvorsatz erstreckt sich auf alle objektiven Tatbestandsmerkmale. Dabei wird zwischen deskriptiven (서술적 구성요건요소) und normativen Merkmalen (규범적 구성요건요소) unterschieden. Erstere sind sinnlich wahrnehmbare Merkmale wie zum Beispiel Menschen, Gebäude oder Sachen. Letztere sind dagegen solche, die nur durch ein Werturteil festgestellt werden können, wie zum Beispiel eine Urkunde, ein Amtsträger oder die Fremdheit einer Sache. Beim intellektuellen Element des Vorsatzes (Wissen) wird demgemäß auch zwischen der Tat-

8 Näher dazu gleich unten.

9 Näher dazu auch unten.

sachenkenntnis (사실인식) und der Sinn- beziehungsweise Bedeutungskenntnis (의미인식) unterschieden.

Bei deskriptiven Tatbestandsmerkmalen reicht die Tatsachenkenntnis des Täters aus. Bei normativen Tatbestandsmerkmalen muss der Täter konkrete juristische Begriffe oder genaue rechtliche Bewertungen nicht kennen. Ausreichend ist vielmehr, dass er die allgemeine normative Bedeutung kennt beziehungsweise den rechtlich-sozialen Bedeutungsgehalt des Tatumstands nach Laienart richtig erfasst hat (bezeichnet auch als „Parallelwertung in der Laiensphäre", 일반인 수준에서의 인식, 법문외한의 일반적 판단).

Zu den objektiven Tatbestandsmerkmalen als Gegenstand des Vorsatzes gehören nach herrschender Meinung das Handlungssubjekt, die tatbestandsmäßige Handlung, der tatbestandsmäßige Erfolg, der Kausalverlauf in seinen wesentlichen Zügen und gegebenenfalls besondere Handlungsumstände beziehungsweise die Handlungsmodalität. Bei Sonderdelikten erfordert das Wissenselement die Kenntnis des Täters von seiner Täterqualifikation. Bei qualifizierten Tatbeständen muss der Täter Kenntnis von der Existenz der qualifizierenden Merkmale haben. Bei erfolgsqualifizierten Delikten genügt es jedoch, wenn der Täter die schwere Folge vorhersehen konnte.[10]

Der Vorsatz bezieht sich nicht auf die Rechtswidrigkeit oder die Strafbarkeit der Tat oder auf strafprozessuale Voraussetzungen. Er erstreckt sich nach herrschender Meinung also nicht auf das Unrechtsbewusstsein, das als Schuldmerkmal angesehen wird.

Im Fall des Irrtums über die Bedeutung und den Anwendungsbereich strafrechtlicher Tatbestandsmerkmale (des sogenannten Subsumtionsirrtums, 포섭의 착오) ist der Vorsatz irrelevant, sodass hier nicht § 13, sondern § 16 (Rechtsirrtum) kStGB zur Anwendung kommt.[11]

Der Gegenstand des voluntativen Elements des Vorsatzes entspricht generell dem Gegenstand des Wissenselements.[12]

– Zeitpunkt des Bezugs

Der Tatbestandvorsatz muss bei Begehung der Tat vorliegen. Ein früherer oder späterer Vorsatz (*dolus antecedens* oder *dolus subsequens*, 사전고의나 사후고의) ist unerheblich (Beispiele: Bereits durch Vorbereitungshandlungen für eine später geplante Tötung kommt das Opfer ums Leben; eine fahrlässig begangene Körperverletzung wird vom Täter nachträglich gutgeheißen).

---

10 Näher dazu siehe unten 4.

11 Vergleiche dazu unten 5.b.

12 Zur Intensität des Wollens siehe unten b.

b) Formen des Vorsatzes

Über die Formen beziehungsweise Arten des Vorsatzes bestehen in der koreanischen Lehre uneinheitliche Ansichten. Sie werden je nachdem, welches Element des Vorsatzes stärker ausgeprägt ist, unterschiedlich interpretiert. Ein Teil der Literatur teilt die Vorsatzformen in Anlehnung an die deutsche Lehre in Absicht (의도적 고의), Wissentlichkeit (지정고의) und Eventualvorsatz (*dolus eventualis*, 미필적 고의) ein.

Die Absicht ist mit dem festen und zielgerichteten Willen verbunden und wird daher auch als *dolus directus* 1. Grades bezeichnet. Bei der Absicht dominiert die voluntative Vorsatzkomponente. Die intellektuelle Vorsatzkomponente kann vom sicheren Wissen bis zur bloßen Möglichkeitskenntnis unterschiedlich sein. Der *dolus directus* 1. Grades wird im koreanischen StGB etwa wie „in der Absicht" oder „um zu" (-할 목적으로, -을 위하여) formuliert (vergleiche §§ 253, 304 kStGB). Eine Gegenmeinung verneint jedoch eine solche Bezeichnung der Absicht als Vorsatzform, da die Absicht genau wie bei Tendenzdelikten (목적범) im koreanischen Strafrecht nicht zum Vorsatz, sondern zum besonderen subjektiven Tatbestand gehöre.

Bei der Wissentlichkeit dominiert die intellektuelle Seite des Vorsatzes. Sie wird an das sichere Wissen um den Erfolgseintritt geknüpft. Man nennt diese Vorsatzform auch *dolus directus* 2. Grades. Für sie werden in den Tatbeständen Formulierungen wie etwa „wissentlich" (정을 알면서) verwendet (vergleiche §§ 133 Abs. 2, 210 kStGB). Zwar ist die Unterscheidung gegenüber dem *dolus directus* 1. Grades für den Vorsatz im Allgemeinen nicht von praktischer Bedeutung, sie wird aber dann relevant, wenn der Tatbestand wissentliches oder absichtliches Verhalten fordert.

Der Eventualvorsatz ist weder an das Wissens- noch an das Wollenselement allein gebunden. Er liegt dann vor, wenn der Täter den Erfolgseintritt für möglich hält oder billigend in Kauf nimmt (Beispiel: Ein Autofahrer fährt mit hoher Geschwindigkeit auf einen Polizeibeamten zu und nimmt in Kauf, dass dieser nicht mehr rechtzeitig zur Seite springen kann).

Eine weitere Meinung differenziert den Tatbestandsvorsatz von der Seite des voluntativen Elements her und unterscheidet zwischen *dolus determinatus* (확정적 고의) und *dolus indeterminatus* (불확정적 고의). Der *dolus determinatus* besagt, dass der Täter um den Erfolgseintritt bei der Tatbegehung sicher gewusst und ihn gewollt beziehungsweise sicher vorausgesehen hat (Beispiel: Der in Tötungsabsicht gezielt abgegebene Schuss auf einen anderen). Dies wird daher auch als *dolus directus* (직접고의) bezeichnet. Wenn der Täter die notwendige Folge seiner Handlung vorhergesehen hat, spielt es keine Rolle mehr, ob er den Erfolgseintritt tatsächlich gewollt hat oder nicht, denn ein solcher Handlungsentschluss enthält stets den Willen zur Tatbestandsverwirklichung.

Der *dolus indeterminatus* bedeutet, dass der Täter bei der Begehung der Tat die tatbestandsmäßige Erfolgsverwirklichung weder gekannt noch vorhergesehen hat. Ein typisches Beispiel dafür ist der *dolus eventualis*. Nach dieser Lehre liegt *dolus eventualis* dann vor, wenn der Täter um den Erfolgseintritt zwar nicht sicher gewusst, aber seine Möglichkeit vorausgesehen und aus diesem Wissen heraus gehandelt hat. Der Eventualvorsatz wird in der Lehre zum Teil als bedingter Vorsatz (조건부 고의) bezeichnet. Eine andere Meinung wendet dagegen ein, dass dieser Terminus unsachgemäß sei, da der Tatbestandsvorsatz unbedingten Handlungswillen erfordere und somit der bedingte Vorsatz im Sinne der inneren Unentschlossenheit keinen Vorsatz darstelle. Der *dolus eventualis* wird im Ergebnis gleich dem *dolus directus* behandelt, das heißt, die Unterscheidung beider Vorsatzformen spielt für die Strafzumessung keine Rolle.

Ferner gibt es besondere Erscheinungsformen des Vorsatzes, nämlich den *dolus alternativus* (alternativer Vorsatz, 택일적 고의) und den *dolus generalis* (Generalvorsatz, 개괄적 고의). Ersterer ist gegeben, wenn nach der Vorstellung des Täters zwei oder mehrere tatbestandsmäßige Erfolge möglich sind, wobei aber nur eine der in Betracht kommenden Taten verwirklicht werden kann (Beispiel: Der Wilderer schießt auf den ihn verfolgenden Förster und will entweder diesen oder dessen Hund treffen). Der Vorsatz wird hier bezüglich des tatsächlich eingetretenen tatbestandsmäßigen Erfolgs angenommen. Fraglich ist allerdings die Strafbarkeit des nicht vollendeten Delikts. Nach herrschender Meinung liegt Vorsatz auch insoweit vor.

Der Generalvorsatz wird in der Lehre unterschiedlich verstanden. Er liegt nach herrschender Meinung dann vor, wenn sich der Vorsatz zur Tatbestandsverwirklichung nicht unbedingt auf eine bestimmte Handlung, sondern auf einen ganzen Geschehensablauf bezieht. Dies kommt vor allem bei mehraktigen Geschehensabläufen vor, bei denen der Täter davon ausgeht, den Erfolg nach dem ersten Akt erreicht zu haben, während er ihn unbewusst erst beim zweiten Akt verwirklicht (Beispiel: Versenken des für tot gehaltenen Opfers in einer Jauchegrube). Nach überwiegender Meinung wird der Generalvorsatz nicht als besondere Erscheinungsform des Vorsatzes angesehen, sondern wie der Irrtum über den Kausalverlauf behandelt.[13]

– Abgrenzung zur Fahrlässigkeit

Eine zentrale Frage des Vorsatzes im koreanischen Strafrecht betrifft, wie im deutschen Recht, die Abgrenzung des Eventualvorsatzes zur bewussten Fahrlässigkeit. Ihre praktische Bedeutung besteht in der Rechtsfolge. Während die meisten Tatbestände Vorsatz erfordern, bleibt fahrlässiges Handeln oft straflos, beziehungsweise wird es erheblich milder bestraft. Für den Maßstab der Abgrenzung

---

[13] Dazu siehe unten 5.a.

werden in koreanischen Lehrbüchern zahlreiche Theorien vorgestellt, die unter großem Einfluss der deutschen Lehre stehen. Dabei geht es insbesondere um die Frage, welches Element des Vorsatzes in welcher Weise stärker ausgeprägt ist, um den *dolus eventualis* bejahen zu können. Im Folgenden sollen nur die wichtigsten drei Theorien, nämlich die Einwilligungs- oder Billigungstheorie (인용설 혹은 승낙설), die Wahrscheinlichkeitstheorie (개연성설) und die Hinnahme- oder Abfindungstheorie (감수설) in ihren Grundzügen dargestellt werden:

Nach der sogenannten Billigungstheorie liegt *dolus eventualis* vor, wenn der Täter die Verwirklichung des Tatbestands billigt oder billigend in Kauf nimmt. Dagegen ist bewusste Fahrlässigkeit anzunehmen, wenn der Täter den Erfolgseintritt innerlich ablehnt oder nicht will. Für die Abgrenzung des Eventualvorsatzes zur bewussten Fahrlässigkeit ist nach jener Theorie die Willenskomponente entscheidend.

Um *dolus eventualis* anzunehmen, sind danach folgende drei Voraussetzungen erforderlich: Zunächst muss der Täter die Gefahr der Rechtsgutsverletzung erkennen, diese Gefahr ernstlich für möglich halten und schließlich den Erfolgseintritt billigen. Die herrschende Lehre und ein großer Teil der Rechtsprechung folgen der Billigungstheorie (vergleiche Daepan 12.6.1955, 4287Hyongsang176; 14.5.2004, 2004Do74). Gegen diese Theorie wird eingewandt, dass sie im Einzelfall selbst bei Erkennen einer Höchstgefahr zur Annahme von Fahrlässigkeit führen kann.

Nach der Hinnahmetheorie – einer Variante der beschriebenen Billigungstheorie – genügt für die Annahme des *dolus eventualis* nicht bloß die Billigung. Vielmehr ist eine aktive Hinnahme des Erfolgseintritts notwendig, das heißt, der Täter hält die Möglichkeit der Erfolgsverwirklichung ernstlich für möglich und findet sich damit ab. Jedoch führen Hinnahme- und Billigungstheorie in der Regel zum selben Ergebnis, denn die Billigung der Tat setzt die Hinnahme (das Sich-Abfinden) voraus.

Nach der sogenannten Wahrscheinlichkeitstheorie liegt *dolus eventualis* vor, wenn der Täter die Rechtsgutsverletzung für wahrscheinlich hält und trotzdem handelt. Anderenfalls liegt bewusste Fahrlässigkeit vor. Der Grundgedanke der Wahrscheinlichkeitstheorie beruht allein auf der intellektuellen Vorsatzkomponente. Es wird jedoch eingewendet, wie oder nach welchem Maßstab man im konkreten Fall zwischen Wahrscheinlichkeit und Möglichkeit unterscheiden soll. Die Wahrscheinlichkeitstheorie übersieht, dass der Vorsatz sowohl die intellektuelle als auch die voluntative Seite erfordert. Ein Teil der früheren koreanischen Rechtsprechung beruhte dennoch auf dieser Theorie (vergleiche Daepan, 22.12.1994, 94Do2511; 9.6.1998, 98Do980).

– Formen des Unrechtsbewusstseins

Das koreanische StGB erwähnt nirgends den Begriff „Unrechtsbewusstsein“ oder „Unrechtseinsicht“, sondern regelt in § 16 Folgendes:

§ 16 kStGB Rechtsirrtum

Begeht jemand eine Straftat in der Fehlvorstellung, dass seine Handlung nach geltendem Recht keine Straftat bilde, wird er nur dann nicht bestraft, wenn sein Irrtum auf hinreichenden Gründen beruht.

Danach wird für die Strafbarkeit eines Verhaltens notwendigerweise das Wissen des Täters vorausgesetzt, dass sein Verhalten der Rechtsordnung widerspricht, also verboten ist (vergleiche dazu Daepan, 24.3.1987, 86Do2673). Fehlt ihm diese Einsicht, so liegt ein Rechtsirrtum nach § 16 kStGB vor.[14] Der Begriff „Unrechtsbewusstsein" (불법의 인식) wird nach allgemeiner Ansicht synonym zu den Begriffen „Bewusstsein der Rechtswidrigkeit" (위법성의 인식) oder „Verbotskenntnis" (금지인식) verstanden. Das Unrechtsbewusstsein ist nicht identisch mit dem Vorsatz, sondern bezieht sich auf das umfassendere Verbotensein einer solchen Handlung überhaupt.

Ein Unrechtsbewusstsein liegt somit vor, wenn der Täter um das Unrecht seiner Handlung weiß und dennoch handelt; er muss also wissen, dass er sich mit seiner Handlung im Rechtsraum bewegt und mit ihr rechtliche Gebote verletzt. Ein bloßes Bewusstsein der Unsittlichkeit des Handelns reicht nicht aus. Nicht erforderlich ist es hingegen, dass der Täter die entsprechenden gesetzlichen Vorschriften kennt. Vielmehr genügt es, dass er die Möglichkeit eines Normverstoßes erkennt und die Verwirklichung von Unrecht dabei in Kauf nimmt oder ernst nimmt. Man spricht dann analog zur Konstellation des „bedingten Vorsatzes" vom „bedingten Unrechtsbewusstsein" (미필적 위법성의 인식), das aber hinsichtlich der strafrechtlichen Folgen als volles Unrechtsbewusstsein gewertet wird. Unrechtsbewusstsein liegt demnach vor, wenn dem Täter bewusst ist, dass er seinen rechtlichen Handlungsspielraum zu Lasten der Rechte anderer erweitert und dabei Rechtszwang auslösen kann.

Das Unrechtsbewusstsein kann ferner nicht nur aktuell, sondern auch potentiell sein, sodass auch im Fall einer spontanen Tat das Unrechtsbewusstsein anzunehmen ist.

Nach einhelliger Ansicht wird das Unrechtsbewusstsein als Schuldmerkmal angesehen. Umstritten ist allerdings, wie es systematisch im Verhältnis zum Vorsatz in den Verbrechensaufbau einzuordnen ist. Nach herrschender Lehre ist aufgrund von §§ 13, 16 kStGB die Schuldtheorie anzunehmen, das heißt, das Unrechtsbewusstsein ist anders als der Vorsatz ein eigenständiges Schuldmerkmal, sodass beim Nichtvorliegen des Unrechtsbewusstseins nicht der Vorsatz, sondern die Schuld entfällt.[15] Diese Lehre basiert auf einem finalistischen Ansatz.[16]

---

[14] Näher dazu unten 5.b.

[15] Zum Verbotsirrtum siehe unter 5.b.

[16] Zur finalistischen Verbrechenslehre siehe II.C.2.b.

Die Rechtsprechung folgt dagegen – wie die frühere herrschende Lehre – der Vorsatztheorie (vergleiche Daepan, 22.9.1970, 70Do1206; 12.11.1974, 74Do2676). Diese stützt sich auf die klassische Verbrechenslehre.[17] Danach gehört das Unrechtsbewusstsein zum Vorsatz, der zugleich ein Schuldmerkmal ist. Beim Fehlen des Unrechtsbewusstseins liegt somit keine Vorsatztat vor, sondern es kann nur Fahrlässigkeit in Betracht kommen, wenn der Rechtsirrtum fahrlässig verursacht worden ist und Strafbarkeit der fahrlässigen Tat im Gesetz vorgesehen ist.

3. Subjektive Seite der Fahrlässigkeitstat

a) Begriff und Bezugspunkte der Fahrlässigkeit

– Gesetzliche Regelung

Die Bestimmung zur Strafbarkeit der Fahrlässigkeit findet sich in:

§ 14 kStGB Fahrlässiges Handeln
Eine Handlung in einer durch Vernachlässigung normaler Achtsamkeit herbeigeführten Unkenntnis von Tatumständen, die zum gesetzlichen Tatbestand eines Delikts gehören, ist nur dann strafbar, wenn das Gesetz dies ausdrücklich bestimmt.

Fahrlässiges Handeln bedeutet danach die Vernachlässigung der normalen Achtsamkeit und wird nur bestraft, wenn es im Gesetz unter Strafe gestellt ist. Für die Strafbarkeit der Fahrlässigkeit wird im Allgemeinen vorausgesetzt, dass der Täter objektiv sorgfaltswidrig handelt, aus diesem Handeln ein tatbestandsmäßiger Erfolg hervorgeht und dem Täter die Sorgfaltswidrigkeit auch subjektiv anzulasten ist.[18]

– Subjektive Elemente der Fahrlässigkeit

Subjektive Elemente der Fahrlässigkeit sind die subjektive Vorhersehbarkeit und die subjektive Vermeidbarkeit (주관적 예견가능성과 회피가능성). Sie werden nach überwiegender Meinung als Schuldmerkmale angesehen. Nach der Gegenmeinung ist die subjektive Sorgfaltspflichtverletzung jedoch von der Schuld zu unterscheiden und bereits beim subjektiven Tatbestand zu berücksichtigen, da der Handlungsunwert der Fahrlässigkeit in der subjektiven Sorgfaltspflichtverletzung liegt. Fehlt die subjektive Vorhersehbarkeit, so entfällt der Tatbestand der Fahrlässigkeit.

Um das Vorliegen eines fahrlässigen Handelns zu bejahen, ist zu prüfen, ob der Täter den tatbestandsmäßigen Erfolgseintritt voraussehen und infolgedessen auch

17 Zur klassischen Verbrechenslehre siehe II.C.2.b.

18 Zu den objektiven Voraussetzungen der Fahrlässigkeit siehe II.D.7.b.

die objektive Sorgfaltspflichtverletzung vermeiden konnte.[19] Entscheidend ist nach herrschender Meinung ein individueller Maßstab für die Vorhersehbarkeit und Vermeidbarkeit. Demnach ist zu beurteilen, ob der Täter nach seinen persönlichen Kenntnissen und Fähigkeiten bezüglich der Besonderheiten der jeweiligen Umstände in der Lage war, die objektive Sorgfaltspflichtverletzung vorauszusehen und zu vermeiden.

Beim sogenannten Übernahmeverschulden (인수책임) ist jedoch nach einhelliger Auffassung Fahrlässigkeit anzunehmen, da der Täter hier voraussehen konnte, dass er in der kritischen Situation die Pflichterfüllung nicht würde leisten können.

– Bezugspunkte der Fahrlässigkeit

Die Fahrlässigkeit muss sich wie beim Vorsatzdelikt auf sämtliche objektiven Tatbestandsmerkmale beziehen. Ebenso wie beim Vorsatzdelikt ist der Zeitpunkt der Tat für die Beurteilung entscheidend.

b) Formen/Grade der Fahrlässigkeit

Es gibt zwei Formen der Fahrlässigkeit, die sich begrifflich voneinander unterscheiden lassen: die unbewusste und die bewusste Fahrlässigkeit (인식없는 과실과 인식있는 과실). Erstere *(negligentia)* besagt, wie § 14 kStGB ausdrücklich regelt, dass der Täter die aufgrund der Vernachlässigung normaler Achtsamkeit eingetretene Tatbestandsverwirklichung nicht erkannte (Beispiel: Ein Autofahrer parkt auf abschüssiger Straße und zieht die Bremse nicht stark genug an; das bergab rollende Auto verletzt Passanten).

Bei der bewussten Fahrlässigkeit *(luxuria)* erkennt der Täter die eventuelle Möglichkeit eines tatbestandsmäßigen Erfolgseintritts, vertraut aber darauf, dass der Tatbestand nicht verwirklicht wird (Beispiel: Überholen vor einer Bergkuppe im Vertrauen, es werde alles gut gehen[20]). Die bewusste Fahrlässigkeit ist im Gesetz nicht normiert, aber ihre Strafbarkeit ist allgemein anerkannt. Die Differenzierung zwischen unbewusster und bewusster Fahrlässigkeit spielt für die Strafbarkeit keine Rolle (vergleiche Daepan, 28.2.1984, 83Do3007); sie kann jedoch bei der Strafzumessung berücksichtigt werden. Es wird in der Lehre kritisiert, dass die grundsätzliche Gleichbehandlung von unbewusster und bewusster Fahrlässigkeit wegen des unterschiedlichen Unrechts- und Schuldgehalts aus Sicht des Täters nicht gerecht sei. Für die Strafbarkeit muss nach jener Meinung sowohl die Täter- als auch die Tatseite stets gleichermaßen in Betracht gezogen werden.

---

[19] Zur objektiven Sorgfaltspflichtverletzung siehe II.D.7.b.

[20] Zur Abgrenzung des Eventualvorsatzes siehe oben 2.b.

Im koreanischen Strafrecht wird ferner je nach Schweregrad zwischen einfacher Fahrlässigkeit (경과실), Leichtfertigkeit (grobe Fahrlässigkeit, 중과실) und berufsspezifischer Fahrlässigkeit (업무상 과실) unterschieden. Die einfache Fahrlässigkeit besagt (vergleiche § 14 kStGB), dass der tatbestandsmäßige Erfolg durch die Vernachlässigung normaler Achtsamkeit herbeigeführt wird; unter dem Begriff „Fahrlässigkeit" wird generell diese einfache Form verstanden.

„Leichtfertigkeit" ist dagegen eine gesteigerte Form der einfachen Fahrlässigkeit. Der Täter verletzt hier die gebotene Sorgfaltspflicht in ungewöhnlich hohem Maße, das heißt, er hätte den Erfolgseintritt voraussehen und vermeiden können, wenn er ein Mindestmaß an Aufmerksamkeit aufgebracht hätte. Wann einfache Fahrlässigkeit beziehungsweise Leichtfertigkeit vorliegt, wird nach der Rechtsprechung im Einzelfall unter Berücksichtigung der allgemeinen sozialen Verkehrsanschauung bestimmt (vergleiche Daepan, 9.3.1960, 4292Hyongsang761; 14.10.1980, 79Do305). Beispiele für entsprechende Delikte sind die Brandstiftung durch Leichtfertigkeit (§ 171 Alt. 2 kStGB), die Verkehrsbehinderung durch Leichtfertigkeit (§ 189 Abs. 2 Alt. 2 kStGB), Körperverletzung oder Tötung durch Leichtfertigkeit (§ 268 Alt. 2 kStGB) und Hehlerei durch Leichtfertigkeit (§ 364 Alt. 2 kStGB). Leichtfertigkeit wird schwerer als einfache Fahrlässigkeit bestraft.

Schließlich kennt das koreanische Recht neben einfacher Fahrlässigkeit und Leichtfertigkeit – im Unterschied zum deutschen StGB – noch eine dritte Form der Fahrlässigkeit, nämlich die berufsspezifische Sorgfaltspflichtverletzung. Sie entsteht im Zusammenhang mit der Berufsausübung. Das Maß der Pflichtverletzung ist grundsätzlich bei der einfachen und berufsspezifischen Fahrlässigkeit gleich. Wer jedoch berufsspezifische Tätigkeiten ausübt, hat nach herrschender Ansicht in der Regel eine höhere Sorgfaltspflicht als derjenige, der diese Tätigkeit nicht ausübt. Die berufsspezifische Sorgfaltspflichtverletzung wird daher schwerer als die einfache bestraft. Ihre Strafe ist oft mit der Leichtfertigkeit gleichgestellt. Gesetzliche Tatbestände zur berufsspezifischen Fahrlässigkeit finden sich beispielsweise in § 189 Abs. 2 kStGB (Verkehrsbehinderung durch berufsspezifische Fahrlässigkeit), § 268 Alt. 2 kStGB (Körperverletzung oder Tötung durch berufsspezifische Fahrlässigkeit), § 364 Alt. 1 kStGB (Hehlerei durch berufsspezifische Fahrlässigkeit).

Die praktische Bedeutung der Unterscheidung zwischen einfacher Fahrlässigkeit, Leichtfertigkeit und berufsspezifischer Fahrlässigkeit besteht vor allem darin, dass das Gesetz ein leichtfertiges Handeln oder eine berufsspezifische Sorgfaltspflichtverletzung teilweise ausdrücklich fordert. Leichtfertigkeit und berufsspezifische Fahrlässigkeit sind im Gesetz meistens nebeneinander geregelt. Ein Beispiel dafür ist:

§ 268 kStGB

Wer durch berufsspezifische Sorgfaltspflichtverletzung oder durch Leichtfertigkeit den Tod eines Menschen verursacht, wird mit Einschließung bis zu fünf Jahren oder Geldstrafe bis zu zwanzig Millionen Won bestraft.

4. Eingeschränktes Erfordernis von Vorsatz und Fahrlässigkeit

Das geltende koreanische StGB kennt nicht nur reine Vorsatz- oder Fahrlässigkeitsdelikte, sondern auch die sogenannten Vorsatz-Fahrlässigkeits-Kombinationen (고의와 과실의 결합범). Als typisches Beispiel dafür sind die erfolgsqualifizierten Delikte zu nennen. Diese werden in § 15 Abs. 2 kStGB in negativer Form geregelt:

§ 15 Abs. 2 kStGB

Ist an die besondere Folge der Tat eine höhere Strafe geknüpft, so wird diese nicht angewendet, wenn die Folge nicht voraussehbar war.

Die sogenannten erfolgsqualifizierten Delikte (결과적 가중범) bestehen aus dem Grunddelikt und einer qualifizierten schweren Folge (zum Beispiel Körperverletzung mit Todesfolge, § 259 Abs. 1 kStGB, oder Raub mit Todesfolge, § 338 kStGB). Das Grunddelikt muss im koreanischen Recht stets eine Vorsatztat sein. Es kann daher keine erfolgsqualifizierten Delikte geben, deren Grunddelikt aus einer fahrlässigen Tat besteht. Die schwere Folge muss nach § 15 Abs. 2 kStGB für den Täter voraussehbar sein, das heißt, der Täter muss die qualifizierende Folge zumindest fahrlässig herbeigeführt haben.

Das koreanische Recht kennt somit, genau wie das deutsche, aber im Unterschied zum anglo-amerikanischen Recht, keine bloße Erfolgshaftung *(strict liability)*, sondern nur das Verschuldensprinzip. Die sogenannte Erfolgshaftung ist außerdem im koreanischen Recht mit den verfassungsrechtlichen Garantien der Menschenwürde und des Schuldprinzips nicht vereinbar.

Die Strafdrohung für ein erfolgsqualifiziertes Delikt ist wegen der eingetretenen schweren Folge wesentlich höher als für das betreffende Grunddelikt. Deshalb wird in der Lehre versucht, durch Kausalitätserwägungen die erfolgsqualifizierten Delikte rational zu begrenzen. Für ihr Vorliegen ist daher zunächst die Kausalität zwischen dem Grunddelikt und der schweren Folge beziehungsweise die objektive Zurechnung zu prüfen.[21]

Die Rechtsprechung hat bisher nach der Adäquanztheorie die Kausalität zwischen dem Grunddelikt und der schweren Folge festgestellt (vergleiche zum Beispiel Daepan, 31.10.1967, 67Do1151). In der Lehre wird dagegen neben der Kausalität das Unmittelbarkeitselement (직접성) verlangt, um die schwere Folge dem Täter objektiv zurechnen zu können, das heißt, der eingetretene Erfolg muss eine unmittelbare Folge der durch das Grunddelikt verursachten Gefahr gewesen sein (Beispiel: Wegen der Schwere einer Körperverletzung stirbt das Opfer nach einiger Zeit).

[21] Dazu siehe auch II.D.7.a.

Nach einer Gegenmeinung kennt jedoch das koreanische StGB keine besondere Einschränkung für die Kausalität der erfolgsqualifizierten Delikte, sondern nennt nur die Vorhersehbarkeit als einzigen Begrenzungsmaßstab. Insofern sei die Kausalität der erfolgsqualifizierten Delikte auch nach der allgemeinen Kausalitätslehre zu bestimmen, das heißt, die Unmittelbarkeit sei nicht unbedingt erforderlich.

Ferner ist zu prüfen, ob der Täter die schwere Folge seiner Tat voraussehen konnte. Da die Vorhersehbarkeit das wesentliche Element der Fahrlässigkeit ist, wird die Vorhersehbarkeit der schweren Folge in § 15 Abs. 2 kStGB einhellig mit der Fahrlässigkeit gleichgesetzt. Nach einer Lehrmeinung ist sie streng auszulegen, um die hohe Strafandrohung der erfolgsqualifizierten Delikte zu rechtfertigen. Danach genügt nicht die einfache Fahrlässigkeit, sondern die schwere Folge muss leichtfertig herbeigeführt worden sein.

Nach herrschender Meinung gilt für die Vorhersehbarkeit ein objektiver Maßstab, das heißt, beim objektiven Tatbestand ist die objektive Vorhersehbarkeit, beim subjektiven Tatbestand beziehungsweise beim Schuldmerkmal die subjektive Vorhersehbarkeit zu berücksichtigen. Entscheidender Zeitpunkt für die Beurteilung der Voraussehbarkeit ist in jedem Fall der Zeitpunkt der Tat.

5. Fehlvorstellungen des Täters, Irrtum

Das geltende koreanische StGB kennt zwei Arten des Irrtums, die eine unterschiedliche Bedeutung für die Strafbarkeit haben können, nämlich den Tatsachenirrtum (§ 15 kStGB, 사실의 착오) und den Rechtsirrtum (§ 16 kStGB, 법률의 착오). In der koreanischen Lehre wird trotz der gesetzlichen Überschrift oft aufgrund sprachlicher und begrifflicher Ungenauigkeiten der Begriff „Tatbestandsirrtum“ (구성요건의 착오) anstelle von „Tatsachenirrtum“ und „Verbotsirrtum“ (금지착오) anstelle von „Rechtsirrtum“ bevorzugt verwendet.

a) Irrtum über Tatsachen

Der Vorsatz verlangt die Kenntnis aller objektiven Tatbestandsmerkmale, wie zum Beispiel Subjektsqualität, tatbestandsmäßigen Erfolg, Handlung und objektiv zurechenbaren Kausalzusammenhang.[22] Fehlt dem Täter diese Kenntnis, so handelt er nicht vorsätzlich (vergleiche § 13 Satz 1 kStGB).

Stimmen jedoch die subjektive Seite (Vorsatz beziehungsweise Wissen des Täters) und die objektive Seite (der tatsächlich eingetretene Erfolg) der Handlung nicht überein, so liegt ein Irrtum vor. Ein einfaches Beispiel dafür ist: Der Täter wollte eine Sache beschädigen, hat dabei aber einen Menschen verletzt. Hier

22 Siehe oben 2.a.

kommt ein sogenannter Tatsachenirrtum in Betracht. Der Täter wird in diesem Fall gemäß § 13 kStGB nicht wegen Körperverletzung (§ 257 Abs. 1 kStGB) bestraft. Der Irrtum über Tatsachen ist teilweise in § 15 kStGB geregelt:

§ 15 kStGB (Tatsachenirrtum)

(1) Eine Handlung in Unkenntnis eines Tatumstands, der die Strafbarkeit erhöht, wird nicht nach dem schweren Delikt bestraft.

(2) Ist an die besondere Folge der Tat eine höhere Strafe geknüpft, so wird diese nicht angewendet, wenn die Folge nicht voraussehbar war.

§ 15 Abs. 1 kStGB umfasst jedoch nicht alle Fälle des Tatsachen- beziehungsweise Tatbestandsirrtums, denn es gibt verschiedene Arten, wobei folgende in der Praxis relevant sind: Irrtum über die Tatbestandsmerkmale, über das Handlungsobjekt, über den Tatverlauf und über den Kausalverlauf.

Der Tatsachenirrtum kann nach einer Meinung im koreanischen StGB nur in Frage kommen, wenn sowohl das tatsächliche Erkennen als auch der wirklich eingetretene Erfolg zum Tatbestand gehören. In folgenden drei Fällen liegt daher nach jener Meinung kein Tatsachenirrtum vor: (1) Die tatsächliche Erkenntnis des Täters fällt unter keinen Tatbestand, der verwirklichte Erfolg ist aber tatbestandsmäßig (Beispiel: Man nimmt eine fremde Sache in der Annahme mit, dass sie einem selbst gehöre). Hier kann wegen des eingetretenen Erfolgs Fahrlässigkeit in Frage kommen, sofern das Gesetz eine entsprechende Strafbarkeit kennt. (2) Die erkannte Tatsache fällt unter den gesetzlichen Tatbestand, der eingetretene Erfolg stellt jedoch keinen tatbestandsmäßigen Erfolg dar (Beispiel: Man wirft einen Stein auf einen Menschen, trifft aber einen Baum). Hier bleibt der Vorsatz unberührt, aber wegen des nicht eingetretenen Erfolgs kann Versuch oder untauglicher Versuch in Frage kommen. (3) Schließlich sei der Fall des sogenannten umgekehrten Tatbestandsirrtums erwähnt (반전된 구성요건적 착오; Beispiel: Man hat eine fremde Sache gestohlen, die aber in Wahrheit einem selbst gehört). Dieser Fall wird nicht nach der Irrtumslehre behandelt, sondern nach den Regeln des untauglichen Versuchs.

Nach einer Gegenmeinung liegt jedoch auch ein Tatbestandsirrtum vor, wenn das Vorgestellte unter keinen Tatbestand fällt, der verwirklichte Erfolg aber tatbestandsmäßig ist, da hier eine Nichtübereinstimmung von Wissen und Wirklichkeit gegeben ist.

– Irrtum über Tatbestandsmerkmale

Der Tatbestandsirrtum kann sich auf die gesamten objektiven Tatbestandsmerkmale beziehen. Zu den objektiven Tatbestandsmerkmalen gehören sowohl die deskriptiven als auch die normativen Merkmale.[23] Fehlt die Kenntnis des Täters (im

---

[23] Zum Begriff der deskriptiven und normativen Merkmale siehe unter Abschnitt 2.a.

Sinne der Parallelwertung in der Laiensphäre), so liegt ein Tatbestandsirrtum vor; der Täter handelt also nicht vorsätzlich.

Im Fall des Irrtums über qualifizierende Merkmale bleibt in der Regel die Strafbarkeit aufgrund der vorsätzlichen Herbeiführung des Grundtatbestands unberührt (vergleiche § 15 Abs. 1 kStGB; Beispiel: Dem Täter eines Diebstahls ist nicht bewusst, dass er ein Messer bei sich trägt). Beruht der Tatbestandsirrtum auf Fahrlässigkeit, so kann der Täter wegen fahrlässiger Tat bestraft werden, sofern das Gesetz eine entsprechende Strafbarkeit der Fahrlässigkeit kennt (vergleiche § 15 Abs. 2 kStGB).

Das geltende koreanische StGB kennt keine Regelung des Irrtums über privilegierende Tatumstände (Beispiel: T tötet O und hält dabei irrig ein ernstliches Tötungsverlangen für gegeben). Hier wendet die Literaturmeinung § 15 Abs. 1 kStGB zwar nicht unmittelbar an, aber unter Berücksichtigung von Sinn und Zweck des § 15 Abs. 1 kStGB kann dennoch nach dem privilegierenden Delikt bestraft werden. Im Beispielsfall wird also der Täter nicht wegen Totschlags (§ 250 Abs. 1 kStGB), sondern wegen Tötung auf Verlangen (§ 252 Abs. 1 kStGB) bestraft. Nach einer Gegenmeinung kommt in diesem Fall versuchte Tötung auf Verlangen (§§ 252 Abs. 1, 254 kStGB) in Tateinheit mit fahrlässiger Tötung (§ 267 kStGB) in Frage.

– Irrtum über das Handlungsobjekt *(error in persona/error in objecto)*

Beim Irrtum über das Handlungsobjekt (객체의 착오) irrt der Täter über die Identität des Handlungsobjekts, sei es eine Person *(error in persona)* oder eine Sache *(error in objecto)* (Beispiel: T wollte X töten, hält aber in der Dunkelheit O irrtümlich für X und erschießt O). Im Fall eines *error in persona* bleibt nach herrschender Lehre der Vorsatz unberührt, denn der Täter hat auf einen Menschen gezielt und auch einen Menschen getroffen.[24] Der *error in persona* spielt also für den Vorsatz keine Rolle, wenn das vorgestellte und das tatsächlich verletzte Objekt tatbestandlich gleichwertig sind, denn hier liegt bloß ein unbeachtlicher Motivirrtum vor (sogenannte Konkretisierungstheorie). Gleiches gilt auch entsprechend für den *error in objecto*.

Bei tatbestandlicher Ungleichwertigkeit zwischen vorgestelltem und wirklich verletztem Tatobjekt kommt Versuch bezüglich des vorgestellten und Fahrlässigkeit hinsichtlich des getroffenen Objekts in Betracht (vergleiche § 15 Abs. 1 kStGB).

– Irrtum über den Tatverlauf *(aberratio ictus)*

Beim Irrtum über den Tatverlauf (Fehlgehen der Tat, 방법의 착오, 타격의 착오) geht ein Angriff fehl und verletzt ein anderes, gleichwertiges Objekt (Bei-

---

[24] Zur mittelbaren Täterschaft bei *error in persona* siehe II.G.3.b.

spiel: T wollte X erschießen, verfehlt aber X und trifft stattdessen den daneben stehenden O). Bei der *aberratio ictus* liegt nach herrschender Meinung kein Vorsatz bezüglich des getroffenen Objekts vor, da die gewollte Verletzung nicht eingetreten ist und die tatsächlich herbeigeführte Verletzung nicht gewollt war. Hier kann jedoch eine Bestrafung wegen fahrlässiger Tat in Frage kommen.

Demgegenüber bejahen die Gegenmeinung und die Rechtsprechung (vergleiche zum Beispiel Daepan, 24.1.1984, 83Do2813) bei der *aberratio ictus* den Vorsatz bezüglich des getroffenen Objekts, da der Täter, wie im Beispielsfall gezeigt, einen Menschen töten wollte und auch wirklich einen Menschen getötet hat. Dieser Fall wird dann genau wie der *error in persona* entschieden.

– Irrtum über den Kausalverlauf

Ein Irrtum über den Kausalverlauf (인과관계의 착오) liegt vor, wenn sich der objektive und der subjektiv erkannte Kausalverlauf nicht entsprechen (Beispiel: T schießt auf O, der auf einer Brücke steht; O stirbt nicht durch den Schuss, sondern durch den Sturz von der Brücke). Da der Vorsatz auch die Kenntnis des Kausalzusammenhangs umfasst, ist in der Lehre umstritten, ob der Vorsatz beim Irrtum über den Kausalverlauf entfällt oder wie die strafrechtliche Behandlung der Unkenntnis des Täters über den eingetretenen Kausalverlauf zu erfolgen hat. Dazu gibt es in Anlehnung an die deutsche Lehre zwei unterschiedliche Meinungen:

Die überwiegende Meinung verneint den Vorsatz, wenn der real eingetretene Kausalverlauf von der Vorstellung des Täters wesentlich abweicht. Die sogenannte Wesentlichkeit ist dann gegeben, wenn der eingetretene Kausalverlauf außerhalb der Grenzen des nach allgemeiner Lebenserfahrung Vorhersehbaren liegt oder eine abweichende Bewertung erfordert. Dagegen lassen unwesentliche Abweichungen den Vorsatz unberührt. Nach einer Mindermeinung stellt sich jedoch beim Irrtum über den Kausalverlauf die Frage nach der objektiven Zurechenbarkeit.[25]

Im Fall des sogenannten *dolus generalis* ist nach der herrschenden Meinung und Rechtsprechung nach dem Kriterium der Wesentlichkeit zu entscheiden (vergleiche Daepan, 28.6.1988, 88Do650).[26]

b) Irrtum über Rechtsfragen

Der Rechtsirrtum (법률의 착오, 금지착오) ist in § 16 kStGB geregelt:

§ 16 kStGB Rechtsirrtum
Begeht jemand eine Straftat in der Fehlvorstellung, dass seine Handlung nach geltendem Recht keine Straftat bilde, wird er nur dann nicht bestraft, wenn sein Irrtum auf hinreichenden Gründen beruht.

---

25 Zur objektiven Zurechnung siehe II.D.7.a.

26 Zum Begriff des *dolus generalis* siehe oben 2.b.

Der Rechtsirrtum wird nach § 16 kStGB nicht bestraft, wenn er auf hinreichenden Gründen beruht. Das Gesetz macht jedoch keine eindeutige Aussage dazu, ob beim Rechtsirrtum der Vorsatz oder die Schuld entfällt. Die herrschende Meinung nimmt aus systematischen Gründen die Schuldtheorie an: Ist also ein Rechtsirrtum gegeben, so handelt der Täter ohne Schuld.[27] Unter dem Gesichtspunkt der Rechtsfolge betrachtet zeigt § 16 kStGB nach der Literaturmeinung einen besonders liberalen und humanen Zug des koreanischen StGB von 1953.

Beim Rechtsirrtum fehlt dem Täter das Unrechtsbewusstsein, das heißt, er hält irrig seine Tat für nicht rechtswidrig. Insofern wird der Rechtsirrtum oft mit dem Irrtum über die Rechtswidrigkeit oder dem Verbotsirrtum synonym verstanden. Im Gegensatz zum Rechtsirrtum liegt ein sogenannter umgekehrter Verbotsirrtum (반전된 금지착오) beziehungsweise ein Wahndelikt (환각범) vor, wenn der Täter irrig seine Tat für verboten hält. Das Wahndelikt ist nicht strafbar.[28]

Der Rechtsirrtum kennt zwei Erscheinungsformen, den direkten und den indirekten Rechtsirrtum (직접적, 간접적 법률의 착오).[29]

Literaturhinweise

Bae, Jong-Dae, Hyungbop Chongnon (Strafrecht. Allgemeiner Teil). 7. Aufl. Seoul 2004, S. 153–155, 193–237, 383–403, 591–594, 607–629.

Cha, Yong-Seok, Hyungbop Chongnon Gangeui (Strafrecht. Allgemeiner Teil). 2. Aufl. Seoul 1988, S. 293–304, 832–936.

Cho, Jun-Hyun, Hyungbop Chongnon (Strafrecht. Allgemeiner Teil). 3. Aufl. Seoul 2004, S. 213–229, 309–319, 358–376.

Chong, Seong-Kun/Park, Kwang-Min, Hyungbop Chongnon (Strafrecht. Allgemeiner Teil). 2. Aufl. Seoul 2005, S. 126–132, 156–187, 321–346, 413–447.

Hoh, Il-Tae, Guseoungyogunzok Chakoh (Tatbestandsirrtum). Gosige 1993/3, S. 45–62.

Hwang, San-Dok, Hyungbop Chongnon (Strafrecht. Allgemeiner Teil). 5. Aufl. Seoul 1986, §§ 15, 16, 17, 18, 27.

Kim, Il-Su/Suh, Bo-Hak, Hyungbop Chongnon (Strafrecht. Allgemeiner Teil). 10 Aufl. Seoul 2004, S. 181–240, 284–290, 437–478.

Kim, Seoung-Don, Hyungbop Chongnon (Strafrecht. Allgemeiner Teil). Seoul 2008, S. 186–233, 363–384, 453–503.

Kim, Seoung-Chun/Kim, Hyoung-Jun, Hyungbop Chongnon (Strafrecht. Allgemeiner Teil). 3. Aufl. Seoul 1998, S. 134–244, 416–434.

---

27 Zur Vermeidbarkeit des Rechtsirrtums siehe daher im Abschnitt II.J.8.

28 Näheres dazu unter II.F.3.b.

29 Eingehend dazu unter II.J.8

Lee, Jae-Sang, Hyungbop Chongnon (Strafrecht. Allgemeiner Teil). 5. Aufl. Seoul 2003, § 8 II, IV, §§ 12, 13, 14, 15, 24, 25.

Oh, Young-Gun, Hyungbop Chongnon (Strafrecht. Allgemeiner Teil). Seoul 2005, § 8 III, V, §§ 12, 13, 14, 15, 26.

Park, Sang-Gi, Hyungbop Chongnon (Strafrecht. Allgemeiner Teil). 6. Aufl. Seoul 2004, S. 105–142, 238–260, 281–311.

Ryu, Ki-Chun, Hyongbophak (Strafrechtswissenschaft). 22. Aufl. Seoul 1982, §§ 23, 24, 46, 47, 48, 49, 50, 51.

– Das koreanische Strafgesetzbuch. Deutsche Übersetzung und Einführung von *Paul K. Ryu*. Berlin 1968.

Shin, Dong-Woon, Hyungbop Chongnon (Strafrecht. Allgemeiner Teil). 2. Aufl. Seoul 2006, S. 168–224, 238–248, 381–422.

Yim, Woong, Hyungbop Chongnon (Strafrecht. Allgemeiner Teil). 2. Aufl. Seoul 2002, S. 104–108, 137–172, 292–315, 480–487, 506–516.

Rechtsprechung

Entscheidungen des koreanischen Obersten Gerichtshofs

Daepan, 14.5.2004, 2004Do74;

Daepan, 9.6.1998, 98Do980;

Daepan, 22.12.1994, 94Do2511;

Daepan, 28.6.1988, 88Do65;

Daepan, 24.3.1987, 86Do267;

Daepan, 28.2.1984, 83Do300;

Daepan, 24.1.1984, 83Do281;

Daepan, 14.10.1980, 79Do30;

Daepan, 12.11.1974, 74Do267;

Daepan, 22.9.1970, 70Do120;

Daepan, 9.3.1960, 4292Hyongsang76;

Daepan, 12.6.1955, 4287Hyongsang17;

Daepan, 22.4.1955, 54Do3.

Abkürzungsverzeichnis

Alt.	Alternative
Daepan	Entscheidung des koreanischen Obersten Gerichtshofs
kStGB	koreanisches Strafgesetzbuch
kStPO	koreanische Strafprozessordnung
StGB	Strafgesetzbuch

Ingeborg Zerbes

Subjektive Tatseite in

Österreich

1. Definition/Elemente der subjektiven Tatseite

Die subjektive Seite einer Straftat kennzeichnet nach österreichischem Begriffsverständnis zwei Ebenen der Fallprüfung: Die *innere Einstellung* des Täters zu seinem verbotenen Verhalten – sein Vorsatz oder seine Fahrlässigkeit – gehört nach der herrschenden personalen Unrechtslehre[1] zum Unrechtstatbestand, sie ist der *subjektive Tatbestand* einer Straftat.

Zum anderen sind sämtliche Elemente der *Schuld* rein auf den Täter bezogen – schließlich legitimieren sie den persönlichen Vorwurf des Fehlverhaltens –, sie gehören daher auch zur subjektiven Seite der Tat. Das Vorliegen der Schuldvoraussetzungen wird aber bei der Fallbeurteilung grundsätzlich nicht positiv geprüft; es wird davon ausgegangen, dass jemand, der vorsätzlich beziehungsweise fahrlässig ein strafrechtliches Verbot verletzt, die Freiheit hat, anders, und zwar rechtmäßig zu handeln. Nur in bestimmten, gesetzlich ausdrücklich typisierten Situationen oder Zuständen des Handelnden ist das nicht der Fall. Nur wenn ein solcher Entschuldigungsgrund vorliegt, ist der Täter für sein rechtswidriges Handeln nicht strafbar.[2]

2. Vorsatz

a) Begriff und Bezugspunkte des Vorsatzes

– Grundprinzip und gesetzliche Grundlage

Vorsatz ist die bewusste Entscheidung des Täters für die tatbildliche Verletzung eines Rechtsguts. § 5 des österreichischen Strafgesetzbuchs (öStGB) gibt eine Legaldefinition:

§ 5 öStGB

(1) Vorsätzlich handelt, wer einen Sachverhalt verwirklichen will, der einem gesetzlichen Tatbild entspricht (…)

---

[1] Siehe dazu II.C.2.b.

[2] Siehe dazu II.J.2., J.7. und J.8.

Unwissentliches Wollen gibt es nicht. Folglich verlangt Vorsatz stets ein Mindestniveau an *Wissen* über den (unrechtmäßigen) Ablauf und die Wirkung der eigenen Handlung sowie ein auf diesem Wissen aufbauendes *Wollen* von Ablauf und Wirkung.

– Das intellektuelle Vorsatzelement

Die Wissensseite des Vorsatzes umfasst die Kenntnis aller Tatsachen, die unter das Tatbild subsumiert werden. Das Gesetz unterscheidet verschiedene Grade dieses Wissens.[3] Die Untergrenze besteht in der Situation, in der der Täter die Tatbildverwirklichung bloß „ernstlich für möglich hält" (Eventualvorsatz, § 5 Abs. 1 öStGB); am stärksten ausgeprägt ist die Wissensseite, wenn der Täter die Tatbildverwirklichung „für gewiss hält" (Wissentlichkeit, § 5 Abs. 3 öStGB).

– Das voluntative Vorsatzelement

Wollen bedeutet im strafrechtlichen Sinn, dass sich der Täter für die Verwirklichung des Tatbildes entschieden hat. Er muss sich zumindest damit abfinden (Eventualvorsatz, § 5 Abs. 1 öStGB); die stärkste gesetzlich definierte Wollens-Form liegt vor, wenn es dem Täter „darauf ankommt", das gesetzliche Tatbild herzustellen (Absichtlichkeit, § 5 Abs. 2 öStGB).

– Gegenstand des Vorsatzes

Gegenstand des Vorsatzes ist der *äußere Tatbestand* (Tatbild): Es geht um Wissen und Wollen der *Fakten*, die einem gesetzlich mit Strafe bedrohten Verhalten entsprechen (Tatbildvorsatz). Der Vorsatz muss sich daher erstens auf die Tathandlung in ihrer Eigenschaft als sozial-inadäquat gefährliche Handlung beziehen, auf das Tatobjekt in seinen tatbildrelevanten Eigenschaften, auf den Kausalverlauf in groben Zügen und den Taterfolg. Insofern entsprechen äußerer und innerer Tatbestand einander. Das Wissen über das Bestehen einer Verbotsnorm (Unrechtsbewusstsein)[4] ist demgegenüber grundsätzlich kein Vorsatzelement, sondern ein (allein negativ zu prüfendes) Schuldmerkmal. Auch auf die sonstigen Bedingungen der Strafbarkeit muss sich der Vorsatz nicht beziehen.

Manche Delikte verlangen außer Vorsatz auf die Verwirklichung sämtlicher Tatbildmerkmale noch einen *erweiterten Vorsatz*, der sich auf einen Sachverhalt außerhalb des Tatbildes bezieht. Diebstahl (§ 127 öStGB) begeht zum Beispiel nur, wer eine Sache „mit dem [zusätzlichen] Vorsatz wegnimmt, sich oder einen Dritten

---

[3] Siehe unten 2.b.

[4] Dazu siehe II.J.8.

(…) zu bereichern“. Es ist nicht erforderlich, dass diese Bereicherung auch tatsächlich eintritt – der Täter muss sie nur anstreben.

– Zeitpunkt des Vorsatzes

Dem österreichischen Vorsatzkonzept liegt das Gleichzeitigkeitsprinzip zugrunde. Weder ein vor der Tathandlung gefasster Vorsatz *(dolus antecedens)* noch ein nachträglicher Vorsatz *(dolus superveniens)* hat strafrechtliche Bedeutung: Wissen und Wollen müssen zum Zeitpunkt der Tathandlung vorliegen.

Freilich kann ein bezogen auf das eine Delikt nachträglich gefasster Vorsatz zur Strafbarkeit wegen eines anderen Delikts führen. Hat etwa A dem B eine Sache zuerst ohne Vorsatz auf ihre Zueignung weggenommen, so begeht er zwar auch dann keinen Diebstahl, wenn er sich später dazu entscheidet, die Sache doch zu behalten: Zu diesem späteren Zeitpunkt setzt er keine Diebstahlshandlung mehr, ist also nicht nach § 127 öStGB strafbar. Das Behalten der Sache mit Vorsatz auf eine unrechtmäßige Zueignung erfüllt jedoch mitunter den Tatbestand einer Unterschlagung (§ 134 Abs. 2 öStGB).

Dauerdelikte zeichnen sich dadurch aus, dass die Rechtsgutsbeeinträchtigung nicht mit der Herbeiführung eines Zustands abgeschlossen, sondern durch das Aufrechterhalten dieses Zustands intensiviert wird. Auch das Aufrechterhalten erfüllt daher den objektiven Tatbestand (zum Beispiel Freiheitsentziehung, § 99 öStGB) – tritt der Vorsatz daher erst zu diesem späteren Zeitpunkt ein, ist auch der subjektive Tatbestand erfüllt.

Bei *mehraktigen Delikten* muss der Vorsatz auf das gesamte Tatbild bereits beim ersten Akt vorliegen.

b) Formen des Vorsatzes

– Eventualvorsatz

Nach der Legaldefinition des **§ 5 Abs. 1 öStGB**

„genügt es, dass der Täter diese Verwirklichung [eines Sachverhalts, der einem gesetzlichen Tatbild entspricht] ernstlich für möglich hält und sich mit ihr abfindet“.

Diese Vorsatzform, für die die Begriffe *dolus eventualis*, Eventualvorsatz oder bedingter Vorsatz verwendet werden, ist die *Untergrenze* und zugleich die *Grundform* des Vorsatzes: Soweit das Gesetz nichts anderes anordnet, ist strafbar, wer die Verwirklichung des Tatbildes billigend in Kauf genommen hat. Dies ist der Fall, wenn der Täter den möglichen Eintritt der Rechtsgutsbeeinträchtigung *erkennt* und auch *ernst nimmt* – und trotzdem handelt. Wenn er dennoch, und sei es auch aus Dummheit, an das Ausbleiben der Tatbildverwirklichung glaubt, handelt er (bloß) bewusst fahrlässig. Für das Vorsatzdelikt kann er nicht bestraft werden.

Eine positive innere Einstellung zur Rechtsgutsbeeinträchtigung ist allerdings nicht erforderlich, der Täter mag sogar vorziehen, dass nichts passiert: Es genügt, dass er sich dennoch mit dem Risiko abfindet und daher handelt.

Bei der Klärung der Frage, ob tatsächlich Ernstlichkeit der Einschätzung vorlag, ist nicht allein das Empfinden des Täters ausschlaggebend, sondern ein normativer Maßstab anzulegen: Eventualvorsatz liegt vor, wenn er das Risiko der Tatbildverwirklichung als so hoch einschätzt, dass ein gesetzestreuer Bürger in seiner Situation von der Tathandlung Abstand genommen hätte. So gesehen lässt sich das Wesen des Vorsatzes auch als Bewusstsein über das verbotene Risiko beschreiben.

– Wissentlichkeit

Wissentlichkeit liegt vor, wenn das *intellektuelle Vorsatzelement* besonders stark ausgeprägt ist:

§ 5 Abs. 3 öStGB

(...)

(3) Der Täter handelt wissentlich, wenn er den Umstand oder Erfolg, für den das Gesetz Wissentlichkeit voraussetzt, nicht bloß für möglich hält, sondern sein Vorliegen oder Eintreten für gewiss hält.

Wenn der Täter weiß, dass seine Handlung in die Verwirklichung eines Tatbildes münden wird, und dennoch handelt, muss sein diesbezügliches Wollen nicht mehr geprüft werden.

Das erhöhte Vorsatzerfordernis der Wissentlichkeit ist nur erforderlich, soweit es im Besonderen Teil des Strafrechts *ausdrücklich vorgesehen* ist. Bei Geldwäscherei (§ 165 öStGB) genügt es zum Beispiel nicht, dass der Täter die illegale Herkunft von Vermögensbestandteilen, die er übernimmt, bloß ernstlich für möglich hält, sondern er muss diese ihre Herkunft für gewiss halten.

– Absicht

Absicht zeichnet sich durch eine erhöhte Willentlichkeit des Täters aus:

§ 5 Abs. 2 öStGB

(...)

(2) Der Täter handelt absichtlich, wenn es ihm darauf ankommt, den Umstand oder Erfolg zu verwirklichen, für den das Gesetz absichtliches Handeln voraussetzt.

Der absichtlich handelnde Täter findet sich nicht bloß damit ab, sondern legt es darauf an, dass das Tatbild verwirklicht wird: Er handelt, *damit* er die Rechtsgutsbeeinträchtigung erwirkt; sie ist sein Ziel – so gering er die Chance, es zu erreichen, auch einschätzen mag.

Auch Absicht ist nur bei einzelnen Deliktstatbeständen vorausgesetzt. Beispielsweise führt sie zu einer höheren Strafdrohung bei der Körperverletzung (absichtliche schwere Körperverletzung, § 87 öStGB).

3. Subjektive Seite der Fahrlässigkeitstat

a) Begriff und Bezugspunkte der Fahrlässigkeit

– Gesetzliche Regelung und Einordnung in den Verbrechensbegriff

Die Definition der Fahrlässigkeit findet sich in:

§ 6 öStGB

(1) Fahrlässig handelt, wer die Sorgfalt außer acht läßt, zu der er nach den Umständen verpflichtet und nach seinen geistigen und körperlichen Verhältnissen befähigt ist und die ihm zuzumuten ist, und deshalb nicht erkennt, dass er einen Sachverhalt verwirklichen könne, der einem gesetzlichen Tatbild entspricht.

(2) Fahrlässig handelt auch, wer es für möglich hält, dass er einen solchen Sachverhalt verwirkliche, ihn aber nicht herbeiführen will.

Das Außer-Acht-Lassen der *objektiv gebotenen Sorgfalt* (objektive Sorgfaltswidrigkeit) ist ein Element des *objektiven Tatbestands*: Eine Tathandlung ist stets ein im Hinblick auf die deliktstypische Rechtsgutsbeeinträchtigung sozial-inadäquat gefährliches Verhalten.[5] Diese Handlung muss nach den Kriterien der objektiven Zurechnung den deliktstypischen Erfolg verursacht haben.[5]

Auf der hier interessierenden subjektiven Seite der Fahrlässigkeit wird geprüft, ob zum einen zumindest eines der Vorsatzelemente fehlt, und ob zum anderen die (positiv zu prüfenden) Komponenten der Fahrlässigkeitsschuld vorliegen. Dazu im Folgenden.

– Subjektiver Fahrlässigkeitstatbestand

Der *subjektive Fahrlässigkeitstatbestand* zeichnet sich zuerst dadurch aus, dass dem Täter in seiner *inneren Einstellung* zu seinem sorgfaltswidrigen Handeln eines der Vorsatzelemente fehlt:

1. Er erkennt sorgfaltswidrig nicht, dass er sich inadäquat gefährlich verhält (unbewusste Fahrlässigkeit, § 6 Abs. 1 öStGB), oder

2. er erkennt zwar die Gefährlichkeit seiner Handlung, nimmt sie aber nicht ernst und geht davon aus, dass keine Tatbildverwirklichung eintreten wird (bewusste Fahrlässigkeit, § 6 Abs. 2 öStGB).

---

[5] Dazu siehe II.D.3.

[6] Siehe II.D.7.

– Fahrlässigkeitsschuld

Die subjektive Seite der Fahrlässigkeit beinhaltet zum anderen drei Elemente, die nach österreichischer Dogmatik auf der Ebene der *Schuld* angesiedelt und positiv zu prüfen sind:

1. *Subjektive Sorgfaltswidrigkeit.* Dem Täter ist sein sorgfaltswidriges Verhalten nur dann vorzuwerfen, wenn er erstens im Zeitpunkt der Tat nach seinen geistigen und körperlichen Verhältnissen fähig ist, die gebotene Sorgfalt zu erkennen und einzuhalten (§ 6 Abs. 1 öStGB). So können etwa persönliche Ungeschicklichkeit oder mangelnde Erfahrung – nicht aber eine mangelhafte persönliche Einstellung – dazu führen, dass der Täter die Gefahrensituation nicht erkennen oder zwar erkennen, aber nicht beherrschen kann. Für die auf diese Mängel zurückzuführende Sorgfaltswidrigkeit entfällt daher die Fahrlässigkeitsschuld.

Fahrlässigkeitsschuld kann aber auch an eine frühere Handlung des Täters anknüpfen: Es kann ihm mitunter zum Vorwurf gemacht werden, dass er eine Tätigkeit übernommen hat, für die ihm – dauernd oder im Augenblick der Übernahme – die erforderlichen geistigen oder körperlichen Voraussetzungen fehlen (sogenannte Übernahmsfahrlässigkeit). Wer etwa in angetrunkenem Zustand Auto fährt und dann nicht mehr schnell genug reagieren kann, um vor einem Fußgänger anzuhalten, haftet wegen der Verletzung des Fußgängers; als Sorgfaltswidrigkeit vorgeworfen wird ihm aber streng genommen nicht die zu spät vorgenommene Bremsung – die konnte er zu diesem Zeitpunkt gar nicht mehr vermeiden –, sondern weil er die Lenkung des Wagens in einem Zustand übernommen hat, in dem er die erforderliche Sorgfalt nicht mehr leisten konnte.

2. *Zumutbarkeit* rechtmäßigen Verhaltens. Dem Täter ist sein sorgfaltswidriges Verhalten nur dann vorzuwerfen, wenn ihm zweitens die Einhaltung der gebotenen Sorgfalt auch zuzumuten ist (§ 6 Abs. 1 öStGB). Die Fahrlässigkeitsschuld kann demnach auch dann entfallen, wenn die Einhaltung der objektiv gebotenen Sorgfalt zwar an sich möglich gewesen wäre, den Täter aber vor so hohe Anforderungen gestellt hätte, dass die Rechtsordnung die Nicht-Erfüllung nicht mehr vorwirft. Derartige Fälle sind selten, wenn, dann schließen sie die strafrechtliche Verantwortlichkeit im Bereich geringfügiger Fehlleistungen im Zusammenhang mit erlaubten, aber gefährlichen Tätigkeiten aus.

3. *Subjektive Vorhersehbarkeit* des Erfolgs. Dem Täter ist sein sorgfaltswidriges Verhalten nur dann vorzuwerfen, wenn er bei Erfolgsdelikten drittens den Erfolgseintritt und den Kausalverlauf zu diesem zumindest in groben Zügen hätte vorhersehen können. Hier sind wiederum geistige und körperliche Mängel des Täters im Zeitpunkt der Tat entscheidend: Sie können ausnahmsweise die Einblicksfähigkeit nehmen. Es gibt so gut wie keine praktischen Fälle; die objektive Zurechnung eines Erfolgs zu einer sorgfaltswidrigen Handlung indiziert nämlich auch die subjektive Erkennbarkeit der Verursachungszusammenhänge.

– Zeitpunkt der subjektiven Fahrlässigkeit

Sämtliche Elemente der subjektiven Seite der Fahrlässigkeit müssen im Zeitpunkt der Vornahme der sorgfaltswidrigen Handlung vorliegen.

b) Formen/Grade der Fahrlässigkeit

Das Gesetz unterscheidet die unbewusste (§ 6 Abs. 1 öStGB) von bewusster Fahrlässigkeit (Abs. 2),[7] ohne an diese Unterscheidung besondere Rechtsfolgen zu knüpfen.

Freilich lassen sich auch verschiedene Schweregrade der Fahrlässigkeit definieren; geringfügige Fehlleistungen führen zu einem weniger schweren Unrecht als leichte Fahrlässigkeit, und diese beinhaltet einen geringeren Handlungsunwert als grobe Fahrlässigkeit. Diese Abstufungen sind aber vor allem in der Strafzumessung zu berücksichtigen; nur in Einzelfällen knüpft das Gesetz an grob fahrlässiges Verhalten oder an schweres Verschulden an (beispielsweise in bestimmten Fällen fahrlässiger Körperverletzung, § 88 Abs. 2 öStGB).

4. Eingeschränktes Erfordernis von Vorsatz oder Fahrlässigkeit

Prinzipiell liegt nur dann eine Straftat vor, wenn der Täter hinsichtlich aller Tatbildmerkmale vorsätzlich oder sorgfaltswidrig handelt: Die Haftung für einen Schaden, ohne dass er sich in der inneren Einstellung des Täters widerspiegelt, wird nach dem Konzept des österreichischen Strafrechts grundsätzlich abgelehnt.[8]

Dennoch wird bei einzelnen Delikten nach wie vor die Strafbarkeit von sogenannten *objektiven Bedingungen* abhängig gemacht, die weder Tatbestands- noch Schuldmerkmale sind. Die wichtigsten Beispiele sind Raufhandel, § 91 öStGB, und die Begehung einer mit Strafe bedrohten Handlung im Zustand voller Berauschung, § 287 öStGB. So ist die Teilnahme an einer Schlägerei nur dann strafbar, wenn diese zu einer schweren Körperverletzung oder zum Tod eines anderen führt (§ 91 öStGB) – ob der Beschuldigte selbst oder ein anderer der unmittelbare Verursacher dieser Folge war, ist irrelevant, ebenso wenig kommt es auf den diesbezüglichen Vorsatz oder die Fahrlässigkeit der einzelnen Täter an. Der Sinn dieser Beweiserleichterung ist freilich, dass sich nach einer Schlägerei zwischen mehr als zwei Personen häufig nicht mehr feststellen lässt, wer die unmittelbare Verantwortlichkeit für den konkreten verletzenden oder tödlichen Schlag trägt. So wird argumentiert, dass allein die Teilnahme an einer Schlägerei grundsätzlich strafbar ist: Sie ist ein abstraktes Gefährdungsdelikt in Bezug auf Leib und Leben. Die Strafbarkeit

---

7 Siehe oben 3.a.

8 Siehe auch oben II.C.2.

wird jedoch dann wieder zurückgenommen, wenn kein Personenschaden entsteht. Nach dieser Sichtweise erhält die objektive Bedingung der Strafbarkeit nicht die Bedeutung einer Erweiterung, sondern einer Einschränkung der Strafbarkeit. Die Loslösung von Vorsatz, Fahrlässigkeit und Schuld ist damit legitimiert.

Auch die Bindung an eine spätere Tatbegehung im Vollrausch durch denjenigen, der sich bis zur Zurechnungsunfähigkeit betrunken oder sonstige Rauschmittel eingenommen hat (§ 287 öStGB), wird gemeinhin als Einschränkung der Strafbarkeit der generell gefährlichen Handlung des Sich-Betrinkens verstanden: Die Strafbarkeit steht unter der *zusätzlichen* Bedingung einer solchen Rauschtat.

5. Fehlvorstellungen des Täters, Irrtum

a) Irrtum über Tatsachen

– Tatbildirrtum

Tatbildirrtum ist das Gegenstück zum Vorsatz, seine Definition ergibt sich aus einem Umkehrschluss aus § 5 Abs. 1 öStGB: Fehlt das Wissen oder Wollen bezüglich zumindest eines Tatbildelements, handelt der Täter nicht vorsätzlich. Auch wenn er den objektiven Tatbestand des betreffenden Vorsatzdelikts verwirklicht hat, kann ihm dessen Begehung nicht vorgeworfen werden. Ein Tatbildirrtum allein über *qualifizierende Tatsachen* schließt die Strafbarkeit wegen der qualifizierten Begehungsform aus; die Strafbarkeit wegen des Grunddelikts bleibt unberührt.

Auch wenn dem Täter sein Irrtum vorzuwerfen ist, führt das nicht zur Verantwortlichkeit für das Vorsatzdelikt, denn auch in diesem Fall fehlen Wissen und Wollen der Tatbildverwirklichung. Es kommt allerdings eine *Fahrlässigkeitshaftung* in Frage: Existiert ein dem verwirklichten Tatbestand entsprechendes Fahrlässigkeitsdelikt und hätte der Täter bei Einhaltung der objektiv gebotenen Sorgfalt den wahren Sachverhalt erkannt, ist er für die fahrlässige Begehung strafbar.

Gegenstand des Tatbildirrtums können sämtliche Gegenstände des Vorsatzes sein: Der Täter erkennt mitunter die Gefährlichkeit seiner Handlung nicht; er kann sich über die tatbildrelevanten Eigenschaften des Tatobjekts irren; er kann sich über den ausgelösten Geschehensablauf irren. Letzteres liegt auch vor, wenn der Täter tatsächlich ein Delikt begehen wollte, aber der Erfolg an einem anderen Objekt als an dem eintritt, auf das der Täter seiner Vorstellung nach zielt *(aberratio ictus)*. Ein Beispiel: A will B töten und lauert ihm bewaffnet auf. B aber erscheint in Begleitung des C, und als A auf B zielt, trifft und tötet er versehentlich den C. In solchen Konstellationen ist A nicht für den vorsätzlichen Mord (§ 75 öStGB) an C verantwortlich; er wollte C ja gar nicht töten, sondern hat auf B gezielt. Allerdings haftet er wegen des versuchten Mordes an B und wegen fahrlässiger Tötung (§ 80 öStGB) an C.

Kein Tatbildirrtum, sondern Vorsatz liegt vor, wenn der Erfolg am Zielobjekt des Täters eintritt, über dessen Identität der Täter aber sich geirrt hat (Identitätsirrtum, *error in objecto vel persona*). Wenn, wie im obigen Beispiel, A den B töten will und B erscheint in Begleitung des C, den A jedoch mit B verwechselt und daher bewusst ins Visier nimmt und tötet, haftet er für den vorsätzlichen Mord an C (§ 75 öStGB). Der Irrtum bezieht sich nämlich in diesem Fall nicht auf tatbildrelevante Eigenschaften des Opfers, sondern bloß auf dessen konkrete Identität, die aber kein Tatbildmerkmal ist.

Im Zusammenhang mit *normativen Tatbildelementen* – das sind solche, die nicht allein durch Fakten, sondern auch durch eine rechtliche Bewertung gekennzeichnet sind – liegt ein Tatbildirrtum nur dann vor, wenn der Täter die rechtliche Bewertung nicht einmal laienhaft nachvollziehen konnte. Diebstahl kann etwa nur an einer fremden Sache begangen werden, und „fremd" bedeutet, dass deren Eigentümer ein anderer als der Täter ist. Der Täter muss den zivilrechtlichen Eigentümerbegriff freilich nicht kennen, um zu wissen, dass er kein Recht auf die Sache hat; wenn er daher bloß den sozialen Bedeutungsgehalt der Fremdheit als „nicht ihm zugehörig" kennt, handelt er diesbezüglich vorsätzlich.

– Irrtümliche Annahme eines rechtfertigenden Sachverhalts

Die fehlende Deckung von Sachverhalt und Vorsatz kann sich auch bei den Rechtfertigungsgründen ergeben: Der Täter kann sich zwar durchaus im Klaren darüber sein, dass er den äußeren Tatbestand eines Delikts verwirklicht, aber irrtümlich zusätzliche Tatsachen annehmen, die, wenn sie tatsächlich vorlägen, einen Rechtfertigungsgrund abgeben würden. Ein Beispiel: A glaubt sich, als er spät abends in einer abgelegenen Seitengasse spazieren geht, von B, der plötzlich zwischen zwei Autos hervortritt, angegriffen und schlägt diesen daher nieder; B aber wollte nur nach der Uhrzeit fragen.

Es entspricht der in Österreich herrschenden Aufteilung zwischen Unrecht und Schuld,[9] dass nicht nur der Irrtum über die unrechtsbegründenen Sachverhaltselemente (Tatbildirrtum), sondern auch die irrtümliche Annahme *unrechtsausschließender* Sachverhaltselemente berücksichtigt wird:[10] Dem Täter, der an einen Sachverhalt glaubt, in dem seine Handlung rechtmäßig (gerechtfertigt) wäre, wird daher ebenfalls kein Vorsatzdelikt vorgeworfen – obwohl er in Bezug auf die Tatbildverwirklichung als solche vorsätzlich handelt. Dementsprechend legt § 8 öStGB fest:

---

9 Siehe dazu II.C.2.b. und c.

10 Zu diesen siehe II.J.

§ 8 öStGB

Wer irrtümlich einen Sachverhalt annimmt, der die Rechtswidrigkeit der Tat ausschließen würde, kann wegen vorsätzlicher Begehung nicht bestraft werden. Er ist wegen fahrlässiger Begehung zu bestrafen, wenn der Irrtum auf Fahrlässigkeit beruht und die fahrlässige Begehung mit Strafe bedroht ist.

Genauso wie bei einem Tatbildirrtum wird aber stets geprüft, ob der *Irrtum* selbst nicht auf *fahrlässige* Weise zustande gekommen ist: Wenn der Täter bei Beachtung der gebotenen Sorgfalt den wahren Sachverhalt – das Fehlen einer rechtfertigenden Situation – erkannt hätte, ist ihm die fahrlässige Begehung vorzuwerfen, vorausgesetzt, dass ein entsprechendes Vorsatzdelikt vorgesehen ist. Wenn also der im Beispiel genannte B, der bloß nach der Uhrzeit fragen wollte, auch einem sorgfältig und gewissenhaft urteilenden Menschen Angst eingejagt hätte, hat A sich nicht fahrlässig geirrt. Wenn er allerdings objektiv gesehen keinen Anlass gehabt hat, an einen Angriff zu glauben, ist ihm sein Irrtum vorzuwerfen und führt dieser mitunter zu seiner Haftung nach § 88 öStGB (fahrlässige Körperverletzung).

b) Irrtum über Rechtsfragen

– Verbotsirrtum

Irrt der Täter nicht über die unrechtsrelevanten Elemente des Sachverhalts, sondern bewertet er bloß die *rechtliche Situation* zu seinen Gunsten, weil er (bei vollständiger Tatsachenkenntnis) glaubt, sein Handeln erfülle keinen Deliktstatbestand (direkter Verbotsirrtum) oder es gäbe einen gesetzlichen Rechtfertigungsgrund (indirekter Verbotsirrtum), entfällt zwar nicht das (Vorsatz-)Unrecht seiner Handlung. Unter Umständen ist er aber entschuldigt: Seine rechtswidrige Willensbildung wird ihm nur persönlich vorgeworfen, wenn er wusste oder zumindest wissen müsste, wie er sich Einblick in die rechtliche Lage hätte verschaffen können. Denn Schuld setzt entweder voraus, dass der Täter das strafrechtliche Verbot kannte (sogenanntes aktuelles Unrechtbewusstsein) oder auf vorwerfbare Weise nicht kannte (potentielles Unrechtbewusstsein).

Die entsprechende gesetzliche Grundlage findet sich in

§ 9 öStGB

(1) Wer das Unrecht der Tat wegen eines Rechtsirrtums nicht erkennt, handelt nicht schuldhaft, wenn ihm der Irrtum nicht vorzuwerfen ist.

(2) Der Rechtsirrtum ist dann vorzuwerfen, wenn das Unrecht für den Täter wie für jedermann leicht erkennbar war oder wenn sich der Täter mit den einschlägigen Vorschriften nicht bekannt gemacht hat, obwohl er seinem Beruf, seiner Beschäftigung oder sonst den Umständen nach dazu verpflichtet gewesen wäre.

(3) Ist der Irrtum vorzuwerfen, so ist, wenn der Täter vorsätzlich handelt, die für die vorsätzliche Tat vorgesehene Strafdrohung anzuwenden, wenn er fahrlässig handelt, die für die fahrlässige Tat.

Rechtsfolge eines vorwerfbaren Verbotsirrtums ist aber nicht, wie bei einem Tatsachenirrtum, bloße Fahrlässigkeitshaftung, sondern die volle Verantwortlichkeit für das jeweils begangene (Vorsatz- oder Fahrlässigkeits-)Delikt.[11]

– Unbeachtliche Irrtümer über die rechtliche Situation

Weiß der Täter über das Verbotensein seiner Handlung, nimmt aber an, er verletze kein *mit Strafe* bedrohtes Verbot, ist dieser Irrtum irrelevant, das Gleiche gilt, wenn er der unrichtigen Ansicht ist, das Gesetz sehe einen Entschuldigungs- oder sonstigen Strafbefreiungsgrund vor: In allen Fällen dieser Art trifft ihn die volle Verantwortlichkeit.

Literaturhinweise

Burgstaller, Manfred, Spezielle Fragen der Erfolgszurechnung und der objektiven Sorgfaltswidrigkeit. In: Melnizky/Müller (Hrsg.), Festschrift Pallin. Wien 1989, S. 39.

– Das Fahrlässigkeitsdelikt im Strafrecht. Wien 1974.

– in: Höpfel/Ratz (Hrsg.), Wiener Kommentar zum Strafgesetzbuch. 2. Aufl. 26. Lieferung. Wien 2001, § 6.

Brandstetter, Wolfgang, Grundfragen der Deliktsverwirklichung im Vollrausch. Eine strafrechtsdogmatische Untersuchung. Wien 1992.

Fuchs, Helmut, Österreichisches Strafrecht. Allgemeiner Teil I. 6. Aufl. Wien 2004.

Kienapfel, Diethelm/Höpfel, Frank, Strafrecht. Allgemeiner Teil. 12. Aufl. Wien 2007.

Leukauf, Otto/Steininger, Herbert, Kommentar zum Strafgesetzbuch, 3. Aufl. Eisenstadt 1992.

Platzgummer, Winfried, Die Bewusstseinsform des Vorsatzes. Wien 1964.

Reindl, Susanne, in: Höpfel/Ratz (Hrsg.), Wiener Kommentar zum Strafgesetzbuch. 2. Aufl. 58. Lieferung. Wien 2005, § 5.

Triffterer, Otto, Österreichisches Strafrecht. Allgemeiner Teil. 2. Aufl. Wien 1994.

Abkürzungsverzeichnis

öStGB	österreichisches Strafgesetzbuch

[11] Zum Verbotsirrtum ausführlich siehe II.J.8.

Ewa Weigend

Subjektive Tatseite in

Polen

1. Definition/Elemente der subjektiven Tatseite

Die subjektive Tatseite *(podmiotowa strona przestępstwa)* umfasst alle psychischen Vorgänge, welche die objektive Tatseite,[1] also das äußere Verhalten des Täters, begleiten und seine psychische Beziehung zur Tat zum Ausdruck bringen. Der Vorsatz und die Fahrlässigkeit bilden nach herrschender Lehrmeinung keine Schuldformen, sondern (die subjektiven) Merkmale der Straftat *(znamiona podmiotowe czynu zabronionego)*.[2] Ihre Feststellung indiziert nicht die Schuld, sondern entscheidet vielmehr mit darüber, ob die Tatbestandsmerkmale des Straftattypus erfüllt sind oder nicht. Die Schuldprüfung findet erst dann statt, wenn die konkrete Tathandlung als rechtswidrig, strafwürdig und damit strafbar eingestuft worden ist. Demzufolge darf die subjektive Tatseite nicht mit der Schuld gleichgesetzt werden; das geltende Strafrecht spricht auch nicht von Vorsatz- oder Fahrlässigkeitsschuld.

Vorsatz und Fahrlässigkeit sind in Art. 9 §§ 1 und 2 des Strafgesetzbuchs (*kodeks karny*, k.k) als Arten der Begehung einer verbotenen Tat definiert. Als vorsätzlich oder fahrlässig wird demnach das tatbestandsmäßige Verhalten des Täters bezeichnet. Die Schuld setzt erst bei dem persönlich gegen den Täter gerichteten Vorwurf an, dass er die Tat (vorsätzlich respektive fahrlässig) begangen hat. Für den subjektiven Tatbestand gilt im Regelfall die vorsätzliche Begehungsart. Verbrechen können so nur vorsätzlich begangen werden. Die strafrechtliche Ahndung wegen Fahrlässigkeit stellt im polnischen Recht auch bei Vergehen eine Ausnahme dar (Art. 8 k.k[3]).

2. Vorsatz

a) Begriff und Bezugspunkte des Vorsatzes

– Definition des Vorsatzes

Art. 9 k.k definiert die vorsätzliche Begehungsart wie folgt:

---

[1] Siehe II.D.

[2] Siehe II.C.

[3] Siehe II.C.1.

Art. 9 § 1 k.k

Eine verbotene Tat ist dann vorsätzlich verwirklicht, wenn der Täter den Vorsatz hat, sie zu begehen, das heißt wenn er sie begehen will oder wenn er die Möglichkeit ihrer Begehung voraussieht und mit ihr einverstanden ist.

Vorsätzliche Tatbegehung liegt dann vor, wenn der Täter die Verwirklichung des Tatbestands will oder wenn er deren Möglichkeit erkennt und mit ihr einverstanden ist. Der Vorsatz umfasst ein intellektuelles/kognitives Element (Wissen) und ein voluntatives Element (Wollen). Dies bedeutet, dass der Täter in Kenntnis der zum gesetzlichen Tatbestand gehörenden Merkmale deren Verwirklichung mit seiner willentlich vollzogenen Handlung (oder Unterlassung) herbeiführt oder sich mit der Möglichkeit der Tatvollendung abfindet.

Das voluntative Element des Vorsatzes besagt, dass der die Möglichkeit der Tatbestandsverwirklichung erkennende Täter gleichzeitig eine Willensentscheidung trifft, deren Inhalt entweder in einer notwendigen oder in einer möglichen Verwirklichung der Tatbestandsmerkmale durch seine Handlung besteht.

Das kognitive Element des Vorsatzes wird durch den in Art. 28 § 1 k.k geregelten Tatbestandsirrtum[4] definiert, wonach derjenige Täter nicht vorsätzlich handelt, der bei der Tatbegehung über einen Umstand irrt, der ein Tatbestandsmerkmal bildet. Daraus folgt im Umkehrschluss, dass die Kenntnis der zum gesetzlichen Tatbestand gehörenden Umstände für die Bejahung des Vorsatzes unerlässlich ist.

– Bezugspunkte des Vorsatzes

Es ist unumstritten, dass ein vorsätzlich handelnder Täter alle objektiven Merkmale der verbotenen Tat *(przedmiotowe znamiona czynu)* kennen muss. Dazu gehört zunächst, dass er den natürlichen und sozialen Sinngehalt des einschlägigen Sachverhalts geistig erfasst. Dies ist bei den deskriptiven Tatbestandsmerkmalen ohne Weiteres jedem Durchschnittsbürger möglich. So weiß zum Beispiel jeder, dass er beim Diebstahl (Art. 278 k.k) eine „fremde Sache" an sich nimmt und dass es sich beim Zerschlagen von Gegenständen um „Sachbeschädigung" (Art. 288 k.k) handelt. Bei den normativen Tatbestandsmerkmalen wird beim Täter nur die allgemeine und nicht unbedingt die juristische Bedeutung der Tatbestandsmerkmale vorausgesetzt. So ist es für die Bejahung eines Diebstahls unerheblich, ob dem Täter die rechtliche Definition der „beweglichen Sache" bekannt ist oder nicht.

Der Vorsatz braucht sich dagegen nicht auf das Bewusstsein der Rechtswidrigkeit der Tat zu beziehen, was der Regelung des Verbotsirrtums in Art. 30 k.k zu entnehmen ist. Gleiches gilt für die Behandlung des Irrtums über einen Rechtferti-

---

4 Siehe unten 5.a.

gungs- oder Schuldausschließungsgrund (Art. 29 k.k), da das Vorliegen dieser Irrtumsform die vorsätzliche Tatbegehung nicht ausschließt.[5]

Maßgebender Zeitpunkt für das Vorliegen des Vorsatzes ist (spätestens) der Zeitpunkt des Handelns (oder Unterlassens). Der Vorsatz kann sich zwar auch auf einen nachfolgenden Sachverhalt erstrecken, er kann jedoch nicht auf einen abgeschlossenen Sachverhalt zurückwirken.

b) Formen des Vorsatzes

Obwohl der direkte Vorsatz *(dolus directus/zamiar bezpośredni)* als bewusstes Streben nach der Verwirklichung des Straftatbestands die häufigste Form des Vorsatzes bildet, ist das begriffliche Instrumentarium zur Bezeichnung verschiedener Formen dieser Begehungsart in der polnischen Lehre außerordentlich differenziert. Um die unterschiedlichen Spielarten der Wissens-Willens-Kombination beim Täter zu charakterisieren, werden hierbei noch althergebrachte Begriffe verwendet, wie zum Beispiel *dolus praemeditatus (zamiar przemyślany), dolus repentivus (zamiar nagły), dolus generalis (zamiar ogólny), dolus cumulativus (zamiar zbiorczy), dolus alternativus (zamiar alternatywny)* oder *dolus coloratus (zamiar zabarwiony).*

Bedingter Vorsatz *(dolus eventualis/zamiar wynikowy)* bedeutet, dass der die Möglichkeit der Tatbestandsverwirklichung erkennende Täter den Erfolgseintritt zwar nicht direkt anstrebt, sich aber damit abfindet (polnischer Gesetzeswortlaut: damit einverstanden ist/*godzi się*), dass dieser durch sein Handeln verursacht wird. Die Vertreter der Strafrechtslehre betonen jedoch, dass eine zufriedenstellende Bestimmung des materiellen Inhalts des *dolus eventualis*, insbesondere des psychischen Zustands im Sinne von „sichabfinden/einverstanden sein", noch nicht gefunden wurde. Die in der Lehre vornehmlich vertretene Auffassung begreift den bedingten Vorsatz pragmatisch, das heißt unter Beachtung seiner Funktion im Strafrecht. Er soll nämlich den Freiraum ausfüllen, der zwischen den (psychischen) Relationen des direkten Vorsatzes und denen der bewussten Fahrlässigkeit entsteht, mithin als Abgrenzungskriterium zur Fahrlässigkeit dienen. Da das Bewusstsein der Möglichkeit der Straftatbegehung (Wissensaspekt des Vorsatzes) ein Merkmal nicht nur des bedingten Vorsatzes, sondern eben auch der *luxuria*[6] ist, könnte der psychische Zustand im Sinne von „sichabfinden" – im Gegensatz zum Leichtsinn – bedeuten, dass dem Täter der Erfolgseintritt „gleichgültig ist" und er es einfach „darauf ankommen lässt". Den damit verbundenen psychischen Zustand beim Täter bezeichnet man als „Willensgleichgültigkeit" *(obojętność woli).*

Unstrittig in der Lehre ist dagegen, dass das Bewusstsein der Existenz einer konkreten Gefahr der Straftatverwirklichung bei dem mit *dolus eventualis* handelnden

---

[5] Siehe unten 5.b.

[6] Siehe unten 3.b.

Täter vorhanden sein muss und dass die genannte Vorsatzform nie selbstständig, sondern stets zusammen mit einem direkten Vorsatz (in Bezug auf die vorgenommene Handlung selbst) auftritt.

3. Subjektive Seite der Fahrlässigkeitstat

a) Begriff und Bezugspunkte der Fahrlässigkeit

Gemäß **Art. 9 § 2 k.k** ist:

> (...) eine verbotene Tat dann fahrlässig verwirklicht, wenn der Täter die Tat, ohne den Vorsatz zu haben, sie zu begehen, infolge der Verletzung der unter den gegebenen Umständen erforderlichen Sorgfalt dennoch begeht, obwohl er die Möglichkeit ihrer Begehung vorausgesehen hat oder hätte voraussehen können.

Fahrlässige Tatbegehung setzt negativ voraus, dass der Täter ohne Vorsatz handelt. Ihr Wesen besteht in der Verletzung der unter den gegebenen Umständen erforderlichen Sorgfalt,[7] verbunden mit der individuellen Voraussicht oder Vorhersehbarkeit der Tatbestandsverwirklichung. Die Voraussicht oder Vorhersehbarkeit charakterisiert die subjektive Seite der fahrlässigen Begehungsart; sie bildet ihre notwendigen und gleichzeitig auch ausreichenden Bestandteile. Beide Merkmale zeichnet ein Mangel an gebotener Aufmerksamkeit beim Täter aus. Bei der Voraussicht verfügt er zwar über die Kenntnis, dass die Begehung einer die Sorgfaltsregeln verletzenden Tat möglich ist, aber – anders als beim bedingten Vorsatz – ist er leichtsinnig, unvorsichtig, unaufmerksam genug, um darauf zu vertrauen, dass – trotz des Vorliegens der erkannten Gefahr für das geschützte Rechtsgut – der gesetzliche Tatbestand sich nicht verwirklichen werde.

Die Problematik der Vorhersehbarkeit der Tatbestandsverwirklichung durch den Täter und damit die Auslegung des Art. 9 § 2 k.k *in fine* (… obwohl er die Möglichkeit ihrer Begehung hätte voraussehen können) gehört zu den am meisten umstrittenen Bereichen der polnischen Strafrechtsdogmatik. In der Lehre zeichnen sich hier unterschiedliche Interpretationsmöglichkeiten ab: Zunächst könnte man davon ausgehen, dass die „Möglichkeit des Voraussehens" (das heißt die für den Täter geforderte Vorhersehbarkeit) einen allgemeinen und objektiven Charakter aufweist, der sich am standardisierten Verhaltensmuster eines „Durchschnittsbürgers" messen lässt und sich ausschließlich auf „normale" – nicht außergewöhnliche – Tatfolgen bezieht. Demzufolge könnten dem Täter nur solche Folgen der Sorgfaltspflichtverletzung zugeschrieben werden, die objektiv vorhersehbar waren. Eine solche Auslegung der Vorhersehbarkeit lässt sich allerdings dem Wortlaut des Art. 9 § 2 k.k *in fine* nicht entnehmen, auch wenn man unterstellt, dass die Schöpfer des k.k 1997 gerade eine solche Interpretation im Sinn hatten.

---

[7] Siehe II.D.7.b.

Wenn man jedoch andererseits vom Wortlaut der einschlägigen Vorschrift ausgeht, so lässt sich die für den Täter geforderte Vorhersehbarkeit nur konkret und individuell begreifen, das heißt als subjektives Element der unbewussten Fahrlässigkeit auffassen. Diese besteht darin, dass der Täter die Möglichkeit der Tatbestandsverwirklichung zwar nicht vorausgesehen hat, aber gerade dies, nämlich den Gefährdungserfolg grundlos nicht vorausgesehen und damit pflichtwidrig gehandelt zu haben, macht man ihm zum persönlichen Vorwurf.

b) Formen/Grade der Fahrlässigkeit

Auch wenn der Wortlaut des Art. 9 § 2 k.k keinen Rückschluss auf das Vorhandensein verschiedener Formen der Fahrlässigkeit zulässt, unterscheidet die Lehre mehrheitlich zwei Hauptformen: die bewusste Fahrlässigkeit/Leichtsinn *(lekkomyślność/luxuria)* und die unbewusste Fahrlässigkeit *(niedbalstwo/negligentia)*.

Bei der bewussten Fahrlässigkeit besteht die Sorgfaltspflichtverletzung darin, dass der Täter die Verwirklichung des Tatbestands zwar für möglich hält, aber pflichtwidrig auf deren Ausbleiben vertraut. Im Gegensatz dazu ist die Verletzung der gebotenen Sorgfalt bei der unbewussten Fahrlässigkeit dadurch gekennzeichnet, dass der Täter die Möglichkeit der Tatbestandsverwirklichung gar nicht voraussieht, obwohl er dies hätte können.

Da diese beiden Fahrlässigkeitsformen – jedenfalls nach dem Gesetzeswortlaut – in keinem Stufenverhältnis zueinander stehen, wird neuerdings auch in der Rechtsprechung und in der Lehre angenommen, dass die bewusste Fahrlässigkeit keinen höheren Unwertgehalt aufweist als die unbewusste. Allerdings kann sich die Differenzierung der Fahrlässigkeit bei der Abgrenzung von *luxuria* zum *dolus eventualis* als rechtlich relevant erweisen.[8]

4. Eingeschränktes Erfordernis von Vorsatz oder Fahrlässigkeit

Im Gegensatz zum angloamerikanischen Rechtskreis kennt das polnische Strafrecht grundsätzlich keine Strafbarkeit ohne Verschulden im Sinne von vorsätzlicher oder fahrlässiger Tatbegehung *(strict liability)*.

Eine besondere Form der objektiven Verantwortlichkeit *(objektywna odpowiedzialność)* wird allerdings in der Regelung des selbstverschuldeten Rausches in Bezug auf den vollständig unzurechnungsfähigen Täter gesehen. Dementsprechend bestimmt

[8] Siehe oben 2.b.

Art. 31 § 3 k.k

(...) hat sich der Täter in einen Trunkenheits- oder Rauschzustand versetzt, der zum Ausschluss oder zu einer Einschränkung seiner Zurechnungsfähigkeit geführt hat, und hat er dies vorausgesehen oder hätte er es voraussehen können, so finden Art. 31 § 1 [Schuldausschluss] und Art. 31 § 2 [außerordentliche Strafmilderung, *Anm. d. Verf.*] keine Anwendung.

Begeht der Täter in einem selbst verschuldeten, die Zurechnungsfähigkeit ausschließenden Zustand der Trunkenheit oder des Rausches eine Straftat, so kann er wegen dieser Tat bestraft werden, wenn er den Ausschluss seiner Zurechnungsfähigkeit vorausgesehen hat oder zumindest hätte voraussehen können. In Abweichung vom Schuldprinzip und zugunsten des Schutzes der Allgemeinheit wird in diesem Fall die Strafbarkeit der später im Zustand der Zurechnungsfähigkeit begangenen Straftat bejaht, ohne zu prüfen, ob der Täter diese vorsätzlich oder fahrlässig verübt hat.[9] War die Zurechnungsfähigkeit des Täters aufgrund eines selbstverschuldeten Rausches lediglich eingeschränkt, so wird ihm die sonst bei eingeschränkter Zurechnungsfähigkeit vorgesehene außerordentliche Strafmilderung (Art. 31 § 2 k.k) versagt, da die Schwere der Schuld hier keine Berücksichtigung bei der Strafzumessung findet.

Die in Art. 31 § 3 k.k enthaltene Regelung unterscheidet sich somit sowohl von dem deutschen Vollrausch-Tatbestand (§ 323 a dtStGB) als auch von der in vielen Rechtsordnungen bekannten Konstruktion der *actio libera in causa.*

Eine Form der eingeschränkten Voraussetzung von Vorsatz bildet die Regelung der erfolgsqualifizierten Delikte *(przestępstwa kwalifikowane przez następstwo).* Diese sieht vor, dass im Fall der Begehung einer Tat, bei der das Gesetz eine strengere Bestrafung an besondere Tatfolgen knüpft, der Täter nur dann strafbar ist, wenn er diese Folgen wenigstens hätte voraussehen können. Eine ausdrückliche gesetzliche Regelung dazu findet sich in

Art. 9 § 3 k.k

Der Täter ist nur dann strenger zu bestrafen, wenn er die besondere Folge der verbotenen Tat, an die das Gesetz die strengere Strafbarkeit knüpft, vorausgesehen hat oder hätte voraussehen können.

Die erfolgsqualifizierten Delikte (etwa die schwere Körperverletzung mit Todesfolge: Art. 156 § 3 k.k) zeichnen sich durch eine besondere Vorsatz-Fahrlässigkeits-Kombination *(culpa dolo exorta)* aus. Die vorsätzliche (oder fahrlässige) Verwirklichung eines bestimmten Grunddelikts ist schon als solche strafbar. Für den Fall der Herbeiführung einer besonderen, gesetzlich festgelegten Folge der Tat ist jedoch eine Strafschärfung vorgesehen. Diese an den Erfolgseintritt geknüpfte besonders schwere Strafe kann den Täter aber nur dann treffen, wenn er diese Folge wenigstens durch fahrlässige Begehungsart herbeigeführt hat.

---

9 Siehe II.J.7.

Daraus folgt, dass der Täter bezüglich der besonderen Taterfolge eines solchen Delikts nicht vorsätzlich zu handeln braucht; es reicht hierbei die Fahrlässigkeit in Form von Voraussehbarkeit aus. Dagegen können die Tatbestandsmerkmale des Grunddelikts, abhängig von den Voraussetzungen des Grundtatbestands, sowohl vom Vorsatz als auch (nur) von der Fahrlässigkeit des Täters erfasst sein. So zum Beispiel eine vorsätzliche (oder fahrlässige) Herbeiführung einer Verkehrskatastrophe mit – fahrlässiger – Tötung oder schwerer Körperverletzung mehrerer Menschen (Art. 173 §§ 3 und 4 k.k).

5. Fehlvorstellungen des Täters, Irrtum

a) Irrtum über Tatsachen

Da der Vorsatz nach dem polnischen Verbrechensaufbau zur subjektiven Seite der Tat gehört,[10] führt der Irrtum über das Vorliegen eines Tatbestandsmerkmals *(błąd co do okoliczności stanowiącej znamię czynu/błąd co do faktu/error facti)* dazu, dass der Vorsatz und folglich auch das Vorliegen einer vorsätzlichen Tat ausgeschlossen ist. Die einschlägige Regelung findet sich in

Art. 28 § 1 k.k

Wer bei der Begehung einer verbotenen Tat über einen Umstand irrt, der ein Tatbestandsmerkmal bildet, handelt nicht vorsätzlich.

Da der gesetzliche Tatbestand sich durch einen „generalisierenden" Charakter auszeichnet, sind auch die einzelnen gesetzlichen Tatbestandsmerkmale *in genere* gefasst. Ein Irrtum des Täters über das Handlungsobjekt *(error in objecto vel error in persona)* bildet nach herrschender Lehrauffassung eine Art des Irrtums *in specie* und ist strafrechtlich unerheblich *(błąd nieistotny)*. So ist es strafrechtlich irrelevant, wenn der mit Tötungsvorsatz handelnde Täter anstelle seines Feindes A den Bekannten B erschießt, den er in der Dunkelheit mit A verwechselt. Der Täter irrt hier ausschließlich über die Identität des Handlungsobjekts. Das getroffene Handlungsobjekt ist nämlich im Sinne des gesetzlichen Tatbestands (Art. 148 § 1 k.k) mit dem anvisierten Handlungsobjekt gleichwertig, was zur Folge hat, dass sich der Täter auf jeden Fall wegen Tötung eines Menschen strafbar macht. Ist allerdings derjenige, den der Täter eigentlich umbringen will, der Staatspräsident, und er verwechselt ihn irrtümlich mit dem Opfer X, so begeht er zwar immer noch eine vorsätzliche Tötung des X, allerdings in (Ideal-)Konkurrenz mit Art. 134 k.k (Anschlag auf das Leben des Staatsoberhaupts) und mit Art. 13 § 2 k.k (Strafbarkeit wegen untauglichen Versuchs).

---

[10] Siehe oben 2.a. und b.

Vom Objektsirrtum sind – auf der theoretischen Ebene – die Fälle des Fehlgehens der Tat *(aberratio ictus/zboczenie działania)* zu unterscheiden. Hier findet eine doppelte Abweichung des tatsächlichen Geschehens von den Vorstellungen des Täters statt: Sowohl das von ihm intendierte Handlungsziel als auch das Handlungsobjekt werden verfehlt. Die Probleme der *aberratio ictus* werden in der Praxis ähnlich wie die des Irrtums über das Handlungsobjekt gelöst, nämlich unter Berücksichtigung des Kriteriums der Gleichwertigkeit beziehungsweise Ungleichwertigkeit der Tatobjekte und der Konkurrenzregelung. Insofern besteht praktisch kein Unterschied zum *error in persona.*

Bei einer Abweichung des vorgestellten vom tatsächlichen Kausalverlauf (Irrtum über den Kausalverlauf) stellt sich zunächst die strafrechtlich erhebliche Frage, ob dem Täter der eingetretene, vom erwarteten abweichende Erfolg überhaupt objektiv zuzurechnen ist.[11] Nimmt man eine Zurechnung an, so ist die Abweichung als unwesentlich anzusehen und die Strafbarkeit wegen einer vorsätzlichen Begehungsart (Vorsatztat) zu bejahen. Ist jedoch die Abweichung des tatsächlichen Kausalverlaufs von der Tätervorstellung so wesentlich, dass der eingetretene Erfolg dem Täter nicht zugeschrieben werden kann, so liegt ein Tatbestandsirrtum vor, der den Vorsatz ausschließt und nur die Strafbarkeit wegen Versuchs ermöglicht.

Die Behandlung der Fahrlässigkeit beim Zustandekommen eines den Vorsatz ausschließenden Tatbestandsirrtums ist zwar gesetzlich nicht geregelt, doch wird davon ausgegangen, dass dieser Fall durch die Regelung der Fahrlässigkeitsstrafbarkeit in Art. 9 § 2 k.k bereits ausreichend erfasst ist. Der Täter kann in einem einschlägigen Fall wegen der fahrlässigen Begehungsart nur dann belangt werden, wenn diese ausdrücklich unter Strafe gestellt ist und alle anderen Fahrlässigkeitsvoraussetzungen erfüllt sind.[12] Ist dies nicht der Fall, so geht der Täter straffrei aus.

Nimmt der Täter irrig einen Umstand an, der zur Anwendung eines privilegierenden Tatbestands führen würde (Irrtum über ein privilegierendes Tatbestandsmerkmal), so ist er nur dann nach der von ihm angenommenen Sachlage zu behandeln, wenn sein Irrtum entschuldbar war; war sein Irrtum nicht entschuldbar, so ist er nach dem tatsächlich verwirklichten Grundtatbestand zu bestrafen. Die einschlägige Regelung findet sich in

Art. 28 § 2 k.k

Handelt der Täter in der entschuldbaren irrigen Annahme, dass ein Umstand vorliegt, der ein Tatbestandsmerkmal bilden würde, das eine mildere Bestrafung begründet, so ist er nach der betreffenden milderen gesetzlichen Vorschrift zu bestrafen.

Als Beispiel kann hier der Täter genannt werden, der einen anderen aus Mitleid und in der irrigen Annahme tötet, der Leidende würde es verlangen (Tötung auf

[11] Siehe II.D.7.a.

[12] Siehe oben 3.a.

Verlangen: Art. 150 k.k). Sein Irrtum kann dann als entschuldbar *(usprawiedliwiony)* angesehen werden, wenn er in Bezug auf das Vorliegen des Verlangens diejenige Sorgfalt angewandt hat, die von ihm nach den Umständen des konkreten Falls erwartet werden konnte. Ist die irrige Annahme des Verlangens entschuldbar, so würde dies zu einer Strafbarkeit des Täters nach dem privilegierten Tatbestand des Art. 150 k.k führen. Bei Unentschuldbarkeit des Irrtums hingegen wäre der Täter nach dem Grundtatbestand zu bestrafen (Tötung eines Menschen, Art. 148 § 1 k.k).

b) Irrtum über Rechtsfragen

Der Verbotsirrtum (Art. 30 k.k[13]) sowie der Irrtum über einen Rechtfertigungs- oder Schuldausschließungsgrund (Art. 29 k.k[14]) lassen nicht den Vorsatz entfallen, sondern sind auf der Ebene der Schuld (Entschuldigungsgründe) geregelt.

Literaturhinweise

Gardocki, Lech, Prawo karne (Strafrecht). 11. Aufl. Warschau 2005, S. 75–84, 132–139 mit weiteren Literaturangaben.

Kardas, Piotr/Majewski, Jarosław, O dwóch znaczeniach winy (Die zwei Bedeutungen des Schuldbegriffs). Państwo i Prawo 1993, Nr. 10, 69–79.

Kubiak, Rafał, Pojęcie usprawiedliwionego błędu w nowym kodeksie karnym (Der Begriff des entschuldbaren Irrtums im neuen Strafgesetzbuch). Palestra 1998, Nr. 7/8, 33–52.

Marek, Andrzej, Prawo karne (Strafrecht). 6. Aufl. Warschau 2005, S. 128–162 mit weiteren Literaturangaben.

Rejman, Genowefa, in: Ewa Bieńkowska/Barbara Kunicka-Michalska/Genowefa Rejman/Janina Wojciechowska (Hrsg.), Kodeks karny. Część ogólna. Komentarz (Strafgesetzbuch. Allgemeiner Teil. Kommentar). Warschau 1999, S. 141–199, 426–469, 776–838 mit weiteren Literaturangaben.

Wąsek, Andrzej, Kodeks karny. Komentarz do art. 1–31 (Strafgesetzbuch. Kommentar zu Art. 1–31), Band I. Danzig 2000, S. 93–126, 360–403 mit weiteren Literaturangaben.

– Problematyka kontratypów przy przestępstwach nieumyślnych (Rechtfertigungsgründe bei den Fahrlässigkeitsdelikten). Palestra 1988, Nr. 10, 61–71.

Das polnische Strafgesetzbuch. Kodeks karny. Übersetzung und Einführung von *Ewa* Weigend. Freiburg 1998, Art. 1 bis 116.

Wolter, Władysław, Funkcja błędu w prawie karnym (Die Funktion des Irrtums im Strafrecht). Warschau 1965.

13 Siehe II.J.8.

14 Siehe II.J.2.

Zoll, Andrzej (Hrsg.), Kodeks karny. Część ogólna. Komentarz do art. 1–116 (Strafgesetzbuch. Allgemeiner Teil. Kommentar zu Art. 1–116), Band I. 2. Aufl. Krakau 2004, S. 528–570 mit weiteren Literaturangaben.

– Okoliczności wyłączające bezprawność czynu (Rechtfertigungsgründe). Warschau 1982.

Rechtsprechung

Rechtsprechung des Obersten Gerichts

Urteil vom 6.1.2004 (IV KK 276/2003), OSNwSK 2004, Nr. 1, Pos. 29.

Beschluss vom 2.7.2003 (WZ 18/2003), OSNwSK 2003, Nr. 1, Pos. 1453.

Urteil vom 14.1.2003 (II KKN 273/2001), LEX Nr. 75381.

Urteil vom 14.1.2003 (II KKN 273/2001), LEX Nr. 75381.

Urteil vom 3.9.2002 (V KKN 401/2001), LEX Nr. 74581.

Urteil vom 2.9. 2001 (II KKN 63/1999), LEX Nr. 51381.

Urteil vom 26.7.2001 (V KKN 153/2001), LEX Nr. 51846.

Abkürzungsverzeichnis

dtStGB	deutsches Strafgsetzbuch
k.k	kodeks karny (polnisches Strafgesetzbuch)
LEX	Polnische juristische elektronische Datenbank
OSNwSK	Orzecznictwo Sądu Najwyższego w sprawach karnych (Rechtsprechung des Obersten Gerichts in Strafsachen. Entscheidungssammlung)

Sarah Summers

Subjektive Tatseite in
Schottland

1. Definition/Elemente der subjektiven Tatseite

Im *common law* herrscht die Maxime *actus non facit reum nisi mens sit rea*: Eine Handlung oder Unterlassung ist nur strafbar, wenn diese von einer Person, welche die erforderliche strafrechtlich relevante Gesinnung *(mens rea)* aufwies, begangen wurde. Es besteht eine Vermutung für das Erfordernis der *mens rea* in Bezug auf die *common-law*-Delikte *(Blake v HM Advocate*; *Patterson v Lees)*. Was die Definition der *mens rea* betrifft, sind in der Lehre und in der Rechtsprechung zwei verschiedene Betrachtungsweisen ersichtlich. Früher war *mens rea* mit einer Art moralischer Vorwerfbarkeit namens *dole (moral blameworthiness)* eng verbunden. *Dole* wurde von *Hume* als „eine korrupte und böse Absicht, welche ein wesentliches Element der Schuld einer Straftat bildet" *(that corrupt and evil intention, which is essential(...) to the guilt of any crime)* beschrieben. Bei *dole* handelte es sich nicht um eine Absicht *(intention)*, einen spezifischen Tatbestand als solchen zu verwirklichen, sondern um die Art, wie der Tatbestand im Allgemeinen realisiert wurde. Nur wenn der *actus reus* unter Begleitumständen begangen wurde, welche auf „eine korrupte und heimtückische Disposition, ein die Ordnung und Bürgerpflicht verachtendes Herz" *(a corrupt and malignant disposition, a heart contemptuous of order and social dut)* hindeuteten, konnte *dole* festgestellt werden.

Der Begriff *mens rea* umfasst grundsätzlich die subjektiven *(mental)* Elemente eines Straftatbestands, wie zum Beispiel *intention* (Vorsatz) oder *recklessness* (in Kauf nehmen), die vorliegen müssen, damit eine Handlung als strafbar gelten kann. Jeder Straftatbestand beinhaltet eine spezifische *mens rea.*

Die Situation in Bezug auf *statutory offences* (in einem Gesetz geregelte Straftaten) ist etwas anders: Hier findet die beschriebene *common-law*-Maxime nicht immer Anwendung, und Prinzipien, die das Erfordernis der *mens rea* ausschließen, wie *strict liability* oder *vicarious liability*, sind nicht ungewöhnlich.[1] Wichtig ist, dass solche Regelungen nicht einfach als „Ausnahmefälle" betrachtet werden können, da kein Unterschied zwischen verschiedenen Klassen von Delikten gemacht

---

[1] Siehe unten 4.

wird.[2] Im Gegenteil bilden solche gesetzlichen Normen die Basis für einen erheblichen Prozentsatz der jährlichen Verurteilungen.

Auch wenn hier drei Formen von *mens rea* zu erwähnen sind *(intention, recklessness, negligence)*, sind *intention* und *recklessness* bei Weitem die bedeutendsten.[3] *Negligence* ist heute – zumindest im Zusammenhang mit *common-law*-Straftatbeständen – eher von geringer Bedeutung. Außer bei den Tötungsdelikten ist *negligence* strafrechtlich nämlich nur dann relevant, wenn sie qualifiziert auftritt und als *gross negligence* eingeordnet werden kann.[4] Trotz dieser Bezeichnung wird *gross negligence* aber nicht als Form der *negligence* behandelt, sondern es wird auf eine Unterart der *recklessness* verwiesen, mit anderen Worten: *gross negligence* wird *recklessness* gleichgestellt.

2. Intention und recklessness

a) Begriff und Bezugspunkte des Vorsatzes

Soweit die Art der *mens rea* vom Tatbestand nicht spezifisch vorgeschrieben ist, besteht in Bezug auf die *common-law*-Delikte eine Vermutung zugunsten der Voraussetzung der *intention*. Einige traditionell wichtigere Tatbestände können nur „wissentlich“ *(intentionally)* begangen werden, zum Beispiel Körperverletzung (*assault; Lord Advocate's Reference* No. 2 of 1992, *HM Advocate v Harris*), Diebstahl *(theft)* oder „mutwillige“ Brandstiftung *(wilful fire raising; Byrne v HM Advocate)*. Eine Tat wird wissentlich *(intentionally)* begangen, wenn der Täter die Umstände, welche die Tat ausmachen, wahrnimmt, wenn seine Handlungen freiwillig *(voluntary)* erfolgen und wenn das, was passiert ist, keinen Zufall darstellt:

Intention setzt Umstände voraus, welche eine Person mehr als bloß in Betracht zieht; ganz im Gegenteil werden Umstände vorausgesetzt, in welchen eine Person entscheidet, etwas zu verursachen, soweit sie dies überhaupt und mit einer realistischen Chance aus freiem Willen machen kann

(An “intention” to my mind connotes a state of affairs which the party “intending” (…) does more than contemplate; it connotes a state of affairs which, on the contrary, he decides, so far as in him lies, to bring about, and which (…) he has a reasonable prospect of being able to bring about, by his act of volition”, *Sayers & Ors v HM Advocate*, citing *Asquith LJ, Cunliffe v Goodman*).

Dass *intention* einer „subjektiven“ Voraussetzung beziehungsweise einem persönlichen Umstand des Täters *(subjective state of mind)* entspricht, ist in der Rechtsprechung heute weitgehend akzeptiert. Trotzdem kann *intention* bei Nichtvorliegen ei-

---

2 Siehe II.C.1.b.

3 Siehe unten 2.

4 Siehe unten 3.b.

nes Geständnisses aus objektiven Kriterien/Tatsachen (*reasonable man*; Voraussehbarkeit) abgeleitet und so auch bewiesen werden *(Byrne v HM Advocate)*.

Nur für bestimmte Delikte genügt bereits *recklessness*. Sie wird als eine „vollkommene Gleichgültigkeit gegenüber der Sicherheit der Öffentlichkeit" definiert (*total indifference to and disregard for the safety of the public*, zum Beispiel *RHW v HM Advocate*). Ob jemand *recklessly* gehandelt hat, wird nach einem objektiven Standard festgestellt. Eine Person, die das Risiko nicht als solches einschätzt beziehungsweise begreift, kann trotzdem als *reckless* charakterisiert werden, wenn eine Durchschnittsperson *(reasonable man)* das Risiko hätte erkennen können. Der Fall *Allen v Patterson* deutet darauf hin, dass dieser Test sowohl für gesetzlich geregelte (vorausgesetzt, dass das Gesetz nichts anderes vorschreibt), als auch für *common-law*-Delikte gilt.

Intention und *recklessness* sind streng auseinanderzuhalten. In *Byrne* hat das Appellationsgericht entschieden, dass der erstinstanzliche Richter die Geschworenen falsch instruierte *(misdirection)*, als er sagte, dass Handlungen, die auf die vollkommene Nichtachtung der höchstwahrscheinlichen Ausbreitung eines Brandes hinweisen, *intention* implizieren könnten. Richtig sei, dass nicht angenommen werden könne, dass willentlich gehandelt worden war, nur weil eine Person *reckless* war *(Byrne v HM Advocate)*.

In der Regel wird verlangt, dass beides – *mens rea* und *actus reus* – zusammen vorliegt *(concurrence)*. *Mens rea* wird aber nur hinsichtlich der Elemente, die zum spezifischen *actus reus* gehören, gefordert. *Mens rea* in Bezug auf andere „unwesentliche" Elemente *(immaterial elements)* des *actus reus*, wie beispielsweise die inländische Strafgewalt *(jurisdiction)*, ist nicht erforderlich.

Betreffend die Art der *mens rea* wird oft angenommen, dass sie bezüglich aller Elemente eines Straftatbestands gleichermaßen vorliegen muss. Dies ist aber wenigstens im Bereich des *common law* nicht (immer) der Fall, wie zum Beispiel die Frage der Einwilligung beim Diebstahl *(theft)* zeigt: Der *actus reus* ist hier die Aneignung eines fremden Besitzes ohne Einwilligung des Eigentümers *(the appropriation of another's property without his or her consent)*. Grundsätzlich wird im Hinblick auf die Aneignung der Sache *intention* verlangt. In Bezug auf die Frage der Einwilligung des Eigentümers genügt nach herrschender Lehre aber *recklessness*. Unklar ist, ob bei der Bigamie hinsichtlich der Frage des Bestehens der ersten Ehe *recklessness* genügt und ob infolgedessen die auf einen Sachverhaltsirrtum gestützte Ansicht, die erste Ehe bestehe nicht mehr, als *defence* gegen eine Anklage dienen kann. *Mens rea* muss immer in Bezug auf jedes einzelne Element eines Straftatbestands gesondert geprüft werden.

Im Prinzip muss die *mens rea* vor oder gleichzeitig mit dem *actus reus* gegeben sein. Nur in seltenen Fällen reicht es aus, wenn die *mens rea* nach der Begehung des *actus reus* eintritt, wie beispielsweise im englischen Fall *Fagan v Metropolitan Police Commissioner*. In *Fagan* hatte der Angeschuldigte den Fuß eines Polizisten überfahren und weigerte sich wegzufahren, obwohl der Fuß noch unter seinem Auto eingeklemmt war. Obgleich nicht bewiesen war, dass der Angeschuldigte, als er den Fuß überfahren hatte, *mens rea* aufwies, wurde er mit dem Argument verurteilt, dass diese Tat und seine Weigerung wegzufahren als eine fortdauernde Handlung betrachtet werden müssten. Nicht erforderlich ist, dass die *mens rea* bis zum Eintritt des Erfolgs besteht *(Thabo-Meli v R)*.

Eine allgemein gültige Doktrin von *transferred intent* oder *mens rea* besteht im heutigen Strafrecht nicht (zum Beispiel *Byrne v HM Advocate*: Die Absicht, bewegliche Sachen in Brand zu stecken, dürfte nicht auf die tatsächliche, aber unabsichtliche Zerstörung von Immobilien übertragen werden; siehe auch *Hume* – nur in Bezug auf Mord). Solche Fragen werden vielmehr als Teil der Irrtumslehre behandelt.[5]

b) Formen des Vorsatzes

Es gibt Formen von *mens rea* (*degrees of mens rea* – das heißt *intention, recklessness, negligence*), aber keine weiteren „Unterformen" von *intention*.

Die Frage der Formen von *recklessness* ist weniger klar. In Bezug auf Mord *(murder)* ist *wicked recklessness* erforderlich, *recklessness* alleine genügt nicht. Selbst wenn der Täter nicht wissentlich *(intentionally)* gehandelt hat, kann er wegen Mordes verurteilt werden, wenn seine Handlungen folgendermaßen beschrieben werden können:

> such wicked recklessness as to imply a disposition depraved enough to be regardless of the consequences (derart qualifizierte *recklessness*, dass daraus geschlossen werden muss, dass der Täter so verdorben war, dass er ohne jegliche Rücksicht auf die Folgen gehandelt hat; *Macdonald*).

3. Subjektive Seite der negligence

a) Begriff und Bezugspunkt der negligence

Negligence ist das versehentliche Versäumnis einer Person, in Übereinstimmung mit einer Verhaltensnorm zu handeln. Dies kann sich entweder aus einer Unterlassung oder aus einem aktiven Tun ergeben. Die Entscheidung, ob eine Handlung oder Unterlassung *negligent* war, wird mit Bezug auf einen objektiven Maßstab festgelegt, das heißt nach dem Standard einer vernünftigen Durchschnittsperson *(reasonable man)*. Aus diesem Grund wird teilweise in Frage gestellt, ob *negligence* überhaupt eine subjektive Seite hat. Klar ist aber, dass strafrechtliche Verantwort-

---

[5] Siehe unten 5.a.

lichkeit nur aufgrund einer freiwilligen Handlung *(voluntary act)* entstehen kann und dass dieser Test ein subjektives Element beinhaltet.

Es besteht traditionell klar eine gewisse Zurückhaltung bezüglich der Anwendung von *negligence* auf die Delikte des *common law*. Verurteilungen aufgrund von *negligence* waren früher nur im Bereich der Tötungsdelikte möglich. In der Folge haben sich auch bei dieser Deliktsart zuerst die Geschworenen, dann auch die Richter gegen die Anwendung von *negligence* gesträubt (zum Beispiel *Drever and Tyre*: "I put it to you this way gentlemen, because it is not any slight fault or neglect which will make a man a criminal; it must be a notable and serious fault or neglect by a man upon whose care and caution human life depends"; *Paton v HM Advocate*). Heutzutage ist *negligence* im *common law* nur relevant, wenn die Handlung oder Unterlassung als *gross negligence (reckless)* eingestuft werden kann.[6]

Bezüglich gesetzlich geregelter Straftaten *(statutory offences)* hingegen spielt *negligence* weiter eine wichtige Rolle. Hier erscheint die Bestrafung der Sorglosigkeit auch weniger problematisch, nicht zuletzt, weil *mens rea* teilweise gar nicht erforderlich ist.[7]

b) Formen/Grade der negligence

Es wird zwischen verschiedenen Graden von *negligence* unterschieden. S*imple negligence* ist das versehentliche Versäumnis einer Person, in Übereinstimmung mit einer Verhaltensnorm zu handeln. *Gross negligence* wird, wie oben gezeigt, vor allem im Bereich der Tötungsdelikte angewendet. Die Abgrenzung wird hier wertend vorgenommen. Die schwerere Form der *gross negligence* ist dabei in ihrer Essenz der *recklessness* gleichzustellen: "gross or wicked, or criminal negligence, something amounting to, or at any rate analagous, to a criminal indfference to consequences" (vgl. *Paton v HM Advocate*; *McDowall v HM Advocate*).

Wie oben beschrieben ist die Form der einfachen *negligence* vor allem bei gesetzlich geregelten Straftaten relevant. Im *common law* bezeichnet die Abgrenzung dieser Formen auch die Grenze der Strafbarkeit.

4. Eingeschränktes Erfordernis von Vorsatz oder Fahrlässigkeit

Das *common-law*-Prinzip *actus non facit reum nisi mens sit rea* gilt nicht für alle gesetzliche Straftaten *(statutory offences)*. Es bestehen zwei Arten von strafrechtlicher Verantwortung, welche das Erfordernis der *mens rea* negieren. Bei den *strict-liability*-Delikten kann ein Täter verurteilt werden trotz der Tatsache, dass er

---

[6] Siehe unten b.

[7] Siehe oben 1. sowie unten 4.

keine *mens rea* hatte. Ein gutes Beispiel bildet der *Road Traffic Act* 1988, da die meisten Tatbestände dieses Gesetzes auf der Grundlage von *strict liability* verfolgt werden. Im Fall *Howman v Russell* ist die Behandlung solcher Delikte klar zu sehen. Hier wurde entschieden, es sei unwesentlich, ob ein Fahrer gewusst habe, dass seine Scheinwerfer, welche vom Wind zerstört waren, nicht mehr funktionierten:

> When the substance of the statutory regulation is to forbid the use of a vehicle unless it implies in construction or equipment with certain statutory instruments, it is not, in my opinion, possible to say that an offence has not been committed because the defect in the prescribed construction or equipment of the vehicle happened to be unknown to the driver at the time. The question is not whether the accused was wilful (which in this case he certainly was not), or negligent (of which in this case I see no sign), or had any intention of contravening the statute or regulation (it is common ground, I think, that the accused in this case was innocence of any such intention): The question is whether he was driving a motor-car which – for whatever reason – did not have a lighted lamp at its rear. If he was, he contravened the regulation and statute – however technical his offence and however inappropriate for either prosecution or penalty the case may be.

Diese Methode findet grundsätzlich für alle Straßenverkehrsdelikte Anwendung. *Strict-liability*-Delikte müssen heute deshalb als ein wichtiger Teil des *criminal justice system* angesehen werden (auch wenn dies grundsätzlich problematisch erscheint – und dem allgemeinen *common-law*-Prinzip beziehungsweise philosophischen Konzept der strafrechtlichen Verantwortung nicht entspricht).

Ebenso ist das Erfordernis der *mens rea* bei Delikten, die *vicarious liability* vorsehen, nicht notwendig: A wird strafrechtlich verantwortlich für die strafbaren Handlungen oder Unterlassungen von B gemacht, weil A aufgrund des Prinzips *qui facit per alium facit per se* für B die Verantwortung trägt.

Gesetzlich geregelte Straftaten *(statutory offences)* setzen sich aus verschiedenen Elementen zusammen, und es muss immer überlegt werden, ob die einzelnen Elemente des Tatbestands *mens rea* erfordern. Ob eine gesetzliche Bestimmung *(statutory provision) mens rea* verlangt, ist oft bereits aus dem Gesetzestext klar zu erkennen. Formulierungen wie zum Bespiel *wilfully* (bewusst), *maliciously* (arglistig), *fraudulently* (betrügerisch) oder *knowingly* (wissentlich) deuten an, dass *mens rea* erforderlich ist. In anderen Fällen müssen die Gerichte dies im Einzelfall entscheiden.

5. Fehlvorstellung des Täters, Irrtum

a) Irrtum über Tatsachen

Eine Fehlvorstellung des Täters hinsichtlich des Sachverhalts kann auch im schottischen Recht von Bedeutung sein. Denkbar ist, dass gegenüber einer Anklage argumentiert wird, der Täter habe die erforderliche *mens rea* nicht gehabt, das heißt es liege überhaupt keine Straftat vor. Ebenfalls ist es möglich, dass die Handlung durch die Fehlvorstellung des Täters gerechtfertigt werden kann. Aus struktureller Sicht steht die Figur des Irrums zwischen der *mens rea* und den Rechtfertigungs- beziehungsweise Schuldausschlussgründen *(defences)*.[8]

Wird ein erheblicher Sachverhaltsirrtum bejaht, so wird der Täter nach dem Sachverhalt seiner Vorstellung beurteilt. Nicht jeder Irrtum führt jedoch zur Verneinung der Existenz der *mens rea* oder kann als *defence* dienen. Es bestehen gewisse Kategorien von Irrtümern, welche als irrelevant oder unerheblich bezeichnet werden. Diese Irrtümer haben keine Auswirkung auf die Strafbarkeit des Täters, entweder, weil sie die *mens rea* nicht tangieren, oder weil politische/gesellschaftliche Faktoren *(policy reasons)* bestehen, die vorgehen.

Ein Irrtum bezüglich des Straftatbestands *(error as to crime)* kann entstehen, wenn der Täter einen *actus reus* begeht, welcher anders ist als der, den er sich vorgestellt hat. In diesem Fall kann der Täter nur verurteilt werden, wenn er die entsprechende *mens rea* für den *actus reus*, den er verursacht hat, aufwies. Will etwa der Täter eine Frau vergewaltigen *(rape)*, die sich – entgegen seiner Wahrnehmung – nicht einfach aus Angst passiv verhält, sondern aufgrund selbst verursachter Trunkenheit bewusstlos ist, kann er nicht wegen Vergewaltigung *(rape)*, wohl aber wegen sexuellen Angriffs *(indecent assault)* bestraft werden. Dies gilt, weil die *mens rea* einer Vergewaltigung die *mens rea* eines sexuellen Angriffs mit umfasst.

Ein Irrtum hinsichtlich des Opfers *(error as to the victim)* ist grundsätzlich gegenstandslos. Hier könnte zwischen *error in objecto* (A schlägt B, meint aber, es handele sich um C) und *aberratio ictus* (A will B schlagen, trifft aber C) unterschieden werden. Es wird argumentiert, dass in einem *aberratio-ictus*-Fall nicht ein Irrtum, sondern eher ein Unfall *(accident)* vorliege. *Hume* lehnt eine solche Unterscheidung aber ab. Er insistiert, dass in beiden Fällen der „Irrtum" einfach als unerheblich zu bezeichnen sei. Diese Meinung scheint auch in der heutigen Rechtsprechung bestätigt zu werden. In dem *(aberratio-ictus-)*Fall *Roberts v Hamilton*, in welchem der Täter A einen Schlag gegen B führte und statt B zu treffen, tatsächlich C schlug, wurde A wegen Körperverletzung verurteilt und diese Verurteilung im Berufungsverfahren bestätigt.

Ein Irrtum in Bezug auf die Art und Weise, wie der *actus reus* durchzuführen ist *(error as to mode)*, ist prinzipiell unerheblich. Wenn der Täter vorhat, das Opfer zu schlagen und es anschließend durch Ersticken zu töten, ist die Tatsache, dass das Opfer bereits aufgrund der Schläge stirbt, ohne Bedeutung.

---

[8] Siehe dazu II.J.

b) Irrtum über Rechtsfragen

In der Regel ist ein Irrtum über Rechtsfragen *(error of law)* irrelevant. Ein Täter kann einer Strafe nicht entgehen, indem er argumentiert, er habe nicht gewusst, dass seine Handlung oder Unterlassung strafbar war *(Clark v Syme)*.[9]

Literaturhinweise

Ashworth, Andrew, Principles of Criminal Law. 4. Aufl. Oxford 2003.

Gordon, Gerald H., The Criminal Law of Scotland, Band I. 3. Aufl. Edinburgh 2000, S. 5–40.

Horder, Jeremy, A Critique of the Correspondence Principle in Criminal Law Criminal Law Review 1995, 759–770.

Hume, David, Commentaries on the Law of Scotland Respecting Crimes, vol. i und ii. 3. Aufl. Edinburgh 1844.

Jones, Timothy H./Christie, Michael G.A., Criminal Law. 3. Aufl. Edinburgh 2003.

Macdonald, J.H.A., A Practical Treatise on the Criminal Law of Scotland. 3. Aufl. Eindburgh 1894.

Mitchell, B., In Defence of a Principle of Correspondence. Criminal Law Review 1999, 195–205.

Rechtsprechung

Allen v Patterson 1980 JC 57

Blake v HM Advocate 1991 SCCR 576

Byrne v HM Advocate 2000 SLT 233

Clark v Syme 1957 JC 1

Cunliffe v Goodman [1950] 2 KB 237

Drever and Tyre (1885) Couper 680

Fagan v Metropolitan Police Commissioner [1969] 1 QB 439

HM Advocate v Harris 1993 JC 150

Howman v Russell 1923 JC 32

Lord Advocate's Reference No. 2 of 1992 1993 JC 43

McDowall v HM Advocate 1998 JC 194

Paton v HM Advocate 1936 JC 28

---

9 Siehe näher dazu II.J.8.

Patterson v Lees 1999 SCCR 231
RHW v HM Advocate 1982 SLT 420
Roberts v Hamilton 1989 SLT 399
Sayers & Ors v HM Advocate 1981 SCCR 312
Thabo-Meli v R [1954] 1 WLR 228

Abkürzungsverzeichnis

AC	Appeals Cases (Entscheidungssammlung)
ELR	Edinburgh Law Review (Entscheidungssammlung/ Fachzeitschrift)
GWD	Green's Weekly Digest (Entscheidungssammlung)
HL	House of Lords
HM Advocate	Her Majesty's Advocate (Staatsanwaltschaft)
JC	Justiciary Cases (Entscheidungssammlung)
KB	King's Bench (Entscheidungssammlung)
QB	Queen's Bench (Entscheidungssammlung)
R	Regina / Rex
SCCR	Scottish Criminal Case Reports (Entscheidungssammlung)
SLT	Scots Law Times (Entscheidungssammlung/ Fachzeitschrift)
v	versus
vol.	volume
WLR	Weekly Law Reports (Entscheidungssammlung)

Karin Cornils

Subjektive Tatseite in
Schweden

1. Definition/Elemente der subjektiven Tatseite

Die wichtigsten Elemente der subjektiven Tatseite beziehungsweise Merkmale der persönlichen Verantwortung[1] sind Vorsatz und Fahrlässigkeit. Sie müssen sich nach dem sogenannten Deckungsprinzip grundsätzlich auf alle objektiven Tatmerkmale erstrecken. Fehlvorstellungen des Täters können den Vorsatz oder die Fahrlässigkeit ausschließen oder sonst zur Straffreiheit führen. Daneben gibt es weitere subjektive Gründe für den Ausschluss der Strafbarkeit, teilweise auch Entschuldigungsgründe genannt.[2]

2. Vorsatz

a) Begriff und Bezugspunkte des Vorsatzes

– Definition des Vorsatzes

Die im Kriminalgesetzbuch (*Brottsbalken*, BrB) und in der schwedischen Lehre als vorrangig behandelte allgemeine Schuldform ist der Vorsatz *(uppsåt, dolus)*. Sofern nicht fahrlässiges Verhalten ausdrücklich kriminalisiert ist, sind nur vorsätzlich begangene Taten strafbar:

Kap. 1 § 2 BrB

(1) Eine Tat ist, sofern nichts anderes besonders bestimmt ist, nur dann als Straftat anzusehen, wenn sie vorsätzlich begangen wird.

Der Begriff des Vorsatzes ist nicht gesetzlich definiert. In der Literatur ist er umschrieben worden als diejenige seelische Einstellung des Täters, die es rechtfertigt, ihn für die hinsichtlich der Schuld am meisten tadelnswerte Begehungsform einer Straftat verantwortlich zu machen. Die Lehre sieht den typischen Fall einer vorsätzlichen Tat in einem bewussten und kontrollierten Handeln oder Unterlassen.

---

1 Zu den verschiedenen Lehren vom Verbrechensaufbau siehe II.C.2.

2 Siehe dazu II.J.

Den Ausgangspunkt bildet die prinzipielle Überlegung, dass der Täter Gelegenheit hatte, sein Verhalten nach dem Gesetz auszurichten. Üblicherweise wird vorsätzliches Handeln oder Unterlassen mit den Worten umschrieben, dass der Täter „versteht, was er (Unerlaubtes) tut".

Dabei wird zwischen dem kognitiven und dem voluntativen Element seiner Einstellung zum Tatgeschehen differenziert. Das kognitive Element besteht in einer intellektuellen Vorstellung des Täters und kann in verschiedenen Formen und Abstufungen gegeben sein: Gewissheit, Kenntnis, Einsicht, Vermutung, Fürmöglichhalten, Irrtum, Zweifel oder Unkenntnis. Das voluntative Element beschreibt die Einstellung des Täters zu den Umständen und Folgen seiner Tat; es kann ebenfalls in verschiedenen Formen vorkommen: Absicht, Bezwecken, Wünschen, Hoffen, In-Kauf-Nehmen, Nichtwollen. Beide Elemente gemeinsam bilden den Vorsatz, und sie stehen in einem bestimmten Verhältnis zueinander. So kann jemand mit seinem Verhalten nicht etwas bezwecken, wenn er es nicht zumindest für möglich hält. Ebenso schließen sich Gewissheit und Hoffen, Unkenntnis und In-Kauf-Nehmen gegenseitig aus.

– Bezugspunkte des Vorsatzes

Nach dem so genannten Deckungsprinzip *(täckningsprincipen)* muss sich der Vorsatz grundsätzlich auf alle objektiven Tatmerkmale einschließlich der Eingehung eines bestimmten Risikos und des Fehlens von rechtfertigenden Umständen beziehen. Einzelheiten zu den Tatmerkmalen ergeben sich aus dem jeweiligen Straftatbestand. So macht sich etwa des Hausfriedensbruchs (Kap. 4 § 6 BrB) nur strafbar, wer vorsätzlich in Bezug darauf handelt, dass der Bereich, in den er eindringt, bewohnt ist. Der Inzest (Kap. 6 § 6 BrB) setzt Vorsatz in Bezug auf das Verwandtschaftsverhältnis voraus, der Diebstahl (Kap. 8 § 1 BrB) Vorsatz in Bezug darauf, dass die Sache einem anderen gehört. Auch qualifizierende Umstände wie der erhebliche Wert einer entwendeten Sache beim schweren Diebstahl (Kap. 8 §§ 2, 3 BrB) oder die Gefährdung mehrerer Personen bei der schweren Brandstiftung (Kap. 13 § 2 BrB) können dem Täter nur zugerechnet werden, wenn sein Vorsatz sie umfasst. Nennt das Gesetz alternative Tatbestandsmerkmale, so genügt es, wenn eines vom Vorsatz gedeckt ist, selbst wenn ein anderes objektiv vorliegt. Wer beispielsweise beim Wucher (Kap. 9 § 5 BrB) glaubt, den Unverstand des anderen auszunutzen, ist auch dann strafbar, wenn er in Wirklichkeit die wirtschaftliche Bedrängnis des anderen ausnutzt. In Bezug auf normative Tatbestandsmerkmale wie die Ungebührlichkeit der Belohnung bei aktiver und passiver Bestechung (Kap. 17 § 7, Kap. 20 § 2 BrB) oder juristische Begriffe wie beispielsweise „Urkunde", „Vertrag" oder „unbewegliche Sache" genügt es, wenn der Täter diejenigen tatsächlichen Umstände in seinen Vorsatz aufnimmt, die der Wertung beziehungsweise der juristischen Begriffsbildung zugrunde liegen.

Außerhalb des Straftatbegriffs liegende weitere Voraussetzungen der Strafbarkeit, etwa dass kein Prozesshindernis besteht oder die Bestrafung völkerrechtlich zulässig ist, brauchen vom Vorsatz des Täters nicht erfasst zu werden.[3]

– Zeitpunkt der Deckung

Der Vorsatz kann sich zwar auf einen nachfolgenden Sachverhalt erstrecken *(dolus praecedens)*, nicht aber auf einen bereits abgeschlossenen Sachverhalt zurückwirken *(dolus subsequens)*. Die Deckung muss spätestens zum Zeitpunkt des kontrollierten Handelns oder Unterlassens gegeben sein. Dabei genügt es, wenn der Täter den Vorsatz während der Schlussphase seiner Tathandlung fasst, im Fall der Zechprellerei (Kap. 9 § 2 Abs. 2 BrB) beispielsweise, nachdem er die Leistung des Wirts in Anspruch genommen und die bestellten Speisen oder Getränke verzehrt hat. Wer unvorsätzlich einem anderen einen Schaden zufügt und, nachdem er dies erkennt, mit der schädigenden Handlung fortfährt, ist wegen vorsätzlicher Verursachung des gesamten Schadens verantwortlich.

b) Formen des Vorsatzes

Je nach dem Grad des Wissens und Wollens in Bezug auf objektive Tatbestandsmerkmale werden traditionell drei Vorsatzformen unterschieden:

Direkter Vorsatz (*dolus directus*, neuerdings bezeichnet als Absichtsvorsatz, *avsiktsuppsåt*), bezieht sich auf einen bestimmten tatbestandsmäßigen Erfolg und liegt dann vor, wenn der Täter diesen Erfolg mit seiner Tathandlung absichtlich herbeiführen will, und zwar entweder als unmittelbares Ziel oder als Zwischenschritt zur Erreichung anderer Ziele. Wer einen anderen tötet, um ihn als Widersacher aus dem Weg zu räumen oder um ihn zu beerben, handelt in beiden Fällen mit direktem Vorsatz. Dass der Täter den Erfolg anstrebt, bedeutet nicht, dass er das beabsichtigte Ergebnis seiner Tat auch positiv bewertet. Beim direkten Vorsatz überwiegt das voluntative Element; auf der kognitiven Seite genügt es, wenn der Täter den Eintritt des Erfolgs für möglich hält.

Indirekter Vorsatz *(dolus indirectus)* ist gegeben, wenn der Täter den Eintritt des tatbestandsmäßigen Erfolgs als sichere Folge seines kontrollierten Handelns oder Unterlassens ansieht, ohne ihn anzustreben. Bei dieser Vorsatzform überwiegt das kognitive Element, denn es wird entscheidend darauf abgestellt, was der Täter als sicher erkennt. Er kann sich gegenüber dem Schuldvorwurf nicht darauf berufen, dass er den Erfolg nicht gewollt habe. Die neuere Lehre unterscheidet zwischen so genanntem Einsichtsvorsatz *(insiktsuppsåt)* und indirektem Vorsatz. Ersterem wer-

---

[3] Zu weiteren Ausnahmen vom Deckungsprinzip siehe unten 4., zu Fehlvorstellungen des Täters siehe unten 5.

den diejenigen Fälle zugeordnet, in denen der Täter den Eintritt des tatbestandsmäßigen Erfolgs oder das Vorliegen eines tatbestandsmäßigen Umstands als sicher erkennt. Demgegenüber wird der Begriff des indirekten Vorsatzes nur noch in Bezug auf solche Tatfolgen verwendet, die der Täter als sicheren, aber nicht angestrebten Nebeneffekt seiner auf ein anderes Ziel gerichteten Handlung erkennt. Ein Schulbeispiel hierfür ist der durch Sabotage absichtlich herbeigeführte Absturz eines Privatflugzeugs zum Zwecke des Versicherungsbetrugs. Dass der Pilot dabei ums Leben kommt, ist weder als unmittelbares Ziel noch als Zwischenschritt zur Erlangung der Versicherungssumme angestrebt, sondern es handelt sich um einen Nebeneffekt. In Bezug auf den Tod des Piloten handelt der Täter mit indirektem Vorsatz.

Über die dritte Kategorie, welche den unteren Bereich des Vorsatzes bildet, bestand lange Unklarheit. Traditionell wurde sie als Eventualvorsatz *(dolus eventualis)* bezeichnet und von der Fahrlässigkeit mit Hilfe einer hypothetischen Formel abgegrenzt. Vorsätzliches Handeln wurde danach angenommen, wenn der Täter es für möglich hielt, dass der Erfolg eintreten würde oder dass ein bestimmter Umstand vorlag, und er gleichermaßen handeln würde, wenn er mit dem sicheren Erfolgseintritt gerechnet hätte oder von dem sicher vorliegenden Umstand ausgegangen wäre. Der Nachteil dieser fiktiven Erwägung bestand darin, dass teilweise Aspekte wie der Charakter oder das Vorleben des Täters in die Beurteilung mit einflossen, die eine tatangemessene, vorhersehbare und gerechte Entscheidung beeinträchtigen konnten.

Um die Unzulänglichkeiten der hypothetischen Probe zu überwinden, hat 1996 eine Reformkommission *(Straffansvarsutredningen)* vorgeschlagen, in Schweden eine qualifizierte Form des in den nordischen Nachbarländern vertretenen Wahrscheinlichkeitsvorsatzes *(sannolikhetsuppsåt)* einzuführen. Dieser Vorsatzbegriff stellt darauf ab, dass der Täter den Eintritt des Erfolgs oder das Vorliegen von Tatumständen mit einer Wahrscheinlichkeit annimmt, die einen bestimmten Grenzwert überschreitet. Der Reformvorschlag wurde jedoch vom schwedischen Gesetzgeber nicht umgesetzt. Stattdessen zeigte sich in den letzten Jahren eine Tendenz der Gerichte, die Vorsatzfrage davon abhängig zu machen, ob der Täter hinsichtlich des Erfolgs (oder des Vorliegens bestimmter Tatumstände) gleichgültig gewesen ist. In einer Grundsatzentscheidung von 2004 hat der Oberste Gerichtshof sich ausdrücklich zu dem so genannten Gleichgültigkeitsvorsatz *(likgiltighetsuppsåt)* bekannt. Der Entscheidung lag ein Strafverfahren wegen Versuchs der schweren Körperverletzung zugrunde: Der Angeklagte hatte in Kenntnis seiner HIV-Infektion ungeschützten Geschlechtsverkehr mit verschiedenen Partnern gehabt. Im Unterschied zum Eventualvorsatz, der von der Einstellung des Täters zu seiner Tat in einer hypothetischen Situation ausgeht, stellt der Gleichgültigkeitsvorsatz auf die tatsächliche Einstellung des Täters in Bezug auf den Taterfolg oder auf das Vorliegen von Tatumständen ab. Entscheidend ist, dass „die Kenntnis des Risikos für den Täter keinen relevanten Grund darstellte, von der Tat abzusehen“. Handelt der Täter hingegen im Vertrauen darauf, dass der Erfolg nicht eintreten oder ein bestimmter Tatumstand nicht vorliegen würde, so ist seine Einstellung nicht gleichgültig, sondern leichtsinnig, und die Handlungsweise wird als bewusst fahrlässige Tatbegehung eingestuft. Von dem in den übrigen nordischen Ländern vertretenen Wahrscheinlichkeitsvorsatz unterscheidet sich der Gleichgültigkeitsvorsatz dadurch, dass er nicht vorrangig auf die Vorstellung des Täters (kognitives Element), sondern vielmehr auf dessen Einstellung zu den Umständen und Folgen seiner Tat (voluntatives Element) abstellt.

Die Grundsatzentscheidung des Obersten Gerichtshofs ist in der schwedischen Strafrechtswissenschaft überwiegend als willkommene Weichenstellung für eine neue Vorsatzlehre begrüßt worden. Insbesondere ermöglicht der Gleichgültigkeitsvorsatz eine Abgrenzung gegenüber der bewussten Fahrlässigkeit anhand der tatsächlichen Einstellung des Täters, was im Vergleich zu der bisherigen hypothetischen Probe als deutlicher Fortschritt angesehen wird.

Dass der Täter es bewusst unterlässt, sich nähere Informationen zu verschaffen, aus denen er Kenntnisse über Umstände und Folgen seines Verhaltens gewinnen würde (eine im nordischen Rechtskreis unter der Bezeichnung *dolus Alexanderson* bekannte Figur), reicht nach herrschender schwedischer Rechtsauffassung nicht allein zur Begründung eines Vorsatzes aus. Eine Sonderregelung gilt jedoch für Sexualstraftaten gegen Kinder und Jugendliche (Kap. 6 § 11 BrB). Danach wird wie ein Vorsatztäter auch derjenige bestraft, der nicht erkannte, aber begründeten Anlass zu der Annahme hatte, dass das Opfer die betreffende gesetzliche Altersgrenze noch nicht erreicht hatte.

Handelt der Täter im Fall eines Vorsatzdelikts ohne Vorsatz, so ist sein Verhalten entschuldigt und er bleibt straffrei, obwohl er eine rechtswidrige Tat begangen hat.

3. Subjektive Seite der Fahrlässigkeitstat

a) Begriff und Bezugspunkte der Fahrlässigkeit

– Definition der Fahrlässigkeit

Im Gegensatz zu den vorsätzlichen sind fahrlässige Taten nur strafbar, soweit dies ausdrücklich im Gesetz vorgesehen ist (Kap. 1 § 2 Abs. 1 BrB[4]).

Der Begriff der Fahrlässigkeit *(oaktsamhet, culpa)* ist im Kriminalgesetzbuch nicht definiert. Lediglich in einzelnen Bestimmungen des Kern- und Nebenstrafrechts lässt der Wortlaut erkennen, was in dem jeweiligen Zusammenhang als fahrlässig angesehen wird. So macht sich gemäß Kap. 15 § 7 Abs. 2 BrB wegen un-

[4] Siehe oben 2.a.

achtsamer Anschuldigung *(vårdslös tillvitelse)* strafbar, wer „nicht erkannte, aber begründeten Anlass zu der Annahme hatte, dass die Aussage wahrheitswidrig war". Nach § 1 Verkehrsstrafgesetz *(lag om straff för vissa trafikbrott)* wird wegen Unachtsamkeit im Verkehr *(vårdslöshet i trafik)* bestraft, wer als Verkehrsteilnehmer „in erheblichem Maß die zur Vermeidung eines Verkehrsunfalls nach den Umständen gebotene Sorgfalt und Vorsicht außer Acht" lässt.

Die Lehre umschreibt die Fahrlässigkeit als Abweichung von einem bestimmten Sorgfaltsstandard oder als ein Verhalten ohne hinreichende Berücksichtigung bestimmter Risiken. Nach traditioneller Auffassung in der Strafrechtslehre ist die Fahrlässigkeit in zwei Schritten festzustellen, die beide der subjektiven Tatseite zugerechnet werden: Zunächst ist zu prüfen, ob der Täter eine objektive Sorgfaltspflicht verletzt und damit die Tatbestandsverwirklichung herbeigeführt hat. Anschließend ist zu untersuchen, ob von dem Täter in der konkreten Situation die erforderliche Sorgfalt verlangt werden konnte. Nach einer neueren Lehrmeinung sind ebenfalls zwei Aspekte der Fahrlässigkeit zu unterscheiden, die jedoch im Rahmen des Verbrechensaufbaus getrennte Funktionen übernehmen: Zum einen handelt es sich um die sogenannte Tatfahrlässigkeit *(gärningsculpa)*; sie besteht in der auf mangelnder Sorgfalt beruhenden Verursachung eines tatbestandsmäßigen Erfolgs und wird der unerlaubten (rechtswidrigen) Tat zugeordnet.[5] Der andere Aspekt betrifft die sogenannte persönliche Fahrlässigkeit *(personlig culpa)*, die der Schuld zugerechnet wird und die hier – entsprechend dieser Lehre – im Rahmen der subjektiven Tatseite behandelt wird. Die persönliche Fahrlässigkeit besteht in der tadelnswerten Unkenntnis der eigenen Tatbegehung, mit anderen Worten darin, dass der Täter „nicht versteht, aber zumindest hätte verstehen müssen, was er (Unerlaubtes) tut". Den Ausgangspunkt bildet die prinzipielle Überlegung, dass der Täter Gelegenheit gehabt hätte, sein Verhalten nach dem Gesetz auszurichten, wenn er die nötige Sorgfalt angewendet hätte.

– Bezugspunkte der Fahrlässigkeit

Nach einer Lehrmeinung gilt das Deckungsprinzip *(täckningsprincipen)* auch für die Fahrlässigkeit, das heißt die Fahrlässigkeit muss sich wie der Vorsatz grundsätzlich auf alle objektiven Tatmerkmale einschließlich der Eingehung eines bestimmten Risikos und des Fehlens von rechtfertigenden Umständen beziehen. Zeitlich muss die persönliche Fahrlässigkeit spätestens gegeben sein, bevor der Täter die Kontrolle über den Geschehensverlauf verliert. Wie der Vorsatz kann sich die Fahrlässigkeit zwar auf einen nachfolgenden Sachverhalt erstrecken *(culpa praecedens)*, nicht aber auf einen abgeschlossenen Sachverhalt zurückwirken *(culpa subsequens)*. Im Übrigen gelten nach dieser Meinung die gleichen Voraussetzungen

---

[5] Siehe dazu II.D.7.

wie bei der Vorsatzdeckung.[6] Jedoch sei die Fahrlässigkeitsdeckung insofern meist einfacher zu beurteilen, als sie keine Feststellung darüber verlange, was der Täter tatsächlich erkannt oder sich vorgestellt hat. Es genüge vielmehr zu fragen, ob er erkannt hätte, dass er eine Tat begeht, wenn er mit der ihm möglichen und von ihm zu verlangenden Sorgfalt vorgegangen wäre. Nach einer anderen Ansicht ist das Deckungsprinzip auf die Fahrlässigkeit nicht anzuwenden. Jedoch muss auch nach dieser Meinung die Fahrlässigkeit stets im Hinblick auf bestimmte Bezugspunkte gegeben sein, die sich jeweils aus dem anzuwendenden Straftatbestand ergeben.

b) Formen/Grade der Fahrlässigkeit

Es werden zwei Formen der Fahrlässigkeit unterschieden, was vor allem für die Schwere der Straftat bedeutsam ist:

Die bewusste Fahrlässigkeit *(medveten oaktsamhet)* besteht darin, dass ein Täter den Eintritt des tatbestandsmäßigen Erfolgs oder das Vorliegen eines Tatumstands für möglich hält und dennoch das Risiko eingeht. Im Unterschied zum Gleichgültigkeitsvorsatz vertraut er darauf, dass der Erfolg nicht eintreten werde oder der Umstand nicht vorliege. Seine Gleichgültigkeit bezieht sich hier auf das Risiko, nicht wie im Fall des vorsätzlich handelnden Täters auf den Eintritt des Erfolgs oder das Vorliegen des Umstands selbst.

Unbewusste Fahrlässigkeit *(omedveten oaktsamhet)* ist dadurch gekennzeichnet, dass der Täter Grund zu der Annahme hatte oder hätte erkennen müssen, dass der tatbestandsmäßige Erfolg eintreten würde oder ein bestimmter Tatumstand vorlag. Bei der Feststellung dieser Schuldform wird eine ausgeprägt „subjektivistische“ Betrachtung angestellt: Es muss sich erweisen, dass der individuelle Täter etwas hätte tun können, das ihn zu der erforderlichen Einsicht geführt haben würde, und dass es billigerweise gerade von ihm mit seinen persönlichen Fähigkeiten und Schwächen verlangt werden konnte, dies zu tun. Die Prüfung der unbewussten Fahrlässigkeit erfolgt in zwei Schritten: Zunächst gilt es herauszufinden, was der Täter hätte tun müssen, um zu der erforderlichen Einsicht über die Tatbegehung zu gelangen. Dabei werden seine persönlichen Möglichkeiten und Fähigkeiten (etwa gründlich nachzudenken, sich zu informieren oder sich zu beherrschen) berücksichtigt. Anschließend ist zu untersuchen, ob das, was der Täter hätte tun können, auch von ihm verlangt werden konnte. Hier wird ebenfalls ein individueller Maßstab unter Berücksichtigung der persönlichen Eigenschaften des Täters (etwa seiner Geschicklichkeit, Ausbildung, Erfahrung, Intelligenz oder auch einer eventuellen physischen Behinderung) angelegt. In begrenztem Umfang spielen jedoch auch objektive Standards eine Rolle, und zwar insofern, als eine gewisse Umsicht, eine gewisse Bereitschaft, den eigenen Verstand zu gebrauchen, eine gewisse Vorsich-

---

[6] Siehe dazu oben 2.a.

tigkeit von jedem verlangt wird. Bei manchen Straftaten wie etwa der Geschwindigkeitsüberschreitung im Straßenverkehr tritt der objektive Maßstab eindeutig hervor.

Die unbewusst fahrlässige Handlung ist weniger tadelnswert als die bewusst fahrlässige, weil der Täter sich nicht gleichgültig in Bezug auf das bestehende Risiko, sondern lediglich in Bezug auf die Frage verhält, inwiefern überhaupt ein Risiko besteht. Wer aus Rücksichtslosigkeit die gebotene Sorgfalt verletzt, handelt in höherem Maße fahrlässig als derjenige, der sich leichtfertig oder unvorsichtig verhält. Der Gesetzgeber unterscheidet verschiedene Grade der Fahrlässigkeit, indem er in einzelnen Tatbeständen neben der Grundform auch leichte oder grobe Fahrlässigkeit vorsieht. Letztere wird von der Rechtsprechung häufig mit bewusster Fahrlässigkeit gleichgesetzt.

Handelt der Täter im Fall eines Fahrlässigkeitsdelikts nicht fahrlässig, so ist sein Verhalten entschuldigt und er bleibt straffrei, obwohl er eine rechtswidrige Tat begangen hat.

4. Eingeschränktes Erfordernis von Vorsatz oder Fahrlässigkeit

Das Deckungsprinzip gilt im schwedischen Strafrecht weitgehend uneingeschränkt. Eine objektive Verantwortlichkeit *(strikt ansvar)* unter Verzicht auf den Nachweis von Vorsatz oder Fahrlässigkeit wird grundsätzlich nicht anerkannt.

Lediglich im Bereich der Medienstraftaten *(yttrandefrihetsbrotten)* kann der presserechtlich Verantwortliche ohne eigenen Schuldnachweis beziehungsweise auf der Grundlage eines fingierten Vorsatzes für strafbare Inhalte von veröffentlichten Texten oder Sendungen bestraft werden (Kap. 8 § 12 *Tryckfrihetsförordning*, TF; Kap. 6 § 7 *Yttrandefrihetsgrundlag*, YGL).

Eine besondere Regelung gilt für Taten, die in selbstverschuldetem Rausch *(självförvållat rus)* oder in einer anderen durch eigenes Verschulden herbeigeführten vorübergehenden Sinnesstörung *(tillfällig sinnesförvirring)* begangen werden (Kap. 1 § 2 Abs. 2 BrB). Um den Rauschtäter strafrechtlich zur Verantwortung ziehen zu können, wird ein rauschbedingter Vorsatzmangel überbrückt und darauf abgestellt, ob der Täter in nüchternem Zustand vorsätzlich gehandelt hätte.[7]

Bei Delikten mit „überschießenden Absichts- und Vorsatzmerkmalen" muss der Täter zwar einen bestimmten Erfolg anstreben, dieser braucht aber nicht tatsächlich einzutreten. So verlangt beispielsweise der Tatbestand des Diebstahls (Kap. 8 § 1 BrB), dass der Täter mit dem Vorsatz handelt, sich die entwendete Sache zuzueignen; er macht sich jedoch auch dann strafbar, wenn ihm die Zueignung nicht ge-

---

7 Siehe ausführlich dazu II.J.7.

lingt. Entsprechendes gilt etwa für den Spion, der Informationen weitergibt, „um einer fremden Macht behilflich zu sein" (Kap. 19 § 5 BrB), oder den Schwindler, der irreführende Angaben veröffentlicht, „um den Preis von Waren, Wertpapieren oder anderen Vermögensgegenständen zu beeinflussen" (Kap. 9 § 9 BrB); die Strafbarkeit ihrer Taten setzt nicht voraus, dass sie ihr beabsichtigtes Ziel erreichen. Hier kann also die objektive Tatseite hinter der subjektiven zurückbleiben. Die besondere Regelung für Fälle von selbstverschuldetem Rausch oder vorübergehender Sinnesverwirrung (Kap. 1 § 2 Abs. 2 BrB) wird in diesem Zusammenhang nicht angewendet.

Strafbestimmungen mit „objektivem Überschuss", das heißt erfolgsqualifizierte Tatbestände, sind mit der Einführung des Kriminalgesetzbuchs abgeschafft worden. Der schwedische Gesetzgeber wollte damit das System klarer und einfacher gestalten. Wird durch ein Vorsatzdelikt ein Erfolg verursacht, der nicht vom Vorsatz des Täters gedeckt ist, so kann dies bei der Strafzumessung berücksichtigt werden, es führt jedoch nicht zu einer Erhöhung des Strafrahmens. Wenn der Erfolg fahrlässig herbeigeführt wurde, etwa im Fall einer Körperverletzung mit Todesfolge, kommt eine Bestrafung wegen des entsprechenden Fahrlässigkeitsdelikts (fahrlässige Tötung) in Tateinheit mit dem Vorsatzdelikt (Körperverletzung) in Betracht.

Auf objektive Bedingungen der Strafbarkeit, sogenannte freistehende Tatbestandsmerkmale *(fristående brottsrekvisit)*, braucht sich der Vorsatz oder die Fahrlässigkeit ausnahmsweise nicht zu erstrecken. Dies gilt beispielsweise bei Meineid und Falschaussage für den Umstand, dass die Angaben prozesserheblich sind (Kap. 15 § 4 BrB), und bei bestimmten militärischen Straftaten für die Frage, ob Schweden sich im Kriegs- oder Ausnahmezustand befindet (Kap. 21 § 1, Kap. 22 BrB). Diese Abweichung vom Deckungsprinzip wird als unbedenklich angesehen, weil die betreffenden Tatbestandsmerkmale lediglich die Strafbarkeit einschränken.

5. Fehlvorstellungen des Täters, Irrtum

a) Irrtum über Tatsachen

Da nach dem Deckungsprinzip der Vorsatz prinzipiell sämtliche Elemente der objektiven Tatseite erfassen muss, können Fehlvorstellungen des Täters sich auf die Strafbarkeit auswirken.

Verkennt der Täter das Vorliegen der tatsächlichen Umstände eines Tatbestandsmerkmals (Tatbestandsirrtum, *faktisk villfarelse*), so handelt er ohne Vorsatz. Wer beispielsweise die weiße Substanz, die er transportiert, für ein Vitaminpräparat hält, während es sich in Wirklichkeit um Heroin handelt, kann nicht wegen eines vorsätzlich begangenen Drogendelikts bestraft werden. Hinsichtlich normativer Tatbestandsmerkmale oder juristischer Begriffe kommt es darauf an, ob der Täter sich über diejenigen tatsächlichen Umstände irrt, die der Wertung beziehungsweise der juristischen Begriffsbildung zugrunde liegen. Ohne Vorsatz handelt auch, wer irrtümlich die Voraussetzungen eines objektiven Straffreistellungsgrundes beziehungsweise Rechtfertigungsgrundes für gegeben hält, etwa indem er glaubt, von einem anderen angegriffen zu werden (Putativnotwehr), oder indem er meint, der Geschädigte sei mit seinem Vorgehen einverstanden (Putativeinwilligung). Das Fehlen von Rechtfertigungsgründen wird als ein negatives Tatbestandsmerkmal angesehen, das vom Vorsatz mit umfasst sein muss. Umgekehrt greifen einige objektive Straffreistellungsgründe beziehungsweise Rechtfertigungsgründe selbst dann ein, wenn die entsprechenden Umstände dem Täter nicht bekannt sind.[8]

Ein Irrtum des Täters über das Handlungsobjekt *(error in persona, error in obiecto)* ist unerheblich, solange das vorgestellte und das tatsächlich angegriffene Tatobjekt im tatbestandlichen Sinne gleichwertig sind. Wer also einen Menschen tötet und dabei das Tatopfer mit demjenigen verwechselt, den er eigentlich umbringen will, begeht eine vorsätzliche Tötung. Wer ein bestimmtes Haus anzünden will, sich aber in der Adresse irrt und ein anderes anzündet, begeht eine vorsätzliche Brandstiftung. Sind die verwechselten Tatobjekte jedoch nicht vergleichbar (der Täter „erschießt" eine Vogelscheuche an Stelle seines Feindes), so liegt ein Tatbestandsirrtum vor, der in Bezug auf das vollendete Delikt (hier: Sachbeschädigung) den Vorsatz ausschließt, und für die geplante Straftat kommt eine Versuchsstrafbarkeit in Betracht.

Im Fall eines Fehlgehens der Tat *(aberratio ictus)* ist die Rechtslage weniger eindeutig. Ein Teil der Lehre vertritt die Ansicht, dass hier die gleichen Regeln gelten wie beim Irrtum des Täters über das Handlungsobjekt, das heißt bei Gleichwertigkeit der Objekte sei das Fehlgehen der Tat unbeachtlich: Wer eine bestimmte Person erschießen will, mit seinem Schuss aber den daneben stehenden Menschen tödlich trifft, macht sich der vorsätzlichen Tötung strafbar; wer einen Stein gegen ein Fenster wirft, statt dessen aber die Glastür trifft, begeht eine Sachbeschädigung. Bei ungleichwertigen Tatobjekten ist nach dieser Lehrmeinung eine versuchte Tatbegehung in Bezug auf das anvisierte Ziel und (eventuell strafbare) Fahrlässigkeit gegenüber dem getroffenen Objekt anzunehmen: Trifft der gegen das Fenster geworfene Stein einen Hausbewohner tödlich am Kopf, so liegt fahrlässige Tötung in Tateinheit mit (strafloser) versuchter Sachbeschädigung vor. Ein anderer Teil der Lehre ist der Auffassung, dass der Täter auch bei Gleichwertigkeit der Objekte wegen versuchter beziehungsweise fahrlässiger Tatbegehung zu bestrafen sei. Das Obergericht von Stockholm hat sich in einem Berufungsurteil aus dem Jahr 2001 der letztgenannten Lehrmeinung angeschlossen. In dem zu entscheidenden Fall hatte die Angeklagte gegen ihre Widersacherin eine Bierdose geworfen, dabei jedoch das Ziel verfehlt und stattdessen eine unbeteiligte Dritte am Kopf verletzt.

---

8 Siehe dazu im Einzelnen II.J.2.–4.

Fehlvorstellungen über die Tauglichkeit des Tatmittels oder des Handlungsobjekts (untauglicher Versuch) können dann zur Straflosigkeit führen, wenn der Versuch nicht ernst zu nehmen war oder aufgrund eines tiefgreifenden Mangels im Tatplan eine objektive Gefahr für das geschützte Interesse überhaupt nicht entstehen konnte.[9]

Bei einer Abweichung des vorgestellten vom tatsächlichen Kausalverlauf kommt es darauf an, ob letzterer dem Täter als Verwirklichung des von ihm eingegangenen Risikos zuzurechnen ist. Wenn etwa der Täter in Tötungsabsicht mit dem Beil auf sein Opfer einschlägt, dieses aber nicht durch den Beilhieb, sondern an einer dadurch ausgelösten Wundinfektion stirbt, ist die Abweichung unerheblich. Als eher zweifelhaft wird die Zurechnung angesehen, wenn der Täter sein Opfer nach dem Beilhieb für tot hält und die Tat dadurch verdecken will, dass er die vermeintliche Leiche in einem See versenkt, wobei das Opfer ertrinkt.

Falls ein vorsatzausschließender Irrtum durch Fahrlässigkeit entstanden ist, kann der Täter wegen fahrlässiger Tatbegehung strafbar sein, sofern diese für das betreffende Delikt kriminalisiert ist.

Eine auf selbstverschuldetem Rausch beruhende Fehlvorstellung des Täters bleibt in der Praxis häufig unbeachtet, weil nach Kap. 1 § 2 Abs. 2 BrB der rauschbedingte Vorsatzmangel überbrückt und darauf abgestellt wird, ob der Täter auch in nüchternem Zustand dem Irrtum erlegen wäre.[10]

b) Irrtum über Rechtsfragen

Der Verbotsirrtum (sogenannter Strafrechtsirrtum, *straffrättsvillfarelse*), bei dem der Täter über die strafrechtliche Erfassung seines Verhaltens, also über den Inhalt einer Gesetzesbestimmung irrt, führt nur dann zur Straflosigkeit, wenn die Fehlvorstellung auf einer fehlerhaften Bekanntmachung der strafrechtlichen Vorschrift beruht oder aus einem anderen Grund offensichtlich entschuldbar ist (Kap. 24 § 9 BrB).[11] Der umgekehrte Fall, dass der Täter irrtümlich annimmt, sein Verhalten sei kriminalisiert, ist als sogenannte imaginäre Straftat *(imaginärt brott)* nach schwedischem Recht nicht strafbar.

Eine Fehlvorstellung des Täters darüber, dass sein Verhalten unter eine bestimmte Bezeichnung fällt, die das Gesetz in einem Straftatbestand verwendet, lässt als bloßer Subsumtionsirrtum *(subsumtionsvillfarelse)* grundsätzlich nicht den Vorsatz entfallen. Für die Strafbarkeit genügt es, dass der Täter die tatsächlichen Umstände richtig erkennt, die mit der rechtlichen Bezeichnung erfasst werden. Wer Heroin verkauft und weiß, um welchen Stoff es sich handelt, macht sich auch dann wegen

---

9 Siehe näher dazu II.F.3.

10 Siehe oben 4. und ausführlich II.J.7.

11 Siehe näher dazu II.J.8.

eines Drogendelikts strafbar, wenn er selbst Heroin nicht als Betäubungsmittel im Sinne des Gesetzes klassifiziert. Es ist jedoch nach herrschender Ansicht von dem einzelnen Tatbestand abhängig, inwieweit ein Irrtum über die rechtliche Subsumtion nicht zugleich eine Fehlvorstellung über die relevanten Tatsachen darstellt.

Literaturhinweise

Asp, Petter, Om uppsåtstäckning vid aberratio ictus (Über Vorsatzdeckung bei aberratio ictus). Juridisk Tidskrift 2001–02, 610–621 und 732–734.

– Uppsåtets nedre gräns (Die Untergrenze des Vorsatzes). Juridisk Tidskrift 2002–03, 613–616.

– Uppsåtets nedre gräns – en efterlängtad sequel (Die Untergrenze des Vorsatzes – eine ersehnte Fortsetzungsfolge). Juridisk Tidskrift 2004–05, 385–396.

Borgström, Peter/Cavallin, Samuel, Om Uppsåtstäckning och rättsfallet RH 2001:2 (Über Vorsatzdeckung und den Rechtsfall RH 2001:2). Juridisk Tidskrift 2001–02, 717–731.

Cavallin, Samuel, Skuld (Schuld). Uppsala 1999, S. 147–356, 400–602.

– Om uppsåtsprövningen i svensk rätt efter prejudikatet NJA 2002, S. 449 (Zur Vorsatzprüfung im schwedischen Recht nach der Grundsatzentscheidung NJA 2002, S. 449). Juridisk Tidskrift 2003–04, 3–16.

Das schwedische Kriminalgesetzbuch – Brottsbalken. Deutsche Übersetzung und Einführung von *Karin Cornils* und *Nils Jareborg*. Freiburg 2000.

Frände, Dan, Tre J:n om uppsåtet – Kan någon tänkas ha fel? (Drei ‚J' über den Vorsatz – Kann einer Unrecht haben?). In: Kerstin Berglund u.a. (Hrsg.), Skuldfrihet och ansvarslöshet. Alvar Nelson på 75-årsdagen (Schuldfreiheit und Verantwortungslosigkeit. Alvar Nelson zum 75. Geburtstag). Helsinki 1994, S. 27–38.

Holmqvist, Lena u.a. (Hrsg.), Brottsbalken. En kommentar (Das Kriminalgesetzbuch. Ein Kommentar). Kap. 1–12. Stockholm Loseblatt, 1:12–33.

Jareborg, Nils, Handling och uppsåt. En undersökning rörande doluslärans underlag (Handlung und Vorsatz. Eine Untersuchung zu den Grundlagen der Vorsatzlehre). Stockholm 1969.

– Uppsåt och klander (Vorsatz und Tadel). In: Straffrättsideologiska fragment (Strafrechtsideologische Fragmente). Uppsala 1992, S. 173–205.

– Allmän kriminalrätt (Allgemeines Kriminalrecht). Uppsala 2001, S. 203–211, 302–358.

– Avsiktsuppsåt och/eller insiktsuppsåt? (Absichtsvorsatz und/oder Einsichtsvorsatz?). Juridisk Tidskrift 2004–05, 811–813.

Leijonhufvud, Madeleine/Wennberg, Suzanne, Straffansvar (Strafrechtliche Verantwortung). 7. Aufl. Stockholm 2005, S. 54–77, 100.

Matikkala, Jussi, Dolus nordicus. Nordisk Tidsskrift for Kriminalvidenskab 2006, 127–139.

Rung, Andreas, Likgiltighetsuppsåt – En ny form av uppsåttets nedre gräns? (Gleichgültigkeitsvorsatz – Eine neue Form der Untergrenze des Vorsatzes?) Juridisk Tidskrift 2006–07, 254–258.

Strahl, Ivar, Allmän straffrätt i vad angår brotten (Allgemeines Strafrecht in Bezug auf die Straftat). Stockholm 1976, S. 75–211.

Träskman, Per Ole, Kan gärningspersonens uppsåt bevisas med hållpunkter i sinnevärlden? (Kann der Vorsatz des Täters mit Anhaltspunkten in der Sinneswelt bewiesen werden?). In: Nils Jareborg/Per Ole Träskman (Hrsg.), Skuld och ansvar. Straffrättsliga studier tillägnade Alvar Nelson (Schuld und Verantwortlichkeit. Strafrechtliche Studien, Alvar Nelson zugeeignet). Uppsala 1985, S. 56–75.

– Uppsåtets tredje form – sannolikhet, eller ...? (Die dritte Form des Vorsatzes – Wahrscheinlichkeit, oder ...?). Juridisk Tidskrift 2002–03, 619–616–626.

Ulväng, Magnus, Likgiltighetsuppsåt (Gleichgültigkeitsvorsatz). Svensk Juristtidning 2005, 1–17.

Zila, Josef, En välkommen dom (Ein willkommenes Urteil). Juridisk Tidskrift 2002–03, 632–639.

Gesetzgebungsmaterialien

- SOU 1996:185, Straffansvarets gränser (Grenzen der strafrechtlichen Verantwortung). Betänkande av Straffansvarsutredningen (Gutachten der Kommission für Fragen der strafrechtlichen Verantwortung). Malmö 1996, Band I, S. 81–145, Band II, S. 13–102.
- Prop. 2000/01:85, Förberedelse för brott m.m. (Vorbereitung von Straftaten u.a.). Stockholm 2001.

Rechtsprechung

Entscheidungen des Obersten Gerichtshofs

NJA I 1941, S. 466 (467 f.); 1942, S. 420: (421); 1952, S. 476 (481 ff.):	Zur Frage der Abgrenzung von Fahrlässigkeit und Eventualvorsatz *(dolus Alexanderson)*
NJA I 1959, S. 63 (70 ff.):	Abgrenzung von Fahrlässigkeit und Eventualvorsatz (hypothetische Probe)
NJA I 1968, S. 500 (511 ff.):	Vorsatz in Bezug auf verschiedene Taten einer Handlungseinheit (bewusste Fahrlässigkeit und Eventualvorsatz)
NJA I 1969, S. 401 (403):	Zur Frage des Vorsatzes bei eingeschränkter Wahrnehmungsfähigkeit

NJA I 1975, S. 230 (234 ff.); 1977, S. 630 (637 ff.); 1980, S. 514 (522 ff.); 1985, S. 757 (765 ff.):	Vorsatz oder Fahrlässigkeit in Bezug auf die Todesfolge einer vorsätzlichen schweren Körperverletzung
NJA I 1996, S. 27 (39 ff.):	Vorsätzliche oder fahrlässige Beihilfe zum Mord (hypothetische Probe)
NJA I 1996, S. 509 (538):	Gleichgültigkeitsvorsatz zum Mord
NJA I 2002, S. 449 (457 ff.):	Eventualvorsatz zur Körperverletzung (Gleichgültigkeits- oder Wahrscheinlichkeitsvorsatz)
NJA I 2004, S. 176 (193 ff.):	Bewusst fahrlässige oder vorsätzliche schwere Körperverletzung durch HIV-infizierten Täter (Grundsatzentscheidung zum Gleichgültigkeitsvorsatz)
NJA I 2004, S. 479 (484 ff.):	Versuchter Mord oder schwere Körperverletzung (Gleichgültigkeitsvorsatz)
NJA I 2005, S. 732 (735 ff.):	Zur Abgrenzung von Gleichgültigkeitsvorsatz und bewusster Fahrlässigkeit

Entscheidungen der Obergerichte

RH 1983:163	Aberratio ictus (versuchter Totschlag in Tateinheit mit fahrlässiger Tötung)
RH 2001:2	Aberratio ictus (fehlender Verletzungsvorsatz in Bezug auf das tatsächlich getroffene Opfer)

Abkürzungsverzeichnis

BrB	Brottsbalken (das schwedische Kriminalgesetzbuch)
NJA	Nytt Juridiskt Arkiv (Neues Juristisches Archiv, Teil I: Rechtsprechung; Teil II: Gesetzgebung)
Prop.	Regeringens proposition (Gesetzesvorlage der Regierung)
RH	Rättsfall från hovrätterna (Entscheidungssammlung der Obergerichte)
SFS	Svensk författningssamling (das schwedische Gesetzblatt)
SOU	Statens offentliga utredningar (amtliche Reformgutachten)

Teresa Manso Porto

Subjektive Tatseite in
Spanien

1. Definition/Elemente der subjektiven Tatseite

Hinsichtlich der subjektiven Tatseite und auch hinsichtlich des strafbaren Verhaltens überhaupt unterscheidet das spanische Strafrecht grundsätzlich zwischen vorsätzlichen und fahrlässigen Straftaten (Art. 5 und 10 des spanischen Strafgesetzbuchs; *Código penal*, CP).

Art. 5 CP
Es gibt keine Strafe ohne Vorsatz oder Fahrlässigkeit.

Art. 10 CP
Straftaten oder Übertretungen sind vorsätzliche oder fahrlässige Handlungen und Unterlassungen, die das Gesetz mit Strafe bedroht.

Eine gesetzliche Definition von Vorsatz oder Fahrlässigkeit gibt es nicht. Lediglich die Kehrseite des Vorsatzes und des Unrechtsbewusstseins wird geregelt, nämlich der Irrtum und seine Folgen (Art. 14 CP[1]). In der Lehre werden Vorsatz und Fahrlässigkeit überwiegend der Verbrechenskategorie „Unrecht" (vereinzelt der Schuld) zugeordnet. Als Mindestvoraussetzung der subjektiven Zurechnung gilt im Einklang mit dem Schuldprinzip – unabhängig von systematischen Unterschieden – die individuelle Vorhersehbarkeit beziehungsweise Vermeidbarkeit der Tat, also das Anders-Handeln-Können.

Sämtliche Verbrechenskategorien sind von objektiven und subjektiven Elementen durchdrungen. Insbesondere ist für die Strafbarkeit neben der Tatbestandskenntnis beziehungsweise Tatbestandserkennbarkeit zumindest die Erkennbarkeit des Unrechts erforderlich. Die Unrechtskenntnis wird nach herrschender Auffassung als ein vom Vorsatz (als Tatbestandskenntnis) getrenntes Schuldelement definiert. Eine Mindermeinung versteht Vorsatz und Fahrlässigkeit im klassischen Sinne als Schuldformen. Eine mittlere Position, die deutlich zwischen Straftatbegriff und Verbrechensaufbau differenziert, definiert den „gesamten Vorsatz" als *dolus malus* (also Tatbestandskenntnis und Unrechtsbewusstsein umfassend) und unter-

---

[1] Siehe unten 5.

scheidet dennoch schrittweise zwischen Tatbestandsvorsatz auf der Stufe des Tatbestands, Vorsatz bezüglich der faktischen Voraussetzungen eines Rechtfertigungsgrundes und Unrechtsbewusstsein auf der Schuldebene. Alle Positionen haben gemeinsam, dass die volle Bestrafung Tatbestands- und Unrechtskenntnis verlangt und dass der Irrtum über die Tatlage und über die normative Bedeutung der Tat Folgen für die Strafbarkeit haben muss.

Bei manchen Deliktsbeschreibungen kann es vorkommen, dass über den Tatbestandsvorsatz hinaus sonstige subjektive Unrechtselemente verlangt werden. Insbesondere kommen hierbei Absichtsmerkmale in Betracht, die keine Entsprechung auf der Ebene des objektiven Tatbestands finden. Ein Beispiel stellt der Gebrauch einer falschen Urkunde, „um einen anderen zu schädigen", gemäß Art. 393 CP dar. Hier verlangt der objektive Tatbestand nicht, dass man einen anderen schädigt, sondern nur, dass man mit dieser Absicht von einer Urkunde Gebrauch macht.

Neben den Wissens- und Wollenselementen sind weitere subjektbezogene Merkmale strafrechtlich relevant, wie beispielsweise die Schuldfähigkeit.[2] Die folgenden Ausführungen beschränken sich im Wesentlichen auf den subjektiven Tatbestand (Vorsatz als Tatbestandskenntnis und ihr Fehlen beziehungsweise subjektive Seite der Fahrlässigkeit) und sonstige Wissenselemente (Kenntnis und Unkenntnis der rechtfertigenden Lage sowie Unrechtsbewusstsein und dessen Fehlen).

2. Vorsatz und Unrechtsbewusstsein

a) Begriff und Bezugspunkte des Vorsatzes

Unter Vorsatz versteht man in Spanien überwiegend den Tatbestandsvorsatz *(dolo típico)* oder „natürlichen Vorsatz". Er bezieht sich nach dem sogenannten Deckungsprinzip auf sämtliche Elemente des objektiven Tatbestands einschließlich der qualifizierenden Merkmale beziehungsweise der erschwerenden Umstände, die ansonsten nicht berücksichtigt werden dürfen (Art. 14 Abs. 2 CP). In der Lehre wird der Vorsatz überwiegend als subjektive Vorstellung des Täters in Bezug auf die objektiven Tatbestandselemente verstanden, wobei ein intellektuelles und ein voluntatives Element unterschieden werden, anhand derer die unterschiedlichen Vorsatzformen definiert werden.[3] Aktuell kann sowohl teilweise in der Lehre als auch in der Rechtsprechung eine deutliche Abschwächung des voluntativen Elements (insbesondere seit einer wichtigen Entscheidung aus dem Jahr 1992) beobachtet werden. Diese Linie stellt bei der Vorsatzfeststellung vielmehr darauf ab, ob der Täter das konkrete von ihm geschaffene Risiko erkannt hat. Demgegenüber wird von anderen betont, dass das voluntative und das intellektuelle Element untrennbar seien.

---

2 Siehe II.J.7.

3 Siehe unten b.

Beide Positionen haben gemeinsam, dass allein der Wille für ein auf dem Tatprinzip basierenden Strafrecht nicht relevant sein kann und dass der Vorsatz stets die Kenntnis des tatbestandsmäßigen Verhaltens voraussetzt. Mit anderen Worten: Der Täter handelt vorsätzlich, wenn er weiß, was er tut.

Das intellektuelle Moment erstreckt sich über den objektiven Tatbestand hinaus auf die rechtliche Bedeutung des Verhaltens. Der Täter kann zur strafrechtlichen Verantwortung nur dann gezogen werden, wenn für ihn das Unrecht seines Verhaltens zumindest erkennbar war, er darf also nur dann voll bestraft werden, wenn er mit Unrechtsbewusstsein gehandelt hat. Das Unrechtsbewusstsein kann nicht nur dann fehlen, wenn der Täter die Norm nicht kennt, sondern auch, wenn er meint, sein grundsätzlich verbotenes Verhalten sei im konkreten Fall gerechtfertigt.[4] Streitig ist demgegenüber, ob der Täter auch die Strafbarkeit *(punibilidad)* des Verhaltens kennen muss, also die Tatsache, dass das Verbotene mit Strafe, nicht etwa mit einer verwaltungsrechtlichen Sanktion bedroht ist. Die herrschende Lehre lehnt dies ab.[5]

Umgekehrt darf der Täter, der sich in einer rechtfertigenden Lage befindet, nach herrschender Lehre nur dann voll entlastet werden, wenn er diese auch kannte. Das Erfordernis eines besonderen Motivs (etwa die Rechtsordnung zu beschützen) wird demgegenüber nicht vertreten. Das intellektuelle Moment erstreckt sich also ebenfalls auf die faktischen Voraussetzungen eines Rechtfertigungsgrundes, wobei die unterschiedliche Gewichtung der objektiven und subjektiven Momente auf dieser Stufe des Verbrechensaufbaus zu ganz gegensätzlichen Positionen führt.

Da ein sogenanntes subjektives Element der Rechtfertigung erforderlich ist, führt das Fehlen dieses Elements nach herrschender Meinung in Spanien zu einer partiellen Straffreistellung *(eximente incompleta)* gemäß Art. 21 Nr. 1 CP. Diese Vorschrift enthält einen allgemeinen Verweis auf die Gründe für den Ausschluss der strafrechtlichen Verantwortlichkeit nach Art. 19 ff. CP (darunter auch die Rechtfertigungsgründe) und sieht eine Milderung vor, wenn in den jeweiligen Fällen nicht alle Voraussetzungen für eine volle Entlastung vorliegen. Teils wird stattdessen die Anwendung von Art. 21 Nr. 6 CP (analoge Gründe für die Milderung der strafrechtlichen Verantwortlichkeit) vorgeschlagen, da hier ein konstitutives Element der Rechtfertigung vollständig fehle und somit die (partiellen) Straffreistellungsgründe nicht direkt angewandt werden könnten. Für einen Teil der Lehre liegt hier ein Fall des (untauglichen) Versuchs vor.[6] Manche Vertreter der Versuchslösung wenden ebenfalls Art. 21 Nr. 1 CP als Strafbestimmungsregel an, andere demgegenüber die Versuchsbestimmungen. Eine kleine Mindermeinung vertritt die Vollendung, eine weitere Mindermeinung die volle Rechtfertigung.

---

4 Siehe unten 5.

5 Siehe unten 5.

6 Siehe II.F.3.a.

Die intellektuelle Seite (Vorsatz und Unrechtsbewusstsein) muss ihre Bezugspunkte im Prinzip zum Zeitpunkt der Tat abdecken *(Koinzidenzprinzip)*. Ein *dolus subsequens* kann daher die Tatbestandsmäßigkeit des Verhaltens nicht begründen. In der spanischen Rechtsprechung ist diese Maxime als Einschränkungskriterium insbesondere im Bereich der Betrugsstrafbarkeit praxisrelevant. Entsteht die Kenntnis der tatbestandsmäßigen Umstände erst, nachdem die Vermögensverfügung und die Schadensverursachung stattgefunden haben, so kommt eine Strafbarkeit allenfalls wegen unechten Unterlassens in Betracht.

Einen weiteren Problembereich stellen die Fälle dar, in denen der Vorsatz des Täters den letzten Abschnitt der Tat (etwa eine Tötung) nicht mehr abdeckt, weil er meint, der Todeserfolg sei schon eingetreten, dies aber erst infolge eines nicht (mehr) vorsätzlichen Verhaltens geschieht. Die herrschende Lehre nimmt in diesem Fall einen vollendeten Tötungsversuch in Realkonkurrenz mit fahrlässiger Tötung an. Die Rechtsprechung könnte diesen Weg insofern gebilligt haben, als sie in einem Fall den Vorsatz ausgeschlossen hat, weil der Täter weiterhin mit Gewalt auf ein Opfer einwirkte, das er, ohne das zu wissen, schon vorher getötet hatte. Allerdings war die Todesfolge fahrlässig herbeigeführt worden. Eine Gegenmeinung hält die mangelnde Kenntnis in der letzten Phase für irrelevant und greift beim vollendeten Versuch auf die Lehre vom sogenannten *dolus generalis* zurück. Dabei ist zu berücksichtigen, dass das spanische Strafrecht beim Versuch eine obligatorische Strafmilderung vorsieht.[7]

b) Formen des Vorsatzes

Herkömmliche Vorsatzformen sind der *dolus directus* ersten Grades beziehungsweise die Absicht *(intención)*, der *dolus directus* zweiten Grades *(dolo directo de segundo grado, dolo de consecuencias necesarias)*, teils auch *dolus indirectus* genannt, und der *dolus eventualis* oder *bedingte Vorsatz (dolo eventual)*. Die Absicht bezieht sich auf die Folgen, die der Täter gekannt und auch direkt angestrebt hat. Der *dolus directus* zweiten Grades bezieht sich auf die Folgen, die für die Erreichung der angestrebten Hauptfolgen unentbehrlich sind, mögen sie auch für den Täter gar nicht erwünscht sein. *Dolus eventualis* besteht in Bezug auf mögliche Folgen, die der Täter billigt, in Kauf nimmt oder Ähnliches. Eine im Vordringen befindliche Lehre verneint beim *dolus eventualis* die Existenz eines voluntativen Elements und verzichtet insofern auf das Wollenselement als konstitutives Element des Vorsatzes.

Im Besonderen Teil des spanischen Strafrechts ist weder gesetzlich noch in der Lehre stets einstimmig geklärt, welche Vorsatzform für das jeweilige Delikt erforderlich ist. Nur einzelne Tatbestände stellen ausdrücklich auf den subjektiven Tat-

---

7 Siehe II.F.4.

bestand ab. Etwa nach Art. 446 CP macht sich ein Richter strafbar, wenn er „wissentlich“ ein rechtswidriges Urteil oder eine rechtswidrige Entscheidung erlässt. Art. 270 Abs. 2 CP (Straftaten gegen das geistige Eigentum) bedroht denjenigen mit Strafe, der „absichtlich“ fremde Werke ohne Genehmigung des Rechteinhabers einführt, ausführt oder lagert. In der Lehre wird häufig davon ausgegangen, dass in all diesen Fällen die Strafbarkeit auf das Handeln mit *dolus directus* beschränkt sei, was aber insbesondere hinsichtlich des Ausdrucks „wissentlich“ wiederum in Frage gestellt wird. Jedenfalls kann man anerkennen, der Gesetzgeber habe in solchen Fällen die fahrlässige Begehung ausschließen wollen. Diese Schlussfolgerung ist seit der Einführung des *numerus-clausus*-Systems im Jahr 1995, nach dem es gesetzlich nicht bestimmt ist, welche Straftaten auch fahrlässig begangen werden können, jedoch überflüssig geworden. Denn in einem *numerus-clausus*-System gilt die fahrlässige Begehung immer dann als ausgeschlossen, wenn sie nicht ausdrücklich vorgesehen ist. Wenn das Gesetz keinerlei Angaben über die subjektive Seite macht – wie etwa beim Totschlag –, wird grundsätzlich angenommen, dass alle Vorsatzformen, sofern sie hinsichtlich der Rechtsfolgen für noch relevante Unterscheidungen gehalten werden, in Betracht kommen. Dies gilt jedoch nicht immer. Gelegentlich wird auch bei Straftaten ohne Angaben (etwa bei Straftaten gegen die staatlichen Institutionen) die Begehung mit bedingtem Vorsatz ausgeschlossen, obwohl das Gesetz nicht ausdrücklich *dolus directus* verlangt. Insbesondere stellt aber der bedingte Vorsatz eine Konstruktion der Lehre dar, die ausnahmslos keinen Niederschlag im Gesetz findet.

3. Subjektive Seite der Fahrlässigkeitstat

a) Begriff und Bezugspunkte der Fahrlässigkeit

Eine gesetzliche Definition von Fahrlässigkeit gibt es in Spanien nicht. Der Gesetzgeber hat im neuen CP von 1995 im Gegensatz zur früheren Regelung jedoch abschließend bestimmt, welche Straftaten auch fahrlässig begangen werden können (*numerus-clausus*-System). Dies geschieht entweder durch eine besondere Deliktsbeschreibung für die fahrlässige Tatbegehung (wie etwa bei der fahrlässigen Tötung nach Art. 142 Abs. 1 CP) oder durch eine allgemeine Klausel, die sich gleichzeitig auf mehrere Tatbestände bezieht.

Die Fahrlässigkeit wird (ebenso wie der Vorsatz) infolge der finalistischen Lehre nach herrschender Meinung als eine Form der Unrechtsbegehung, nicht als Schuldform verstanden. Durch die Richtung des Augenmerks auf das Unrecht der fahrlässigen Straftat und auf Probleme der Sorgfaltspflichtverletzung und der objektiven Zurechnungslehre wurden die subjektiven Momente zwar nicht vollkommen vernachlässigt, aber wohl auf die Frage reduziert, ob individualisierende Momente überhaupt als Unrechtsproblem berücksichtigt beziehungsweise auf die Schuld verschoben werden sollen, was aber zum Verständnis des fahrlässigen Delikts in seiner Ganzheit und unabhängig von Unterschieden im Deliktsaufbau weniger beigetragen hat. Während bei Vorsatztaten die Frage, welche Stellung im Verbrechensaufbau die (jedenfalls notwendige) Tätervorstellung einnehmen soll, klar ausdifferenziert ist,[8] gibt es bei der Fahrlässigkeit zunächst einmal über das Bestehen einer subjektiven Seite im positiven Sinne und gegebenenfalls über deren konkrete Gestalt keinen Konsens. Außerdem finden spezifische Probleme der Fahrlässigkeit auf der Schuldebene in den spanischen Lehrbüchern kaum Beachtung.

Eine vordringende Tendenz, die objektiv das Wesen der Fahrlässigkeit (auch) in der (vorhersehbaren) objektiv zurechenbaren Verwirklichung eines unerlaubten Risikos sieht, versteht ihre subjektive Tatseite im negativen Sinne als fehlende Vorstellung über die tatbestandsmäßigen Umstände beziehungsweise über die Bezugspunkte des Vorsatzes. Der fahrlässige Täter erkennt das Risiko gerade nicht, obwohl er es hätte erkennen können, und insofern wird die Fahrlässigkeit (subjektiv!) als Kehrseite des Vorsatzes, als Fall des (vermeidbaren) Tatbestandsirrtums gedeutet.

Ein Teil der Lehre, zu welchem nicht nur Vertreter der finalistischen Lehre zählen, verlangt für den subjektiven Tatbestand der Fahrlässigkeit als positives Element das Wollen des sorgfaltswidrigen Verhaltens (was die Fahrlässigkeit als vorsätzliches abstraktes Gefährdungsdelikt verstehen lässt) und als negatives Element das Nichtwollen des Erfolges.

Andere beschreiben die subjektiv-psychologische Seite des fahrlässigen Tatbestands zwar nicht ausdrücklich als Irrtumsfall, wohl aber im negativen Sinne als Fehlen des Vorsatzes, ungeachtet der Tatsache, dass bestimmte Straftatbestände Formen der bewussten Fahrlässigkeit und somit auch positive Wissenselemente verlangen können.

Auch in der Rechtsprechung gibt es verschiedene Tendenzen. Eine Linie verlangt bei der Fahrlässigkeit ebenfalls eine willkürliche, nicht vorsätzliche Handlung und keine sonstigen voluntativen Momente. Vielmehr wird außer einem normativen ein psychologisches Element bejaht, welches im menschlichen Vermögen und in der Fähigkeit der Voraussehbarkeit bestehen soll. Das bedeutet hier konkret „die Möglichkeit, das schädigende Ereignis zu erkennen und zu vermeiden“. Eine andere Linie verlangt neben der Erfolgsverursachung und der Sorgfaltspflichtverletzung (welche auch einen internen Aspekt hat, nämlich die Pflicht, die Gefahr zu erkennen), dass der Täter das sorgfaltswidrige Verhalten, nicht aber die Folge davon gewollt hat. Die Fahrlässigkeit muss sich wie der Vorsatz auf den Zeitpunkt der Tat beziehen.

---

[8] Siehe dazu II.C.2.c.

b) Formen/Grade der Fahrlässigkeit

In der Literatur wird zum Teil zwischen bewusster und unbewusster Fahrlässigkeit unterschieden, je nachdem, ob der Täter, der die Folgen seiner Handlung verkannt hat, wenigstens die Gefahr oder deren Begleitumstände erkannt hat. Diese Unterscheidung hat heute keine besondere Bedeutung mehr und wird in der Literatur zum Teil mit der Begründung abgelehnt, dass die Kenntnis der missbilligten Gefahrschaffung die Schwelle des Vorsatzes überschreitet und dass der Bereich der Fahrlässigkeit für erkennbare, aber zumindest in ihrer konkreten Beschaffenheit nicht erkannte Risiken erhalten bleiben muss. Die Rechtsprechung leitet aus der Unterscheidung jedenfalls keine automatischen Konsequenzen für die Schwere der Bestrafung her.

Der *Código penal* unterscheidet zwischen schwerer Fahrlässigkeit *(imprudencia grave)* und leichter Fahrlässigkeit *(imprudencia leve)*. Bei dieser Unterscheidung spielt die Kenntnislage des Täters ebenfalls keine Rolle. Überwiegend wird auf die Schwere der Sorgfaltspflichtverletzung abgestellt. Um diese zu bewerten, stellt die Rechtsprechung auf die konkreten Tatumstände ab und greift auf unterschiedliche Kriterien zurück: die Relevanz der Rechtsgüter, der statistische Zusammenhang zwischen Gefahrschaffung und Erfolgsverursachung, das Opferverhalten (...). Stark psychologisierende Kriterien, die in der Lehre entwickelt worden sind, werden von der Rechtsprechung ausdrücklich abgelehnt. So, wenn es heißt, die Obergrenze der Fahrlässigkeit verlaufe dort, wo der Täter die Folge vorausgesehen, aber auf ihr Ausbleiben vertraut hat, die Untergrenze dort, wo er aus Vergesslichkeit oder Sorglosigkeit die Folge nicht vorausgesehen hat. Dazu nimmt der spanische Oberste Gerichtshof *(Tribunal Supremo)* in mehreren Entscheidungen wie folgt Stellung:

> (...) dieses Kriterium gilt für die Unterscheidung zwischen schwerer und einfacher Fahrlässigkeit nicht, denn es gibt Fälle, in denen die Nichtvoraussehbarkeit ein von Nachlässigkeit und Pflichtversäumnis behaftetes Verhalten des Täters offenlegt, das besonders verwerflich erscheint und insofern als schwere Fahrlässigkeit bewertet werden muss.

Die Abgrenzung zwischen beiden Fahrlässigkeitsformen ist teilweise auch für die Unterscheidung zwischen Delikten und Übertretungen (beides sind in Spanien Straftaten) das maßgebliche Kriterium.

4. Eingeschränkte Voraussetzung von Vorsatz oder Fahrlässigkeit

Formen der objektiven Verantwortlichkeit sind in den geläufigen strafrechtlichen Instituten des spanischen Strafrechts prinzipiell unzulässig. Selbst die erfolgsqualifizierten Delikte, die eine mit dem Schuldprinzip durchaus konforme Auslegung erlauben, waren seit je sehr umstritten, was sich insbesondere auf ihre Anwendung in der früheren Rechtsprechung zurückführen lassen dürfte. Obwohl das spanische Verfassungsgericht *(Tribunal Constitucional)* den verfassungsrechtlichen Rang und die Wesentlichkeit des Schuldprinzips für das Strafrecht in mehreren Entscheidungen verfestigt hatte, bildeten die erfolgsqualifizierten Delikte für einen erheblichen Teil der Lehre sozusagen den letzten Ausläufer der objektiven Verantwortlichkeit *(versari in re illicita)* und wurden schließlich 1995 aus dem Strafgesetzbuch gestrichen.

Das spanische Strafrecht kennt objektive Bedingungen der Strafbarkeit. Sie werden überwiegend als Elemente oder Umstände des Unrechtstatbestands verstanden, die nicht vom Vorsatz oder von der Fahrlässigkeit erfasst werden müssen. Sie stellen aber keine Ablehnung oder Lockerung des Erfordernisses einer subjektiven Beziehung zur Tat dar, wie dies etwa für das *versari in re illicita* charakteristisch war, da die Funktion der objektiven Bedingungen der Strafbarkeit gerade darin besteht, die Tatbestandsmäßigkeit einzuschränken. Beispielsweise liegt eine strafbare Insolvenz nach Art. 260 CP nur dann vor, wenn der Täter, der die Krisensituation vorsätzlich verursacht hat, durch gerichtlichen Beschluss als im Konkurs befindlich oder als zahlungsunfähig erklärt wurde. Ebenfalls liegt eine Verletzung der Immunität eines ausländischen Staatsoberhaupts nach Art. 606 CP nur dann vor, wenn eine wechselseitige Strafbarkeit vorgesehen ist. Anderenfalls wird diese offizielle Amtseigenschaft nicht berücksichtigt (Art. 606 Abs. 2 CP).

5. Fehlvorstellungen des Täters, Irrtum

Das Erfordernis, dass die intellektuelle Seite der Straftat sich auf die Tatbestandsverwirklichung und den rechtswidrigen Charakter des Verhaltens erstreckt, führt umgekehrt dazu, dass der Irrtum grundsätzlich beachtlich ist. Die Irrtumslehre beschäftigt sich mit der Frage, wann Irrtümer beziehungsweise falsche Vorstellungen beachtlich sind und in welcher Form.

Der spanische *Código penal* sieht nur einen Teil der Irrtumsregeln ausdrücklich vor. Die gesetzliche Irrtumsregelung hat in dieser Hinsicht keine abschließende Bedeutung für die Beachtlichkeit des Irrtums. Vielmehr wird die Relevanz anderer Irrtumsarten, die sich aus den Grundprinzipien des Strafrechts und insbesondere aus dem Schuldprinzip ergeben, nicht in Frage gestellt. Die Beachtlichkeit und die Folgen des Irrtums werden im Einzelnen durch die Irrtumslehre entwickelt.

Eine Einteilung danach, ob der Irrtum Tatsachen oder Rechtsfragen betrifft, wie sie im Rahmen der folgenden Darstellung durchgeführt wird, hat keine direkten Konsequenzen hinsichtlich der Rechtsfolgen beziehungsweise der Frage, welche Fehlvorstellungen den Vorsatz ausschließen und welche zum Verbotsirrtum führen. Das zeigt sich insbesondere am Beispiel des Irrtums über normative Tatbestandselemente, welcher den Vorsatz ausschließt, oder des Irrtums über die faktischen Voraussetzungen eines Rechtfertigungsgrundes, welcher überwiegend wie ein Verbotsirrtum behandelt wird.

a) Irrtum über Tatsachen

Ein Teil der Fehlvorstellungen im Tatsachenbereich beziehungsweise im Bereich des Tatbestands, der nicht ausdrücklich im Gesetz geregelt ist, betrifft die Abgrenzungsfrage, welche (falschen) Vorstellungen relevante beziehungsweise irrelevante Abweichungen von der Tatbestandsverwirklichung darstellen und insofern beachtlich sind und welche nicht. Sie sind mit Abgrenzungsfragen des objektiven Tatbestands sehr stark gekoppelt und werden systematisch manchmal innerhalb der Irrtumslehre, manchmal aber auch als Problem des Vorsatzgegenstands behandelt.

Darunter fällt beispielsweise der *error in persona*. Tötet der Täter die „falsche" Person, weil er sich hinsichtlich der Identität des Opfers geirrt hat, so ist dieser Irrtum hinsichtlich des Tötungstatbestands unbeachtlich. Dies liegt wiederum daran, dass das Tatbestandselement „einen anderen" die Identität des Opfers nicht umfasst. Anders stellt sich die Lage dar, wenn es sich etwa um den Tatbestand des Königsmords handelt. In diesem Fall wäre der Irrtum über die Identität des Opfers beachtlich, weil das Tatbestandsmerkmal nicht bloß ein anderer Mensch, sondern die Person des Königs ist.

Betrifft der Irrtum ein sonstiges Handlungsobjekt *(error in objecto)*, so gilt es ebenfalls, den Umfang eines Tatbestandselements genauer zu bestimmen. Etwa in Fällen von Drogenkurieren wird in der Rechtsprechung vertreten, dass der Irrtum über die konkrete Substanz einen irrelevanten *error in objecto* darstellt, solange der Täter in Kauf nimmt, dass er eine verbotene Substanz bei sich trägt.

Beim Irrtum über den Tatverlauf *(aberratio ictus)* geht es darum, dass der Täter sein (richtiges) Handlungsobjekt ins Visier nimmt, jedoch ein anderes (falsches) trifft. Wenn etwa der Täter auf seinen Gegner einschlagen will und dabei einen unbeteiligten Dritten verletzt, geht die Rechtsprechung zum Teil davon aus, dass in diesen Fällen, wenn der Täter ohnehin im Sinne des gesetzlichen Tatbestands einen anderen verletzt, die *aberratio ictus* irrelevant sei. Insofern gilt der Irrtum grundsätzlich als unbeachtlich, wenn zwischen dem anvisierten und dem getroffenen Rechtsgut eine rechtliche Identität besteht. Eine differenziertere Linie in der Rechtsprechung unterscheidet demgegenüber, ob der Täter auch das zweite (getroffene) Objekt im Visier hatte oder nicht. Im ersten Fall wird ein alternativer Vorsatz *(dolo alternativo)* angenommen, im zweiten Fall Idealkonkurrenz zwischen versuchtem Vorsatzdelikt und vollendetem Fahrlässigkeitsdelikt.

Auch beim Irrtum über den Kausalverlauf ist bei einer falschen Vorstellung näher zu bestimmen, welche Einzelheiten des Kausalverlaufs wesentlich beziehungsweise welche Abweichungen irrelevant sind. Konkreter wird heute die Frage gestellt, wann der Erfolg immer noch als Verwirklichung des vom Täter geschaffenen Risikos gesehen werden kann, sodass Fehlvorstellungen in diesem Bereich folgenlos bleiben. So ist beispielsweise bei der Tötung die Fehlvorstellung irrelevant, das verabreichte Gift werde sich im Magen tödlich auswirken, in Wahrheit geschieht dies aber erst im Darm. Da die naturwissenschaftliche Kausalität nicht in allen Einzelheiten geklärt sein muss, braucht sie auch nicht von der Tätervorstellung umfasst zu werden, und der Irrtum darüber ist unbeachtlich. In einem Fall von mehrfachen Körperverletzungen und Tötungen infolge des Handels mit einem angeblichen „Speiseöl", das für den menschlichen Verzehr ungeeignet war, sah es die Rechtsprechung für das Wissenselement des Vorsatzes als ausreichend an, dass der Täter die Opfer einem von ihm erkannten, rechtlich missbilligten Risiko aussetzte, das er nicht sicher kontrollieren konnte.

Der Tatbestandsirrtum oder das Fehlen der Kenntnis über ein Tatbestandsmerkmal schließt den Vorsatz immer aus (Art. 14 Abs. 1 CP) und führt allenfalls, wenn er vermeidbar war, zur Strafbarkeit wegen fahrlässiger Tatbegehung. Für das Verständnis der subjektiven Seite der Fahrlässigkeit als Irrtumsfall wird ein gesetzlicher Anhaltspunkt darin gesehen, dass ein Normverstoß eventuell als fahrlässig bestraft werden kann, wenn der Irrtum „unter Berücksichtigung der Tatumstände und der persönlichen Umstände des Täters" vermeidbar war.

Art. 14 CP

(1) Der unvermeidbare Irrtum über ein Tatbestandsmerkmal der strafbaren Handlung schließt die strafrechtliche Verantwortlichkeit aus. War der Irrtum unter Berücksichtigung der Tatumstände und der persönlichen Umstände des Täters vermeidbar, ist die Straftat gegebenenfalls als fahrlässige zu bestrafen.

Der Tatbestandsirrtum kann sich sowohl auf sogenannte deskriptive als auch auf normative Merkmale beziehen, wobei die Lehre darauf hinweist, dass alle Merkmale einen normativen Bezug haben und somit genau genommen von überwiegend deskriptiven oder überwiegend normativen Merkmalen die Rede sein sollte. Als besondere Bedeutung der normativen Tatbestandsmerkmale ist zum einen hervorgehoben worden, dass die Kenntnis reiner Tatsachen für den Vorsatz nicht ausreicht. Hat der Täter nicht wenigstens eine laienhafte Vorstellung von der normativen Bedeutung der Tatbestandmerkmale, so handelt er nicht vorsätzlich. Zum anderen führt der Irrtum über normative Tatbestandsmerkmale zu schwierigen Abgrenzungsfragen gegenüber dem Verbotsirrtum. Diese Problematik wird in der spanischen Lehre aktuell wieder intensiv diskutiert.

Darüber hinaus sieht Art. 14 Abs. 2 CP den Irrtum über qualifizierende Tatmerkmale oder erschwerende Umstände ausdrücklich vor. Liegt ein solcher Irrtum vor, so wird das Merkmal beziehungsweise der Umstand – unabhängig von der Vermeidbarkeit des Irrtums – nicht berücksichtigt.

Art. 14 CP

(...)

(2) Bei einem Irrtum über ein die Straftat qualifizierendes Merkmal oder einen erschwerenden Umstand dürfen diese nicht berücksichtigt werden.

Obwohl der Irrtum über mildernde Umstände *(circunstancias atenuantes)* gesetzlich nicht ausdrücklich geregelt ist, wird dieser Irrtum in der Literatur diskutiert und grundsätzlich für beachtlich gehalten. Mildernde Umstände können allgemein *(atenuantes genéricas)* oder spezifisch *(atenuantes específicas)* sein. Weiß der Täter nicht, dass ein mildernder Umstand vorliegt, so steht in diesem Fall der privilegierte Tatbestand mit dem Versuch bezüglich des Grundtatbestands in Idealkonkurrenz. Eine andere Meinung möchte jedoch Tatbestandsmerkmale über privilegierende Umstände nur dann anwenden, wenn sie auch subjektiv vorliegen. Hier wird der Irrtum lediglich mittelbar aufgrund der Verwirklichung eines minderen Unrechts und allenfalls erst bei der Strafzumessung berücksichtigt.

Liegen objektiv Umstände vor, welche die Schuld mindern, so brauchen diese nicht vom Täter gekannt zu werden. Geht es umgekehrt darum, dass der Täter Umstände irrig annimmt, bei deren Vorliegen eine geringere Strafe vorgesehen ist, so ist die Tätervorstellung relevant und die Strafe zu mildern. Das ist beispielsweise der Fall, wenn der Täter fälschlicherweise glaubt, sein Kind sei gerade überfahren worden, und den „Täter" im Erregungszustand (Art. 21 Nr. 3 CP) angreift.

Zuletzt kommt als Irrtum im Tatsachenbereich der Irrtum über die faktischen Voraussetzungen eines Rechtfertigungsgrundes in Betracht. Nimmt der Täter eine rechtfertigende Lage irrig an, dann liegt nach der spanischen Rechtsprechung praktisch einstimmig ein Verbotsirrtum beziehungsweise ein Irrtum über die Rechtswidrigkeit vor, der nach Art. 14 Abs. 3 CP *(error sobre la ilicitud del hecho)* behandelt wird.[9]

Art. 14 CP

(…)

(3) Der unvermeidbare Irrtum über die Rechtswidrigkeit der Tat, die eine strafbare Handlung darstellt, schließt die strafrechtliche Verantwortlichkeit aus. War der Irrtum vermeidbar, ist die um einen oder zwei Grade niedrigere Strafe anzuwenden.

In der Literatur wird auch die Möglichkeit einer Behandlung des Irrtums über die faktischen Voraussetzungen eines Rechtfertigungsgrundes als Tatbestandsirrtum *de lege lata* vertreten.

b) Irrtum über Rechtsfragen

Ein Verbotsirrtum liegt vor, wenn der Täter verkennt, dass er etwas Verbotenes tut. Dies kann auch dann vorkommen, wenn er vorsätzlich gehandelt hat, beispielsweise wenn jemand weiß, dass er ohne Führerschein fährt, aber nicht, dass dies eine Straftat ist (was in Spanien bis vor kurzem auch nicht der Fall war), oder wenn ein Lehrer ein Kind ohrfeigt und dies im Rahmen seiner Erziehungsaufgabe

---

[9] Siehe dazu II.J. sowie unten b.

für erlaubt hält. Im ersten Fall geht es um einen direkten Verbotsirrtum, weil der Irrtum das generelle Verbot betrifft. Im zweiten Fall irrt der Täter nicht über das generelle Verbot, andere zu verletzen, sondern verkennt, dass dies auch nicht zum Zwecke der Kindererziehung in der besonderen Schulsituation erlaubt beziehungsweise gerechtfertigt ist. Dieser gesetzlich nicht ausdrücklich vorgesehene Irrtum über einen Rechtfertigungsgrund (indirekter Verbotsirrtum) wird wie ein direkter Verbotsirrtum behandelt.

Streitig ist, ob der Irrtum über die Strafbarkeit einen Verbotsirrtum darstellt. Ein solcher Fall liegt vor, wenn der Täter zum Beispiel weiß, dass das Fahren ohne Fahrerlaubnis verboten ist beziehungsweise eine Ordnungswidrigkeit darstellt, nicht aber, dass dies auch mit Strafe bedroht ist. Die herrschende Meinung hält einen derartigen Irrtum für irrelevant. Eine qualifizierte Mindermeinung hält ihn in bestimmten Fällen für relevant. Eine weitere Meinung behandelt diese Konstellation zwar nicht als Verbotsirrtum, hält den Sachverhalt aber trotzdem für relevant und plädiert für die analoge Anwendung eines Strafmilderungsgrundes (Art. 21 Nr. 6 CP) mit denselben Rechtsfolgen wie im Fall eines Verbotsirrtums. Die Rechtsprechung hat einen unvermeidbaren Verbotsirrtum zum Beispiel in einem Fall anerkannt, in dem der Täter nicht wusste, dass das Nichterscheinen eines Wahlvorstehers am Wahllokal strafbar ist.

Der Verbotsirrtum führt, wenn er vermeidbar ist, zu einer *zwingenden* Strafmilderung (Art. 14. Abs. 3 CP) um einen oder zwei Grade. Schon die Milderung um einen Grad bedeutet eine Strafrahmenveränderung, bei welcher die Untergrenze des Ausgangsstrafrahmens die neue Obergrenze bildet. Eine Analyse der Rechtsprechung ergibt, dass die Anerkennung vermeidbarer Irrtümer verhältnismäßig gering ist. In der überwiegenden Zahl der Entscheidungen werden Irrtümer entweder erst gar nicht als glaubwürdig angenommen oder direkt als unvermeidbar betrachtet, was teilweise auf den zwingenden Charakter der Milderung und auf deren Intensität zurückgeführt wird.[10]

Literaturhinweise

Arias Eibe, Manuel José, El error en Derecho Penal en el Código de 1995. Madrid 2007.

Bacigalupo, Enrique, El error sobre los elementos del tipo y sobre la antijuricidad. In: Comentarios a la legislación penal, Cobo del Rosal/Bajo Fernández (Hrsg.), Band V, Teilband 1. Madrid 1985.

– Principios de derecho penal, parte general. 5. Aufl. Madrid 1998.

---

[10] Siehe näher II.J.

– Problemas actuales del dolo. In: Homenaje al profesor Dr. Gonzalo Rodríguez Mourullo. Madrid 2005, S. 63–82.

Bustos Ramírez, Juan, Manual de derecho penal, parte general. 4. Aufl. Barcelona 1994.

Cerezo Mir, José, Curso de derecho penal español, parte general II, Teoria jurídica del delito. 6. Aufl. Madrid 2000.

Cobo del Rosal, Manuel/Vives Antón, Tomás Salvador, Derecho penal, parte general. 5. Aufl. Valencia 1999.

Cuello Contreras, Joaquín, El derecho penal español, parte general. 3. Aufl. Madrid 2002.

De la Cuesta Aguado, Paz M., Conocimiento de la ilicitud. Aproximación al conocimiento de la antijuridicidad del hecho desde las teorías psicológicas del pensamiento intuitivo, Madrid 2007.

Díaz y García Conlledo, El error sobre elementos normativos del tipo penal, Madrid 2008.

Díaz Pita, Maria del Mar, El dolo eventual. Valencia 1994.

Díez Ripollés, José Luis, Los elementos subjetivos del delito. Valencia 1995.

Feijóo Sánchez, Bernardo José, La distinción entre dolo e imprudencia en los delitos de resultado lesivo. Sobre la normativización del dolo. CPC 65, 1998, 269–364.

Felip i Saborit, David, Error iuris. El conocimiento de la antijuricidad y el art. 14 del Código penal. Barcelona 2000.

Gil Gil, Alicia, Lo subjetivo en la fundamentación y en la exclusión de lo injusto. RDPC, Band 15, 2005, 95–153.

– El delito imprudente, Fundamentos para la determinación de lo injusto imprudente en los delitos activos de resultado. Barcelona 2007.

Hava García, Esther, La imprudencia inconsciente. Granada 2002.

Laurenzo Copello, Patricia, Dolo y conocimiento. Valencia 1999.

Luzón Peña, Diego-Manuel, Curso de derecho penal, parte general I. Madrid 1996.

Manso Porto, Teresa, Desconocimiento de la norma y responsabilidad penal. Madrid 1999.

Mir Puig, Santiago, Derecho penal, parte general. 6. Aufl. Barcelona 2002.

Moreno-Torres Herrera, María Rosa, El error sobre la punibilidad. Valencia 2004.

Muñoz Conde, Francisco/García Arán, Mercedes, Derecho penal, parte general. 7. Aufl. Valencia 2007.

– El error en el derecho penal. Valencia 1989.

Olaizola Nogales, Inés, El error de prohibición. Especial atención a los criterios para su apreciación y para la determinación de su vencibilidad e invencibilidad. Madrid 2007.

Quintero Olivares, Gonzalo/Morales Prats, Fermín, Parte general del derecho penal. 2. Aufl. Navarra 2007.

Ragués i Vallés, Ramon, El dolo y su prueba en el proceso penal. Barcelona 1999.

Zugaldía Espinar, José Miguel u.a., Derecho penal, parte general. 2. Aufl. Valencia 2004.

Rechtsprechung

STS 129/2007 vom 22. Februar, RJ 2007/680 (Irrelevanz der *aberratio ictus*).

STS 752/2006 vom 13. Juli (unvermeidbarer Verbotsirrtum).

STS 1230/2006 vom 1. Dezember, RJ 2007/218 (Kriterien für die Relevanz der *aberratio ictus*).

STS 665/2004 vom 30. Juni, RJ 2004/5086 (Unterscheidung zwischen schwerer und leichter Fahrlässigkeit).

STS 17/2003 vom 15. Januar, RJ 2003/707 (Irrtum über die faktischen Voraussetzungen eines Rechtfertigungsgrundes).

STS 1823/2002 vom 7. November, RJ 2002/10599 (Fahrlässigkeitsbegriff).

STS 2235/2001 vom 30. November, RJ 2002/1062 (Unterscheidung zwischen schwerer und leichter Fahrlässigkeit; Ablehnung einer subjektiven Abstufung).

STS vom 23. April 1992, RJ 1992/6783 (Vorsatzbegriff).

STS vom 14. November 1980, RJ 1980/4486 (Vorsatzprobleme bei nachträglicher Vollendung).

Abkürzungsverzeichnis

CP	Código penal (spanisches Strafgesetzbuch)
CPC	Cuadernos de política criminal (Fachzeitschrift)
RDPC	Revista de derecho penal y criminología (Fachzeitschrift)
RJ	Repertorio de Jurisprudencia (Entscheidungssammlung)
STS	Sentencia del Tribunal Supremo (Urteil des spanischen Obersten Gerichtshofs)

Silvia Tellenbach

Subjektive Tatseite in der
Türkei

1. Definition/Elemente der subjektiven Tatseite

Die Formulierungen des neuen Strafgesetzbuchs (*Türk Ceza Kanunu,* TCK) weisen in die Richtung, dass Vorsatz und Fahrlässigkeit als subjektive Merkmale der Straftat anzusehen sind. Dennoch folgt dem in der Wissenschaft bisher erst eine – wenn auch zunehmende – Minderheitsmeinung. Die herrschende Meinung in der türkischen Lehre geht bisher davon aus, dass Vorsatz und Fahrlässigkeit Schuldformen sind. Fragen, die mit der Stellung von Vorsatz und Fahrlässigkeit im Verbrechensaufbau zusammenhängen, gehören daher zu den dogmatischen Problemen, bei denen in der nächsten Zeit im türkischen Recht erhebliche Entwicklungen zu erwarten sind. Zur subjektiven Tatseite gehören ferner Irrtum und Entschuldigungsgründe.[1]

2. Vorsatz und Unrechtsbewusstsein

a) Begriff und Bezugspunkte des Vorsatzes

Vorsatz *(kast)* bedeutet wissentliche und willentliche Verwirklichung aller Tatbestandsmerkmale. Er ist im Regelfall Voraussetzung für das Vorliegen einer Straftat. Nur ausnahmsweise sieht das Gesetz Straftatbestände vor, bei denen Fahrlässigkeit genügt.

Art. 21 Abs. 1 TCK

(1) Das Vorliegen einer Straftat hängt vom Vorliegen eines Vorsatzes ab. Vorsatz ist die wissentliche und willentliche Verwirklichung der in der gesetzlichen Beschreibung der Straftat enthaltenen Merkmale.

Dabei umfasst das Wissenselement *(bilme unsuru)* die Kenntnis aller gesetzlich niedergelegten Tatbestandsmerkmale inklusive etwaiger Strafschärfungsgründe. Nicht umfasst ist dagegen die Kenntnis von Strafmilderungsgründen, objektiven Be-

---

[1] Siehe dazu II.J.

dingungen der Strafbarkeit *(objektif cezalandırılabilme koşulları)*, Verfolgungsvoraussetzungen *(ceza muhakemesi koşulları)*, Rechtfertigungsgründen *(hukuka uygunluk sebepleri)* und etwaigen sonstigen Straffreistellungsgründen *(cezasızlık nedenleri)*.[2] Der Vorsatz muss zwar ferner den Kausalzusammenhang zwischen Handlung und Erfolg umfassen, nicht jedoch den genauen Kausalverlauf. Richtet sich der Vorsatz auf die Tötung des X, so ist es unbeachtlich, ob der Täter annimmt, X erdrosselt zu haben, oder ob dieser erst ertrinkt, nachdem der Täter die vermeintliche Leiche in einen See geworfen hat.

Das Unrechtsbewusstsein *(hukuka aykırılık şuuru)* wird überwiegend als Teil des Vorsatzes angesehen. Daneben gibt es auch Meinungen, die es für die Annahme des Vorsatzes nicht für erforderlich halten. Sie verweisen für den Fall fehlenden Unrechtsbewusstseins auf die Regelung über den Rechtsirrtum.[3] Ferner fanden sich Stimmen, die das Unrechtsbewusstsein isoliert als besonderen Bestandteil der Schuld neben den Vorsatz stellten. Sie kamen von Autoren, die es mittlerweile als Teil des subjektiven Tatbestands ansehen und verlangen, dass der Vorsatz auch das Wissen um das Unrecht der Tat umfassen müsse.

Ein Irrtum des Täters über Umstände, die vom Vorsatz umfasst sein müssen, schließt grundsätzlich den Vorsatz aus. Hier ist nur noch eine Strafbarkeit wegen fahrlässiger Tatbegehung möglich, wenn es einen entsprechenden Fahrlässigkeitstatbestand gibt.[4]

Die zweite Seite des Vorsatzes ist das Willenselement *(isteme unsuru, irade unsuru)* in Bezug auf die Verwirklichung der Straftat. Es muss sich auf die Umsetzung aller Tatbestandselemente beziehen, auf die Handlung, den Erfolg, und den Kausalzusammenhang zwischen beiden.

Zeitlich gesehen bezieht sich der Vorsatz in der Regel auf Gegenwart und Zukunft. Zur Tatzeit muss er vorliegen. In Ausnahmefällen kann er sich jedoch auch auf Elemente beziehen, die in der Vergangenheit liegen, zum Beispiel bei der Hehlerei, wo der vorangegangene Erwerb der gehehlten Sache durch eine Straftat zum Vorsatz gehört.

b) Formen des Vorsatzes

Der Vorsatz kann in verschiedenen Formen auftreten, am häufigsten ist das der Fall für *dolus directus (doğrudan kast, genel kast)*. Er liegt vor, wenn der Wille des Täters auf die Verübung der Straftat gerichtet ist. In einigen Tatbeständen verlangt das Gesetz eine besonders intensive Beziehung zur Tat, die als Spezialvorsatz *(özel kast)* bezeichnet wird und in der Verwendung von Begriffen wie Ziel *(maksat)*,

---

2 Siehe unten 4.

3 Siehe unten 5.b.

4 Siehe unten 5.

Motiv *(saik)* und ähnlichen Formulierungen zum Ausdruck kommt. Als Art eines intensiven Vorsatzes *(yoğun kast)* findet man ferner den Vorbedacht *(tasarlama, taammüt)*, der eine wichtige Rolle als Mordmerkmal spielt.

In vielen Fällen kann eine Tat auch mit *dolus eventualis (dolaylı kast, olası kast)* begangen werden, sofern dieser nicht durch Tatbestandsmerkmale wie beispielsweise „wissentlich" *(bilerek, bildiği halde)* oder „wider besseres Wissen" *(bilmesine rağmen)* ausgeschlossen ist. In dem neuen türkischen Strafgesetzbuch wurde der *dolus eventualis* erstmals definiert und zwar wie folgt:

Art. 21 Abs. 2 TCK

(2) Begeht eine Person die Tat, obwohl sie vorhersieht, dass sie die in der gesetzlichen Beschreibung der Straftat enthaltenen Merkmale verwirklichen könnte, so liegt Eventualvorsatz vor. In diesem Fall wird bei Straftaten, die mit lebenslanger erschwerter Gefängnisstrafe bedroht sind, lebenslanges Gefängnis, bei Straftaten, die mit lebenslangem Gefängnis bedroht sind, 20 bis 25 Jahre Gefängnis verhängt; bei den anderen Straftaten wird die Grundstrafe um ein Drittel bis um die Hälfte ermäßigt.

In Lehre und Rechtsprechung werden sowohl Wissen als auch Willen als Bestandteile des Eventualvorsatzes angesehen, wobei sich der Wille darauf beschränkt, dass der Erfolg in Kauf genommen, das Handeln also trotz des als möglich erkannten kriminellen Erfolgs nicht unterlassen wird. Dennoch wird das Willenselement in der gesetzlichen Definition nicht ausdrücklich genannt. Das ist in der Lehre vor allem deshalb auf Kritik gestoßen, weil es die Abgrenzung zwischen Eventualvorsatz und bewusster Fahrlässigkeit erschwere.[5] Diese Kritik wird von anderen mit dem Argument zurückgewiesen, dass die Gesetzesbegründung klarstelle, dass der Täter den Erfolg hinzunehmen bereit ist und hierin das entscheidende Abgrenzungsmerkmal zur bewussten Fahrlässigkeit liege, bei der der Täter den Erfolg gerade nicht hinnehmen will.

3. Subjektive Seite der Fahrlässigkeitstat

a) Begriff und Bezugspunkte der Fahrlässigkeit

Wegen einer Fahrlässigkeitstat kann eine Bestrafung nur erfolgen, wenn die fahrlässige Begehung ausdrücklich für strafbar erklärt ist (zum Beispiel fahrlässige Tötung neben Totschlag und Mord).

Auch die Fahrlässigkeit hat eine intellektuelle und eine voluntative Seite, die in den Darstellungen der Lehre jedoch eng miteinander verwoben sind. Die herrschende Meinung verlangt für das Vorliegen von Fahrlässigkeit *(taksir)* eine willentliche Handlung, die für einen nicht gewollten Erfolg kausal ist, und zwar weil

---

[5] Siehe unten 3.

dieser Erfolg entweder nicht vorhergesehen wurde oder weil die Möglichkeit seines Eintritts zwar erkannt, aber darauf vertraut wurde, dass sich das Risiko nicht verwirklichen würde (bewusste Fahrlässigkeit, *bilinçli taksir*). Die Fahrlässigkeit muss also im Augenblick des Tatgeschehens vorliegen, bei bewusster Fahrlässigkeit ist auch ein Bezug auf die Zukunft möglich. Als Folge des Schuldprinzips wird verlangt, dass das Nichtvoraussehen des Erfolgs beziehungsweise das Vertrauen auf dessen Ausbleiben vorwerfbar ist. Nach der überwiegenden Meinung wird das nach einem individuellen Maßstab beurteilt: Vorwerfbar ist die Tat, wenn der Täter nach seinem Lebensalter, seinen Erfahrungen, seinen intellektuellen Fähigkeiten, seinem bildungsmäßigen und gesellschaftlichem Niveau in der Lage war, die Situation und die an ihn gerichteten Sorgfaltsanforderungen zu erkennen. Das ist jeweils vom Tatrichter zu bewerten. Erst in neuerer Zeit finden sich Stimmen, die im Einklang mit der neuen Definition von Fahrlässigkeit im StGB von 2004 zwischen einer Bestimmung der Sorgfaltspflichtverletzung nach objektiven Kriterien und der individuellen Möglichkeit des Täters, diese zu erkennen, unterscheiden wollen.

– Fahrlässigkeit

Art. 22 TCK

(1) Fahrlässig begangene Taten werden in den Fällen bestraft, in denen das Gesetz das ausdrücklich vorsieht.

(2) Fahrlässigkeit ist ein Verhalten, bei dem durch eine Sorgfaltspflichtverletzung der im gesetzlichen Tatbestand bezeichnete Erfolg verwirklicht wird, ohne dass dies vorhergesehen wurde.

(3) Tritt ein Erfolg ein, den eine Person zwar vorhergesehen, aber nicht gewollt hat, so liegt bewusste Fahrlässigkeit vor; in diesem Fall wird die Strafe für die Fahrlässigkeitstat um ein Drittel bis um die Hälfte verschärft.

(4) Die wegen einer Fahrlässigkeitstat zu verhängende Strafe wird nach der Schuld des Täters bestimmt.

(5) Bei Straftaten, die durch die Fahrlässigkeit von mehr als einer Person begangen wurden, ist jeder nach seiner eigenen Schuld verantwortlich. Die Strafe eines jeden Täters wird nach seiner Schuld gesondert bestimmt.

(6) Führt der durch Fahrlässigkeit eingetretene Erfolg dazu, dass nur der Täter persönlich oder in seiner familiären Situation in einem Maße Opfer wurde, dass eine Strafe nicht mehr erforderlich ist, so wird keine Strafe verhängt; die bei bewusster Fahrlässigkeit zu verhängende Strafe kann auf die Hälfte bis auf ein Sechstel herabgesetzt werden

Auch die Fahrlässigkeit *(taksir)* wird von der überwiegenden Meinung noch als Schuldform angesehen, selbst wenn hier ähnlich wie bei dem Vorsatz Stimmen stärker werden, die die Fahrlässigkeit in eine objektive und eine subjektive Seite aufspalten wollen[6] und auch die Definition von Fahrlässigkeit im Strafgesetzbuch eine solche Sichtweise zulässt.

---

[6] Siehe dazu II.D.7.b.

b) Formen/Grade der Fahrlässigkeit

Das türkische Strafgesetzbuch unterscheidet zwischen einfacher Fahrlässigkeit *(taksir)* und bewusster Fahrlässigkeit *(bilinçli taksir),* Art. 22 Abs. 3 TCK. In beiden Fällen führt eine gewollte Handlung zu einem nicht gewollten Erfolg. Bei der einfachen Fahrlässigkeit hat der Täter jedoch den möglichen Erfolgseintritt von vornherein nicht erkannt. Bei der bewussten Fahrlässigkeit hat er ihn dagegen durchaus erkannt, aber darauf vertraut, dass er nicht eintreten werde. Das Erfordernis der Pflichtwidrigkeit wird dabei selten ausdrücklich erwähnt, ergibt sich aber letztlich aus dem Schuldprinzip.

Sonstige Unterscheidungen der Schweregrade der Fahrlässigkeit (grobe, leichte, sehr leichte Fahrlässigkeit) finden sich nicht. Ihnen kann allerdings bei der Strafzumessung Rechnung getragen werden (Art. 61 TCK).

4. Eingeschränktes Erfordernis von Vorsatz oder Fahrlässigkeit

Bis zum Jahr 2004 fand sich ein viel beachteter Fall von objektiver Verantwortlichkeit *(objektif sorumluluk)* in Art. 16 Pressegesetz Nr. 5680 vom 15.7.1950. Dieser sah vor, dass außer dem Autor einer Veröffentlichung mit strafrechtlich relevantem Inhalt auch der verantwortliche Redakteur zu bestrafen war. Diese Vorschrift wurde mehr und mehr als unzulässiger Verstoß gegen das Schuldprinzip kritisiert. Das führte dazu, dass das neue Pressegesetz Nr. 5187 vom 9. Juni 2004 die Bestrafung eines verantwortlichen Redakteurs zwar nicht völlig abschaffte, wohl aber erheblich einschränkte (Art. 11). Heute kann der verantwortliche Redakteur nur noch belangt werden, wenn der Autor eines Textes, der einen Straftatbestand erfüllt, nicht selbst belangt werden kann, weil er unbekannt ist, sich im Ausland oder bereits in Strafhaft befindet.

– Strafrechtliche Verantwortung

Art. 11 Pressegesetz

(...)

(3) Ist bei Periodika der Autor nicht bekannt, ist er zur Zeit der Veröffentlichung strafrechtlich nicht verantwortlich, kann er in der Türkei nicht vor Gericht gestellt werden, weil er sich im Ausland befindet, oder würde eine zu verhängende Strafe auf eine wegen einer anderen gegen den Autor rechtskräftig verhängten Strafe keinen Einfluss haben, so sind der verantwortliche Redakteur, der Chefredakteur, der Herausgeber und andere von dem verantwortlichen Redakteur Abhängige wie z.B. der Presseberater verantwortlich. Erfolgt jedoch die Veröffentlichung gegen den Willen des verantwortlichen Redakteurs und der von ihm Abhängigen, so ist der Veröffentlichende an ihrer Stelle verantwortlich.

(4) Ist bei nichtperiodischen Schriften der Autor nicht bekannt, ist er zur Zeit der Veröffentlichung strafrechtlich nicht verantwortlich, kann er in der Türkei nicht vor Gericht gestellt werden, weil er sich im Ausland befindet, oder würde eine zu verhängende Strafe auf eine wegen einer anderen gegen den Autor rechtskräftig verhängten Strafe keinen

Einfluss haben, so ist der Verleger verantwortlich. Ist dieser nicht bekannt, ist er zur Zeit der Veröffentlichung strafrechtlich nicht verantwortlich oder kann er in der Türkei nicht vor Gericht gestellt werden, weil er sich im Ausland befindet, so ist der Drucker verantwortlich.

Im Strafgesetzbuch selbst finden sich jedoch keine Fälle der objektiven Verantwortlichkeit. Dieses bekennt sich vielmehr uneingeschränkt zum Schuldprinzip (Art. 20 ff., Art. 30 TCK). Da Art. 5 TCK vorsieht, dass die Regelungen des Allgemeinen Teils auch für nebenstrafrechtliche Vorschriften maßgeblich sind, und das Einführungsgesetz zum Strafgesetzbuch (Gesetz Nr. 5252 v. 4.11.2004) für diese eine Anpassungsfrist bis zum 31.12.2008 einräumt, ist damit zu rechnen, dass auch aus dem Pressegesetz die noch bestehenden Elemente einer objektiven Verantwortlichkeit verschwinden werden.

Ein wichtiger Punkt, bei dem das alte Strafgesetzbuch wegen Verstoßes gegen das Schuldprinzip kritisiert wurde, waren die erfolgsqualifizierten Delikte *(netice sebebiyle ağırlaşmış suç)*. Ein Täter haftete für eine nicht von ihm beabsichtigte schwerere Folge, ohne dass es darauf ankam, ob ihn im Hinblick auf diese ein Verschulden traf. Hier schuf das neue Strafgesetzbuch von 2004 nach deutschem Vorbild eine Neuregelung (Art. 23 TCK), nach der ein Täter nunmehr wegen einer schwereren oder einer anderen als der von ihm gewollten Folge nur zur Verantwortung gezogen werden kann, wenn ihm diesbezüglich zumindest Fahrlässigkeit zur Last gelegt werden kann.

– Erfolgsqualifizierte Delikte

Art. 23 TCK

(1) Hat eine Tat einen schwereren oder einen anderen als den vom Vorsatz umfassten Erfolg zur Folge, so kann dafür nur verantwortlich gemacht werden, wer hinsichtlich dieser Folgen mindestens fahrlässig gehandelt hat.

5. Fehlvorstellungen des Täters, Irrtum

a) Irrtum über Tatsachen

Die bisher im türkischen Strafrecht recht umstrittenen Fragen des Irrtums *(hata)* sind im neuen Strafgesetzbuch fast alle gesetzlich geregelt und beenden daher manche Streitigkeiten.

Zunächst entfällt der Vorsatz, wenn der Täter tatsächliche Merkmale des Tatbestands nicht kennt. Dabei kommt es nicht darauf an, ob diese Unkenntnis vermeidbar oder unvermeidbar war. Strafbar bleibt die Tat nur, wenn die etwas weniger scharfen Kriterien der Fahrlässigkeit erfüllt waren und ein entsprechender Fahrlässigkeitstatbestand existiert.

Art. 30 Abs. 1 TCK

(1) Wer bei der Begehung einer Tat die tatsächlichen Merkmale eines gesetzlichen Straftatbestands nicht kennt, hat nicht vorsätzlich gehandelt. Eine Fahrlässigkeitshaftung für diesen Irrtum bleibt vorbehalten.

Beim Vorliegen von privilegierenden oder qualifizierenden Merkmalen wirkt ein Irrtum immer zugunsten des Täters und zwar in zwei Richtungen:

Art. 30 Abs. 2 TCK

(2) Wer sich in Bezug auf die Verwirklichung von Merkmalen einer Straftat irrt, die eine schwerere oder leichtere Strafe nach sich ziehen, dem kommt dieser Irrtum zugute.

Liegt objektiv ein Strafmilderungsgrund vor, den der Täter nicht kennt (Beispiel: die gestohlene Sache ist geringwertig), so wird er nach der objektiven Lage bestraft, also hier nur wegen Diebstahls einer geringwertigen Sache. Glaubt der Täter an das Bestehen eines Strafmilderungsgrunds, obwohl dieser tatsächlich nicht vorliegt, so wird er behandelt, als ob dieser gegeben sei. Hält also der Täter die gestohlene Sache für geringwertig, obwohl sie einen erheblichen Wert hat, so wird ihm das nicht angelastet.

Bei Strafschärfungsgründen ist dagegen zu differenzieren. Glaubt der Täter an das Bestehen eines Straferschwerungsgrunds, der tatsächlich nicht vorliegt, so wird er ihm nicht angelastet. Liegt dagegen ein Straferschwerungsgrund vor, den er nicht kennt, so ist zu unterscheiden: Geht es um ein erfolgsqualifiziertes Delikt, so kommt es darauf an, ob ihm im Hinblick auf die Folge Fahrlässigkeit vorzuwerfen ist. Wenn ja, ist er für die Folge verantwortlich. Geht es um einen Strafschärfungsgrund anderer Art, so ist der Täter insoweit nicht verantwortlich.

Geht es allerdings nur um einen Irrtum in Bezug auf ein gleichwertiges Handlungsobjekt *(error in persona, error in objecto – kişide yanılma, suçun konusunda yanılma),* so ändert das nichts an der Erfüllung des Tatbestands. Als Nachwirkung des früheren Art. 52 StGB von 1926, der *error in persona* und *aberratio ictus* im Hinblick auf eine Person besonders behandelte, werden derartige Fälle fast nur im Hinblick auf Personen diskutiert, selten auf Objekte. Die Gesetzesbegründung zu Art. 30 des neuen StGB erklärt, dass eine Vorschrift wie der alte Art. 52 nicht erforderlich sei, sondern derartige Fälle nach Art. 30 Abs. 1 und 2 zu lösen seien. Wenn also der Täter einen anderen Menschen tötet und sich herausstellt, dass es sich bei dem Opfer nicht um den A, sondern um den B handelt, so ändert das nichts daran, dass er eine vorsätzliche Tötung begangen hat. Will der Täter den A töten, tötet aber versehentlich ein Kind, so ist er wegen Totschlags zu bestrafen, nicht aber wegen Mordes, weil er das Mordmerkmal der Tötung eines Kindes nicht in seinen Vorsatz aufgenommen hat. Will der Täter ein Kind töten, tötet aber stattdessen den erwachsenen A, so wird er nur wegen Totschlags verurteilt, weil das objektive Mordmerkmal des Mords an einem Kind nicht erfüllt ist (Art. 30 Abs. 2 TCK). Es liegt auch nur ein einziger Taterfolg vor *(tek neticeli hata).* Wird A nicht getötet, sondern nur verletzt, aber B getötet, so liegen mehrere Erfolge vor (*çok neticeli hata).* Nach überwiegender Meinung ist hier der erste Taterfolg nach dem Vorsatz und der ausgeführten Tat zu bestrafen, der zweite Erfolg nach den allgemeinen Vorschriften zu Vorsatz und Fahrlässigkeit. Dagegen ist nach herrschender, aber kritisierter Meinung die *aberratio ictus (sapma)* kein Irrtumsfall, sondern nach der Konkurrenzlehre zu behandeln.

Art. 30 Abs. 3 TCK sieht vor, dass ein Irrtum über Umstände, die die Strafbarkeit aufheben oder mindern, dem Täter zugute kommt. Der Irrtum muss jedoch im Gegensatz zu den Fällen des Abs. 2 unvermeidlich sein.

Art. 30 Abs. 3 TCK

(3) Wer sich in Bezug auf die Verwirklichung von Voraussetzungen, welche die strafrechtliche Verantwortlichkeit aufheben oder mindern, in einem unvermeidbaren Irrtum befindet, dem kommt dieser Irrtum zugute.

Das türkische Strafgesetzbuch unterscheidet nicht präzise zwischen Rechtfertigungs- und Entschuldigungsgründen. Vielmehr sind diese Gründe in einem einzigen Kapitel „Gründe, welche die strafrechtliche Verantwortlichkeit aufheben oder mindern" geregelt. Sie umfassen einerseits Rechtfertigungsgründe wie zum Beispiel die Notwehr, andererseits aber auch Entschuldigungsgründe wie etwa den Notstand. Für den viel diskutierten Fall der Putativnotwehr bedeutet das also Straflosigkeit, wenn der Irrtum unvermeidbar war.

b) Irrtum über Rechtsfragen

Die Frage, ob man Ausnahmen von dem Grundsatz: „Unkenntnis des Gesetzes wird nicht als Entschuldigung anerkannt" zulassen sollte, gehörte zu den umstrittensten Punkten bei der Erarbeitung des neuen Strafgesetzbuchs. In der Praxis hatte man sich bisher in einigen wenigen Fällen mit einem angenommenen Wegfall des Vorsatzes beholfen. Jetzt wollte eine starke Strömung in der Lehre diese strikte Regelung in dem neuen Strafgesetzbuch abmildern, da sie als Verstoß gegen das Schuldprinzip angesehen wurde. Andererseits wurde argumentiert, dass dann zahlreiche Angeklagte behaupten würden, sie hätten die fragliche Norm nicht gekannt, was die ohnehin schon häufig lange Dauer von Strafverfahren noch weiter in die Länge ziehen würde. Ihre (bisher) endgültige Regelung fand diese Frage erst in dem zweiten Änderungsgesetz zum Strafgesetzbuch, das wenige Wochen nach dessen Inkrafttreten verabschiedet wurde. Art. 30 TCK, der die Regelungen über den Irrtum enthält, wurde im letzten Augenblick ein weiterer Absatz angefügt, der folgendermaßen lautet:

Art. 30 Abs. 4 TCK

(4) Wer sich in einem unvermeidbaren Irrtum darüber befindet, dass seine Tat ein Unrecht darstellt, wird nicht bestraft.

Bemerkenswert ist hier, dass sich der Irrtum nicht auf eine gesetzliche Norm, sondern auf das Vorliegen von Unrecht beziehen muss. Die Gesetzesbegründung erklärt, dass es darauf ankomme, ob der Täter weiß, dass seine Tat ein Unrecht ist, dass es aber ohne Bedeutung sei, ob er weiß, dass seine Tat einen Straftatbestand erfüllt. Eine Differenzierung zwischen einem direkten oder indirekten Verbotsirrtum wird in Lehre und Rechtsprechung (noch) nicht gemacht. Das Gesetz regelt zwar den Fall der irrtümlichen Annahme der tatsächlichen Voraussetzungen eines Rechtfertigungs- oder Entschuldigungsgrunds.[7] Die Frage, wie die irrtümliche Annahme eines nicht existenten Entschuldigungs- oder Rechtfertigungsgrunds zu behandeln ist, wird jedoch nicht besonders erörtert. Da es aber nach dem Gesetz auf den Irrtum über das Unrecht einer Tat ankommen soll, lässt sich sagen, dass die Anerkennung eines indirekten Verbotsirrtums durch die gesetzliche Regelung zumindest nicht ausgeschlossen wird.

Die Strafbarkeit entfällt bei Vorliegen eines Verbotsirrtums jedoch nur, wenn sich der Irrtum über das Unrecht der Tat als unvermeidbar erweist. Ist das nicht der Fall, so ist der Täter nach wohl überwiegender Meinung zu bestrafen, seiner gemilderten Schuld ist aber bei der Strafzumessung Rechnung zu tragen.[8] Umgekehrt liegt der Fall, wenn jemand irrtümlich ein erlaubtes Tun für strafbar hält *(hayali suç, mefruz suç)*. Ein solcher Irrtum kann nie eine Strafbarkeit begründen.

Literaturhinweise

Artuk, Emin/Gökçen, Ahmet/Yenidünya, Caner, 5237 Sayılı Yeni TCK'ya Göre Hazırlanmış Ceza Hukuku – Genel Hükümler I (Strafrecht Allgemeiner Teil nach dem neuen Türkischen Strafgesetzbuch Gesetz Nr. 5237, Band 1). 2. überarbeitete Aufl. Ankara 2006, S. 550–614, 699–721.

Centel, Nur/Zafer, Hamide/Çakmut, Özlem, Türk Ceza Hukukuna Giriş (Einführung in das türkische Strafrecht). 4. Aufl. Istanbul 2006, S. 381–421, 424–435.

Demirbaş, Timur, Ceza Hukuk – Genel Hükümler (Strafrecht – Allgemeiner Teil). 5. Aufl. Ankara 2007, S. 327–382.

Özbek, Veli Özer,Yeni Türk Ceza Kanununun Anlamı (Die Bedeutung des neuen türkischen Strafgesetzbuchs). 2. Aufl. Ankara 2005, S. 261–280, 345–357.

Özgenç, İzzet, Türk Ceza Kanunu Gazi Şerhi (Gazi-Kommentar zum türkischen Strafgesetzbuch). 2. Aufl. Ankara 2005, S. 289–341.

– Türk Ceza Hukuku Genel Hükümler (Türkisches Strafrecht Allgemeiner Teil). 2. Aufl. Ankara 2007, S. 223–269, 401–416.

---

[7] Siehe oben a.

[8] Siehe II.J.8.

Öztürk, Bahri/Erdem, Mustafa Ruhan, Uygulamalı Ceza Hukuku ve Emniyet Tedbirleri Hukuku (Angewandtes Strafrecht und Recht der Maßregeln der Sicherung). 9. Aufl. Ankara 2006, S. 191–209, 210–217.

Roxin, Claus/Iisfen, Osman, Der Allgemeine Teil des neuen türkischen Strafgesetzbuchs. GA 2005, 228–243.

Savaş, Vural/Mollamahmutoğlu, Sadık, Türk Ceza Kanununun Yorumu (Kommentar zum türkischen Strafgesetzbuch). Band I. 3. Aufl. Ankara 1999, S. 792, 801–806.

Sözüer, Adem, Einführung in die Gesamtreform des türkischen Strafrechts (I). Istanbul 2006, S. 20–27.

Rechtsprechung

Großer Strafsenat des Kassationshofs vom 10.6.1985, E. 56, K. 340, *Savaş/Mollamahmutoğlu*, TCK I, S. 801–802.

Großer Strafsenat des Kassationshofs vom 3.6.1985, E. 83, K. 330, *Savaş/Mollamahmutoğlu*, TCK I, S. 802–806

Großer Strafsenat des Kassationshofs vom 10.10.1952, E. 941, K. 942, *Savaş/Mollamahmutoğlu*, TCK I, S. 792.

Abkürzungsverzeichnis

E.	Esas (Rechtssache)
K.	Karar (Entscheidung, Beschluss)
TCK	Türk Ceza Kanunu (türkisches Strafgesetzbuch)

F. Strafbares Verhalten im Vorfeld der Tatvollendung

F. Strafbares Verhalten im Vorfeld der Tatvollendung

1. Allgemeines
   a) Überblick
   b) Gründe der Strafbarkeit
2. Versuch
   a) Definition
   b) Objektive Voraussetzungen der Versuchsstrafbarkeit
   c) Subjektive Voraussetzungen der Versuchsstrafbarkeit
3. Einzelprobleme
   a) Untauglicher Versuch
   b) Wahndelikt
   c) Versuchte Tatbeteiligung/Beteiligung am Versuch
4. Strafzumessung
5. Rücktritt vom Versuch
   a) Voraussetzungen
   b) Wirkung des Rücktritts
   c) Besonderheiten bei Tatbeteiligung mehrerer
6. Andere Formen strafbaren Verhaltens im Vorfeld der Tatvollendung

---

Die Überschrift dieses Kapitels ist weit formuliert, um neben dem Versuch auch andere „unvollständige" Begehungsformen der Straftat erfassen zu können. Einleitend werden die verschiedenen unter Strafe gestellten Verhaltensweisen im Vorfeld der Tatvollendung angeführt und die – teilweise moralphilosophischen oder kriminalpolitischen – Gründe für ihre Strafbarkeit untersucht. Hieraus ergeben sich unter anderem Schlüsse auf die eher objektive oder subjektive Versuchslehre mit ihren jeweiligen Konsequenzen.

Der Versuch wird anschließend ausführlich behandelt. Dabei sind insbesondere die Abgrenzung zur Vorbereitung und zur Tatvollendung sowie die unterschiedlichen Anforderungen an die Strafbarkeit je nach Fortschreiten der Tatverwirklichung berücksichtigt. Die Abschnitte über untauglichen Versuch, Wahndelikt, versuchte Tatbeteiligung und Beteiligung am Versuch dienen der Vertiefung und zeigen die mehr oder weniger konsequente Einhaltung der herrschenden Versuchstheorie. Teilweise gehen die Berichte darüber hinaus auch auf Besonderheiten des Versuchs bei Unterlassungs- und Gefährdungsdelikten sowie bei erfolgsqualifizierten Delikten ein. Hinsichtlich der Strafzumessung ergibt sich eine breite Variation zwischen obligatorischer, fakultativer und faktischer Strafmilderung.

Die Voraussetzungen für die Anerkennung eines Rücktritts vom Versuch und seine Wirkungen stehen wiederum im Zusammenhang mit der jeweils vertretenen Versuchslehre. Dabei kommt es überwiegend auf die Unterscheidung zwischen beendetem und unbeendetem Versuch sowie darauf an, ob es sich um einen Einzeltäter handelt oder mehrere an der Tatbegehung beteiligt sind.

Bei der Untersuchung anderer Formen strafbaren Vorfeldverhaltens wie Verabredung, Vorbereitung, *incitement* und *conspiracy* ergibt sich teilweise eine Überschneidung mit Fragen der Tatbeteiligung (siehe dazu Kapitel II.G.).

Yang Zhao
Thomas Richter

Strafbares Verhalten im Vorfeld der Tatvollendung in China

1. Allgemeines

a) Überblick

In der chinesischen Strafrechtslehre werden die Probleme der Vorbereitung[1] (预备, *yubei*), des Versuchs[2] (未遂, *weisui*) und des Abbruchs (中止, *zhongzhi*) einer Straftat[3] unter den Titeln „unvollendete Formen der Straftat“ (犯罪的未完成形态, *fanzui de wei wancheng xingtai*), „besondere Formen des Straftatbestands“ (犯罪构成的特殊形态, *fanzui goucheng de teshu xingtai*) oder „Stadien der Straftat“ (犯罪的阶段, *fanzui de jieduan*) diskutiert. Versuchs- und Vollendungsstadium werden auch als Ausführungsstadium zusammengefasst. Im Gegensatz zu den meisten anderen Rechtsordnungen besteht in China die Strafbarkeit bereits im Vorbereitungsstadium. Mündet eine Handlung in ein höheres Stadium, wird damit das vorangegangene Stadium abgedeckt und abschließend absorbiert. Die Grundsätze finden sich in den §§ 22–24 Strafgesetzbuch (中华人民共和国刑法, *Zhonghua Renmin Gongheguo xingfa*, chStGB) und beziehen sich als Vorschriften des Allgemeinen Teils auf alle Straftatbestände, ohne dass es dort noch einer ausdrücklichen Regelung bedürfte.

Die Verhaltensformen im Vorfeld der Tatvollendung, die gegebenenfalls eine Strafbarkeit begründen, beziehen sich nur auf die sogenannte direkt-vorsätzliche Straftat.[4] Die überwiegende Meinung in der Lehre lehnt die Strafbarkeit von unvollendeten Formen einer Straftat ab, die nur den indirekten Vorsatz verlangt.[5] Nach allgemeiner Ansicht kommen die oben genannten Grundsätze bei der fahrlässigen Straftat[6] nicht zum Tragen.

---

[1] Siehe unten 6.

[2] Siehe unten 2.

[3] Siehe unten 5.

[4] Näher dazu siehe II.E.2.b.

[5] Näher dazu siehe II. E.2.b.

[6] Näher dazu siehe II.E.3. sowie unten 2.c.

b) Gründe der Strafbarkeit

In der chinesischen Lehre wird die Strafwürdigkeit der Vorbereitung und des Versuchs von Straftaten vor allem durch die darin enthaltene Gesellschaftsschädlichkeit (社会危害性, *shehui weihai xing*) begründet.[7] Denn mit der Vorbereitung oder dem Versuch einer Straftat würden die durch das Strafrecht bewehrten Schutzobjekte oder Interessen bereits ernsthaft gefährdet. Allerdings stelle sich die Gesellschaftsschädlichkeit in diesem Kontext gegenüber vollendeten Delikten als geringer dar, sodass eine mildere Bestrafung gerechtfertigt sei. Denn bei nicht vollendeten Delikten fehle es am Eintritt des gesellschaftsschädlichen Erfolgs und – im Fall des Rücktritts – sei auch die subjektive Bösartigkeit des Täters weniger groß.

Den Grund für die Strafbarkeit des Versuchs sieht die subjektiv-objektive Lehre darin, dass durch einen Versuch zwar nicht unbedingt alle, aber die wichtigsten Tatbestandsmerkmale der Straftat verwirklicht würden. Im Versuch sei einerseits das subjektive Unrecht des Täters bereits äußerlich erkennbar, andererseits würde auch rechtswidrig gehandelt, was gegebenenfalls auch schädliche Folgen mit sich bringe. Beim Versuch sei die vom Täter erwünschte Tatfolge zwar noch nicht eingetreten. Auf den Eintritt der Tatfolge sei allerdings nicht abzustellen, weil dieser lediglich eine eher marginale Rolle für die objektive Seite des Tatbestands spiele. Es gibt außerdem eine rein subjektive und eine rein objektive Lehre, die die Strafbarkeit des Versuchs nur mit dem subjektiven Unrecht des Täters beziehungsweise nur mit der Begehungshandlung begründen. Diese Theorien werden jedoch in der heutigen Strafrechtswissenschaft Chinas kaum mehr vertreten.

2. Versuch

a) Definition

Nach der gesetzlichen Definition in § 23 Abs. 1 chStGB liegt der Versuch einer Straftat (犯罪未遂, *fanzui weisui*; wörtliche Übersetzung: Nicht-Gelingen der Straftat) vor, wenn mit deren Begehung bereits begonnen wurde und ihre Vollendung aus einem Grund scheitert, der vom Willen des Täters unabhängig ist.

§ 23 Abs. 1 chStGB

Wird mit der Begehung einer Straftat bereits angefangen und ist die Straftat aus einer vom Willen des Straftäters unabhängigen Ursache nicht gelungen, liegt der Versuch einer Straftat vor.

Dabei spielt es keine Rolle, ob die Tathandlung schon abgeschlossen ist. Eine abgeschlossene Ausführungshandlung kann als Versuch qualifiziert werden, wenn die tatbestandsmäßige (und meistens auch vom Täter erwünschte) Folge nicht eintritt.

---

7 Siehe hierzu auch II.C. sowie II.J.

Im chinesischen Strafrecht gilt die Strafbarkeit des Versuchs für alle vorsätzlichen Straftaten.[8]

b) Objektive Voraussetzungen der Versuchsstrafbarkeit

Für die Strafbarkeit des Versuchs gibt es drei objektive Voraussetzungen.

1. Als Abgrenzungskriterium zur Vorbereitung muss der Täter bereits mit der Tatausführung begonnen haben, sodass das reine Vorbereitungsstadium verlassen und das Ausführungsstadium erreicht wurde. Was dieses Ansetzen konkret ausmacht, ist umstritten. Schwierigkeiten bestehen insoweit mit der Abgrenzung der Vorbereitung[9] vom Versuch. Denn nach herrschender Meinung spielt auch bei der Vorbereitung die Unterbrechung der Handlung wegen einer vom Willen des Täters unabhängigen Ursache eine entscheidende Rolle. Insoweit bleibt unklar, wann zum Beispiel die Bereitstellung von Werkzeugen noch als Vorbereitung und wann bereits als Versuch zu qualifizieren ist. In der Lehre und in der Praxis wird normalerweise darauf abgestellt,

- ob der Täter das Handlungsobjekt der Straftat bereits berührt oder sich diesem genähert hat;
- ob die Handlungsweise und -mittel einen Schaden verursachen können;
- ob ein Schaden oder eine konkrete Gefahr bereits entstanden ist.

Die herrschende Meinung geht davon aus, dass jedenfalls jede Verwirklichung eines objektiven Tatbestandsmerkmals als Ansetzen zur Straftat zu verstehen ist.

2. Die Straftat darf nicht gelungen sein. Diese Bedingung dient der Abgrenzung zum vollendeten Delikt. Wann eine Straftat als nicht gelungen zu bezeichnen ist, soll sich aus der subjektiven Vorstellung des Täters ergeben.

3. Die Vollendung der Straftat muss an einer Ursache scheitern, die unabhängig vom Willen des Täters ist. Mit diesem Kriterium soll eine klare Trennlinie zum Rücktritt gezogen werden, der ja das freiwillige Abrücken von der Straftat privilegieren soll. Für den Versuch verbleiben dadurch nur drei mögliche Konstellationen:

- Dies ist zunächst der Fall des untauglichen Versuchs, in dem objektiv keine Vollendung möglich ist,[10]
- zweitens der Fall der fehlerhaften subjektiven Einschätzung, dass eine Vollendung nicht mehr möglich sei, und
- schließlich der Fall eines beendigten Versuchs, bei dem der Täter der irrigen Vorstellung ist, dass eine Vollendung bereits erfolgt sei.

---

8 Siehe unten 2.c.

9 Siehe unten 6.

10 Siehe unten 3.a.

Die Strafrechtslehre unterscheidet zwischen beendetem und unbeendetem Versuch. Die Unterscheidung erfolgt nach herrschender Meinung aufgrund gemischt subjektiv-objektiver Merkmale: Danach ist die Differenzierung einerseits auf die tatbestandsmäßigen Handlungen zu beschränken und andererseits die Vorstellung des Täters mit zu berücksichtigen. So handelt es sich beispielsweise um einen unbeendeten Versuch, wenn der Täter, der mit einer Pistole jemanden töten will, mit dem ersten Schuss das Opfer verfehlt und noch vor dem beabsichtigten zweiten Schuss von einem Dritten überwältigt wird. Dagegen liegt bereits ein beendeter Versuch vor, wenn der erste Schuss das Opfer nur verletzt, der Täter aber glaubt, dass es schon getötet sei, und deshalb von einem zweiten Schuss absieht. Die Unterscheidung zwischen beendetem und unbeendetem Versuch ist vor allem für die Strafzumessung von Bedeutung. Nach herrschender Ansicht ist die Gesellschaftsschädlichkeit beim beendeten Versuch größer als beim unbeendeten, sodass hier grundsätzlich eine schwerere Strafe auszusprechen ist.[11]

c) Subjektive Voraussetzungen der Versuchsstrafbarkeit

Wegen Versuchs ist ein Täter nur strafbar, wenn er vorsätzlich handelt. Gemäß § 14 Abs. 1 chStGB liegt eine vorsätzliche Straftat vor, wenn der Täter weiß, dass seine Tat für die Gesellschaft eine schädliche Folge verursachen wird, und er eine solche Folge wünscht oder in Kauf nimmt.[12]

Dass ein mit direktem Vorsatz (直接故意, *zhijie guyi*) begangener Versuch, bei dem der Täter die schädliche Folge wünscht, strafbar ist, ist unumstritten. Streitig ist aber die Strafbarkeit des Versuchs im Fall des indirekten Vorsatzes (间接故意, *jianjie guyi*), bei dem der Täter die schädliche Folge nur in Kauf nimmt. Die herrschende Lehre bejaht sie aufgrund des subjektiven Unrechts und der Begehungshandlung. Nach einer Minderansicht ist der mit indirektem Vorsatz begangene Versuch nicht strafbar, weil es sich in diesem Fall meistens um ein Erfolgsdelikt handele, bei dem ohne Eintritt der Tatfolge der Straftatbestand nicht verwirklicht werde.

Bei fahrlässigen Straftaten ist die Strafbarkeit wegen Versuchs ohnehin ausgeschlossen, da hier der für die Versuchsstrafbarkeit erforderliche Vorsatz fehlt. Ergänzend sieht eine Ansicht die Begründung auch darin, dass im chinesischen Strafrecht alle fahrlässigen Straftaten Erfolgsdelikte (结果犯, *jieguo fan*) sind, bei denen der Eintritt bestimmter Folgen eine Voraussetzung für die Bejahung einer Straftat darstellt.

---

[11] Siehe unten d.

[12] Näher dazu siehe II.E.2.a.

3. Einzelprobleme

a) Untauglicher Versuch

Der untaugliche Versuch (不能犯未遂, *bu-neng fan weisui*) ist nicht gesetzlich geregelt. In der Lehre unterscheidet man zwischen zwei Alternativen von untauglichem Versuch:

- Versuch mit einem untauglichen Werkzeug (工具不能犯, *gongju bu-neng fan*) und
- Versuch gegen ein untaugliches Objekt (对象不能犯, *duixiang bu-neng fan*).

Ein typisches Beispiel für den ersteren Fall ist die versuchte Tötung mit Zucker, den der Täter irrtümlich für Gift gehalten hat. Der letztere Fall bezieht sich beispielsweise auf eine Situation, in welcher der Täter in der Dunkelheit auf eine Leiche geschossen hat, um die vermeintlich schlafende Person zu töten. In beiden Fällen ist der Versuch trotz des Tatbestandsirrtums strafbar. Aber nach herrschender Meinung soll im Fall des untauglichen Versuchs im Vergleich zum tauglichen Versuch eine Strafmilderung stattfinden.[13]

b) Wahndelikt

Ein Wahndelikt (迷信犯, *mixin fan*; wörtliche Übersetzung: Aberglaubedelikt) liegt vor, wenn der Täter von der Strafbarkeit seiner Handlung ausgegangen, die Tat aber tatsächlich nicht strafbar ist. Nach einhelliger Meinung ist ein Wahndelikt nicht strafbar, denn es fehlt objektiv von vornherein an der Gesellschaftsschädlichkeit. Problematisch ist manchmal die Abgrenzung des Wahndelikts vom „Versuch mit einem untauglichen Werkzeug“,[14] da in beiden Fällen ein untaugliches Mittel eingesetzt wird. In der Lehre wird meistens darauf abgestellt, ob das eingesetzte Mittel identisch ist mit dem vom Täter gewünschten Mittel. Wenn dies der Fall ist, handelt es sich um ein Wahndelikt, sonst ist ein „Versuch mit einem untauglichen Werkzeug“ zu bejahen. Glaubt der Täter also, mit Zucker jemanden töten zu können, und wirft er Zucker ins Trinkglas des Opfers, so ist ein Wahndelikt anzunehmen. Will der Täter eigentlich jemanden mit Gift töten und benutzt er aus Versehen Zucker, so handelt es sich um einen Versuch mit untauglichem Werkzeug.

c) Versuchte Tatbeteiligung/Beteiligung am Versuch

Weder die versuchte Tatbeteiligung noch die Beteiligung am Versuch sind im Strafgesetzbuch ausdrücklich erwähnt. Nach weit verbreiteter Ansicht ist die versuchte Tatbeteiligung nicht strafbar, da die Gesellschaftsschädlichkeit im Sinne des

---

13 Siehe unten 4.

14 Siehe oben a.

§ 13 chStGB[15] zu gering ist. Dagegen ist die Beteiligung am Versuch strafbar. Nach herrschender Lehre ergibt sich diese Strafbarkeit auch aus § 23 Abs. 1 chStGB.[16] Ob es sich dabei um einen beendeten oder unbeendeten Versuch handelt, ist irrelevant.

d) Sonstiges

Bei Unterlassungsdelikten ist zwischen echten und unechten Unterlassungsdelikten zu unterscheiden.[17] Nach einhelliger Ansicht ist beim echten Unterlassungsdelikt (纯正不作为犯, *chunzheng bu-zuowei fan*) die Strafbarkeit wegen Versuchs ausgeschlossen. Dagegen ist ein strafbarer Versuch im Fall des unechten Unterlassungsdelikts (不纯正不作为犯, *bu-chunzheng bu-zuowei fan*) möglich.

Streitig ist die Versuchsstrafbarkeit bei Gefährdungsdelikten (危险犯, *weixian fan*).[18] Die herrschende Meinung bejaht sie, wenn die Zielsetzung des Täters darin liegt, eine bestimmte Gefahr zu verursachen.

Bei den erfolgsqualifizierten Delikten[19] (结果加重犯, *jieguo jiazhong fan*) lehnt die herrschende Meinung die Versuchsstrafbarkeit ab. Denn ohne Eintritt der betreffenden Folge entsteht das Problem des erfolgsqualifizierten Delikts als solches überhaupt nicht. Es ist dann nur auf das Grunddelikt abzustellen.

4. Strafzumessung

Für den Versuch ist in § 23 Abs. 2 chStGB eine fakultative Strafmilderung gegenüber dem vollendeten Delikt vorgesehen.

§ 23 Abs. 2 chStGB
Im Fall eines Versuchs kann im Vergleich zu einer vollendeten Straftat eine mildere oder abgemilderte Strafe ausgesprochen werden.

Im chinesischen Strafrecht gliedert sich die Strafmilderung in zwei Unterfälle:

- Milderung (从轻, *congqing*) und
- Abmilderung (减轻, *jianqing*).

Während Milderung gemäß § 62 chStGB die Wahl einer relativ milderen Strafe innerhalb des gesetzlichen Strafrahmens bedeutet, beinhaltet Abmilderung gemäß

---

15 Siehe dazu II.C.1.
16 Siehe oben 2.a.
17 Siehe dazu II.D.4.
18 Siehe dazu II.D.6.
19 Siehe dazu II.D.6.

§ 63 Abs. 1 chStGB eine Strafrahmenverschiebung, das heißt, die ausgesprochene Strafe liegt unter dem Regelstrafrahmen des konkreten Straftatbestands.

In der gesetzlichen Vorschrift zur Strafzumessung für den Versuch wird nicht zwischen unterschiedlichen Typen des Versuchs differenziert. Die herrschende Ansicht in der Lehre geht vom subjektiv-objektiven Kriterium der Strafzumessung aus. Danach wird die Gesellschaftsschädlichkeit eines unbeendeten Versuchs für geringer gehalten als die eines beendeten Versuchs. Dementsprechend soll die Strafe für einen unbeendeten Versuch milder als die für einen beendeten sein. Der gleiche Anhaltspunkt gilt auch für den untauglichen Versuch, dessen Gesellschaftsschädlichkeit gegenüber dem tauglichen Versuch für geringer gehalten wird. Deswegen soll der untaugliche Versuch milder bestraft werden.

5. Rücktritt vom Versuch

a) Voraussetzungen

In § 24 Abs. 1 chStGB ist der Abbruch der Straftat (犯罪中止, *fanzui zhongzhi*) geregelt.

§ 24 Abs. 1 chStGB
Wird während der Begehung einer Straftat freiwillig auf die Straftat verzichtet oder freiwillig und mit Erfolg der Eintritt der Folge der Straftat verhindert, liegt der Abbruch einer Straftat vor.

Der Rücktritt ist nach chinesischem Verständnis sowohl im Vorbereitungs- als auch im Ausführungsstadium möglich, wobei er sich immer auf die vollendete Tat bezieht und von dieser Perspektive aus zu beurteilen ist. Es handelt sich also immer um einen Rücktritt von einem bestimmten Straftatbestand. In einer Gesamtbetrachtung wird *ex post* gewürdigt, in welchem Stadium und mit welchen Folgen der Rücktritt von einer Tat erfolgt ist. Dementsprechend wird die Strafe bemessen. Ein Rückgriff auf die Vorbereitungs- oder Versuchsstrafbarkeit findet nicht mehr statt. Nach der Regelung des § 24 Abs. 1 chStGB gibt es zwei Möglichkeiten des Abbruchs:

- Rücktritt vom vorbereiteten oder versuchten Delikt (1. Alternative) und
- tätige Reue (2. Alternative).

Für den Rücktritt vom vorbereiteten oder versuchten Delikt ist dem Gesetzestext als objektive Voraussetzung zu entnehmen, dass es sich nicht um eine bereits vollendete Straftat handeln darf. Hat der Täter etwa einen Diamanten erfolgreich gestohlen, so liegt bereits ein vollendeter Diebstahl im Sinne des § 264 chStGB vor. Der Rücktritt ist in diesem Fall also nicht mehr möglich, selbst wenn der Täter den Diamanten später zurückgibt. Die Rückgabe kann gegebenenfalls nur als tätige Reue in Frage kommen.

Die vom Gesetz ausdrücklich erwähnte subjektive Voraussetzung für den Rücktritt vom Versuch ist die Freiwilligkeit des Täters. Es ist zum einen erforderlich, dass der Täter ernsthaft glaubt, er sei in der Lage, die Tat erfolgreich zu vollenden. Auf die tatsächliche Möglichkeit der Vollendung kommt es nicht an. Hat der Täter aus eigenem Gewissen auf den Schuss mit dem Gewehr verzichtet, so ist Rücktritt nicht deswegen auszuschließen, weil er tatsächlich sein Gewehr auf eine Statue gerichtet hat, die er wegen Dunkelheit mit seinem Opfer verwechselt hat. Zum anderen erfordert die Freiwilligkeit, dass der Täter nicht durch äußere Umstände zur Aufgabe seiner Tatbegehung gezwungen ist.

Neben den oben erwähnten objektiven und subjektiven Voraussetzungen wird in der Lehre ferner betont, dass die Aufgabe der Tatbegehung endgültig sein muss. Hat der Täter die Tatbegehung nur vorläufig unterbrochen, so handelt es sich nicht um einen Rücktritt.

In § 24 Abs. 1 chStGB ist als 2. Alternative des Abbruchs die tätige Reue geregelt. Vom Wortlaut der gesetzlichen Vorschrift ist abzuleiten, dass tätige Reue nur bei einem Erfolgsdelikt in Frage kommt und nur dann, wenn der Versuch bereits beendet ist. Ansonsten gelten auch für die tätige Reue die Voraussetzungen der freiwilligen und endgültigen Aufgabe der Tatbegehung.

b) Wirkung des Rücktritts

Für den freiwilligen Abbruch der Straftat ist in § 24 Abs. 2 chStGB Strafbefreiung oder obligatorische Strafmilderung vorgesehen.

§ 24 Abs. 2 chStGB
Wird im Fall eines Abbruchs kein Schaden verursacht, ist von der Strafe abzusehen; wird ein Schaden verursacht, ist eine abgemilderte Strafe auszusprechen.

Den Täter erwartet also entweder gar keine oder nur eine unter den Regelstrafrahmen abgesenkte Kriminalstrafe. Die besonders milde Strafdrohung im Fall eines Abbruchs der Straftat ist nach herrschender Ansicht vor allem auf die geringere Gesellschaftsschädlichkeit aufgrund des nicht eingetretenen Erfolgs und der reduzierten Bösartigkeit des Täters zurückzuführen.

c) Besonderheiten bei Tatbeteiligung mehrerer

Sind an einem Versuch mehrere beteiligt, so muss beim Rücktritt eines Beteiligten danach gefragt werden, ob sein Rücktritt die kausale Beziehung seiner vorangegangenen Handlungen mit der Tat und insbesondere mit dem Eintritt des Taterfolgs wirklich unterbrochen hat. Nur wenn dies zutrifft, ist ein wirksamer Rücktritt anzunehmen. Ein solcher ist beispielsweise gegeben, wenn ein Gehilfe, der nach dem Tatplan den Täter zum Tatort fahren soll, die Transportfahrt verweigert. In einem solchen Fall wird nicht verlangt, dass der Zurücktretende noch aktiv handeln muss, um den Eintritt des Erfolgs abzuwenden. Tritt ein Beteiligter jedoch nur von weiteren Handlungen zurück und bleibt seine frühere Handlung nach wie vor ein Beitrag zur Tat, so sind die Voraussetzungen des Rücktritts nicht erfüllt. Sein Abstandnehmen von der weiteren Ausführungshandlung kann gegebenenfalls nur im Rahmen der allgemeinen Strafzumessung berücksichtigt werden. In einem solchen Fall müsste der Zurücktretende also noch aktiv handeln und erfolgreich den Eintritt des Taterfolgs verhindern, damit sein Verhalten einen wirksamen Rücktritt im Sinne des § 24 Abs. 1 chStGB darstellt. Beim wirksamen Rücktritt eines Beteiligten ist die in § 24 Abs. 2 chStGB vorgesehene Strafbefreiung beziehungsweise -milderung nur auf ihn selbst anwendbar.

6. Andere Formen strafbaren Verhaltens im Vorfeld der Tatvollendung

Bei der Vorbereitung einer Straftat (犯罪预备, *fanzui yubei*) handelt es sich nach § 22 chStGB um die Bereitstellung von Werkzeugen beziehungsweise das Schaffen von Voraussetzungen für eine Straftat.

§ 22 chStGB

Werden für eine Straftat Werkzeuge bereitgestellt oder die Voraussetzungen geschaffen, handelt es sich um die Vorbereitung einer Straftat.

Im Fall einer Vorbereitung kann im Vergleich mit einer vollendeten Straftat eine mildere beziehungsweise abgemilderte Strafe ausgesprochen oder von der Strafe abgesehen werden.

Die Legaldefinition in § 22 Abs. 1 chStGB wird nicht als abschließend betrachtet. Subjektive Voraussetzung ist, dass der Wille zur Vorbereitung und Ausführung einer bestimmten Straftat besteht, und zwar unabhängig davon, ob die Ausführung der Tat mit oder ohne eigene Beteiligung des Vorbereiters erfolgen soll.

Objektiv bedarf es konkreter Vorbereitungshandlungen zur Ausführung der Straftat, sodass die strafrechtlichen Schutzobjekte bedroht werden, wenn auch in diesem Stadium noch keine schädlichen Folgen eingetreten sind. Das Bereitstellen von Werkzeugen wird als typischer Fall einer Vorbereitungshandlung im Gesetz ausdrücklich erwähnt, ansonsten sollen alle weiteren Handlungen unter das Tatbestandsmerkmal des Schaffens von Voraussetzungen fallen.

Als Werkzeuge gelten alle Gegenstände, die dem Täter bei der Tatbegehung behilflich sein können. Unter Voraussetzungen versteht man die Umstände, die die reibungslose Tatbegehung fördern beziehungsweise die Chance der erfolgreichen Tatbegehung erhöhen können. Dies umfasst insbesondere die theoretische Planung der Straftat, das Auskundschaften der objektiven Bedingungen der geplanten Tat sowie die Suche nach möglichen Komplizen. Die bloße Offenbarung einer deliktischen Absicht allein wird noch nicht als strafbare Vorbereitung gedeutet.[20]

Als Abgrenzungskriterium zum Versuch der Straftat darf mit der Ausführung der Tat noch nicht begonnen worden sein.[21] Denn nach herrschender Meinung dauert das Vorbereitungsstadium vom Anfang der Vorbereitungshandlung bis zum Anfang der Begehung der Straftat. Wo der Trennungspunkt zwischen dem Vorbereitungs- und dem Begehungsstadium liegt, bleibt jedoch ziemlich unklar. Jedenfalls dürfen objektive Merkmale eines bestimmten Tatbestands noch nicht verwirklicht worden sein.

Schließlich wird für die Strafbarkeit einer bloßen Vorbereitungshandlung nach § 22 chStGB gefordert, dass die nicht erfolgte Ausführung der Straftat auf einem Grund basiert, der außerhalb des Täterwillens lag. Hätte der Täter nämlich freiwillig Abstand von der Realisierung des Delikts genommen, kämen systematisch die Regeln des Abbruchs der Straftat im Sinne des § 24 chStGB zur Anwendung.[22]

In der Praxis der Strafverfolgung werden bislang nur ganz wenige Täter wegen reiner Vorbereitung bestraft. Für die Vorbereitung einer Straftat ist im Strafgesetzbuch eine fakultative Strafmilderung beziehungsweise ein kompletter Strafverzicht vorgesehen (§ 22 Abs. 2 chStGB).

Literaturhinweise

Bao, Suixian, Guyi fanzui jieduan shang de fanzui xingtai (Formen der Straftat hinsichtlich der Stadien der vorsätzlichen Straftat). In: Kechang Ma (Hrsg.), Fanzui tonglun (Allgemeine Verbrechenslehre). 3. Aufl. Wuhan 1999, S. 405–501.

Chen, Xingliang, Xingfa shiyong zonglun (Allgemeine Lehre zur Anwendung des Strafrechts), Band 1. 2. Aufl. Bejing 2006, S. 341–404.

– Xingfa zonglun (Allgemeiner Teil des Strafrechts). Beijing 2002, S. 41–50.

Fan, Houjun, Gongtong fanzui yu fanzui weisui (Gemeinsame Straftat und Versuch). In: Kechang Ma/Chunxi Yang/Jigui Lü (Hrsg.), Xingfa xue quanshu (Enzyklopädie der Strafrechtswissenschaft). Shanghai 1993, S. 151–154.

– Gongtong fanzui yu fanzui yubei (Gemeinsame Straftat und Vorbereitung). In: Kechang Ma/Chunxi Yang/Jigui Lü (Hrsg.), Xingfa xue quanshu (Enzyklopädie der Strafrechtswissenschaft). Shanghai 1993, S. 149–151.

[20] Vergleiche II.D.3.

[21] Siehe oben 2.b.

[22] Siehe oben 5.

– Gongtong fanzui yu fanzui zhongzhi (Gemeinsame Straftat und Abbruch). In: Kechang Ma/Chunxi Yang/Jigui Lü (Hrsg.), Xingfa xue quanshu (Enzyklopädie der Strafrechtswissenschaft). Shanghai 1993, S. 154–156.

He, Bingsong, Fanzui goucheng guocheng de teshu xingtai (Besondere Formen des Prozesses zur Erfüllung der Tatbestände). In: Bingsong He (Hrsg.), Xingfa jiaokeshu (Lehrbuch des Strafrechts), Band 1. 6. Aufl. Beijing 2003, S. 416–436.

von Herrenkirchen, Wolffhart Auer: Das Strafrecht der Volksrepublik China unter besonderer Berücksichtigung des sowjetischen Strafrechts. Baden-Baden 1993, S. 44–50.

Hu, Kangsheng/Li, Fucheng (Hrsg.), Zhonghua Renmin Gongheguo xingfa shiyi (Kommentar zum Strafgesetzbuch der Volksrepublik China). Beijing 1997, S. 31–35.

Huang, He, Fanzui guocheng de xingtai (Formen der Stadien der Straftat). In: Qiong Zhang (Hrsg.), Zhongguo xingfa jiaocheng (Lehrbuch des chinesischen Strafrechts), Band 1. Beijing 1998, S. 117–126.

Ke, Gezhuang, Fanzui jieduan (Stadien der Straftat). In: Kechang Ma/Chunxi Yang/Jigui Lü (Hrsg.), Xingfa xue quanshu (Enzyklopädie der Strafrechtswissenschaft). Shanghai 1993, S. 123.

– Fanzui xingtai (Formen der Straftat). In: Kechang Ma/Chunxi Yang/Jigui Lü (Hrsg.), Xingfa xue quanshu (Enzyklopädie der Strafrechtswissenschaft). Shanghai 1993, S. 123 f.

– Fanzui jisui (Vollendete Straftat). In: Kechang Ma/Chunxi Yang/Jigui Lü (Hrsg.), Xingfa xue quanshu (Enzyklopädie der Strafrechtswissenschaft). Shanghai 1993, S. 124 f.

– Fanzui yubei (Vorbereitung der Straftat). In: Kechang Ma/Chunxi Yang/Jigui Lü (Hrsg.), Xingfa xue quanshu (Enzyklopädie der Strafrechtswissenschaft). Shanghai 1993, S. 125–127.

– Fanzui weisui (Versuch der Straftat). In: Kechang Ma/Chunxi Yang/Jigui Lü (Hrsg.), Xingfa xue quanshu (Enzyklopädie der Strafrechtswissenschaft). Shanghai 1993, S. 127–132.

– Fanzui zhongzhi (Rücktritt von der Straftat). In: Kechang Ma/Chunxi Yang/Jigui Lü (Hrsg.), Xingfa xue quanshu (Enzyklopädie der Strafrechtswissenschaft). Shanghai 1993, S. 132–135.

Luo, Shuzhong/Huang, He, Fanzui de yubei, weisui he zhongzhi (Vorbereitung, Versuch und Rücktritt von der Straftat). In: Chunxi Yang/Dunxian Yang (Hrsg.), Zhongguo xingfa lun (Das chinesische Strafrecht). 2. Aufl. Beijing 1998, S. 110–124.

Mo, Kaiqin, Wei wancheng zui (Unvollendete Straftat). In: Xingliang Chen (Hrsg.), Xingfa xue (Strafrechtslehre). Shanghai 2003, S. 168–187.

Pan, Qin, Fanzui xingtai (Formen der Straftat). In: Qingde Song (Hrsg.): Xin xingfa fanzui lun yanjiu (Studie zur Verbrechenstheorie des neuen Strafgesetzbuchs). Beijing 1999, S. 270–298.

Richter, Thomas, Umweltstrafrecht in der Volksrepublik China. Freiburg i.Br. 2002, S. 197–202.

Strupp, Michael, Das neue Strafgesetzbuch der VR China. Kommentar und Übersetzung. Hamburg 1998.

Wang, Xin, Fanzui de yubei, weisui he zhongzhi (Vorbereitung, Versuch und Rücktritt von der Straftat). In: Shoufen Liu (Hrsg.), Xingfa xue gailun (Einführung in die Strafrechtslehre). Beijing 2000, S. 124–142.

Xing, Zhiren, Fanzui yubei yanjiu (Studie zur Vorbereitung einer Straftat). Beijing 2001.

Zhang, Mingkai, Xingfa xue (Strafrechtslehre). 2. Aufl. Beijing 2003, S. 281–313.

Zhang, Ruixing, Fanzui guocheng zhong de xingtai (Formen der Stadien der Straftat). In: Huiyu Su (Hrsg.), Xingfa xue (Strafrechtslehre). Beijing 1999, S. 203–218.

Zhao, Bingzhi, Guyi fanzui de tingzhi xingtai (Formen der Abbrechung der vorsätzlichen Straftat). In: Mingxuan Gao (Hrsg.), Xinbian Zhongguo xingfa xue (Das neue Lehrbuch des chinesischen Strafrechts), Band 1. Beijing 2000, S. 198–229.

– Guyi fanzui de tingzhi xingtai (Formen des Abbruchs der vorsätzlichen Straftat). In: Bingzhi Zhao (Hrsg.), Xingfa zonglun (Allgemeiner Teil des Strafrechts). Beijing 2007, S. 283–313.

Zhao, Bingzhi/Tian, Hongjie, Ruhe rending fanzui de yubei xingtai (Zur Feststellung des Vorbereitungsstadiums der Straftat). In: Bingzhi Zhao (Hrsg.), Zhongguo xingfa anli yu xueli yanjiu (Studie der Fälle und Dogmatik des chinesischen Strafrechts), Band 1. Beijing 2004, S. 297–302.

Zheng, Junnan, Buneng weisui fan yanjiu (Studie zum untauglichen Versuch). Beijing 2005.

Zhou, Dongping, Fanzui tingzhi xingtai (Formen der Abbrechung der Straftat). In: Li Chen/ Yongsheng Huang (Hrsg.), Xingfa zonglun (Allgemeiner Teil des Strafrechts). 2. Aufl. Xiamen 2002, S. 297–331.

Rechtsprechung

Urteil des Volksgerichts des Kreises Xinhuang vom 13.7.1998 und Beschluss des Mittleren Volksgerichts der Stadt Huaihua vom 12.11.1998, zusammenfassend abgedruckt als Fall Nr. 139 (Zur Feststellung der Vorbereitung für den Raub), CK 2001/11, 10–15.

Urteil des Volksgerichts des Stadtteils Changning der Stadt Shanghai vom 21.12.2000 und Urteil des Ersten Mittleren Volksgerichts der Stadt Shanghai vom 26.3.2001, zusammenfassend abgedruckt als Fall Nr. 125 (Zum Rücktritt bei Tatbeteiligung mehrerer), CK 2001/9, 14–21.

Urteil des Volksgerichts des Stadtteils Tongguanshan vom 5.3.2001 und Urteil des Mittleren Volksgerichts der Stadt Tongling vom 4.4.2001, zusammenfassend abgedruckt als Fall Nr. 129 (Zur Verneinung der Versuchsstrafbarkeit beim indirekten Vorsatz), CK 2001/10, 13–17.

Urteil des Volksgerichts des Stadtteils Xiangzhou der Stadt Zhuhai, zusammenfassend abgedruckt als Fall Nr. 199 (Zum Rücktritt vom Versuch durch einen Anstifter), CK 2002/5, 16–24. (Urteilsverkündung wohl 1. Quartal 2001)

Urteil des Zweiten Mittleren Volksgerichts der Stadt Beijing und Urteil des Oberen Volksgerichts der Stadt Beijing, zusammenfassend abgedruckt als Fall Nr. 242 (Zur Abgrenzung zwischen dem Versuch und dem Rücktritt vom Versuch), CK 2003/3, 24–28. (Urteilsverkündung wohl 2002)

Abkürzungsverzeichnis

chStGB	Zhonghua Renmin Gongheguo xingfa (Strafgesetzbuch der Volksrepublik China) vom 14.3.1997
CK	Xingshi shenpan cankao (Ratgeber für Verhandlung und Verurteilung in Strafsachen) (Eine seit 1999 von den Strafsenaten des Obersten Volksgerichts herausgegebene Zeitschrift, in der neben Auszügen relevanter neuer Gesetze und praxisbezogenen Aufsätzen vor allem ausgewählte Fälle der Gerichte aller Stufen nach der einheitlichen Gliederung Sachverhalt, Kernfragen und Begründung des Urteils meistens zusammenfassend und mit Anmerkungen/Kommentierungen veröffentlicht werden.) (zitiert nach Jahrgang/Heftnummer, Seitenzahl)

Adome Blaise Kouassi

Strafbares Verhalten im Vorfeld der Tatvollendung in Côte d'Ivoire

1. Allgemeines

a) Überblick

Das Strafgesetzbuch von Côte d'Ivoire (*Code Pénal*, CP-CI) regelt auch die Problematik strafbaren Verhaltens im Vorfeld der Tatvollendung. Dabei ist die Strafbarkeit einer Tat nicht notwendigerweise an ihre Vollendung geknüpft (grundsätzlich wird auch nicht differenziert zwischen Vollendung und Beendigung einer Straftat). Im Allgemeinen läuft eine Straftat in einer bestimmten Stufenfolge ab. Es handelt sich zunächst um bloße verbrecherische Gedanken, das Sich-Vorstellen eines Verbrechens und den Entschluss zur Tat *(résolution criminelle)*; dann folgen die konkrete Tatvorbereitung *(préparation de l'infraction)*, der Ausführungsbeginn *(commencement d'exécution)*, die Tatausführung selbst *(exécution même)* und schließlich die Tatvollendung (*consommation* oder *réalisation de l'infraction*).

Auch die Verabredung mehrerer zu einer Tat kann ein wichtiger Einzelschritt zu einer Straftat sein. Verabredung bedeutet in diesem Fall grundsätzlich, dass mindestens zwei Personen sich geeinigt haben, gemeinsam eine Straftat zu begehen. Diese Einigung über den Tatentschluss in Form eines Gesprächs schädigt normalerweise noch keine Rechtsgüter. Aus diesem Grund ist die Verabredung nur dann strafbar, wenn das Gesetz dies ausdrücklich vorsieht. Entsprechende Vorschriften finden sich beispielsweise zum Komplott (*complot*, Art. 152 in Verbindung mit Art. 158–160 CP-CI) und zur kriminellen Vereinigung (*association de malfaiteurs*, Art. 186 ff. CP-CI),[1] aber auch bei bestimmten schweren Straftaten wie Mord und schwerem Diebstahl.

Ebenso ist die Vorbereitung *(actes préparatoires)* ein Baustein der Straftat. Sie liegt vor der Tatbestandsverwirklichung und besteht oft in einer uneindeutigen Situation *(situation équivoque)*, in welcher der Wille zur Begehung einer bestimmten Straftat (noch) nicht für jeden eindeutig erkennbar nach außen in Erscheinung tritt. Als Beispiel ist der Kauf einer Waffe für die Begehung eines Tötungsdelikts zu nennen. Diese Waffe kann auch als Mittel zur Verteidigung gegen Einbrecher oder

---

[1] Siehe näher dazu II.G.7.

zur Jagd auf Tiere benutzt werden. Außerdem kann der Straftäter sein verbrecherisches Vorhaben zwischen der Tatvorbereitung und der Tatbegehung noch freiwillig aufgeben. Aus diesen Gründen ist die Vorbereitung der Straftat gemäß Art. 23 CP-CI grundsätzlich nicht strafbar. Sie kann jedoch ausnahmsweise dann bestraft werden, wenn eine Sonderbestimmung Vorbereitungshandlungen als Tatbestandsmerkmale normiert. So zum Beispiel beim Komplott (Art. 152 CP-CI in Verbindung mit Art. 158–159 CP-CI) oder bei der kriminellen Vereinigung (Art. 186 CP-CI), bei denen bereits die Verabredung zu irgendwelchen Taten als strafbare (Vorbereitungs-)Handlung angesehen wird, ohne dass es überhaupt zur Ausführung konkreter Taten kommen muss. Außerdem kann die Tatvorbereitung zur Anwendung von Sicherungsmaßnahmen gemäß Art. 92–94 CP-CI führen.

Der Versuch ist bei allen Verbrechen strafbar, und bei Vergehen dann, wenn dies eine Sonderbestimmung normiert (wie etwa Art. 392 ff. CP-CI zum Diebstahl). Die Bestrafung des Versuchs erfolgt nur, wenn mit der Tatausführung begonnen wurde und es nicht zu einem freiwilligen Rücktritt gekommen ist.[2]

b) Gründe der Strafbarkeit

Die Strafbarkeit des Versuchs erklärt sich zum einen durch die Tatsache, dass der Versuch, auch wenn er noch nicht zur Tatvollendung geführt hat, eine mögliche Verletzung oder Gefährdung der Gesellschaft bedeutet. Daneben spielen auch moralphilosophische Gründe bei der Versuchsstrafbarkeit eine große Rolle. In moralphilosophischer Beziehung übernimmt die Religion in Côte d'Ivoire eine wichtige gesellschaftliche Aufgabe, vor allem die einer Bewahrung der Sitten. Im täglichen Gebet bekennen die Gläubigen (unter anderem der katholischen Kirche) sich als Sünder in „Gedanken, Worten und Taten". So sieht die Religion bereits eine sündhafte Schuld allein im Denken an die Übertretung eines (religiösen) Verbots, unabhängig von deren Realisierung. Ähnlich kann auch der bloße Gedanke, mit Absicht die öffentliche Ordnung zu stören oder zu verletzen, strafbar sein.

Jedoch wird die Bestrafung des Versuchs im ivorischen Strafrecht nicht nur auf Moralvorstellungen der Gesellschaft gestützt, sondern orientiert sich auch stark an der Kriminalpolitik des Staates. Die Kriminalpolitik reagiert auf die Realität. Aus dieser Sicht ist nicht das Ergebnis der versuchten Straftat wichtig, sondern die verbrecherische Intention des Täters, das heißt, die Strafbarkeit des Versuchs wird mit der verbrecherischen Haltung und der Gefährlichkeit des Täters für die Gesellschaft begründet. Für diese Kriminalpolitik sind beide (Wille und Gefährlichkeit) auf der gesellschaftlichen Ebene genauso negativ zu beurteilen wie die Straftat selbst. Deshalb soll der Versuch genauso streng wie eine vollendete Straftat geahn-

2 Zum Rücktritt vom Versuch siehe unten 5.

det werden, auch wenn deren Ziel nicht erreicht werden konnte, und unabhängig von den Umständen, die dies verhindert haben.

In Côte d'Ivoire ist die subjektive Versuchstheorie vorherrschend. Der kriminelle Gedanke und danach der Tatbeginn zeigen den fortschreitenden Prozess der verbrecherischen Haltung des Täters und seine andauernde Gefährlichkeit. Sehr wichtig ist dabei allerdings, dass der verbrecherische Wille des Täters unwiderrufen bleibt, es also nicht zu einem freiwilligen Rücktritt vor der Tatvollendung kommt.[3]

2. Versuch

a) Definition

Grundsätzlich handelt es sich beim Versuch darum, dass der Täter es unternimmt, eine Straftat zu begehen, diese aber nicht vollendet wird, es also zu keinem Erfolg kommt, obwohl bestimmte Handlungen vorgenommen worden sind, um ein bestimmtes Ergebnis zu erreichen. Der Versuch ist geregelt in

Art. 24 CP-CI

Jeder Versuch eines Verbrechens, der durch eine Handlung kundgetan wird, die eindeutig die unwiderrufliche Absicht des Täters zum Ausdruck bringt, die Straftat zu begehen, wird als Verbrechen angesehen, wenn er nur aufgrund von Umständen aufgegeben wird oder erfolglos ist, die vom Willen des Täters unabhängig sind.

Der Versuch eines Vergehens wird in den Fällen, in welchen die Strafbarkeit durch eine Sonderbestimmung normiert ist, wie das Vergehen selbst behandelt.

Der Versuch ist strafbar, auch wenn das angestrebte Ziel aufgrund eines Tatumstands nicht erreicht werden konnte.

Gemäß Art. 24 CP-CI ist der Versuch eines Verbrechens oder Vergehens strafbar, wenn die Person bereits unmittelbar zur Tatbestandsverwirklichung angesetzt hat und keine Anzeichen ersichtlich sind, dass sie freiwillig von der Tat zurücktreten wird. Der Gesetzeswortlaut betont, dass der Versuch nur unter der Bedingung einer mit unwiderruflicher Tatabsicht begonnenen Ausführungshandlung *(acte impliquant, sans équivoque, l'intention irrévocable)* strafbar ist, der Täter sich also nicht mehr nur auf einer rein gedanklichen Stufe befindet. Tatplanung und Tatentschluss spielen sich als rein psychische Faktoren allein im Bewusstsein des Täters ab; sie werden noch nicht äußerlich sichtbar und sind im ivorischen Strafrecht grundsätzlich nicht kriminalisiert. Ihre fehlende Strafbarkeit erklärt sich auch durch die Tatsache, dass der Täter während der planerischen Ausarbeitung der Straftat oder auch kurz nach dem verbrecherischen Entschluss *(résolution criminelle)* die Ausführung seiner Straftat noch nicht begonnen hat. Daher unterscheidet man den

[3] Siehe dazu unten 5.

konkreten Ausführungsbeginn von den bloßen Vorbereitungshandlungen. Die Rechtsprechung hat leider bisher die Kriterien für diese Unterscheidung nicht ausführlich dargelegt. Allgemein lässt sich sagen, dass Vorbereitungshandlungen oft vieldeutig sind, zum Beispiel der bereits erwähnte Kauf einer Waffe, während im Gegensatz dazu Handlungen, die den Ausführungsbeginn darstellen, eindeutig und strafrechtlich beweisbar sind. Die Merkmale einer äußerlich erkennbaren Handlung im Sinne des Ausführungsbeginns sind normiert, der Richter muss sie feststellen können.

b) Objektive Voraussetzungen der Versuchsstrafbarkeit

Die objektiven Voraussetzungen des Versuchs definieren den Ausführungsbeginn durch bestimmte materielle Merkmale, die fest an die Straftat geknüpft sind. Beim Diebstahl (Art. 394 CP-CI) beispielsweise ist die „materielle Ergreifung" des fremden Eigentums schon der Ausführungsbeginn der Straftat.

Jedoch führt nicht jeder Beginn einer Tatausführung unbedingt zur Annahme eines strafbaren Versuchs. Gemäß Art. 24 Abs. 1 CP-CI liegt ein solcher nur vor, wenn die Tat infolge von Umständen, die vom Täter selbst unabhängig sind, erfolglos blieb. Bei unfreiwilligem Abbruch der Tatausführung bleibt der Täter strafbar. *E contrario* ist der Versuch nicht strafbar, wenn der Täter selbst freiwillig die Ausführung der Tat einstellt und kein Erfolg eingetreten ist, das heißt vor der Vollendung beziehungsweise Beendigung der Straftat. Der ivorische Gesetzgeber will auf diese Weise dem Täter die Möglichkeit eröffnen, selbst auf die weitere Durchführung seines noch unvollendeten verbrecherischen Unternehmens zu verzichten.[4] Der Ausführungsbeginn liegt vor, wenn die Absicht des Täters äußerlich sichtbar wird, er also seine Intention in materiellen Handlungen verwirklicht, die in relativer Nähe zur Vollendung der beabsichtigten Straftat liegen. So muss die begangene Handlung eine enge, unmittelbare Beziehung zu der Straftat haben, um den Ausführungsbeginn zu kennzeichnen. Aus dieser Sicht ist der Ausführungsbeginn eine eindeutig materialisierte Handlung und zeigt deutlich den Willen des Täters sowie sein geplantes weiteres Verhalten *(direction du comportement)* an.

c) Subjektive Voraussetzungen der Versuchsstrafbarkeit

Die Trennlinie zwischen den Tatvorbereitungshandlungen und denen des Ausführungsbeginns ist jedoch nicht eindeutig. Einige Autoren versuchen, den Ausführungsbeginn nur mittels der subjektiven Voraussetzungen einer Tat zu definieren. Für Versuchsstrafbarkeit ist danach der Wille des Täters zur Tatausführung entscheidend. Der Versuch kann nur strafbar sein, wenn der Täter die vom Gesetz verbotene Tat begehen will und sich dessen bewusst ist. Deshalb gibt es nach ivori-

---

[4] Siehe unten 5.

schem Strafrecht keinen Versuch einer fahrlässigen Straftat. Der verbrecherische Wille muss äußerlich sichtbar sein durch eindeutige Tathandlungen, die direkt und in unmittelbarer Folge zur Vollendung der Straftat führen sollen. Dabei muss der Vorsatz des Täters dieselben Tatbestandsmerkmale wie bei der vollendeten Straftat umfassen, und er muss auch auf die Vollendung der Tat gerichtet sein. Wollte der Täter die Straftat nur „versuchen", so bleibt er straffrei.

3. Einzelprobleme

a) Untauglicher Versuch

Der untaugliche Versuch *(délit impossible)* ist in Côte d'Ivoire ein zwischen dem Gesetzgeber und den Rechtsgelehrten lang diskutiertes Thema. Die Untauglichkeit kann zum einen im Fehlen eines geeigneten Tatobjekts und zum anderen in der Unwirksamkeit der benutzten Mittel liegen. Bei dem Versuch am untauglichen Objekt wird zwar die komplette Tatausführung auf der materiellen Ebene der Straftat ausgeführt, doch der Erfolg kann wegen der Untauglichkeit des Tatobjekts nicht erreicht werden. Auf der Ebene des subjektiven Tatbestands ist dem Täter nicht bewusst, dass das Objekt untauglich ist. Aufgrund des rechtsfeindlichen Willens des Täters kommt es gemäß Art. 28 CP-CI auch bei der versuchten Anstiftung zu einer Bestrafung entsprechend dem untauglichen Versuch. Es ist aber nicht jede versuchte Anstiftung strafbar, da nur Verbrechen und Vergehen unter die betreffende Norm fallen:

Art. 28 CP-CI

Jedes Individuum, welches wissentlich und eindeutig einen Dritten (...) zu einem Verbrechen oder Vergehen anstiftet, wird als Täter des Verbrechens oder Vergehens bestraft, selbst wenn dieses weder versucht noch begangen wurde.

Ähnliche Merkmale wie der untaugliche Versuch weist der fehlgeschlagene Versuch auf. Bei ihm kommt es ebenfalls zur Verwirklichung aller objektiven Merkmale der Straftat, jedoch nicht zur Verwirklichung des gewünschten tatbestandlichen Erfolgs. Dessen Ausbleiben hängt beim fehlgeschlagenen Versuch von Umständen ab, die nicht vom Täter beeinflusst worden sind. Es handelt sich beispielsweise um einen Versuch, wenn der Täter auf das Tatobjekt gezielt, dieses aber verfehlt hat. Der fehlgeschlagene Versuch ist sowohl bei Verbrechen als auch bei Vergehen – soweit für Letztere eine Versuchsstrafbarkeit normiert ist – strafbar.

b) Wahndelikt

Das Wahndelikt, das vom untauglichen Versuch unterschieden werden muss, ist in der wenig umfangreichen Fachliteratur von Côte d'Ivoire unbekannt. Beim

Wahndelikt geht es um einen Irrtum über das Verbotensein der Tat. Der Täter nimmt hier irrig an, sein Verhalten falle unter eine Verbotsnorm, die es in Wirklichkeit nicht gibt oder deren Voraussetzungen nicht erfüllt sind. Es handelt sich also um die Unkenntnis des Täters über die Straflosigkeit seiner Tathandlung. Diese irrige Ansicht ist auch in Côte d'Ivoire nicht strafbar, weil die Tathandlung des Täters kein Gesetz verletzt.

c) Versuchte Tatbeteiligung/Beteiligung am Versuch

Eine versuchte Tatbeteiligung *(tentative de complicité)* bleibt straffrei, da der geringe Unwert der Beteiligung mit der nicht entstandenen konkreten Gefährdung des geschützten Rechtsguts nach Ansicht der ivorischen Rechtsgelehrten und Gerichte keinen Grund für eine Bestrafung entstehen lässt. Kommt es nicht zu einer Haupttat *(fait principal punissable)*, so ist eine Beihilfe schon deshalb nicht möglich.[5] Wird die Haupttat vollendet, ohne dass der angebotene Beitrag des „Gehilfen" in Anspruch genommen wurde, so ist dieser angebotene Beitrag nicht strafbar, da er keine objektiv erkennbare Verbindung zur Tatbegehung aufweist.

Im Gegensatz dazu ist die Beteiligung am Versuch *(complicité de tentative)* strafbar. Sofern die Voraussetzungen für die Strafbarkeit des Versuchs gemäß Art. 24 CP-CI erfüllt sind, ist auch die Teilnahme an einem solchen Versuch von der Rechtsprechung als strafbares Verhalten im Vorfeld der Tatvollendung anerkannt.

4. Strafzumessung

Gemäß Art. 24 CP-CI besteht für den Versuch eines Verbrechens die gleiche Strafdrohung wie für die vollendete Straftat. Für den aufgrund einer Sonderregelung strafbaren Versuch eines Vergehens gilt das Gleiche. Zugerechnet wird nicht nur die Handlung des Versuchstäters, sondern auch sein Wille, die Straftat zu begehen. Dieser Wille des Täters wird insoweit mit der (erfolgreichen) Tatbegehung gleichgestellt *(l'intention équivaut l'acte)*. In der Regel wird der Versuch auch in der Praxis ebenso bestraft wie die vollendete Straftat. Nur in seltenen Fällen bestrafen einige Gerichte etwa einen Mord strenger als einen Mordversuch. Es kommt jedoch auch vor, dass ein Gericht beim Versuch das Mindestmaß der gesetzlich vorgesehenen Strafe verhängt. Diese Nachsichtigkeit kann unter anderem auch durch besondere Tatumstände, etwa die geringere soziale Gefährlichkeit des Täters (zum Beispiel aufgrund seiner Ungeschicklichkeit oder Unerfahrenheit) gerechtfertigt sein.

---

[5] Siehe II.G.5.

5. Rücktritt vom Versuch

a) Voraussetzungen

Der Rücktritt vom Versuch besteht in einem freiwilligen Abbruch der Tatausführung. Er lässt die Strafbarkeit des Versuchs entfallen. Um in den Genuss der Straflosigkeit zu kommen, müssen zwei wichtige Voraussetzungen vorliegen: die Freiwilligkeit und die Rechtzeitigkeit des Rücktritts.

Die erste Voraussetzung, die Freiwilligkeit, ist dann gegeben, wenn der Täter selbst und unabhängig von irgendwelchen äußeren Einflüssen mit der Tatausführung aufhört. Dabei muss es sich um seine eigene freie Entscheidung handeln, die Ausführung der Tat abzubrechen, ohne dass die Stufe der Tatvollendung erreicht wird. (In diesem Zusammenhang wird in der Literatur diskutiert, ob man im Fall eines freiwilligen Rücktritts überhaupt noch von einem Täter sprechen kann, da er noch keinen Tatbestand erfüllt hat.) Gründe für den Abbruch der Tatbegehung können beispielsweise Mitleid, Gewissensbisse oder Angst vor Bestrafung sein.

Damit der Rücktritt straffrei bleibt, muss eine zweite Voraussetzung vorliegen, nämlich die Rechtzeitigkeit des Rücktritts. Der freiwillige Rücktritt, der zur Straflosigkeit führt, muss vor der Tatvollendung (in Côte d'Ivoire wird zwischen Vollendung und Beendigung einer Tat nicht differenziert) geschehen. Danach ist kein Rücktritt mehr möglich. Ein Täter, der – nachdem er die Straftat begangen hat – deren Folgen durch tätige Reue *(répentir actif)* wieder gutzumachen versucht, wird nicht von Strafe verschont, sondern kann allenfalls eine mildere Strafzumessung erreichen.

Beim Rücktritt wird auch nach der Art der versuchten Straftat unterschieden: So kann bei den so genannten materiellen Straftaten, den Erfolgsdelikten *(infractions dites matérielles)*, ein Rücktritt vorgenommen werden, solange der Erfolg (etwa beim Totschlag der Tod des Opfers) nicht eingetreten ist. So liegt beispielsweise ein freiwilliger Rücktritt – und nicht tätige Reue – vor, wenn ein Täter, nachdem er jemanden mit Tötungsabsicht ins Wasser gestoßen hat, sein Opfer vor dem Ertrinken rettet. Nach ivorischem Strafrecht bleibt der Täter in diesem Fall wegen seines Rücktritts vom Tötungsversuch straffrei. Hingegen existiert keine Rücktrittsmöglichkeit bei den sogenannten formalen Straftaten, den Tätigkeitsdelikten *(infractions dites formelles)*. Hier ist die Straftat schon mit der Tathandlung selbst vollendet, unabhängig vom Eintritt einer weiteren Folge. Als typisches Beispiel gilt die Vergiftung: Wenn das Opfer das Gift eingenommen hat und der Täter ihm dann ein Gegengift gibt, bleibt der Täter dennoch strafbar.

b) Wirkung des Rücktritts

Bei einem freiwilligen Rücktritt vor Vollendung der Straftat bleibt der Täter straffrei. Die tätige Reue kann durch das Gericht lediglich bei der Strafzumessung mildernd berücksichtigt werden. Es handelt sich also um eine fakultative Strafmilderung, die im Ermessen des Richters liegt.

Problematisch wird es, wenn einer von mehreren Tätern (*auteur pluriel*, „Mittäter" im Sinne des deutschen Strafrechts) vom Versuch der Tatbegehung zurücktritt. Jedoch hat die Rechtsprechung in Côte d'Ivoire dazu eine Lösung herausgearbeitet: Danach ist ein wirksamer Rücktritt bei der Tatbeteiligung mehrerer nicht nur an die bloße Nicht-Beteiligung an der geplanten Straftat gebunden, sondern es wird zusätzlich die Denunzierung der übrigen Mittäter vor der Tatbegehung verlangt. Dies bedeutet konkret, dass ein Rücktritt nur vorliegt, wenn der Zurücktretende durch seine aktive Mithilfe dazu beiträgt (etwa durch Informierung der Polizei oder des Opfers), die Begehung der Straftat zu verhindern. Falls der Betreffende die Behörde oder das Opfer nicht rechzeitig (das heißt vor der Tatbegehung) informiert, bleibt er trotz seines vermeintlichen Rücktritts strafbar. Entsprechend liegt auch kein freiwilliger Rücktritt vor, wenn der Abbruch der Tatausführung die Folge eines von dem zurücktretenden Mittäter unabhängigen äußeren Umstands ist, zum Beispiel des Einsatzes der Polizei, der Flucht des Opfers, der Furcht der übrigen Täter vor Entdeckung auf frischer Tat oder vor einer Denunzierung.

6. Andere Formen strafbaren Verhaltens im Vorfeld der Tatvollendung

Der verbrecherische Entschluss bleibt strafrechtlich irrelevant, solange er sich nicht in einer Handlung äußert.[6] Die Vorbereitung ist die Stufe, in der der Täter die notwendigen Mittel zur Tatbegehung bereitstellt. Auch sie steht ebenso wie die Verabredung noch vor dem Beginn der Tatausführung und bleibt wie diese grundsätzlich straffrei. In einigen Fällen hat der Gesetzgeber die Verabredung und die Vorbereitung als selbstständige Straftaten *(infractions autonomes)* erfasst, so zum Beispiel beim Komplott (Art. 158–159 CP-CI) oder bei der kriminellen Vereinigung (Art. 186–188 CP-CI). Im Übrigen bleiben aber die Verabredung und die Vorbereitung nach der Rechtslage von Côte d'Ivoire im Allgemeinen straffrei.[7]

Literaturhinweise

Bernardini, Roger, Droit pénal général. Introduction au droit criminel. Théorie générale de la responsabilité pénale (Allgemeiner Teil des Strafrechts. Einführung ins Strafrecht. Allgemeine Theorie der strafrechtlichen Verantwortlichkeit). Paris 2003, S. 307, 337 ff., 351, 353 f., 358, 369.

---

6 Siehe oben 1.a. und 2.a.

7 Siehe ausführlich oben 1.a.

Bouloc, Bernard, Droit pénal général (Allgemeiner Teil des Strafrechts). 19. Aufl. Paris 2005, S. 205, 217 ff., 221 ff., 229.

Brill, Jean Pierre, Précis de droit pénal général (Kurzlehrbuch zum Allgemeinen Teil des Strafrechts). Abidjan 1985, S. 19 f.

Conte, Philippe/Maistre du Chambon, Patrick, Droit pénal général (Allgemeiner Teil des Strafrechts). 5. Aufl. Paris 2000, S. 175, 180 ff.

Desportes, Frédéric/Le Gunehec, Francis, Droit pénal général (Allgemeiner Teil des Strafrechts). 12. Aufl. Paris 2005, S. 354, 393, 395, 413, 415, 418.

Jescheck, Hans-Heinrich, Lehrbuch des Strafrechts. Allgemeiner Teil. 3. Aufl. Berlin 1978, S. 431, 697.

Kouassi, Adome Blaise, Straßenkinder und Jugendkriminalität. Ein kriminologischer Vergleich: Côte d'Ivoire und Deutschland. Berlin 2004, S. 286.

– Country Reports – Côte d'Ivoire. In: Ulrich Sieber (Hrsg.), The Punishment of Serious Crimes. A comparative analysis of sentencing law and practice, Band 2. Freiburg 2004, S. 3.

Pradel, Jean, Droit pénal général (Allgemeiner Teil des Strafrechts). 9. Aufl. Paris 1994, S. 415 f.

Tahou, Zouhou Marc, La tentative de complicité en droit ivoirien. D.E.A-Arbeit (nicht veröffentlicht). Université d'Abidjan-Cocody, U.F.R de Sciences juridiques, administratives et politiques. Abidjan 2002–2003.

Rechtsprechung

Entscheidungen des Obersten Gerichtshofs

C.S., Ass. Plén., Crim. vom 08.04.1986: Mordversuch durch einen Polizisten.

C.S., Crim. vom 08.04.1986: Diebstahlversuch bei Nacht.

Abkürzungsverzeichnis

Alt.	Alternative
Ass. plén.	Assemblée plénière
CP-CI	Code pénal de Côte d'Ivoire (das ivorische Strafgesetzbuch)
CPP-CI	Code de procédure pénale de Côte d'Ivoire (Strafprozessordnung von Côte d'Ivoire)
Crim.	Cour Suprême, chambre criminelle (Strafkammer)
C.S.	Cour Suprême (Oberster Gerichtshof bzw. Kassationsgerichtshof)

Susanne Forster

Strafbares Verhalten im Vorfeld der Tatvollendung in
England und Wales

1. Allgemeines

a) Überblick

Im englischen Strafrecht werden verschiedene Arten strafbaren Verhaltens im Vorfeld der Tatvollendung unter dem Begriff der *inchoate offences* (unvollständige Straftaten) zusammengefasst. Der Begriff "inchoate" wird auch mit „gerade begonnen" oder „nicht entwickelt" umschrieben. Zu den *inchoate offences* zählen neben dem strafbaren Versuch *(attempt)* auch die Aufforderung *(incitement)* sowie die Verabredung beziehungsweise Verschwörung *(conspiracy)* zur Begehung von Straftaten. Diese selbstständigen Straftatbestände weisen die Besonderheit auf, dass sie verwirklicht werden, ohne dass die eigentliche Straftat (das heißt, die Straftat die begangen werden sollte) vollendet wurde und ohne dass ein Schaden entstanden ist. Dieses Kapitel konzentriert sich zunächst auf die Darstellung der Versuchsstrafbarkeit. Die beiden anderen *inchoate offences*, *conspiracy* und *incitement*, spielen jedoch im englischen Recht eine wichtige Rolle und werden daher auch in diesem Kapitel behandelt.[1]

b) Gründe der Strafbarkeit

Ein Bewusstsein dafür, dass bestimmte Verhaltensweisen im Zusammenhang mit der Begehung einer Straftat auch dann strafwürdig sein können, wenn sich der beabsichtigte Taterfolg (noch) nicht realisiert hat, gab es im *common law* bereits sehr früh. Dies galt jedoch zunächst nur für bestimmte Taten wie Körperverletzung *(assault)* oder auch für Raubzüge, für die die Täter in Städte eindrangen *(burglary)*. Eine allgemeine Versuchsstrafbarkeit wurde schließlich im frühen 19. Jahrhundert anerkannt. Zunächst gab es einen allgemeinen, ungeschriebenen Straftatbestand des Versuchs; 1981 wurde dieser durch einen gesetzlich festgelegten Tatbestand in Form eines Gesetzes ersetzt.

---

1 Siehe unten 6.

Die Strafbarkeit des Versuchs basiert auf der Idee, dass beim Versuch etwas getan wird, das der (vollständigen) Verwirklichung einer Straftat sehr nahe kommt. Üblicherweise setzt eine Strafbarkeit die schuldhafte Verwirklichung aller Tatbestandsmerkmale und oft auch das schuldhafte Hervorrufen eines Schadens *(harm)* beziehungsweise Taterfolgs voraus. Beim strafbaren Versuch fehlt jedoch die Vollendung der Tat und damit der Taterfolg (Schaden). Dass ein Versuch trotzdem strafbar ist, wird damit begründet, dass der Taterfolg keine zentrale Rolle für die strafrechtliche Verantwortlichkeit *(criminal liability)* spiele. Es gehe vielmehr darum, Schäden zu vermeiden, bevor diese überhaupt entstünden. Bestraft werden sollen daher auch diejenigen, die schuldhaft versuchen, Schaden anzurichten. Diese Begründung lässt sich schlagwortartig als *consequentialist justification* umschreiben. Zusätzlich wird die Strafbarkeit des Versuchs damit begründet, dass hinsichtlich der Strafwürdigkeit eines Täters kein grundlegender Unterschied bestehe, ob eine Person nur versuche, Schaden anzurichten, oder ob sie dieses Ziel auch tatsächlich erreiche. Der dahinterstehende rechtsfeindliche Wille sei in beiden Fällen der gleiche. Daneben wird auch ganz allgemein auf das Schutz- beziehungsweise Sicherheitsbedürfnis der Gesellschaft verwiesen *(social protection)*. Die Versuchsstrafbarkeit soll außerdem dazu beitragen, Strafbarkeitslücken zu vermeiden.

2. Versuch

a) Definition

Anfang der 1980er Jahre wurde der ungeschriebene Straftatbestand *(common law offence)* des Versuchs durch einen geschriebenen Tatbestand, der in s. 1 *Criminal Attempts Act* 1981 verankert ist, ersetzt. Die Regelung besagt, dass jemand, der mit dem Vorsatz, eine Straftat zu begehen, eine Handlung vornimmt, die mehr als eine reine Vorbereitung zur Begehung der Straftat darstellt, wegen des Versuchs der Straftat schuldig ist.

Criminal Attempts Act 1981, section 1
Attempting to commit an offence
1.– (1) If, with intent to commit an offence to which this section applies, a person does an act which is more than merely preparatory to the commission of the offence, he is guilty of attempting to commit the offence.
(2–3)[2] (…)

---

[2] Siehe unten 3.

b) Objektive Voraussetzungen der Versuchsstrafbarkeit

Zunächst ist für die Versuchsstrafbarkeit erforderlich, dass eine Tatvollendung fehlt. Weshalb der Taterfolg ausgeblieben ist, ist irrelevant. Nur bei Straftaten, die eine gewisse Schwere oder Komplexität aufweisen, ist auch die versuchte Begehung des Delikts strafbar. Eine Versuchsstrafbarkeit ist nur bei solchen Straftaten gegeben, die vor dem *Crown Court* – dem Gericht, das für schwere Straftaten zuständig ist – verhandelt werden *(offences triable on indictment)*, sowie bei Straftaten, die entweder vor dem *Crown Court* oder dem *Magistrates' Court* – dem untersten Gericht – verhandelt werden können *(offences triable either way)*. Der Versuch der Begehung von Straftaten, die in summarischen Verfahren abgeurteilt werden *(summary offences)*, wie beispielsweise die einfache Körperverletzung *(common assault)*, ist hingegen grundsätzlich straflos.[3] Teilweise sehen jedoch gesetzliche Regelungen ausdrücklich die Strafbarkeit der versuchten Begehung eines derartigen Delikts vor. Section 3 *Criminal Attempts Act* 1981 stellt klar, dass solche speziellen Versuchstatbestände die allgemeinen Regeln der Versuchsstrafbarkeit widerspiegeln. Beispiele für einen ausdrücklichen, speziellen Versuchstatbestand finden sich unter anderem bei den Straßenverkehrsdelikten (*Road Traffic Act* 1988, ss. 4 und 5).

Die erforderliche Tathandlung, der *actus reus* des Versuchs, muss über reine Vorbereitungshandlungen hinausgehen (Wortlaut des Gesetzes: "an act which is more than merely preparatory").

In der Literatur wird häufig eine Unterscheidung zwischen dem unbeendeten beziehungsweise unvollständigen Versuch *(incomplete attempt)* einerseits und dem beendeten beziehungsweise vollständigen Versuch *(complete attempt)* andererseits vorgenommen. Bei einem unbeendeten Versuch hat der Täter zwar zur Verwirklichung eines Straftatbestands angesetzt, jedoch noch nicht alle für die Vollendung notwendigen Handlungen vollzogen. Beim beendeten Versuch hingegen hat der Täter alle Handlungen, die von seinem Vorsatz umfasst waren, vorgenommen, der angestrebte Taterfolg ist aber dennoch ausgeblieben.

Insbesondere im Hinblick auf den unbeendeten Versuch stellt sich die wichtige Frage, welche Mindestanforderungen an die vom Täter bereits ausgeführten Tathandlungen zu stellen sind. Bevor der Versuch gesetzlich im *Criminal Attempts Act* 1981 geregelt wurde, war lange Zeit umstritten, welche Kriterien zur Abgrenzung von Vorbereitung und Versuch entscheidend sein sollten. Einigkeit bestand bereits damals, dass der Versuch eine Nähe beziehungsweise Ähnlichkeit *(proximity)* zur vollendeten Tat aufweisen sollte. Wann eine solche vorlag, wurde jedoch sehr unterschiedlich bewertet. So gab es als Prüfungsmaßstäbe unter anderem den sogenannten *last-act-test,* den *substantial-step-test* sowie den *unequivocal-act*-test. Je-

[3] Einzelheiten zu den verschiedenen Kategorien von Straftaten, siehe II.C.1.b.

der dieser Maßstäbe barg verschiedene Probleme und Widersprüche in sich; es setzte sich auch keine Meinung als vorherrschend durch. Insgesamt lässt sich aber sagen, dass die Tendenz eher zu restriktiven als zu extensiven Maßstäben ging.

Die gesetzliche Regelung der Versuchsstrafbarkeit verzichtet auf einen formalrechtlichen Prüfungsmaßstab für die Ähnlichkeit *(proximity)* zur vollendeten Tat. Es haben sich aber zwei vorherrschende Ansätze *(schools of thought)* für die Abgrenzung herausgebildet: der verschuldensbezogene *(fault-centred approach)* und der handlungsbezogene Ansatz *(act-centred approach)*.

Der Gesetzeswortlaut lässt nicht erkennen, welche der beiden Meinungen vorzugswürdig ist. In der Rechtsprechung wurde beispielsweise gefordert, dass der Täter „richtig mit der Straftat angefangen" haben müsse (*the accused had "embarked" upon the crime proper,* Entscheidung in *Gullefer*). Es sei jedoch – im Gegensatz zu einer in älteren Entscheidungen vertretenen Auffassung – nicht erforderlich, dass der Täter einen Punkt erreicht habe, an dem es „kein Zurück" mehr gäbe (*the accused should have reached a "point of no return" in respect of the full offence*, siehe *A-G's Reference* [No. 1 of 1992]). Eine Reihe von Entscheidungen des *Court of Appeal* belegt, dass die Rechtsprechung bislang keinen einheitlichen Weg gefunden hat, den strafbaren Versuch von der straflosen Vorbereitung abzugrenzen.

Das Gesetz überlässt der Jury[4] die Entscheidung darüber, ob eine Tathandlung bereits über reine Vorbereitungshandlungen hinausgeht, also "an act which is more than merely preparatory" darstellt. Zuvor muss jedoch das Gericht der Auffassung sein, dass die Anklage ausreichenden Beweis dafür erbracht habe, dass die Tathandlung über reine Vorbereitungshandlungen hinausgegangen sei. Wenn dies der Fall ist, muss das Gericht die abschließende Entscheidung der Jury überlassen. Section 4 (3) *Criminal Attempts Act* 1981[5] bestimmt, dass diese Entscheidung anhand von Fakten getroffen werden muss.

c) Subjektive Voraussetzungen der Versuchsstrafbarkeit

Zentrales subjektives Element der Versuchsstrafbarkeit ist der Vorsatz des Täters. Es muss nachgewiesen werden, dass der Beschuldigte beabsichtigte *(intended)*, den Taterfolg herbeizuführen, und dass er über das notwendige Wissen hinsichtlich der Fakten und der Umstände seiner Tat verfügte.[6] Eine Absicht im technischen Sinne *(purpose)* ist jedoch keine Voraussetzung für die Versuchsstrafbarkeit. Entscheidend ist, dass dem Täter eine Entscheidung zur Begehung der Tat nachgewiesen werden kann, unabhängig davon, ob er auch die Konsequenzen seines Handelns wollte oder nicht.

---

4 Zum Jury-System siehe I.B.1.

5 Siehe unten 4.

6 Siehe zur intention II.E.2.

Da der Gesetzeswortlaut nicht eindeutig ist, stellt sich die Frage, ob für eine Versuchsstrafbarkeit ausreicht, dass der Vorsatz des Täters nur die Begehung der Tathandlung erfasste, er jedoch bezüglich der Tatumstände grob fahrlässig/leichtfertig/rücksichtslos *(reckless)* handelte.[7] Dies wird insbesondere am Beispiel der versuchten Vergewaltigung in solchen Fällen diskutiert, in denen es dem Täter gleichgültig ist, ob das Opfer in den Geschlechtsverkehr einwilligt oder nicht. Als vorzugswürdig wird in der Literatur die Auffassung angesehen, die für die Erfüllung der subjektiven Voraussetzungen der Versuchsstrafbarkeit Vorsatz bezüglich der Verwirklichung aller Tatbestandsmerkmale in Verbindung mit grober Fahrlässigkeit hinsichtlich der Tatumstände verlangt. Begründet wird dieses Ergebnis damit, dass die subjektiven Voraussetzungen für eine Versuchsstrafbarkeit – das heißt die Anforderungen an die *mens rea* bezüglich der Tatumstände – für derartige Taten dieselben seien wie für die vollendete Tat.[8]

3. Einzelprobleme

a) Untauglicher Versuch

Ein besonderes Problem im Bereich der Versuchsstrafbarkeit stellt der untaugliche Versuch dar. Im englischen Recht wird dieser als *impossibility* (Unmöglichkeit) bezeichnet. Unter diesen Begriff werden solche Fallkonstellationen gefasst, in denen der Täter bei dem Versuch der Begehung einer Straftat sich über objektive Tatumstände oder über das Verbotensein der Tat irrt. Solange der Versuch noch durch das *common law* geregelt war, war eine Versuchsstrafbarkeit grundsätzlich ausgeschlossen, wenn es für den Täter unmöglich war, die von ihm versuchte Straftat tatsächlich zu begehen. Im *common law* wurde nicht danach unterschieden, ob der Versuch aufgrund objektiver Gegebenheiten unmöglich oder die Tat an sich nicht verboten war. Seit die Strafbarkeit des Versuchs gesetzlich geregelt ist, ist eine solche Unterscheidung jedoch notwendig.

Im englischen Recht wird der Täter im Bereich der Versuchsstrafbarkeit auf Grundlage derjenigen Fakten verurteilt, von denen er zum Zeitpunkt der Tatbegehung ausging. Daher ist der Versuch einer Straftat auch bei einem Irrtum über objektive Tatumstände beziehungsweise über ein objektives Tatbestandsmerkmal strafbar.[9] Wenn also beispielsweise ein Täter eine Sache kauft, die er irrtümlich für gestohlen hält, während sie aber tatsächlich nicht gestohlen war, liegt dennoch versuchte Hehlerei *(attempt to handle stolen goods)* vor.

---

7 Siehe zur recklessness II.E.2.

8 Siehe dazu II.E.2.

9 Siehe hierzu ausführlich II.J.

In der gesetzlichen Regelung der s. 1 (2) und (3) *Criminal Attempts Act* 1981 wird diesem Problem folgendermaßen Rechnung getragen:

Criminal Attempts Act 1981, section 1

1.– (2) A person may be guilty of attempting to commit an offence to which this section applies even though the facts are such that the commission of the offence is impossible.

(3) In any case where –

(a) apart from this subsection a person's intention would not be regarded as having amounted to an intent to commit an offence; but

(b) if the facts of the case had been as he believed them to be, his intention would be so regarded,

then, for the purposes of subsection (1) above, he shall be regarded as having had an intent to commit that offence.

b) Wahndelikt

Die Begehung eines Wahndelikts ist im englischen Strafrecht straflos. Wenn ein Täter sich im Irrtum über die Rechtslage befindet, also annimmt, dass ein bestimmtes Verhalten strafbar sei, das in Wirklichkeit straflos ist, macht er sich nicht wegen Versuchs strafbar.

c) Versuchte Tatbeteiligung / Beteiligung am Versuch

Aus s. 1 (4) *Criminal Attempts Act* 1981 ergibt sich, dass weder eine versuchte Verschwörung noch eine versuchte Beteiligung in Form von Beihilfe oder Anstiftung *(aiding, abetting, counselling, procuring, suborning)* strafbar ist.[10] Begründet wird dies hinsichtlich der versuchten Verschwörung damit, dass der Zusammenhang zwischen ihr und der Haupttat, auf deren Begehung sich die Verschwörer einigen, zu schwach sei *(remoteness from any substantive offence)*. Bezüglich der Straflosigkeit der versuchten Beteiligung wird argumentiert, dass die Beteiligung weniger schwerwiegend sei als die Täterschaft. Diese Ausnahmen von der Versuchsstrafbarkeit gelten jedoch nicht uneingeschränkt. Section 1 (4) *Criminal Attempts Act* 1981 trifft keine Aussage bezüglich der Aufforderung beziehungsweise Aufstachelung zur Begehung von Verbrechen *(incitement)*. Es ist jedoch davon auszugehen, dass unter dem ungeschriebenen *common law* auch der Versuch der Aufstachelung *(incitement)* weiterhin strafbar ist. Darüber hinaus ist der Versuch bestimmter gesetzlich festgelegter Beteiligungsstraftaten wie etwa die Beihilfe zum Selbstmord strafbar.

---

[10] Zu den verschiedenen Beteiligungsformen siehe im Einzelnen II.G.

Criminal Attempts Act 1981, section 1

1.– (4) This section applies to any offence which, if it were completed would be triable in England and Wales as an indictable offence; other than –

(a) conspiracy (at common law or under section 1 of the Criminal Law Act 1977 or any other enactment);

(b) aiding, abetting, counselling, procuring or suborning the commission of an offence;

(c) offences under section 4(1) (assisting offenders) or 5(1) (accepting or agreeing to accept consideration for not disclosing information about an arrestable offence) of the Criminal Law Act 1967.

Die Beteiligung am Versuch ist hingegen strafbar. In der für diesen Aspekt der Versuchsstrafbarkeit grundlegenden Entscheidung *Dunnigton*, in der der Angeklagte das Fluchtfahrzeug bei einem versuchten Raubüberfall gefahren hatte, stellte das Gericht die Unterschiede zwischen der straflosen versuchten Beteiligung im Sinne von s. 1 (4) *Criminal Attempts Act* 1981 und der strafbaren Beteiligung am Versuch deutlich heraus. Beteiligung an einem Versuch sei nach s. 1 (1) *Criminal Attempts Act* 1981 strafbar; s. 1 (4) finde auf die Beteiligung am Versuch keine Anwendung. Der Teilnehmer am Versuch muss einen Tatentschluss hinsichtlich der Beteiligung aufweisen und einen Tatbeitrag leisten, der über eine reine Vorbereitung der Beteiligung hinausgeht.

d) Sonstiges

Eine Versuchsstrafbarkeit ist grundsätzlich bei solchen Unterlassungsdelikten ausgeschlossen, bei denen der Straftatbestand bereits durch das Unterlassen der gebotenen Handlung selbst verwirklicht wird und ein darüber hinausgehender Taterfolg (wie etwa die Verletzung oder der Tod eines anderen) nicht erforderlich ist. Bei Unterlassungsdelikten, bei denen der Straftatbestand auch eine Konsequenz der Unterlassung voraussetzt,[11] ist dagegen ein strafbarer Versuch theoretisch möglich. Aus dem Gesetzeswortlaut von s. 1 (1) *Criminal Attempts Act* 1981 wird jedoch hergeleitet, dass nur der Versuch aktiver Begehungsdelikte strafbar sein soll. Laut der Rechtsprechung soll gerade die Formulierung „eine Handlung vornimmt" *(does an act)* darauf hindeuten, dass der Gesetzgeber eine Strafbarkeit für den Versuch von Unterlassungsdelikten ausschließen wollte.

Der Versuch von Fahrlässigkeitsdelikten *(offences of neglicence)* ist nicht strafbar, da das zentrale Element des Versuchs der Tatvorsatz ist, dieser aber bei Fahrlässigkeitsdelikten fehlt.[12] Es wird jedoch argumentiert, dass diese Schlussfolgerung nicht zwingend und insbesondere die Konstruktion einer versuchten fahrlässigen Tötung *(involuntary manslaughter)* denkbar sei. Hierzu wird als Be-

---

[11] Siehe zu den Unterlassungsdelikten im Einzelnen II.D.4.

[12] Siehe zur Fahrlässigkeit II.E.3.

gründung die Versuchsstrafbarkeit bei Gefährdungsdelikten *(offences of strict liability)* herangezogen.[13] Der Versuch der Begehung eines Gefährdungsdelikts kann bei Vorliegen bestimmter Voraussetzungen strafbar sein. Zunächst muss es sich dabei um ein Delikt handeln, das als *indictable offence* oder *offence triable either way*[14] klassifiziert ist. Der Versuch der Begehung eines solchen Gefährdungsdelikts soll dann strafbar sein, wenn der Täter dieses Delikt vorsätzlich begehen wollte. Beispielsweise soll sich ein Fahrer, der ein nicht verkehrssicheres Fahrzeug fahren will, wegen versuchten gefährlichen Fahrens auf der Autobahn strafbar machen können. Dies soll dann möglich sein, wenn der Täter unmittelbar vor dem Auffahren auf die Autobahn gestellt wird und ihm der verkehrsgefährdende Zustand seines Fahrzeugs bewusst war. Diese in der Literatur verbreitete Konstruktion hat jedoch bislang keine Bestätigung durch die Rechtsprechung gefunden.

4. Strafzumessung

Grundsätzlich kann gemäß s. 4 *Criminal Attempts Act* 1981 ein Versuch mit derselben Strafe geahndet werden wie die vollendete Tat; für versuchten Mord sieht das Gesetz ausdrücklich lebenslange Freiheitsstrafe vor. Allerdings ist es in der Praxis eher unüblich, dass ein Versuch mit der Höchststrafe, die für das vollendete Delikt vorgesehen ist, bestraft wird. Fast immer fällt das konkrete Strafmaß milder aus als bei der entsprechenden vollendeten Tat. Wie diese faktische Strafmilderung im Einzelfall ausfällt, hängt insbesondere davon ab, in welchem Stadium der Versuch der Begehung scheiterte sowie von den Gründen, aus denen die Straftat nicht vollendet wurde.

Criminal Attempts Act 1981, section 4
Trial and penalties

4.– (1) A person guilty by virtue of section 1 above of attempting to commit an offence shall –

(a) if the offence attempted is murder or any other offence the sentence for which is fixed by law, be liable on conviction on indictment to imprisonment for life; and

(b) if the offence attempted is indictable but does not fall within paragraph (a) above, be liable on conviction on indictment to any penalty to which he would have been liable on conviction on indictment of that offence; and

(c) if the offence attempted is triable either way, be liable on summary conviction to any penalty to which he would have been liable on summary conviction of that offence.

(…)

---

13 Siehe zu den *offences of strict liability* II.E.4.

14 Siehe oben 2.b. und II.C.1.b.

(3) Where, in proceedings against a person for an offence under section 1 above, there is evident sufficient in law to support a finding that he did an act falling within subsection (1) of that section, the question whether or not his act fell within that subsection is a question of fact.

5. Rücktritt vom Versuch

Im englischen Recht hat ein freiwilliger Rücktritt *(voluntary withdrawal)* vom Versuch keine strafbefreiende Wirkung beziehungsweise ist der freiwillige Rücktritt nicht als Rechtfertigungs- oder Entschuldigungsgrund *(defence)* anerkannt. Als Hauptargument gegen das Anerkennen eines solchen *defence* wird angeführt, dass innerhalb eines Handlungsverlaufs keine Möglichkeit für einen freiwilligen, strafbefreienden Rücktritt bestehe. Sofern die Ausführungshandlungen des Täters noch nicht über das Stadium der Vorbereitung hinausgehen, kann dieser eine strafrechtliche Verantwortlichkeit vermeiden, indem er von der weiteren Ausführung der Tat absieht. Hat jedoch der Täter bereits das Versuchsstadium erreicht, das heißt, er hat eine Handlung vorgenommen, die mehr als nur eine reine Vorbereitung ist, so hat er bereits den Straftatbestand des Versuchs verwirklicht und sein freiwilliger Rücktritt ist daher irrelevant für seine Strafbarkeit hinsichtlich des Versuchs. Die Situation wird teilweise mit der eines Diebes verglichen, der das Diebesgut zurückbringt; der Diebstahl werde hierdurch auch nicht rückgängig gemacht. Als weiteres Argument wird genannt, dass die Freiwilligkeit eines solchen Rücktritts nur schwer nachweisbar sei. Allerdings kann ein freiwilliges Aufgeben der Tat bei der Strafzumessung von Bedeutung sein.

Entgegen dieser bislang allgemein anerkannten Ablehnung eines strafbefreienden Rücktritts vom Versuch gibt es inzwischen eine rege Diskussion darüber, ob ein solcher nicht auch im englischen Strafrecht wünschenswert sei. Als Argumente für ein derartiges Institut werden vor allem moralische, aber auch rationale Überlegungen vorgebracht. Insbesondere wird ein freiwilliges Absehen von der weiteren Ausführung der Tat als Ausdruck dessen gesehen, dass der ursprüngliche Tatentschluss des Täters nicht hinreichend stark gewesen sei, um die Tat zu begehen. Der Tatentschluss und die Zielsetzung *(criminal purpose)* müssten während der Begehung der Tat kontinuierlich bestehen; ein Sinneswandel des Täters reiche daher aus, um diese Elemente entfallen zu lassen und dadurch seine strafrechtliche Verantwortlichkeit zu negieren. Darüber hinaus wird argumentiert, dass ein freiwilliges Absehen von der weiteren Ausführung der Tat vor deren Vollendung auch bedeuten könne, dass für den Täter eine abschreckende Wirkung von der drohenden Sanktion ausgehe. Damit habe das Strafrecht sein Ziel erreicht und eine Bestrafung des Täters sei nicht zwingend erforderlich.

Bislang haben sich die Befürworter einer solchen Regelung jedoch nicht durchsetzen können, und es bleibt dabei, dass eine freiwillige Aufgabe der Tatausführung allein auf der Ebene der Strafzumessung berücksichtigt wird.

6. Andere Formen strafbaren Verhaltens im Vorfeld der Tatvollendung

Strafbares Verhalten im Vorfeld der Tatvollendung wird im englischen Recht in einer eigenen Kategorie von Straftatbeständen zusammengefasst: den *inchoate offences* (unvollständige Straftaten). Zu diesen Delikten zählen neben dem Versuch auch die Verabredung beziehungsweise die Verschwörung *(conspiracy)* sowie die Verleitung beziehungsweise Aufforderung *(incitement)* zur Begehung einer Straftat. Charakteristisch für die *inchoate offences* ist, dass sie, wie der Name bereits besagt, „unvollständig" sind, das heißt, dass es für deren Strafbarkeit nicht auf die Verwirklichung der betreffenden Straftat ankommt. Beim Versuch bleibt der Taterfolg aus, die Tatbestände *conspiracy* und *incitement* sind bereits vollendet, ohne dass die Begehung einer „Haupttat" überhaupt stattfinden muss.

Der Straftatbestand der *conspiracy* ist einerseits durch das *common law* anerkannt, existiert andererseits aber seit dem *Criminal Law Act* 1977 auch als geschriebener Straftatbestand (sogenannte *statutory conspiracy*). Er wird verwirklicht, indem mindestens zwei Personen die Begehung bestimmter Straftaten verabreden.

Criminal Law Act 1977, section 1

The offence of conspiracy

1.– (1) Subject to the following provisions of this Part of the Act, if a person agrees with any other person or persons that a course of conduct shall be pursued which, if the agreement is carried out in accordance with their intentions, either –

(a) will necessarily amount to or involve the commission of any offence or offences by one or more of the parties to the agreement, or

(b) would do so but for the existence of facts which render the commission of the offence or any of the offences impossible,

he is guilty of conspiracy to commit the offence or offences in question.

(2) Where liability for any offence may be incurred without knowledge on the part of the person committing it of any particular fact or circumstance necessary for the commission of the offence, a person shall nevertheless not be guilty of conspiracy to commit that offence by virtue of subsection (1) above unless he and at least one other party to the agreement intend or know that that fact or circumstance shall or will exist at the time when the conduct constituting the offence is to take place.

(…)

(4) In this Part of this Act "offence" means an offence triable in England and Wales.

Bereits mit dem Verabreden und dem Übereinkommen machen sich die Beteiligten wegen *conspiracy* strafbar. Diese Strafbarkeit tritt völlig unabhängig davon ein, ob die Straftat, deren Begehung verabredet wurde, auch begangen oder zumindest versucht wird.

Ähnliches gilt für *incitement*, das auch als „versuchte Anstiftung" übersetzt werden könnte. Derjenige, der einen anderen zur Begehung einer Straftat verleiten will, macht sich bereits ab dem Zeitpunkt strafbar, in dem er die andere Person dazu auffordert, anhält oder drängt, eine bestimmte Straftat zu begehen. Die Einwirkung durch den Täter kann in Form einer ausdrücklichen oder stillschweigenden Aufforderung, aber auch durch Drohung oder Überredung erfolgen. *Incitement* kann auch durch einen an die Öffentlichkeit gerichteten Aufruf begangen werden. Für eine Strafbarkeit wegen *incitement* ist es nicht erforderlich, dass der andere zu der Straftat ansetzt oder die Aufforderung auch nur annimmt. Sofern die Aufforderung nicht bei dem Anzustiftenden ankommt, kann lediglich wegen des Versuchs von *incitement* bestraft werden.[15]

Im Gegensatz zum Versuch setzen *conspiracy* und *incitement* die Beteiligung von mindestens zwei Personen voraus. Diese beiden Straftatbestände lassen sich daher nicht nur dem Bereich der Strafbarkeit im Vorfeld der Tatvollendung zuordnen, sondern sie sind vor allem auch für die Tatbeteiligung und für Fragen der Strafbarkeit bei der Beteiligung mehrerer Personen von großer Bedeutung. Aufgrund dieser Überschneidungen werden weitere Einzelheiten der Straftatbestände *conspiracy* und *incitement* im Zusammenhang mit der Tatbeteiligung behandelt.[16]

Abgesehen von den *inchoate offences* Versuch, Verabredung und Aufforderung zur Begehung von Straftaten kennt das englische Recht keinen allgemeinen Straftatbestand, der grundsätzlich Handlungen im Vorfeld der Tatvollendung unter Strafe stellt. So ist etwa die Vorbereitung von Straftaten – das heißt Handlungen, die noch nicht über das Stadium der reinen Vorbereitungshandlung hinausgehen – nicht strafbar. Allerdings finden sich vereinzelt spezielle Straftatbestände in Gesetzen, die ganz bestimmte Handlungen, die noch vor dem Versuchsstadium stattfinden, kriminalisieren. Solche Tatbestände betreffen unter anderem die Vorbereitung von Terrorakten (*preparation of terrorist acts*, s. 5 *Terrorism Act* 2006), bestimmte Vorbereitungen für das Begehen von (Einbruchs-)Diebstählen (*going equipped to steal*, s. 25 *Theft Act* 1968) sowie bestimmte Handlungen im Bereich des Steuerrechts ("*being knowingly concerned in, or the taking of steps with a view to, the fraudulent evasion of VAT*", s. 72 *Value Added Tax Act* 1994). Bei diesen Straftatbeständen ist nicht unbedingt eine Handlung erforderlich, die über reine Vorbereitungen hinausgeht. Vielmehr liegt hier der Schwerpunkt ganz auf der subjektiven Seite. Der Nachweis eines entsprechenden Vorsatzes dürfte jedoch oft unmöglich sein.

Literaturhinweise

Ashworth, Andrew, Principles of Criminal Law. 5. Aufl. Oxford 2006, S. 444–472.

Blackstone's Criminal Practice 2008. Peter Murphy (ed.). Oxford 2007, section A 6.31–6.41: Attempt, S. 102–107.

[15] Siehe auch oben 3.

[16] Siehe II.G.6.

Brockhaus, Matthias, Die inchoate offences im englischen Strafrecht. ZStW 119 (2007), 153–165.

Clarkson, C.M.V./Keating H.M./Cunningham, S.R., Clarkson and Keating Criminal Law, Text and Materials. 6. Aufl. London 2007, S. 471–542.

Duff, Antony, Criminal Attempts. Oxford 1996.

Jones, Alun/Bowers, Rupert/Lodge, Hugo D., Blackstone's Guide to The Terrorism Act 2006. Oxford 2006, S. 33–34.

Padfield, Nicola, Criminal Law. 5. Aufl. Oxford 2006, S. 133–152.

Simester, A.P./Sullivan, G.R., Criminal Law – Theory and Doctrine. 3. Aufl. Oxford 2007, S. 269–330.

Smith, John C., Secondary participation and inchoate offences In: Crime, Proof & Punishment, Essays in Memory of Sir Ruppert Cross. London 1981, S. 21–44.

Smith, John C./Hogan, Brian, Criminal Law. 11. Aufl. (bearbeitet von David Ormerod), Oxford 2005, S. 400–426.

Stein, Henrike, Die Regelungen von Täterschaft und Teilnahme im europäischen Strafrecht, Landesbericht England. Herbolzheim 2002, S. 303.

Rechtsprechung

A-G's Reference (No. 1 of 1992) [1993] Crim LR 274.
Campbell [1991] Crim LR 268.
Davey v Lee [1968] 1 QB 366.
Dunnigton [1984] QB 472.
Geddes [1996] Crim LR 894.
Gullefer [1990] 3 All ER 882.
Jones [1990] 3 All ER 886.
Khan [1990] 2 All ER 783.
Shivpuri [1987] AC 1.
Siracusa (1989) 90 Cr App Rep 340.
Smith [1974] QB 354.
Tosti [1997] Crim LR 746.

Abkürzungsverzeichnis

AC	Appeal Cases (Entscheidungssammlung)
A-G	Attorney General
All ER	All England Law Reports (Entscheidungssammlung)
Cr App Rep	Criminal Appeal Report (Entscheidungssammlung)

Crim LR	Criminal Law Review (Fachzeitschrift)
QB	Queen's Bench (Entscheidungssammlung)
v	versus
s(s).	section(s)
VAT	Value Added Tax (Mehrwertsteuer)
ZStW	Zeitschrift für die gesamte Strafrechtswissenschaft

Gesetzestexte

Terrorism Act 2006, section 5

Preparation of terrorist training

5.– (1) A person commits an offence if, with the intention of –

(a) committing acts of terrorism, or

(b) assisting another to commit such acts, he engages in any conduct in preparation for giving effect to his intention.

(2) It is irrelevant for the purposes of subsection (1) whether the intention and preparation relate to one or more particular acts of terrorism, acts of terrorism of a particular description or acts of terrorism generally.

(3) A person guilty of an offence under this section shall be liable, on conviction on indictment, to imprisonment for life.

Juliette Lelieur
Peggy Pfützner
Sabine Volz

Strafbares Verhalten im Vorfeld der Tatvollendung in Frankreich

1. Allgemeines

a) Überblick

Bevor eine Straftat vollendet ist, durchläuft sie mehrere Stadien. Der Beginn liegt in dem kriminellen Entschluss *(résolution criminelle)* des Täters, die Tat zu begehen, woran sich die Vorbereitungshandlungen *(préparation du crime)* anschließen. Dann macht sich der Täter an die Ausführung der Tat *(exécution du crime)*, welche schließlich mit der Vollendung abgeschlossen wird *(consommation du crime)*. Dem Täter gelingt es jedoch nicht immer, den Erfolg auch tatsächlich herbeizuführen, die Tat mithin zu vollenden. Damit stellt sich die Frage nach der Strafbarkeit solcher Handlungen, die im Vorfeld der Tatvollendung begangen werden. Sofern kein Schaden eingetreten ist, kann die Strafbarkeit nur durch die schädliche Willensrichtung des Täters begründet werden. Jedoch soll nicht jedes Handeln im Vorfeld einer Tatvollendung unter Strafe gestellt werden, sondern nur dasjenige, das auf eine gewisse Gefährlichkeit des Täters hinweist. Deswegen muss bestimmt werden, ab wann ein Verhalten strafwürdig ist und somit das Strafrecht eingreifen soll. Das französische Strafrecht pönalisiert das Verhalten im Vorfeld der Tatvollendung in zwei verschiedenen Formen.

Zum einen bestimmt der Allgemeine Teil des französischen Strafgesetzbuchs (*Code pénal*, CP), dass unter bestimmten Umständen bereits das Verhalten des Täters im Vorfeld der Tatvollendung unter Strafe stehen soll. Dieses strafbare Verhalten wird als Versuch *(tentative)* bezeichnet.[1] Entsprechend wird als Täter nicht nur derjenige angesehen, der eine strafbare Tat begeht, sondern – unter bestimmten Voraussetzungen – auch derjenige, der versucht, eine Straftat zu begehen (Art. 121-4 Nr. 2 CP). Von dem Versuch zu unterscheiden sind Verabredungen zur Begehung einer Straftat und reine Vorbereitungshandlungen. Diese sind von der gesetzlichen Regelung des Allgemeinen Teils nicht umfasst.

---

[1] Siehe unten 2.

Zum anderen existieren neben dem Versuch einzelne Straftatbestände im Besonderen Teil des *Code pénal*, die eine Strafbarkeit von Handlungen im Vorfeld der Tatvollendung begründen. Die oben genannte prinzipielle Regelung des Allgemeinen Teils muss daher stark relativiert werden: Im Besonderen Teil werden vereinzelt Vorbereitungshandlungen zur Verwirklichung einer Straftat explizit unter Strafe gestellt. So beispielsweise in Art. 450-1 CP, der die kriminelle Vereinigung pönalisiert, die er wie folgt definiert:

Art. 450-1 CP
Eine Gruppe oder ein Zusammenschluss, der zum Zweck der durch einen oder mehrere materielle Umstände gekennzeichneten Vorbereitung eines oder mehrerer Verbrechen oder eines oder mehrerer mit fünf Jahren Gefängnis bedrohten Vergehen gebildet wurde.

Ein weiteres Beispiel ist Art. 412-2 CP, der die Verschwörung betrifft:

Art. 412-2 CP
Eine Verschwörung ist der von mehreren Personen gefasste Entschluss zur Begehung eines Anschlags, wenn sich dieser Entschluss durch die Vornahme einer oder mehrerer Handlungen konkretisiert hat.

Die französische Literatur nennt solche Strafvorschriften *infractions obstacles* (Verhinderungstatbestände), weil sie die Begehung der für die Gesellschaft wirklich gefährlichen Tat verhindern sollen. Dahinter steht der Gedanke, dass durch die Verhinderung der Bildung krimineller Vereinigungen oder eines verschwörerischen Zusammenschlusses zugleich die Straftaten, die daraus folgen könnten, verhindert werden. Von diesen Einzelbestimmungen im Besonderen Teil des Strafrechts abgesehen, richtet sich die Strafbarkeit der unvollendeten Tat in Frankreich nach der Lehre der Versuchsstrafbarkeit.

b) Gründe der Strafbarkeit

Die Problematik der unvollendeten Straftat und ihrer Strafbarkeit wurde in der französischen Strafrechtsgeschichte unterschiedlich behandelt. Wie bei vielen Kernfragen des allgemeinen Strafrechts stehen sich zwei kriminalpolitische Tendenzen gegenüber, die stets einen mehr oder weniger großen Einfluss auf das geltende Recht hatten. Nach der sogenannten subjektiven Konzeption, welche vor der Revolution von 1789 im *ancien droit* allgemein vertreten wurde, wird zur Begründung der Strafbarkeit auf den kriminellen Willen des Täters abgestellt. Die Existenz eines solchen sei bereits gefährlich für die Gesellschaft und rechtfertige deswegen den Einsatz des Strafrechts. Daher bestand zu dieser Zeit eine detaillierte und umfassend geregelte Strafbarkeit bestimmter Verhaltensweisen im Vorfeld der Tatvollendung. Nach der sogenannten objektiven Konzeption, welche im 19. Jahrhundert vorherrschend war, ist die Verwirklichung eines strafbaren Erfolgs, das heißt der Eintritt eines Schadens beziehungsweise einer Störung der Gesellschaft *(trouble social)*, für die Begründung der Strafbarkeit nötig. Da die Strafe sich gerade auf einen solchen Schaden beziehe, könne das Strafrecht im Vorfeld der Tatvollendung nicht eingreifen. Der *Code pénal* von 1791 knüpfte an die objektive Konzeption an und schaffte die Versuchsstrafbarkeit bis auf Ausnahmebestimmungen für Mord und Vergiftung ab. Für diese Verbrechen wurde bereits der mit Tötungsvorsatz durchgeführte Angriff (entsprechend für die Vergiftung etwa das Vorsetzen einer vergifteten Speise) dem vollendeten Delikt gleichgestellt. Diese nur auf zwei Deliktsarten beschränkte Strafbarkeit im Vorfeld der Tatvollendung stellte sich jedoch als zu restriktiv heraus, weshalb sie durch Gesetz im Jahr 1796 auf alle Verbrechen ausgedehnt wurde. Im Jahr 1799 wurde dann auch der Versuch einiger Vergehen für strafbar erklärt.

Der *Code pénal* von 1810 übernahm weitestgehend die Versuchsbestimmungen des Gesetzes von 1796, brachte jedoch auch einige Neuerungen. In Art. 2 CP von 1810 hieß es, dass jeder Versuch eines Verbrechens, dargetan durch den Beginn der Tatausführung, der nicht aufgegeben wurde und dessen Verwirklichung nur durch Umstände außerhalb des Willens des Täters verfehlt wurde, selbst als Verbrechen angesehen wird. Art. 3 CP von 1810 bestimmte darüber hinaus, dass bei Vergehen der Versuch nur in den gesetzlich besonders genannten Fällen strafbar sei.

Zudem wurden durch ein Gesetz vom 18. Dezember 1893 die Art. 265–268 (*association de malfaiteurs* – kriminelle Vereinigung) in den *Code pénal* eingeführt. Damit wurde als eigenständiges Verbrechen im Sinne einer *infraction obstacle*[2] jede Verbindung, unabhängig von ihrer Dauer und der Zahl ihrer Mitglieder, sowie jede Verabredung mit dem Ziel, Verbrechen gegen Personen oder ihr Vermögen zu begehen oder vorzubereiten, unter Strafe gestellt. Dabei genügte bereits der bloße Zusammenschluss, ohne dass konkretisiert sein musste, welche Art von Verbrechen begangen werden sollten. Die Verabredung zu einem einzelnen Delikt reichte hingegen noch nicht zur Tatbestandserfüllung aus. Der Tatbestand der Verschwörung wurde seinerseits durch die Verordnung Nr. 60-529 am 4. Juni 1960 in den damaligen *Code pénal* (Art. 86–92) eingeführt. Eine Verschwörung wurde bereits dann angenommen, wenn zwei oder mehr Personen den konkreten Entschluss zur Begehung von Straftaten gegen die öffentliche Ordnung oder Sicherheit des Staatsgebietes gemeinsam gefasst haben. Damit sind dem alten *Code pénal* durch die Einführung der *infractions obstacles* bereits deutliche Bemühungen um ein möglichst frühes Eingreifen der Strafgewalt zu entnehmen. Der *Code pénal* von 1992 beinhaltet in diesem Bereich keine Änderungen und ist somit als Fortführung des *Code pénal* von 1810 anzusehen.

---

2 Zu diesem Begriff siehe oben 1.a.

2. Versuch

a) Definition

Art. 121-5 CP beinhaltet die Legaldefinition des Versuchs:

Art. 121-5 CP

Ein Versuch liegt vor, sobald er, kundgetan durch den Beginn der Ausführung, nur aufgrund von Umständen aufgegeben wird oder erfolglos ist, die vom Willen des Täters unabhängig sind.

Demzufolge gibt es zwei verschiedene Voraussetzungen der Versuchsstrafbarkeit: Erstens muss ein Beginn der Tatausführung *(commencement d'exécution)* ersichtlich sein. Zweitens darf kein freiwilliger Rücktritt *(absence de désistement volontaire)* des Täters vor Vollendung der Tat vorliegen.

Beide Elemente beinhalten einen objektiven und einen subjektiven Aspekt. Um etwa den Beginn der Tatausführung zu bestimmen, haben sich in der französischen Strafrechtslehre zunächst zwei Ansätze entwickelt. Der einen Ansicht zufolge ist der Beginn der Tatausführung objektiv zu bestimmen, der anderen Ansicht nach dagegen subjektiv. Sowohl die objektive als auch die subjektive Konzeption zur Bestimmung des Beginns der Tatausführung weisen Schwächen auf. Erstere begründet die Strafbarkeit erst sehr spät, zumal diese von der Verwirklichung eines Tatbestandsmerkmals abhängig gemacht wird. Dies kommt insbesondere dem Täter zugute. So zum Beispiel bei einem Eingreifen der Polizei zu einem Zeitpunkt, in dem noch keine direkt zur Tatbestandsverwirklichung nötige Handlung ausgeführt wurde. Wird ein Dieb überrascht, wenn er die begehrte Beute noch nicht berührt hat und nur den Arm nach ihr ausstreckt, liegt rein objektiv gesehen noch kein Versuch vor. Die objektive Konzeption ist damit als zu restriktiv und als nicht ausreichend zum Schutz der Gesellschaft anzusehen.

Die subjektive Konzeption hingegen erscheint willkürlich, da der wirkliche Wille des Täters oft nicht oder nicht mit ausreichender Sicherheit festgestellt und daher nur vermutet werden kann. Darüber hinaus verkennt sie den Wortlaut des Gesetzes, der den Beginn der Ausführung verlangt und nicht nur die entsprechende Vorstellung des Täters. Beide Ansätze getrennt betrachtet bieten daher keine befriedigenden Ergebnisse bei der Bestimmung des Beginns der Tatausführung. Da die Frage, ob bereits der Beginn der Tatausführung vorliegt, der vollen Kontrolle des Kassationsgerichtshofs (oberstes französisches Revisionsgericht) unterliegt, konnte dieser die Schwächen beider Konzeptionen herausfiltern und gleichzeitig die jeweils verwendbaren Ansätze in seine Rechtsprechung einbeziehen. Die Rechtsprechung vertritt daher einen gemischt objektiv-subjektiven Ansatz. Sie verbindet das objektive und subjektive Element miteinander und prüft, ob eine „Handlung, die unmittelbar zur Straftat führt und mit dem Willen zur Tatbegehung vollzogen wurde", vorliegt.

b) Objektive Voraussetzungen der Versuchsstrafbarkeit

Gemäß Art. 121-4 Nr. 2 CP ist der Versuch eines Verbrechens immer, der einer Übertretung nie und der eines Vergehens nur dann strafbar, wenn das Gesetz es vorsieht. Die Strafbarkeit eines versuchten Vergehens wird also nicht durch den Allgemeinen, sondern durch den Besonderen Teil des Strafgesetzbuchs näher bestimmt.

Eine Voraussetzung der Strafbarkeit des Versuchs ist wie bereits gesehen der Beginn der Tatausführung. Objektiv wird der Beginn der Tatausführung als eine Handlung betrachtet, die die Vollendung der Tat als direkte Konsequenz hat. Zu bemerken ist, dass die Rechtsprechung nicht voraussetzt, dass diese Handlung bereits einen den Tatbestand verwirklichenden Akt darstellt. Zum Beispiel liegt der Beginn eines schweren Diebstahls vor, wenn der Täter bewaffnet und mit Strumpfmaske den Eingang einer Bank betritt. Der Beginn eines Wohnungseinbruchs liegt damit im Zeitpunkt des Versuchs, in die Wohnung einzudringen.

Die Bestimmung des Beginns der Tatausführung wird gleichzeitig als Merkmal zur Abgrenzung des Versuchs von der Vorbereitungshandlung *(acte préparatoire)* benötigt. Objektiv gesehen liegt eine Vorbereitungshandlung dann vor, wenn das Verhalten des Täters noch nicht direkt unter die zur Verwirklichung des Tatbestands erforderlichen Handlungen subsumiert werden kann. Also etwa das Besorgen des Einbruchsmaterials oder einer Waffe. Solche Vorbereitungshandlungen sind grundsätzlich straflos, es sei denn, das Gesetz sieht ihre Strafbarkeit ausdrücklich vor, wie zum Beispiel im Falle der Beihilfe in Art. 121-7 CP.

Art. 121-7 CP

Teilnehmer an einem Verbrechen oder Vergehen ist, wer dessen Vorbereitung oder Vollendung durch Unterstützung oder Beistand wissentlich gefördert hat.[3]

Die Strafbarkeit des Gehilfen setzt jedoch voraus, dass eine strafbare Haupttat, also mindestens ein strafbarer Versuch vorliegt.

Wenig diskutiert wird die Frage des Versuchsbeginns bei Beteiligung mehrerer. Es ist zu unterschieden, ob die Beteiligten auf einer Stufe stehen (Mittäter) oder ob ein Teilnehmer-Täter-Verhältnis besteht. Zum einen stellt sich die Frage, ob der Beginn des Versuchs bei allen Mittätern gleichzeitig vorliegt oder für jeden einzeln bestimmt werden muss. Nach der objektiven Konzeption muss für jeden Täter selbst der Versuchsbeginn bestimmt werden. Nach der subjektiven Konzeption setzen alle Mittäter gleichzeitig und zwar dann, wenn der erste unmittelbar ansetzt, zum Versuch an. Im Fall des Teilnehmers, der selbst erst Vorbereitungshandlungen

[3] Siehe dazu II.G.3.b. und 5.c.

vorgenommen hat, wird ebenfalls bereits eine Strafbarkeit bejaht, wenn der Haupttäter mit der Tatausführung begonnen hat.[4]

Zum anderen darf die Tat nicht vollendet sein, um ein Versuchsstrafbarkeit zu begründen. Dies bedeutet bei Erfolgsdelikten, dass der tatbestandsmäßige Erfolg noch nicht eingetreten sein darf (zum Beispiel der Tod beim Mordtatbestand). Bei Tätigkeitsdelikten, die bereits ohne Eintritt eines Erfolgs vollendet sind, muss hinsichtlich des Versuchs differenziert werden: Ist die Deliktsbegehung durch eine einzige Handlung gekennzeichnet (wie etwa bei der Bestechung), so kann logischerweise kein Versuchsstadium durchlaufen werden, da das Delikt bereits durch diese eine Handlung vollendet wird. Anders kann dies jedoch bei Delikten sein, die sich hinsichtlich ihrer Begehungsweise in Teilakte gliedern. So etwa im Fall der Vergiftung. Hier ist es denkbar, dass eine Handlung darin besteht, das Gift in ein Getränk zu mischen, welches dem Opfer dann zu einem späteren Zeitpunkt vorgesetzt wird. Darin könnte der Versuchsbeginn gesehen werden, von dem der Täter zurücktritt, wenn er das vergiftetet Getränk vernichtet. Hat das Opfer das Gift jedoch bereits zu sich genommen, gilt die Tat als vollendet. Auch ein Bemühen des Täters, den Tod zu verhindern, kann keinen Rücktritt vom Versuch *(désistement volontaire)* der Vergiftung mehr darstellen.

Schließlich wird in Frankreich das Fehlen eines (freiwilligen) Rücktritts *(absence de désistement [volontaire])* vom Versuch als Voraussetzung der Versuchsstrafbarkeit angesehen (so ausdrücklich in Art. 121-5 CP[5]).

c) Subjektive Voraussetzungen der Versuchsstrafbarkeit

Die subjektiven Voraussetzungen der Versuchsstrafbarkeit sind im *Code pénal* nicht ausdrücklich geregelt. Aus der Formulierung: „(…) nur aufgrund von Umständen aufgegeben wird oder erfolglos ist, die vom Willen des Täters unabhängig sind“ ergibt sich jedoch indirekt, dass der Täter mit kriminellem Willen, also vorsätzlich gehandelt haben muss.

Von der Rechtsprechung wird zur Annahme des Beginns der Tatausführung ein unwiderruflicher Entschluss zur Tat *(résolution criminelle irrévocable)* verlangt, also ebenfalls ein vorsätzliches Handeln des Täters. Oft gehen die Gerichte von der Existenz eines Vorsatzes aus, wenn die objektive Handlung eindeutig zeigt, dass der Täter zur strafbaren Tat endgültig entschlossen war. So nimmt zum Beispiel die Rechtsprechung einen unwiderruflichen Entschluss zur Tat an, wenn jemand mit einer schussbereiten Pistole hinter einem Gebüsch steht und dem Opfer auflauert. Auch die Abgrenzung zu reinen Vorbereitungshandlungen ist subjektiv zu beurtei-

---

4 Zur versuchten Tatbeteiligung und Beteiligung am Versuch siehe unten 3.c.

5 Zum Rücktritt vom Versuch siehe auch unten c. und vor allem 5.

len und hängt folglich ebenfalls vom Willen des Täters ab, welcher schwerlich immer mit ausreichender Sicherheit bestimmt werden kann.

Wie bereits erwähnt ist eine weitere Voraussetzung der Versuchsstrafbarkeit, dass der Täter nicht vor Vollendung der Tat freiwillig zurückgetreten ist *(absence de désistement volontaire)*. Subjektiv gesehen ist daher zu unterscheiden, ob der Täter freiwillig von der weiteren Tatausführung Abstand genommen hat oder ob die Vollendung nur aufgrund von Umständen ausbleibt, die unabhängig vom Willen des Täters auftreten. Tritt der Täter vor Vollendung der Tat freiwillig zurück, so entfällt die Strafbarkeit vollständig.[6]

3. Einzelprobleme

a) Untauglicher Versuch

Die Frage der Strafbarkeit des untauglichen Versuchs wird in der Literatur unter dem Begriff der unmöglichen Straftat *(infraction impossible)* diskutiert. Ein untauglicher Versuch ist dadurch gekennzeichnet, dass der tatbestandliche Erfolg nicht eintreten kann. Dies kann zum einen an der Untauglichkeit des Tatobjekts (Tötungsversuch an einer Leiche oder Schaufensterpuppe, Diebstahl aus einer leeren Tasche) oder zum anderen an der Untauglichkeit der Begehungsweise (Tötungsversuch mit einer ungeladenen Waffe) liegen. Die Unmöglichkeit der Tatbestandsverwirklichung muss beim untauglichen Versuch jedoch auf tatsächlichen Gegebenheiten beruhen *(impossibilité de fait)*. Beruht sie auf rechtlichen Umständen, so handelt es sich hingegen um ein Wahndelikt.[7]

Die Strafbarkeit des untauglichen Versuchs war im französischen Recht lange Zeit heftig umstritten. Ein Teil der Literatur steht ihr kritisch gegenüber. Unmögliche „Straftaten“ wie zum Beispiel ein Tötungsdelikt an einer schon gestorbenen Person seien vom Gesetz nicht unter Strafe gestellt, sodass es dem Legalitätsprinzip entgegenstehe, den Versuch dieser Taten zu bestrafen. Der untaugliche Versuch solle gänzlich unbestraft bleiben, da zu keiner Zeit auch nur die Gefahr des Erfolgseintritts bestünde. Von anderer Seite wurde argumentiert, dass auch beim untauglichen Versuch der Erfolg letztlich nur aufgrund von Umständen ausbleibt, die außerhalb des Willens des Täters liegen. Es könne schlicht keinen Unterschied machen, ob diese bereits vor dem unmittelbaren Ansetzen (dann untauglicher Versuch) oder erst nach diesem (dann fehlgeschlagener Versuch) eingetreten seien. An seiner schädlichen, kriminellen Absicht ändere sich dadurch nichts. Auch wenn die Tat faktisch nicht vollendet werden könne, stelle der Täter eine Gefahr für die Gesellschaft dar und müsse daher strafbar sein. Dieser Gedanke der *défense sociale*

---

[6] Zum Rücktritt siehe unten 5.

[7] Siehe unten b.

hat sich heute in der Rechtsprechung durchgesetzt. Nach diesem subjektiven Ansatz kommt es auf den schädlichen Willen des Täters und dessen Gefährlichkeit an. Die Unmöglichkeit der Begehung der Straftat spielt daher keine Rolle mehr. Folglich ist der untaugliche Versuch stets strafbar.

Eine Grenze wird allerdings dort gezogen, wo die Handlung des Täters in keinem realen Bezug mehr zum vorgestellten Erfolg steht. So liegt kein strafbarer Versuch vor, wenn der Täter jemanden mit Flüchen oder Verwünschungen töten will (zum Beispiel durch Erstechen einer Voodoo-Puppe – *infractions surnatureles*). Eine solche Verhaltensweise ist im *Code pénal* nicht unter Strafe gestellt und kann somit aufgrund des Legalitätsgrundsatzes nicht strafbar sein.

b) Wahndelikt

Als Wahndelikt *(infraction putative)* werden solche Delikte angesehen, die sich nur in den Gedanken des Täters abspielen. Der Täter glaubt dabei eine Straftat zu begehen, sein Handeln ist in Wahrheit jedoch nicht strafbar. Dabei kommt es zur Abgrenzung vom untauglichen Versuch darauf an, dass die Strafbarkeit aufgrund rechtlicher Umstände nicht verwirklicht werden kann *(impossibilité de droit)*. Beispielsweise kann weder der Tatbestand der Bigamie noch ein entsprechender Versuch vorliegen, wenn ein Mann eine Frau heiratet in dem Glauben, noch mit einer anderen Frau, welche jedoch ohne sein Wissen bereits verstorben ist, verheiratet zu sein. Hier liegt rechtlich keine Ehe mit der Verstorbenen mehr vor, sodass auch keine Bigamie begangen werden kann. Ebenso wenig liegt ein Diebstahl oder dessen Versuch vor, wenn der Täter eine Sache in dem Glauben stiehlt, sie gehöre einer fremden Person, es sich dabei aber tatsächlich um Eigentum des Täters handelt. Denn die Frage nach der Eigentümerstellung betrifft rechtliche und nicht tatsächliche Umstände. Auch der Tatbestand der Vergiftung oder deren Versuch liegen nicht vor, wenn die benutzte Substanz in Wirklichkeit nicht tödlich ist, da der Gesetzeswortlaut ausdrücklich eine tödliche Substanz verlangt und rechtlich gesehen daher keine Vergiftung mit einer harmlosen Substanz begangen werden kann. Da bei solchen Delikten der Täter nur glaubt, eine Straftat zu begehen, aber bereits das gesetzliche Element *(élément légal)*[8] nicht erfüllt, kann ein solches Verhalten mit Blick auf den Legalitätsgrundsatz keine Strafbarkeit begründen.

c) Versuchte Tatbeteiligung/Beteiligung am Versuch

Bei der Beteiligung mehrerer Personen an einer Tat, die nicht vollendet wird, können mehrere Konstellationen unterschieden werden:

---

[8] Siehe dazu II.C.2.b.

Will sich jemand an einer Tat beteiligen, die nicht das Versuchsstadium erreicht, so spricht man von versuchter Tatbeteiligung (*tentative de participation* beziehungsweise *tentative de complicité*). Diese ist aufgrund der Akzessorietät der Teilnahme mangels einer strafbaren Haupttat grundsätzlich straffrei. In besonderen Fällen wird sie jedoch durch Spezialtatbestände als strafbar qualifiziert.[9] Nur wenige Vertreter eines rein subjektiven Ansatzes wollen zur Begründung einer Strafbarkeit den Vorsatz des Gehilfen heranziehen und diesen isoliert von der Haupttat betrachten, sodass die fehlende Vollendung der Haupttat keinen Einfluss auf den Unrechtscharakter der Teilnahmehandlung habe.[10]

Von der versuchten Tatbeteiligung zu unterscheiden ist allerdings der Fall der Beteiligungshandlung, welche keinen kausalen Beitrag zur Tat geleistet hat. Nach der Rechtsprechung hindert das Fehlen eines effektiven Tatbeitrags die Strafbarkeit nicht.[11]

Eine spezielle Form der versuchten Tatbeteiligung wird in folgender Situation gesehen: Stiftet jemand zu einer Tat an, welche dann aber nicht begangen wird, so liegt versuchte Anstiftung *(tentative d'instigation)* vor. Aufgrund der Akzessorietät der Teilnahme gelangt man hier eigentlich zu einer Straflosigkeit des Anstifters, da eine Haupttat gerade nicht begangen wurde. Dieses Ergebnis wird jedoch in bestimmten Fällen für unbillig erachtet. Der Gesetzgeber hat daher im Besonderen Teil des *Code pénal* einzelne Tatbestände geschaffen, die eine Strafbarkeit der Anstiftung auch für den Fall vorsehen, dass diese ergebnislos bleibt, die Haupttat also nicht begangen wird. Als Beispiele kann die Anstiftung zu Verbrechen und Vergehen gegen die Nation, den Staat und den öffentlichen Frieden (Art. 411-11 CP) genannt werden.[12] Die Gerichte neigen ihrerseits dazu, den eigentlichen Anstifter als einen mittelbaren Täter *(auteur médiat)* anzusehen und als solchen zu bestrafen. Dies mag auch daran liegen, dass die Rechtsprechung generell die Abgrenzung zwischen Täterschaft und Teilnahme nicht streng durchhält.[13]

Versuchen mehrere gemeinsam, eine Tat zu begehen oder sich an ihr zu beteiligen, und wird diese nicht vollendet, so handelt es sich um eine Beteiligung am Versuch (*participation à une tentative* beziehungsweise *complicité de tentative*). Die Strafbarkeit von Mittätern hängt dann davon ab, ob man den Versuchsbeginn für alle Mittäter einheitlich oder getrennt für jeden Mittäter selbst beurteilt.[14] Die Strafbarkeit des Teilnehmers hingegen hängt aufgrund der Akzessorietät der Teilnahme von dem Vorliegen einer strafbaren Haupttat ab. Ist der Versuch der Haupt-

---

9 Siehe dazu II.G.5.c.

10 Siehe dazu II.G.5.c.

11 Siehe dazu II.G.3.b.

12 Siehe auch II.G.3.e.

13 Siehe dazu II.G.3.a.

14 Siehe dazu oben 2.b.

tat strafbar (so bei Verbrechen und in den gesetzlich bestimmten Fällen auch bei einem Vergehen, jedoch nie bei einer Übertretung – Art. 121-4 Nr. 2 CP), so ist es auch die Beteiligung an ihrem Versuch.

4. Strafzumessung

Unterschiede hinsichtlich der Strafzumessung ergeben sich zwischen Versuch und Vollendung nicht aus dem Gesetz. Art. 121-4 CP sieht denjenigen, der eine Straftat versucht, genauso wie denjenigen an, der die Tat vollendet hat – als Täter. Es liegt jedoch im Ermessen des Richters, bei der individuellen Festlegung des Strafmaßes darauf Rücksicht zu nehmen, dass die Tat nur versucht wurde.

Jedoch bleibt nach Art. 132-78 Abs. 1 CP ohne Strafe, wer versucht hat, ein Verbrechen oder ein Vergehen zu begehen, wenn er in Bezug auf eine gesetzlich bestimmte Straftat deren Vollendung dadurch verhindert hat, dass er die Verwaltungs- oder Justizbehörde informiert und gegebenenfalls ermöglicht hat, die anderen Teilnehmer zu identifizieren. Dies betrifft nur schwere Straftaten wie zum Beispiel Mord und Vergiftung (Art. 221-5-3 CP), Entführung eines Transportmittels (Art. 224-8-1 CP), Geiselnahme (Art. 224-5-1 CP), Zuhälterei (Art. 225-11-1 C), Folter (Art. 222-6-2 CP), Menschenhandel (Art. 225-4-9 CP) und Drogenhandel (Art. 222-43-1 CP). Um die Gefahr einer böswilligen Anzeige zu vermeiden, sieht Art. 132-78 Abs. 4 CP vor, dass keine Verurteilung auf der alleinigen Basis von Anzeigen im Sinne von Art. 132-78 Abs. 1 ausgesprochen werden kann.

5. Rücktritt vom Versuch

a) Voraussetzungen

Eine ausdrückliche Rücktrittsregelung findet sich im französischen Strafgesetzbuch nicht. Aus der Versuchsdefinition in Art. 121-5 CP folgt jedoch, dass kein strafbarer Versuch vorliegt, wenn der Täter die weitere Tatausführung unabhängig von äußeren Umständen aufgibt. Das Fehlen eines Rücktritts ist daher ein Tatbestandsmerkmal des Versuchs.

Eine Voraussetzung für einen Rücktritt ist zunächst, dass keine Tatvollendung eingetreten ist. Zu differenzieren ist dabei zwischen Erfolgsdelikten *(infractions matérielles)* und Tätigkeitsdelikten *(infractions formelles)*. So ist der Rücktritt vom Versuch eines Erfolgsdelikts bis zum Eintritt des tatbestandlichen Erfolgs möglich. Wenn der mit Tötungsvorsatz handelnde Täter anschließend seine Tat bereut und dem verletzten Opfer Hilfe leistet, sodass dessen Tod verhindert wird, liegt ein Rücktritt vor. Anders dagegen, wenn er sein Opfer vergiften wollte. Der Tatbestand des Tätigkeitsdelikts der Vergiftung (Art. 221-5 CP) ist bereits mit der Verabreichung des Giftes erfüllt.[15] Selbst wenn der Täter nun den Tod seines Opfers verhindern will und noch rechtzeitig ein Gegengift besorgt, ist die Straftat dennoch vollendet. Es liegt dann kein Rücktritt, sondern tätige Reue *(repentir actif)* vor.

Der Rücktritt setzt weiter voraus, dass der Täter freiwillig handelt. Er muss aus eigenem Willen auf die Tatvollendung verzichten *(désistement volontaire)*. Dabei kann der Täter einerseits rein passiv Abstand von der weiteren Ausführung nehmen oder aktiv deren Erfolg verhindern. Einzig entscheidendes Merkmal ist die freiwillige Aufgabe der Tatvollendung. Tritt der Täter aus freiem Willen zurück, ist das Motiv, das ihn zum Rücktritt bewogen hat, grundsätzlich unerheblich. Im Zusammenhang mit bestimmten Motiven sind allerdings Unklarheiten bei der Frage nach der Freiwilligkeit des Rücktritts aufgetreten. Insbesondere der Rücktrittsgrund der Angst bereitet Schwierigkeiten. So hat die Rechtsprechung den angstbedingten Rücktritt vom Diebstahl einer Leiche auf dem Friedhof als freiwillig beurteilt, den Rücktritt aus Angst vor Denunziation oder Entdeckung dagegen nicht. Die Umstände, die den Täter zur Aufgabe seiner Tat bewogen haben, sind daher immer eingehend zu prüfen, um festzustellen, ob der Rücktritt auch tatsächlich freiwillig oder nur aufgrund äußerer Umstände erfolgte.

Unterbleibt die Vollendung der Tat dagegen nur aufgrund von äußeren Umständen, ist der Versuch weiterhin strafbar. Dabei kann es sich nach Art. 121-5 CP um einen ungewollt unterbrochenen Versuch *(tentative suspendue involontairement)* oder um einen fehlgeschlagenen Versuch *(tentative manquée)* handeln. Ein ungewollt unterbrochener Versuch liegt beispielsweise vor, wenn die Polizei den Dieb bereits erwischt, während dieser in ein Haus eindringt, jedoch noch keine Beute machen konnte. Der typische fehlgeschlagene Versuch liegt etwa vor, wenn der Täter mit seiner Pistole geschossen, aber sein Ziel verfehlt hat: Das Opfer bleibt von der Kugel völlig unberührt oder wird nur verletzt. In diesem Fall liegt eine versuchte Tötung vor. Auch die heftige Gegenwehr des Opfers kann einen Täter von der Vollendung der Tat abhalten, ohne dass hierin ein freiwilliger Rücktritt zu sehen ist. Ebenso kann mangelnde Abstimmung unter den Komplizen die geplante Tatausführung unabhängig vom Willen des Täters verhindern.

b) Wirkung des Rücktritts

Nach der Definition des Art. 121-5 CP ist der Rücktritt eine negative Voraussetzung des Versuchs, sodass bei seinem Vorliegen der Täter nicht bestraft werden kann. Es fehlt dann bereits an einem Versuch.

Nach Vollendung der Tat kann der Täter lediglich durch tätige Reue eine Strafmilderung oder sogar ein Absehen von der Verhängung einer Strafe erreichen. Die Strafmilderung oder das Absehen von Strafe sind nicht gesetzlich geregelt, sondern stehen im Ermessen des Richters.

---

[15] Siehe dazu unter II.D.6. sowie oben 2.b.

c) Besonderheiten bei Tatbeteiligung mehrerer

Im Fall der Tatbeteiligung mehrerer ist zunächst festzuhalten, dass im Stadium der Vorbereitung – also vor Eintritt ins Versuchsstadium – jeder der Beteiligten sich von der geplanten Tat distanzieren, seine Beteiligung an ihrer Ausführung aufgeben und so einer Bestrafung entgehen kann. Insofern bestehen keine Unterschiede zur Alleintäterschaft.

Wurde das Versuchsstadium jedoch erreicht, sind verschiedene Situationen denkbar: Hat im Fall der Mittäterschaft einer der Mittäter bereits seinen zur Tatbegehung erforderlichen Beitrag geleistet, kann es für seinen strafbefreienden Rücktritt nicht ausreichen, wenn er sich danach einfach passiv verhält oder sich vom Tatort entfernt. Vielmehr muss er aktiv versuchen, die weitere Tatausführung zu verhindern, indem er seinen Tatbeitrag rückgängig macht, etwa seinem Komplizen das Werkzeug wegnimmt. Sollte ihm dies nicht gelingen, so müsste auch ein ernsthaftes Bemühen um die Verhinderung der Tatvollendung genügen. Zwar sind diese Erwägungen mangels eines entsprechenden Falls bisher noch nicht durch die Rechtsprechung bestätigt worden, doch können sie aus dem Erfordernis der Freiwilligkeit des Rücktritts abgeleitet werden.

Im Fall der Teilnahme sind zwei verschiedene Situationen zu unterscheiden: Tritt der Haupttäter von seinem Versuch zurück, so wirkt dies für ihn strafbefreiend, und auch der Teilnehmer ist mangels strafbarer Haupttat straffrei. Anders ist es hingegen, wenn derjenige, der seine Hilfe zugesagt hat, diese unterlässt, der Täter in der Zwischenzeit jedoch die Tat begeht oder auch nur zu begehen versucht. Der Kassationsgerichtshof hat in zwei Urteilen entschieden, dass der Rücktritt eines Gehilfen nicht in einer einfachen Aufgabe der Tatausführung liegen kann, sondern der Rücktretende alles in seiner Macht stehende tun muss, den Erfolgseintritt zu vermeiden. Er muss demnach aktiv versuchen, die weitere Tatausführung zu verhindern, um in den Genuss eines strafbefreienden Rücktritts zu kommen.

6. Andere Formen strafbaren Verhaltens im Vorfeld der Tatvollendung

Auch im französischen Recht gibt es Tendenzen, die Strafbarkeit weiter nach vorne zu verlagern. Dies geschieht jedoch nicht über die allgemeine Kriminalisierung von Vorbereitungshandlungen, sondern über die Schaffung von Gefährdungstatbeständen, für deren Vollendung kein Erfolgseintritt nötig ist *(infractions obstacles* und *infractions de mise en danger)*.[16]

---

16 Siehe oben 1.a. und II.D.6.

Literaturhinweise

Conte, Philippe/Maistre du Chambon, Patrick, Droit pénal général (Strafrecht Allgemeiner Teil). Seconde partie, Livre 1, Titre II, Sous-Titre I, Chapitre 2: Le résultat (Der Erfolg). 6. Aufl. Paris 2002, S. 167–182.

Desportes, Frédéric/Le Gunehec, Francis, Droit pénal général (Strafrecht Allgemeiner Teil). Titre II, Sous-Titre I, Chapitre I, Section 2, § 2: La tentative punissable (Der strafbare Versuch). 13. Aufl. Paris 2006, S. 426–437.

Fischer, Gero, Das unvollendete Verbrechen im deutschen und französischen Recht. München 1970.

Körkel, Wolfgang, Der Versuch im französischen und deutschen Recht. Freiburg 1951.

Pin, Xavier, Droit pénal général (Strafrecht Allgemeiner Teil). Deuxième partie, Titre premier, Chapitre premier, Section 1, § 2: L'infraction tentée (Die versuchte Tat). Paris 2005, S. 113–121.

Pradel, Jean, Tentative et abandon en cas de pluralité de participants à la commission du crime (Versuch und Aufgabe im Fall der Tatbeteiligung mehrerer). RIDC 2-1986, 735–747.

Prothais, Alain, Tentative et Attentat (Versuch und Übergriff). Paris 1985.

Stefani, Gaston/Levasseur, Georges/Bouloc, Bernard, Droit pénal général (Strafrecht Allgemeiner Teil). Première partie, Titre 2, Chapitre 1, Section 2: L'indifférence du résultat: La tentative (Die Gleichgültigkeit des Erfolgs: Der Versuch). 20. Aufl. Paris 2007, S. 219–233.

Rechtsprechung

Zur Definition des Beginns der Tatausführung *(commencement d'exécution)*: Cass. crim. 5 juillet 1951, Bull. crim. Nr. 198; Cass. crim. 8 novembre 1972, Bull. crim. Nr. 331; Cass. crim. 3 mai 1974, Bull. crim. Nr. 157.

Zum untauglichen Versuch: Cass. crim. 16 janvier 1986, D. 1986 (Jurisprudence), 265–267, mit Anmerkung von *Mayer, Danièle* und *Gazounaud, Claude*; Anmerkung von *Pradel, Jean*, JCP 1987.II.20774.

Zur versuchten Anstiftung: Urteilsbesprechungen von *Larguier, Jean* in RSC 1976, 409 ff.

Zur Beteiligung am Versuch: Cass. crim. 23 mai 1973, Bull. crim. Nr. 236; Cass. crim. 6 septembre 2000, Dr. pén. 2001, comm. 30, mit Anmerkung von *Véron, Michel.*

Zur Freiwilligkeit des Rücktritts: Cass. crim. 20 juillet 1933, Bull. crim. Nr. 157/158; Tribunal correctionnel Fort-de-France, 22 septembre 1967, JCP 1968.II.15583 mit Anmerkung von *Biswang, Paul-Guy*; Anmerkung von *Légal, Alfred* in RSC 1969, 130.

Zum Rücktritt bei mehreren Beteiligten: Chambre criminelle de la Cour de Cassation du 6 février 1812; Affaire Fesch et Blot, Chambre criminelle de la Cour de Cassation du 16 juin 1955.

Abkürzungsverzeichnis

Bull. crim.	Bulletin des arrêts de la Chambre criminelle de la Cour de cassation (Rechtsprechungssammlung der Strafkammer des Kassationsgerichtshofs)
Cass. crim.	Chambre criminelle de la Cour de cassation (Strafkammer des Kasssationsgerichtshofs)
CJM	Code de justice militaire (Militärgesetzbuch)
comm.	commentaire (Rubrik für Rechtsprechungsanmerkungen in der Fachzeitschrift Droit Pénal)
CP	Code pénal (französisches Strafgesetzbuch)
CPP	Code de procédure pénale (französisches Strafprozessgesetz)
Dr. pén.	Droit Pénal (Fachzeitschrift)
JCP	Jurisclasseur périodique (Semaine juridique) (Fachzeitschrift)
RIDC	Revue internationale de droit comparé (Fachzeitschrift)
RSC	Revue de science criminelle et de droit pénal comparé (Fachzeitschrift)

Konstanze Jarvers

Strafbares Verhalten im Vorfeld der Tatvollendung in
Italien

1. Allgemeines

a) Überblick

Grundsätzlich ist in der italienischen Rechtsordnung ein Verhalten erst dann strafbar, wenn es die Schwelle zum Versuch überschritten hat. Die Strafbarkeit des Versuchs *(tentativo)* ergibt sich aus Art. 56 des italienischen Strafgesetzbuchs (*codice penale*, c.p.). Sonstige Vorbereitungshandlungen, die die Voraussetzungen des Art. 56 c.p. nicht erfüllen, sind im Allgemeinen straflos, es sei denn, sie werden durch spezielle Normen ausdrücklich unter Strafe gestellt.[1] Im Übrigen ist die Verabredung zur Begehung einer Straftat nach Art. 115 c.p. ausdrücklich nicht strafbar.[2]

b) Gründe der Strafbarkeit

Der Rechtsgrund für die Strafbarkeit von Handlungen im Vorfeld der Tatvollendung ist umstritten. Nach der überwiegend vertretenen objektiven Theorie liegt der kriminalpolitische Grundgedanke darin, zu verhindern, dass rechtlich geschützte Güter gefährdet werden. Eine solche objektive Begründung stehe am besten im Einklang mit dem Tatstrafrecht, nach dem sich das kriminelle Vorhaben in einem materiellen Verhalten ausdrücke, das eine Verletzung oder wenigstens eine Gefährdung des geschützten Rechtsguts bewirke. Dementsprechend sei in der Vollendung eine effektive und im Versuch eine potentielle Rechtsgutsverletzung zu sehen. In dieser geringeren Intensität des Angriffs liege gerade der Grund dafür, dass der Versuch milder bestraft werde als das vollendete Delikt.

Die subjektiven Theorien sehen den Strafgrund des Versuchs in der Betätigung des kriminellen Willens, die – unabhängig von der objektiven Gefährlichkeit des Verhaltens – einen Hinweis auf die Gefährlichkeit des Täters beinhalte. Diese Auf-

---

[1] Siehe näher unten 6.

[2] Siehe hierzu im Einzelnen II.G.6.a.

fassung führt zu einer Art Gesinnungsstrafrecht und wird heute im Wesentlichen nicht mehr vertreten.

Die Vertreter der sogenannten gemischten Theorien verbinden die objektive mit der subjektiven Begründung. Danach ist zur Bestrafung des Versuchs zum einen die Gefährdung des Rechtsguts erforderlich. Der Versuch muss durch eine Handlung erfolgen, die zu einer solchen Gefährdung geeignet ist. Reine Vorbereitungshandlungen reichen nicht aus. Zum anderen ist danach aber auch die Betätigung des kriminellen Willens eine unabdingbare Voraussetzung für die Strafbarkeit des Versuchs. Hieraus ergibt sich die zwingende Folge, dass der Versuch eines fahrlässigen Delikts nicht strafbar ist.[3]

2. Versuch

a) Definition

Art. 56 c.p. (Versuchtes Verbrechen)

Wer geeignete Handlungen ausführt, die in eindeutiger Weise auf die Begehung eines Verbrechens abzielen, ist für den Versuch des Verbrechens verantwortlich, wenn die Tat nicht zur Ausführung gelangt oder der Erfolg nicht eintritt.

Der Täter eines versuchten Verbrechens wird bestraft: mit Gefängnisstrafe nicht unter zwölf Jahren, wenn die angedrohte Strafe lebenslange Gefängnisstrafe ist; in den übrigen Fällen mit der für das Verbrechen angedrohten Strafe, die um ein bis zwei Drittel herabgesetzt wird.

Tritt der Täter freiwillig von der Tat zurück, unterliegt er nur der Strafe für die ausgeführten Handlungen, wenn diese für sich eine strafbare Handlung darstellen.

Verhindert er freiwillig den Erfolg, unterliegt er der für den Versuch des Verbrechens angedrohten Strafe, die um ein Drittel bis zur Hälfte herabgesetzt wird.

Die gesetzliche Regelung scheint am ehesten den gemischten Theorien zu entsprechen, denn sie verlangt sowohl eine objektive als auch eine subjektive Komponente. Auch wenn die versuchte Tat nicht vollendet ist, so handelt es sich doch um eine vollständige Straftat, weil sie alle notwendigen Voraussetzungen – Tatbestandsmäßigkeit, Rechtswidrigkeit und Schuld – erfüllt. Gemäß einer Kombination der Strafnorm des Besonderen Teils und des Art. 56 c.p., der die Voraussetzungen für den strafbaren Versuch bestimmt und die Strafbarkeit auf solche Taten erweitert, die nicht zur Vollendung gelangt sind, stellt das versuchte Verbrechen eine selbstständige Straftat dar. Diese Selbstständigkeit hat zur Folge, dass sich Normen, die pauschal die „Begehung einer Straftat" voraussetzen, auch auf das versuchte Delikt beziehen. Wird in einer Vorschrift allerdings auf einen konkreten Tatbestand des Besonderen Teils Bezug genommen, so ist gemäß dem Bestimmtheitsgrundsatz die vollendete Begehung der betreffenden Straftat gemeint. Die ver-

---

[3] Siehe dazu auch unten 2.c.

suchte Tat ist unter die Gefährdungsdelikte zu fassen, da für ihre Verwirklichung eine nennenswerte Gefährdung des von der Strafnorm geschützten Rechtsguts erforderlich ist.

Der Versuch wird zwar milder bestraft als die vollendete Tat, er ist aber nicht als mildernder Umstand anzusehen. Mildernde Umstände werden zusätzlich zu einem vollendeten Delikt verwirklicht, während der Versuch weniger ist. Daher ist auch keine Abwägung mit eventuellen Erschwerungsgründen gemäß Art. 69 c.p. vorzunehmen.[4]

b) Objektive Voraussetzungen der Versuchsstrafbarkeit

– Verbrechen

Objektiv setzt Art. 56 c.p. zunächst voraus, dass es sich bei der Tat um ein Verbrechen *(delitto)*, und nicht um eine Übertretung *(contravvenzione)* handelt.[5]

– Nichtvollendung der Tat

Die tatbestandsmäßige Handlung darf ferner nicht zur Ausführung gelangt beziehungsweise der Erfolg nicht eingetreten sein. Diese beiden Alternativen weisen darauf hin, dass Art. 56 c.p. gleichermaßen für den unbeendeten *(tentativo incompiuto)* wie auch für den beendeten Versuch *(tentativo compiuto)* anwendbar ist. Die Nichtvollendung der Tat muss dabei durch Faktoren bedingt sein, die außerhalb der tatbestandsmäßigen Handlung liegen. Eine wegen einer ungeeigneten Handlung nicht vollendete Straftat reicht für die Begründung des strafbaren Versuchs hingegen nicht aus.[6] Schließlich müssen geeignete Handlungen vorgenommen worden sein, die eindeutig auf die Begehung des Verbrechens abzielen.

Besonders schwierig ist es festzustellen, wann eine Gefährdung des geschützten Rechtsguts beginnt. Während der Vorgänger des heute geltenden Strafgesetzbuchs, der *Codice Zanardelli* von 1889, noch auf den Beginn der Ausführung abgestellt hatte, führte der Gesetzgeber des heute geltenden Strafgesetzbuchs von 1930 die Kriterien der Geeignetheit und der Eindeutigkeit ein, zum einen, um die Schwierigkeiten bei der Abgrenzung zwischen Vorbereitungs- und Ausführungshandlungen zu vermeiden, und zum anderen, um die Strafbarkeit vorzuverlagern. Im Einzelfall können nämlich auch Vorbereitungshandlungen die Voraussetzungen von Art. 56 c.p. erfüllen.

---

[4] Zur Strafzumessung siehe unten 4.

[5] Siehe zur Unterscheidung zwischen Verbrechen und Übertretungen II.C.1.b.

[6] Siehe hierzu unten 3.a.

– Vornahme geeigneter Handlungen

Zunächst muss der Täter geeignete Handlungen zur Begehung eines Verbrechens vorgenommen haben. Die Geeignetheit *(idoneità)* bezieht sich also – im Gegensatz zur Regelung des *Codice Zanardelli* – auf die vorgenommene Handlung, und nicht auf die verwendeten Mittel. Entscheidend ist, ob die Verwendung des Mittels geeignet ist, den Tatbestand zu verwirklichen. Die Beurteilung der Geeignetheit erfolgt zum einen nach den konkreten Umständen des Einzelfalls. Zum anderen ist sie *ex ante* zu beurteilen, da nach einer *ex-post*-Beurteilung die Handlung, die nicht zur Tatbestandsverwirklichung geführt hat, immer ungeeignet wäre. Der Richter muss sich also gedanklich in die Lage des Täters zu Beginn der kriminellen Handlung versetzen und feststellen, ob die Handlungen unter Berücksichtigung der konkreten Umstände des Einzelfalls geeignet waren, in die Begehung des Verbrechens zu münden. Diese Feststellung muss auf der Grundlage der Kenntnisse eines Durchschnittsmenschen erfolgen, die gegebenenfalls um besondere Kenntnisse des Täters ergänzt werden (sogenannte objektive nachträgliche Prognose). Streitig ist, ob dabei alle Umstände zu berücksichtigen sind oder – so die herrschende Meinung – nur solche, die zum Zeitpunkt der Handlung bekannt oder erkennbar waren, nicht jedoch außergewöhnliche, nicht erkennbare Umstände (wie beispielsweise, dass die Tasche, in die der Dieb greift, unvorhergesehen leer ist). Ebenfalls streitig ist die Frage, welcher Grad an Geeignetheit für die Strafbarkeit des Versuchs gegeben sein muss. Hier reichen die Meinungen von der reinen Möglichkeit über die vernünftige Möglichkeit der Tatbestandsverwirklichung, die Angemessenheit der Handlung und die wahrscheinliche Wirksamkeit der Handlung, das kriminelle Ziel zu erreichen, bis hin zur Wahrscheinlichkeit der Tatbestandsverwirklichung.

– Eindeutigkeit der Handlung

Die Handlung muss ferner eindeutig auf die Begehung eines Verbrechens abzielen. Nach der subjektiven Theorie hat das Kriterium der Eindeutigkeit *(univocità)* eine reine Beweisfunktion für die Absichten des Täters. Die Vertreter der herrschenden objektiven Theorie sind hingegen der Auffassung, dass eine solche Interpretation zur Abschaffung der Voraussetzung der Eindeutigkeit führen würde, und sehen ihren Zweck vielmehr darin, die Strafbarkeit einzugrenzen und strafbare Handlungen von straflosen zu unterscheiden. Handlungen, die zwar dazu geeignet sind, eine bestimme Straftat zu verwirklichen, können nämlich auch anderen erlaubten Zwecken dienen. Die Handlung des Täters als solche muss danach objektiv seinen kriminellen Willen offenbaren. Eindeutig sind zunächst solche Handlungen, die ein Tatbestandsmerkmal verwirklichen, aber auch solche, die unmittelbar davor liegen. Auch die Eindeutigkeit, die zur Begrenzung der Vorverlagerung der Strafbarkeit dient, ist nicht abstrakt, sondern konkret nach dem Tatplan zu beurteilen. Nicht eindeutig sind demnach beispielsweise die Bereitstellung von Werkzeugen, die Auswahl eines geeigneten Tatorts oder die Beseitigung von Hindernissen, die dem Tatplan entgegenstehen.

c) Subjektive Voraussetzungen der Versuchsstrafbarkeit

Die versuchte Deliktsbegehung ist in der italienischen Rechtsordnung nur strafbar, wenn sie vorsätzlich erfolgt. Dies ergibt sich zum einen bereits aus dem Wortlaut des Art. 56 c.p., der Handlungen voraussetzt, die „eindeutig“ auf die Begehung eines Verbrechens abzielen. Zum anderen sind nach Art. 42 Abs. 2 c.p. nur vorsätzlich begangene Verbrechen strafbar, soweit das Gesetz nicht ausdrücklich etwas anderes bestimmt. Mangels einer solchen Vorschrift ist der Versuch eines präterintentionalen oder fahrlässigen Verbrechens[7] nicht strafbar.

Der Vorsatz muss sich nach einhelliger Meinung auf die Vollendung des Delikts richten. Ein Vorsatz, der sich auf den Versuch als solchen bezieht, ist nicht ausreichend. Umstritten ist allerdings sowohl in der Literatur als auch in der Rechtsprechung, ob der Vorsatz beim versuchten Verbrechen identisch ist mit demjenigen, der beim vollendeten Delikt vorausgesetzt wird, was zur Folge hätte, dass als Vorsatzform für den Versuch auch *dolus eventualis* ausreichend wäre. Diese Auffassung wurde früher von der herrschenden Meinung vertreten. In der Praxis hat dabei sicherlich auch eine Rolle gespielt, dass der unbedingte Vorsatz oftmals schwer zu beweisen ist. Die heute in der Literatur – mit einzelnen abweichenden Entscheidungen der Rechtsprechung – wohl herrschende Meinung geht davon aus, dass der Versuch nur dann strafbar ist, wenn er mit Absicht (beziehungsweise direktem Vorsatz ersten Grades, *dolo intenzionale*) oder direktem Vorsatz (beziehungsweise direktem Vorsatz zweiten Grades, *dolo diretto non intenzionale*) begangen wird, nicht aber, wenn lediglich bedingter Vorsatz *(dolo eventuale)* vorliegt. Dies wird damit begründet, dass der bedingte Vorsatz nicht mit der Voraussetzung der Eindeutigkeit des Handelns zu vereinbaren ist.

Nach dem subjektiven Verständnis von der Eindeutigkeit ist hierin ein Beweis für den Willen des Täters zur Tatbestandsverwirklichung zu sehen. Folgt man dieser – heute allerdings überholten – Ansicht, muss man einen zielgerichteten Willen verlangen, weshalb *dolus eventualis* nicht ausreichen kann. Aber auch wenn man die Eindeutigkeit des Handelns objektiv versteht, kann nach dieser Auffassung der bedingte Vorsatz nicht ausreichen, da bereits im Begriff des Versuchs selbst eine Tendenz liegt, das heißt ein Verhalten in Richtung eines bestimmtes Ziels, und nicht bloß die Akzeptanz eines möglichen oder wahrscheinlichen Risikos. Auch unter rechtspolitischen Gesichtspunkten erscheint es gerechtfertigt, zur Begründung der Strafbarkeit das Fehlen der objektiven Vollendung der Tat beziehungsweise des Erfolgseintritts mit einem intensiveren Gewicht der subjektiven Voraussetzungen zu kompensieren. Einigkeit besteht indessen darüber, dass ein versuchtes Verbrechen bei Vorliegen eines alternativen Vorsatzes möglich ist.[8]

---

[7] Siehe dazu II.E.3. und 4.a.

[8] Zu den verschiedenen Vorsatzformen siehe II.E.2.b.

3. Einzelprobleme

Art. 49 c.p. (Irrtümliche Annahme und Unmöglichkeit der Begehung einer strafbaren Handlung)

Straflos ist, wer eine Tat, die keine strafbare Handlung ist, in der irrtümlichen Annahme begeht, dass sie strafbar sei.

Die Strafbarkeit ist auch dann ausgeschlossen, wenn infolge der Untauglichkeit der Handlung oder der Nicht-Existenz des Handlungsgegenstands der schädigende oder gefährliche Erfolg unmöglich ist.

Weist die Tat in den von den vorhergehenden Bestimmungen vorgesehenen Fällen die Tatbestandsmerkmale einer anderen strafbaren Handlung auf, so wird die für die wirklich begangene Tat angedrohte Strafe angewendet.

In dem in Absatz 2 bezeichneten Fall kann der Richter anordnen, dass der freigesprochene Angeklagte einer Sicherungsmaßnahme unterworfen wird.

a) Untauglicher Versuch

Im italienischen Strafrecht ist die unmögliche Straftat *(reato impossibile)*, zu der nach überwiegender Meinung der untaugliche Versuch zu rechnen ist, nach der ausdrücklichen Regelung des Art. 49 Abs. 2 c.p. straflos. Voraussetzung hierfür ist, dass der schädigende oder gefährliche Erfolg wegen Untauglichkeit der Handlung oder Fehlens des Tatobjekts unmöglich ist. Zu verstehen ist diese Regelung vor dem Hintergrund der nach italienischer Vorstellung zur Begründung einer Straftat notwendigen Rechtsgutverletzung *(principio di offensività)*.[9] Beim untauglichen Versuch ist ein schädigender oder gefährlicher Erfolg unmöglich, er muss dementsprechend straflos bleiben.

– Unmögliche Straftat wegen Untauglichkeit der Handlung

Nach der traditionellen Auffassung handelt es sich bei der unmöglichen Straftat wegen Untauglichkeit der Handlung um eine überflüssige Klarstellung dessen, was sich bereits aus den Voraussetzungen des Versuchs gemäß Art. 56 c.p. ergibt, nämlich, dass die Handlung zur Verwirklichung des Tatbestands geeignet sein muss. Andere schreiben Art. 49 Abs. 2 c.p. eine selbstständige Bedeutung zu, vor allem deshalb, weil er sich nicht nur auf Verbrechen, sondern allgemein auf alle Straftaten beziehe. Danach liegt eine unmögliche Straftat vor, wenn der Täter die Handlung vollständig vorgenommen hat, diese aber aufgrund ihrer Eigenschaft das geschützte Rechtsgut weder verletzt noch konkret gefährdet, während ein untauglicher Versuch dann anzunehmen ist, wenn nur einige unvollkommene und ungeeignete Handlungen vorgenommen worden sind. Diese Auffassung verlangt für die Strafbarkeit des Versuchs auch, dass eine reale und konkrete Rechtsgutsgefährdung vorliegt. Eine solche sei aber nicht gegeben, wenn eine abstrakt geeignete Tat

---

9 Siehe hierzu II.D.5.

zum Zeitpunkt der Handlung auf keinen Fall zu einer Vollendung führen könne, weil bestimmte Umstände die Tatbestandsverwirklichung unmöglich machten. Um das Vorliegen der realen Gefahr beurteilen zu können, reiche aber nicht die nach Art. 56 c.p. entscheidende Sicht des Täters aus, sondern zusätzlich müsse eine Feststellung (ebenfalls im Sinne einer nachträglichen Prognose) aus der Sicht des Rechtsgutsinhabers erfolgen. Damit seien nicht nur die Umstände zu berücksichtigen, die der Täter zum Zeitpunkt der Tat gekannt hat oder hätte kennen müssen, sondern auch alle übrigen, die zu dieser Zeit vorlagen (so begehe der Taschendieb, der in eine leere Tasche greife, nach Art. 56 c.p. einen strafbaren Versuch, den auch Art. 49 Abs. 2 c.p. nicht ausschließe, weil es sich nur um ein „zufälliges" Fehlen des Objekts, nicht aber um seine Nicht-Existenz handele).

– Unmögliche Straftat wegen Nicht-Existenz des Tatobjekts

Bezüglich der unmöglichen Straftat wegen Nicht-Existenz des Tatobjekts besteht hingegen weitgehend Einigkeit. Diese Frage soll entweder absolut *(in rerum natura)* oder durch eine *ex-ante*-Bewertung der Unwahrscheinlichkeit seiner Existenz schon vor Beginn der Handlung festgestellt werden. Auf diese Weise unterscheidet sich die Nicht-Existenz von der einfachen und vorübergehenden beziehungsweise zufälligen Abwesenheit des Tatobjekts.

Liegt eine solche „unmögliche Straftat" vor, so wird zwar das geschützte Rechtsgut nicht gefährdet, es kann aber ein Indiz für eine gewisse soziale Gefährlichkeit sein. In diesem Fall kann der Richter nach Art. 49 Abs. 4 c.p. die Sicherungsmaßnahme der Freiheit unter Aufsicht verhängen.

b) Wahndelikt

Ebenfalls straflos ist nach Art. 49 Abs. 1 c.p. das Wahndelikt *(reato putativo)*, das dogmatisch eigentlich zu den Irrtümern gehört.[10] Es liegt vor, wenn der Täter in der irrigen Annahme handelt, sein Verhalten sei strafbar, wobei die Grundlage dieser Annahme in einem Rechts- oder einem Tatsachenirrtum (beziehungsweise dem insofern gleichgestellten Irrtum über außerstrafrechtliche Normen) bestehen kann. Beim Wahndelikt aufgrund eines Rechtsirrtums ist der Täter der fälschlichen Ansicht, sein Verhalten sei durch ein Strafgesetz verboten. Bei den Tatsachenirrtümern sind mehrere Fallkonstellationen denkbar. So, wenn der Täter nicht weiß, dass in Wahrheit ein wesentliches Tatbestandsmerkmal fehlt, oder wenn tatsächlich ein Rechtfertigungsgrund vorliegt, dessen Vorhandensein der Täter aber nicht kennt, oder auch, wenn der Täter zu Unrecht meint, die für ein Sonderdelikt notwendige Eigenschaft zu besitzen. In allen diesen Fällen ist nach italienischem Recht, das stets die objektive effektive Gefährdung eines Rechtsguts verlangt, eine

---

10 Siehe dazu II.E.5.

Strafbarkeit nicht gegeben. Auch die Verhängung einer Sicherungsmaßnahme ist beim Wahndelikt nicht möglich, weil im Unterschied zur unmöglichen Straftat und gemäß der Gleichbehandlung des untauglichen Versuchs kein formell tatbestandsmäßiges Verhalten vorliegt, aufgrund dessen die Gefährlichkeit des Täters für die Allgemeinheit zur Verhängung einer Sicherungsmaßnahme führen kann.

c) Versuchte Tatbeteiligung / Beteiligung am Versuch

Art. 115 c.p. (Verabredung zur Begehung einer strafbaren Handlung)

Verabreden sich zwei oder mehr Personen zu dem Zweck, eine strafbare Handlung zu begehen, und wird diese nicht begangen, so ist keine von ihnen für die bloße Tatsache der Verabredung strafbar, sofern nicht das Gesetz etwas andere bestimmt.

Jedoch kann im Fall der Verabredung zur Begehung eines Verbrechens der Richter eine Sicherungsmaßnahme anwenden.

Die Bestimmungen werden auch im Fall der Aufforderung zur Begehung einer strafbaren Handlung angewendet, wenn auf die Aufforderung eingegangen, die strafbare Handlung jedoch nicht begangen worden ist.

Ist auf die Aufforderung nicht eingegangen worden und handelt es sich um die Aufforderung zu einem Verbrechen, so kann der Täter einer Sicherungsmaßnahme unterworfen werden.

Die versuchte Beteiligung ist nach Art. 115 c.p. ausdrücklich straflos. Der Richter kann aber bei Vorliegen einer sozialen Gefährlichkeit eine Sicherungsmaßnahme verhängen.[11]

Die strafbare Beteiligung am Versuch gemäß Art. 110 c.p. ist hingegen möglich, denn auch das versuchte Verbrechen stellt nach Art. 56 c.p. eine Straftat dar.

d) Sonstiges

Die Anwendbarkeit der Versuchsregelungen ist bei unechten Unterlassungsdelikten unstreitig, weil sie strukturell den Begehungsdelikten entsprechen. Beim echten Unterlassungsdelikt schließt die traditionelle Auffassung den Versuch aus, während die neuere Lehre den Versuch jedenfalls dann zulassen möchte, wenn der Täter Handlungen vorgenommen hat, die gerade darauf gerichtet waren, das von ihm geforderte Handeln unmöglich zu machen.[12]

Bei Übertretungen ist der Versuch hingegen ausgeschlossen, da Art. 56 c.p. gerade voraussetzt, dass die Handlungen auf die Begehung eines Verbrechens abzielen. Ebenfalls nicht denkbar ist der Versuch beim fahrlässigen und präterintentionalen Delikt, da hier der Wille zur Tatbestandsverwirklichung fehlt.

---

11 Siehe eingehend II.G.5.c.

12 Siehe im Einzelnen II.D.4.c.

Bei den Unternehmensdelikten *(reati di attentato)* ist der Tatbestand bereits verwirklicht, wenn Handlungen vorgenommen werden, die auf ein bestimmtes Ziel „gerichtet" und „geeignet" sind, dieses Ziel zu erreichen. Eine solche Vorverlagerung der Strafbarkeit findet sich in einzelnen Straftatbeständen des Besonderen Teils, die ein besonders hochrangiges Rechtsgut schützen (zum Beispiel Anschlag auf den Präsidenten der Republik, Art. 276 c.p.). Nachdem lange Zeit umstritten war, ob die Unternehmensdelikte strukturell mit dem Versuch gleichzusetzen sind, hat letztlich die Reform durch das L. 24 febbraio 2006, n. 85 das Merkmal der Geeignetheit ausdrücklich eingeführt (vergleiche beispielsweise Art. 241 c.p.). Insofern ist, wie auch bei anderen Verbrechen mit vorzeitiger Vollendung (beispielsweise Blutbad, Art. 422 c.p., oder Einsturz von Bauwerken, Art. 434 c.p.), ein Versuch nicht möglich.

Umstritten ist die Anwendbarkeit der Versuchsregelungen wiederum bei den Gefährdungsdelikten. Die wohl herrschende Meinung hält ein versuchtes Gefährdungsdelikt für möglich, wenn Handlungen vorgenommen werden, die darauf gerichtet sind, eine konkrete Gefahr herbeizuführen, die dann aber letztlich nicht entsteht. Andere halten den Versuch bei abstrakten Gefährdungsdelikten immer für denkbar und strafbar.

Bei den erfolgsqualifizierten Delikten *(reati aggravati dall'evento)* ist der Versuch in den Fällen denkbar, in denen die schwere Folge eintritt, obwohl das Grunddelikt nicht vollendet, sondern nur versucht worden ist (beispielsweise wenn eine schwangere Frau infolge einer versuchten Abtreibung stirbt).

Zugelassen wird die Versuchsstrafbarkeit ferner bei den Gewohnheitsdelikten *(reati abituali)*, bei den Dauerdelikten *(reati permanenti)* sowie bei bedingten *Delikten (reati condizionati)*, sofern die Bedingung nicht die vorherige Vollendung der Tat voraussetzt. In der Praxis wird ein strafbarer Versuch auch bei den schlichten Tätigkeitsdelikten *(reati di mera condotta* oder *reati di azione)* eher seltener vorkommen, wenn es um Delikte geht, die durch eine einzelne Handlung begangen werden (wie beispielsweise die Beleidigung), da hier mit der Vornahme der verbotenen Handlung die Tat bereits vollendet ist.

4. Strafzumessung

Der Versuch bringt eine obligatorische Strafmilderung mit sich. Ist für die vollendete Tat lebenslange Freiheitsstrafe vorgesehen, so wird der Versuch mit Gefängnisstrafe bis zu zwölf Jahren bestraft. Ansonsten wird die Strafe um ein bis zwei Drittel herabgesetzt. Es gibt allerdings nebengesetzliche Tatbestände, nach denen für die versuchte Tat dieselbe Strafe anzuwenden ist wie für die vollendete (so im Bereich des Schmuggels, Art. 293 D.P.R. 23 gennaio 1973, n. 43, und des

Verstoßes gegen die Mineralölsteuerpflicht, Art. 40 Abs. 3 D.Lgs. 26 ottobre 1995, n. 504), was verfassungsrechtliche Bedenken aufgeworfen hat.

Problematisch ist, wie das Verhältnis zwischen Versuch und erschwerenden oder mildernden Umständen zu qualifizieren ist. Hier ist zu unterscheiden zwischen dem erschwerten/gemilderten Versuch eines Verbrechens *(tentativo circostanziato di delitto)* und dem Versuch eines erschwerten/gemilderten Verbrechens *(tentativo di delitto circostanziato)*. Ersterer liegt vor, wenn die modifizierenden Umstände den Versuch betreffen und bereits im Zusammenhang mit der versuchten Tat erfüllt werden (zum Beispiel Verwandtschaftsverhältnisse, mildernde oder erschwerende Umstände, die die Beweggründe für die Tat betreffen). Hier ist von der Strafe für den Versuch des Grunddelikts auszugehen und an dieser eine Erhöhung oder Minderung vorzunehmen. Beim Versuch eines erschwerten oder gemilderten Verbrechens ist der erschwerende oder mildernde Umstand nicht verwirklicht, sondern ebenfalls nur versucht worden. Die Rechtsprechung und ein Teil der Lehre bestimmen in diesen Fällen die Strafe für das vollendete Delikt (einschließlich der Erschwerungen und Milderungen) und mindern dann diese Strafe wegen des Versuchs. Ein anderer Teil der Literatur ist demgegenüber der Auffassung, die Umstände müssten immer vollständig erfüllt sein, und hält in diesen Fällen den Versuch daher nicht für möglich. Danach würde es also beim Versuch des Grunddelikts verbleiben.

5. Rücktritt vom Versuch

a) Voraussetzungen

Die Voraussetzungen eines Rücktritts vom Versuch sind in Art. 56 Abs. 3 und 4 c.p. geregelt.[13] Zunächst ist erforderlich, dass die Tat nicht zur Vollendung gelangt ist und dass nicht ein fehlgeschlagener Versuch vorliegt. Wie dies festzustellen ist, ist im Einzelnen umstritten. Teilweise wird darauf abgestellt, ob die tatbestandsmäßige Handlung bereits verwirklicht ist. Andere sehen als Kriterium für den fehlgeschlagenen Versuch die Frage an, ob der Täter sich vorgestellt hat, die Tat nur in einem Akt zu begehen, dann wäre ein Rücktritt ausgeschlossen. Hier wird wiederum teilweise die Ansicht vertreten, dass es auch ausreichend sei, wenn nach der nicht erfolgreichen Handlung weitere Handlungen als ohne Weiteres möglich in Betracht gezogen wurden, was zu einer natürlichen Handlungseinheit führe.

Im Übrigen wird unterschieden zwischen dem Rücktritt (*desistenza volontaria*, wörtlich: willentliche Aufgabe) und der tätigen Reue (*pentimento operoso*, beziehungsweise aktiver Rücktritt, *recesso attivo*). Rücktritt ist gegeben, wenn der Täter, nachdem er bereits mit der Ausführung der Tat begonnen hat, seine kriminellen

[13] Siehe oben 2.a.

Handlungen aufgibt, also im Fall des unbeendeten Versuchs. Der Rücktritt hat einen negativen Charakter, weil er nur darin besteht, dass die geplante Tat nicht zu Ende gebracht wird. Lediglich im Fall eines Unterlassungsdelikts erfolgt der Rücktritt durch aktives Tun, nämlich dadurch, dass der Täter die Handlung, zu der er verpflichtet ist, wieder aufnimmt. Tätige Reue liegt demgegenüber vor, wenn der Täter aus seiner Sicht alles getan hat, um die Tat zur Vollendung zu bringen, dann aber den Erfolg verhindert. Sie betrifft also den beendeten Versuch und verlangt sowohl bei Begehungs- wie auch bei Unterlassungsdelikten ein aktives Tätigwerden und hat somit positiven Charakter. Entscheidender Ansatzpunkt für die Differenzierung ist eine *ex-post*-Betrachtung, die im Einzelfall zu schwierigen Abgrenzungsproblemen führen kann. In der Literatur wird eine Lösung vorgeschlagen, wonach Rücktritt anzunehmen ist, wenn die Handlung aufgegeben wird, solange der Handelnde das Geschehen direkt und unmittelbar dominiert. Bei der tätigen Reue liegt hingegen ein späteres Eingreifen vor, wenn diese Herrschaft nicht mehr besteht. Für den unbeendeten Versuch ist demnach entscheidend, dass Handlungen unterbrochen werden, die der Täter in einer zeitlichen Kontinuität kontrolliert, während beim unbeendeten Versuch die Diskontinuität beziehungsweise der Bruch der Ereignisse ausschlaggebend ist.

Beide Formen des Rücktritts müssen freiwillig erfolgen. Das heißt aber nicht, dass dies unbedingt aus eigenem Antrieb geschehen muss. Es ist also keine echte Reue im Sinne von moralischen Motiven erforderlich. Auch Angst, Abscheu, Bequemlichkeit, Berechnung oder sogar Aberglaube können den Täter zu seinem Verhalten veranlasst haben. Ebenso wenig ist Voraussetzung, dass er sein kriminelles Vorhaben endgültig aufgibt. Die Entscheidung des Handelnden darf aber nicht durch äußere Umstände bedingt sein, welche objektiv Nachteile oder Risiken mit sich bringen, die kein vernünftiger Mensch in Kauf nehmen würde (zum Beispiel wenn sich das Opfer energisch zur Wehr setzt oder Zeugen oder die Polizei auftauchen).

b) Wirkung des Rücktritts

Der Rücktritt hat nach Art. 56 Abs. 3 c.p. strafbefreiende Wirkung, wobei seine Rechtsnatur umstritten ist. Dabei reichen die Meinungen vom Erlöschensgrund über den Ausschluss der Tatbestandsmäßigkeit des Versuchs bis zum Strafaufhebungsgrund. Die Straffreiheit ist aber nicht bedingungslos. Erfüllen die bereits ausgeführten Handlungen den Tatbestand einer anderen Straftat, so bleibt die Strafbarkeit hierfür erhalten, da es keinen Grund gibt, jemanden wegen einer Tat nicht zu bestrafen, nur weil er eigentlich eine noch schwerere Tat begehen wollte. Der Täter hat dabei nur die Umstände darzulegen, die dem Rücktritt zugrunde liegen. Ansonsten gilt der Grundsatz *in dubio pro reo*.

Die tätige Reue stellt im italienischen Strafrecht demgegenüber nur einen besonderen mildernden Umstand dar, der zu einer Herabsetzung der Strafe um ein Drittel bis zur Hälfte der für den Versuch zu verhängenden Strafe führt (Art. 56 Abs. 4 c.p.). Diese Ungleichbehandlung von Rücktritt und tätiger Reue wird in der Literatur teilweise kritisiert. Eine Ausnahme hiervon statuiert aber Art. 5 L. 6 febbraio 1980, n. 15 für Taten, die zu terroristischen oder umstürzlerischen Zwecken begangen werden. Hier führt die freiwillige Verhinderung der Tat jedenfalls dann zur Straffreiheit, wenn der Täter darüber hinaus Beweise für die Rekonstruktion der Tat und die Identifizierung eventueller Mittäter liefert. Die tätige Reue im Sinne des Art. 56 Abs. 4 c.p. ist nicht zu verwechseln mit der tätigen Reue nach Vollendung der Tat *(ravvedimento post delictum)*. Verhindert oder mildert der Täter zu diesem Zeitpunkt die schädlichen oder gefährlichen Wirkungen der Tat, so stellt dies einerseits einen allgemeinen Strafmilderungsgrund dar (vergleiche Art. 62 Abs. 6 c.p.). Zum anderen bildet ein solches Verhalten auch einen speziellen Milderungsgrund für die Verbrechen der Entweichung (*evasione*, Art. 385 c.p.), der Geiselnahme (*sequestro di persona a scopo di estorsione*, Art. 630 c.p.) sowie für Terrorismus und Beseitigung der verfassungsmäßigen Ordnung (Art. 2 L. 18 febbraio 1987, n. 34). Strafbefreiend wirkt die tätige Reue nach Vollendung bei den Verbrechen Verschwörung (*cospirazione*, Art. 308 c.p.), Bewaffnete Bande (*banda armata*, Art. 309 c.p.), Fahrlässigkeit der Aufsichtsperson bei einer Gefangenenflucht (*colpa del custode*, Art. 387 c.p.) sowie bei einigen Aussage- (Art. 376 c.p.) und Fälschungsdelikten (Art. 463 c.p.).

Der Rechtsgrund für die Belohnung des Rücktritts ist nach einem Teil der Literatur kein dogmatischer, sondern ein kriminalpolitischer, nämlich das Interesse, eine „goldene Brücke" für den Täter zu bauen, um ihm einen Anreiz zu geben, dass er sein kriminelles Vorhaben aufgibt und die Verletzung des Rechtsguts nicht realisiert. Von anderer Seite wird hingegen auf die Gesichtspunkte der General- und Spezialprävention hingewiesen. Wer von der Tat zurücktrete, stelle weder ein gefährliches Beispiel für andere dar, noch habe er einen so starken kriminellen Willen, dass auf eine Strafe zurückgegriffen werden müsse.

Sind für die vollendete Tat Nebenstrafen vorgesehen, so werden diese auch für die versuchte Tat verhängt.

c) Besonderheiten bei Tatbeteiligung mehrerer

Sind mehrere an der Tatbegehung beteiligt, so kann der Rücktritt eines Beteiligten nur dann relevant sein, wenn er die Wirkungen seiner bereits vorgenommenen Handlungen vollständig beseitigt, sodass sie nicht mehr als kausal für den Erfolg anzusehen sind. Die anderen Beteiligten können hiervon nach herrschender Meinung jedoch nicht profitieren.[14] Tätige Reue ist auch möglich, wenn mehrere an der Tat beteiligt waren, sofern einer der Beteiligten die Vollendung der Tat, zu der

[14] Vergleiche Art. 119 c.p. und unten II.G.5.c.

er seinen Beitrag geleistet hat, verhindert. Dieser Strafmilderungsgrund gilt nach Art. 118 c.p. aber nur für den Beteiligten, bei dem er vorliegt.

6. Andere Formen strafbaren Verhaltens im Vorfeld der Tatvollendung

Andere Formen strafbaren Verhaltens gibt es im italienischen Recht lediglich in einigen wenigen Tatbeständen des Besonderen Teils. Dies sind beispielsweise die politische Verschwörung durch Verabredung (Art. 304 c.p.), die Aufforderung zu strafbaren Handlungen (Art. 414 c.p.) oder die Herstellung oder der Besitz von Geräten zur Fälschung von Geld oder Wertzeichen (Art. 461 c.p.). Diese Tatbestände sanktionieren ein Verhalten, das zwar für sich gesehen nur der Vorbereitung einer anderen schweren Tat dient, darüber hinaus aber bereits für sich gesehen einen kriminellen Zweck zum Ausdruck bringt.

Literaturhinweise

Antolisei, Francesco, Manuale di diritto penale. Parte generale (Lehrbuch des Strafrechts. Allgemeiner Teil.). 16. Aufl. Mailand 2003, S. 477–514.

Beltrani, Sergio, Il delitto tentato (Das versuchte Verbrechen). Padua 2003.

Cadoppi, Alberto/Veneziani, Paolo, Elementi di diritto penale. Parte generale (Grundbegriffe des Strafrechts. Allgemeiner Teil). 3. Aufl. Padua 2007, S. 395–411.

Canestrari, Stefano/Cornacchia, Luigi/De Simone, Giulio, Manuale di diritto penale. Parte generale (Lehrbuch des Strafrechts. Allgemeiner Teil). Bologna 2007, S. 667–686.

Crespi, Alberto/Forti, Gabrio/Zuccalà, Giuseppe (Hrsg.), Commentario breve al codice penale (Kurzkommentar zum Strafgesetzbuch) 5. Aufl. Padua 2008, Art. 49, 56.

Dolcini, Emilio/Marinucci, Giorgio, Codice penale commentato (Kommentiertes Strafgesetzbuch). 2. Aufl. Mailand 2006, Art. 49, 56.

Fiandaca, Giovanni/Musco, Enzo, Diritto penale. Parte generale (Strafrecht. Allgemeiner Teil). 5. Aufl. Bologna 2007, S. 451–482.

Gallo, Ettore, Il delitto di attento nella teoria generale del reato (Das Anschlagsdelikt in der Verbrechenslehre). Mailand 1966.

Giacona, Ignazio, Il concetto di idoneità nella struttura del delitto tentato (Der Begriff der Geeignetheit in der Struktur des versuchten Verbrechens). Turin 2000.

Latagliata, Angelo Raffaele, La desistenza volontaria (Der Rücktritt). Neapel 1964.

Licci, Giorgio, il tentativo (Der Versuch). In: Mauro Ronco (Hrsg.), Il reato. Cause di esclusione e di estinzione del reato e della pena. Forme di manifestazione e concorso di reati (Die Straftat. Gründe für den Ausschluss und das Erlöschen der Straftat und der Strafe. Erscheinungsformen und Mehrheit von Straften). Bologna 2007, S. 55–100.

Mantovani, Ferrando, Diritto penale. Parte generale (Strafrecht. Allgemeiner Teil). 5. Aufl. Padua 2007, S. 416–447.

Marinucci, Giorgio/Dolcini, Emilio, Manuale di diritto penale. Parte generale (Lehrbuch des Strafrechts. Allgemeiner Teil.). 2. Aufl. Mailand 2006, S. 334–352.

Neppi Modona, Guido, Poteri dello stato e sistema penale (Staatsgewalt und Strafrechtssystem). Turin 1978.

Padovani, Tullio, Diritto penale (Strafrecht). 7. Aufl. Mailand 2006, S. 265–280.

– (Hrsg.), Codice penale (Strafgesetzbuch). 4. Aufl. Mailand 2007, Art. 49, 56.

Pagliaro, Antonio, Principi di diritto penale (Prinzipien des Strafrechts. Allgemeiner Teil). Parte generale. 8. Aufl. Mailand 2003, S. 513–538.

– Il reato (Die Straftat). In: Carlo Federico Grosso/Tullio Padovani/Antonio Pagliaro (Hrsg.), Trattato di diritto penale, vol. I (Abhandlung des Strafrechts, Band I). Mailand 2007, S. 343–365.

Palazzo, Francesco, Corso di diritto penale. Parte generale (Lehrgang des Strafrechts. Allgemeiner Teil). 3. Aufl. Turin 2008, S. 475–489.

Petrocelli, Biagio, Il delitto tentato (Das versuchte Verbrechen). Padua 1955.

Pulitanò, Domenico, Diritto penale (Strafrecht). 2. Aufl. Turin 2007, S. 445–458.

Romano, Mario, Commentario sistematico del codice penale, vol. I (Art. 1–84) (Systematischer Kommentar des Strafgesetzbuchs, Band I). 3. Aufl. Mailand 2004, Art. 49, 56.

Rechtsprechung

Cass. 24. Januar 2003, Cass. pen. 2004, S. 128.

Cass. 21. Oktober 1999, Cass. pen. 2001, S. 850.

Cass. 3. September 1996, Cass. pen. 1997, S. 3432.

Cass. 27. Januar 1996, Cass. pen. 1997, S. 991.

Cass. 18. Januar 1995, Cass. pen. 1996, S. 2218.

Cass. 24. März 1992, Cass. pen. 1994, S. 313.

Cass. 27. November 1987, Riv. pen. 1989, S. 426.

Cass. 20. Januar 1987, Riv. pen. 1988, S. 1211.

Cass. sez. un. 8. Juli 1983, Cass. pen. 1984, S. 493.

Cass. 6. Juli 1982, Riv. pen. 1983, S. 631.

Cass. 20. Mai 1982, Riv. pen. 1983, S. 441.

Cass. 6. April 1982, Cass. pen. 1983, S. 1089.

Cass. 19. Juni 1976, Mass. dec. pen. 1976, m. 133.907.

Abkürzungsverzeichnis

Cass.	Corte di Cassazione (italienischer Kassationsgerichtshof)
Cass. pen.	Cassazione penale (Entscheidungssammlung)
Cass. sez. un.	Cassazione sezione unite (Vereinigte Senate des Kassationsgerichtshofs)
c.p.	Codice penale (italienisches Strafgesetzbuch)
D.Lgs.	Decreto legislativo (gesetzesvertretendes Dekret)
D.P.R.	Decreto del Presidente della Repubblica (Dekret des Präsidenten der Republik)
L.	Legge (Gesetz)
Mass. dec. pen.	Massimario delle decisioni penali (Entscheidungssammlung)
Riv. pen.	Rivista penale (Zeitschrift)

Misuk Son

Strafbares Verhalten im Vorfeld der Tatvollendung in Korea

1. Allgemeines

a) Überblick

Unter strafrechtlichem Unrecht versteht man in der Regel eine vollendete Straftat. Eine vorsätzliche Straftat durchläuft generell vier Stadien: Vorbereitung, Versuch, Vollendung und Beendigung. Solche Phasen sind nicht nur Ausdruck eines bloßen zeitlichen Ablaufs, sondern vielmehr auch als eine Einheit von Tathandlung und Taterfolg anzusehen. Jedes Stadium kann deswegen sowohl als eigene Deliktsform wie auch als Stufe des gesamten Delikts bestimmt werden. Der nicht geäußerte Wille ist nicht Gegenstand des Strafrechts *(cogitationis poenam nemo partitur)*. Im Folgenden werden Gestalt und Kennzeichnung jeder der genannten Deliktsstadien kurz dargelegt.

Die Vorbereitung (예비) ist subjektiv durch eine Tatneigung und objektiv durch bloße Tatplanung charakterisiert. Bei einer Vorbereitungshandlung liegt generell noch keine konkrete Rechtsgutsverletzung vor; sie reicht deswegen für die Feststellung des strafbaren Unrechts noch nicht aus. Vorbereitungshandlungen sind daher im Grundsatz straflos. Im geltenden koreanischen Strafgesetzbuch (형법, kStGB) und in strafrechtlichen Sondergesetzen sind jedoch ausnahmsweise Vorbereitungshandlungen unter Strafe gestellt.[1]

Der Versuch (미수) ist nach dem koreanischen Strafrecht eine Tat, zu der zwar unmittelbar angesetzt wurde, die aber nicht vollendet und deren Erfolg noch nicht eingetreten ist (§ 25 Abs. 1 kStGB). Die versuchte Tat stellt den Übergang von der Vorbereitungshandlung zur vollständigen Deliktsverwirklichung dar. Der Versuch gilt deshalb als eine Vorstufe zur Tatvollendung. Er ist nach koreanischem Strafrecht unter bestimmten Voraussetzungen strafbar. Die versuchte Tat wird im Vergleich zur vollendeten Tat mangels der vollständigen tatbestandsmäßigen Rechtsgutsverletzung als ein geringeres Unrecht angesehen. Sie kann daher im koreanischen Strafrecht milder bestraft werden als die vollendete Tat (§ 25 Abs. 2

---

[1] Näher hierzu unten 6.

kStGB).[2] Der Versuch bezieht sich terminologisch nicht auf eine fahrlässige Tat, sondern nur auf das vorsätzliche Erfolgsdelikt. Der fahrlässige Versuch existiert im koreanischen Recht nicht. Ferner bezieht sich die Versuchsstrafbarkeit nur auf bestimmte Tatbestände des Besonderen Teils. Das koreanische Strafrecht knüpft die Strafbarkeit des Versuchs nicht (wie etwa das deutsche StGB) an eine Unterscheidung von Verbrechen und Vergehen, sondern normiert sie im Einzelnen in den betreffenden Tatbeständen des Besonderen Teils des kStGB (§ 29). Solche ausdrücklichen Bestimmungen finden sich zum Beispiel in § 87 (Hochverrat), § 88 (Tötung zum Zweck des Hochverrats), §§ 92 ff. (Landesverratsdelikte), § 160 (Öffnen eines Grabes), § 164 (Brandstiftung an Wohngebäuden etc.), § 165 (Brandstiftung an öffentlichen Gebäuden), § 185 (Verkehrsbehinderung im Allgemeinen), § 257 (Körperverletzung), § 319 (Hausfriedensbruch), § 324 (Nötigung), § 329 (Diebstahl), § 347 (Betrug), § 366 (Sach- oder Urkundenbeschädigung) kStGB. Die allgemeine gesetzliche Regelung des Versuchsdelikts ist in §§ 25–29 kStGB geregelt.

Die Vollendung (기수) bedeutet das Verwirklichen aller objektiven und subjektiven Merkmale eines Tatbestands im Besonderen Teil des kStGB oder im Nebenstrafrecht. Diese sogenannte tatbestandlich formelle Vollendung ist von der tatsächlichen materiellen Beendigung (종료) der Tat zu unterscheiden. Es gibt Delikte, bei denen trotz ihrer Vollendung die vollständige Rechtsgutsverletzung noch nicht eingetreten ist. Diesen eigentlichen Abschluss bezeichnet man als Beendigung des Delikts.

Der Grund für die Differenzierung zwischen Vollendung und Beendigung liegt darin, dass in der Zwischenphase noch eine Teilnahme[3] möglich ist oder qualifizierende Merkmale (zum Beispiel die grausame Behandlung beim schweren widerrechtlichen Gefangenhalten, § 277 Abs. 1 Alt. 2 kStGB) verwirklicht werden können. Die Unterscheidung zwischen Vollendung und Beendigung ist ferner auch für Zustands- und Dauerdelikte von Bedeutung. Beim Zustandsdelikt (상태범) stellt die Vollendung der Tat zugleich deren Beendigung dar. Beim Dauerdelikt (계속범, zum Beispiel § 276 Abs. 1 kStGB Widerrechtliche Festnahme, § 319 kStGB Hausfriedensbruch) kann jedoch die Tat nach der Vollendung fortdauern. Außerdem beginnt der Zeitpunkt der Verfolgungsverjährung (공소시효 진행의 기산점) nach der koreanischen Strafprozessordnung nicht mit der Vollendung der Tat, sondern erst mit ihrer Beendigung (§ 252 Abs. 1 kStPO). Es wird jedoch auch kritisiert, dass die Annahme einer Beendigungsphase gegen das Gesetzlichkeitsprinzip (Art. 12 Abs. 1, Art. 13 Abs. 1 der koreanischen Verfassung und § 1 Abs. 1 kStGB) verstoße, da sie den Bereich strafbaren Verhaltens zu weit ausdehne.

---

[2] Siehe unten 2.a.

[3] Siehe dazu II.G.

b) Gründe der Strafbarkeit

Die Bestrafung der nicht vollendeten Tat ist, wie angedeutet, nur eine Vorverlagerung der Strafbarkeit. Diese Vorverlagerung bedarf einer Begründung. Die Strafbarkeit des Versuchs kann nur gerechtfertigt sein, wenn bereits in diesem Stadium der Tat das Vorliegen strafbaren Unrechts festzustellen ist. Zum Strafgrund des Versuchs werden in den koreanischen Lehrbüchern die folgenden drei herkömmlichen Meinungen in ähnlicher Weise wie in der deutschen Literatur dargestellt: Die objektive, die subjektive und die sogenannte gemischte Theorie.

Nach der objektiven Theorie (객관설) ist der Strafgrund des Versuchs in der konkreten objektiven Gefährdung des Rechtsguts zu sehen, da nur darin eine dem Recht widersprechende Handlung liegt. Danach stellt der untaugliche Versuch kein strafbares Unrecht dar, was jedoch der geltenden Regelung in § 27 kStGB nicht entspricht.[4]

Nach der subjektiven Theorie (주관설) dagegen liegt der Strafgrund des Versuchs in dem geäußerten rechtsfeindlichen Willen (법적대적 의사) beziehungsweise der verbrecherischen Gesinnung des Täters. Danach sind Versuch und Vollendung prinzipiell gleich zu bestrafen. Gegen diese Auffassung wird eingewendet, dass eine Bestrafung wegen Versuchs einem Gesinnungsstrafrecht (심정형법) nahekomme.

Die gegenwärtig in Korea herrschende Theorie zum Strafgrund des Versuchs ist die sogenannte gemischte Theorie (절충설). Sie verbindet beide oben beschriebenen Elemente, das objektive und das subjektive. Eine der bekanntesten Varianten dieser Theorie ist die sogenannte Eindruckstheorie (인상설). Diese stellt zur Strafbarkeit des Versuchs einerseits auf den manifestierten rechtsfeindlichen Willen des Täters (subjektives Element) und andererseits auf den rechtserschütternden Eindruck der Allgemeinheit (objektives Element) ab, wobei allerdings das subjektive Element stärker berücksichtigt wird.

In der materiellen Bestimmung des Unrechts sind stets die subjektiven und objektiven Elemente notwendigerweise unmittelbar verbunden. Das geltende koreanische StGB legt der Bestimmung über die Strafbarkeit des Versuchs die gemischte Theorie zugrunde, wobei im Vergleich zum deutschen StGB die objektive Seite mehr betont wird. Hierfür lassen sich folgende Beispiele anführen: Nach dem deutschen StGB ist der freiwillige Rücktritt vom Versuch straflos, während das koreanische StGB in diesem Fall nur eine obligatorische Milderung vorsieht.[5] Ferner wird für das Vorliegen eines strafbaren untauglichen Versuchs im kStGB nicht nur die Unmöglichkeit des Erfolgseintritts, sondern auch die Gefährlichkeit der Handlung vorausgesetzt, während das deutsche StGB die Unmöglichkeit des Erfolgseintritts genügen lässt.

---

4 Siehe unten 3.a.

5 Siehe unten 5.

2. Versuch

a) Definition

Der Versuch ist in den §§ 25–29 kStGB geregelt. Das koreanische StGB kennt drei Arten von Versuch: den eigentlichen Versuch oder den Versuch im engeren Sinne (§ 25 kStGB), den Rücktritt vom Versuch (§ 26 kStGB[6]) und den untauglichen Versuch (§ 27 kStGB[7]). Sie unterscheiden sich nicht nur in ihren Voraussetzungen, sondern werden auch in der Rechtsfolge unterschiedlich behandelt.[8] § 25 Abs. 1 kStGB enthält die Definition des Versuchs. Daraus kann man die für alle Versuchsformen gleich geltenden wesentlichen Merkmale herleiten: Vorsatz als subjektives Merkmal und unmittelbares Ansetzen zur Tatbestandsverwirklichung sowie Nichtvollendung der Tat als objektive Merkmale. § 25 Abs. 2 kStGB sieht eine fakultative Strafmilderung vor; das heißt, der Versuch ist kein obligatorischer Strafmilderungsgrund. In § 26 kStGB wird der Rücktritt des Einzeltäters geregelt. Das koreanische StGB enthält im Unterschied zum geltenden deutschen StGB keine besondere Regelung für den Rücktritt mehrerer Personen oder den Rücktritt des Mittäters oder Teilnehmers.[9] Nach § 27 kStGB ist der untaugliche Versuch, obwohl die Vollendung objektiv an sich ausgeschlossen ist, dann strafbar, wenn eine Gefahr entstanden ist.

Ferner nehmen §§ 28, 29 kStGB die nach dem Rechtsstaatsprinzip beziehungsweise dem *nulla-poena*-Grundsatz (Art. 12 Abs. 1, Art. 13 Abs. 1 der koreanischen Verfassung und § 1 Abs. 1 kStGB: Keine Strafe ohne Gesetz[10]) notwendige Ausdehnung der Strafbarkeit über die Delikte des Besonderen Teils des StGB hinaus vor. Der Gesetzestext lautet wie folgt:

§ 25 kStGB Versuch

(1) Eine Handlung, zu der zwar unmittelbar angesetzt wurde, die aber nicht vollendet und deren Erfolg noch nicht eingetreten ist, wird als Versuch bestraft.

(2) Der Versuch kann milder bestraft werden als die vollendete Tat.

§ 29 kStGB Strafbarkeit des Versuchs

Die Delikte, deren Versuch strafbar ist, sind im Besonderen Teil dieses Gesetzes besonders bestimmt.

---

6 Dazu siehe unten 5.

7 Dazu siehe unten 3.

8 Dazu siehe unten 4.

9 Näher hierzu unten 5.

10 Siehe dazu auch II.A.

b) Objektive Voraussetzungen der Versuchsstrafbarkeit

Zu Beginn der Prüfung eines Versuchs muss festgestellt werden, dass die vollständige Tatbestandsverwirklichung ausgeblieben ist und das Gesetz die Strafbarkeit des Versuchs vorsieht. Falls die Tat bereits vollendet beziehungsweise der Erfolg eingetreten ist, kommt ein Versuch nicht in Betracht. Die Prüfung der Voraussetzungen des Versuchs erfolgt üblicherweise so, dass zunächst die subjektive Tatseite festgestellt wird, denn sie muss im Gegensatz zur objektiven Tatseite vollständig vorliegen, und nur durch sie lässt sich der Sinn des Tatgeschehens erschließen.

Die objektive Voraussetzung des Versuchs ist das unmittelbare Ansetzen zur Tatbestandsverwirklichung (구성요건실현의 직접적 개시). Das in § 25 kStGB ausdrücklich formulierte unmittelbare Ansetzen zur Tat ist zugleich der formelle Abgrenzungsmaßstab zwischen dem strafbaren Versuch und der grundsätzlich straflosen Vorbereitungshandlung. Das unmittelbare Ansetzen zur Tat stellt den Anfang der Tatausführung beziehungsweise strafbaren Handlung dar. Aufgrund der im früheren deutschen StGB (vergleiche § 43 alte Fassung) verwendeten Formulierung wird bei der Übersetzung des koreanischen Textes ins Deutsche oft noch der Ausdruck des Anfangs der Tatausführung statt des unmittelbaren Ansetzens bevorzugt verwendet. Unmittelbares Ansetzen zur Tat ist jedoch der begrifflich viel präzisere Ausdruck und gibt den Sinn des koreanischen Gesetzestextes genauer wieder.

Umstritten ist dabei, wann genau ein solches unmittelbares Ansetzen zur Tat anzunehmen ist, denn das koreanische StGB enthält – im Unterschied zum geltenden deutschen StGB – keinen Anhaltspunkt für das unmittelbare Ansetzen. Es werden drei Theorien vertreten, nämlich die objektive, die subjektive und die sogenannte vermittelnde Theorie, die im Folgenden dargestellt werden:

Die objektive Theorie stellt auf die tatbestandsmäßige Ausführungshandlung ab. Die Anwendung eines anderen Maßstabs, wie zum Beispiel die Gefährlichkeit der Handlung oder der Grad des Täterwillens, verstieße hiernach gegen das Rechtsstaatsprinzip. Innerhalb der objektiven Theorie lassen sich wiederum die formell-objektive und die materiell-objektive Theorie unterscheiden.

Die ältere formell-objektive Theorie (형식적 객관설) setzt den Versuchsbeginn mit dem Beginn der tatbestandsmäßigen Handlung gleich. Kritik an dieser Auffassung wird jedoch dahingehend geäußert, dass auch ohne Vornahme der Tathandlung die Tatsituation derart vom Täter beherrscht werden kann, dass der Vollzug der Tathandlung selbst nur noch unselbstständig hinzutritt. Außerdem kann je nach Fallgestaltung auch bei Vornahme einer der Tatbestandsbeschreibung unterfallenden Handlung materiell noch kein Versuch vorliegen.

Die materiell-objektive Theorie (실질적 객관설) stellt dagegen für den Versuchsbeginn auf eine materielle Gefährdung der Rechtsgutsverletzung beziehungsweise Tatbestandsverwirklichung ab. Sie ergänzt beziehungsweise erweitert die formell-objektive Theorie, indem sie auch eng und unmittelbar mit der tatbestandsmäßigen Handlung verbundene Handlungen bereits als Tatbeginn wertet (sogenannte Frank'sche Formel). Gegen diese Auffassung wird allerdings eingewandt, dass sie den Zeitpunkt des Versuchsbeginns auf Vorbereitungshandlungen verlege und damit die vagen Begriffe der unmittelbaren Gefährdung oder der eng mit der tatbestandsmäßigen Handlung verbundenen Handlung willkürlich und beliebig mache. Manche Entscheidungen des koreanischen Obersten Gerichts nahmen dennoch diesen materiell-objektiven Standpunkt ein (vergleiche Daepan 8.9.1992, 92Do1650; 26.11.1999, 99Do2461).

Die subjektive Theorie stellt demgegenüber für den Versuchsbeginn allein auf die Vorstellung des Täters ab. Danach liegt ein Versuch vor, wenn das Vorhandensein der verbrecherischen Absicht durch die Ausführungshandlung der Tat deutlich wird oder wenn die verbrecherische Absicht zutage tritt. Kritik an der subjektiven Theorie wird dahingehend geübt, dass sie zu weit in das Vorbereitungsstadium hineinführe. Die koreanische Rechtsprechung basiert bei bestimmten Delikten zum Teil auf dieser Theorie. So wurde beispielsweise entschieden, dass der Versuch der Spionage (§ 98 kStGB) bereits dann beginne, wenn der Täter zur Verschaffung eines Staatsgeheimnisses für die feindliche Macht nach Südkorea einreiste (vergleiche Daepan 28.9.1961, 4294Hyongsang232; 16.12.1958, 4291Hyongsang462).

Die in der Lehre herrschende Theorie für den Versuchsbeginn ist die sogenannte vermittelnde Theorie, die aus subjektivem und objektivem Ansatz eine Synthese zu bilden versucht. Sie wird auch individuell-objektive oder subjektiv-objektive Theorie genannt, weil sie den Versuchsbeginn zwar im Wesentlichen auf eine unmittelbare Gefährdung des geschützten Handlungsobjekts stützt, aber bei der Beurteilung des Tatplans nicht nur objektive Maßstäbe zugrunde legt, sondern auch die individuelle Tätersicht mit berücksichtigt. Die vermittelnde Theorie rezipiert das deutsche Recht.

Die Maßstäbe beziehungsweise Voraussetzungen für die Annahme eines unmittelbaren Ansetzens zur Tat können nach dem vermittelnden individuell-objektiven Ansatz wie folgt zusammengefasst werden: Ein unmittelbares Ansetzen liegt dann vor, wenn die Tatbestandshandlung oder eine Teilverwirklichung des Tatbestands bereits begonnen hat. Weiterhin ist auch ein Versuch anzunehmen, wenn zwar noch keine Teilverwirklichung des Tatbestands vorliegt, aber die Handlung in unmittelbarer Nähe zur Verwirklichung des Tatbestands steht. Schließlich muss für die Annahme des unmittelbaren Ansetzens zur Tat der Täterplan miteinbezogen werden.

§ 25 Abs. 1 kStGB unterscheidet zwischen unbeendetem und beendetem Versuch. Ein unbeendeter Versuch liegt nach herrschender Meinung vor, wenn die begonnene Tatausführungshandlung nicht zu Ende geführt ist. Ein beendeter Versuch liegt dagegen vor, wenn zwar die Ausführungshandlung für die Tat beendet, aber der tatbestandsmäßige Erfolg noch nicht eingetreten ist. Diese Unterscheidung hat jedoch nur beim Rücktritt vom Versuch praktische Bedeutung.[11]

c) Subjektive Voraussetzungen der Versuchsstrafbarkeit

Der subjektive Tatbestand des Versuchs setzt – fast identisch wie beim vorsätzlichen vollendeten Delikt – den Vorsatz beziehungsweise alle subjektiven Unrechtsmerkmale, wie zum Beispiel die Zueignungsabsicht beim versuchten Diebstahl nach §§ 329, 342, 29 kStGB, voraus.[12] Der Vorsatz beim Versuch ist zugleich der Vollendungsvorsatz: Er muss auf die Vollendung der Tat gerichtet sein. *Dolus eventualis* ist nach herrschender Meinung insofern auch für den Versuch hinreichend, wenn er bei der vollendeten Tat ausreichend wäre. Weiterhin muss der Täter unbedingten Handlungswillen haben. Unbedingter Handlungswille liegt auch dann vor, wenn der Täter die Ausführung der Tat von objektiven Umständen abhängig macht. Ein Rücktrittsvorbehalt steht damit der Verwirklichung des Versuchstatbestands nicht entgegen.

3. Einzelprobleme

a) Untauglicher Versuch

Die wörtliche Gesetzesüberschrift des § 27 kStGB lautet „untaugliches Delikt" (불능범). Damit gemeint ist jedoch nach herrschender Meinung der untaugliche Versuch (불능미수). Die einschlägige Norm lautet:

§ 27 kStGB Untaugliches Delikt
Eine Handlung wird bestraft, obwohl die Vollendung des Delikts aufgrund eines Irrtums über die angewendeten Mittel oder die zu seiner Ausführung gewählten Gegenstände nicht möglich ist, sofern eine Gefahr entstanden ist; die Strafe kann jedoch gemildert oder es kann von Strafe abgesehen werden.

Nach dem geltenden koreanischen Recht ist der sogenannte untaugliche Versuch nur strafbar, sofern eine Gefahr für das Rechtsgut entstanden ist, obwohl die Vollendung des Delikts aufgrund eines Irrtums über die angewendeten Mittel oder die zu seiner Ausführung gewählten Gegenstände nicht möglich ist (§ 27 Satz 1 kStGB). Der im Gesetz genannte Grund für die Untauglichkeit liegt im gewählten Mittel oder Objekt.[13] Im Falle der Untauglichkeit des Subjekts ist nach herrschender Meinung aufgrund des Gesetzlichkeitsprinzips und nach der Auslegung des § 27 kStGB eine

---

[11] Näher dazu unten 5.

[12] Siehe dazu II.E.1.

[13] Zur Abgrenzung zum Wahndelikt siehe unten b.

grundsätzliche Einschränkung der Strafbarkeit des untauglichen Versuchs anzunehmen.

Die Voraussetzungen des strafbaren untauglichen Versuchs nach § 27 kStGB sind zum einen die völlige objektive Unmöglichkeit des Erfolgseintritts aufgrund eines Irrtums über die Mittel oder die Gegenstände und zum anderen die Gefährlichkeit der Handlung. Das einzige im Gesetz ausdrücklich genannte Kriterium für die Abgrenzung des strafbaren vom straflosen untauglichen Versuch ist dabei die Gefährlichkeit der Handlung. Die Frage nach der Gefährlichkeit der Handlung ist somit die Kernfrage des untauglichen Versuchs. Außerdem muss zur Tat unmittelbar angesetzt worden sein.[14] Der Täter muss ferner vorsätzlich gehandelt haben.[15] Im Folgenden werden die beiden erstgenannten Voraussetzungen des untauglichen Versuchs, nämlich die Unmöglichkeit des Erfolgseintritts und die Gefährlichkeit der Handlung, näher dargelegt.

Eine Grundvoraussetzung für die Annahme eines strafbaren untauglichen Versuchs ist zunächst, dass die Vollendung der Tat aufgrund eines Irrtums über die angewendeten Mittel oder die zu seiner Ausführung gewählten Gegenstände (Objekte) von vornherein ausgeschlossen ist. Beim untauglichen Versuch nimmt der Täter zu seinen Ungunsten einen Sachverhalt an, der nur subjektiv, jedoch nicht tatsächlich einen erfolgsmöglichen Ansatz zur Tatbestandsverwirklichung darstellt (Irrtum über ein objektives Tatbestandsmerkmal oder umgekehrter Tatbestandsirrtum). Ein Versuch mit untauglichen Mitteln liegt dann vor, wenn der Täter in der Situationsbeurteilung entscheidende Umstände allgemeingültiger Erfahrungssätze verkennt. Beispiele dafür sind der Abtreibungsversuch mit Sojasoße oder die Vergiftung mit einem vermeintlich tödlichen Mittel, das jedoch nicht einmal zur Gesundheitsschädigung geeignet ist. Ein Versuch am untauglichen Objekt liegt dagegen vor, wenn der Täter überhaupt unzutreffende Erfahrungssätze annimmt. Beispiele hierfür sind der Tötungsversuch an einer Leiche oder die Wegnahme der eigenen Sache.

Die weitere Voraussetzung für den strafbaren untauglichen Versuch ist, wie erwähnt, die Gefährlichkeit der Versuchshandlung. Der Begriff der Gefährlichkeit ist ein normativer. Er enthält ein Urteil darüber, ob bei Begehung der Versuchshandlung *(ex ante)* der Eintritt der Vollendung überwiegend wahrscheinlich ist, wobei die erst nachträglich festgestellte Untauglichkeit des Mittels oder Objekts ohne Bedeutung ist.

Nach einem älteren Urteil bildet die absolute Untauglichkeit das maßgebliche Kriterium für die Abgrenzung von strafbarem und straflosem untauglichen Versuch (vergleiche die sogenannte ältere objektive Theorie; vergleiche auch Daepan 22.4.1966, 66Do152). Ein Teil der Literatur interpretiert diese in der Rechtspre-

---

14 Dazu siehe oben 2.b.

15 Dazu siehe oben 2.c.

chung erwähnte „absolute Untauglichkeit“ des Versuchs dahingehend, dass der Versuch untauglich und ungefährlich sei.

Nach einer weiteren Rechtsprechung sind bei der Beurteilung der Gefährlichkeit folgende zwei Elemente zu berücksichtigen: Zum einen sind die dem Täter zur Tatzeit bekannten Tatsachen miteinzubeziehen. Zum anderen ist der Entscheidung, ob die betreffende Versuchshandlung im konkreten Fall objektiv gefährlich ist, das Urteil eines objektiven sachkundigen Dritten zugrunde zu legen.

In der Lehre ist umstritten, nach welchen Kriterien die Gefährlichkeit der Versuchshandlung zu beurteilen ist. Die subjektive Theorie, die den Strafgrund des Versuchs allein im geäußerten rechtsfeindlichen Willen des Täters sieht und die objektive Gefährlichkeit außer Acht lässt, entspricht nicht dem geltenden Recht.

Die ältere objektive Theorie, die die Gefährlichkeit ohne Rücksicht des Täterwillens bloß nach objektiven Maßstäben zu beurteilen versucht, findet ebenso kaum Anhänger, da es in der Praxis nicht möglich ist, eine allgemeine Unterscheidung zwischen absolutem und relativem untauglichem Versuch zu treffen.

Ein Teil der Literatur, zugleich die frühere herrschende Meinung, sieht die Gefährlichkeit der Versuchshandlung in der im Versuch enthaltenen abstrakten Gefährdung der Rechtsordnung beziehungsweise im rechtserschütternden Eindruck des Täterverhaltens. Nach dieser abstrakten Gefährlichkeitstheorie liegt ein untauglicher Versuch dann vor, wenn der Erfolg aus Sicht der Allgemeinheit auf der Grundlage der Tätervorstellung eingetreten wäre. Ein Teil der Rechtsprechung folgt dieser Theorie (vergleiche Daepan 28.3.1978, 77Do4049). Gegen diese Auffassung wird allerdings eingewendet, dass es danach für die abstrakte Gefahr nicht auf die Gefährdung eines konkreten Rechtsguts, sondern auf die Gefährdung der rechtlich geschützten Ordnung durch die Betätigung des Täterwillens ankomme.

Die gegenwärtig herrschende Lehre sieht die Gefährlichkeit der Versuchshandlung in der konkreten Gefährlichkeit. Entscheidend sei danach, ob der objektiv und sachkundig urteilende Dritte, der sich in die Lage des Täters zur Zeit der Tathandlung zurückversetzt und unter Berücksichtigung aller sowohl generell zur Zeit der Tat erkennbarer als auch nur dem Täter bekannter Tatumstände den Erfolgseintritt für möglich hält.

Eine weitere Theorie, die sogenannte Eindruckstheorie, stellt für den Strafgrund des Versuchs einerseits auf den manifestierten rechtsfeindlichen Willen des Täters und andererseits auf den rechtserschütternden Eindruck der Allgemeinheit ab. Nach herrschender Meinung entspricht sie aber aufgrund des unterschiedlichen Wortlauts beziehungsweise der unterschiedlichen Voraussetzungen nicht der Regelung des untauglichen Versuchs in § 27 kStGB.

Die Strafe für den Tatbestand des untauglichen Versuchs kann gemildert oder es kann von Strafe abgesehen werden (§ 27 Satz 2 kStGB).[16]

b) Wahndelikt

Das Wahndelikt (환각범) ist dadurch gekennzeichnet, dass der Handelnde gegen eine nur in seiner Vorstellung existierende Norm verstößt (Irrtum über das Verbotensein der Tat oder umgekehrter Verbotsirrtum; 반전된 금지착오). Beim Wahndelikt irrt sich der Handelnde anders als beim untauglichen Versuch zu seinen Ungunsten über die strafrechtliche Bewertung seines Verhaltens. Das Wahndelikt ist aufgrund der mangelnden strafrechtlichen Unrechtsqualität im Gegensatz zum untauglichen Versuch straflos.

Nicht strafbar ist auch der sogenannte irreale oder abergläubische Versuch (미신범). Beim abergläubischen Versuch handelt es sich um eine Handlungskonstruktion, die über die menschliche Einwirkung hinausgeht. Beispiele dafür sind Totbeten oder Verwünschen.

c) Versuchte Tatbeteiligung/Beteiligung am Versuch

Die bereits oben dargelegte vermittelnde individuell-objektive Theorie[17] zum unmittelbaren Ansetzen zur Tat ist zwar auf alle vorkommenden Fälle anwendbar; in manchen Fallkonstellationen – wie zum Beispiel bei der Tatbeteiligung mehrerer – bedarf sie jedoch weiterer Konkretisierung.

Im Fall der Mittäterschaft ist ein unmittelbares Ansetzen zur Tatbestandsverwirklichung nach herrschender Meinung für alle Mittäter dann zu bejahen, wenn einer von ihnen dem gemeinsamen Tatplan entsprechend in das Ausführungsstadium eintritt (sogenannte Gesamtlösung).

Bei mittelbarer Täterschaft beginnt nach herrschender Meinung der Versuch bereits mit der Einwirkungshandlung des Hintermanns (sogenannte Einzellösung). Demgegenüber nimmt eine Mindermeinung den Versuch unter Anwendung der individuell-objektiven Theorie erst dann an, wenn der Tatmittler die Tatausführungshandlung beginnt (sogenannte Gesamtlösung). Eine andere Meinung differenziert zwischen dem gutgläubigen und dem bösgläubigen Werkzeug. Im Fall des gutgläubigen Werkzeugs beginne der Versuch bereits mit der Einwirkung des Hintermanns, da diese Situation so behandelt werden müsse, als würde eine mechanische Ursachenkette in Gang gesetzt. Beim bösgläubigen Werkzeug beginne der Versuch demgegenüber erst mit der Tatausführungshandlung des Werkzeugs.

---

16 Näher dazu unten 4.

17 Siehe oben 2.

d) Sonderfälle

Der Versuch eines Unterlassungsdelikts ist möglich. Umstritten ist aber vor allem, wann das unmittelbare Ansetzen zur Tat beim Unterlassungsdelikt anzunehmen ist. Nach der am weitesten gehenden Meinung beginnt der Versuch mit der unterlassenen Nutzung der ersten Eingriffsmöglichkeit. Nach einer anderen Meinung ist der Versuchsbeginn erst dann gegeben, wenn die letzte mögliche Handlung zur Erfolgsabwendung nicht vorgenommen wird. Nach herrschender Meinung beginnt der Versuch der Unterlassung hingegen, wenn das in Frage stehende Unterlassen die unmittelbare Gefahr für das geschützte Rechtsgut vergrößert.

Bei schlichten Tätigkeitsdelikten (단순 거동범) kommt ein Versuch dann in Frage, wenn man die Tatbestandshandlung selbst als Verwirklichung des Tatbestands ansieht und das Ansetzen zu ihrer Vornahme als Versuch betrachtet. Stellt man für den Versuch aber auf die Gefährdung eines Rechtsguts ab, so wird dafür meist erforderlich sein, dass die Tatbestandshandlung vollständig vollzogen wurde.

In Bezug auf die erfolgsqualifizierten Delikte (결과적 가중범) kannte das koreanische StGB bis zum Jahr 1994 keine gesetzliche Regelung zur Versuchsstrafbarkeit. Durch das „Sondergesetz gegen sexuelle Gewalt" (성폭력특별법) von 1994 und die Strafgesetzänderung im Jahr 1995 ist jedoch der Versuch der folgenden erfolgsqualifizierten Delikte unter Strafe gestellt worden: § 324-3 (Körperverletzung einer Geisel, fahrlässige Körperverletzung einer Geisel), § 324-4 (Tötung, fahrlässige Tötung der Geisel), § 337 (Raub mit Körperverletzung, Raub mit fahrlässiger Körperverletzung), § 338 (Raub mit Todesfolge, Raub mit fahrlässiger Todesfolge) in Verbindung mit §§ 324-5, 342 (Strafbarkeit der betreffenden Delikte) kStGB und § 7 kStGB (Vergewaltigung von Verwandten) in Verbindung mit § 12 kStGB (Strafbarkeit des Versuchs im Fall der Körperverletzung und fahrlässigen Tötung).

Trotz der gesetzlichen Regelung ist umstritten, ob überhaupt ein Versuch derartiger erfolgsqualifizierter Delikte möglich ist. Nach herrschender Meinung kann weder ein echtes noch ein unechtes erfolgsqualifiziertes Delikt versucht werden, da es einen fahrlässigen Versuch nicht geben kann. Daher gilt nach herrschender Meinung die Versuchsstrafbarkeit in §§ 324-5, 342 kStGB nur in Verbindung mit den vorsätzlich begangenen erfolgsqualifizierten Delikten, also der Körperverletzung an einer Geisel, der Tötung der Geisel und dem Raub mit Körperverletzung, nicht jedoch für den Versuch der fahrlässigen Körperverletzung einer Geisel, der fahrlässigen Tötung der Geisel, dem Raub mit fahrlässiger Körperverletzung und dem Raub mit fahrlässiger Todesfolge.

Bei Distanzdelikten (격리범), bei denen eine größere, meist zeitliche und räumliche Distanz zwischen Täterhandlung und Tatbestandsverwirklichung liegt, ist nach der überwiegenden Meinung ein unmittelbares Ansetzen zur Tat mit der Ausführungshandlung des Täters anzunehmen.

Bei der vorsätzlichen *actio libera in causa* nahm die früher herrschende Meinung bereits mit der Herbeiführung der Handlungs- beziehungsweise Schuldunfähigkeit einen Versuch an, aber nach der gegenwärtig herrschenden Meinung beginnt der Versuch erst mit dem Ansetzen zur Ausführung der tatbestandsmäßigen Handlung.

4. Strafzumessung

Der Versuch ist nur bei denjenigen Delikten strafbar, deren Versuchsstrafbarkeit im Besonderen Teil des koreanischen StGB besonders bestimmt ist (§ 29). Der Versuch kann milder bestraft werden als die vollendete Tat (§ 25 Abs. 2 kStGB), das heißt, der Versuch ist kein obligatorischer Strafmilderungsgrund. Der Richter kann gegebenenfalls beim Versuch die gleiche Strafe wie beim vollendeten Delikt verhängen. Die fakultative Milderung der Versuchsstrafe in § 25 Abs. 2 kStGB ist eine Kompromissregelung der objektiven und subjektiven Theorie beziehungsweise zwischen Täter- und Tatbezogenheit. Der gemilderte Strafrahmen ergibt sich aus § 55 kStGB.

§ 55 kStGB Gesetzliche Strafmilderung

(1) Die gesetzlichen Strafmilderungen sind folgende:

1. Ist die Todesstrafe zu mildern, so wird die Strafe auf Zuchthaus oder Einschließung entweder lebenslang oder nicht unter zehn Jahren herabgesetzt;
2. sind Strafen von lebenslangem Zuchthaus oder lebenslanger Einschließung zu mildern, so werden sie auf zeitiges Zuchthaus oder zeitige Einschließung nicht unter sieben Jahren herabgesetzt;
3. sind Strafen von zeitigem Zuchthaus oder zeitiger Einschließung zu mildern, so werden sie um die Hälfte der Strafdauer herabgesetzt;
4. ist Einzug von Rechtsfähigkeiten zu mildern, so wird auf Einstellung von Rechtsfähigkeiten für nicht unter sieben Jahre erkannt;
5. ist Einstellung von Rechtsfähigkeiten zu mildern, so wird sie um die Hälfte ihrer Dauer gekürzt;
6. ist eine Geldstrafe zu mildern, so wird sie um die Hälfte ihres Höchstbetrages herabgesetzt;
7. ist Strafhaft zu mildern, so wird sie um die Hälfte ihrer Höchstdauer herabgesetzt;
8. ist eine mindere Geldstrafe zu mildern, so wird sie um die Hälfte ihres Höchstbetrages herabgesetzt.

(2) Sind mehrere gesetzliche Milderungsgründe vorhanden, so kann die Milderung mehrfach angewendet werden.

Die Strafe für den untauglichen Versuch kann gemildert oder es kann von Strafe abgesehen werden (§ 27 Satz 2 kStGB). Damit ist die Strafdrohung hier milder als beim tauglichen Versuch (§ 25 Abs. 2 kStGB), aber schwerer als beim freiwilligen Rücktritt vom Versuch (§ 26 kStGB).

Beim freiwilligen Rücktritt vom Versuch wird die Strafe gemildert oder es wird von Strafe abgesehen (§ 26 kStGB).[18] Im Unterschied zum deutschen Recht ist der freiwillige Rücktritt vom Versuch im koreanischen StGB kein Strafaufhebungsgrund, sondern ein Grund für die obligatorische Strafmilderung oder das Absehen von Strafe.[19] Die Unterscheidung zwischen unbeendetem und beendetem Versuch spielt jedoch für die Strafe beim Rücktritt vom Versuch keine Rolle.[20] Die Gründe oder Umstände des Rücktritts vom Versuch können bei der Strafzumessung berücksichtigt werden (§ 51 kStGB).

5. Rücktritt vom Versuch

a) Voraussetzungen

Das koreanische Strafgesetzbuch regelt den Rücktritt vom Versuch wie folgt:

§ 26 kStGB Rücktritt [vom Versuch]
Hat der Täter freiwillig die unmittelbar angesetzte Handlung aufgegeben oder die Vollendung verhindert, so wird die Strafe gemildert oder ist von Strafe abzusehen.

Der Rücktritt vom Versuch im koreanischen StGB ist nach überwiegender Meinung eine grundsätzlich strafbare eigenständige Versuchsform, bei der sich der Versuch mit dem Rücktrittsverhalten des Täters zu einer eigenständigen Einheit verbindet. Voraussetzungen für den strafmildernden oder strafbefreienden Rücktritt vom Versuch sind die freiwillige Aufgabe der weiteren Ausführung der Tat oder die freiwillige Verhinderung des Erfolgseintritts.

Das entscheidende subjektive Element des Rücktritts ist somit die Freiwilligkeit (자의성). Sie ist zugleich der Abgrenzungsmaßstab zwischen dem fehlgeschlagenen Versuch (§ 25 kStGB) und dem Rücktritt vom Versuch (§ 26 kStGB). Nach einer Ansicht ist die Freiwilligkeit beim Rücktritt im koreanischen StGB nicht so eng wie nach deutschem StGB auszulegen, da der Rücktritt im koreanischen Recht kein Strafaufhebungsgrund, sondern ein Grund für die obligatorische Strafmilderung oder das Absehen von Strafe ist. Freiwilligkeit liegt nach herrschender Lehre und Rechtsprechung vor, wenn der Handelnde unter Berücksichtigung der äußeren objektiven Umstände und der inneren Motive zur Tatzeit aus autonomen Gründen die Tat aufgegeben oder die Vollendung verhindert hat (sogenannte subjektiv-objektiv vermittelnde Theorie). Unfreiwilligkeit liegt demgegenüber vor, wenn die Nichtvollendung der Tat sich aus heteronomen (fremdgesetzten) Motiven ergibt. Das konkrete Kriterium für die Freiwilligkeit ist nach der herrschenden vermitteln-

---

18 Näher zum Rücktritt vom Versuch unten 5.

19 Zur Begründung der Strafe beim Rücktritt vom Versuch siehe unten 5.

20 Siehe dazu unten 5.

den Theorie daher das autonome (selbstgesetzte) Motiv. Freiwilligkeit liegt danach in der Regel vor, wenn aus Reue, Gewissensbissen, Angst vor Strafe, Scham, Mitleid oder auf Appell des Opfers gehandelt wird.

Die objektiven Voraussetzungen des Rücktritts vom Versuch sind entweder das Aufgeben der weiteren Tatausführung oder die Verhinderung der Tatvollendung. Die Erstere gilt als Voraussetzung für den unbeendeten Versuch (착수미수 또는 미종료미수), die Letztere für den beendeten Versuch (실행미수 또는 종료미수). Im Fall des unbeendeten Versuchs genügt das freiwillige bloße Aufgeben der weiteren Tatausführung. Im Fall des beendeten Versuchs muss der Täter freiwillig den Erfolgseintritt verhindern. Wann ein unbeendeter oder ein beendeter Versuch vorliegt, hängt von der Ausführungshandlung der Tat ab und spielt eine entscheidende Rolle für den Rücktritt. Da das geltende koreanische StGB – im Unterschied zum deutschen Strafrecht – insoweit keine konkrete Bestimmung enthält, lässt sich der Beurteilungsmaßstab für den unbeendeten beziehungsweise beendeten Versuch nicht unmittelbar aus dem Gesetzeswortlaut ableiten. Im Folgenden werden daher zunächst drei Theorien vorgestellt, die Abgrenzungskriterien für die Unterscheidung von unbeendetem und beendetem Versuch entwickeln, anschließend werden die jeweiligen objektiven Voraussetzungen im Detail behandelt.

Die subjektive Theorie stellt hinsichtlich der Abgrenzung zwischen unbeendetem und beendetem Versuch auf den Täterwillen ab. Danach geht der Täter beim unbeendeten Versuch in seiner Vorstellung davon aus, dass er für den Erfolgseintritt noch nicht alles getan hat. Beim beendeten Versuch hingegen stellt er sich vor, für den Erfolgseintritt bereits alles getan zu haben. Kritik an der subjektiven Theorie wird dahingehend geübt, dass sie übersehe, dass zwischen dem Zeitpunkt des unmittelbaren Ansetzens und der Aufgabe der Tat der Täterwille beziehungsweise der Tatplan geändert werden könne.

Die objektive Theorie stützt sich dagegen nur auf die objektiven Elemente der Handlung. Danach ist der Versuch beendet, wenn durch die Handlung unabhängig vom Willen des Täters eine objektive Möglichkeit für den Erfolgseintritt geschaffen wurde. Gegen die objektive Theorie wird jedoch eingewandt, dass wegen des bei ihr fehlenden subjektiven Elements die obligatorische Milderung nicht begründet werden kann.

Die in der Lehre herrschende Theorie für die Abgrenzung zwischen unbeendetem und beendetem Versuch ist die vermittelnde Theorie. Sie berücksichtigt sowohl die subjektiven als auch die objektiven Elemente. Danach ist der Versuch beendet, wenn unter Berücksichtigung des Täterwillens und der objektiven Umstände zur Tatzeit die für den Erfolgseintritt notwendige Handlung abgeschlossen wurde. Wenn die bereits ausgeführte Handlung mit der Handlung, die für die Erfolgsherbeiführung noch vorgenommen werden muss, eine Einheit bildet, liegt ein unbeendeter Versuch vor. Falls sie eine andere Handlung darstellt, ist ein beendeter Versuch anzunehmen. Kritik an dieser Auffassung wird dahingehend geäußert, dass das Abgrenzungskriterium zwischen unbeendetem und beendetem Versuch von dem Delikt abhängig gemacht werde, was jedoch nicht korrekt sei.

Die objektiven Voraussetzungen des Rücktritts vom unbeendeten Versuch sind zunächst das Aufgeben der weiteren Tatausführung und ferner das Ausbleiben des Erfolgs. Der Täter muss seinen Tatplan aufgeben. Ein endgültiges Aufgeben der Tat ist aber nach der überwiegenden Meinung nicht erforderlich, da der Rücktritt im koreanischen StGB im Unterschied zum deutschen Recht kein Strafaufhebungsgrund, sondern, wie erwähnt, ein Grund für die obligatorische Strafmilderung oder das Absehen von Strafe ist. Das Aufgeben der Tat ist daher weniger eng als im deutschen Recht auszulegen. Als weitere Voraussetzung muss der Erfolg ausgeblieben sein. Wenn der Erfolg trotz Aufgabe der weiteren Tatausführung des Täters eingetreten ist, kommt ein Rücktritt vom Versuch nicht in Betracht, da dann eine vollendete Tat vorliegt.

Die objektiven Voraussetzungen des Rücktritts vom beendeten Versuch sind zum einen die Verhinderung des Erfolgseintritts und zum anderen das Ausbleiben des Erfolgs. Nach herrschender Meinung erfordert das Verhindern des Erfolgseintritts eine aktive Tätigkeit, rein passives Unterlassen reicht daher nicht aus. Der Erfolgseintritt muss effektiv verhindert werden. Wenn der Erfolg trotz der aktiven Tätigkeit eingetreten ist, scheidet ein Rücktritt aus, und der Täter ist für die vollendete Tat verantwortlich.[21] In diesem Fall kann jedoch die aktive Bemühung des Täters bei der Strafzumessung berücksichtigt werden. Zwischen der Verhinderung des Erfolgseintritts und dem Ausbleiben des Erfolgs muss ferner ein Kausalzusammenhang bestehen.

In Bezug auf den Rücktritt vom untauglichen Versuch kennt das koreanische im Unterschied zum deutschen StGB keine ausdrückliche Regelung. Nach einer Auffassung ist im Fall des Rücktritts vom untauglichen Versuch wegen der fehlenden ausdrücklichen Bestimmung nicht § 26 (Rücktritt vom Versuch), sondern § 27 (untauglicher Versuch) kStGB anzuwenden, denn der Erfolgseintritt sei von Anfang an ausgeschlossen und die Ursächlichkeit der Rücktrittsbemühung fehle. Das bedeutet, dass die Rücktrittsbemühung nur bei der Strafzumessung berücksichtigt werden könnte.

Demgegenüber nimmt die herrschende Lehre die Figur des freiwilligen Rücktritts vom untauglichen Versuch an. Danach greift die allgemeine Regelung des Rücktritts vom Versuch ein, wenn der Erfolgseintritt zwar durch die Untauglichkeit verhindert wird, der Täter sich aber ernsthaft darum bemüht, den Erfolg abzuwenden. In diesem Fall sei auch ein freiwilliger Rücktritt aus kriminalpolitischen Erwägungen anzunehmen, falls der Täter die völlige Ausgeschlossenheit des Erfolgs nicht erkannt habe.

---

21 Siehe oben.

b) Wirkung

§ 26 kStGB gewährt dem freiwillig vom Versuch zurückgetretenen Täter die zwingende Strafmilderung oder das Absehen von Strafe wegen Versuchs. Ob beim Rücktritt vom Versuch die Strafe gemildert oder von einer Strafe abgesehen wird, steht im Ermessen des Richters. Zwischen unbeendetem und beendetem Versuch gibt es keinen Unterschied hinsichtlich der Strafe. Motive und Inhalte des Rücktritts sowie die Höhe des durch die Versuchshandlung verursachten Schadens können bei der Strafzumessung berücksichtigt werden.

Zur Begründung des Rücktrittsprivilegs gibt es zahlreiche Theorien. Ein Teil der Literatur sieht den Grund dafür in Anlehnung an das deutsche Recht in der kriminalpolitischen Erwägung; damit soll dem Täter eine „goldene Brücke" zum Rücktritt gebaut werden. In der Literatur wird jedoch vorgeschlagen, dass die Theorie von der „goldenen Brücke" im koreanischen Recht in eine Theorie von der „silbernen Brücke" umbenannt werden müsse, da der Rücktritt im koreanischen StGB kein Strafbefreiungsgrund wie im deutschen Recht, sondern nur ein Grund für die obligatorische Milderung oder ein Absehen von Strafe ist.[22] Nach der von der herrschenden Lehre vertretenen Gnaden- beziehungsweise Prämientheorie (auch Verdienstlichkeitstheorie genannt) liegt der Grund des Rücktrittsprivilegs des § 26 kStGB in der Belohnung, die dem freiwillig zurückgetretenen Täter gewährt wird. Ferner wird die Schuldtheorie vertreten, wonach durch den freiwilligen Rücktritt und die Verhinderung der Tatvollendung der Schuldvorwurf gemindert wird. Nach der Strafzwecktheorie liegt der Grund des Rücktrittsprivilegs in der spezial- und generalpräventiven Intention. Wird freiwillig von der Tat zurückgetreten, so besteht weder eine spezialpräventive noch eine generalpräventive Notwendigkeit für eine harte Bestrafung.

c) Besonderheiten bei Tatbeteiligung mehrerer

Das geltende koreanische StGB enthält keine ausdrückliche Sonderregelung des Rücktritts bei mehreren Tatbeteiligten. § 26 kStGB regelt den Rücktritt bei Alleintäterschaft. Die Frage ist, ob § 26 kStGB auch für den Fall, dass mehrere Täter beteiligt sind, Anwendung finden kann. Da die Tatbeteiligung mehrerer eine andere Handlungsstruktur als die Alleintäterschaft aufweist, soll der Rücktritt bei mehreren Tatbeteiligten im konkreten Fall je nach der Gestaltung (Täterschaft oder Teilnahme) unterschiedlich behandelt werden.

Für den Rücktritt von einer mittäterschaftlich begangenen Tat reicht es nach der herrschenden Meinung und Rechtsprechung nicht aus, wenn nur einer der Mittäter freiwillig seine Tat aufgibt oder den Erfolgseintritt seines Tatbeitrags abwendet. Ein erfolgreicher Rücktritt von der Mittäterschaft liege nur dann vor, wenn alle

---

[22] Siehe oben 4.

Tatbeteiligten die weitere Tatausführung aufgegeben hätten und damit der Erfolgseintritt habe verhindert werden können, da der Maßstab für die Strafbarkeit der Mittäterschaft die gesamte Handlung der Mittäter sei.

Demgegenüber verlangt eine Mindermeinung beim Rücktritt von der Mittäterschaft nicht eine Verhinderung der Tatvollendung, sondern lässt das Aufgeben der weiteren Tatausführung durch den einzelnen Mittäter genügen. Da das koreanische Recht keine ausdrücklichen strengen Rücktrittsvoraussetzungen kenne, wirke der Rücktritt eines Mittäters zu dessen eigenen Gunsten.

Im Fall des Rücktritts bei mittelbarer Täterschaft muss der mittelbare Täter freiwillig die weitere Tatausführung des Tatmittlers verhindern oder den Erfolgseintritt abwenden. Anstifter und Gehilfe können dadurch zurücktreten, dass sie die Tatausführung des Täters oder den Erfolgseintritt verhindern.

6. Andere Formen strafbaren Verhaltens im Vorfeld der Tatvollendung

Das koreanische Recht unterscheidet zwischen Verabredung und Vorbereitung. Erstere ist dadurch gekennzeichnet, dass zwei oder mehrere Personen für die Tatverwirklichung kommunizieren. Letztere ist allgemein durch die äußerliche Tatplanung charakterisiert. Verabredung oder Vorbereitung (음모와 예비) sind grundsätzlich nicht strafbar, da bei solchen Handlungen generell noch keine konkrete Rechtsgutsverletzung vorliegt.[23] Dies ist in § 28 kStGB wie folgt geregelt:

§ 28 kStGB Verabredung, Vorbereitung
Die Verabredung oder die Vorbereitung eines Delikts, zu dem noch nicht unmittelbar angesetzt wurde, wird nicht bestraft, wenn im Gesetz nichts anderes bestimmt ist.

In nicht wenigen Fällen hat der Gesetzgeber jedoch die Verabredungs- beziehungsweise Vorbereitungshandlung ausdrücklich unter Strafe gestellt. Beispiele dafür sind folgende Delikte: § 90 kStGB (Vorbereitung, Verabredung, Aufwiegelung oder Propaganda im Zusammenhang mit Hochverrat und der Tötung zum Zweck des Hochverrats), § 101 kStGB (Vorbereitung, Verabredung, Aufwiegelung oder Propaganda in Zusammenhang mit Landesverratsdelikten), § 111 Abs. 3 kStGB (Vorbereitung oder Verabredung eines Privatkrieges gegen ein fremdes Land), § 120 Abs. 1 kStGB (Vorbereitung oder Verabredung der Verwendung von Sprengstoffen), § 150 kStGB (Vorbereitung oder Verabredung der Gefangenenbefreiung und des Entweichenlassens durch Gefängnisaufseher), §§ 175, 183, 191, 213, 224, 255, 290, 343 kStGB. Außerhalb des Strafgesetzbuchs enthalten strafrechtliche Sonder- und Ne-

---

23 Siehe hierzu auch oben 1.

bengesetze weitere Regelungen über die Strafbarkeit von Verabredung oder Vorbereitung.

Eine solche Vorverlagerung der Strafbarkeit (Vorfeldkriminalisierung) ist jedoch äußerst bedenklich, denn dem Bürger wird verboten, bestimmte Handlungen vorzunehmen, obwohl er dabei von dem eigentlichen Angriff auf das Schutzgut und damit grundsätzlich auch von dem Rechtsbruch noch weit entfernt ist.

Literaturhinweise

Bae, Jong-Dae, Hyungbop Chongnon (Strafrecht. Allgemeiner Teil). 7. Aufl. Seoul 2004, S. 424–473.

Chang, Han-Chul, Rücktritt vom vollendeten Delikt bei der Beteiligung mehrerer. Zugleich ein rechtsvergleichender Beitrag zum deutschen und koreanischen Recht, Dissertation Universität Würzburg 1993.

Cho, Jun-Hyun, Hyungbop Chongnon (Strafrecht. Allgemeiner Teil). 3. Aufl. Seoul 2004, S. 333–357.

Choi, Jun-Hyuk, Chungjimisue Kwanhan Yungu (Studien zum Rücktritt vom Versuch). Dissertation Seoul National-Universität. Seoul 2006.

Choi, Ui-Chan, Chungji Misu (Rücktritt vom Versuch). Gosiyungu 1992/2, S. 38–55.

Chong, Seong-Kun/Park, Kwang-Min, Hyungbop Chongnon (Strafrecht. Allgemeiner Teil). 2. Aufl. Seoul 2005, S. 363–412.

Ha, Tae-Hoon, Die strafrechtliche Behandlung des untauglichen Versuchs – eine rechtsvergleichende Untersuchung zum deutschen und koreanischen Strafrecht. Baden-Baden 1991.

Hoh, Il-Tae, Bulnungmisue Isosuh Wehomsoungei Euimi (Die Bedeutung der Gefährlichkeit beim untauglichen Versuch). Hyongsabop Yungu 2000 (13), S. 113–124.

Hwang, San-Dok, Hyungbop Chongnon (Strafrecht. Allgemeiner Teil). 5. Aufl. Seoul 1986, §§ 30–32.

Kim, Seoung-Don, Hyungbop Chongnon (Strafrecht. Allgemeiner Teil). Seoul 2006, S. 459–518.

Kim, Seoung-Chun/Kim, Hyoung-Jun, Hyungbop Chongnon (Strafrecht. Allgemeiner Teil). 3. Aufl. Seoul 1998, S. 456–539.

Kim, Il-Su/Suh, Bo-Hak, Hyungbop Chongnon (Strafrecht. Allgemeiner Teil). 10. Aufl. Seoul 2004, S. 510–554.

Lee, Jae-Sang, Hyungbop Chongnon (Strafrecht. Allgemeiner Teil). 5. Aufl. Seoul 2003, §§ 27–30.

Lee, Yong-Sik, Chungjimisue Kwanhan Myotgaji Nonzom (Zur Problematik des Rücktritts vom Versuch). Hyongsabop Yungu 2006 (25), 1–20.

Oh, Young-Gun, Hyungbop Chongnon (Strafrecht. Allgemeiner Teil). Seoul 2005, §§ 27–31.

Park, Sang-Gi, Hyungbop Chongnon (Strafrecht. Allgemeiner Teil). 6. Aufl. Seoul 2004, S. 332–370.

Ryu, Ki-Chun, Hyongbophak (Strafrechtswissenschaft). 22. Aufl. Seoul 1982, §§ 55–63.

– Das koreanische Strafgesetzbuch. Deutsche Übersetzung und Einführung von *Paul K. Ryu*. Berlin 1968.

Shin, Dong-Woon, Hyungbop Chongnon (Strafrecht. Allgemeiner Teil). 2. Aufl. Seoul 2006, S. 447–545.

Yim, Woong, Hyungbop Chongnon (Strafrecht. Allgemeiner Teil). 2. Aufl. Seoul 2002, S. 330–378.

Rechtsprechung

Entscheidungen des koreanischen Obersten Gerichtshofs

Daepan, 26.11.1999, 99Do2461;

Daepan, 8.9.1992, 92Do1650;

Daepan, 28.3.1978, 77Do4049;

Daepan, 22.4.1966, 66Do152;

Daepan, 28.9.1961, 4294Hyongsang232;

Daepan, 16.12.1958, 4291Hyongsang462.

Abkürzungsverzeichnis

Alt.	Alternative
Daepan	Entscheidung des koreanischen Obersten Gerichtshofs
kStGB	koreanisches Strafgesetzbuch
kStPO	koreanische Strafprozessordnung
StGB	Strafgesetzbuch

Ingeborg Zerbes

Strafbares Verhalten im Vorfeld der Tatvollendung in Österreich

1. Allgemeines

a) Überblick

Die Tatbestände des Besonderen Teils bedrohen die vollendete Tat – die Herstellung aller Elemente des Tatbildes – mit Strafe. § 15 Abs. 1 öStGB dehnt die Strafbarkeit der Vorsatzdelikte auf denjenigen aus, der ihre Vollendung bloß vorsätzlich versucht.

In Einzelfällen hat der Gesetzgeber auch sogenannte echte Unternehmensdelikte geschaffen: Der Versuch der Rechtsgutsbeeinträchtigung gilt hier bereits als vollwertige Tathandlung (zum Beispiel Hochverrat, § 242 öStGB).

Die Tätigkeiten, die vor dem Versuchsstadium liegen, sind als bloße Vorbereitung grundsätzlich nicht strafbar, weil Vorbereitungshandlungen typischerweise noch nicht gefährlich und zudem sozial unauffällig sind. Sie mit Strafe zu bedrohen, wäre ein Schritt in Richtung Gesinnungsstrafrecht, der mit den Grundsätzen eines rechtsstaatlichen Strafrechts nicht vereinbar ist.

Nur ausnahmsweise erweitert das Gesetz die Strafbarkeit auf das Stadium der bloßen Vorbereitung: Einzelne als besonders gefährlich eingeschätzte Vorbereitungskonstellationen werden als selbstständige Delikte mit Strafe bedroht. Zu solchen Vorbereitungsdelikten gehören insbesondere die strafbaren Fälle von Mitwirkung oder Unterstützung krimineller Gruppen (§§ 277 ff. öStGB, Verbrecherisches Komplott, kriminelle Vereinigung, kriminelle Organisation, terroristische Vereinigung, Terrorismusfinanzierung).

b) Gründe der Strafbarkeit

Es gibt einen subjektiven und einen objektiven Zugang zur Erklärung der Versuchsstrafbarkeit. Die subjektive Lehre sieht als Versuch jede Betätigung des verbrecherischen Willens, der – nimmt man eine Extremposition ein – in jeder beliebigen, prinzipiell auch in einer völlig ungefährlichen Handlung zum Ausdruck kommen kann.

Dem steht eine objektive Theorie gegenüber, die im Versuch einer Rechtsgutsbeeinträchtigung die Gefahr dieser konkreten Rechtsgutsbeeinträchtigung erkennt. Die Strafbarkeit wegen Versuchs hat keinen anderen Sinn, als vor dieser Gefahr zu schützen. Wenn es keine Gefahr gibt, dann auch keinen Versuch.

Keine dieser Theorien findet sich in Reinform im Gesetz und keine von ihnen wird daher in Reinform vertreten. Angesichts dessen, dass Versuch immer nur bei Vorsatz strafbar ist, liegt jedenfalls ein „subjektiver Ausgangspunkt“ vor.

Alle weiteren Voraussetzungen für den Eintritt der Strafbarkeit sind jedoch deutlich auf der objektiven Ebene angesiedelt. Das zeigt sich allein in den Erfordernissen für eine Versuchshandlung: Es genügt nicht irgendeine Betätigung des Vorsatzes, sondern nur eine der Deliktsvollendung einigermaßen nahestehende Handlung. Rein aus der objektiven Lehre ist auch die Entscheidung entwickelt, einen absolut untauglichen Versuch (§ 15 Abs. 3 öStGB) straflos zu lassen, und das völlig unabhängig von der verwerflichen Einstellung des Täters, weil er letztendlich eben nicht gefährlich ist.

Die hohe Bedeutung der objektiven Grenzen der Versuchsstrafbarkeit ergibt sich nicht zuletzt aus der in Österreich vorherrschenden Unrechtslehre. Handlungsunwert – die subjektive Seite einer strafbaren Handlung – und Erfolgsunwert – die objektive Seite – sind grundsätzlich gleichwertige Komponenten des strafrechtlichen Unrechts. Dass der Strafrahmen für Versuch der gleiche wie für das vollendete Delikt (§ 15 Abs. 1 öStGB) ist, lässt sich vor diesem Hintergrund nur rechtfertigen, wenn auch die objektive Beschaffenheit des Versuchs einer Vollendung nahe kommt.

2. Versuch

a) Definition

§ 15 öStGB dehnt die Strafbarkeit für Vorsatzdelikte auf den Fall des Versuchs aus und definiert:

§ 15 Abs. 2 öStGB
Die Tat ist versucht, sobald der Täter seinen Entschluß, sie auszuführen oder einen anderen dazu zu bestimmen (§ 12), durch eine der Ausführung unmittelbar vorangehende Handlung betätigt.

Es kann immer nur „die Tat“ versucht werden: ein bestimmtes Delikt. Es gibt folglich keinen selbstständigen Straftatbestand des Versuchs, sondern nur Versuch in Beziehung mit einem Tatbestand des Besonderen Teils.

Auf eine Kurzformel gebracht ist Versuch vollständiger Handlungsunwert und unvollständiger Erfolgsunwert. Denn er liegt vor, wenn die Voraussetzungen des deliktstypischen subjektiven Tatbestands erfüllt sind, der objektive Tatbestand dadurch aber nicht zur Gänze verwirklicht wird. Fahrlässigkeitsdelikte können nicht versucht werden.

b) Objektive Voraussetzungen der Versuchsstrafbarkeit

Jede Tat durchläuft, bevor sie vollendet wird, das Stadium eines Versuchs. Die Strafbarkeit für Versuch ist aber nur dann gegeben, wenn die Vollendung ausbleibt. Wenn hingegen alle Elemente des gesetzlichen Tatbildes eintreten, ist der Täter wegen des vollendeten Delikts strafbar.

Der nicht in eine Handlung mündende Tatvorsatz ist straflos: Auf objektiver Ebene muss eine Versuchshandlung vorliegen. § 15 Abs. 2 öStGB verlangt zumindest eine „der Ausführung unmittelbar vorangehende Handlung" und bewirkt damit, dass nicht jede Handlung, die der Umsetzung des Tatentschlusses dient, bereits kriminell ist. Die Strafbarkeit setzt vielmehr erst mit einer Handlung ein, die durch „ihren sinnfälligen Zusammenhang mit der beabsichtigten Deliktsverwirklichung auf diese direkt ausgerichtet ist und nach den zielgewollten Vorstellungen des Handelnden alsbald oder doch in unmittelbarer Folge in die Ausführung übergehen soll, mit anderen Worten ausführungsnahe ist".

Das Stadium des Versuchs beginnt mit einer ausführungsnahen Handlung; umso mehr ist freilich strafbar, wer bereits eine Ausführungshandlung setzt. Bezugspunkt jeder Versuchshandlung ist also die Ausführungshandlung. Bei Tatbeständen mit einer expliziten Handlungsbeschreibung besteht sie in einer eben dieser Beschreibung entsprechenden Handlung, bei Diebstahl zum Beispiel in der Wegnahme einer Sache (§ 127 öStGB). Soweit ein Straftatbestand allein in der Herbeiführung eines Erfolgs besteht (zum Beispiel Mord, § 75 öStGB), ist Ausführungshandlung die Handlung des Täters, die geeignet ist, ohne weitere Handlungen in den Erfolg zu münden: das Abdrücken der geladenen Pistole bei Mord.

Ausführungsnahe Handlungen liegen nach dem Tatplan des Täters im unmittelbaren Vorfeld einer Ausführungshandlung. Dies hat eine zeitliche, eine örtliche und eine aktionsmäßige Komponente: Der Täter will die Tat „hier und jetzt" und ohne Zwischenetappen oder Pausen ausführen. Je sozial auffälliger sein Verhalten ist, desto eher befindet sich der Täter bereits in der entscheidenden Dynamik, sodass er quasi nicht mehr anders kann, als in die Ausführung überzugehen.

Ein Beispiel: Ein Raub ist in strafloser Vorbereitung, solange der Täter um das anvisierte Bankgebäude herumschleicht und abwartet, bis möglichst wenige Leute ihn hineingehen sehen; eine ausführungsnahe Handlung setzt er, indem er mit übergezogener Strumpfmaske hineinstürmt; eine Ausführungshandlung ist seine Drohung mit der Waffe. Wird er vor der Bank aufgegriffen, ist er noch straflos. Hält ihn jemand bei seinem Vordringen zu den Bankschaltern auf, ist er wegen Versuchs strafbar; dasselbe gilt, wenn er erst am Bankschalter überwältigt wird, bevor der bedrohte Kassierer ihm Geld herausgibt. Erst wenn es ihm gelingt, Geld einzupacken, haftet er wegen vollendeten Raubes.

Das Begriffspaar beendeter/unbeendeter Versuch, je nachdem, ob der Täter bereits alles erledigt hat, was zur Vollendung führen würde, oder ob noch (weitere) Tathandlungen ausstehen, ist dem gesetzlichen Wortlaut nicht zu entnehmen. Die Lehre hat es entwickelt, um Fragen des Rücktritts zu lösen.[1]

c) Subjektive Voraussetzungen der Versuchsstrafbarkeit

Eine ausführungsnahe Handlung oder eine Ausführungshandlung ist nicht strafbar, wenn der Täter keinen *Vorsatz* auf die *Vollendung* des betreffenden Deliktstatbestands hat. Daher ist etwa ein *agent provocateur*, der den Täter zwar überführen, es aber nicht zur Vollendung der Tat kommen lassen will, nicht wegen (Bestimmungs-)Versuchs strafbar.

Der Täter muss einen auf *alle Tatbildmerkmale* bezogenen *Tatentschluss* im Sinn des § 5 öStGB gefällt haben: auf das gesetzlich beschriebene Tatobjekt wie auf die gesetzlich beschriebene Tathandlung.

Außerdem muss der Täter mit dem deliktstypischen *Vorsatz* handeln. Der Versuch eines Delikts, das nur mit Absicht oder nur wissentlich begangen werden kann, ist daher nur bei entsprechender Absicht und entsprechendem Wissen des Täters strafbar.

3. Einzelprobleme

a) Untauglicher Versuch

Die Versuchsstrafbarkeit wird durch § 15 Abs. 3 öStGB eingeschränkt:

§ 15 Abs. 3 öStGB
Der Versuch und die Beteiligung daran sind nicht strafbar, wenn die Vollendung der Tat mangels persönlicher Eigenschaften oder Verhältnisse, die das Gesetz beim Handelnden voraussetzt, oder nach der Art der Handlung oder des Gegenstands, an dem die Tat begangen wurde, unter keinen Umständen möglich war.

Hintergedanke dieser Bestimmung ist, dass die Subjektivierung zu weit ginge, wenn jede sozial adäquate und ungefährliche Handlung allein deswegen strafbar wäre, weil der Täter sie mit verwerflicher innerer Einstellung – genauer: mit Vorsatz auf die Verwirklichung eines Tatbildes – ausführt.

---

[1] Einzelheiten dazu unten 5.

Das Gesetz belässt daher solche Versuche straflos, die nicht nur untauglich, sondern *absolut untauglich* sind, weil sie *unter keinen Umständen* zu einer Vollendung führen können. Dies kann an der absoluten Untauglichkeit des Subjekts, an der absoluten Untauglichkeit des Objekts oder and der absoluten Untauglichkeit der Tathandlung und -mittel liegen.

Die Voraussetzungen, unter denen absolute Untauglichkeit vorliegt, sind im Einzelnen strittig. Im Wesentlichen stehen sich zwei Theorien gegenüber: Die Lehre vom *begleitenden Beobachter* knüpft an den Eindruck an, den das vom Täter gesetzte Verhalten auf einen (hypothetischen) mit Durchschnittswissen ausgestatteten Zuschauer macht, der den Tatplan kennt und die Situation vom Standpunkt des Handelnden aus beurteilt. Erscheint einem solchen Beobachter die Handlung als sozial-inadäquat gefährlich und daher die Vollendung des Delikts möglich, liegt strafbarer Versuch vor; würde ein solcher Beobachter die Vollendung jedoch für ausgeschlossen halten, sind die Voraussetzungen des § 15 Abs. 3 öStGB erfüllt.

Dem steht die Lehre von der *objektiven Untauglichkeit* gegenüber (so in Ansätzen auch die Rechtsprechung). Hiernach kommt es dem Grundgedanken entsprechend auf die Beurteilung der wahren Sachlage im Handlungszeitpunkt an. Steht von vornherein – *objektiv ex ante* – unverrückbar fest, dass dem Täter selbst, dem Handlungsobjekt oder der Handlung oder den Tatmitteln selbst jene Eigenschaften fehlen, die das Gesetz zur Verwirklichung des Tatbildes voraussetzt, dann hat zu keinem Zeitpunkt die Vollendung gedroht. Ein solcher Versuch ist daher absolut untauglich und straflos.

b) Wahndelikt

Ein Versuch liegt nur vor, wenn der Sachverhalt, den der Täter verwirklichen will, bei richtiger rechtlicher Beurteilung einem gesetzlichen Tatbild entspricht. Auf die rechtliche Beurteilung des Täters kommt es dabei nicht an: Ebenso wenig, wie der Vorsatz dadurch entfällt, dass er sein auf Tatsachenebene richtig eingeschätztes Verhalten auf rechtlicher Ebene für erlaubt hält,[2] kann ein Vorsatz dadurch begründet werden, dass der Täter sein Verhalten irrtümlich für verboten hält. Lässt sich daher der Sachverhalt, den der Täter verwirklichen will, bei richtiger rechtlicher Beurteilung unter kein Tatbild subsumieren, liegt kein Tatentschluss im rechtlichen Sinn vor. Der Täter bleibt straflos, obwohl er sich für strafbar hält.

c) Versuchte Tatbeteiligung/Beteiligung am Versuch

Aus § 15 Abs. 2 öStGB, der allgemeinen Definition des strafbaren Versuchs, geht hervor, inwiefern eine versuchte Tatbeteiligung strafbar ist.

---

2 Siehe E.5.a.

§ 15 Abs. 2 öStGB

Die Tat ist versucht, sobald der Täter seinen Entschluß, sie auszuführen oder einen anderen dazu zu bestimmen (§ 12), durch eine der Ausführung unmittelbar vorangehende Handlung betätigt.

Demnach ist strafbar, wer eine Versuchshandlung unmittelbar ausführt (§ 12 Fall 1 öStGB) oder wer versucht, einen anderen zu einer Ausführungshandlung zu bestimmen (§ 12 Fall 2 öStGB). Der bloß versuchte Beitrag zu einer Ausführungshandlung ist in diese Definition nicht aufgenommen. Wer also bloß versucht, einen Beitrag zur strafbaren Handlung eines anderen zu leisten, bleibt straflos.[3]

Für die Beteiligung an einem Versuch gilt die Regel des

§ 15 Abs. 1 öStGB

Die Strafdrohungen gegen vorsätzliches Handeln gelten nicht nur für die vollendete Tat, sondern auch für den Versuch und für jede Beteiligung an einem Versuch.

Folglich ist nicht nur strafbar, wer eine unmittelbare Versuchshandlung setzt, sondern auch, wer einen anderen dazu bestimmt (§ 12 Fall 2 öStGB) oder zum Versuch eines anderen sonst beiträgt (§ 12 Fall 3 öStGB).

4. Strafzumessung

§ 15 Abs. 1 StBG ordnet für Versuch – beendeten wie unbeendeten – den für das vollendete Delikt geltenden Strafrahmen an.

Die Beurteilung, ob ein Versuchstäter im Einzelfall wirklich eine einer Vollendung gleichwertige strafbare Handlung begangen hat, wirkt sich erst auf der Ebene der Strafzumessung aus. Ein Versuch, der zu keinem Schaden geführt hat, wird von § 34 Ziffer 13 öStGB als fakultativer Strafmilderungsgrund vorgesehen.

§ 34 Abs. 1 Ziffer 13 öStGB

Ein Milderungsgrund ist es insbesondere, wenn der Täter

(...)

13. trotz Vollendung der Tat keinen Schaden herbeigeführt hat oder es beim Versuch geblieben ist

[3] Dazu und auch zur Beteiligung an einem Versuch unten 5.c.

5. Rücktritt vom Versuch

a) Voraussetzungen

Rücktritt vom Versuch bedeutet nach § 16 öStGB, dass der Täter freiwillig von der Vollendung Abstand nimmt.

§ 16 öStGB

(1) Der Täter wird wegen des Versuches oder der Beteiligung daran nicht bestraft, wenn er freiwillig die Ausführung aufgibt oder, falls mehrere daran beteiligt sind, verhindert oder wenn er freiwillig den Erfolg abwendet.

(2) Der Täter wird auch straflos, wenn die Ausführung oder der Erfolg ohne sein Zutun unterbleibt, er sich jedoch in Unkenntnis dessen freiwillig und ernstlich bemüht, die Ausführung zu verhindern oder den Erfolg abzuwenden.

Drei Komponenten machen einen Rücktritt aus: Rücktrittswille, Rücktrittshandlung, Freiwilligkeit. – Rücktrittswille bedeutet schlicht, dass der Täter seinen Tatvorsatz aufgibt. Das ist ein durchaus eigenständiges Merkmal, zum Beispiel in einem Fall wie diesem: Jemand versucht, einen andern zu töten und ruft dann den Rettungsdienst, wodurch das Opfer tatsächlich überlebt. Das Anrufen des Rettungsdienstes könnte mehrere Gründe haben – auch den des bloßen Ablenkens des Verdachts. Rücktrittswille wäre dann nicht gegeben und § 16 nicht erfüllt.

Eine Rücktrittshandlung muss so beschaffen sein, dass sie als Verdienst des Täters gewertet werden kann. Das Gesetz nennt für den Rücktritt des Einzeltäters drei Möglichkeiten für drei Situationen:

- Der Täter gibt die Ausführung auf (§ 16 Abs. 1 Fall 1 öStGB). Hier ist es ausreichend, wenn er nicht mehr weiter handelt.
- Der Täter wendet den Erfolg ab. Das bedeutet, dass er nicht einfach aus dem Geschehen aussteigen kann, sondern einen *actus contrarius* setzen muss (§ 16 Abs. 1 Fall 3 öStGB).
- Der Täter bemüht sich ernstlich, den Erfolg abzuwenden (§ 16 Abs. 2 öStGB).

Welche dieser Bedingungen für das Gelingen eines Rücktritts erfüllt sein muss, hängt vom Zeitpunkt ab, zu dem der Täter seinen Rücktrittswillen fasst. Die Lehre hat die relevanten Zeitpunkte mit den Begriffen „beendeter“ und „unbeendeter Versuch“ benannt.

Wenn der Täter mit seinem strafbaren Verhalten zu einem Zeitpunkt aufhört, zu dem er glaubt, dass die Deliktsvollendung ohne sein weiters Zutun eintreten werde, dann hat er einen beendeten Versuch begangen. Er hat zum Beispiel auf sein Opfer eingeschlagen und geht nun davon aus, dass es an den Verletzungen sterben werde. Natürlich ist es ihm nicht anzurechnen, wenn er jetzt bloß aufhört, weiter auf das Opfer einzuschlagen.

Zurücktreten kann der Täter daher zum einen nach § 16 Abs. 1 Fall 3 öStGB durch Abwenden des Erfolgs: Er muss durch aktives Handeln kausal bewirken, dass der Erfolg tatsächlich ausbleibt. Tritt trotz aller seiner Bemühungen der Erfolg dennoch ein – das Opfer stirbt, obwohl der Täter den Rettungsdienst gerufen hat –, hat der Täter ein vollendetes Delikt zu verantworten.

Zum anderen ist vorstellbar, dass der Erfolg eines beendeten Versuchs ausbleibt, ohne dass der Täter dafür kausal geworden ist. Zum Beispiel glaubt der Täter bloß, sein Opfer tödlich getroffen zu haben, in Wahrheit aber ist es leicht verletzt, oder ein anderer hilft dem Opfer und rettet es. Das Ausbleiben des Erfolgs wird dem Täter unter Umständen nach § 16 Abs. 2 öStGB angerechnet. Verlangt ist demnach, dass sich der Täter in Unkenntnis der (für das Opfer) günstigen Lage ernstlich bemüht, es zu retten.

Der Rücktritt durch ernstliches Bemühen gemäß § 16 Abs. 2 öStGB wird nach herrschender Lehre auch dann anerkannt, wenn der Erfolg zwar eintritt – im Beispiel: das Opfer stirbt –, jedoch nicht auf eine dem Täter zurechenbare Weise, sondern etwa durch eine grobe Sorgfaltswidrigkeit des behandelnden Arztes.

Glaubt der Täter im Zeitpunkt seines Rücktritts, dass sein bisheriges Tun noch nicht ausreicht, um zum Erfolg zu kommen, so ist sein Versuch unbeendet. In diesem Fall lässt es sich mitunter bereits als Rücktritt werten, wenn der Täter, obwohl es ihm möglich wäre, nicht mehr weiterhandelt: Er gibt die Ausführung auf im Sinne des § 16 Abs. 1 Fall 1 öStGB. Der Täter, der seinem Opfer zum Beispiel einen Schlag zugefügt hat, geht davon aus, dass er es nur leicht verletzt hat, und lässt von ihm ab. Die Vollendung muss freilich tatsächlich unterbleiben. Wenn der Täter nach seinem unbeendeten Versuch allerdings gar keine Möglichkeit gesehen hat, weiter zu handeln, kann er die Ausführung nicht aufgeben. Sein Versuch ist dann fehlgeschlagen und ein Rücktritt ausgeschlossen.

Die hier vorliegende Darstellung folgt jener überwiegend vertretenen Ansicht, wonach es für die Abgrenzung zwischen beendetem und unbeendetem Versuch erstens darauf ankommt, was sich der Täter vorstellt (sogenannte *subjektive Auffassung*). Zweitens wird hier an den Zeitpunkt, zu dem der Täter sich zum Rücktritt entscheidet, angeknüpft. Das ist strittig; nach einer anderen Auffassung soll es auf den Zeitpunkt der Rücktrittshandlung ankommen.

Rücktritt kommt dem Täter nur zugute, wenn er sich freiwillig dafür entschieden hat. Dabei kommt es weniger auf den moralischen Wert als auf die Autonomie seiner Motive an. Er handelt unfreiwillig, wenn sich die Sachlage aus seiner Sicht wesentlich verschlechtert.

b) Wirkung des Rücktritts

Gelingt dem Täter ein Rücktritt, ist er straffrei: Das strafrechtliche Unrecht, das er bereits verwirklicht hat, gilt als vollständig beseitigt. Zwischen den einzelnen Formen des Rücktritts wird nicht unterschieden.

c) Besonderheiten bei Tatbeteiligung mehrerer

Wer eine Tat nicht alleine, sondern in irgendeiner Form des Zusammenwirkens mehrerer Personen ausführt, hat die Tatausführung nicht alleine in der Hand. Bloßes Nichtstun und dabei riskieren, dass die anderen Beteiligten die strafbare Handlung ausführen, genügt nach § 16 Abs. 1 Fall 2 nicht.

§ 16 Abs. 1 öStGB
Der Täter wird wegen (…) der Beteiligung daran [an einem Versuch] nicht bestraft, wenn er freiwillig die Ausführung (…), falls mehrere daran beteiligt sind, verhindert (…)

Der Beteiligte muss also seinen Rücktrittswillen manifestieren, indem er dafür sorgt, dass die Ausführung (auch durch die anderen) unterbleibt. Freilich stehen ihm auch die beiden anderen Rücktrittsmöglichkeiten offen: die Erfolgsabwendung sowie das ernstliche Bemühen darum.

Da ein bloß versuchter Beitrag (§ 15 Abs. 2 in Verbindung mit § 12 Fall 3 öStGB) nach österreichischem Recht nicht strafbar ist,[4] gibt es auch bezogen auf den Rücktritt eines Beitragstäters eine Besonderheit. So genügt es, dass der Täter, der einen sonstigen Tatbeitrag (§ 12 Fall 3) geleistet hat, diesen seinen Beitrag zurückzieht, bevor der unmittelbare Täter die Schwelle zum Versuch überschreitet.

6. Andere Formen strafbaren Verhaltens im Vorfeld der Tatvollendung

Vorbereitungshandlungen, die vor dem Versuch liegen, sind in Österreich grundsätzlich nicht strafbar. Es gibt allerdings auch Deliktstatbestände, die eine spezifische Art der Vorbereitung erfassen. Hier sind insbesondere die seit Anfang der 1990er-Jahre zunehmend ausgebauten Straftaten zu nennen, die durch die bloße Mitgliedschaft zu einer auf verbrecherische Ziele ausgerichteten Gruppe definiert sind: Kriminelle Vereinigung (§ 278 öStGB), kriminelle Organisation (§ 278a öStGB), terroristische Vereinigung (§ 278b öStGB).

---

4 Siehe oben 3.c.

Literaturhinweise

Burgstaller, Manfred, Über den Verbrechensversuch. JBl 1969, 521.

– Versuch nach § 15 öStGB. JBl 1976, 113.

– Versuch und Rücktritt vom Versuch. StPdG 1975 (Heft 3), 7.

Fuchs, Helmut, Probleme des Deliktsversuchs. ÖJZ 1986, 257

– Österreichisches Strafrecht. Allgemeiner Teil I. 6. Aufl. Wien 2004.

Hager/Massauer, in: Höpfel/Ratz (Hrsg.), Wiener Kommentar zum Strafgesetzbuch. 2. Aufl. 9. Lieferung Wien 1999, §§ 15, 16.

Kienapfel, Diethelm/Höpfel, Frank, Strafrecht. Allgemeiner Teil. 12. Aufl. Wien 2007.

Leukauf, Otto/Steininger, Herbert, Kommentar zum Strafgesetzbuch. 3. Aufl. Eisenstadt 1992.

Tipold, Alexander, Rücktritt und Reue. Wien, Graz 2002.

Rechtsprechung

OGH, EvBl 1981/77 (subjektive Auffassung hinsichtlich des beendeten Versuchs).

OGH, SSt 57/81 (objektive Lehre bei der Frage nach einem untauglichen Versuch).

OGH, ÖJZ 2000, 881 mit Anmerkung *Schwaighofer* (Zur Strafbarkeit der versuchten Anwerbung eines Komplizen).

OGH, 12 Os 80/95 vom 26.6.1995 (zitiert und erörtert bei *Tipold*, Rücktritt und Reue, S. 199)

OGH, EvBl 1980/220 (Ausführungsnahe Handlung)

Abkürzungsverzeichnis

EvBl	Evidenzblatt (Beilage zur ÖJZ)
JBl	Juristische Blätter
OGH	oberster Gerichtshof
ÖJZ	Österreichische Juristenzeitung
öStGB	österreichisches Strafgesetzbuch
SSt	Entscheidungen des Obersten Gerichtshofs in Strafsachen
StPdG	Strafrechtliche Probleme der Gegenwart

Ewa Weigend

Strafbares Verhalten im Vorfeld der Tatvollendung in Polen

1. Allgemeines

a) Überblick

Der Vollendung einer Straftat sind mindestens zwei strafrechtlich erhebliche Stufen vorgelagert: die Vorbereitung *(przygotowanie)* und der Versuch *(usiłowanie)*. Die polnische Strafrechtslehre bezeichnet diese sich zeitlich vor der Tatvollendung abspielenden Phasen als stadiale Formen der Straftat *(formy stadialne przestępstwa)* oder als ihre Stadien/Stufen. Beide Stufen, sofern sie strafbar sind, bedeuten eine Erweiterung der Strafbarkeit des im Tatbestand des Besonderen Teils des Strafgesetzbuchs (*kodeks karny*, k.k) beschriebenen Verhaltens. Nicht alle Straftaten durchlaufen diese beiden Stufen. So vertreten sowohl die Lehre als auch die Rechtsprechung mehrheitlich die Ansicht, dass Fahrlässigkeitstaten und (abstrakte) Gefährdungsdelikte nicht versucht werden können.

Die Vorbereitung ist nur in den vom Gesetz ausdrücklich vorgesehenen Fällen strafbar (Art. 16 § 2 k.k), der Versuch dagegen ist im polnischen Strafrecht stets unter Strafe gestellt (Art. 14 § 1 k.k).

b) Gründe der Strafbarkeit

Der Strafgrund des Versuchs wird sowohl in der Gefährdung des durch den konkreten Tatbestand geschützten Rechtsguts – also in der nahen Gefahr der Verwirklichung der Tatbestandsmerkmale (objektive Gefährdungstheorie) – gesehen als auch in der offensichtlichen Demonstration des rechtsfeindlichen Willens durch den Täter. Das bedeutet, dass das Handlungsunrecht hierbei auch allein durch die Fassung des gefährlichen Vorsatzes verwirklicht wird (objektiv-subjektive Theorie). Dadurch, dass der Schwerpunkt nicht in der Rechtsgutsgefährdung, sondern in der Notwendigkeit der Bewährung der Rechtsordnung durch die Normbefolgung besteht, wird dem Unrecht ein subjektiver Charakter verliehen (Eindruckstheorie). Darüber hinaus unterscheidet sich die subjektive Seite des Versuchs hinsichtlich ihres Gehalts nicht von der subjektiven Seite des vollendeten Delikts, da in beiden Fällen der Vorsatz alle objektiven Merkmale des gesetzlichen Tatbestands umfassen muss. Dies hat die Gleichstellung der Strafbarkeit des Versuchs mit der Vollendung einer Tat zur Folge (Art. 14 § 1 k.k) und zeugt von einer immer noch starken Hervorhebung des subjektiven Elements in der polnischen Versuchsregelung.

Die Handlung des Täters ist nach geltender gesetzlicher Regelung allerdings nicht mehr – wie im früheren Recht – auf die Vorsatzverwirklichung, sondern auf die unmittelbare Straftatvollendung gerichtet, was ihr dadurch einen bestimmten objektivierbaren Charakter verleiht. Die gesetzlich vorgesehene fakultative Möglichkeit der außerordentlichen Strafmilderung und sogar des Absehens von Strafe beim untauglichen Versuch (Art. 14 § 2 k.k) werden mit dem Mangel an einer Rechtsgutsgefährdung bei dieser Versuchsart begründet.[1]

In den im Besonderen Teil des k.k ausdrücklich vorgesehenen Fällen, in denen sich der Gesetzgeber für die Strafbarkeit der ansonsten straflosen Vorbereitung entschieden hat, wird der Strafgrund in dem hohen Gefährlichkeitsgrad der verbotenen (Vorbereitungs-)Tat gesehen.

2. Versuch

a) Definition

Die gesetzliche Regelung des Versuchs ist in Art. 13 k.k enthalten.

Art. 13 k.k

§ 1. Wegen Versuchs ist strafbar, wer mit dem Vorsatz der Begehung einer verbotenen Tat sein Verhalten unmittelbar auf deren Vollendung richtet, diese jedoch unterbleibt.

§ 2. Ein Versuch liegt auch dann vor, wenn dem Täter nicht bewusst ist, dass die Vollendung der verbotenen Tat in Ermangelung eines für die Tatausführung tauglichen Objekts oder infolge der Verwendung eines für die Tatausführung untauglichen Mittels unmöglich ist.

Der Versuch bildet einen sogenannten unselbstständigen Tatbestand, weil seine Merkmale immer auf einen im Besonderen Teil des k.k enthaltenen Straftatbestand bezogen werden müssen. So zum Beispiel auf den Diebstahl (Art. 278 k.k), den Mord (Art. 148 § 2 k.k) oder die Körperverletzung (Art. 156 k.k). Der Tatbestand des Versuchs umfasst drei Merkmale:

– den Tatvorsatz, das heißt den Entschluss, alle gesetzlichen Tatbestandsmerkmale zu verwirklichen;
– ein unmittelbar auf die Tatvollendung gerichtetes Verhalten;
– das Fehlen der Tatbestandsvollendung.

[1] Siehe unten 4.

b) Objektive Voraussetzungen der Versuchsstrafbarkeit

Eine der objektiven Voraussetzungen des Versuchs bildet ein unmittelbar auf die Tatvollendung gerichtetes Verhalten des Täters. Das Gesetz bedient sich in Art. 13 § 1 k.k des Begriffs „Verhalten", was nach Auffassung eines Teils der Lehre darauf hinweist, dass der Versuch sowohl durch ein Tun als auch durch ein Unterlassen begangen werden kann.[2] Diese Meinung ist in der Strafrechtslehre allerdings umstritten. Bei den unechten Unterlassungsdelikten *(delicta commissiva per omissionem)* besteht wenig Zweifel daran, dass sie auch versucht werden können. Wesentlich problematischer gestaltet sich der Versuch eines echten Unterlassungsdelikts *(delicta omissiva)*: Da bei dieser Straftatkategorie die Tatvollendung mit dem Zeitpunkt der bloßen Unterlassung zusammenfällt, kann das in Art. 13 § 1 k.k genannte Merkmal der Unmittelbarkeit des Verhaltens nicht erfüllt werden. Dies wird am Beispiel der unterlassenen Hilfeleistung (Art. 162 k.k) deutlich, die – unabhängig vom Erfolgseintritt – zum Zeitpunkt der Unterlassung der Hilfeleistung begangen worden ist.

Die (vorsätzliche) Handlung beziehungsweise das Verhalten des Versuchstäters muss unmittelbar auf die Tatvollendung ausgerichtet sein. Die Unmittelbarkeit, welche die Versuchshandlung charakterisiert, ist kein klar umrissener Begriff. Es gibt unterschiedliche Beurteilungsgrundlagen für die Entscheidung, ob das Versuchsverhalten unmittelbar auf die Tatvollendung ausgerichtet ist oder nicht. Ohne näher auf diese Grundlagen einzugehen, kann festgehalten werden, dass die polnische Versuchsregelung eine Beurteilungsgrundlage bietet, der eine gemischt subjektiv-objektive Methode zugrunde liegt: Das Verhalten des Versuchstäters erfüllt dann das Unmittelbarkeitsmerkmal, wenn die Gefahr für das durch den konkreten Tatbestand geschützte Rechtsgut von einer abstrakten in eine konkrete Gefahr übergeht. Der Versuch kann folglich sowohl in Handlungen bestehen, die den Anfang der betreffenden Straftat darstellen, als auch in Handlungen, die diesen noch nicht markieren, jedoch unmittelbar zur Tat ansetzen. Daraus folgt, dass auch in der polnischen Regelung des Versuchs der Übergang von der „Anfangsformel" zu der „Unmittelbarkeitsformel" vollzogen worden ist. Als Versuchshandlungen sind also alle solche Verhaltensweisen anzusehen, die der Verwirklichung eines Tatbestands unmittelbar vorgelagert sind.

Die Abgrenzung des Versuchsstadiums von der Tatvollendung hängt auch vom Charakter der Straftat ab, die versucht wird, und lässt sich nur anhand konkreter Tatbestände verdeutlichen. So reicht bei schlichten Tätigkeitsdelikten eine einfache abstrakt-gefährliche Handlung für die Vollendung aus; bei Erfolgsdelikten dagegen ist der Eintritt eines tatbestandsmäßigen Erfolgs erforderlich, der nach der überwiegenden Lehrmeinung allerdings auch im Eintreten einer bestimmten konkreten Gefahr bestehen kann.

---

[2] Siehe dazu II.D.3.

Die Unmittelbarkeit des Täterverhaltens, das eindeutig und zweckgerichtet auf die Vollendung der verbotenen Tat abzielt, legt die Grenze zwischen den im Regelfall straflosen Vorbereitungshandlungen und dem stets strafbaren Versuch fest.

Abschließend soll festgehalten werden, dass nach dem geltenden Recht ein Versuch erst dann zu bejahen ist, wenn der Täter sowohl nach objektiver Betrachtung als auch nach seiner subjektiven Vorstellung ohne wesentliche Zwischenschritte unmittelbar zur Verwirklichung des gesetzlichen Tatbestands übergegangen ist.

Bei einem durch mehrere begangenen Versuch wird im polnischen Strafrecht darauf abgestellt, ob das Verhalten jedes einzelnen Mitwirkenden[3] unmittelbar auf die Straftatvollendung ausgerichtet ist.

Die unterbliebene Tatvollendung stellt ein negatives Merkmal des Versuchs dar. Der Versuchstäter erfüllt hierbei nicht alle gesetzlichen Tatbestandsmerkmale, und gegebenenfalls bleibt der Erfolg aus. In diesem Zusammenhang unterscheidet die Lehre verschiedene Versuchskonstellationen: Es kann sich nämlich um einen untauglichen, fehlgeschlagenen, verhinderten, unbeendeten, beendeten oder qualifizierten Versuch handeln.

Fehlgeschlagen ist ein Versuch, der aus objektiven oder subjektiven Gründen fehlgeht, zum Beispiel ein abgefeuerter Pistolenschuss, der das Zielobjekt verfehlt. Ein Versuch ist dann verhindert, wenn ein Dritter die Tatvollendung gestört hat, zum Beispiel die Überwältigung eines zum Schuss ansetzenden Täters durch die Polizei. Unbeendet ist ein Versuch, wenn der Täter nur eine von mehreren für die Tatvollendung notwendigen Handlungen vollzogen hat. Beim beendeten Versuch hingegen hat er das für die Tatvollendung erforderliche Verhalten vollständig realisiert, den Taterfolg aber dennoch nicht erreicht. Von einem qualifizierten Versuch spricht die polnische Lehre dann, wenn der vom Täter beabsichtigte Erfolg zwar nicht eintritt, dafür hingegen ein anderer, von ihm nicht gewollter Erfolg (zum Beispiel wenn der Täter vorhat, das Opfer zu töten, das Opfer jedoch „nur" schwer verletzt wird). Die „Qualifikation" bezieht sich hier auf die rechtliche Grundlage der Strafbarkeit eines solchen Versuchstäters: Er macht sich nämlich wegen versuchter Tötung in Tateinheit mit vollendeter schwerer Körperverletzung strafbar.

c) Subjektive Voraussetzungen der Versuchsstrafbarkeit

Der Tatvorsatz, der nach der in der Lehre und Rechtsprechung herrschenden Ansicht sowohl die Form des *dolus directus* als auch die des *dolus eventualis* annehmen kann (Art. 9 § 1 k.k), muss sich auf eine konkrete, verbotene, im Besonderen Teil des k.k beschriebene Straftat beziehen. Folglich reicht es für die Versuchsbejahung nicht aus, wenn nur festgestellt wird, dass der Täter irgendeine nicht näher bezeichnete verbotene Tat begehen wollte.

---

[3] Siehe dazu ausführlich II.G.2.

Der bedingte Vorsatz genügt beim Versuch immer dann, wenn er auch nach dem betreffenden Tatbestand für seine Verwirklichung ausreichend ist. Dem fahrlässig Handelnden hingegen (Art. 9 § 2 k.k) fehlt gerade der Tatvorsatz. Aus diesem Grund lehnen Lehre und Rechtsprechung den fahrlässigen Versuch ab.[4] Das Gleiche betrifft den Versuch von Straftaten, die sich durch die sogenannte kombinierte (vorsätzlich-fahrlässige) Schuld[5] auszeichnen (Art. 9 § 3 k.k).

3. Einzelprobleme

a) Untauglicher Versuch

Die Legaldefinition des nach polnischem Recht grundsätzlich strafbaren untauglichen Versuchs ist in Art. 13 § 2 k.k enthalten.

Art. 13 k.k

(…)

§ 2. Ein Versuch liegt auch dann vor, wenn dem Täter nicht bewusst ist, dass die Vollendung der verbotenen Tat in Ermangelung eines für die Tatausführung tauglichen Objekts oder infolge der Verwendung eines für die Tatausführung untauglichen Mittels unmöglich ist.

Wie aus dieser Norm ersichtlich, regelt der polnische Gesetzgeber den untauglichen Versuch in einer – von dem tauglichen Versuch – separaten Bestimmung und leitet damit seine Strafbarkeit nicht aus der allgemeinen Versuchsformel ab.

Obwohl der untaugliche Versuch eine selbstständige Form des Versuchs darstellt, ist er als Unterfall des Versuchs anzusehen und muss infolge dessen alle in Art. 13 § 1 k.k genannten Merkmale erfüllen. Das bedeutet, dass auch der Täter des untauglichen Versuchs mit dem Vorsatz handelt, eine verbotene Tat zu begehen, und sein Verhalten unmittelbar auf die Tatvollendung ausrichtet. Bei dieser Versuchsart kann es allerdings schon aus *ex-ante*-Sicht nicht zur Vollendung kommen, was dem Täter jedoch nicht bewusst ist. Er weiß nämlich nicht, dass sein Verhalten objektiv nicht geeignet ist, eine verbotene Tat zu vollenden.

Der untaugliche Versuch ist als Folge eines Irrtums des Täters über ein objektives Tatbestandsmerkmal anzusehen. Denn der Täter stellt sich Tatumstände vor, die, wenn sie vorlägen, den gesetzlichen Tatbestand erfüllen würden. Sein Irrtum kann sich auf verschiedene Tatbestandsmerkmale beziehen, und er kann sowohl bei einem schlichten Tätigkeits- wie auch bei einem Erfolgsdelikt vorkommen. Allerdings müssen nicht alle theoretisch denkbaren Fallgruppen des untauglichen Versuchs strafbar sein.

---

4 Siehe oben 1.a.

5 Siehe dazu II.E.4.

Die Untauglichkeit des Versuchs bezieht sich nach geltendem Strafrecht ausschließlich entweder auf das Tatmittel oder auf das Tatobjekt. Alle anderen Fälle der Versuchsuntauglichkeit (zum Beispiel die Qualität des Subjekts oder der Tatumstände wie Zeit und Ort der Tat) bleiben im polnischen Recht straflos.

Sowohl bei den Tatmitteln als auch bei den Tatobjekten differenziert die Lehre zwischen solchen, die absolut, und solchen, die nur relativ untauglich sind. Absolut untauglich ist zum Beispiel ein Tatobjekt, bei dem der beabsichtigte Taterfolg gar nicht eintreten kann (zum Beispiel schießt der Täter auf einen Baum in der Annahme, es handele sich um einen Menschen); relativ untauglich ist hingegen ein Tatmittel, das zum Beispiel nur unter den zur Tatzeit gegebenen Umständen den erwünschten Erfolg nicht herbeiführen kann, wie dies bei der Verabreichung einer zu geringen Dosis an tödlichem Gift der Fall ist.

b) Wahndelikt

Während der Täter eines untauglichen Versuchs über das irrt, was er tut, irrt der Täter eines Wahndelikts über das Verbotensein seiner Tat. Dies ist nach polnischem Strafrecht unerheblich.

c) Versuchte Tatbeteiligung/Beteiligung am Versuch

Die rechtstheoretische Problematik der Strafbarkeit der versuchten Tatbeteiligung, die im polnischen Strafrecht als versuchte Mitwirkung bezeichnet wird *(usiłowanie współdziałania)*, ist von der Beteiligung (Mitwirkung) am Versuch *(współdziałanie w usiłowaniu)* abzugrenzen.[6]

Die herrschende Lehre geht davon aus, dass die versuchte Mitwirkung in Bezug auf die drei in Art. 18 § 1 k.k vorgesehenen täterschaftlichen Mitwirkungsformen (Mittäterschaft, Auftragstäterschaft und leitende Täterschaft) möglich ist, und hält demzufolge die in Art. 13 k.k definierte Rechtsfigur des Versuchs auf diese drei Mitwirkungsformen für anwendbar. Dementsprechend können Mittäterschaft, Auftragstäterschaft und leitende Täterschaft versucht werden. In all diesen versuchten Mitwirkungsformen hat der ausführende Täter die Haupttat – aus welchen Gründen auch immer – nicht vollendet, aber mindestens versucht.

Der dogmatische Aspekt der Strafbarkeit wegen versuchter Anstiftung/Beihilfe gestaltet sich dagegen im polnischen Strafrecht sehr problematisch. Ein Teil der Lehre sowie die neuere höchstrichterliche Rechtsprechung nehmen den Standpunkt ein, dass die Anstiftung und auch die Beihilfe versucht werden können, was zur Folge hat, dass der Versuch dieser Mitwirkungsformen strafbar ist. Die Anstiftung ist danach in dem Moment vollendet, in dem der Anstifter seine eigene Tathand-

6 Siehe dazu ausführlich II.G.5.

lung beendet, das heißt einen anderen zur Tatbegehung verleitet hat, und zwar ganz unabhängig davon, ob der andere den Tatentschluss gefasst hat oder nicht.

In der Lehre wird allerdings auch eine Ansicht vertreten, die mittels dogmatischer und kriminalpolitisch erheblicher Argumente die Strafbarkeit wegen versuchter nicht-täterschaftlicher Mitwirkung kategorisch ablehnt. Wollte man – nach dieser Lehrmeinung – den Versuch der Anstiftung/Beihilfe pönalisieren, so müsste man solche Handlungen der Mitwirkenden unter Strafe stellen, die im Vorfeld der Tat stattfinden und auf die Veranlassung beziehungsweise Erleichterung der Tatbegehung abzielen. Das würde jedoch zu einer unzulässigen Ausdehnung der Strafbarkeit des versuchenden Anstifters/Gehilfen führen, welche die Versuchsregelung in Art. 13 k.k und das Verständnis des Strafrechts als *ultima ratio* sprengt.

4. Strafzumessung

Die Strafzumessung beim Versuch regelt Art. 14 k.k.

Art. 14 k.k

§ 1. Das Gericht bemisst die Strafe für einen Versuch innerhalb des Rahmens der für die betreffende Straftat vorgesehenen Strafdrohung.

§ 2. In dem in Art. 13 § 2 bezeichneten Fall kann das Gericht die außerordentliche Strafmilderung anwenden oder sogar von der Verhängung von Strafe absehen.

Die Strafbarkeit des Versuchs (darunter auch die des untauglichen Versuchs) ist grundsätzlich der einer vollendeten Straftat gleichgestellt. Diese Regel gilt im polnischen Recht – im Unterschied zu vielen anderen Rechtsordnungen – für alle Straftaten. Dies hat zur Folge, dass auch der gesetzliche Strafrahmen für ein versuchtes mit dem für ein vollendetes Delikt übereinstimmt. Lediglich beim untauglichen Versuch besteht die Möglichkeit einer Strafmilderung (Art. 13 § 2 k.k). Diese Rechtslage galt auch nach dem „alten“ polnischen k.k von 1932.[7]

Wie bereits hervorgehoben wurde,[8] ist diese dogmatische Gleichstellung einerseits mit der Nähe der versuchten Tat zur Vollendung, andererseits mit ihrer Gefährlichkeit für das geschützte Rechtsgut und mit der Intensität des verbrecherischen Willens des Täters zu begründen, der bereits in der Versuchsphase der Tat zum Ausdruck kommt.

Dennoch besteht in der Lehre und Rechtsprechung Einigkeit darüber, dass der Grad der Strafwürdigkeit eines Versuchs niedriger ist als der einer vollendeten Tat. Das wird besonders beim untauglichen Versuch deutlich, bei dem das geschützte Rechtsgut zu keinem Zeitpunkt gefährdet ist. Folglich sieht das Strafgesetz in die-

---

7 Siehe dazu ausführlich I.G.2.

8 Siehe oben 1.b.

sen Fällen die fakultative Möglichkeit der Strafmilderung *(nadzwyczajne złagodzenie kary)* und sogar des Absehens von Strafe *(odstąpienie od wymierzenia kary)* vor. Allerdings entscheidet erst die Gesamtwürdigung aller Tatumstände und der mit dem Täter verbundenen Merkmale darüber, ob beim Vorliegen des untauglichen Versuchs eine Strafe innerhalb der gesetzlichen Strafandrohung für eine vollendete Straftat, eine Strafmilderung oder ein vollständiges Absehen von Strafe in Betracht zu ziehen ist.

Es ist abschließend anzumerken, dass die auf der ursprünglich subjektivistischen Versuchsauffassung beruhende Gleichstellung des Versuchs mit der Vollendung einer Tat in der polnischen Strafrechtslehre eine lange Tradition hat, die auf den Schöpfer des k.k von 1932[9] zurückzuführen ist. Auch diese Tradition ist bereits durch die Inkonsequenz in der Durchführung des Gleichstellungskonzepts geprägt: Für den untauglichen Versuch bestand nämlich schon im „alten" Recht und besteht auch im geltenden k.k die Möglichkeit, die Strafe außerordentlich zu mildern oder sogar von ihrer Verhängung gänzlich abzusehen (Art. 13 § 2 k.k), was natürlich einem Bruch mit der dogmatischen Gleichstellung der Strafbarkeit dieser beiden stadialen Formen der Straftat gleichkommt.

5. Rücktritt vom Versuch

a) Voraussetzungen

Der Rücktritt vom Versuch ist in Art. 15 k.k geregelt.

Art. 15 k.k

§ 1. Wegen Versuchs wird nicht bestraft, wer freiwillig von der Tatvollendung abgesehen oder den tatbestandsmäßigen Erfolg verhindert hat.

§ 2. Hat sich der Täter freiwillig bemüht, den tatbestandsmäßigen Erfolg zu verhindern, so kann das Gericht die außerordentliche Strafmilderung anwenden.

Art. 15 k.k benennt die Rechtsfolgen für drei Arten des Rücktritts vom Versuch:

- die freiwillige Aufgabe/das Absehen von der Tatvollendung;
- die freiwillige Verhinderung des Erfolgseintritts;
- das freiwillige, doch erfolglose Bemühen um die Verhinderung des Erfolgseintritts.

Die freiwillige Aufgabe der Tatvollendung bezieht sich ausschließlich auf den unbeendeten Versuch, das heißt eine Situation, in welcher der Täter davon ausgeht, noch nicht alles getan zu haben, was nach seiner Vorstellung zur Tatvollendung erforderlich ist. Der beendete Versuch betrifft dagegen solche Fälle, in denen der

---

9 Siehe dazu ausführlich I.G.2.

Täter annimmt, bereits alles, was nach seinem Plan für die Tatvollendung erforderlich ist, getan zu haben. Die Rechtsfolge in Form der Straflosigkeit kommt in beiden genannten Arten des Rücktritts zur Geltung. Allerdings genügt es beim unbeendeten Versuch, wenn der Täter lediglich von der Tatvollendung absieht, wohingegen beim beendeten Versuch sein bewusstes und aktives Gegensteuern mit dem Ziel, den Eintritt des tatbestandsmäßigen Erfolgs zu verhindern, notwendig ist. Im letztgenannten Fall, der sich auf ein Erfolgsdelikt bezieht, ist der Erfolg zeitlich – und manchmal auch räumlich – von dem vorhergehenden „neutralisierenden" Verhalten getrennt.

Der Begriff der Freiwilligkeit ist beim Rücktritt vom Versuch von entscheidender Bedeutung. Die Freiwilligkeit kann nur dann bejaht werden, wenn der Täter von der für ihn bestehenden Möglichkeit der Fortsetzung seines unmittelbar zur Tatvollendung führenden Verhaltens Abstand nimmt. Man spricht auch von der Aufgabe des Vorsatzes, die Straftat zu begehen *(quia potuit, quia non voluit)*. Es wird hierbei überwiegend die psychologische Auffassung vertreten, nach der es nicht auf die Art des Impulses oder des Motivs ankommt, das den Täter dazu bewegt hat, vom Versuch Abstand zu nehmen. Somit ist der sittliche Wert oder eine moralische Motivation des Täterentschlusses unerheblich.

Von einem freiwilligen Rücktritt kann allerdings nicht gesprochen werden, wenn der Täter aufgrund der äußeren Umstände die Weiterführung seiner Handlung aufgibt. In einem solchen Fall erkennt er, dass die Verwirklichung seines Vorsatzes – aufgrund der äußeren Hindernisse – nicht möglich sein wird.

Die Aufgabe des Tatvorsatzes muss nach Meinung des Obersten Gerichts einen endgültigen Charakter aufweisen. Dies bedeutet, dass die Entscheidung, die begonnene Straftat nicht zu vollenden, zugleich endgültig sein muss. Allerdings kann ein zu einem wesentlich späteren Zeitpunkt gefasster erneuter Vorsatz nicht dazu führen, dass dem Täter die durch Rücktritt gewonnene Straffreiheit wieder aberkannt würde.

Das freiwillige und ernsthafte Bemühen um die Erfolgsverhinderung genügt in den Fällen, in denen die Verhinderung nicht möglich ist, weil zum Beispiel der Erfolg durch das Eingreifen einer dritten Person vereitelt wird oder der Versuch – ohne Wissen des Versuchstäters – untauglich war. Beim untauglichen Versuch besteht keine Möglichkeit, den Erfolg zu verhindern, da er überhaupt nicht eintreten kann.

b) Wirkung des Rücktritts

Das Strafgesetz gewährt dem Versuchstäter beim freiwilligen Absehen von der Tatvollendung und bei der freiwilligen Verhinderung des Erfolgseintritts Straflosigkeit (Art. 15 § 1 k.k). Die Rechtsfolge eines ernsthaften und aus der Sicht des Täters auch wirksamen, jedoch tatsächlich erfolglos gebliebenen Bemühens um die

Verhinderung des tatbestandsmäßigen Erfolgs besteht in der fakultativen außerordentlichen Strafmilderung (Art. 15 § 2 k.k).

Nach der in der Lehre immer noch herrschenden Meinung ist die strafaufhebende beziehungsweise strafmildernde Wirkung des Rücktritts vom Versuch durch kriminalpolitische Erwägungen begründet. Dem Versuchstäter soll nämlich eine „goldene Brücke" zur Rückkehr in die Gesetzestreue gebaut werden, durch deren Betreten die von ihm ursprünglich beabsichtigte Rechtsgutsverletzung oder -gefährdung gleichzeitig beseitigt wird.

c) Besonderheiten bei Tatbeteiligung mehrerer

Sofern mehrere an einer Straftat beteiligt sind, so wie es bei der Mittäterschaft der Fall ist, muss sich jeder einzelne Mittäter um die Verhinderung des Erfolgseintritts freiwillig und ernsthaft bemühen, um in den Genuss der Straflosigkeit zu kommen (Art. 15 § 1 k.k). Allerdings muss ein Mittäter zur Erfolgsverhinderung nur dann aktiv eingreifen, wenn der Erfolg sonst ohne seine weitere Mitwirkung eintreten würde. Kann der Erfolg dagegen ohne seinen mittäterschaftlichen Beitrag gar nicht herbeigeführt werden, so wird von ihm nicht mehr verlangt, als dass er auf die weitere Durchführung seines eigenen Tatbeitrags freiwillig verzichtet.

Bemüht sich nur einer der Mittäter darum, die anderen von der Notwendigkeit des Rücktritts vom Versuch zu überzeugen, und nimmt er selbst freiwillig von der Tatvollendung Abstand, so ist nach überwiegender Meinung in der polnischen Lehre die Anwendung der Strafmilderung gemäß Art. 15 § 2 k.k begründet.

6. Andere Formen strafbaren Verhaltens im Vorfeld der Tatvollendung

a) Vorbereitung

Die Legaldefinition der im polnischen Strafrecht im Regelfall straflosen Vorbereitungshandlungen ist in Art. 16 k.k enthalten.

Art. 16 k.k

§ 1. Vorbereitung liegt nur dann vor, wenn der Täter in der Absicht der Begehung einer verbotenen Tat Handlungen vornimmt, welche die Voraussetzungen dafür schaffen sollen, dass das Unternehmen der Tat unmittelbar zu deren Vollendung führt, insbesondere wenn der Täter zu diesem Zweck mit einer anderen Person Verabredungen trifft, Mittel erwirbt oder bereitstellt, Informationen sammelt oder einen Handlungsplan entwirft.

§ 2. Vorbereitung ist nur dann strafbar, wenn das Gesetz dies ausdrücklich bestimmt.

Das Stadium der Vorbereitung umfasst die vor dem Versuchsbeginn liegenden Handlungen, die zwar auf die Verwirklichung eines konkreten Tatbestands hinzielen, aber noch nicht unmittelbar dazu ansetzen. Somit werden alle Handlungen, die nur mittelbar zur Tatvollendung führen, das heißt welche die Tatvollendung nur ermöglichen oder nur erleichtern sollen, als strafrechtlich relevante Vorbereitung definiert und vom Versuch abgegrenzt.

b) Subjektive und objektive Seite der Vorbereitung

Die subjektive Seite einer strafbaren Vorbereitung ist durch das Ziel gekennzeichnet, das der Täter verfolgt: Er muss nämlich in der Absicht (polnisch wörtlich: mit dem Ziel/*w celu*) handeln, eine Straftat zu begehen. Diesem Ziel sind alle Handlungen untergeordnet, welche in der Definition des Art. 16 § 1 k.k genannt sind. Es geht um sämtliche Handlungen/Tätigkeiten, welche objektiv vorbereitend und nach der Vorstellung des Täters/der Täter geeignet sind, Bedingungen zu schaffen, die eine unmittelbare Tatvollendung ermöglichen. Das Gesetz nennt hier – nur beispielhaft – zwei Arten von Vorbereitungshandlungen:

- Erwerb oder Bereitstellung von Mitteln, Sammlung von Informationen, Entwurf von Handlungsplänen (sogenannte Einzelvorbereitung) sowie
- Verabredung mit einer anderen Person zum Zweck der Straftatbegehung (sogenannte Verabredung).

Der Vorsatz des Täters muss notwendig in der Form des *dolus directus* vorliegen. Jede Handlung, die nicht von der Absicht des Täters erfasst wird, das heißt von ihm nicht mit dem Ziel der Straftatbegehung vorgenommen wurde, sprengt die inhaltlichen Grenzen einer strafrechtlich relevanten Vorbereitung. Auf der anderen Seite ist die Strafbarkeit der Vorbereitung als „selbstständige Tat" auch dann begründet, wenn die Absicht des Täters nicht verwirklicht, das heißt, wenn die Straftat nicht vollendet wurde. Die Vorbereitungshandlungen brauchen nämlich nicht in einem ursächlichen Zusammenhang mit der Straftatvollendung zu stehen. Die polnische Lehre und Rechtsprechung vertreten mehrheitlich die Ansicht, dass die Feststellung ausreicht, dass die einschlägigen Handlungen zum Zweck der Straftatbegehung vorgenommen wurden.

c) Strafbarkeit der Vorbereitung

Nach Art. 16 § 2 k.k ist die Vorbereitung nur in den im Gesetz ausdrücklich genannten Fällen strafbar. Dies gilt zum Beispiel für folgende Deliktsarten:

- Art. 117 k.k (Angriffskrieg);
- Art. 118 k.k (Völkermord);
- Art. 127 k.k (Hochverrat);
- Art. 128 k.k (Gewaltsamer Angriff auf ein Verfassungsorgan);
- Art. 140 k.k (Gewaltsamer Angriff auf eine Einheit der Streitkräfte der Republik Polen);

– Art. 175 k.k (Herbeiführung einer Verkehrskatastrophe);
– Art. 252 k.k (Geiselnahme);
– Art. 310 k.k (Geldfälschung).

Wie daraus ersichtlich ist, bezieht sich die Vorbereitungsstrafbarkeit auf die schwersten Kapitaldelikte, deren Gesellschaftsschädlichkeit vom polnischen Gesetzgeber als sehr hoch eingestuft wird.

d) Rücktritt von der Vorbereitung

Analog zum Rücktritt vom Versuch ist der Rücktritt von der Vorbereitung in Art. 17 k.k geregelt.

Art. 17 k.k
§ 1. Wegen Vorbereitung wird nicht bestraft, wer freiwillig von ihr zurückgetreten ist, insbesondere die bereitgestellten Mittel vernichtet oder ihre künftige Benutzung verhindert hat. Im Falle einer Verabredung der Tatbegehung mit einer anderen Person wird nicht bestraft, wer darüber hinaus wesentliche Bemühungen unternommen hat, um die Tatvollendung zu verhindern.
§ 2. Wegen Vorbereitung wird diejenige Person nicht bestraft, auf die Art. 15 § 1 Anwendung findet.

Literaturhinweise

Daszkiewicz, Krystyna, Usiłowanie nieudolne (ze szczególnym uwzględnieniem uchwały Sądu Najwyższego z dnia 20 listopada 2000 r.) (Untauglicher Versuch [unter besonderer Berücksichtigung des Beschlusses des Obersten Gerichts vom 20. November 2000]). Prokuratura i Prawo 2001, Nr. 9, 7–21.

Dębski, Ryszard, Kilka uwag o podstawach regulacji usiłowania w obowiązującym kodeksie karnym (Einige Bemerkungen über die rechtliche Grundlage der Versuchsregelung im geltenden Strafgesetzbuch). In: Leszek Leszczyński/Edward Skrętowych/Zbigniew Hołda (Hrsg.), W kręgu teorii i praktyki prawa karnego (Im Kreise der Theorie und der Praxis des Strafrechts). Festschrift für Prof. Andrzej Wąsek. Lublin 2005, S. 87–100.

Gardocki, Lech, Prawo karne (Strafrecht). 11. Aufl. Warschau 2005, S. 104–109 mit weiteren Literaturangaben.

Kardas, Piotr, in: Andrzej Zoll (Hrsg.), Kodeks karny. Część ogólna. Komentarz do art. 1–116 (Strafgesetzbuch. Allgemeiner Teil. Kommentar zu Art. 1–116), Band I. 2. Aufl. Krakau 2004, S. 278–452 mit weiteren Literaturangaben.

– Teoretyczne podstawy odpowiedzialności karnej za przestępne współdziałanie (Theoretische Grundlagen der Strafbarkeit wegen Mitwirkung an einer Straftat). Krakau 2001.

Kunze, Eugeniusz, Przygotowanie przestępstwa w ujęciu polskiego prawa karnego (Straftatvorbereitung im polnischen Strafrecht). Posen 1991.

Liszewska, Agnieszka, Podżeganie i pomocnictwo a usiłowanie (Anstiftung, Beihilfe und Versuch). Państwo i Prawo 2000, Nr. 6, 51–62.

Marek, Andrzej, Prawo karne (Strafrecht). 6. Aufl. Warschau 2005, S. 190–202 mit weiteren Literaturangaben.

Raglewski, Janusz, Usiłowanie nieudolne dokonania czynu zabronionego – analiza krytyczna (Untauglicher Versuch der Straftatbegehung – eine kritische Analyse). Prokuratura i Prawo 2003, Nr. 12, 34–47.

Rejman, Genowefa, in: Ewa Bieńkowska/Barbara Kunicka-Michalska/Genowefa Rejman/ Janina Wojciechowska (Hrsg.), Kodeks karny. Część ogólna. Komentarz (Strafgesetzbuch. Allgemeiner Teil. Kommentar). Warschau 1999, S. 553–588 mit weiteren Literaturangaben.

Spotowski, Andrzej, Erscheinungsformen der Straftat im deutschen und polnischen Strafrecht. Baden-Baden 1979, S. 17–80.

Wąsek, Andrzej, Kodeks karny. Komentarz do Art. 1–31 (Strafgesetzbuch. Kommentar zu Art. 1–31), Band I. Danzig 2000, S. 189–206 mit weiteren Literaturangaben.

Das polnische Strafgesetzbuch. Kodeks karny. Deutsche Übersetzung und Einführung von *Ewa Weigend*. Freiburg 1998, Art. 1–116.

Zoll, Andrzej (Hrsg.), Kodeks karny. Część ogólna. Komentarz do art. 1–116 (Strafgesetzbuch. Allgemeiner Teil. Kommentar zu Art. 1–116), Band I. 2. Aufl. Krakau 2004, S. 227–277 mit weiteren Literaturangaben.

Rechtsprechung

Rechtsprechung des Obersten Gerichts

Urteil vom 21.6.2007 (II AKa 55/07), OSNKW 2007, Nr. 7/8, Pos. 55.

Beschluss vom 23.5.2007 (V KK 265/2006), Nr. 7/8, Pos. 58.

Urteil vom 12.12.2006 (WA 33/2006), OSNwSK 2006, Nr. 1, Pos. 2419.

Urteil vom 19.7.2006 (III KK 403/2005), LEX Nr. 193006.

Beschluss vom 5.5.2006 (II KK 269/2005), LEX Nr. 186937.

Urteil vom 10.3.2006 (V KK 278/2005), LEX Nr. 180767.

Urteil vom 8.3.2006 (IV KK 415/2005), LEX Nr. 183071.

Beschluss vom 8.9.2005 (II KK 10/2005), LEX Nr. 157547.

Beschluss vom 21.10.2003 (I KZP 11/2003), OSNKW 2003, Nr. 11/12, Pos. 89.

Urteil vom 11.9.2002 (V KKN 9/2001, OSP 2003, Nr. 7/8).

Beschluss vom 20.11.2000 (I KZP 36/2000, OSP 2001, Nr. 4).

Urteil vom 9.9.1999 (III KKN 704/1998), LEX Nr. 39096.

Abkürzungsverzeichnis

k.k	kodeks karny (polnisches Strafgesetzbuch)
LEX	Polnische juristische elektronische Datenbank
OSNKW	Orzecznictwo Sądu Najwyższego, Izba Karna i Wojskowa (Rechtsprechung des Obersten Gerichts, Straf- und Militärkammer. Entscheidungssammlung)
OSNwSK	Orzecznictwo Sądu Najwyższego w sprawach karnych (Rechtsprechung des Obersten Gerichts in Strafsachen. Entscheidungssammlung)
OSP	Orzecznictwo Sądów Polskich (Rechtsprechung der polnischen Gerichte. Entscheidungssammlung)

Sarah Summers

Strafbares Verhalten im Vorfeld der Tatvollendung in Schottland

1. Allgemeines

a) Überblick

Versuch *(attempt)*, Anstiftung *(incitement)* und Verabredung *(conspiracy)* bilden im schottischen Strafrecht die sogenannten unvollendeten Straftaten *(incohate offences)*. Das bestimmende Merkmal für unvollendete Verbrechen ist, dass der Täter den objektiven Tatbestand *(actus reus)* nicht erfüllt. Die Abgrenzung zwischen Versuch und *incitement/conspiracy* umfasst grundsätzlich die gleichen Fragen wie bei der Feststellung der objektiven Voraussetzung des Versuchs, namentlich ob eine offenkundige Handlung *(overt act)* für die Vorantreibung des *actus reus* bewiesen werden kann oder ob eine solche als Vorbereitungshandlungen zu betrachten ist.

b) Gründe der Strafbarkeit

In der Lehre und der Rechtsprechung werden vor allem moralphilosophische und kriminalpolitische Gründe genannt, warum eine bloß versuchte Straftat überhaupt und warum sie im Vergleich zu einer vollendeten Straftat milder bestraft werden soll. Ein Argument, welches die Strafbarkeit des Versuchs rechtfertigt, ist, dass jemand, der eine Straftat zu begehen versuche, die gleiche (oder ähnliche) moralische Schuld trage wie jemand, der die Straftat begehe. So formuliert zum Beispiel *Hart*: "The criminal had gone so far as to do his best to execute a wicked intention." Der entscheidende Faktor, welcher den Erfolg des versuchten Verbrechens verhindert, wird allgemein als Zufall und nicht als eine Wahl des Täters betrachtet; dem Täter soll deswegen in solchen Fällen eine gewisse Bestrafung nicht erspart bleiben.

Ein weiterer Gesichtspunkt, welcher mitunter geltend gemacht wird, ist die abschreckende Wirkung der Versuchsstrafbarkeit. *Hart* schreibt diesbezüglich, dass "the accused has manifested a dangerous disposition to do all he can do to commit a crime and the experience of punishment may check him in the future, since it may cause him to attach more weight to the law's threats".

Obwohl eine versuchte Straftat nur beschränkten „Schaden" (zuweilen überhaupt keinen) verursache beziehungsweise kein Rechtsgut effektiv verletzt werde, könne die Kriminalisierung des Versuchs präventiv wirken. Aus einer streng ergebnisorientierten Perspektive betrachtet dient die Kriminalisierung des Versuchs der Kriminalprävention. Es wird eine rechtliche Grundlage für polizeiliches Eingreifen geschaffen.

Ebenso wie allgemeiner Konsens über die Strafwürdigkeit des Versuchs besteht, stimmen Lehre und Rechtsprechung darin überein, dass die Versuchsstrafe gemildert werden sollte. Dies wird auf den Einfluss des „Rechtsgüterschutzprinzips" *(harm principle)* im Strafrecht zurückgeführt: Eine unvollendete Straftat verursacht weniger Schaden als eine vollendete Straftat.

2. Versuch

a) Definition

Gemäß Artikel 294 des *Criminal Procedure (Scotland) Act* 1995 ist der Versuch, eine Straftat zu begehen, selbst strafbar; diese Regelung findet sowohl in Bezug auf gesetzliche als auch auf Tatbestände des *common law* Anwendung. Gemeint ist hier, dass der Versuch, soweit nicht in einem Spezialgesetz geregelt, nach dem *common law* strafbar ist.

Criminal Procedure (Scotland) Act 1995 c. 46
Miscellaneous
Section 294 – Attempt at crime
An attempt to commit any indictable crime is itself an indictable crime.
Attempt to commit any offence punishable on complaint shall itself be an offence punishable on complaint.

Obwohl die Grundsätze des Versuchs prinzipiell für alle Straftatbestände gelten (*Criminal Procedure (Scotland) Act* 1995, s. 294), war lange ungeklärt, ob Straftaten, die nicht vorsätzlich begangen werden, versucht werden könnten. Verschiedene Autoren haben die Meinung vertreten, dass es zum Beispiel keine versuchte unvorsätzliche Tötung *(culpable homicide)* gebe, da die Definition dieses Tatbestands jegliche Vorsatzhandlung ausschließe. Nach der Entscheidung *Cawthorne* erscheint heute klar, dass diese Lehrmeinung falsch ist.[1] Allerdings gibt es im Zusammenhang mit *culpable homicide* soweit ersichtlich keine Verurteilungen wegen versuchter Tatbegehung.

---

[1] Siehe unten c.

b) Objektive Voraussetzungen der Versuchsstrafbarkeit

Charakteristisch für den Versuch ist der Umstand, dass der objektive Tatbestand nicht vollumfänglich erfüllt wurde. Für die Strafbarkeit muss eine bestimmte Handlung gegeben sein, welche auf die Verwirklichung des Tatbestands abzielt. Schwierigkeiten bereitet die Frage, ab wann eine Handlung als genügend fortgeschritten bezeichnet werden kann, um als strafbarer Versuch zu gelten. Um den Beginn des Versuchs zu definieren, sind verschiedene mehr objektiv oder subjektiv ausgerichtete Theorien entwickelt worden: die *wrongful act theory* (eine Person begeht den strafbaren Versuch einer Straftat, wenn die ausgeführte Handlung für sich allein schon einen [anderen] Straftatbestand erfüllt); die *irrevocability act theory* (eine Person begeht den strafbaren Versuch einer Straftat, wenn sie eine Handlung ausführt, deren Folge nicht mehr rückgängig gemacht werden kann); die *first stage theory* (eine Person begeht einen strafbaren Versuch, wenn aus ihrer Handlungsweise hervorgeht, dass sie versucht, eine Straftat zu begehen); die *perpetration theory* (eine Person begeht den strafbaren Versuch einer Straftat, wenn sie von der Vorbereitung zur Ausführung des Straftatbestands übergeht); und die *last act theory* (eine Person begeht einen strafbaren Versuch, wenn sie alles getan hat, was nach ihrer Meinung zur Delitksbegehung notwendig war).

Auch wenn die Rechtsprechung nicht einheitlich auf eine einzige Theorie abstellt, scheinen die *last act theory* und die *perpetration theory* für die Definition des Versuchsbeginns vorherrschend zu sein. Während *Gordon* zum Beispiel die *last act theory* deutlich favorisiert, wird in der Rechtsprechung die *perpetration theory* bevorzugt. Das Grundsatzurteil hierfür, *HM Advocate v Camerons*, geht davon aus, dass es darauf ankomme, wann die Vorbereitung aufhöre und die eigentliche Ausführung beginne. Diese Frage sei eine Tatsachenfrage und darum von der Jury zu entscheiden. Erst mit der Entscheidung *Guthrie v Friel* wurde klar, dass *Camerons* bindenden Charakter hat, mit den Worten von Lord *Justice-Clerk Ross*: “before a charge of attempting to do something can be established, the individual must have passed from mere preparation to perpetration”.

Zwischen Vorbereitungs- und Ausführungshandlung bestehen keine scharfen Grenzen. *Hume* führt aus, dass es in vielen Fällen sehr schwierig sei, die Vorbereitung von der Ausführung abzugrenze.. Auch Lord *Justice-General Clyde* merkte in *Coventry v Douglas* an, dass die in Frage stehende Abgrenzung nicht allgemein umschrieben werden könne. Die Unbestimmtheit wird auch in Urteilen thematisiert, in denen das Versuchsstadium schließlich bejaht wurde: In *Burns v Allan* beispielsweise wurde das Ausschalten einer Alarmanlage noch als Versuch eines Einbruchs mit Diebstahlsvorsatz gewertet, während in *Barrett v Allan* bereits das Anstehen in einer Warteschlange am Ticketschalter als versuchtes unerlaubtes Betreten eines Fußballstadiums trotz Trunkenheit qualifiziert wurde.

Diese Unschärfe bei der Abgrenzung von Vorbereitungs- und Ausführungshandlungen kann auch dadurch – zumindest teilweise – erklärt werden, dass die Rechtsfigur *conspiracy* oft als eine Erweiterung des Versuchs verwendet wird. Statt beweisen zu müssen, dass die ausgeführten Handlungen das Versuchsstadium erreicht haben, wird in Fällen mit mehreren Angeklagten häufig wegen *conspiracy* angeklagt.[2] Das Gericht kann dann (wegen *conspiracy*) verurteilen, ohne sich in der Abgrenzungsfrage betreffend Versuch festlegen zu müssen und ohne wesentliche Konsequenzen für die Strafzumessung.

c) Subjektive Voraussetzungen der Versuchsstrafbarkeit

Die subjektive Voraussetzung *(mens rea)* für den Versuch ist dieselbe wie für die vollendete Straftat. *Intention* ist nicht erforderlich, auch ein mit *recklessness* begangener Versuch *(reckless attempt)* ist prinzipiell – und im Gegensatz zur Rechtslage in England – möglich.[3] Hierzu Lord *Justice-General Clyde* in *Cawthorne v HM Advocate*, s. 36:

> In my opinion attempted murder is just the same as murder in the eyes of our law, but for one vital distinction, that the killing has not been brought off and the victim of the attack has escaped with his life. But there must be in each case the same *mens rea*, and that *mens rea* in each case can be proved by evidence of a deliberate intention to kill or by such recklessness as to show that the accused was regardless of the consequences of his act, whatever they may have been. I can find no justification in principle or in authority for the view so persuasively put forward by Mr. Cowie that the *mens rea* in the case where life is actually taken can be established by evidence of a reckless disregard of the consequences of the act on the part of the accused, but that *mens rea* cannot be proved in that way where the charge is attempted murder. In the latter case chance or good fortune has resulted in a life being spared, but the wilful intent behind the act is just the same as if a life had in fact been forfeited.

Auch in der Theorie wird die Bedeutung des Vorsatzes für die Strafbarkeit des Versuchs hinterfragt. Es wird darauf hingewiesen, dass der klar ersichtliche Unterschied zwischen vollendeter und unvollendeter Straftat sich auf die objektiven Merkmale *(actus reus)* beziehe und es *prima facie* kein Grund für strengere Voraussetzungen (das heißt in Bezug auf die *mens rea)* für die Strafbarkeit des Versuchs gebe.

Manche Kommentatoren kritisieren diesen Grundsatz und behaupten stattdessen, dass der Versuch nur vorsätzlich begangen werden könne, wie es (zumindest theoretisch) dem Strafrecht in England und Wales entspricht. Nach dieser Ansicht führt die schottische Lehre zu dem paradoxen Ergebnis, dass eine Person schuldig gesprochen werden kann wegen des Versuchs, etwas zu tun, was sie überhaupt nicht versucht hat ("someone can be found guilty of trying to do something he or she was not trying to do"). Klar ist, dass die Anschauung, Vorsatz sei für einen Versuch nicht erforderlich, zu Abgrenzungs- und Konkurrenzfragen führen kann: Sollte etwa jemand, der eines gefährlichen Fahrverhaltens *(dangerous driving)* für schul-

---

2 Siehe unten 6.

3 Zu *intention* und *recklessness* siehe II.E.2.

dig befunden wird, bei entsprechender Gefahrschaffung auch wegen versuchter Tötung durch gefährliches Fahrverhalten *(attempting to causing death by dangerous driving)* strafbar sein?

3. Einzelprobleme

a) Untauglicher Versuch

Die Rechtsprechung zum untauglichen Versuch (Irrtum über ein objektives Tatbestandsmerkmal) war vor der Entscheidung *Docherty v Brown* uneinheitlich und komplex. In *Docherty* wurde dann festgestellt, dass die objektive Unmöglichkeit, den beabsichtigten Taterfolg zu erzielen, einer Anklage wegen Versuchs einer strafbaren Handlung grundsätzlich nicht entgegensteht. Lord *Justice-Clerk Ross* führte aus:

> [F]or a relevant charge of an attempt to commit a crime, it must be averred that the accused had the necessary mens rea, and that he has done some positive act towards executing his purpose, that is to say that he has done something which amounts to perpetration rather than mere preparation. If what is libelled is an attempt to commit a crime which is impossible of achievement, impossibility is irrelevant except that there can be no attempt to commit the crime if the accused is aware that what he is trying to do is impossible. Except to that extent, impossibility has no relevance.

Für eine Verurteilung wegen strafbaren Versuchs muss nicht nur bewiesen werden, dass der Täter mit der Ausführung der Straftat begonnen hat, sondern auch, dass er die notwendige *mens rea* zur Tatbegehung aufweist.[4] So muss dargelegt werden, dass es nach der Vorstellung des Täters möglich war, das Verbrechen zu begehen. Nur wenn sich herausstellt, dass die Begehung des Verbrechens in der vorgestellten Art objektiv vollkommen unmöglich war, kann dieser Umstand einer Anklage als *defence* entgegengesetzt werden, beispielsweise wenn der Täter glaubt, dass durch Hexerei eine Körperverletzung begangen werden könne. Lord *Justice-General Hope* stellte so in *Docherty* (51) fest:

> Where on the true facts the notion that a crime could have been committed was fanciful […] no good purpose would be served in prosecuting a person who acted in this way, because his actings were so wholly misconceived as to cause no risk of harm to anyone.

In der Praxis werden solche Fälle von der Staatsanwaltschaft nicht angeklagt.

b) Wahndelikt

Ein anderer Typ eines untauglichen Versuchs liegt vor, wenn der Täter glaubt, dass er etwas Strafbares tut, tatsächlich sein Verhalten aber nicht strafbar ist (Irrtum über Verbotensein der Tat). Bei dieser Konstellation besteht keine Möglichkeit

---

[4] Siehe dazu II.E.1.

für eine Anklage, da wegen einer solchen Handlung auch keine Verurteilung erfolgen kann.

c) Versuchte Tatbeteiligung/Beteiligung am Versuch

In der Frage der versuchten Tatbeteiligung oder der Beteiligung mehrerer Personen an einem Versuch bestehen keine klaren Regelungen. Die Situation kann gut mit einem Beispiel illustriert werden:

X will Z töten und übergibt zu diesem Zweck Y Gift, damit dieser es dem Z verabreiche.

– Variante 1: Y lehnt die Tatbegehung ab und ruft die Polizei.
– Variante 2: Y weiß nicht um die Qualität des Gifts und versucht ahnungslos, es dem Z zu verabreichen.
– Variante 3: Y weiß um die Qualität des Gifts und versucht, Z zu vergiften.

Die Lösung der Variante 1 ist klar, die Anklage gegen X würde auf Anstiftung zur Vergiftung lauten. Variante 2 und 3 stellen sich weniger klar dar: *Macdonald* behandelt den Fall, dass jemand eine andere (unschuldige) Person zur Tatbegehung benutzt, gleich wie wenn jemand eine andere Person zur Tatbegehung anstiftet – in beiden Varianten 2 und 3 hält er eine Anklage wegen versuchter Vergiftung für angemessen.

Gordon möchte hier eine Unterscheidung treffen. Er stützt sich auf *Samuel Tumbleson* und geht davon aus, dass es sich um einen versuchten Mord handelt, wenn der Täter einem Unschuldigen, der nichts vom Tatplan weiß, Gift gibt, damit der andere es dem Opfer verabreichen soll. In Abweichung von der südafrikanischen Entscheidung *R v Nlhovo*, bei der schottisches Recht angewendet wurde, geht *Gordon* davon aus, dass eine Art von Mittäterschaft vorliege, wenn X dem Y Gift gibt, welches Y in Kenntnis der Umstände dem Z verabreichen soll. Die Anklage würde hier auf *conspiracy* zur Vergiftung[5] und nicht auf versuchte Vergiftung lauten. Ob *Gordons* Auffassung korrekt ist, wird die Rechtsprechung klarstellen müssen.

4. Strafzumessung

Es gelten grundsätzlich die gleichen Strafzumessungsregeln wie beim vollendeten Delikt. Eine Strafmilderung aufgrund verminderten Unrechts (fehlende Vollendung) steht im Ermessen des Richters.

---

5 Siehe unten 6.

5. Rücktritt vom Versuch

Es ist unklar, ob Rücktritt vom Versuch *(abandonment)* als *defence* dienen könnte. Dieser Umstand ist eng mit den Unbestimmtheiten der objektiven Voraussetzungen des Versuchs verbunden. Nach der *last-act*-Theorie ist ein strafbefreiender Rücktritt nicht möglich, da es keine Strafbarkeitslücke zwischen unvollendetem und vollendetem Versuch geben kann. Nach der *perpetration*-Theorie hingegen gibt es theoretisch die Möglichkeit eines Rücktritts vom Versuch, solange der Täter nicht alles getan hat, was er sich zur Vollendung der Tat vorgenommen hatte.

Die Position in Bezug auf tätige Reue *(intervention)* ist ebenfalls unklar. Gemäß *Gordon* sollte die erfolgreiche *intervention* als *defence* anerkannt werden, während eine missglückte *intervention* als bloßer Strafmilderungsgrund zu betrachten ist. Aus der Rechtsprechung ergeben sich keine konkreten Hinweise auf eine entsprechende Qualifizierung.

6. Andere Formen strafbaren Verhaltens im Vorfeld der Tatvollendung

Wenn eine allein handelnde Person versucht, eine Straftat zu begehen, wird sie für das unvollendete Delikt bestraft. Bis zum Erreichen der Versuchsschwelle besteht grundsätzlich keine Strafbarkeit.

Etwas anderes gilt, wenn zwei oder mehr Personen zusammen handeln. In diesen Fällen können die Begehungsformen der *conspiracy* oder des *incitement* vorliegen und die Personen sich strafbar machen, bevor das Versuchsstadium erreicht ist. In diesem Sinn werden *conspiracy* und *incitement* als Erweiterung (in der Praxis als Auffangtatbestände) gegenüber dem Versuch betrachtet.

Die Grundsätze betreffend *conspiracy* und *incitement* finden auf alle Tatbestände Anwendung.

a) Conspiracy

Conspiracy wird definiert als die Vereinbarung von zwei oder mehr Personen, einen kriminellen Zweck zu fördern oder zu verwirklichen:

> [T]he agreement of two or more persons to further or achieve a criminal purpose. A criminal purpose is one which if attempted or achieved by action on the part of the individual would itself constitute a crime by the law of Scotland' (*Maxwell v HM Advocate*, 43 per *Lord Cameron*).

Die Vereinbarung, ein Verbrechen zu begehen, wird als strafbare Verschwörung betrachtet, auch wenn die Straftat, welche gemäß dem Tatplan zu begehen wäre, weder begangen noch versucht wurde.

Die Strafbarkeit des Versuchs, eine solche Verschwörung zu bilden, ist weniger klar, und zwar aufgrund terminologischer Schwierigkeiten und wegen der Überschneidung zwischen *incitement* und *attempted conspiracy* (versuchte Verschwörung). *Gordon* erklärt dieses Problem auf folgende Weise:

> [As] soon as one person approaches another with an invitation to join in the commission of a crime, that first person has committed an indictable offence, call it attempted conspiracy, attempted incitement, incitement, or what you will.

Es bestehen verschiedene Szenarien, in welchen die handelnden Personen wegen *conspiracy* angeklagt werden können. Beispielhaft können drei Hauptszenarien angeführt werden:

– In Fällen, in welchen ein spezifisches Delikt im Rahmen einer *conspiracy* begangen beziehungsweise versucht wurde, ist es eher wahrscheinlich, dass die handelnden Personen wegen mittäterschaftlicher Begehung *art and part*[6] oder versuchter Begehung angeklagt werden. Es gibt jedoch Ausnahmen, und es ist nicht ungewöhnlich, dass die Anklage alternativ oder einzig auf *conspiracy* lautet, auch wenn das Delikt tatsächlich ausgeführt worden ist (vergleiche *HM Advocate v Al Megrahi* 181D-182E – *Lockerbie bombing case*).

– Weiter ist in Fällen, in welchen noch keine strafbare Handlung begangen beziehungsweise versucht wurde, eine Anklage wegen *conspiracy* möglich, ohne dass erwähnt wird, unter welchen konkreten Umständen und mit welchen Mitteln genau gehandelt werden sollte, einzig mit dem Hinweis darauf, dass die *conspiracy* mit strafbaren Mitteln verwirklicht worden sei (vergleiche *Walsh and Ors*).

– Schließlich kommt es nicht selten vor, dass Fälle von versuchten Straftaten als *conspiracy* angeklagt werden, und zwar insbesondere dann, wenn Schwierigkeiten bestehen, das Überschreiten der Versuchsschwelle zu beweisen. Jede Handlung, die im Rahmen einer *conspiracy* stattfindet, wird in der Regel eher zum Anlass des Beweises der *conspiracy* als einer Versuchshandlung genommen (vergleiche *Carberry*). Diese Praxis scheint dazu beizutragen, dass die Rechtsprechung bisher keine klaren Regeln zum Institut des Versuchs entwickelt hat.

b) Incitement

Der Vorschlag, dass jemand eine Straftat begehen soll, wird als *incitement* bezeichnet. Falls die Haupttat nicht begangen wird, ist *incitement* als versuchte *conspiracy* zu begreifen und abzugrenzen von der Bestimmung zu einer Straftat, die tatsächlich begangen wird. Es geht beim Tatbestand des *incitement* um die Bestrafung einer Vorbereitungshandlung. Als Beispiel kann der Fall *Baxter v HM Advocate* dienen: *Baxter* diskutierte mit einer Drittperson die Tötung seines Nachbarn, schlug dabei verschiedene Vorgehensweisen vor und versprach eine be-

---

6 Siehe dazu II.G.3.

stimmte Entlohnung (£ 5,000). Die Drittperson nahm das Gespräch mit *Baxter* auf Tonband auf und zeigte diesen bei der Polizei an. *Baxter* wurde wegen *incitement to murder* zu vier Jahren Gefängnis verurteilt.

Es wird kein detaillierter Plan und keine genaue Absprache der Tatumstände gefordert. Die Anstiftung muss aber ernst und konkret sein. Wie bei *conspiracy* ist *incitement* als ein *incohate offence* zu betrachten.[7] Wenn A (Anstifter) den B (Täter) veranlasst, deliktisch tätig zu werden, macht sich A auch wegen der Handlungen des B strafbar. Wenn B nichts tut, um den *actus reus* zu fördern, wird A wegen *incitement* bestraft. Es gibt auch einige gesetzliche Straftatbestände, welche das *incitement* in spezifischen Fällen regeln. Insbesondere die Bestimmungen betreffend *inciting racial hatred* (*Rassenhass* – siehe *Public Order Act* 1986, ss. 17–22) und Terrorismus (*Terrorism Act* 2006, s. 5) sind von Bedeutung.

Public Order Act 1986 c. 64

Racial Hatred

Section 17 – Meaning of "racial hatred"

In this Part "racial hatred" means hatred against a group of persons defined by reference to colour, race, nationality (including citizenship) or ethnic or national origins.

Section 18 – Use of words or behaviour or display of written material

(1) A person who uses threatening, abusive or insulting words or behaviour, or displays any written material which is threatening, abusive or insulting, is guilty of an offence if–

(a) he intends thereby to stir up racial hatred, or

(b) having regard to all the circumstances racial hatred is likely to be stirred up thereby.

(2) An offence under this section may be committed in a public or a private place, except that no offence is committed where the words or behaviour are used, or the written material is displayed, by a person inside a dwelling and are not heard or seen except by other persons in that or another dwelling.

(…)

(4) In proceedings for an offence under this section it is a defence for the accused to prove that he was inside a dwelling and had no reason to believe that the words or behaviour used, or the written material displayed, would be heard or seen by a person outside that or any other dwelling.

(5) A person who is not shown to have intended to stir up racial hatred is not guilty of an offence under this section if he did not intend his words or behaviour, or the written material, to be, and was not aware that it might be, threatening, abusive or insulting.

(6) This section does not apply to words or behaviour used, or written material displayed, solely for the purpose of being included in a programme included in a programme service.

---

[7] Siehe oben 1.a.

Section 19 – Publishing or distributing written material

(1) A person who publishes or distributes written material which is threatening, abusive or insulting is guilty of an offence if–

(a) he intends thereby to stir up racial hatred, or

(b) having regard to all the circumstances racial hatred is likely to be stirred up thereby.

(2) In proceedings for an offence under this section it is a defence for an accused who is not shown to have intended to stir up racial hatred to prove that he was not aware of the content of the material and did not suspect, and had no reason to suspect, that it was threatening, abusive or insulting.

(3) References in this Part to the publication or distribution of written material are to its publication or distribution to the public or a section of the public.

Section 20 – Public performance of play

(1) If a public performance of a play is given which involves the use of threatening, abusive or insulting words or behaviour, any person who presents or directs the performance is guilty of an offence if–

(a) he intends thereby to stir up racial hatred, or

(b) having regard to all the circumstances (and, in particular, taking the performance as a whole) racial hatred is likely to be stirred up thereby.

(2) If a person presenting or directing the performance is not shown to have intended to stir up racial hatred, it is a defence for him to prove–

(a) that he did not know and had no reason to suspect that the performance would involve the use of the offending words or behaviour, or

(b) that he did not know and had no reason to suspect that the offending words or behaviour were threatening, abusive or insulting, or (c) that he did not know and had no reason to suspect that the circumstances in which the performance would be given would be such that racial hatred would be likely to be stirred up.

(3) This section does not apply to a performance given solely or primarily for one or more of the following purposes–

(a) rehearsal,

(b) making a recording of the performance, or

(c) enabling the performance to be included in a programme service; but if it is proved that the performance was attended by persons other than those directly connected with the giving of the performance or the doing in relation to it of the things mentioned in paragraph (b) or (c), the performance shall, unless the contrary is shown, be taken not to have been given solely or primarily for the purposes mentioned above.

(4) For the purposes of this section–

(a) a person shall not be treated as presenting a performance of a play by reason only of his taking part in it as a performer,

(b) a person taking part as a performer in a performance directed by another shall be treated as a person who directed the performance if without reasonable excuse he performs otherwise than in accordance with that person's direction, and

(c) a person shall be taken to have directed a performance of a play given under his direction notwithstanding that he was not present during the performance; and a person shall not be treated as aiding or abetting the commission of an offence under this section by reason only of his taking part in a performance as a performer.

(5) In this section "play" and "public performance" have the same meaning as in the Theatres Act 1968.

(6) The following provisions of the Theatres Act 1968 apply in relation to an offence under this section as they apply to an offence under section 2 of that Act–

section 9 (script as evidence of what was performed),

section 10 (power to make copies of script),

section 15 (powers of entry and inspection).

Section 21 – Distributing, showing or playing a recording

(1) A person who distributes, or shows or plays, a recording of visual images or sounds which are threatening, abusive or insulting is guilty of an offence if–

(a) he intends thereby to stir up racial hatred, or

(b) having regard to all the circumstances racial hatred is likely to be stirred up thereby.

(2) In this Part "recording" means any record from which visual images or sounds may, by any means, be reproduced; and references to the distribution, showing or playing of a recording are to its distribution, showing or playing to the public or a section of the public.

(3) In proceedings for an offence under this section it is a defence for an accused who is not shown to have intended to stir up racial hatred to prove that he was not aware of the content of the recording and did not suspect, and had no reason to suspect, that it was threatening, abusive or insulting.

(4) This section does not apply to the showing or playing of a recording solely for the purpose of enabling the recording to be included in a programme service.

Section 22 – Broadcasting or including programme in cable programme service

(1) If a programme involving threatening, abusive or insulting visual images or sounds is included in a programme service, each of the persons mentioned in subsection (2) is guilty of an offence if–

(a) he intends thereby to stir up racial hatred, or

(b) having regard to all the circumstances racial hatred is likely to be stirred up thereby.

(2) The persons are–

(a) the person providing the programme service,

(b) any person by whom the programme is produced or directed, and

(c) any person by whom offending words or behaviour are used.

(3) If the person providing the service, or a person by whom the programme was produced or directed, is not shown to have intended to stir up racial hatred, it is a defence for him to prove that–

(a) he did not know and had not reason to suspect that the programme would involve the offending material, and

(b) having regard to the circumstances in which the programme was [included in a programme service, it was not reasonably practicable for him to secure the removal of the material.

(4) It is a defence for a person by whom the programme was produced or directed who is not shown to have intended to stir up racial hatred to prove that he did not know and had not reason to suspect–

(a) that the programme would be included in a programme service], or

(b) that the circumstances in which the programme would be so included would be such that racial hatred would be likely to be stirred up.

(5) It is a defence for a person by whom offending words or behaviour were used and who is not shown to have intended to stir up racial hatred to prove that he did not know and had no reason to suspect–

(a) that a programme involving the use of the offending material would be included in a programme service, or

(b) that the circumstances in which a programme involving the use of the offending material would be so included, or in which a programme so included would involve the use of the offending material, would be such that racial hatred would be likely to be stirred up.

(6) A person who is not shown to have intended to stir up racial hatred is not guilty of an offence under this section if he did not know, and had no reason to suspect, that the offending material was threatening, abusive or insulting.

Terrorism Act 2006 c. 11

Preparation of terrorist acts and terrorist training

Section 5 – Preparation of terrorist acts

(1) A person commits an offence if, with the intention of–

(a) committing acts of terrorism, or

(b) assisting another to commit such acts, he engages in any conduct in preparation for giving effect to his intention.

(2) It is irrelevant for the purposes of subsection (1) whether the intention and preparations relate to one or more particular acts of terrorism, acts of terrorism of a particular description or acts of terrorism generally.

(3) A person guilty of an offence under this section shall be liable, on conviction on indictment, to imprisonment for life.

Literaturhinweise

Ashworth, A., Principles of Criminal Law. 4. Aufl. Oxford 2003.

Duff, R.A., Criminal Attempts. Oxford 1996.

– Recklessness in Attempts (Again). Oxford Journal of Legal Studies 1995–15, 309–325

Gordon, Gerald H., The Criminal Law of Scotland, vol I. 3. Aufl. Edinburgh 2000, S. 187–227.

Hart, H.L.A., Punishment and Responsibility. Oxford 1968.

Hume, David, Commentaries on the Law of Scotland Respecting Crimes, vol. i. und ii. 3. Aufl. Edinburgh 1844.

Jones, Timothy H./Christie, Michael G.A., Criminal Law. 3. Aufl. Edinburgh 2003, S. 123–136.

Macdonald, J.H.A., A Practical Treatise on the Criminal Law of Scotland. 3. Aufl. Eindburgh 1894.

McCall Smith, R.A.A./Sheldon, D., Scots Criminal Law. Edinburgh 2003, S. 97–115.

Rechtsprechung

Barrett v Allan 1986 SCCR 479
Baxter v HM Advocate 1998 SLT 414
Burns v Allan 1987 SCCR 449
Carberry 1976 SLT 38
Cawthorne v HM Advocate 1968 JC 32
Coventry v Douglas 1944 JC 13
Docherty v Brown 1996 JC 48
Guthrie v Friel 1993 SLT 899
HM Advocate v Al Megrahi 2000 SCCR 177
HM Advocate v Camerons (1911) 6 Adam 456
Maxwell v HM Advocate 1980 JC 40
R v Nlhovo (1921) AD 485 (South Africa)
Samuel Tumbleson (1863) 4 Irv. 426
Walsh and Ors, Glasgow High Court August 1921, unreported

Abkürzungsverzeichnis

AC	Appeals Cases
Adam	Adam's Justiciary Reports 1893–1916 (Entscheidungssammlung)
ELR	Edinburgh Law Review (Entscheidungssammlung/Fachzeitschrift)
GWD	Green's Weekly Digest (Entscheidungssammlung)
HL	House of Lords
HM Advocate	Her Majesty's Advocate (Staatsanwaltschaft)
Irv.	Irvine's Justiciary Reports 1851–68 (Entscheidungssammlung)
JC	Justiciary Cases
SCCR	Scottish Criminal Case Reports (Entscheidungssammlung)
SLT	Scots Law Times (Entscheidungssammlung/Fachzeitschrift)
v	versus
vol.	volume

Karin Cornils

Strafbares Verhalten im Vorfeld der Tatvollendung in Schweden

1. Allgemeines

a) Überblick

Strafrechtliche Verantwortlichkeit knüpft im schwedischen Recht prinzipiell an ein vollendetes Delikt an, das heißt an einen Sachverhalt, der sämtliche objektiven Merkmale eines Straftatbestands erfüllt. Darüber hinaus sind jedoch bestimmte Verhaltensweisen im Vorfeld der Tatvollendung mit Strafe bedroht, und zwar Versuch *(försök till brott)*, Vorbereitung *(förberedelse till brott)* und Verabredung *(stämpling till brott)* einer Straftat.[1] Diese frühen Verwirklichungsstufen der Straftat werden – ebenso wie die Tatbeteiligung – in der schwedischen Lehre als „unselbstständige Deliktsformen" bezeichnet, weil ihre Strafbarkeit jeweils von dem Inhalt eines konkreten gesetzlichen Tatbestands abhängig ist.

Traditionell wird bei den Vorstufen der vollendeten Tat zwischen dem Ausführungsstadium (Versuch) und dem Planungsstadium (Vorbereitung, Verabredung) unterschieden. Das schwedische Kriminalgesetzbuch (*Brottsbalken*, BrB) folgt dieser Gruppierung in den allgemeinen Bestimmungen Kap. 23 §§ 1 und 2, die insoweit die 1948 eingeführte Systematik des früheren Strafgesetzes fortführen. Für sämtliche Handlungen im Vorfeld der Tatvollendung gilt, dass sie nur im Zusammenhang mit solchen Delikten strafbar sind, bei denen dies – im Anschluss an den jeweiligen Tatbestand – ausdrücklich gesetzlich vorgesehen ist. Der Versuch ist bei zahlreichen Straftaten des Kern- und Nebenstrafrechts kriminalisiert, die Vorbereitung in etwas geringerem Umfang, der jedoch insbesondere im Nebenstrafrecht kontinuierlich zunimmt. Die Strafbarkeit der Verabredung schließlich beschränkt sich auf einige besonders schwere Deliktsarten wie etwa Mord, Totschlag, schwere Körperverletzung, Menschenraub, Vergewaltigung, Raub, Brandstiftung, Meineid, Meuterei, Landesverrat, Völkermord und schwere Drogendelikte.

---

[1] Siehe unten 2. und 6.

b) Gründe der Strafbarkeit

Unter Hinweis darauf, dass die Strafbarkeit im Vorfeld der vollendeten Tat auf bestimmte gesetzlich geregelte Fälle beschränkt ist, schätzt die schwedische Lehre trotz der teilweisen Einbeziehung von Vorbereitung und Verabredung in den strafbaren Bereich die eigene Rechtslage als restriktiv ein. Eine entsprechende Zurückhaltung kommt auch in der Diskussion über Legitimitätsfragen und Gründe für eine Kriminalisierung von Vorfelddelikten zum Ausdruck.

Im Gegensatz zu der in vielen anderen Ländern überwiegend subjektiv geprägten Versuchstheorie herrscht in Schweden eine eher objektive Betrachtungsweise vor. Es steht nicht der verbrecherische oder gesellschaftsgefährliche Wille des Täters im Vordergrund, sondern die (objektive) Schädlichkeit oder Gefährlichkeit seiner tatsächlich begangenen Handlung.

Der Grund für die Einführung der allgemeinen Bestimmungen über Vorbereitung und Verabredung von Straftaten im Jahr 1948 bestand in der Zielsetzung, den Strafverfolgungsbehörden ein frühes Eingreifen bei schwerer Kriminalität zu ermöglichen. Auch im Hinblick auf die Strafbarkeit des Versuchs werden heute in erster Linie generalpräventive Gründe angeführt. Teilweise wird dabei eine doppelte Legitimität verlangt: Zum einen bedürfe es der Rechtfertigung, dass ein (noch) nicht objektiv schädliches Verhalten überhaupt kriminalisiert wird (sogenannte äußere Legitimitätsfrage). Zum anderen müsse gerechtfertigt sein, dass man dem Täter bestimmte Tatbestandsmerkmale zur Last legt, die lediglich von seinem Vorsatz erfasst, aber (noch) nicht objektiv verwirklicht worden sind (sogenannte innere Legitimitätsfrage).

Die äußere Legitimierung der Versuchsstrafbarkeit wird daraus hergeleitet, dass der Versuch einer Straftat grundsätzlich ein gesteigertes Risiko der Tatvollendung und damit einer Schädigung des rechtlich geschützten Interesses bedeute. Handlungen, die mit dem Ziel einer Rechtsgutsschädigung vorgenommen werden, erhöhten die Gefahr eines entsprechenden Schadenseintritts. Ohne Kriminalisierung des Versuchs könne das Strafrecht seiner schadenspräventiven Aufgabe nicht gerecht werden.

Hinsichtlich der inneren Legitimierung wird darauf abgestellt, dass der Täter mit der Versuchshandlung seine Bereitschaft zeige, ein strafrechtlich geschütztes Interesse zu verletzen. Im Fall eines beendeten Versuchs[2] sei diese Bereitschaft offenkundig; beim unbeendeten Versuch könne aus der jeweiligen zeitlichen Nähe zu dem Punkt, an dem der Täter die Kontrolle über den weiteren Geschehensverlauf verliert, die Vermutung abgeleitet werden, dass er bereit war, auch den abschließenden Schritt zu vollziehen. Damit sei es legitim, ihn für solche Tatmerkmale ver-

---

[2] Siehe unten 2.b.

antwortlich zu machen, die objektiv nicht erfüllt worden seien, und zwar sowohl aus Gerechtigkeitserwägungen als auch unter Präventionsgesichtspunkten.

Teilweise werden auch individualpräventive Gründe geltend gemacht. Die Bestrafung wegen Versuchs könne bei dem Täter einen heilsamen Schrecken auslösen und von ihm als Warnung verstanden werden.

Eine andere Meinung schließlich lehnt die Versuchsstrafbarkeit insgesamt ab, weil sie missbraucht werde, um gefährliche Verhaltensweisen als solche zu kriminalisieren. Nach dieser Ansicht sollten alle geltenden Versuchsbestimmungen gestrichen und dort, wo es erforderlich erscheine, durch spezielle Tatbestände für vorsätzliche konkrete Gefährdungsdelikte ersetzt werden. Der untaugliche Versuch würde auf diese Weise vollständig straffrei bleiben. Ein solches Vorgehen ist von einer Reformkommission 1996 geprüft und abgelehnt worden, weil es dazu führen würde, dass im Vergleich zum heutigen Versuchsbeginn die Strafbarkeitsgrenze weiter vorverlegt und zugleich unsicherer würde.

2. Versuch

a) Definition

Nach der allgemeinen Versuchsbestimmung im Kriminalgesetzbuch (Kap. 23 § 1 BrB), die auch für das Nebenstrafrecht gilt, setzt die Versuchsstrafbarkeit voraus, dass mit der Ausführung einer Straftat, deren Versuch *(försök)* gesetzlich besonders kriminalisiert ist, begonnen wurde und dabei die Tatvollendung zwar nicht eingetreten ist, aber naheliegend war.

Kap. 23 § 1 BrB

(1) Hat jemand die Ausführung einer bestimmten Straftat begonnen, ohne dass diese zur Vollendung gelangt ist, so ist er in den Fällen, in denen dies besonders geregelt ist, wegen Versuchs der Straftat zu verurteilen, sofern die Gefahr bestanden hat, dass die Handlung zur Vollendung der Straftat führen würde, oder eine solche Gefahr nur aufgrund zufälliger Umstände ausgeschlossen war.

(2) Für einen Versuch wird höchstens die Strafe festgesetzt, die für die vollendete Straftat gilt; sie darf nicht milder sein als Gefängnisstrafe, wenn als Mindeststrafe für die vollendete Straftat Gefängnisstrafe von zwei Jahren oder darüber vorgesehen ist.

Welche Deliktsarten bereits im Versuchsstadium strafbar sind, ist bei den einzelnen Straftatbeständen jeweils in einer besonderen Bestimmung geregelt, für den kernstrafrechtlichen Bereich am Ende eines jeden Kapitels im Kriminalgesetzbuch.

b) Objektive Voraussetzungen der Versuchsstrafbarkeit

Auf der objektiven Seite wird zunächst vorausgesetzt, dass der Täter die Ausführung einer bestimmten Straftat begonnen hat, ohne dass diese zur Vollendung gelangt ist. Das heißt, die Tatbegehung muss das Planungsstadium verlassen und den sogenannten Versuchspunkt *(försökspunkten)* überschritten haben, der sogenannte Vollendungspunkt *(fullbordanspunkten)* darf aber noch nicht erreicht sein.

Wann die Vollendung einer Straftat eintritt, ergibt sich zumeist aus der gesetzlichen Deliktsbeschreibung. Es ist hierfür erforderlich, dass sämtliche Tatbestandsmerkmale erfüllt sind. Auch für die Bestimmung des Beginns der Tatausführung kann der jeweilige Straftatbestand mehr oder weniger präzise Anhaltspunkte enthalten. Allgemein gilt, dass die Versuchsschwelle mit Sicherheit überschritten ist, wenn der Täter alle Handlungen vorgenommen hat, die seinerseits erforderlich sind, um die Tatvollendung herbeizuführen. Ein solcher beendeter Versuch *(avslutat/fulländat försök)* ist beispielsweise dann gegeben, wenn der Täter einen Schuss auf das Opfer abgefeuert hat, der die betreffende Person verfehlt. Im Fall eines unbeendeten Versuchs *(oavslutat/ofulländat försök)* hingegen, wenn noch ein oder mehrere Handlungsschritte ausstehen, kommt es darauf an, ob der Täter eine Ausführung begonnen hat, die unmittelbar in die Tatvollendung münden sollte. Dies wird beispielsweise angenommen, wenn der Täter mit der geladenen Waffe auf das Opfer zielt, um gleich darauf zu schießen, aber noch nicht, wenn er mit geladener Waffe dem Opfer auflauert. Bei mehraktigen Delikten (etwa Raub oder Vergewaltigung) genügt es, wenn mit der Ausführung eines Teilakts (etwa der Gewaltanwendung) begonnen worden ist.

Eine weitere objektive Voraussetzung besteht darin, dass die Gefahr der Tatvollendung bestanden hat oder nur aufgrund zufälliger Umstände ausgeschlossen war. Gemeint ist hier eine konkrete Gefahr. Eine solche wird angenommen, wenn es (existentiell) möglich war und ein erhebliches Risiko bestand, dass die Versuchshandlung zu einer Situation führen würde, in der alle Tatbestandsmerkmale erfüllt sind.

Das Vorliegen einer konkreten Gefahr der Tatvollendung wird in Bezug auf den Zeitpunkt der Versuchshandlung beurteilt, und zwar *ex post* unter Berücksichtigung sämtlicher (auch nachträglich) gewonnener Erkenntnisse. Dabei ist es unbeachtlich, wenn die Gefahr, die beim Überschreiten des Versuchspunkts vorgelegen hat, im weiteren Handlungsverlauf nicht mehr bestand (beispielsweise weil dem Täter nach anfänglich sorgfältigem Vorgehen ein Fehler unterlaufen ist). Der erforderliche Grad der Wahrscheinlichkeit einer Tatvollendung kann mit dem Wert des Rechtsguts variieren. Die Gefahr der Tötung eines Menschen wird von der Rechtsprechung bereits bei relativ geringer Wahrscheinlichkeit angenommen (etwa wenn der Täter mit einem Maschinengewehr um sich schießt). Ähnliches gilt für das Risiko einer schweren Körperverletzung (etwa durch Übertragung des HIV-Virus bei ungeschütztem Geschlechtsverkehr).

Selbst wenn eine konkrete Gefahr der Tatvollendung nicht bestand, ist der Versuch dennoch strafbar, falls sie nur aufgrund zufälliger Umstände ausgeschlossen war. Mit dieser Regelung wollte der schwedische Gesetzgeber das Problem des untauglichen Versuchs lösen, das heißt die Frage der Strafbarkeit eines Versuchs, bei dem die Tatvollendung von vornherein objektiv ausgeschlossen ist.[3]

c) Subjektive Voraussetzungen der Versuchsstrafbarkeit

Die allgemeine Definition in Kap. 23 § 1 BrB enthält keinen Hinweis auf eine subjektive Voraussetzung für die Strafbarkeit des Versuchs. Es steht jedoch außer Zweifel, dass der Täter vorsätzlich handeln muss. Ein fahrlässiger Versuch ist ausgeschlossen.

Der Vorsatz muss nicht nur sämtliche erfüllten, sondern auch die nicht erfüllten Tatbestandsmerkmale umfassen. Deshalb wird der Versuch als Begehungsform mit „subjektivem Überschuss" bezeichnet. Ob *dolus directus* erforderlich ist oder *dolus indirectus* beziehungsweise Gleichgültigkeitsvorsatz genügt,[4] bestimmt sich nach der jeweiligen Deliktsart. Der Täter muss mit der gleichen Form des Vorsatzes gehandelt haben, die für die vollendete Straftat verlangt wird. Ganz überwiegend genügt Gleichgültigkeitsvorsatz. In jedem Fall muss der Vorsatz auf die Tatvollendung gerichtet sein.

In Bezug auf unerfüllte Tatbestandsmerkmale ist zu unterscheiden zwischen beendetem und unbeendetem Versuch.[5] Beim beendeten Versuch gelten hinsichtlich des noch ausstehenden Erfolgseintritts die gleichen Anforderungen an den Tätervorsatz wie im Fall der Tatvollendung. Besondere erfolgsqualifizierte Delikte sind mit der Einführung des Kriminalgesetzbuchs 1965 in Schweden abgeschafft worden.[6]

Im Fall eines unbeendeten Versuchs wird hinsichtlich der noch ausstehenden Handlungen eine spezielle Form des Vorsatzes verlangt: Der Täter muss sich mit Bestimmtheit vorgenommen haben, alle zur Tatvollendung erforderlichen Schritte auszuführen. Nach der Rechtsprechung des Obersten Gerichtshofs ist diese Bestimmtheit beispielsweise nicht gegeben, wenn jemand mit dem Vorsatz der illegalen Warenausfuhr bis in die Nähe der Staatsgrenze reist, dort übernachtet und am folgenden Tag wieder umkehrt. Andererseits wird der Vorsatz selbst dann als hinreichend bestimmt angesehen, wenn der Täter zur Ausführung der noch ausstehenden Handlungen nur unter einer Bedingung entschlossen ist. Der Einbrecher, der mit Diebstahlsvorsatz in ein Haus eindringt, macht sich des versuchten schweren Diebstahls strafbar, auch wenn er dort keine geeignete Beute findet.

---

3 Siehe unten 3.a.

4 Siehe näher dazu II.E.2.b.

5 Siehe oben 2.b.

6 Siehe dazu II.E.4.

3. Einzelprobleme

a) Untauglicher Versuch

Da die schwedische Versuchslehre durch eine vorwiegend objektive Betrachtungsweise geprägt ist, setzt die Strafbarkeit grundsätzlich eine konkrete Gefahr der Tatvollendung voraus. In gewissem Umfang wird es jedoch als erforderlich angesehen, auch den sogenannten untauglichen Versuch *(otjänligt försök)* unter Strafe zu stellen, bei dem die Tatvollendung von vornherein objektiv ausgeschlossen ist. Ein Versuch kann zum einen untauglich sein, weil das Mittel objektiv ungeeignet ist, den vom Vorsatz des Täters erfassten Erfolg herbeizuführen (beispielsweise der Tötungsversuch mit Hilfe eines Zauberspruchs oder der Vergiftungsversuch mit Hilfe einer harmlosen Substanz). Zum anderen kann die Untauglichkeit des Versuchs darin bestehen, dass er sich gegen ein untaugliches Objekt richtet (beispielsweise der Griff des Taschendiebs in eine leere Tasche oder der Tötungsversuch in Bezug auf einen bereits toten Menschen).

Die Grenze der Strafbarkeit folgt im schwedischen Recht allerdings nicht der Unterscheidung zwischen tauglichem und untauglichem Versuch, sondern richtet sich danach, ob der Versuch ernst zu nehmen war oder nicht. Der ernst zu nehmende (untaugliche) Versuch ist im Gesetz (Kap. 23 § 1 Abs. 1 BrB[7]) umschrieben als derjenige, bei dem die (objektiv ausgeschlossene) Gefahr nur aufgrund zufälliger Umstände ausgeschlossen war. Für die Strafbarkeit kommt es nach den Gesetzesmotiven darauf an, ob die Gründe für das Fehlschlagen des Versuchs „nach einer normalen Beurteilung aus der Sicht des Täters als zufällig zu betrachten sind" (strafbarer Versuch), oder ob das Ausbleiben der Tatvollendung „nicht auf Zufall beruht, sondern auf einem tiefer gehenden Mangel im Tatplan" (nicht strafbarer Versuch). Wer ein Glas mit vergiftetem Saft bereitstellt, um einen anderen damit zu töten, und bei der Tatausführung dem Opfer versehentlich ein anderes Glas reicht, welches harmlosen Saft enthält, begeht einen strafbaren untauglichen Versuch. Wer hingegen seinem Opfer wissentlich Heidelbeersaft verabreicht in der Vorstellung, dieser wirke tödlich, bleibt straffrei, weil sein Versuch nicht ernst zu nehmen war.

Mit der Begründung, dass die Gefahr der Tatvollendung nur aufgrund zufälliger Umstände ausgeschlossen war, hat die Rechtsprechung in Fällen wie etwa dem Griff des Taschendiebs in eine leere Tasche und dem Einbruch in einen leeren Geldautomaten strafbaren Diebstahlsversuch angenommen. Wegen versuchter Körperverletzung wurden zwei Angeklagte verurteilt, die in eine fremde Wohnung eingedrungen waren, um die darin irrtümlich vermuteten Personen zu misshandeln.

---

7 Siehe oben 2.a.

b) Wahndelikt

Vom untauglichen Versuch, bei dem der Täter ein objektives Tatbestandsmerkmal irrtümlich für gegeben hält, ist das Wahndelikt *(imaginärt brott)* zu unterscheiden, bei dem der Täter irrtümlich von der Strafbarkeit seines Verhaltens ausgeht. Ein solcher Irrtum kann nach schwedischem Recht keine Strafbarkeit begründen, weil objektiv nicht mit der Ausführung einer Straftat begonnen wird. So wurde beispielsweise ein Angeklagter vom Vorwurf des versuchten Warenschmuggels freigesprochen, der bei der Einreise bestimmte mitgeführte Waren nicht deklariert hatte, obwohl er sie – irrtümlich – für zollpflichtig hielt.

c) Versuchte Tatbeteiligung/Beteiligung am Versuch

Die strafrechtlich relevante Tatbeteiligung setzt nach schwedischem Verständnis voraus, dass eine objektiv rechtswidrige Tat, das sogenannte Beteiligungsobjekt *(medverkansobjekt)*, zustande gekommen ist. Dies kann eine vollendete oder eine versuchte Straftat sein, aber auch die (mit Strafe bedrohte) Vorbereitung oder Verabredung einer Straftat.[8] Bleibt die Haupttat im Versuchsstadium stecken und handelt es sich um ein Delikt, bei dem der Versuch mit Strafe bedroht ist, so wird der Anstifter wegen Anstiftung zum Versuch, der Gehilfe wegen Beihilfe zum Versuch der Straftat verurteilt. Entsprechendes gilt für Vorbereitung und Verabredung. Jedoch muss der Vorsatz des Teilnehmers in jedem Fall auf die Vollendung der Tat gerichtet sein. Wer von vornherein nur zu einem Versuch anstiften oder Beihilfe leisten will, bleibt straffrei. Dies ist insbesondere von Bedeutung für die Beurteilung des sogenannten *agent provocateur*, nach dessen Vorstellung die Tat nur bis in das Versuchsstadium, nicht aber zur Vollendung gelangen soll.[9]

Wenn die Tat, zu der angestiftet oder Beihilfe geleistet wird, nicht einmal die Versuchsschwelle überschreitet, so kann nur von einer versuchten Tatbeteiligung die Rede sein, da die Haupttat als Beteiligungsobjekt nicht zustande gekommen ist. Die versuchte Anstiftung kann als Verabredung (Kap. 23 § 2 Abs. 2 BrB) und die versuchte Beihilfe durch Hilfestellung im Vorfeld als Vorbereitung der Straftat zu werten sein (Kap. 23 § 2 Abs. 3 BrB). Wer einen anderen zur Begehung eines Mordes anzustiften versucht, kann, wenn der andere die Tat ablehnt, wegen Verabredung zum Mord bestraft werden. Wer einem anderen eine Waffe übergibt, um damit zu einem Mord beizutragen, kann, wenn es überhaupt nicht zu einer Tötungshandlung kommt, wegen Vorbereitung zum Mord strafbar sein. Voraussetzung ist jeweils, dass der Vorsatz des Beteiligten auf die Vollendung der Tat gerichtet ist und dass Verabredung oder Vorbereitung bei der betreffenden Deliktsart mit Strafe bedroht ist.[10]

---

[8] Siehe näher dazu II.G.3.b. und II.G.5.c. sowie unten 6.

[9] Siehe dazu II.G.7.c.

[10] Siehe unten 6.

4. Strafzumessung

Bis 1965 war gesetzlich vorgeschrieben, dass der Versuch einer Straftat milder zu bestrafen ist als ihre Vollendung. Eine entsprechende Regelung wurde in das geltende Kriminalgesetzbuch nicht übernommen. Nach Kap. 23 § 1 Abs. 2 reicht der gesetzliche Strafrahmen für den Versuch im oberen Maß bis an die Höchststrafe für die vollendete Straftat, im Extremfall also bis zu lebenslangem Gefängnis. Die Untergrenze liegt beim geringsten Maß der Geldstrafe (30 Tagessätze) oder, wenn die vollendete Tat mit einer Mindeststrafe von zwei Jahren Gefängnis oder darüber bedroht ist, beim geringsten Maß der Freiheitsstrafe (14 Tage Gefängnis).

Kap. 23 § 1 BrB

[…]

(2) Für einen Versuch wird höchstens die Strafe festgesetzt, die für die vollendete Straftat gilt; sie darf nicht milder sein als Gefängnisstrafe, wenn als Mindeststrafe für die vollendete Straftat Gefängnisstrafe von zwei Jahren oder darüber vorgesehen ist.

Diese Regelung lässt weiterhin eine grundsätzlich mildere Bestrafung des Versuchs zu, sie schafft jedoch andererseits die Möglichkeit, in bestimmten Fällen den Versuch ebenso streng zu bestrafen wie die vollendete Tat. Hiervon wird unter anderem bei versuchter illegaler Wareneinfuhr regelmäßig Gebrauch gemacht. Auch bei anderen Delikten kann nach den Umständen des Einzelfalls die Versuchshandlung ebenso schwerwiegend sein wie die Tatvollendung. Dabei handelt es sich zumeist um einen beendeten Versuch. Im Übrigen aber folgen die Gerichte nach wie vor dem Prinzip, dass der Versuch milder bestraft wird als die Tatvollendung, und zwar umso milder, je weniger weit die Versuchshandlung fortgeschritten war. Dabei wird freilich der für das vollendete Delikt vorgesehene Strafrahmen in der Praxis nur selten unterschritten.

5. Rücktritt vom Versuch

a) Voraussetzungen

Der Rücktritt vom Versuch ist als Straffreistellungsgrund in einer gesonderten Bestimmung des Kriminalgesetzbuchs geregelt:

Kap. 23 § 3 Satz 1 BrB

Wegen des Versuchs, der Vorbereitung oder der Verabredung einer Straftat ist derjenige nicht zu verurteilen, der durch Abbruch der Tatausführung oder in anderer Weise freiwillig bewirkt hat, dass die Straftat nicht vollendet wurde. […]

Nach dieser Vorschrift bleibt derjenige Täter straffrei, der nach Überschreiten der Versuchsschwelle freiwillig dafür sorgt, dass die Straftat nicht zur Vollendung kommt.

Im Fall eines unbeendeten Versuchs[11] genügt hierfür, dass der Täter die weitere Ausführung der Tat aufgibt. Hat er hingegen bereits alle nach seiner Vorstellung erforderlichen Tathandlungen abgeschlossen (beendeter Versuch[12]), so kann er die Vollendung der Tat nur noch durch aktives Tun verhindern. Wenn der Täterplan eine Serie von Einzelhandlungen umfasst, kommt es darauf an, ob die bereits ausgeführten Schritte allein objektiv ausreichen würden, um die Tatvollendung herbeizuführen. In diesem Fall ist von einem beendeten Versuch auszugehen, sodass der Täter eine Strafbefreiung nur erlangen kann, indem er aktive Maßnahmen zur Abwendung des Erfolgs ergreift. Andernfalls ist es ausreichend, wenn er sich passiv verhält und auf die Vornahme der weiteren Schritte verzichtet.

Auch von einem untauglichen (aber ernst zu nehmenden) Versuch, bei dem die Gefahr nur aufgrund zufälliger Umstände ausgeschlossen ist,[13] kann der Täter mit strafbefreiender Wirkung zurücktreten, sofern nach seiner Vorstellung alle Voraussetzungen für einen wirksamen Rücktritt erfüllt sind (sogenannter putativer Rücktritt vom Versuch). Wer dem Opfer statt des Glases mit vergiftetem Saft versehentlich ein daneben stehendes Glas mit harmlosem Saft gereicht hat und anschließend, weil er seine Tat bereut, den anderen ins Krankenhaus fährt, um ihn vor der vermeintlichen Vergiftung zu retten, bleibt ausnahmsweise straffrei. Im Übrigen wird jedoch grundsätzlich ein kausaler Zusammenhang zwischen dem Rücktritt und dem Ausbleiben der Tatvollendung gefordert.

Eine wesentliche Voraussetzung für die Strafbefreiung ist, dass der Rücktritt freiwillig erfolgt. Dies wird beispielsweise angenommen, wenn der Täter aus Reue oder auch aus allgemeiner Angst vor einer eventuellen Strafe die Tatausführung abbricht, nicht aber, wenn dieser Sinneswandel durch äußere Umstände hervorgerufen wird, etwa weil der Täter sich entdeckt glaubt. Unfreiwillig ist ein Rücktritt aufgrund unerwarteter Hindernisse, die die Tatausführung erschweren oder gar unmöglich machen oder das Entdeckungsrisiko erhöhen. Das Gleiche gilt für den Fall, dass der Täter sich durch eine überraschende Gegenwehr oder durch die Überredungskunst des Opfers zum Aufgeben veranlasst sieht. Lässt er sich hingegen von einem Dritten zum Rücktritt überreden, so wird dies noch als freiwillig gewertet.

b) Wirkung des Rücktritts

Nach der allgemeinen Bestimmung in Kap. 23 § 3 BrB führt der freiwillige Rücktritt obligatorisch zur Straffreiheit. Hiervon ausgenommen ist nach Kap. 9 § 11 Abs. 1 BrB die versuchte Erpressung, weil hier häufig bereits im Versuchsstadium das Opfer einem so starken psychischen Leiden ausgesetzt wird, dass es

---

[11] Siehe oben 2.b.

[12] Siehe oben 2.b.

[13] Siehe oben 3.a.

unbillig erscheint, dem Täter die Möglichkeit einer Strafbefreiung einzuräumen. Stattdessen kann ein eventueller Rücktritt im Rahmen der Strafzumessung mildernd berücksichtigt werden. Weitere Sonderregelungen gelten für gemeingefährliche Straftaten (Kap. 13 § 11 BrB) sowie für Fälschungs- und Aussagedelikte (Kap. 14 § 11, Kap. 15 § 14 BrB). Hier kann selbst bei vollendetem Delikt demjenigen Täter, der die durch seine Tat hervorgerufene Gefahr freiwillig abwendet, bevor eine erhebliche Beeinträchtigung eingetreten ist, Strafmilderung oder in leichten Fällen Straffreiheit gewährt werden.

Die Strafbefreiung betrifft nur das Delikt, von dessen Versuch der Täter zurückgetreten ist. Soweit die bereits begangenen Versuchshandlungen zugleich die Merkmale eines anderen Straftatbestands erfüllen, bleibt die Strafbarkeit wegen dieses anderen Delikts bestehen.

c) Besonderheiten bei Tatbeteiligung mehrerer

Bei einer Tatbeteiligung mehrerer kommt die strafbefreiende Wirkung des Rücktritts grundsätzlich nur der zurücktretenden Person selbst zugute. Der freiwillige Rücktritt zählt zu den sogenannten Tatmerkmalen von subjektiver Bedeutung,[14] die nicht akzessorisch sind und ausschließlich demjenigen Tatbeteiligten zugerechnet werden, bei dem sie vorliegen. In den Gesetzesvorarbeiten von 1948 wird jedoch hervorgehoben, dass im Fall des Rücktritts eines von mehreren Tatbeteiligten den übrigen Mitwirkenden oft keine Alternative bleibe, als ebenfalls „freiwillig“ von der weiteren Tatausführung abzusehen. Deshalb bestehe nur selten ein Grund, die anderen wegen ihrer Mitwirkung an dem Versuch zur Verantwortung zu ziehen. Mit Rücksicht auf diese sehr fragwürdige Argumentation wird heute noch immer die Rechtslage als unklar bezeichnet. Außer Zweifel steht jedoch, dass ein Tatbeteiligter, der nach dem Tatplan nicht selbst die Ausführungshandlung vorzunehmen hat, nicht durch bloßes passives Verhalten zurücktreten kann. Vielmehr muss er aktiv tätig werden und die Vollendung der Tat durch andere Beteiligte verhindern.

6. Andere Formen strafbaren Verhaltens im Vorfeld der Tatvollendung

– Vorbereitung und Verabredung

Vorbereitende Handlungen, die den Versuchspunkt noch nicht überschreiten, sind grundsätzlich nicht strafbar. Eine Ausnahme bilden jedoch bestimmte besonders gefährliche Verhaltensweisen im Planungsstadium bestimmter schwerer Straf-

---

14 Siehe dazu II.G.3.b.

taten, die als Vorbereitung oder Verabredung ausdrücklich kriminalisiert sind. Dabei gilt es als Vorbereitung *(förberedelse)*, wenn jemand im Voraus für die Begehung einer Straftat oder für die dabei entstehenden Auslagen eine Bezahlung entgegennimmt oder gewährt oder wenn jemand sich mit einem speziell geeigneten Hilfsmittel zur Begehung der Tat befasst. Eine Verabredung *(stämpling)* besteht darin, dass jemand im Einvernehmen mit einem anderen die Tat beschließt oder dass jemand versucht, einen anderen zur Tatbegehung anzustiften, oder es selbst übernimmt oder anbietet, die Tat auszuführen. Diese Verhaltensweisen sind bei bestimmten schweren Straftaten jeweils im systematischen Zusammenhang mit den betreffenden Tatbeständen unter Strafe gestellt und außerdem in einer allgemeinen Bestimmung geregelt. Um den Anwendungsbereich zu begrenzen, ist die gesetzliche Definition hier wesentlich konkreter als in der allgemeinen Versuchsbestimmung:

Kap. 23 § 2 BrB

(1) Wer mit dem Vorsatz, eine Straftat auszuführen oder zu fördern,

1. Geld oder sonstiges als Bezahlung für eine Straftat oder zur Kostendeckung für die Ausführung einer Straftat entgegennimmt oder gewährt oder
2. etwas, das besonders geeignet ist, als Hilfsmittel bei einer Straftat verwendet zu werden, beschafft, herstellt, weitergibt, entgegennimmt, verwahrt, transportiert, zusammenstellt oder sich in ähnlicher Weise damit befasst,

ist in den Fällen, in denen dies besonders geregelt ist, wegen Vorbereitung der Straftat zu verurteilen, sofern er sich nicht wegen vollendeter Straftat oder Versuchs schuldig gemacht hat.

(2) In den Fällen, in denen dies besonders geregelt ist, ist die Verabredung einer Straftat strafbar. Unter Verabredung wird verstanden, dass jemand im Einvernehmen mit einem anderen die Tat beschließt oder dass jemand einen anderen anzustiften versucht oder es übernimmt oder sich erbietet, die Tat auszuführen.

(3) Die Strafe für Vorbereitung oder Verabredung ist unterhalb des Höchstmaßes festzusetzen und darf unter dem Mindestmaß liegen, das für die vollendete Straftat gilt. Eine höhere Strafe als Gefängnisstrafe von zwei Jahren darf nur festgesetzt werden, wenn für die vollendete Straftat Gefängnisstrafe von acht Jahren oder darüber verhängt werden kann. Wenn die Gefahr einer Vollendung der Straftat gering war, entfällt die Strafbarkeit.

Gemäß Absatz 1 wird wegen Vorbereitung sowohl bestraft, wer vorhat, die geplante Tat selbst auszuführen, als auch derjenige, der sie nur fördern will. In jedem Fall muss der Vorsatz darauf gerichtet sein, dass die Tat vollendet wird. Auf der objektiven Seite werden alle denkbaren Hilfeleistungen, insbesondere das Übergeben und Entgegennehmen von Geld oder Tatwerkzeugen, erfasst.

Die Strafbarkeit wegen Vorbereitung oder Verabredung kommt nur so lange in Betracht, als das Tatgeschehen im Planungsstadium steckenbleibt. Erreicht die Tat hingegen das Ausführungsstadium, indem sie die Versuchsschwelle überschreitet oder sogar vollendet wird, so greifen die Bestimmungen über Tatbeteiligung[15] ein. Wer beispielsweise mit dem Vorsatz, einen Mord zu fördern, sein Messer einem anderen übergibt, macht sich der Vorbereitung eines Mordes strafbar, wenn der andere die Tatbegehung ablehnt. Kommt es jedoch zu der Tötungshandlung, so ist die Übergabe der Tatwaffe als Beihilfe zum versuchten/vollendeten Mord zu werten. Entsprechendes gilt für die *Verabredung* nach Absatz 2. Diese Bestimmung erfasst auch die versuchte, das heißt die erfolglose Anstiftung. Wer etwa eine Soldatengruppe zur Meuterei anstiftet, macht sich, auch wenn die Tat nicht einmal versucht wird, der Verabredung strafbar. Folgen die Soldaten aber seiner Anregung, so stellt sich sein Verhalten als Tatbeteiligung in Form der Anstiftung zur versuchten/vollendeten Meuterei dar.

Die Strafbarkeit wegen Vorbereitung oder Verabredung entfällt, wenn die Gefahr, dass die Tat überhaupt zur Vollendung gelangen würde, von vornherein gering war (Kap. 23 § 2 Abs. 3 Satz 3 BrB). Straffrei bleibt auch, wer, nachdem er sich durch Vorbereitung oder Verabredung an einer Straftat beteiligt hat, freiwillig bewirkt, dass die Straftat nicht vollendet wird:

Kap. 23 § 3 BrB

Wegen des Versuchs, der Vorbereitung oder der Verabredung einer Straftat ist derjenige nicht zu verurteilen, der durch Abbruch der Tatausführung oder in anderer Weise freiwillig bewirkt hat, dass die Straftat nicht vollendet wurde. Selbst bei Vollendung der Straftat darf derjenige, der sich unerlaubt mit einem Hilfsmittel befasst hat, deswegen nicht verurteilt werden, wenn er der strafbaren Verwendung des Hilfsmittels freiwillig vorgebeugt hat.

Entgegen dem Gesetzeswortlaut genügt hier jedoch nicht wie im Fall des Versuchs ein bloßer Abbruch der Tatausführung, da derjenige, der sich der Vorbereitung oder Verabredung schuldig gemacht hat, überhaupt nicht selbst mit der Tatausführung beginnt und sie deshalb nicht abbrechen kann. Andernfalls würde es sich um einen Rücktritt vom Versuch handeln.[16] Wer die Versuchsschwelle nicht selbst überschritten, sondern sich lediglich im Planungsstadium beteiligt hat, kann nur durch aktives Handeln bewirken, dass die Straftat nicht vollendet wird. Satz 2 enthält eine Sonderregelung für denjenigen, dessen Vorbereitungshandlung gemäß Kap. 23 § 2 Abs. 1 Nr. 2 BrB in der Befassung mit einem Hilfsmittel bestanden hat. Sofern er durch freiwilliges Handeln verhindert, dass das betreffende Hilfsmittel bei der Tatausführung verwendet wird, bleibt er auch dann straffrei, wenn die Tat dennoch (ohne oder mit einem anderen Hilfsmittel) zur Vollendung gelangt ist.

---

15 Siehe dazu II.G.

16 Siehe oben 5.

Literaturhinweise

Asp, Petter, Från tanke till gärning (Vom Gedanken zur Tat). Del I, Legitimationsfrågor rörande förfältsdelikt (Teil I, Legitimationsfragen in Bezug auf Vorfelddelikte). Uppsala 2005; Del II, Förberedelse och stämpling till brott (Teil II, Vorbereitung und Verabredung von Straftaten). Uppsala 2007.

Das schwedische Kriminalgesetzbuch – Brottsbalken. Deutsche Übersetzung und Einführung von *Karin Cornils* und *Nils Jareborg*. Freiburg 2000.

Cornils, Karin, Straffelovens § 21. Rechtsvergleichende Überlegungen zur Versuchsstrafbarkeit. In: Thomas Elholm u.a. (Hrsg.), Ikke kun straf (Nicht nur Strafe). Kopenhagen 2008, S. 89–106.

Hoflund, Olle, Medverkan till brott (Beteiligung an Straftaten). Stockholm 1972.

– BrB 23:2 första stycket (Kapitel 23 § 2 Absatz 1 Kriminalgsetzbuch). Svensk Juristtidning 1985, 1–46.

Holmqvist, Lena u.a. (Hrsg.), Brottsbalken. En kommentar (Das Kriminalgesetzbuch. Ein Kommentar). Kap. 13–24. Stockholm Loseblatt, 23:1–23:48.

Jareborg, Nils, Allmän Kriminalrätt (Allgemeines Kriminalrecht). Uppsala 2001, S. 377–397.

Jareborg, Nils/Zila, Josef, Straffrättens påföljdslära (Strafrechtliche Sanktionenlehre). Stockholm 2000, S. 55–62.

Leijonhufvud, Madeleine/Wennberg, Suzanne, Straffansvar (Strafrechtliche Verantwortung). 7. Aufl. Stockholm 2005, S. 101–124.

Strahl, Ivar, Allmän straffrätt i vad angår brotten (Allgemeines Strafrecht in Bezug auf die Straftat). Stockholm 1976, S. 212–240.

Thornsted, Hans, Anmälan av Nils Beckman, Carl Holmberg, Bengt Hult, Ivar Strahl. Brottsbalken jämte förklaringar (Besprechung des Kommentars zum Kriminalgesetzbuch). Svensk Juristtidning 1968, 113–128 (123 ff.).

Wennberg, Suzanne, Försök till brott (Versuch von Straftaten). Stockholm 1985.

Gesetzgebungsmaterialien

- NJA II 1942, S. 236; 1948, S. 191; 1962, S. 330.
- SOU 1996:185, Straffansvarets gränser (Grenzen der Strafbarkeit). Betänkande av straffansvarsutredningen (Gutachten der Kommission für Fragen der Strafbarkeit). Del I, Överväganden och förslag (Teil I, Überlegungen und Vorschläge). Stockholm 1996, S. 225–310.
- Prop. 2000/01:85. Förberedelse för brott (Vorbereitung von Straftaten). Stockholm 2001.

Rechtsprechung

Entscheidungen des Obersten Gerichtshofs

NJA I 1954, S. 406 (409 f.):	Subjektive Tatseite bei unbeendetem Versuch (versuchter Warenschmuggel, Umkehr vor der Staatsgrenze)
NJA I 1956 B 6:	Versuchter Totschlag an einer Leiche (ernst zu nehmender untauglicher Versuch)
NJA I 1985, S. 544 (550 ff.):	Ausschluss der Vollendungsgefahr aufgrund zufälliger Umstände (versuchter schwerer Diebstahl aus leeren Schmuckkoffern)
NJA I 1989, S. 456; 1991, S. 332 (336 ff.); 1992, S. 679 (684 ff.):	Zur Frage des Beginns der Tatausführung bei versuchtem Drogenschmuggel; Ausschluss der Vollendungsgefahr aufgrund zufälliger Umstände
NJA I 1994, S. 614 (616 ff.); 1995, S. 119 (129 ff.):	Versuchte schwere Körperverletzung durch HIV-infizierten Täter (Eventualvorsatz; Ausschluss der Vollendungsgefahr aufgrund zufälliger Umstände)
NJA I 1995, S. 405 (412 ff.):	Zur Abgrenzung zwischen Vorbereitungshandlung und Versuchsbeginn (versuchter Raub)
NJA I 2003, 670 (679 ff.):	Ausschluss der Vollendungsgefahr aufgrund zufälliger Umstände bei versuchtem Mord (Schießen durch geschlossene Tür)
NJA I 2004; S. 176 (193 ff.):	Zur Erfüllung der subjektiven Voraussetzungen bei versuchter schwerer Körperverletzung (Abgrenzung zwischen Gleichgültigkeitsvorsatz und bewusster Fahrlässigkeit)

Entscheidungen der Obergerichte

RH 1982:109; 1985:108:	Ausschluss der Vollendungsgefahr aufgrund zufälliger Umstände
RH 1994:24:	Gefahr der Tatvollendung; freiwilliger Rücktritt vom Versuch

Abkürzungsverzeichnis

BrB	Brottsbalken (das schwedische Kriminalgesetzbuch)
NJA	Nytt Juridiskt Arkiv (Neues Juristisches Archiv, Teil I: Höchstrichterliche Rechtsprechung; Teil II: Gesetzgebung)
Prop.	Regeringens proposition (Gesetzesvorlage der Regierung)
RH	Rättsfall från hovrätterna (Entscheidungssammlung der Obergerichte)
SFS	Svensk författningssamling (das schwedische Gesetzblatt)
SOU	Statens offentliga utredningar (amtliche Reformgutachten)

Teresa Manso Porto

Strafbares Verhalten im Vorfeld der Tatvollendung in Spanien

1. Allgemeines

a) Überblick

Im spanischen Strafrecht sind sowohl das vollendete Delikt als auch die versuchte Straftat grundsätzlich strafbar, sodass die Strafbarkeit des Versuchs keiner ausdrücklichen Bestimmung bedarf. Lediglich für Übertretungen (Buch III des spanischen Strafgesetzbuchs; *Código penal*, CP), welche in Spanien Straftaten minderschwerer Natur darstellen, ist der Versuch nur dann strafbar, wenn es sich um Delikte gegen Personen oder gegen das Vermögen handelt.

Darüber hinaus gibt es weitere Verhaltensweisen im Vorfeld der Tatvollendung, die mit Strafe bedroht sind, und zwar Verabredung oder Verschwörung *(conspiración)*, Vorschlag *(proposición)* und Aufforderung oder Provokation *(provocación)*.[1] Diese Art von Vorfeldhandlungen, die zum Vorbereitungsstadium gehören beziehungsweise vor dem Zeitpunkt des Ausführungsbeginns stattfinden, ist seit dem CP von 1995 nicht mehr generell, sondern nur bei bestimmten Straftaten kriminalisiert. Die Strafbarkeit dieser Figuren, die in den allgemeinen Bestimmungen des CP definiert werden, ergibt sich aus einzelnen Klauseln, die sich im Anschluss an bestimmte Straftaten oder Straftatarten finden. Es ist jedoch nicht immer deutlich, welche Straftaten gemeint sind. Die Klauseln enthalten zugleich eine Bestimmung des jeweiligen (vom Grundtatbestand ausgehenden) Strafrahmens. Die Lehre hat diese Änderung (Grundsatz der Straflosigkeit von Vorbereitungshandlungen) sehr begrüßt und den Ausnahmecharakter der Strafbarkeit von Vorfeldhandlungen hervorgehoben. Allerdings erstreckt sich der Kreis der betroffenen Straftaten auch auf weniger schwere Deliktsformen wie Betrug, Unterschlagung oder Sachbeschädigung. Eingeschlossen sind ebenfalls Straftaten, die materiell schon eine starke Ausdehnung der Strafbarkeit auf das Vorfeld der Rechtsgutsverletzung darstellen, wie beispielsweise die widerrechtliche Vereinigung *(asociación ilícita)*, aber auch die Geldwäsche.

---

1 Siehe unten 6.a. und b.

Traditionell wird bei den Vorstufen der vollendeten Tat zwischen der Vorbereitungsphase und dem Ausführungsbeginn *(principio o comienzo de ejecución)*, der den Versuch kennzeichnet, unterschieden. Die frühere Unterscheidung innerhalb der Ausführungsphase zwischen versuchter Straftat *(delito tentado)*, das heißt dem unbeendeten Versuch, und fehlgeschlagener Straftat *(delito frustrado)* ist formell aufgehoben worden, was die praktische Folge hat, dass die Strafmilderungsmöglichkeiten des beendeten Versuchs derjenigen des unbeendeten Versuchs grundsätzlich angeglichen worden sind. Dennoch orientiert sich die Strafzumessung unter anderem an dem Grad der erreichten Ausführung (Art. 62 CP).[2]

b) Gründe der Strafbarkeit

Die Frage nach dem Grund der Strafbarkeit des Verhaltens im Vorfeld der Deliktsvollendung knüpft gemäß den in Spanien herrschenden objektiven Theorien an die Gefährdung *(puesta en peligro)* des geschützten Rechtguts an. Hierauf werden überwiegend die grundsätzliche Straflosigkeit der Vorbereitungshandlungen, die mildere Strafbarkeit des Versuchs (zwingende Strafmilderung[3]) und die Straflosigkeit des absolut untauglichen Versuchs *(tentativa absolutamente inidónea*[4]*)* gestützt. Darüber hinaus wird bei den einzelnen Figuren und Fragestellungen (strafbare Vorbereitungshandlungen, Bestimmung des Versuchsbeginns und sonstige Voraussetzungen für die Strafbarkeit des Versuchs) differenzierter argumentiert.

Die Strafbarkeit von Vorbereitungshandlungen beschränkt sich grundsätzlich auf Konstellationen, in denen mehrere Personen in irgendeiner Weise mitwirken. Der Grund der Strafbarkeit wird generell in der Gefährlichkeit solcher Vorbereitungshandlungen gesehen, sei es, weil durch sie der Entschluss mehrerer Personen zur Straftatbegehung hervorgerufen wird (Verabredung),[5] sei es, weil durch das Einwirken auf andere ein Kausalverlauf in Gang gesetzt wird, der nicht mehr kontrolliert werden kann (Vorschlag,[6] Aufforderung[7]).

Bezüglich des Strafgrundes des Versuchs werden in Spanien unterschiedliche Theorien diskutiert, die überwiegend in der deutschen Dogmatik ihren Ursprung haben. Subjektive Theorien, welche an den vom Täter manifestierten verbrecherischen Willen anknüpfen, wurden Ende des 19. Jahrhunderts von Anhängern des Korrektionalismus (unter Hervorhebung der Individualprävention) in Spanien *de lege ferenda* vertreten. Im 20. Jahrhundert fanden sie im Zusammenhang mit verschiedenen gesetzlichen Anhaltspunkten für die Strafbarkeit des untauglichen Ver-

---

2 Siehe unten 4.

3 Siehe unten 4.

4 Siehe unten 3.a.

5 Siehe unten 6.a.

6 Siehe unten 6.a.

7 Siehe unten 6.b.

suchs (Art. 41 CP 1928; Art. 5 Gesetz über den Schutz der Geburten vom 24. Januar 1941; Art. 52 Abs. 2 CP 1944) ebenfalls Beachtung. Heute werden subjektive Theorien, insbesondere als Begründung der Strafbarkeit aller Formen des untauglichen Versuchs, jedoch einstimmig abgelehnt. Demgegenüber wird die Eindruckstheorie, die auch als objektiv-subjektive oder Mischtheorie bezeichnet wird, in Spanien vereinzelt vertreten. Danach soll die Strafbarkeit des Versuchs auf diejenigen Fälle beschränkt werden, in denen die Tat einen rechtserschütternden Eindruck in der Allgemeinheit hervorrufen kann beziehungsweise eine Gefahr an sich darstellt. Vorherrschend sind allerdings objektivistische Konzeptionen des Versuchs. Daneben wird in Spanien ein funktionalistischer Standpunkt vertreten, der den Strafgrund des Versuchs in der vom Täter ausgedrückten Desavouierung einer gültigen Norm sieht. Diese Lehre betont die Bedeutung der versuchten Tat als Negation des Rechts, welche nur dann vorliegt, wenn das Verhalten nach vernünftiger Einschätzung zur Tatbestandsverwirklichung führen konnte.

Teils will der CP von 1995 sogar als Positivierung einer objektiven Theorie verstanden werden. Bestrebungen, das Problem der Strafbarkeit des untauglichen Versuchs mit dem positivistischen Argument der Regelung des Art. 16 CP abschließend zu lösen, bleiben jedoch nicht unwidersprochen. Der spanische Oberste Gerichtshof hat in einer Entscheidung aus dem Jahr 2004 in dieser Diskussion Stellung genommen und festgestellt, dass der CP von 1995 den untauglichen Versuch nicht entkriminalisiert habe.[8]

2. Versuch

a) Definition

Nach der allgemeinen Versuchsbestimmung im Strafgesetzbuch liegt Versuch vor, wenn der Täter Handlungen vornimmt, die einen unmittelbaren Beginn der Tatausführung darstellen und objektiv den Erfolg herbeiführen könnten.

Art. 16 CP

(1) Versuch liegt vor, wenn der Täter durch äußere Handlungen unmittelbar mit der Ausführung der Straftat beginnt und alle oder einen Teil der Handlungen vornimmt, die objektiv den Erfolg herbeiführen würden, dieser jedoch aus Gründen, die vom Willen des Täters unabhängig sind, nicht eintritt.

Die Vorschrift wird durch die Strafbestimmungsregel des Art. 62 CP ergänzt, welche den Strafrahmen des Versuchs jeweils an den Strafrahmen der vollendeten

---

8 Siehe unten 3.a.

Tat koppelt und eine zwingende Milderung um einen Grad oder zwei Grade vorsieht.[9]

Die Strafbarkeit des Versuchs gilt für alle Deliktsarten, sodass es keiner besonderen Bestimmung bei den einzelnen Straftatbeschreibungen bedarf. Nur bezüglich der Übertretungen, soweit sie sich nicht gegen Personen oder gegen das Vermögen richten, bleibt der Versuch straffrei.[10]

b) Objektive Voraussetzungen der Versuchsstrafbarkeit

Auf der objektiven Seite setzt der Versuch zunächst voraus, dass der Täter die Grenzlinie zwischen Vorbereitungs- und Ausführungshandlungen überschreitet. Ein Versuch liegt vor, wenn der Täter durch äußere Handlungen unmittelbar mit der Ausführung beginnt. Bei der Bestimmung der Grenzlinie zwischen Vorbereitung und Ausführung stellt die Rechtsprechung auf die Struktur des betreffenden Straftatbestands und auf seine konstitutiven Elemente ab. Der Ausführungsbeginn kann sich auf jedes dieser Elemente beziehen. Beim Betrug liegt etwa der Versuch nicht schon dann vor, wenn die Ware vor dem Verkauf falsch gekennzeichnet und im Lager aufbewahrt wird, sondern erst, wenn zum Zwecke der Täuschung (wesentliches Element) die ersten Kontakte mit dem Käufer angebahnt werden.

Bei der Bestimmung der Rechtsgutsgefährdung, die dem Versuchsbeginn innewohnt, werden materielle Kriterien, wie das unmittelbare In-Gefahr-Bringen *(puesta en peligro inmediata)* und die zeitliche Nähe zur Tatvollendung *(inmediatez temporal)* ergänzend herangezogen. Diese werden unter Berücksichtigung des Täterplans aus einer objektiven Perspektive bewertet. Danach beginnt der Versuch, wenn der Täter handelt, ohne dass es weiterer wesentlicher Zwischenakte bis zur Vollendung bedarf (bei mehraktigen Delikten kommt es hierfür auf die ersten Tatbestandshandlungen an). Beim Raub durch Drohung ist das etwa gegeben, wenn der Täter mit einem Messer in der Hand das Opfer erreicht hat. Wollte der Täter sein Opfer durch wiederholte Schläge töten, so beginnt der Versuch, wenn der erste Schlag unmittelbar bevorsteht.

Die Vollendung der Straftat darf nicht eintreten, und zwar aus Gründen, die vom Willen des Täters unabhängig sind (Art. 16 Abs. 1 CP). Diese Voraussetzung hat Folgen für die Diskussion um die rechtliche Natur des Rücktritts.[11]

Innerhalb der Spanne zwischen Versuchsbeginn und Vollendung muss der erreichte Ausführungsgrad bestimmt werden. Die Frage, ob die Ausführungshandlungen vollständig oder nur partiell vollzogen worden sind, wird verbreitet der deutschen Unterscheidung zwischen beendetem und unbeendetem Versuch *(tenta-*

---

[9] Siehe unten 4.

[10] Siehe auch oben 1.a.

[11] Siehe unten 5.a.

tiva acabada/tentativa inacabada) gleichgestellt. Teilweise wird jedoch darauf hingewiesen, dass es in Spanien bei dieser Unterscheidung nicht um die Bestimmung der Voraussetzungen eines wirksamen Rücktritts, sondern um die Entscheidung über eine (zwingende) Herabsetzung des Strafrahmens um einen Grad oder zwei Grade geht.[12]

Der teilweise ausgeführte Plan des Täters sowie die Mittel müssen – objektiv und *ex ante* betrachtet – vernünftigerweise geeignet sein, den Erfolg herbeizuführen. Die Rechtsprechung verlangt, dass der Plan und die verwendeten Mittel den Erfolg nach allgemeiner Lebenserfahrung hätten herbeiführen müssen. Für diese Beurteilung wird auf einen Durchschnittsmenschen in der Situation des Täters mit dessen Sonderwissen abgestellt. Dies ist für die Strafbarkeit des untauglichen Versuchs von Bedeutung.[13]

c) Subjektive Voraussetzungen der Versuchsstrafbarkeit

Die subjektive Seite des Versuchs ist, so wie bei vielen Straftatbeschreibungen ohne besondere Absichtsmerkmale, gesetzlich nicht ausdrücklich festgelegt. Die überwiegende Lehre vertritt die Meinung, dass nur vorsätzlich versuchte Straftaten strafbar sind. Danach muss der Täter subjektiv vorsätzlich handeln Der Vorsatz umfasst nicht nur die vollzogenen Handlungen, sondern auch zumindest das In-Kauf-Nehmen der als wahrscheinlich erkannten Deliktsvollendung.

Streitig ist jedoch, ob die subjektive Seite des Versuchs und die subjektive Seite des jeweils vollendeten Delikts identisch sind. Dagegen wird angeführt, dass beim unbeendeten Versuch nicht feststehe, ob der Täter seinen Willen bis zur vollständigen Ausführung aufrechterhalten hätte, was wiederum eine objektiv-subjektive Begründung für eine Strafmilderung des unbeendeten Versuchs liefere. Im Ergebnis bestehe der subjektive Tatbestand des unbeendeten Versuchs in einem Vorsatz, der allein den erreichten Ausführungsgrad decke, und in einem weiteren Unrechtselement, nämlich der Absicht der Deliktsvollendung. Die Gegenmeinung vertritt die Ansicht, dass der Vorsatz des Versuchs mit dem Vorsatz des vollendeten Delikts komplett übereinstimme. Darin, dass der Vollendungswille für den Versuch konstitutiven Charakter hat, wird die Begründung für die Straflosigkeit des fahrlässigen Versuchs gesehen.

Ein fahrlässiger Versuch ist *de lege lata* prinzipiell bei denjenigen Straftaten möglich, die auch durch fahrlässige Begehung strafbar sind, da die Strafbarkeit des Versuchs keiner besonderen Bestimmung bedarf. In der Lehre wird diese Möglichkeit jedoch überwiegend abgelehnt. Ausgenommen sind hier Fälle des indirekten Verbotsirrtums, soweit in der Verbotsirrtumsregelung entsprechend dem Verständnis

[12] Siehe unten 4.

[13] Siehe unten 3.a.

vom Vorsatz als *dolus malus* eine Rechtsfahrlässigkeitsklausel gesehen wird.[14] So ist etwa eine versuchte Tötung in der irrigen Annahme einer Notwehrsituation als versuchte fahrlässige Tötung strafbar, wenn der Irrtum auf Fahrlässigkeit beruht.

3. Einzelprobleme

a) Untauglicher Versuch

Im CP von 1995 ist eine objektive Ausrichtung bei der Strafbarkeit des Versuchs unverkennbar. Die Frage der Strafbarkeit des untauglichen Versuchs ist jedoch in der spanischen Lehre streitig. Eine besondere Schwierigkeit besteht darin, dass die Diskussion über die Bestimmung des Begriffs „untauglicher Versuch" *(tentativa inidónea; delito imposible)* und die Bestimmung des strafbaren Versuchs getrennt voneinander geführt wird. Eine Lehrmeinung vertritt die Ansicht, dass die gesetzliche Regelung die Strafbarkeit des untauglichen Versuchs ausschließe. Sie interpretiert den Begriff des untauglichen Versuchs jedoch eng, beziehungsweise versteht den Versuch schon dann als tauglich, wenn das Objekt oder die Mittel zwar ungeeignet waren, dies jedoch *ex ante* nicht wahrnehmbar war. Zum Beispiel läge darin, dass der Täter, der sein Opfer im Bett vermutet und in der Dunkelheit nicht erkennen kann, dass er tatsächlich auf ein Kissen unter einer Decke schießt, ein strafbarer tauglicher Versuch. Eine andere Lehrmeinung vertritt demgegenüber die Auffassung, dass die gesetzliche Regelung den untauglichen Versuch einschließe und interpretiert den Begriff in einem weiteren Sinne, indem sie etwa Fälle des untauglichen Objekts auch dann erfasst, wenn die Untauglichkeit *ex ante* nicht erkennbar war. Nach dieser Lehre begeht der Täter des oben genannten Beispiels, wenn er auf das Kissen schießt, einen untauglichen, aber strafbaren Versuch.

Vom Bereich des strafbaren Versuchs werden übereinstimmend die Fälle ausgenommen, in denen für einen objektiven Beobachter in der Situation des Täters keine vernünftige Möglichkeit der Tatbestandsverwirklichung besteht (etwa bei Aberglauben). Diese Fälle werden als irrealer Versuch *(tentativa irreal)* bezeichnet und sind straffrei.

Die Kategorie des „absolut untauglichen Versuchs" *(tentativa absolutamente inidónea)*, die früher insbesondere dazu diente, aus dem (grundsätzlich strafbaren) Bereich des untauglichen Versuchs wiederum solche Fälle herauszunehmen, in denen die verwendeten Mittel unter keinen Umständen den Erfolg herbeiführen konnten, verliert mit dem Vorrang einer „objektiv-*ex-ante*-Betrachtung" an Bedeutung und nähert sich dem irrealen Versuch begrifflich stark an. Die Rechtsprechung verwendet in manchen Entscheidungen immer noch die Unterscheidung zwischen dem absolut und dem relativ untauglichen Versuch.

---

[14] Siehe oben II.E.1.

Ein Teil der Lehre behandelt auch diejenigen Fälle als Konstellation des untauglichen Versuchs, in denen der Täter eines Sonderdelikts irrig eine Tätereigenschaft annimmt, die er nicht hat (Untauglichkeit des Subjekts). Eine differenziertere Meinung beschränkt diese Konstellation auf die Fälle, in denen der Täter über die faktischen Voraussetzungen irrt, unter denen er gegebenenfalls geeigneter Täter wäre. Ein solcher Irrtum liegt zum Beispiel vor, wenn er in der falschen Annahme heiratet, seine erste Ehe sei noch gültig (umgekehrter Tatbestandsirrtum). Der Täter irrt dagegen über die normativen Voraussetzungen, wenn er sich beispielsweise bei der Ausübung einer Vertretungsfunktion irrigerweise für einen Beamten hält. In diesen Fällen wird ein Wahndelikt angenommen. Eine dritte Meinung behandelt beide Fallgruppen als Wahndelikte.

b) Wahndelikt

Vom untauglichen Versuch wird das Wahndelikt *(delito putativo)* unterschieden. Ein Wahndelikt liegt vor, wenn der Täter nicht ein objektives Tatbestandsmerkmal, sondern die Strafbarkeit seines Verhaltens irrtümlich für gegeben hält. Er stellt sich also das Gesetz strenger vor, als es in Wirklichkeit ist. Deshalb wird dieser Irrtum auch „umgekehrter Verbotsirrtum" genannt. Das Wahndelikt gilt in dieser klaren Begrifflichkeit übereinstimmend als straffrei.

Die Rechtsprechung verwendet den Begriff *delito putativo* allerdings vielfältig. Ein Wahndelikt wurde etwa in einem Fall angenommen, in dem es sich bei einem Drogengeschäft um eine minimale Menge handelte, die das Gericht veranlasste, eine abstrakte Gefahr für die öffentliche Gesundheit zu verneinen. Im Weiteren wurde ausgeführt, dass, selbst wenn Käufer und Verkäufer diesen Umstand nicht kannten, was das Gericht für möglich hielt, es sich höchstens um ein strafloses Wahndelikt gehandelt hätte. Sehr wahrscheinlich hätte die Lehre in diesem Fall hingegen einen Tatbestandsirrtum angenommen. Auch als *delito putativo* wurde von der Rechtsprechung ein Fall bezeichnet, in dem der mit einem Messer bewaffnete Täter nach einem heftigen Streit mit seiner Freundin in der (irrigen) Annahme in ihre Wohnung eingedrungen war, dass sie ihm den Zutritt erlauben würde. Möglicherweise würde die Lehre einen solchen Fall je nach Sachlage entweder als Erlaubnistatbestandsirrtum oder als Erlaubnisirrtum charakterisieren. Jedenfalls führt eine solche Fehlvorstellung nicht automatisch zur Straflosigkeit. Schließlich werden in der Praxis auch Fälle der Putativnotwehr bei ähnlichen Rechtsfolgen als *delito putativo* bezeichnet.

c) Versuchte Tatbeteiligung/Beteiligung am Versuch

Die strafbare Beteiligung setzt in Spanien eine tatbestandsmäßige, rechtswidrige Haupttat voraus. Dabei ist es nicht notwendig, dass die Tat vollendet wird. Vielmehr genügt es, wenn die Versuchsschwelle überschritten ist. Da jede Straftat prinzipiell auch im Versuchsstadium strafbar ist, sind Anstiftung zum Versuch und Beihilfe zum Versuch der Straftat immer strafbar.

Subjektiv wird vorausgesetzt, dass der Vorsatz des Teilnehmers auf die Vollendung der Tat gerichtet ist. Die Straflosigkeit des sogenannten *agent provocateur* wird in der spanischen Rechtsprechung allerdings meistens nicht subjektiv etwa damit begründet, dass dieser nur zu einem Versuch anstiften oder Beihilfe leisten wolle, sondern objektiv damit, dass der *agent provocateur* lediglich eine rein fiktive Situation vorspiegele und keine strafbaren Handlungen vollziehe.

Teilnahmeformen im Vorbereitungsstadium können nur in den besonders vorgesehenen Fällen strafbar sein.[15] In Betracht kommt dabei insbesondere der Vorschlag *(proposición)*, der überwiegend als versuchte Anstiftung angesehen wird. Die Vorbereitung der Straftat existiert als selbstständige Figur nicht, sodass vorbereitende Beihilfehandlungen als solche weder prinzipiell noch in Bezug auf bestimmte Deliktsarten strafbar sind. Denkbar ist allerdings, dass die entsprechenden Verhaltensweisen vereinzelt als Verabredung oder Aufforderung erfasst werden können.[16] In diesem Sinne vertritt der spanische Oberste Gerichtshof die Ansicht, dass der manifestierte Entschluss zur Straftatbegehung (Verabredung) eine „echte versuchte Teilnahme" darstelle.

4. Strafzumessung

Liegt ein Versuch vor, so wird die Strafe in allen Fällen gemildert. Vor dem CP von 1995 war gesetzlich festgelegt, dass beim beendeten Versuch *(delito frustrado)* die Strafe um einen Grad, beim (unbeendeten) Versuch *(tentativa)* um zwei Grade zu mildern war. Heute ist die Strafzumessungsregelung etwas flexibler. Der Richter entscheidet in jedem Fall eines Versuchs, ob die Strafe um einen oder um zwei Grade gemildert werden soll. Allerdings sind der erreichte Grad der Ausführung und auch die Gefährlichkeit, die der Versuch in sich birgt, bei der Strafbemessung entscheidende Kriterien. Keinesfalls darf der Versuch so streng bestraft werden wie die vollendete Tat.

Art. 62 CP

Dem Täter einer versuchten Straftat wird die um einen Grad oder zwei Grade niedrigere Strafe auferlegt als diejenige, die das Gesetz für die vollendete Straftat androht; dies erfolgt in dem Umfang, der unter Berücksichtigung der Gefahr, die der Versuch in sich birgt, und des erreichten Grades der Ausführung als angemessen angesehen wird.

Für die Festlegung der Strafe wird vom Strafrahmen des vollendeten Delikts ausgegangen. Eine Milderung um einen Grad bedeutet bereits eine starke Ver-

---

[15] Siehe oben 1.a.

[16] Siehe unten 6.a. und b.

schiebung und Verengung des Strafrahmens, und zwar wird vom Mindestmaß der jeweiligen Straftat ausgegangen und von diesem die Hälfte abgezogen. Das ursprüngliche Mindestmaß bildet die neue Obergrenze, das Ergebnis des Abzugs die Untergrenze (Art. 70 Abs. 1 Nr. 2 CP). Bei einer Milderung um zwei Grade wird dieselbe Prozedur zweimal durchgeführt.

5. Rücktritt vom Versuch

a) Voraussetzungen

Die rechtliche Einordnung des Rücktritts ist in Spanien so umstritten wie der Versuchsbegriff selbst. Aus der Formulierung des Art. 16 Abs. 2 CP kann im Einklang mit der früheren Regelung weiterhin geschlossen werden, dass das Fehlen des Rücktritts ein Element des Versuchstatbestands darstellt. Der Erfolg muss nämlich aus Gründen ausgeblieben sein, „die vom Willen des Täters unabhängig sind". Da dies beim Rücktritt gerade nicht der Fall ist, darf der fehlende Rücktritt als negatives Tatbestandselement des Versuchs vorausgesetzt werden. Folglich dürfte also beim freiwilligen Rücktritt kein Versuch vorliegen. In der Lehre wird jedoch auch die Meinung vertreten, dass der Rücktritt einen persönlichen Strafausschließungsgrund darstelle. Dies wird insbesondere auf die anschließende Regelung über die Wirksamkeit des Rücktritts bei Beteiligung mehrerer Personen gestützt (Art. 16 Abs. 3 CP[17]). Der Einzeltäter bleibt grundsätzlich straffrei, wenn er die Vollendung der Straftat freiwillig verhindert, sei es durch Aufgabe der schon begonnenen Ausführung, sei es durch Verhinderung des Erfolgseintritts. Für bereits ausgeführte Handlungen, die schon eine andere Straftat oder Übertretung darstellen, bleibt die strafrechtliche Verantwortlichkeit bestehen.

Art. 16 CP

(…)

(2) Wegen versuchter Tat bleibt straflos, wer entweder durch Aufgabe der schon begonnenen Ausführung der Straftat oder durch Verhinderung des Erfolgseintritts die Vollendung der Straftat freiwillig verhindert, unbeschadet der möglicherweise eingetretenen Verantwortlichkeit für die bereits ausgeführten Handlungen, wenn diese schon eine andere Straftat oder Übertretung darstellen.

Im Fall eines unbeendeten Versuchs[18] genügt es für den Rücktritt, dass der Täter die weitere Ausführung der Tat endgültig aufgibt. Hat er hingegen bereits alle nach seinem Plan erforderlichen Tathandlungen abgeschlossen (beendeter Versuch[19]), so muss er zusätzlich mit den ihm zur Verfügung stehenden Mitteln die Herbeifüh-

---

17 Siehe unten c.

18 Siehe oben 2.b.

19 Siehe oben 2.b.

rung des Erfolgs verhindern. In beiden Fällen ist wesentliche Voraussetzung für die Strafbefreiung, dass der Rücktritt freiwillig erfolgt. Der Rücktritt gilt als freiwillig, wenn der Täter etwa aus Reue oder auch aus allgemeiner Angst vor einer Bestrafung die Tatausführung abbricht, nicht aber, wenn er erfährt oder meint, dass er ertappt wurde. Der Rücktritt gilt auch dann nicht als freiwillig, wenn bei der Ausführung unerwartete Hindernisse auftreten, mit denen der Täter nicht gerechnet hat. Das ist beispielsweise der Fall, wenn der Täter eines sexuellen Angriffs aufgrund einer intensiven Gegenwehr des Opfers von weiteren Handlungen absieht.

b) Wirkung des Rücktritts

Nach der Rücktrittsregelung des Art. 16 Abs. 2 CP führt der freiwillige Rücktritt stets zur Straflosigkeit, vorausgesetzt, dass die bereits ausgeführten Handlungen nicht schon eine andere Straftat darstellen.

Besondere Bestimmungen gelten beispielsweise für die Straftat des Aufstands: Gemäß Art. 480 Abs. 1 CP bleibt derjenige, der darin verwickelt ist, (auch in Bezug auf die bis dahin begangenen Straftaten) straffrei, wenn er die Tat rechtzeitig aufdeckt. Art. 480 Abs. 2 CP gewährt den Beteiligten eine „zweite Chance" in Form einer starken Strafmilderung, wenn sie sich erst nach Bekanntwerden des Aufstands oder sogar erst, nachdem sie von der hoheitlichen Gewalt dazu aufgefordert wurden, auflösen oder zurückziehen.

c) Besonderheiten bei Tatbeteiligung mehrerer

Bei einer Tatbeteiligung mehrerer kommt die strafbefreiende Wirkung des Rücktritts grundsätzlich nur der zurücktretenden Person selbst zugute. Dies folgt daraus, dass der Rücktritt einen persönlichen Straffreistellungsgrund *(causa personal de exclusión de la pena; excusa absolutoria)* darstellt, der ausschließlich demjenigen Tatbeteiligten zugerechnet wird, bei dem er vorliegt.

Die Regelung des Art. 16 Abs. 3 CP berücksichtigt den Fall, dass mehrere Personen bei schon begonnener Ausführung an der Tat beteiligt sind, ohne jedoch zwischen Täterschafts- und Teilnahmeformen zu differenzieren. Jedenfalls kommen hier Fälle in Betracht, in denen die Tatvollendung offensichtlich von mehreren Personen abhängt, sodass es für die strafbefreiende Wirkung des Rücktritts eines einzelnen Beteiligten ausreicht, wenn er sich um die Tatverhinderung ernsthaft bemüht.

Art. 16 CP

(…)

(3) Sind an einer Tat mehrere Personen beteiligt, bleiben diejenigen oder derjenige straflos, die von der schon begonnenen Ausführung Abstand nehmen und die Vollendung ernstlich, endgültig und entschieden verhindern oder zu verhindern versuchen,

unbeschadet der möglicherweise eingetretenen Verantwortlichkeit für die bereits ausgeführten Handlungen, wenn diese schon eine andere Straftat oder Übertretung darstellen.

Aus dieser Bestimmung folgt umgekehrt, dass ein Tatbeteiligter nicht durch bloßes passives Verhalten zurücktreten kann. Die frühere Rechtsprechung hatte jedoch sowohl eine Beschränkung der strafbefreienden Wirkung auf den aktiven Rücktritt als auch die (in manchen Entscheidungen vertretene) Notwendigkeit einer Mitteilung an die anderen Beteiligten gelegentlich in Frage gestellt. In dem einer Entscheidung des Obersten Gerichtshofs aus dem Jahr 1987 zugrunde liegenden Sachverhalt sollten der Angeklagte als Tatgehilfe und ein zweiter Teilnehmer gemäß einem zu dritt geplanten Banküberfall mit Messern bewaffnet in einem gestohlenen Auto zusammen zum Tatort fahren. Stattdessen erschien der Angeklagte jedoch mit Hilfe eines anderen Verkehrsmittels und entfernte sich schließlich wieder vom Tatort. Da er sich an der Tatausführung erst gar nicht beteiligte und eine Regelung für den Rücktritt von der Verabredung (beziehungsweise von versuchter Teilnahme) bis heute fehlt, wendete das Gericht die Regelung des Rücktritts vom Versuch mit strafbefreiender Wirkung analog auf die Verabredung an. In diesem Fall wurden weder ein aktives Verhalten noch eine Mitteilung an die anderen Beteiligten für notwendig gehalten. Eine derartige Lockerung der Voraussetzungen eines wirksamen Rücktritts vom unbeendeten Versuch für Gehilfen scheint heute *de lege lata* nicht mehr möglich. Ein entsprechender Fall lag dem Obersten Gerichtshof bis heute soweit ersichtlich nicht vor.

Eine weitere Folge des persönlichen Charakters des Rücktritts betrifft den gesetzlich ebenfalls nicht geregelten Fall, dass der Haupttäter zurücktritt. Die akzessorische Verantwortung der Teilnehmer muss im Prinzip bestehen bleiben, wobei man hier zumindest berücksichtigen muss, dass sie sich gar nicht aktiv um die Tatverhinderung bemühen könnten, wenn sie auch zurücktreten wollten. Die Tendenz zur Bestrafung der Teilnehmer findet sich sogar in der Lehre, die den Rücktritt als negatives Tatbestandselement versteht. Sie begründet die Strafbarkeit der Teilnehmer trotz Rücktritts des Haupttäters dadurch, dass sie das Akzessorietätsprinzip nicht qualitativ, sondern quantitativ versteht und demnach nur den Ausführungsbeginn, aber nicht eine tatbestandsmäßige und rechtswidrige Tat voraussetzt.

6. Andere Formen strafbaren Verhaltens im Vorfeld der Tatvollendung

a) Verabredung und Vorschlag

Obwohl vorbereitende Handlungen, die den Versuchspunkt noch nicht überschreiten, grundsätzlich nicht strafbar sind, erfasst das spanische Strafrecht eine Reihe von Verhaltensweisen im Planungsstadium, die bei bestimmten (zahlreichen) Straftaten ausdrücklich kriminalisiert sind. Zusätzlich werden sie in einer allgemeinen Bestimmung geregelt. Eine Figur der Vorbereitung kennt das spanische Strafgesetzbuch nicht.

Eine Verabredung *(conspiración)* liegt vor, wenn mindestens zwei Personen die Ausführung einer Straftat beschließen. Der restriktiven Meinung, welche die Verabredung auf die vorzeitige Mittäterschaft beschränkt, steht allerdings eine Position entgegen, die auch den Beschluss von Beihilfehandlungen mit einschließt. Fordert derjenige, der die Tatbegehung beschlossen hat, eine andere Person dazu auf, sie auszuführen, so liegt ein Vorschlag *(proposición)* vor. Damit wird der Anwendungsbereich des Vorschlags überwiegend auf Fälle versuchter Anstiftung beschränkt, die anderenfalls straflos wären. Beide Figuren sind im Art. 17 CP geregelt.

Art. 17 CP

(1) Verabredung liegt vor, wenn zwei oder mehr Personen sich über die Begehung einer Straftat einigen und beschließen, sie auszuführen.

(2) Vorschlag liegt vor, wenn derjenige, der beschlossen hat, eine Straftat zu begehen, eine andere Person oder andere Personen dazu auffordert, sie auszuführen.

b) Sonstiges

Sonstige Formen des strafbaren Verhaltens vor Versuchsbeginn, die der spanische CP unter Strafe stellt, beruhen darauf, dass der Versuch einer Einwirkung auf andere Personen, die eine Straftat begehen sollen, potentiell eine möglichst große Zahl von Adressaten erreichen soll. Wird vor einer Versammlung von Personen oder mit Hilfe von Druckerzeugnissen, durch den Rundfunk oder durch sonstige ähnlich wirksame Mittel, die die Veröffentlichung erleichtern, zu einer Straftat direkt aufgestachelt, so liegt eine Aufforderung *(provocación)* vor. Sie wird als Anstiftung bestraft, wenn ihr die Begehung der Straftat folgt.

Darüber hinaus regelt das Strafgesetzbuch die Apologie oder strafbare Verteidigung von Straftaten *(apología)* als einen dem Inhalt nach beschränkten Unterfall der Aufforderung. Die Verteidigung von Straftaten wird betraft, wenn sie in der Verbreitung von Ideen oder Lehren besteht, die das Verbrechen oder seinen Täter rühmen, und ihrer Natur oder ihren Umständen nach eine direkte Aufstachelung zur Begehung einer Straftat darstellt. Die Aufforderung und die Verteidigung von Straftaten sind in Art. 18 Abs. 1 CP geregelt.

Art. 18 CP

(1) Eine Aufforderung liegt vor, wenn durch Druckerzeugnisse, den Rundfunk oder jedes andere ähnlich wirksame Mittel, das die Veröffentlichung erleichtert, oder vor einer Versammlung von Personen direkt zur Begehung einer Straftat aufgestachelt wird.

Die Verteidigung von Straftaten im Sinne dieses Gesetzbuchs ist die vor einer Versammlung von Personen oder durch irgendein Mittel der Verbreitung erfolgende Darstellung von Ideen oder Lehren, die das Verbrechen verherrlichen oder seinen Täter rühmen. Die Verteidigung von Straftaten ist nur als Form der Aufforderung strafbar und wenn sie aufgrund ihrer Natur und der Umstände eine direkte Aufstachelung zur Begehung einer Straftat darstellt.

Literaturhinweise

Allgemeines, Versuchsbegriff

Alcácer Guirao, Rafael, Tentativa y formas de autoría – Sobre el comienzo de la realización típica. Madrid 2001.

Bacigalupo, Enrique, Principios de derecho penal, parte general. 4. Aufl. Madrid 1997, 7. Kapitel, S. 336–345.

Cerezo Mir, José, Die Regelung des Versuchs und die Auffassung des Unrechts im neuen spanischen Strafgesetzbuch. In: Thomas Weigend/Georg Küpper (Hrsg.), Festschrift für Hans Joachim Hirsch zum 70. Geburtstag am 11. April. Berlin/New York 1999, S. 127–139.

– Curso de derecho penal español, parte general. Band III. Madrid 1998, 34. Kapitel, S. 184–195.

Demetrio Crespo, Eduardo, La tentativa en la autoría mediata y en la actio libera in causa. Granada 2003.

Farré Trepat, Elena, La tentativa de delito – Doctrina y jurisprudencia. Barcelona 1986.

Mir Puig, Santiago, Derecho penal, parte general. 7. Aufl. Barcelona 2004, 13. Kapitel, S. 335–339, S. 344–353.

Muñoz Conde, Francisco/García Arán, Mercedes, Derecho penal, parte general. 7. Aufl. Valencia 2007, 25. Kapitel, S. 409–428.

Nuñez Paz, Miguel Ángel, El delito intentado (Fundamento de su punición. Concepto, naturaleza y elementos. La llamada tentativa inidónea. El desistimiento en la tentativa). Madrid 2003.

Rey Sanfiz, Luis Carlos, La tentativa jurídico-penal. Acercamiento al tratamiento doctrinal del fundamento de los criterios de imputación entre naturalismo y normativismo. Cuadernos Luis Jiménez de Asúa, Nr. 13. Madrid 2001.

– Observación naturalista del Derecho penal. In: Dogmática y Ley Penal. Libro Homenaje a Enrique Bacigalupo. Band I. Madrid/Barcelona 2004, S. 749–764.

Rey Sanfiz, Luis Carlos, Die Begriffsbestimmung des Versuchs und ihre Auswirkung auf den Versuchsbeginn. Berlin 2006.

Serrano-Piedecasas, José Ramón, Fundamento de la punición en la tentativa. In: José Cerezo Mir (Hrsg.) u.a., El nuevo Código penal: Presupuestos y fundamentos. Libro Homenaje al Profesor Doctor Don Ángel Torío López. Granada 1999, S. 521–549.

Silva Sánchez, Jesús-María, El nuevo Código penal: cinco cuestiones fundamentales. Barcelona 1997, Kapitel IV: La regulación del iter criminis (artículos 16–18), S. 121–157.

Zugaldía Espinar, José Miguel (Hrsg.), Derecho penal, parte general. 2. Aufl. Valencia 2004, 33. Kapitel, S. 674–685, S. 691–700.

Zur Strafbarkeit von Vorbereitungshandlungen

Bacigalupo, Enrique, Principios de derecho penal, parte general. 4. Aufl. Madrid 1997, 7. Kapitel, S. 334–335.

Barber Burusco, Soledad, Los actos preparatorios del delito. Granada 2004.

Cerezo Mir, José, Curso de derecho penal español, parte general. Band III. Madrid 1998, 34. Kapitel, S. 177–184.

Campo Moreno, Juan Carlos, Los actos preparatorios punibles. Valencia 2000.

Mir Puig, Santiago, Derecho penal, parte general. 7. Aufl. Barcelona 2004, 13. Kapitel, S. 339–344.

Muñoz Conde, Francisco/García Arán, Mercedes, Derecho penal, parte general. 7. Aufl. Valencia 2007, 25. Kapitel, S. 415–417.

Zugaldía Espinar, José Miguel (Hrsg.), Derecho penal, parte general. 2. Aufl. Valencia 2004, 33. Kapitel, S. 674–681.

Zum untauglichen Versuch

Alcácer Guirao, Rafael, La tentativa inidónea – Fundamento de punición y configuración del injusto. Granada 2000.

Bacigalupo. Enrique, Principios de derecho penal, parte general. 4. Aufl. Madrid 1997, 7. Kapitel, S. 336–342.

Cerezo Mir, José, Curso de derecho penal español, parte general. Band III. Madrid 1998, 34. Kapitel, S. 195–205.

Mir Puig, Santiago, Untauglicher Versuch und statistische Gefährlichkeit im neuen spanischen Strafgesetzbuch. In: Festschrift für Claus Roxin zum 70. Geburtstag am 15. Mai. Berlin/New York 2001, S. 711–748.

– Derecho penal, parte general. 7. Aufl. Barcelona 2004, 13. Kapitel, S. 335–339, S. 353–356.

Moreno-Torres Herrera, Mª Rosa, Tentativa de delito y delito irreal. Valencia 1999.

Muñoz Conde, Francisco/García Arán, Mercedes, Derecho penal, parte general. 7. Aufl. Valencia 2007, 25. Kapitel, S. 419–421.

Muñoz Lorente, José, La tentativa inidónea y el Código penal de 1995. Valencia 2003.

Polaino Navarrete, Miguel, Das Versuchsunrecht am Beispiel der schlichten Tätigkeitsdelikte und der echten Unterlassungsdelikte. Zugleich ein Beitrag zum strafrechtlichen Erfolgsbegriff. In: Festschrift für Karl Heinz Gössel zum 70. Geburtstag. Heidelberg 2002, S. 157–173.

Sola Reche, Esteban, La llamada "tentativa inidónea" de delito. Aspectos básicos. Granada 1996.

Zugaldía Espinar, José Miguel (Hrsg.), Derecho penal, parte general. 2. Aufl. Valencia 2004, 34. Kapitel, S. 687–691.

Zum Rücktritt

Alcácer Guirao, Rafael, ¿Está bien lo que bien acaba? – La imputación de la evitación del resultado en el desistimiento. Granada 2002.

Bacigalupo, Enrique, Principios de derecho penal, parte general. 4. Aufl. Madrid 1997, 7. Kapitel, S. 345–350.

Martínez Escamilla, Margarita, El desistimiento en derecho penal – Estudio de algunos de sus problemas fundamentales. Madrid 1994.

Mir Puig, Santiago, Derecho penal, parte general. 7. Aufl. Barcelona 2004, 13. Kapitel, S. 356–361.

Muñoz Conde, Francisco, El desistimiento voluntario de consumar el delito. Barcelona 1972.

– Der mißlungene Rücktritt: Eine Wiederkehr der Erfolgshaftung? GA 1973, S. 33–40.

Muñoz Conde, Francisco/García Arán, Mercedes, Derecho penal, parte general. 7. Aufl. Valencia 2007, 25. Kapitel, S. 421–424.

Pozuelo Pérez, Laura, El desistimiento en la tentativa y la conducta postdelictiva. Valencia 2003.

Zugaldía Espinar, José Miguel (Hrsg.), Derecho penal, parte general. 2. Aufl. Valencia 2004, 34. Kapitel, S. 695–700.

Rechtsprechung

STS 781/2007 vom 3. Oktober (*delito provocado*; *agent provocateur*).

STS 798/2006 vom 14. Juli (Entsprechung zwischen der früheren fehlgeschlagenen Straftat und dem beendeten Versuch).

STS 630/2004 vom 18. Mai (Strafbarkeit des untauglichen Versuchs).

STS 357/2004 vom 19. März (Voraussetzungen des Versuchs und des Versuchsbeginns).

STS 1060/2003 vom 21. Juli (objektive und *ex-ante*-Betrachtung).

STS 1994/2002 vom 29. November (Vorschlag ist versuchte Anstiftung).

STS 520/2002 vom 21. März (Anwendung des Begriffs *delito putativo*, Wahndelikt; Fall von Tatbestandsirrtum).

STS 2122/2002 vom 20. Januar (absolut und relativ untauglicher Versuch).

STS 313/2001 vom 2. März (Versuchsbeginn).

STS 889/1995 vom 12. Juli (Abgrenzung zwischen Vorbereitung und Versuch).

STS RJ 1987/7559 vom 21. Oktober (versuchte Teilnahme).

Abkürzungsverzeichnis

CP	Código penal (spanisches Strafgesetzbuch)
RJ	Repertorio de Jurisprudencia (Entscheidungssamlung)
STS	Sentencia del Tribunal Supremo (Entscheidung des spanischen Obersten Gerichtshof)

Silvia Tellenbach

Strafbares Verhalten im Vorfeld der Tatvollendung in der Türkei

1. Allgemeines

a) Überblick

Der Regelfall der Straftat ist die vollendete Tat. Davor liegen jedoch Phasen, die durchlaufen werden müssen, bevor es zur Tatvollendung kommt. Es gibt also ein Vorfeld der Tat, die sogenannten Vorbereitungshandlungen *(hazırlık hareketleri)*. Sie umfassen einen Bereich des Gedankens an die Tat, des Entschlusses, von Verabredungen und von Handlungen, die der Tatbegehung noch relativ fern sind, auch wenn sie schon im Hinblick auf die Tatbegehung vorgenommen werden (zum Beispiel die Fahrt des späteren Täters in die Stadt, in der er die Tat begehen will). Derartige Vorbereitungshandlungen sind in der Regel straffrei. Die Grenze zur Strafbarkeit wird überschritten, wenn, wie es im neuen Strafgesetzbuch (*Türk Ceza Kanunu*, TCK) in Art. 35 formuliert ist, der Täter zur Ausführung einer Straftat *unmittelbar ansetzt*, also das Stadium des Versuchs erreicht.

Die Vorschriften zur Strafbarkeit des Versuchs werden als Erweiterung der Strafbarkeit angesehen. Ohne diese Normen würde die Bestrafung eines Versuchs eine verbotene Analogie zuungunsten des Täters sein. Wo jedoch die Grenze zwischen dem strafbaren unmittelbaren Ansetzen zur Tatausführung und der straflosen Vorbereitung oder Verabredung einer Tat liegen, gehört zu den immer wieder in Rechtsprechung und Lehre behandelten Fragen.[1]

Allerdings ist in einer Reihe von Fällen eine Verabredung oder sonstige Vorbereitungshandlung als eigener Straftatbestand unter Strafe gestellt.[2] So gibt es die Verabredung zur Begehung eines Staatsschutzdelikts (Art. 316 TCK), bei der jedoch die Planung der Tatbegehung mit geeigneten Mitteln konkrete Formen angenommen haben muss. Von praktischer Bedeutung ist die Bildung, Leitung oder Mitgliedschaft in einer kriminellen Vereinigung (Art. 220 TCK), auf die zum Beispiel die Vorschrift über die Bildung einer Vereinigung zur Begehung schwerer Staatsschutzdelikte (Art. 314 TCK) Bezug nimmt, ferner die öffentliche Aufforderung zur Begehung einer Straftat (Art. 214 TCK).

---

1 Siehe unten 2.

2 Siehe unten 6.

b) Gründe der Strafbarkeit

In der türkischen Rechtswissenschaft werden zwar die objektiven, subjektiven und gemischten Theorien zur Begründung der Versuchsstrafbarkeit häufig unter Bezugnahme auf deutsches Recht dargestellt, werden aber meist nicht eingehender diskutiert. Mit dem Erfordernis der geeigneten Handlung und dem Strafzumessungskriterium „Schaden oder Gefahr“ folgt das neue Strafgesetzbuch am ehesten der objektiven Theorie, für welche die Gefährdung des Rechtsguts das maßgebliche Kriterium ist.[3]

2. Versuch

a) Definition

Artikel 35 TCK – Versuch der Straftat

(1) Wer zur Ausführung der Straftat, deren Begehung er beabsichtigt, mit geeigneten Handlungen unmittelbar ansetzt, sie aber aus Gründen außerhalb seines Willens nicht vollenden kann, ist wegen Versuchs verantwortlich.

(2) Im Falle eines Versuchs wird der Täter je nach Schwere des Schadens oder Größe der Gefahr statt mit erschwertem lebenslangem Gefängnis mit 13–20 Jahren Gefängnis und statt mit lebenslangem Gefängnis mit 9–15 Jahren Gefängnis bestraft. In den sonstigen Fällen wird die Strafe um ein Viertel bis um drei Viertel herabgesetzt.

Das türkische Strafgesetzbuch unterscheidet nicht zwischen Verbrechen und Vergehen und enthält keine Übertretungen mehr.[4] Es kennt vielmehr nur einheitlich Straftaten *(suçlar)* und bestraft im Prinzip den Versuch jeglicher Straftat. Es gibt jedoch Ausnahmefälle, in denen ein Versuch begrifflich ausgeschlossen ist, nämlich die Unternehmensdelikte, die im Staatsschutzbereich die größte Bedeutung haben (Angriff auf die verfassungsmäßige Grundordnung, Art. 309 TCK, Angriff auf das Parlament, Art. 311 TCK, oder Angriff auf die Regierung, Art. 312 TCK, alle unter Einsatz von Gewalt). In diesen Fällen ist die Tat bereits mit ihrem Beginn vollendet. Ob der Versuch einer Straftat durch Unterlassen strafbar ist, ist umstritten.[5]

Bei Ordnungswidrigkeiten wird der Versuch nicht bestraft, außer wenn die Strafbarkeit in einem Fall ausdrücklich gesetzlich vorgesehen ist (Art. 13 Ordnungswidrigkeitsgesetz Nr. 5326 vom 30.3.2005).

In der türkischen Lehre wird im Gegensatz zu dem hier vorgegebenen Aufbau beim Versuch zuerst die subjektive, dann die objektive Seite behandelt.

---

3 Siehe unten 2.

4 Siehe dazu II.C.1.b.

5 Siehe unten 3.

b) Objektive Voraussetzungen der Versuchsstrafbarkeit

Die objektiven Voraussetzungen des Versuchs bestehen im Beginn einer Ausführungshandlung und im Ausbleiben des beabsichtigten Erfolgs. Das Gesetz verlangt ausdrücklich, dass die Ausführungshandlung zum Erlangen des Erfolgs geeignet sein muss. Diese Formulierung stellt gegenüber dem Strafgesetzbuch von 1926, das nur eine Versuchshandlung „mit geeigneten Mitteln" verlangte, eine Erweiterung dar. Der jetzt gewählte Ausdruck von der geeigneten Handlung soll dagegen nach der Gesetzesbegründung nicht nur die Handlung im engeren Sinn, sondern die gesamten konkreten Umstände der Tat einschließlich der Mittel zur Tatbegehung umfassen. Der Unterschied gewinnt etwa Bedeutung, wenn zum Beispiel ein Täter eine Waffe benutzen will, mit der er aber nicht umgehen kann. Während nach dem alten Recht fraglich war, ob die Waffe hier als ein geeignetes Mittel angesehen werden konnte, ist nach dem neuen Recht eindeutig, dass keine geeignete Handlung vorliegt. Die konkrete Eignung ist jeweils im Hinblick auf die geplante Straftat zu bestimmen. Während der Einsatz einer Spielzeugpistole keine geeignete Handlung für ein Tötungsdelikt ist, kann er sehr wohl eine geeignete Handlung bei einer Drohung sein. Die Beurteilung, ob eine geeignete Handlung vorliegt, hat aus der Sicht des *ex-ante*-Beobachters zu erfolgen. Das bedeutet, dass ein untauglicher Versuch nicht strafbar ist.[6]

Während das Strafgesetzbuch von 1926 eine Unterscheidung zwischen beendetem und unbeendetem Versuch kannte, hat das neue Strafgesetzbuch von 2004 diese Unterscheidung aufgegeben. Grund dafür war, dass in jedem Fall der beendete Versuch schwerer zu bestrafen war als der unbeendete Versuch und das zu Ungerechtigkeiten bei der Bestrafung führen konnte. Als Beispiel wurde dazu der Täter angeführt, der das Opfer mit nur einem Schuss töten will, jedoch vorbeischießt (beendeter Versuch), höher zu bestrafen war als der Täter, der ein ganzes Magazin leer schießen will, während des Schießens daran gehindert wird (unbeendeter Versuch), aber bereits durch den ersten Schuss das Opfer schwer verletzt hat.

c) Subjektive Voraussetzungen der Versuchsstrafbarkeit

Subjektive Voraussetzung des Versuchs ist der Vorsatz *(kast)*. Umstritten ist, ob hier auch ein Vorsatz in Form eines Eventualvorsatzes *(dolaylı kast, olası kast)* ausreicht. Ihm soll nach der einen Auffassung die beim Versuch verlangte Eignung für die Tatbegehung fehlen. Dagegen verweist die Gegenmeinung auf Fälle, in denen ein mit Eventualvorsatz begangener Versuch durchaus möglich sei, zum Beispiel setzt A ein Haus in Brand und nimmt in Kauf, dass dabei Menschen zu Schaden kommen. Tatsächlich befindet sich B in dem Haus und wird im letzten Augenblick gerettet. Die Entscheidungen des Kassationshofs sind gegensätzlich; es

---

[6] Siehe unten 3.

finden sich sowohl Fälle, in denen der Eventualvorsatz beim Versuch für ausreichend gehalten wird, wie auch Fälle, in denen das abgelehnt wird. Ein fahrlässiger Versuch ist dagegen nach einhelliger Meinung nicht möglich.

Die Abgrenzung von Vorbereitungshandlungen *(hazırlık hareketleri)* und Versuch hat der Lehre und Rechtsprechung stets besondere Schwierigkeiten bereitet. Auch der Kassationshof hat hier keine eindeutige Linie verfolgt. Es sind Entscheidungen nachweisbar, die sich nach objektiven Kriterien richten, andere nach subjektiven, wieder andere vermischen beides. Der Regierungsentwurf 2003 zum Strafgesetzbuch stellte darauf ab, ob eine Handlung keinen Zweifel am Vorsatz ließ. Dagegen wurde eingewandt, dass auch Handlungen dieses Kriterium erfüllten, die noch weit im Vorfeld der Tat liegen, und die Gefahr einer Bestrafung von Gesinnung und Lebensführung bestehe. In der Begründung des Gesetzesentwurfs von 2004, der dann Gesetz wurde, heißt es dagegen, dass ein Beginn der Tatausführung anzunehmen sei, wenn Handlungen vorliegen, die zu der geplanten Straftat eine bestimmte Nähe und Verbindung haben. Art. 35 Abs. 1 TCK spricht jetzt vom unmittelbaren Ansetzen zur Tat *(doğrudan doğruya başlayıp)*. Damit folgt es der materiell-objektiven Theorie.

Bei Tätigkeitsdelikten *(sırf hareket suçları, neticesi harekete bitişik suçları)* ist kein Versuch möglich, weil die Tat mit den Tätigwerden bereits vollendet ist. Bei erfolgsqualifizierten Delikten ist kein Versuch möglich, weil Versuch einen Vorsatz voraussetzt und sie sich gerade dadurch auszeichnen, dass der Erfolg hier über den Vorsatz hinausgeht.

3. Einzelprobleme

Der untaugliche Versuch *(işlenemez suç)* ist nicht strafbar. Das ergibt sich bereits deutlich aus der Formulierung des Gesetzestextes.[7] Ebenso ist das Wahndelikt *(mefruz suç, hayali suç)* straflos.

Art. 40 Abs. 3 TCK stellt fest, dass eine strafbare Tatbeteiligung nur vorliegen kann, wenn die Haupttat mindestens in das Stadium des Versuchs gelangt ist. Unter dieser Voraussetzung ist auch eine Beteiligung am Versuch möglich. Die versuchte Beteiligung dagegen wird, soweit ersichtlich, in Lehre und Rechtsprechung nicht behandelt.

Die Möglichkeit eines Versuchs durch Unterlassen wird überwiegend abgelehnt und es wird darauf verwiesen, dass es hierfür erforderlichenfalls Deliktsnormen im Besonderen Teil gibt, die eine strafwürdige Unterlassung ahnden (zum Beispiel unterlassene Hilfeleistung Art. 98 TCK).

---

7 Siehe oben 2.a.

4. Strafzumessung

Art. 35 Abs. 2 TCK sieht eine obligatorische Strafmilderung beim Versuch vor. Dabei werden die Strafrahmen jedoch relativ weit gefasst. An die Stelle von verschärftem lebenslangem Gefängnis tritt Gefängnis von 13 bis 20 Jahren, an die Stelle von lebenslangem Gefängnis tritt Gefängnis von 9 bis 15 Jahren. Alle zeitigen Freiheitsstrafen können um ein Viertel bis zu drei Viertel herabgesetzt werden. Neben den allgemeinen Strafzumessungsregeln werden in Art. 35 Abs. 2 TCK die Höhe des eingetretenen Schadens und die Größe der Gefahr als Strafzumessungskriterien besonders hervorgehoben.

Art. 35 Abs. 2 TCK

(2) Im Falle eines Versuchs wird der Täter je nach Schwere des Schadens oder Größe der Gefahr statt mit erschwertem lebenslangem Gefängnis mit 13–20 Jahren Gefängnis und statt mit lebenslangem Gefängnis mit 9–15 Jahren Gefängnis bestraft. In den sonstigen Fällen wird die Strafe um ein Viertel bis um drei Viertel herabgesetzt.

5. Rücktritt vom Versuch

Art. 36 TCK – Freiwilliger Rücktritt

(1) Wegen Versuchs wird nicht bestraft, wer freiwillig von der Ausführung der Straftat zurücktritt oder die Vollendung der Straftat oder den Eintritt ihrer Folgen mit eigener Anstrengung verhindert. Stellt der vollendete Teil in sich eine Straftat dar, so wird er nur mit der Strafe für diese bestraft.

Die Freiwilligkeit der Aufgabe der geplanten Tat ist das Kernstück des Rücktritts vom Versuch *(gönüllü vazgeçme)*. Sie reicht aber allein nicht aus. Zweites Erfordernis ist, dass es tatsächlich nicht zu Auswirkungen der Tat kommt. In einer Reihe von Fällen reicht es aus, dass der Täter sein Vorhaben aufgibt. In anderen Fällen ist es erforderlich, dass der Täter selbst aktiv wird, um etwaige Folgen seines Tuns zu beseitigen. Etwas anderes gilt allenfalls bei der Tatbeteiligung mehrerer. Diese Formulierung, bei der noch die mittlerweile aufgegebene Differenzierung von unbeendetem und beendetem Versuch sichtbar zu werden scheint, dürfte darauf beruhen, dass das frühere Strafgesetzbuch nur den freiwilligen Rücktritt vom unbeendeten, nicht aber vom beendeten Versuch regelte und das neue Recht klarstellen will, dass der Rücktritt jetzt in jeder Phase des Versuchs zu Straffreiheit führen soll.

Bei einem freiwilligen Rücktritt entfällt eine Bestrafung wegen des Versuchs der ursprünglich geplanten Straftat. Erfüllen die bis zum Rücktritt geschehenen Handlungen jedoch ihrerseits einen vollendeten Straftatbestand, so wird wegen dieser Tat eine Strafe verhängt (Art. 36 TCK).

Sind mehrere an einer Tat beteiligt, so gelten die Bestimmungen für den freiwilligen Rücktritt nur für denjenigen, der selbst zurücktritt, nicht aber für einen Komplizen, der etwa aufgrund des freiwilligen Rücktritts eines anderen Komplizen die geplante Tat nicht mehr ausführen kann. Für den freiwillig zurücktretenden Komplizen gibt es noch zwei Sonderregelungen, die seiner besonderen Situation Rechnung tragen. Zum einen bleibt er auch dann straffrei, wenn er sich zwar um die Verhinderung der Tatvollendung bemüht, die Tat aber schließlich aus einem anderen Grunde nicht vollendet wird. Zum anderen bleibt er straffrei, wenn die Tat trotz all seiner Anstrengungen begangen wird (Art. 41 TCK).

Artikel 41 TCK – Freiwilliger Rücktritt bei der Teilnahme an Straftaten

(1) Bei gemeinschaftlich begangenen Straftaten kommen die Regeln über den freiwilligen Rücktritt nur dem Teilnehmer zugute, der freiwillig zurückgetreten ist.

(2) Wurde die Straftat

a) aus einem anderen Grund als dem Bemühen des freiwillig Zurücktretenden nicht begangen,

b) trotz aller Bemühungen des freiwillig Zurücktretenden begangen,

so finden die Vorschriften über den freiwilligen Rücktritt Anwendung.

Vom Rücktritt zu unterscheiden ist die tätige Reue *(etkin pişmanlık)*, bei welcher der Täter die Tat zwar schon vollendet hat, sich jedoch durch Verhinderung der Tatfolgen Strafmilderung oder Straffreiheit verdienen kann. Diese Fälle sind im Besonderen Teil geregelt, zum Beispiel Rücknahme einer falschen Verdächtigung (Art. 269 TCK) oder einer Falschaussage (Art. 274 TCK).

6. Andere Formen strafbaren Verhaltens im Vorfeld der Tatvollendung

Die Verabredung von Straftaten ist in der Regel straffrei.[8] Auch ein Tatbestand, der die Verabredung von Straftaten eines bestimmten Schweregrads unter Strafe stellt, wie zum Beispiel im deutschen Recht die Verabredung zu einem Verbrechen, besteht nicht. Es gibt jedoch einen Tatbestand der Verabredung von bestimmten schweren Staatsschutzverbrechen (Art. 316 TCK), bei dem die Straftat als besonders gefährlich angesehen wird und daher frühzeitig geahndet werden soll.

Sonstige Vorbereitungshandlungen sind ebenfalls grundsätzlich straffrei.[9] Auch hier werden in Fällen, die als besonders gefährlich gelten, Ausnahmen gemacht und eigenständige Straftatbestände geschaffen. Als praktisch wichtigster Fall ist die Bildung von kriminellen Vereinigungen anzusehen (Art. 220 TCK). Diese Vorschrift mit zahlreichen Detailregelungen ist auch bei wichtigen Einzeltypen krimineller Vereinigungen, wie zum Beispiel im Staatsschutzstrafrecht (Art. 314 TCK, Art. 7 Antiterrorgesetz Nr. 3713 vom 13.4.1991) anzuwenden. Art. 578 Abs. 2 des Strafgesetzbuchs von 1926, der unter bestimmten Voraussetzungen den Besitz von falschen Schlüsseln und sonstigen zu Einbrüchen geeigneten Werkzeugen bestrafte, wurde nicht in das neue Strafgesetzbuch übernommen.

---

8 Siehe oben 1.a.

9 Siehe oben 1.a.

Literaturhinweise

Artuk, Emin/Gökçen, Ahmet/Yenidünya, Caner, 5237 Sayılı Yeni TCK'ya Göre Hazırlanmış Ceza Hukuku – Genel Hükümler I (Strafrecht Allgemeiner Teil nach dem neuen Türkischen Strafgesetzbuch Gesetz Nr. 5237, Band 1). 2. überarbeitete Aufl. Ankara 2006, S. 739–777.

Centel, Nur/Zafer, Hamide/Çakmut, Özlem, Türk Ceza Hukukuna Giriş (Einführung in das türkische Strafrecht). 4. Aufl. Istanbul 2006, S. 445–477.

Demirbaş, Timur, Ceza Hukuk – Genel Hükümler (Strafrecht – Allgemeiner Teil). 5. Aufl. Ankara 2007, S. 399–427.

Özbek, Veli Özer, Yeni Türk Ceza Kanununun Anlamı (Die Bedeutung des neuen türkischen Strafgesetzbuchs). 2. Aufl. Ankara 2005, S. 394–413.

Özgenç, İzzet, Türk Ceza Hukuku Genel Hükümler (Türkisches Strafrecht Allgemeiner Teil). 2. Aufl. Ankara 2007, S. 417–440.

– Türk Ceza Kanunu Gazi Şerhi – Genel Hükümler (Gazi-Kommentar zum Türkischen Strafgesetzbuch). 2. Aufl. Ankara 2005, S. 464–489.

Öztürk, Bahri/Erdem, Mustafa Ruhan, Uygulamalı Ceza Hukuku ve Emniyet Tedbirleri Hukuku (Strafrecht und Recht der Sicherungsmaßregelen in der Praxis). 9. Aufl. Ankara 2006, S. 223–244.

Roxin, Claus/Isfen, Osman, Der Allgemeine Teil des neuen türkischen Strafgesetzbuchs. GA 2005, 228–243 (239).

Savaş, Vural/Mollamahmutoğlu, Sadık, Türk Ceza Kanununun Yorumu (Kommentar zum türkischen Strafgesetzbuch), Band I. 3. Aufl. Ankara 1999, S. 1172–1174, 1185–1187.

Şen, Ersan, Yeni Türk Ceza Kanunu Yorumu, Cilt I (Kommentar zum neuen türkischen Strafgesetzbuch, Band 1). Istanbul 2006, S. 105–114.

Sözüer, Adem, Die Reform des türkischen Strafrechts. ZStW 119 (2007), 717–749 (733 ff.).

– Einführung in die Gesamtreform des türkischen Strafrechts (I). Istanbul 2006, S. 54–58.

Soyaslan, Doğan, Ceza Hukuku – Genel Hükümler (Strafrecht – Allgemeine Vorschriften). 3. Aufl. Ankara 2005, S. 256–335.

Ünver, Yener, Ceza hukukuyla korunması amaçlanan hukuksal değer (Das durch Strafrecht zu schützende Rechtsgut). Ankara 2003, S. 997–1011.

Rechtsprechung

1. Strafsenat des Kassationshofs vom 1.2.1994, E. 102, K. 136, YKD 20 (1994), 817–818.

Großer Strafsenat des Kassationshofs vom 4.10.1993, E. 4-153, K. 215, YKD 20 (1994), 123–125.

Großer Strafsenat des Kassationshofs vom 4.6.1990, E. 5-10, K. 156, *Savaş/Mollamahmutoğlu*, TCK I, 1172–1174.

Großer Strafsenat des Kassationshofs vom 16.4.1984, E. 1-14, K. 149, *Savaş/Mollamahmutoğlu*, TCK I, 1185–1187.

Abkürzungsverzeichnis

E.	Esas (Rechtssache)
K.	Karar (Entscheidung, Beschluss)
TCK	Türk Ceza Kanunu (türkisches Strafgesetzbuch)
YKD	Yargıtay Kararları Dergisi (Zeitschrift für die Entscheidungen des Kassationshofs)

Herausgeber und Autoren

Cornils, Karin

Dr. jur., Dr. h.c. mult. (Stockholm, Bergen, Rovaniemi); geboren 1949 in Berlin. Studium der Rechtswissenschaften an der Freien Universität Berlin. Promotion 1977 über *Die Fremdrechtsanwendung im Strafrecht.* Seit 1978 wissenschaftliche Referentin am Max-Planck-Institut für ausländisches und internationales Strafrecht, Leiterin des Referats „Nordische Länder". Autorin und Mitherausgeberin zahlreicher Veröffentlichungen zum Straf- und Strafverfahrensrecht sowie zur Kriminalpolitik der nordischen Länder, unter anderem Übersetzungen des dänischen Strafgesetzes (mit Vagn Greve, 1. Aufl. 1997, 2. Aufl. 2001), des schwedischen Kriminalgesetzbuchs (mit Nils Jareborg, 2000) und des finnischen Strafgesetzes (mit Dan Frände und Jussi Matikkala, 2006), jeweils mit einer Einführung in das Strafrecht des betreffenden Landes.

Forster, Susanne

Assessorin, LL.M. (Edinburgh); geboren 1977 in Frankfurt am Main. Studium der Rechtswissenschaften in Frankfurt am Main, Leicester (GB), Mainz und Edinburgh (GB). Erste Juristische Staatsprüfung 2001. Rechtsreferendarin beim Land Rheinland-Pfalz. Zweite Juristische Staatsprüfung 2004. Seit 2005 wissenschaftliche Referentin am Max-Planck-Institut für ausländisches und internationales Strafrecht, Leiterin des Referats „Vereinigtes Königreich und Republik Irland". Arbeit an der Dissertation zum Thema *Eingriffe in die Bewegungsfreiheit durch die Terrorismusgesetzgebung des Vereinigten Königreichs.*

Jarvers, Konstanze

Dr. jur.; geboren 1964 in Heidelberg. Studium der Rechtswissenschaften an den Universitäten Heidelberg und Freiburg. 1995–1998 Tätigkeit in der Rechtsabteilung der Deutschen Bank. Seit 1999 wissenschaftliche Referentin am Max-Planck-Institut für ausländisches und internationales Strafrecht, Leiterin des Referats „Italien und Griechenland". Promotion 2007 über *Massen- und Kleinkriminalität vor dem italienischen Friedensrichter.* Weitere Veröffentlichungen zum italienischen Straf- und Strafprozessrecht sowie zum deutschen Straf- und Strafprozessrecht in italienischer Sprache, u.a. *Das neue italienische Anti-Dopinggesetz* (2001), *Organisierte Kriminalität und Zeugenschutz* (mit Jörg Kinzig, 2001), *Zum Tatbestand der Verunglimpfung der Staatsreligion (Art. 402 it. StGB)* (2003), *Profili generali del diritto processuale penale tedesco* (2003), *Reati sessuali: I modelli sanzionatori previsti nel sistema tedesco* (2003), *The punishment of serious crimes in Italy* (2004), *Grundlagen der Strafverfolgung völkerrechtlicher Verbrechen in Italien* (mit C. Grammer, 2005).

Kouassi, Adome Blaise

Dr. phil.; geboren 1966 in Arrah (Côte d'Ivoire). Maîtrise 1993 am kriminologischen Institut der rechtswissenschaftlichen Fakultät der Universität von Abidjan-Cocody in Côte d'Ivoire (heute: UFR-Criminologie). Seit 2000 wissenschaftlicher Mitarbeiter am Max-Planck-Institut für ausländisches und internationales Strafrecht, Leiter des Referats „Afrika südlich der Sahara". Promotion 2003 *(Straßenkinder und Jugendkriminalität – ein kriminologischer Vergleich: Deutschland und Côte d'Ivoire).* Seit September 2006 Dozent an der Universität Haute Alsace, IUT Colmar; seit 2008 Dozent an der katholischen Universität von West-Afrika, Abteilung Abidjan, sowie an der Universität Charles Louis de Montesquieu in Abidjan. Zahlreiche Veröffentlichungen zum ivorischen Recht und zur Kriminologie.

Lelieur, Juliette

Dr. iur., LL.M. (Köln/Paris, deutsch-französisches Recht); LL.M. (Maastricht, Europäisches Recht); geboren 1974 in Lille (Frankreich). Studium der Rechtswissenschaft und Promotion über die Ne-bis-in-idem-Regelung unter Leitung von Prof. Mireille Delmas-Marty an der Université Panthéon-Sorbonne, Paris; wissenschaftliche Assistentin an der Université Robert Schuman, Strasbourg; Leiterin des Referats „Frankophone europäische Länder" am Max-Planck-Institut für ausländisches und internationales Strafrecht, Freiburg im Breisgau (Oktober 2001 bis Februar 2007); anschließend wissenschaftliche Mitarbeiterin an der Universität Basel; seit Februar 2008 Maître de conférences an der Université de Rouen (Normandie).

Manso Porto, Teresa

Mag. iur. comp. (Bonn); geboren 1971 in Vigo (Spanien). Studium der Rechtswissenschaften am CEU San Pablo (Universidad Complutense, Madrid). 1997–1999 wissenschaftliche Mitarbeiterin an der Universität Bonn. 2000–2004 wissenschaftliche Mitarbeiterin an der Universität Freiburg und am Max-Planck-Institut. Ab 2003 kommissarische Leiterin des Referats „Spanien und Portugal", ab 2005 Referatsleiterin. Veröffentlichungen in Spanien und Lateinamerika zu Problemen des Verbotsirrtums, des Gesetzlichkeitsprinzips, der Umweltdelikte und der Geldwäsche u.a. *Desconocimiento de la norma y responsabilidad penal* (Madrid 1998), *La consumación en los delitos contra el medio ambiente* (Bogotá 2003), *El error de prohibición en la reciente jurisprudencia del Tribunal Supremo desde la perspectiva de la actual discusión doctrinal* (Madrid 2004), *Cuestiones paradójicas del principio de legalidad* (Bogotá 2008). Im Rahmen von Institutsprojekten Autorin bzw. Mitautorin von spanischen Landesberichten über Strafzumessung, Beteiligung, Ehrenschutz und Inzest.

Pfützner, Peggy

Dr. jur., LL.M. (Köln/Paris); geboren 1974 in Duisburg. Studium der deutsch-französischen Rechtswissenschaften an den Universitäten Köln, Paris-Sorbonne und Freiburg. 2003–2006 wissenschaftliche Mitarbeiterin im Referat „Europäisches Strafrecht" des Max-Planck-Instituts für ausländisches und internationales Strafrecht; 2006–2007 Leiterin des Referats „Frankophone europäische Länder". Promotion 2007 *(Organisierte Kriminalität im französischen Strafverfahren – Zur Einführung eines besonderen Strafverfahrens durch die Loi Perben II)*. Zahlreiche Veröffentlichungen zum französischen und europäischen Straf- und Strafprozessrecht. Seit 2007 Regierungsrätin beim Bundesamt für Wehrtechnik und Beschaffung.

Richter, Thomas

Dr. jur.; geboren 1966 in Illertissen. Studium der Rechtswissenschaft, der chinesischen Sprache und des chinesischen Rechts an der Universität Passau und der Ostchina-Hochschule für Politik und Recht in Shanghai. 1995–1996 Rechtsanwalt. 1996–2006 wissenschaftlicher Referent am Max-Planck-Institut für ausländisches und internationales Strafrecht, Leiter des Referats „Ostasien". 2001 Promotion über das chinesische Umweltstrafrecht. Seit 2006 Rechtsanwalt und Konsulent für das chinesische Recht. Lehrbeauftragter an der Katholischen Universität Leuven (Belgien) und an der Law School der Himeji Dokkyo Universität (Japan).

Sieber, Ulrich

Prof. Dr. iur., Dr. h.c.; Direktor am Max-Planck-Institut für ausländisches und internationales Strafrecht in Freiburg; Wissenschaftlicher Leiter des Rechtsinformatikzentrums der Ludwig-Maximilians-Universität München; Honorarprofessor und Fakultätsmitglied an der Albert-Ludwigs-Universität Freiburg und der Ludwig-Maximilians-Universität München; Gastprofessor an der Renmin-Universität Peking, der Beijing Normal University und der Universität Wuhan/China. Präsident der Deutschen Vereinigung für Europäisches Strafrecht; Mitglied im Conseil de Direction der Association Internationale de Droit Pénal; Vizepräsident der Association Internationale pour la Défence Sociale.

Geboren 1950 in Stuttgart. 1977 Promotion und 1987 Habilitation an der Universität Freiburg; 1987–1991 Inhaber des Lehrstuhls für Strafrecht und Informationsrecht an der Universität Bayreuth; 1991–2000 Inhaber des Lehrstuhls für Strafrecht, Strafprozessrecht, Informationsrecht und Rechtsinformatik an der Universität Würzburg; 2000–2003 Inhaber des Lehrstuhls für Strafrecht, Informationsrecht und Rechtsinformatik an der Ludwig-Maximilians-Universität München; seit 2004 Direktor am Max-Planck-Institut für ausländisches und internationales Strafrecht. Daneben Gastprofessor an der Universität Tokio (1994); persönlicher Sonderberater von zwei EG-Kommissaren (1993–1994, 1997–1999) sowie Gutachter, Berater und Sachverständiger für das Bundesverfassungsgericht, das Bundeskriminalamt, deutsche und ausländische Regierungsstellen sowie internationale Organisationen (UN, OECD, Europarat, EU, ICTY). Forschungschwerpunkte zur Strafrechtsvergleichung und zur Rechtsinformatik sowie umfassendes Forschungsprogramm zu den territorialen und funktionalen Grenzen des Strafrechts, insbesondere Europäisches und Internationales Strafrecht, Organisierte Kriminalität, Terrorismus, Wirtschaftskriminalität, Cybercrime. Zu Publikationen vgl. www.mpicc.de/sieber.

Son, Misuk

Dr. jur., LL.M. (Trier); geboren 1971 in Changnyung (Südkorea). Juristische Ausbildung an der Dong-A Universität, Busan (Südkorea). Von 2000 bis 2002 geprüfte wissenschaftliche Hilfskraft am Lehrstuhl von Prof. Dr. Rainer Zaczyk, anschließend bis 2003 bei Privatdozent Dr. Manfred Heinrich an der Universität Trier. Promotion 2004 zum Thema „Straftatfolgen im deutschen und koreanischen Strafrecht – Ein prinzipieller Vergleich" bei Prof. Dr. Volker Krey, Trier. Seit September 2004 wissenschaftliche Referentin am Max-Planck-Institut für ausländisches und internationales Strafrecht. Veröffentlichungen u.a.: *Die mittelbare Täterschaft und das System der Tatbeteiligung im koreanischen StGB*, ZStW 119 (2007), 750–767; *Rechtsvergleichende und rechtsphilosophische Betrachtungen zur Todesstrafe und der Aussetzung ihrer Vollstreckung in Korea*, Rechtspolitisches Forum Heft Nr. 42, Bernd von Hoffmann/Gerhard Robbers (Hrsg.), 2008.

Summers, Sarah

Dr. iur.; geboren 1978 in Glasgow (Schottland). Studium der Rechtswissenschaft an der Universität Glasgow. Promotion 2006 an der Universität Zürich (*Fair Trials: The European Criminal Tradition and the European Court of Human Rights*). Seit 2001 wissenschaftliche Mitarbeiterin am Rechtswissenschaftlichen Institut der Universität Zürich, seit März 2007 Oberassistentin im Strafrecht und Strafprozessrecht. Seit 2003 wissenschaftliche Mitarbeiterin am Max-Planck-Institut für ausländisches und internationales Strafrecht. Arbeit an den Buchprojekten *Human Rights in Criminal Proceedings* (S. Trechsel, 2005); *The Emergence of EU Criminal Law* (mit C. Schwarzenegger); *The Internationalisation of Evidence Law: Realigning the Common Law and Civil Law Traditions* (mit J. Jackson) und *The Right to a "Fair" and "Proportionate" Sentence: Reflections from Switzerland on the Role of Constitutional Norms in Sentencing Law* (Habilitation).

Tellenbach, Silvia

Dr. phil.; geboren 1950 in Freiburg. Rechtsassessorin; Referatsleiterin am Max-Planck-Institut für ausländisches und internationales Strafrecht für das Referat „Türkei, Iran, arabische Länder". 1984 Promotion zum Thema *Untersuchungen zur Verfassung der Islamischen Republik Iran vom 15. November 1979*. Autorin und Mitherausgeberin zahlreicher Veröffentlichungen zum Straf- und Strafprozessrecht ihrer Referatsländer, z.B. *Einführung in das türkische Strafrecht* (2003), *Ehrenmorde an Frauen in der arabischen Welt – Anmerkungen zu Jordanien und anderen Ländern* (2003), *Zur Strafrechtspflege in der Islamischen Republik Iran* (2004), *Les Tribunaux militaires et Juridictions d'exception en Turquie* (2007). Übersetzungen des Türkischen Strafgesetzbuchs (1. Aufl. 1998, 2. Aufl. 2001), der Türkischen Strafprozessordnung (2004) und der Strafgesetze der Islamischen Republik Iran (1996). Leiterin des Projekts „Die Rolle der Ehre im Strafrecht" (2007).

Volz, Sabine

Geboren 1983 in Zweibrücken. Studium der Rechtswissenschaft an den Universitäten Heidelberg, Lausanne (Schweiz) und Freiburg. Seit 2006 studentische wissenschaftliche Mitarbeiterin des Referats „Frankophone europäische Länder" am Max-Planck-Institut für ausländisches und internationales Strafrecht. 2007 Universitätsprüfung der Albert-Ludwigs-Universität Freiburg. 2008 Erste juristische Staatsprüfung, Baden-Württemberg.

Weigend, Ewa

Dr. iur.; geboren 1946 in Gliwice (Polen). Leiterin des Referats „Ost-, Mittel- und Südosteuropa" am Max-Planck-Institut für ausländisches und internationales Strafrecht. 1976 Promotion über ein Thema aus dem polnischen Strafverfahrensrecht. Im Rahmen der rechtsvergleichenden Institutsprojekte und Gutachten Autorin bzw. Mitautorin der polnischen Landesberichte zur Wiederaufnahme des Strafverfahrens (1974), Geldstrafe (1978), Freiheitsstrafe und ihre Surrogate (1983), zum Schwangerschaftsabbruch im internationalen Vergleich (1988), zum Umweltstrafrecht (1995), zur Strafrechtsentwicklung in Polen (Berichtszeitraum 1985–1996), zur Wiedergutmachung (1996), zur Korruptionsbekämpfung (1997), zum Strafrecht in Reaktion auf Systemunrecht (2002), zum strafrechtlichen Modell der Täterschaft und Teilnahme (2005) sowie zur Rolle der Ehre im Strafrecht (2007). Zahlreiche kritische Aufsätze zur Entwicklung des Straf- und Strafprozessrechts sowie zur Kriminalpolitik in Polen. Übersetzung des geltenden polnischen StGB sowie der StPO von 1997 in die deutsche Sprache mit einer ausführlichen Einführung in das jeweilige Rechtsgebiet.

Zerbes, Ingeborg

Dr. iur.; geboren 1969 in Wien. Studium der Rechtswissenschaften an der Universität Wien. 1998 Promotion zum Thema „Schuldausschluss wegen Affekt". 1997–2005 Referentin für österreichisches und schweizerisches Recht am Max-Planck-Institut für ausländisches und internationales Strafrecht, 1999–2001 wissenschaftliche Mitarbeiterin der Universität Basel. Zurzeit Arbeit an der Habilitationsschrift zum Thema *Spitzeln, Spähen, Spionieren – Kommunikationsüberwachung im Strafprozess*, gefördert durch ein APART-Forschungsstipendium der Österreichischen Akademie der Wissenschaften.

Zhao, Yang

LL.B. (Peking), LL.M. (Freiburg); geboren 1971 in Peking. Studium der Rechtswissenschaft an den Universitäten Peking und Freiburg. Seit 2000 wissenschaftlicher Mitarbeiter am Max-Planck-Institut für ausländisches und internationales Strafrecht, Referat „Ostasien". Autor der Landesberichte China im Rahmen der Institutsprojekte "The Punishment of Serious Crimes – A Comparative Analysis of Sentencing Law and Practice" (mit Thomas Richter) und „Die Strafbarkeit des Inzests". Übersetzung des deutschen Völkerstrafgesetzbuchs in die chinesische Sprache (mit Wu Wei).

Schriftenreihe des Max-Planck-Instituts für ausländisches und internationales Strafrecht

Die zentralen Veröffentlichungen des Max-Planck-Instituts für ausländisches und internationales Strafrecht werden in Zusammenarbeit mit dem Verlag Duncker & Humblot in den folgenden vier Unterreihen der „Schriftenreihe des Max-Planck-Instituts für ausländisches und internationales Strafrecht“ vertrieben:

- „Strafrechtliche Forschungsberichte“,
- „Kriminologische Forschungsberichte“,
- „Interdisziplinäre Forschungen aus Strafrecht und Kriminologie“ sowie
- „Sammlung ausländischer Strafgesetzbücher in deutscher Übersetzung“.

Diese Publikationen können direkt über das Max-Planck-Institut unter <www.mpicc.de> oder über den Verlag Duncker & Humblot unter <www.duncker-humblot.de> erworben werden.

Darüber hinaus erscheinen im Hausverlag des Max-Planck-Instituts in der Unterreihe „research in brief“ zusammenfassende Kurzbeschreibungen von Forschungsergebnissen und in der Unterreihe „Arbeitsberichte“ Veröffentlichungen vorläufiger Forschungsergebnisse. Diese Veröffentlichungen können über das Max-Planck-Institut bezogen werden.

Detaillierte Informationen zu den einzelnen Publikationen des Max-Planck-Instituts für ausländisches und internationales Strafrecht sind unter <www.mpicc.de> abrufbar.

The main research activities of the Max Planck Institute for Foreign and International Criminal Law are published in the following four subseries of the “Schriftenreihe des Max-Planck-Instituts für ausländisches und internationales Strafrecht” (Research Series of the Max Planck Institute for Foreign and International Criminal Law), which are distributed in cooperation with the publisher Duncker & Humblot:

- “Strafrechtliche Forschungsberichte” (Reports on Research in Criminal Law),
- “Kriminologische Forschungsberichte” (Reports on Research in Criminology),
- “Interdisziplinäre Forschungen aus Strafrecht und Kriminologie” (Reports on Interdisciplinary Research in Criminal Law and Criminology), and
- “Sammlung ausländischer Strafgesetzbücher in deutscher Übersetzung” (Collection of Foreign Criminal Laws in German Translation).

These publications can be ordered from the Max Planck Institute at <www.mpicc.de> or from Duncker & Humblot at <www.duncker-humblot.de>.

Two additional subseries are published directly by the Max Planck Institute for Foreign and International Criminal Law: “research in brief” contains short reports on results of research activities, and “Arbeitsberichte” (working materials) present preliminary results of research projects. These publications are available at the Max Planck Institute.

Detailed information on all publications of the Max Planck Institute for Foreign and International Criminal Law can be found at <www.mpicc.de>.

Max-Planck-Institut für ausländisches
und internationales Strafrecht

Auswahl aus dem kriminologischen Veröffentlichungsprogramm:

K 129 *Annette Louise Herz*
Menschenhandel
Eine empirische Untersuchung zur Strafverfolgungspraxis
2005 • 404 Seiten • ISBN 978-3-86113-074-1 € 35,00

K 130 *Carsten Schäfer/Letizia Paoli*
Drogenkonsum und Strafverfolgungspraxis
Eine Untersuchung zur Rechtswirklichkeit der Anwendung des § 31 a BtMG und anderer Opportunitätsvorschriften auf Drogenkonsumentendelikte
2006 • 460 Seiten • ISBN 978-3-86113-075-8 € 35,00

K 132 *Gunda Wößner*
Typisierung von Sexualstraftätern
Ein empirisches Modell zur Generierung typenspezifischer Behandlungsansätze
2006 • 280 Seiten • ISBN 978-3-86113-079-6 € 31,00

K 133 *Maria Kafatou-Haeusermann*
The Media-Crime Nexus Revisited: On the Re-Construction of Crime and Law-and-Order in Crime-Appeal Programming
2007 • 536 Seiten • ISBN 978-3-86113-082-6 € 35,00

K 134 *Gundula Schäfer-Vogel*
Gewalttätige Jugendkulturen – Symptom der Erosion kommunikativer Strukturen
2007 • 591 Seiten • ISBN 978-3-86113-083-3 € 35,00

K 135 *Stefanie Tränkle*
Im Schatten des Strafrechts
2007 • 392 Seiten • ISBN 978-3-86113-084-0 € 35,00

K 136 *Tim Lukas (ed.)*
Crime Prevention in High-Rise Housing
Lessons from the Crime Prevention Carousel
2007 • 132 Seiten • ISBN 978-3-86113-085-7 € 31,00

K 137 *Evelyn Shea*
Why work?
A Study of Prison Labour in England, France and Germany
2007 • 195 Seiten • ISBN 978-3-86113-086-4 € 31,00

Christine von Buttlar, Marianne Karpenstein-Machan, Roland Bauböck

Anbaukonzepte für Energiepflanzen in Zeiten des Klimawandels

Ein Beitrag zum Klimafolgenmanagement in der Metropolregion Hannover-Braunschweig-Göttingen-Wolfsburg

Gefördert durch:
klimazwei
Risiken mindern · Chancen nutzen
Forschung für den Klimaschutz und Schutz vor Klimawirkungen
Bundesministerium für Bildung und Forschung

KFM
METROPOLREGION

Georg August Universität Göttingen

Kartographie
GIS
Fernerkundung

IZNE
Interdisziplinäres Zentrum für Nachhaltige Entwicklung

ERDSICHT - EINBLICKE IN GEOGRAPHISCHE UND GEOINFORMATIONSTECHNISCHE ARBEITSWEISEN

Schriftenreihe des Geographischen Instituts der Universität Göttingen, Abteilung Kartographie, GIS und Fernerkundung

Herausgegeben von Prof. Dr. Martin Kappas

ISSN 1614-4716

15 *Arno Krause*
Einführung eines GIS für die Landwirtschaftsverwaltungen der BRD auf Grundlage EU-rechtlicher und nationaler Verordnungen
unter besonderer Berücksichtigung des Bundeslandes Mecklenburg-Vorpommern
ISBN 3-89821-738-8

16 *Pavel Propastin*
Remote sensing based study on vegetation dynamics in dry lands of Kazakhstan
ISBN 978-3-89821-823-8

17 *Matthias Stähle*
Trinkwasser in Delhi
Versorgungsproblematik einer indischen Megastadt
ISBN 978-3-89821-827-6

18 *Roland Bauböck*
Bioenergie im Landkreis Göttingen
GIS-gestützte Biomassepotentialabschätzung anhand ausgewählter Kulturen, Triticale und Mais
ISBN 978-3-89821-959-4

19 *Wahib Sahwan*
Geomorphologische Untersuchungen mittels GIS- und Fernerkundungsverfahren unter Berücksichtigung hydrogeologischer Fragestellungen
Fallbeispiele aus Nordwest Syrien
ISBN 978-3-8382-0094-1

20 *Julia Krimkowski*
Das Vordringen der Malaria nach Mitteleuropa im Zuge der Klimaerwärmung
Fallbeispiel Deutschland
ISBN 978-3-8382-0312-6

21 *Julia Kubanek*
Comparison of GIS-based and High Resolution Satellite Imagery Population Modeling
A Case Study for Istanbul
ISBN 978-3-8382-0306-5